| 제3판 |

마케팅관리

Marketing Management, 3rd Edition

Korean Language Edition Copyright © 2019 by McGraw-Hill Education Korea, Ltd., and Sigma Press Inc. All rights reserved. No part of this publication may be reproduced or distributed in any form or by any means, or stored in a database or retrieval system, without prior written permission of the publisher.

2 3 4 5 6 7 8 9 10 SP 20 23

Original : Marketing Management, 3rd Edition © 2019
        By Greg Marshall, Mark Johnston
        ISBN 978-1-25-963715-5

This authorized Korean translation edition is jointly published by McGraw-Hill Education Korea, Ltd., and Sigma Press Inc. This edition is authorized for sale in the Republic of Korea.

This book is exclusively distributed by Sigma Press Inc.

When ordering this title, please use ISBN 979-11-6226-190-3

Printed in Korea

MARKETING 3e
MANAGEMENT

마케팅관리

Greg W. Marshall, Mark W. Johnston 지음
정연승, 김한구, 이호택, 이희태, 조성도 옮김

McGraw Hill

ΣΛ시그마프레스

마케팅관리, 제3판

발행일 | 2019년 6월 20일 초판 1쇄 발행
　　　　 2024년 2월　1일 초판 2쇄 발행

저　자 | Greg W. Marshall, Mark W. Johnston
역　자 | 정연승, 김한구, 이호택, 이희태, 조성도
발행인 | 강학경
발행처 | ㈜시그마프레스
디자인 | 강경희
편　집 | 이호선

등록번호 | 제10-2642호
주소 | 서울시 영등포구 양평로 22길 21 선유도코오롱디지털타워 A401~402호
전자우편 | sigma@spress.co.kr
홈페이지 | http://www.sigmapress.co.kr
전화 | (02)323-4845, (02)2062-5184~8
팩스 | (02)323-4197

ISBN | 979-11-6226-190-3

＊ 책값은 책 뒤표지에 있습니다.
＊ 이 도서의 국립중앙도서관 출판예정도서목록(CIP)은 서지정보유통지원시스템 홈페이지 (http://seoji.nl.go.kr)와 국가자료공동목록시스템(http://www.nl.go.kr/kolisnet)에서 이용하실 수 있습니다.(CIP제어번호 : CIP2019021174)

21세기 들어 시장의 주도권이 기업에서 소비자로 넘어감에 따라 기업의 마케팅 역량은 이제 일개 마케팅 부서나 마케팅 담당자에만 국한된 것이 아니라, 기업에 있는 모든 사람과 부서가 학습하고 익혀야 할 기업의 핵심적인 경쟁력 요소로 부각되고 있다.

한편 최근 글로벌 기업환경에서 기업의 마케팅 전략과 전술은 정말 빠르게 변화하고 있다. 전통적인 마케팅 실행을 책임지고 있던 전략과 실행 도구의 효과가 약해지는 반면, 2000년대 이후 등장하기 시작한 뉴미디어와 디지털 기술은 마케팅 실행의 중심으로 이동해왔다. 마케팅 투자의 효과성을 측정하기 어려운 무차별한 대량 마케팅의 시대는 저물어가고, 개별 고객의 니즈와 욕구를 정확히 정조준한 정교화된 타깃 마케팅은 기업의 필수적인 도구로 정착되고 있다. 기업은 더 이상 전통적인 마케팅 이론에 충실한 마케팅 기법의 실행에 만족하지 않고 마케팅 투자 대비 효과를 확실히 알 수 있는 '마케팅 ROI' 개념을 전방위적으로 적용하고 있다.

이러한 상황에서 대학의 마케팅 교육도 변화와 혁신을 요구받아 왔으나 그동안 이를 충족시켜줄 수 있는 마케팅 교재는 현실적으로 드물었다. 그런데 Marshall과 Johnston의 *Marketing Management*, 3판은 마케팅 현장의 최근 실무 관행을 충실하게 반영하면서도 실제 강의에 참여하는 교수자와 학생이 모두 흥미를 느끼고 실제 마케팅 현장에 들어와 있는 착각을 줄 수 있을 징도의 생동감과 구제성을 제공해주고 있다.

특히 최근 마케팅 현장에서 급속하게 비중이 증대되고 있는 빅데이터 분석, 디지털과 소셜미디어 마케팅 같은 새로운 마케팅 조류와 지속가능성(substantiality)의 세 가지 핵심 요인(triple bottom line) 등을 대폭 반영함으로써 교수자와 학생의 관심과 흥미를 제고하고 있고, 각 장마다 풍부한 사례들과 함께 마케팅 의사결정을 실제 해볼 수 있는 기업 사례와 응용문제들을 제공함으로써 실전적 체험을 가능하게 한다.

또한 실제 마케팅 현장에서 가장 중요한 마케팅 계획 수립 과정을 한 학기 동안 이론과 실전연습의 방식을 통해 입체적으로 학습할 수 있는 통합적인 프로세스와 프레임을 제시하고 있어 한 학기 동안 알차고 통합적인 학습을 할 수 있다는 장점을 가지고 있다. 예를 들어, 제3장 뒤의 부록으로 첨부된 클라우드캡 소형 제트택시 서비스 마케팅 전략 계획 사례는 다른 책에서는 볼 수 없는 내용이다. 이러한 특성으로 인해 최근 대학 교육에서 강조되고 있는 토의 및 토론 수업에도 적합한 책이다.

이 번역본을 준비하면서 우리는 많은 분들의 도움을 받았다. 먼저 제3판의 번역본을 사용하며 발견한 번역 오류를 지적해주고 개선점을 제시해주신 학계의 선후배 동료 여러분과 제자들에게 감사한다. 역자들의 서투른 문장을 일일이 다듬어준 (주)시그마프레스의 편집부 여러분에게도 감사의 마음을 전한다. 그리고 지난 수년 동안 우리들의 마케팅 강의를 들으면서 강의와 연구의 발전에 자극을 준 단국대, 경북대, 계명대, 한남대, 전남대 학생들에게도 이 지면을 빌려서 감사의 마음을 전한다.

마지막으로 마케팅이라는 단어 하나만으로도 가슴이 벅차고 열정이 넘치는 5명의 마케팅 학자들이 서로 자신의 생각과 지식을 교류하고 나눌 수 있었던 것도 값지고 소중한 시간이었다. 모두에게 진심 어린 감사를 전한다.

2019년 6월
정연승, 김한구, 이호택, 이희태, 조성도

도입부

마케팅이 지금 실제로 변화하고 있는 것은 확실하다. 오늘날 마케팅은

- 매우 전략적이다. 고객 중심 사고는 현재의 핵심적인 구조적 가치이다.
- 상상했던 것보다 더욱 더 가상적으로, 디지털적으로 그리고 사회적으로 실행된다.
- 많은 분석과 새로운 기술들에 의해 실행되고 정보를 얻는다.
- 계량적 분석과 측정에 주의를 가짐으로써 최고 경영층에 신뢰를 얻는다.
- 제품을 촉진하는 촉매제로서의 서비스를 지향한다.
- 기업에서 누구나 어느 정도는 보유하고 있는 기능이다.

마케팅 분야에서의 급격한 변화를 고려하면, 조직과 구매자, 고객, 협력자 그리고 사회 전체에 마케팅이 공헌하도록 유도하고 관리한 것도 비슷한 수준으로 변화해온 것도 확실하다. 그러나 오늘날 시장에 관한 전통적인 마케팅 관리 책은 어떻게 마케팅 관리가 21세기 비즈니스에서 실제로 구현이 되고 있는지를 효율적으로 파악해서 학생들에게 전달하지 못하고 있다. 우리의 동료들은 마케팅 관리 수업에서 사용하고 있는 책이 "마케팅이 고작 10년 전에 실현되었던 것처럼 말한다." 혹은 "이 책은 내가 학생들이 듣기를 원하는 바를 전달하지 않는다", "내 수업을 듣는 학생들이 실제로 실무 경험에서 경험한 것과 부합하지 않는다", "마치 마케팅에 대해 전부 아는 듯 말한다", "핵심을 잡지 못하고 모든 것을 담으려고 한다"라고 불평을 해왔다. 이런 불평들은 MBA에서 기초적인 마케팅 수업을 하거나 학부에서 마케팅 심화 과정이나 실습 과정을 가르치는 강사들로부터 주로 나온다. 명백히, 수많은 강사는 아래 조건을 만족시키는 마케팅 책을 찾고 있다.

- 오늘날 학생들을 위해 흥미롭고 활기가 넘치면서도 전문적인 스타일로 쓰인 책
- 마케팅이 오늘날 어떻게 행해지고 있는지와 관련 있는 모든 측면에 대해 최신경향을 반영한 책
- 강사와 학생들을 도와주는 보조자료에서 한 단계 더 나아간 책

Marshall과 Johnston의 *Marketing Management*, 3판은 오늘날 성공적인 기업에서 실제로 실현되고 있는 마케팅 관리 방식을 나타내기 위해 끊임없이 노력하는 과거부터의 모습을 계속 보여주고 있다. 우리의 관점에서 보자면, 개인이나 집단, 조직의 행위를 향상시키기 위하여 마케팅의 측면을 이끌고 관리하는 것(마케팅 관리)은 비즈니스에 있어 핵심적인 활동이다. 이 것은 마케팅 부서나 마케팅 전공에만 국한된 것이 아니다. 훌륭한 마케팅 관리를 하려는 능력과 지식 그리고 기술은 기업에 있는 모든 사람, 사업과 관련된 것이다.

이 책의 차례를 보면 마케팅의 관리적 실무 관행의 경향을 알 수 있고, 이 책에 나온 교수법은 오늘날 강의장에서 선호하는 것들을 학습하고 가르치는 것에 공을 들였다. 무엇보다도, 이 책은 학생들이 실제로 책을 읽는 것에 흥미를 느끼고 강사들은 책에 있는 내용을 학생들에게 가르침으로써 자부심을 느끼고 그들의 수업에서 최신 경향과 전문적인 접근 방식을 학생들에게 제시하는 것에 뿌듯함을 느끼도록 하여 학생과 강사 모두의 흥미를 끄는 방식으로 쓰였다.

이 책은 총 14장으로 구성되어 있으며 이것은 거의 모든 수업의 학기 시간표와도 부합된다. 또한 이 책은 각 장의 끝부분에 실제로 적용해볼 수 있는 일련의 활동을 포함하고 있다. 마케팅 기획 과제를 중심으로 수업을 준비하는 강사들에게 있어, 이 책은 이러한 활동들이 명백히 마케팅 계획의 요소들을 창조하는 데 도움을 주기 때문에 이상적이라고 볼 수 있다.

제3판의 구조

Marketing Management, 3판은 총 5개의 파트로 나뉘며, 이는 수업을 위한 논리적 흐름의 큰 덩어리를 형성하고 있다.

- **제1부 마케팅 관리의 이해**

  학생들은 마케팅 분야의 역동성을 이해한다. 관리자로서의 미래의 성공에 미치는 마케팅 공부의 중요성을 형성하는 데 학생들은 상당한 주의를 기울여야 한다. 특히 글로벌, 윤리적, 지속가능한 방식으로 마케팅을 하는 것은 매우 중요하다. 제1부는 전략에 관한 포괄적 이해와 함께 마케팅 계획을 수립하는 것을 포함한다.

- **제2부 마케팅 의사결정을 위한 정보의 활용**

  정보는 마케팅 의사결정이라는 엔진을 가동하기 위한 연료라고들 한다. 이것을 유념하여 제2부는 고객(소비자와 기업 고객 둘 다)을 더 잘 이해하기 위한 효율적인 정보관리에 초점을 맞춘다. 시장조사 요소, 고객관계관리, 빅데이터, 마케팅 분석, 그리고 마케팅 대시보드들은 모두 깊이 있게 다루어진다. 효과적인 시장 세분화, 타깃 마케팅, 포지셔닝은 성공적인 마케팅의 핵심 요소이다. 제2부는 성공적인 마케터들의 적절한 능력 및 역량과 함께 앞서 언급한 핵심적인 주제들을 현대적인 관점에서 관리하는 방법을 제공한다.

- **제3부 가치 제공 개발 : 제품 경험**

  오늘날의 제품 전략, 브랜딩 및 신제품 개발에 대한 명확하고 종합적인 심층적 내용을 제공한다. 마케팅에서 서비스 지배적 사고가 우세해지고 서비스가 제품의 성공에 있어 아주 중요한 요소라는 인식하에, 우리는 서비스와 총체적 가치 제공물 사이의 중요한 연결을 시도하기 위해 별도의 장을 구성하였다.

- **제4부 가격과 가치 제안 제공**
  제4부는 우선 새롭고, 경영 관리상 적절한 가격 의사결정 처리 과정을 소개한다. 그리고 가치 제공물이 유통 경로와 고객 인터페이스를 통해서 고객들에게 제공될 수 있도록 마케팅 매니저가 처리할 수 있는 다양한 수준의 통합적 접근 방법이 나온다.
- **제5부 가치 제공물의 전달**
  디지털과 소셜미디어 마케팅의 증가, 그리고 마케팅 매니저들과 고객들의 의사소통이 급진적으로 변화함에 따라, 제3부는 제3판에서 전면 개정되었다. 성공적으로 마케팅 관리를 하는 결정적 요소는 마케팅 매니저가 디지털, 소셜미디어, 그리고 고객이 가장 원하고 선호하는 전통적인 프로모션 방법의 결합을 창조하고 실행하는 것이다.

주요 요소

경영 의사결정 사례

각 장 끝부분에 비즈니스 관련 기사에서 선정한 한 가지 사례가 나온다. 학생들은 문제점을 파악하고 각 장에서 배운 내용을 사용하여 해결책을 모색해야 한다. 각각의 경우들은 오늘날의 수업 상황에 맞게 너무 짧지도, 너무 길지도 않다.

마케팅 계획 연습

각각의 장들은 그 장의 핵심 내용을 한 학기의 마케팅 계획 프로젝트 활동과 연결한다. 이 책은 전체적으로 마케팅 계획에 효율적으로 초점을 맞추는 유일한 마케팅 관리 책이다. 한 학기의 마케팅 계획 프로젝트가 강사에 의해 도입되는지와 상관없이, 마케팅 계획 연습은 학생들이 중요한 마케팅 계획과 관련한 개념들을 꼼꼼하고 점진적인 방식으로 경험하도록 도와준다.

용어 해설

핵심 용어와 정의에 대한 완벽한 해설은 각 장의 끝부분에 나와 있다. 용어 해설은 학생들이 시험을 준비하기 위한 학습 보조자료로 이용될 뿐만 아니라 중요한 참고자료로 활용된다.

기타 요소

- **학습목표** : 학습목표는 각 장의 앞부분에서 학생들이 그 장을 읽고 학습함으로써 얻을 수 있는 것들을 설명해준다. 각각의 목표는 학생들이 학습 과정을 추적할 수 있게 하려고 관련이 있는 요소들이 장에서 등장할 때마다 구석에 다시 한 번 표기된다.
- **요약** : 각각의 장 마지막 부분에서 요약은 학생들이 중요한 주제를 상기하도록 도와준다.
- **핵심용어** : 핵심용어들은 두꺼운 글씨체로 강조되어 있으며 용어 해설의 정의 부분과도 연결이 된다.
- **응용 문제** : 장의 마지막에 나온 응용 문제들은 학생들의 사고를 다음 단계의 응용으로

이어지게 하려고 고안되었다. 책 전체를 통틀어 이러한 모든 질문은 경영 의사결정과정을 모의 시험해보기 위해서 특별히 고안되었다.

제3판에서 새롭게 개선된 콘텐츠

이 책은 실전적으로 마케팅을 수행하고 있는 광범위하고 다양한 마케터와 기업들의 수백 가지 사례를 제공한다. 각각의 장은 완전히 새로운 경영 의사결정 사례를 포함하며, 각각의 장 끝에는 새롭게 개선된 응용 문제가 있다. 게다가 수많은 새롭고 대체할만한 참조 자료들이 장의 마지막 미주 부분에 추가되었다. 장별로 어떠한 변화가 있는지를 살펴보자.

제1장 현대 비즈니스 환경에서 마케팅

- 오늘날 마케팅의 '공식적인' 정의가 미치는 영향에 초점
- 오늘날 마케팅이 직면한 주요 문제들을 둘러싼 새로운 내용
- 미국마케팅협회가 내린 마케팅의 일곱 가지 큰 문제점들

제2장 마케팅의 기초 : 글로벌, 윤리, 지속가능성

- 글로벌 마케팅 트렌드에 대한 개선된 논의와 사례
- 마케팅과 마케팅 믹스에서 윤리적인 의사결정의 중요성에 초점
- 지속가능성에 대한 깊이 있는 이해와 마케팅에서의 '세 가지 핵심 요인'

제3장 마케팅 전략·계획·경쟁

- SBU(strategic business unit) 단계에서 마케팅 계획이 미치는 영향
- 마케팅 계획과 관련한 제트블루의 사례 개정
- 마케팅 계획을 축약해놓은 사례를 넣은 장의 부록을 개정

제4장 시장 조사의 필수 요소

- 최신 사례와 함께 새로운 연구 방법론을 보완
- 마케팅 조사 산업에 대한 논의 추가
- 최신 데이터 수집 기술에 대한 내용 보완

제5장 CRM, 빅데이터, 마케팅 분석

- 잠재 고객의 정보 남용과 데이터 보안의 위험성과 관련한 논의 개정
- 빅데이터의 원천과 유형 관련 새로운 주요 부분
- 빅데이터의 지원을 통한 마케팅 분석 관련 새로운 주요 부분

제6장 소비재 및 산업재 시장에 대한 이해

- 소비재 및 산업재 시장의 새로운 경향에 대한 수정된 논의
- 새롭게 추가된 최신 사례
- 소비자 의사결정과정에 대한 최신 논의

제7장 시장 세분화, 목표 시장 선정 및 포지셔닝

- 지리적 시장 세분화를 위한 최신 인구 조사 정보 추가

- 밀레니엄 세대 고객에 대한 각별한 강조
- CRM의 기본적 내용이 제7장에서 제5장으로 이동

제8장 제품 전략과 신제품 개발
- 제품 분류와 관련한 새롭게 보완된 내용
- 제품 전략과 신제품 개발에서의 변화를 반영하기 위해 수정하고 보완된 내용
- 제품수명주기에 관한 보완된 논의

제9장 브랜드 구축
- 오늘날 가장 가치 있는 브랜드에 관한 내용 보완
- 브랜드의 정의와 개념에 관한 내용 수정 및 보완
- 오늘날의 패키지 디자인에 관한 내용 보완

제10장 핵심 제공물로서의 서비스
- 서비스 시배적 논리에 관한 새로운 내용
- 고객의 서비스 경험을 향상하기 위한 기술의 사용에 관한 새로운 내용
- 서비스 전략에서의 변화를 반영하기 위한 내용 수정

제11장 가격 책정 의사결정 관리
- 가격 계열에 관한 표 수정
- 혁신적인 가격 책정 전략에 관한 논의
- 가격 책정이 마케팅 전략 의사결정과정에서 갖는 역할에 관한 논의

제12장 유통, 물류, 공급사슬관리
- 인터넷 소매 거래의 경이적인 성장에 초점
- 기업들이 고객의 쇼핑 경험에 다수의 경로를 사용함으로써 발생한 옴니채널에의 관심
- 고객커뮤니티에 관한 향상된 대응

제13장 프로모션 핵심 : 디지털과 소셜미디어 마케팅
- 가치 전달에 있어 디지털 마케팅의 역할에 관한 전체적인 내용을 다루는 주요 내용 추가
- 최고의 실행 비법과 사용상의 주의사항들을 포함한 디지털 마케팅의 유형과 접근 방식에 관한 명확한 설명
- 소셜미디어 마케팅을 관리하는 방법과 고객이 기업 및 기업의 제공물과 직접적인 대화를 하게 만드는 것에 관한 주요 내용 추가

제14장 프로모션 핵심 : 전통적 접근
- 프로모션 전략에서의 변화를 반영하기 위해 전통적 광고 수단들에 관한 철저히 수정된 논의
- 주요 광고주들과 프로모션 산업에 관한 보완된 내용
- 위기 경영에 관한 보완되고 새로운 내용

미국마케팅협회 공인마케팅자격증
AMA PCM® 취득을 위한 공식 추천 도서

세계 최대의 마케팅 단체로서, 전 세계적으로 통용되는 마케팅의 정의를 내리고, 전 세계 마케팅 지식을 선도하는 기관이 있습니다. 바로 미국마케팅협회(American Marketing Association, AMA)입니다. 공인마케팅전문가(Professional Certified Marketer, PCM®)라고 불리는 마케팅 자격증 프로그램을 주관하는 곳이 바로 그 AMA입니다.

미국마케팅협회 공인마케팅전문가자격증 AMA PCM®은 뉴멕시코대학교의 석좌교수 O.C Ferrell 교수 주도의 태스크 포스에서 처음 개발, 2001년부터 운영되고 있는 세계 최고 권위의 마케팅 자격증으로서, 몇 차례의 개정과 업그레이드를 거쳐 지금에 이르고 있습니다. 특히 가장 최근에 개정된 AMA PCM®-Marketing Management 최신 출제 기준에 따르면, Marshall과 Johnston의 *Marketing Management*, 3판이 그 시험 준비를 위한 유일한 추천 도서입니다.

AMA PCM®-Marketing Management 최신 출제 기준	이 책의 해당 차례
Marketing Strategy	제3장 마케팅 전략 · 계획 · 경쟁
Global, Ethical, and Sustainable Marketing	제2장 마케팅의 기초 : 글로벌, 윤리, 지속가능성
Managing Information for Marketing Insights	제2부 마케팅 의사결정을 위한 정보의 활용
Buyers and Markets	제7장 시장 세분화, 목표 시장 선정 및 포지셔닝
Product and Service	제3부 가치 제공 개발 : 제품 경험
Manage Pricing Decisions	제11장 가치 책정 의사결정 관리
Deliver the Value Offering	제12장 유통, 물류, 공급사슬관리
Communicate the Value Offering	제5부 가치 제공물의 전달

여러분들이 지금 보고 있는 이 번역판의 원서가 바로 그 책입니다.

AMA PCM®-Marketing Management 시험의 최신 출제 기준은 다음과 같은 8개 영역을 포함하고 있습니다. 이 책의 차례와 비교해 본다면 사실상 동일한 내용임을 확인할 수 있을 것입니다.

AMA PCM®-Marketing Management 시험은 150문제의 객관식 및 양자택일 문제로 구성되어 있습니다. 시험 방식은 수험자가 원하는 시간과 장소에서 미국마케팅협회(AMA) 웹사이트에 접속하여 응시할 수 있는 컴퓨터 기반 테스트(CBT) 방식입니다. 시험 시간은 3시간, 즉 180분이며, 이 시간 내에 80% 이상의 정답을 맞히면 시험에 통과하게 됩니다.

세계 최고 권위의 마케팅 단체가 주관하는 자격증에 걸맞게 전 세계적으로 매우 경쟁력 있는 인재들이 이 자격증을 취득하고 있습니다. 미국에서는 필립 모리스 인터내셔널, 존슨앤존슨, 마이크로소프트 등 유명 글로벌 기업과 정부 기관의 마케터들이 이 자격증을 취득했고, 2015년 보급이 시작된 우리나라에서는 삼성, LG, SK, KT, 기아자동차 등 많은 대기업 및 외국계 기업의 마케터들과 서울대, 연세대, 고려대 등의 재학생 및 취업 준비생들이 자격증을 취득했습니다. 미국, 캐나다, 영국, 호주, 중국 등에서 학업 중이거나 졸업한 유학생들의 비중도 상당히 높은 편입니다. 한화그룹 통합 채용사이트, 아모레퍼시픽 채용사이트, 취업포털 사람인 등에 이 자격증이 등록되어 있고, 이 자격증 취득을 위한 스터디 모임이 대학교 내에 활발하게 생겨나고 있습니다. 2019년 5월 현재, 국내에 약 230여 명의 AMA PCM® 자격증 보유자들이 활발히 활동하고 있습니다.

AMA PCM®-Marketing Management 자격증 취득을 위한 지식을 얻기 위해 이 책보다 더 쉽고 효과적인 책은 없을 것입니다. 다만 영어로 치러야 하는 시험의 특성상, 이 번역서와 더불어 영문 원서에 나오는 용어도 함께 공부한다면 좀 더 높은 효과를 기대할 수 있을 것이라 생각됩니다.

이 책은 자격증 취득을 위한 공식 추천 도서일 뿐 아니라 수업 현장에서 교수자와 학습자 모두를 만족시키는 개념서입니다. 최신 마케팅 경향을 반영하여 책 내용을 구성했을 뿐 아니라, 다양한 실제 마케팅 의사결정 사례와 응용 문제를 제공하고 있으며, 각 장의 개념을 토대로 마케팅 계획을 수립하는 연습을 할 수 있어 교수자에겐 수업의 질을, 학습자에게는 마케팅 전문가로서 필요한 지식을 보장합니다.

AMA PCM®-Marketing Management 자격증에 대한 보다 자세한 사항은 미국마케팅협회(영문) ama.org 또는 한국마케팅교육연구소(국문) marketingeducation.co.kr을 방문하여 확인하시기 바랍니다.

독자 여러분들의 건승을 기원합니다.

한국마케팅교육연구소장

배 노 제

요약 차례

제 1 부 마케팅 관리의 이해

제 1 장 현대 비즈니스 환경에서 마케팅

제 2 장 마케팅의 기초 : 글로벌, 윤리, 지속가능성

제 6 장 소비재 및 산업재 시장의 이해

제 7 장 시장 세분화, 목표 시장 선정 및 포지셔닝

제 **4** 부 **가격과 가치 제안 제공**

제 **11** 장 가격 책정 의사결정 관리

제 **12** 장 유통, 물류, 공급사슬관리

마케팅 관리의 이해

Chapter 1

현대 비즈니스 환경에서 마케팅

학습목표

1-1 마케팅에 대한 오해를 알아보고 이러한 오해가 지속되는 이유와 마케팅 관리의 새로운 이슈를 학습한다.

1-2 마케팅과 마케팅 관리의 진정한 정의를 살펴보고 기업 성공에 어떻게 기여하는지 학습한다.

1-3 마케팅이 어떻게 변화해서 오늘날과 같이 실행되고 있는지 알아본다.

1-4 미래 마케팅에 영향을 주는 핵심 동인들을 학습한다.

마케팅 세계에 온 것을 환영합니다!

마케팅 세계에 온 것을 환영한다! 지금이 마케팅을 공부할 최적의 때이다. 사실, 학문으로서 마케팅은 마케팅이란 단어가 포함되지 않는 직무에 종사하는 사람들에게도 많은 것을 제공하고 있다. 공학, 회계, 재무, 정보기술 분야도 마케팅과 관련이 있다. 마케팅 관리를 공부하고 나면 자신의 직업과 전공에 상관없이 유능한 관리자와 지도자에게 필요한 지식과 노하우를 습득했다는 확신을 갖게 될 것이다. 훌륭한 마케팅은 모든 사람에게 유용하다!

마케팅을 학습하는 것이 매우 가치 있는 일임에도 불구하고 마케팅에 대한 많은 오해가 있다. 그래서 본격적인 학습에 앞서 마케팅의 개념을 명확히 하고자 한다. 훌륭하고 성공적으로 마케팅을 수행하는 방법을 학습하기 전에 마케팅에 대한 선입견과 오해를 바로잡을 필요가 있다. 이러한 공개적 논의는 마케팅에 대한 여러분의 인식에 도전을 줄 것이다. 이 장을 학습한 후에 우리의 관심을 마케팅에 대한 오해에서 오늘날 비즈니스 세계의 마케팅 현실로 옮길 수 있을 것이다.

마케팅에 대한 오해

1-1

마케팅에 대한 오해를 알아보고 이러한 오해가 지속되는 이유와 마케팅 관리의 새로운 이슈를 학습한다.

마케팅을 생각하면 어떤 아이디어와 이미지가 떠오르는가? 눈을 감고 이 단어의 본질을 생각해보기 바란다. 어떤 이미지가 머릿속에 밀려들어 오는가? 아마 여러분의 나이, 직업, 배경에 따라 다양할 것이다. 다음은 공통적으로 언급되는 마케팅에 대한 오해들이다.

- 기억하기 쉽고 즐거운 광고 또는 끊임없이 쏟아지는 지루한 광고
- 제품을 즉시 구매하도록 공격적으로 설득하는 판매원
- 이메일 계정과 스마트폰에 쉴 새 없이 오는 스팸 메일과 문자
- 온라인에서 사용자들의 검색 행동을 기록하고 추적하는 것
- 나이키 광고에 나오는 스포츠 스타와 같은 유명 브랜드의 유명인 광고 모델
- 과장되고 거짓된 내용으로 판명되어 그 기업을 신뢰하기 어려운 제품 광고
- 마케팅 부서가 기업이나 조직의 마케팅 주도권을 가지고 있다.

도표 1.1은 마케팅에 대한 선입견과 오해를 자세히 설명하고 있다.

오해가 생긴 이유

마케팅에 대한 오해가 생긴 중요한 이유가 있다. 마케팅은 내재적으로 가시성(visibility)이 높아 사람들의 눈에 잘 띄기 때문에 유행어를 만들어 회자시키는 특성이 있다.

마케팅은 본래 가시성이 높아 눈에 잘 띈다 비즈니스의 다른 기능과 달리 마케팅은 일반 대중의 눈에 잘 띈다. 기업의 여러 기능들을 생각해보기 바란다. 재무관리, 회계, 정보기술, 생산운영관리, 인적자원관리는 조직이라는 커튼 뒤에서 이루어지고 일반 대중들은 인식하지 못

한다. 그러나 마케팅은 아주 다르다. 기업은 홈페이지에서 제품 정보를 제공하여 소비자들의 관심을 자극하고 슈퍼볼 같은 스포츠 이벤트나 할인점 전시대를 통해 광고를 하여 고객의 즐거움과 관심을 촉진한다. 아마 모든 비즈니스 기능 중에서 사람들이 가장 직접적으로 보고 경험할 수 있는 기능이 마케팅일 것이다.

사실 마케팅 외의 다른 기능에 대해서도 틀에 박힌 편견이 있다. 예를 들어, 회계사는 푸른 테두리 모자를 쓰는 사람이라고 생각하거나 정보기술자들은 컴퓨터만 아는 괴짜로 보는 것이다. 하지만 거의 모든 사람들이 깊이 공감하는 이미지와 의견이 있어 자신 있게 한 마디 조언이라도 하는 분야를 찾기는 어렵다. 사회생활에서 일상 대화를 할 때 얼마나 자주 마케팅에 대한 이야기를 하는지 생각해보자. 재무관리의 자세한 내용이나 복잡한 컴퓨터 생산 시스템에 대해 대화해본 경험이 있는가? 아마 거의 없을 것이다. 하지만 누구나 마케팅에 대해 이야기하는 것은 편하게 생각한다. 예를 들어, 슈퍼마켓에서 광고하는 특판 상품, 어린이를 위한 올해의 패션, 호텔에서 경험한 서비스 등이다. 마케팅은 모든 사람이 토의할 수 있는 주제이다!

사실 기업들은 소셜미디어를 마케팅 도구로 활용하여 고객들의 대화를 창출하고 있다. 예를 들어, 패스트푸드 레스토랑인 웬디스는 짓궂은 소셜미디어 전략을 사용하여 트위터에서

도표 1.1 | 마케팅에 대한 오해 : 마케팅이 아닌 것

오해 1 : 마케팅은 모두 광고에 대한 것이다.

현실 : 광고는 마케팅을 고객에게 의사소통하는 한 방법에 불과하다. 광고는 일반 대중에게 매우 잘 드러난다. 그래서 많은 사람들이 마케팅을 생각할 때 자연스럽게 광고를 떠올리게 된다. 다음과 같은 유명한 격언이 있다: "훌륭한 광고는 나쁜 제품을 더 빨리 실패하게 한다."

오해 2 : 마케팅은 모두 판매에 대한 것이다.

현실 : 일반 대중은 판매를 많이 경험한다. 소매점에서 일상적인 판매가 많이 이루어진다. 판매, 더 정확하게 말해서 '인적판매'는 단순히 마케팅 커뮤니케이션의 한 방법이다. 마케터는 마케팅 커뮤니케이션 믹스를 결정해야 한다. 이 믹스는 광고와 인적판매뿐만 아니라 PR/홍보, 판매촉진, 직접 마케팅을 포함하고 있다. 다른 상에서는 메시지를 의사소통할 때 각 요소가 언제, 어떻게 가장 효과적인지 토의할 것이다.

오해 3 : 마케팅은 모두 솜털 같고 내용이 없다.

현실 : 맞는 말이다. 마케팅의 어떤 측면은 본질적으로 재미있고 화려하다. 케빈 듀란트를 유명인 모델로 고용하는 것은 나이키 팬에게 주는 즐거움과 재미는 말할 것도 없고 나이키의 모든 직원에게도 정말 스릴 있는 일이다. 그러나 마케팅에는 정교한 조사, 자세한 분석, 세심한 의사결정, 심사숙고한 전략과 계획의 개발과 같은 측면도 있다. 많은 조직에서 마케팅을 위해 주요 투자가 필요하므로 기업들은 자연스럽게 만족스러운 투자 회수에 대한 확신이 없으면 자원 투자를 꺼린다.

오해 4 : 마케팅은 본질적으로 비윤리적이며 사회에 해롭다.

현실 : 다른 비즈니스 기능이 본질적으로 비윤리적이지 않은 것처럼 마케팅도 비윤리적이지 않다. 2000년대 후반 큰 불황으로 이어졌던 기업의 극단적인 회계 부정은 진실을 보여준다. 마케팅의 일부 요소가 비윤리적(불법)이면 일반 대중이 쉽게 알게 되는 경향이 있다. 기껏해야 거짓 광고 주장, 강압적 판매 전술, 환경에 해로운 포장 정도가 쉽게 볼 수 있는 부정적 마케팅 사례이다.

오해 5 : 마케팅 관리자만 마케팅을 한다.

현실 : 누구나 마케팅을 한다. 모든 사람이 마케팅의 성공에 지분을 가지고 있다. 기업 내의 직위나 직함과 관계없이 훌륭한 마케팅 실행 방법을 배우는 것은 핵심적인 직업 자산이다. 강력한 마케팅 기술을 가진 사람들은 직장 안팎에서 큰 성공을 이룬다. 당신 자신을 효과적으로 커뮤니케이션하여 개인 브랜드로 만드는 상황을 고려해본 적이 없다면 직장을 구하거나 승진을 위해 자신을 포지셔닝하려고 할 때 마케팅이 얼마나 유용할 수 있는지 생각해보라.

오해 6 : 마케팅은 기업의 비용 센터 중에 하나다.

현실 : 마케팅이 투자가 아니라 비용이라는 사고방식은 기업에게 치명적이다. 왜냐하면 본질적으로 비용은 줄이고 회피해야 하기 때문이다. 경영자가 마케팅은 수익을 창출한다는 관점을 갖지 않으면, 즉 마케팅은 장기적으로 투자를 회수한다고 보지 않으면 기업이 원가를 줄이는 것을 선호하여 브랜드와 제품 개발 투자를 피하기 때문에 결국에는 부분적인 성공만 달성하기 쉽다. 이것은 마케팅 투자가 장기적인 경쟁력을 보장하기는 하지만 성공적인 기업은 단기적인 재무성과를 달성하기 위해서 원가도 동시에 점검해야 한다는 고전적 논쟁이다.

150만 팔로워를 획득했다.[1] 고객들이 웬디스와 경쟁기업에 대한 트윗을 할 때 대담하고 유머러스한 트윗으로 반응하여 고객들을 놀라게 하여 유명세를 탔다. 웬디스는 자신들의 트윗에 대해 다음과 같이 표현한다. "우리는 햄버거 만드는 것을 좋아하는 것만큼 우리들의 트윗을 좋아합니다."[2] 소셜미디어 대화는 제품 광고로부터 자주 벗어나기도 한다. 예를 들어, 어떤 트위터 사용자들은 짓궂은 농담으로 웬디스에게 자신들을 구워달라고 요청하기도 했다. 그러나 소셜미디어의 대화와 입소문 덕분에 소비자들이 웬디스에 주목했고 가치 있는 광고 도구 역할을 했다.

거의 모든 사람들이 마케팅에 대해 접근 가능하고 경험이 있다는 생각이 왜 그렇게 중요할까? 누구나 쉽게 마케팅을 관찰할 수 있음에도 불구하고 연구할만한 가치가 있는 전문 분야로 인정받지 못하고 있는 것이 사실이다. 재무관리, 생산운영관리, IT와 같은 경영의 세부 분야들은 MBA 학생, 학부생, 경영자들로부터 마케팅보다 더 진지하게 고려하고 생각해야 할 분야로 여겨지고 있다. 이 분야들이 마케팅보다 더 구체적이고 과학적이고 분석적인 기능이라고 생각한다. 그래서 더 많은 자금, 시간, 자원을 투입해야 할 영역이라고 평가한다.[3] 사실 과거에는 마케팅 활동의 성과를 측정할 만한 방법이 거의 없었다. 반면에 다른 경영 분야에서는 지속적으로 성과 측정 방법들이 개발되었다. "측정할 수 없으면 관리할 수 없다"는 경영의 격언이 오랫동안 마케팅을 괴롭혀 왔다. 이러한 추세가 변화하고 있다. 오늘날 마케팅 성과와 공헌을 측정하는 것이 기업들의 주된 관심사가 되었다.[4] 이 책에서는 고객 데이터를 활용하는 마케팅 분석, 마케팅 메트릭스, 디지털 및 소셜미디어 마케팅을 강조하고자 한다.

마케팅은 유행어 이상의 의미가 있다 마케팅이 투명하게 공개되는 속성과 기업의 성공에 기여한 바를 측정하기 힘든 특성을 가지고 있기 때문에 일부 관리자들이 마케팅을 어쩔 수 없이 지불해야 하는 비용으로 생각하여 필요악으로 보는 것은 놀랄만한 일이 아니다.[5] 이러한 관리자들은 마케팅이 시장에서 실제 성과를 내고 있어도 어떻게 효과를 나타내는지 확신하지 못한다. 하지만 이들도 경쟁을 해야 하기 때문에 시장조사, 브랜드 개발, 광고, 판매원, PR 등에 많은 자금을 투입해왔다. 마케팅 관리와 통제가 모호하여 구체적이지 못한 것과 더불어 마케팅 개념을 곡해한 집단은 단기 성과를 위한 마케팅 관련 유행어를 만들어 자신들의 아이디어를 팔아온 컨설턴트들과 저술가들이다. 마케팅에 단기 성과 지향이 만연하다는 사실에 의문이 있는 여러분은 온라인과 오프라인 서점을 방문해보길 바란다. 서점의 비즈니스와 마케팅 섹션에 가보면 게릴라 마케팅, 허가 마케팅, 총체적 마케팅, 마케팅 전쟁, 버즈 마케팅, 통합적 마케팅 등의 책을 접할 수 있다. 이러한 접근들은 특정 상황에서 유용하지만 단기지향 전략이기 때문에 사람들이 마케팅을 서커스처럼 인식하게 되었고 존중받을만한 경영의 세부 분야로 인정하기 힘들게 했다.

오해의 극복과 현대 마케팅의 현실

사실 마케팅과 관련된 유행어는 쇼윈도 장식에 불과하고 인론에서 유행하는 마케팅에 대한 접근도 조직의 장기적인 성과에 큰 도움이 되지 않는다. 효과적인 마케팅 관리는 유행어나 일시적인 해결책 제시에 대한 것이 아니다. 마케팅의 본질은 이 장의 초반에 제시한 마케팅에 대한 선입견과는 거리가 멀다. 오늘날 비즈니스 환경에서 마케팅은 모든 기업에게 핵심적 기능이고 본질적인 과정이다.[6] 더욱이 개인, 팀, 조직 성과를 향상시키기 위한 **마케팅 관리**(marketing management)는 핵심적인 비즈니스 활동이므로 어떤 학생이든 공부하고 숙지할만한 가치가 있다.

이 장에서는 여러분이 속한 부서, 전문영역, 조직 내 지위와 상관없이 마케팅 관련 지식과 기술 습득을 통해 성공적인 경력 관리를 위해 필요한 기초를 다룰 것이다. 마케팅은 여러 사람들과 관련되어 있을까? 답은 '매우 그렇다'이다. 왜냐하면 조직 내의 모든 사람들이 어떤 방식으로든 마케팅 활동을 하고 있고 그 성공과 실패 결과를 공유하고 있기 때문이다.

마케팅 책을 읽고 과목을 수강하는 것이 마케팅 관리를 학습하는 위대한 출발점이지만 전부는 아니다. 마케팅을 배우는 것은 평생 해야 하는 여행과 같으므로 훌륭한 리더와 관리자가 되기 위해서는 마케팅 지식과 기술을 습득하기 위해 지속적인 노력과 헌신을 해야 한다. 이러한 정신에서 여러분을 마케팅 여행에 초대하고자 한다.

마케팅의 정의

60여 년 전에 현대 경영학의 아버지라고 불리는 피터 드러커는 현대 마케팅과 그 잠재력에 대한 기초를 놓았다. 다음은 1954년의 드러커의 글이다.

1-2

마케팅과 마케팅 관리의 진정한 정의를 살펴보고 기업 성공에 어떻게 기여하는지 학습한다.

> 비즈니스가 무엇인지 알기 원한다면 비즈니스의 목적에서 출발해야 한다. 오직 하나의 타당한 비즈니스 목적에 대한 정의가 있다. 고객을 창출하는 것이다. 고객이 비즈니스가 무엇인가를 결정한다. 오직 고객만이 재화와 서비스에 대가를 지불하려는 의도를 통해 경제 자원을 부와 물건에 대한 무언가로 전환한다. 비즈니스에서 무엇을 생산하는가는 특별히 비즈니스의 미래와 성공에 가장 중요한 것이 아니다. 고객이 생각해서 사게 될 것 그리고 가치 있다고 여기는 것이 결정적으로 중요하다. 고객을 창출하는 것이 비즈니스의 목적이기 때문에 비즈니스 기업은 단 두 가지 기능만 있으면 된다. 마케팅과 혁신이다.[7]

다음과 같은 아이디어에 대해 생각해보자: 고객 가치 극대화를 위해 조정된 자원과 과정으로 고객 주변에 만들어진 비즈니스. 여기에서 드러커는 마케팅 부서에 대해서가 아니라 보다 넓은 의미의 마케팅을 말하고 있다. 차이점에 대해서는 나중에 더 논의히기로 하자. 다음은 1973년경 드러커가 쓴 글이다.

> 마케팅은 비즈니스의 기본이기 때문에 하나의 분리된 기능으로 볼 수 없다. 마케팅은 사업 전체의 중심이다. 고객 관점에서는 사업 전체라고 볼 수 있다. 그러므로 기업의 모든 세부 기능들이 마케팅을 고려하고 책임진다. 마케팅은 기업의 모든 기능에 스며들어 있다.[8]

피터 드러커가 그의 시대보다 앞선 비즈니스 철학을 가졌던 것은 분명하다. 시간을 빨리 돌려 현재로 와보자. 미국마케팅협회는 정기적으로 공식적인 마케팅 정의를 검토하고 갱신하고 있다. 이 책이 출판될 즈음의 정의는 다음과 같다.

토요타의 인기 차종 사이언은 친환경 제품에 대한 이해관계자들의 관심이 점점 커지고 있는 것을 보여주는 전형적 예이다.

출처 : Toyota Motor Sales, U.S.A., Inc.

마케팅은 고객, 동업자, 사회를 위해 가치를 가진 제공물을 창출, 의사소통, 전달, 교환 하는 활동, 제도, 과정이다.

이 정의가 좋은 이유는 다음과 같다.

- 마케팅을 기업 성공에 기여하는 핵심 요 인으로 인정하여 마케팅의 **전략적 측면**에 더 초점을 둔다.
- 마케팅을 활동, 기관, 과정의 체계로 인 식하여 조직 내의 부서로만 보지 않는다.
- 마케팅의 핵심 영역을 가치로 이동시켰 다. 즉, 다양한 이해관계자들을 위해 가 치 있는 제공물을 창출, 의사소통, 전달, 교환하는 것을 강조한다.

누가 마케팅의 이해관계자일까? 기업 내부와 외부에는 마케팅을 통해 상호작용하고 마 케팅의 영향을 받을 뿐만 아니라 영향을 미치는 다양한 **마케팅 이해관계자**(marketing's stakeholders)들이 있다. 예를 들어, 기업 내부에는 사업을 위해 마케팅 부문과 상호작용하는 조직 부서들이 있다. 마케팅 부문이 조직 내 다른 부서인 재무, 회계, 생산, 품질통제, 엔지니 어링, 인적자원 등과 강력하고 생산적인 관계를 유지하는 것은 성공적인 사업을 위해 필수적 이다.[9] 외부 이해관계자들의 범위는 더 넓은데 고객, 정부, 판매사, 노동조합 등이 있다. 마케 팅 관리의 중요한 도전은 기업에 미치는 영향력의 중요도와 관련성에 따라 이해관계자들의 우선순위를 정하는 것이다.[10] 대부분의 기업들은 고객을 1순위로 둔다. 도리어 핵심 문제는 다른 이해관계자들 중에 누구를 먼저 주목해야 하느냐이다.

가장 넓은 개념 수준에서 일반 사회 구성원을 마케팅의 이해관계자로 볼 수 있다. 이러한 개념을 **사회적 마케팅**(societal marketing)이라고 한다. 예를 들어, 환경 친화적 마케팅 또는 그 린 마케팅은 사회적 책임을 수행하려는 기업에서 꾸준히 성장하고 있다. 오늘날 이러한 운동 은 **지속가능성**(sustainability)이란 이름하에 많은 기업들의 핵심 철학과 전략으로 자리 잡았 다.[11] 지속가능성은 미래 세대의 이익을 훼손하지 않고 현재 인류의 니즈를 충족시키는 비즈 니스 실천을 의미한다. 사회적 책임이 있는 조직들은 지속가능성 개념을 통해 장기적으로 기 업의 성공과 사회의 성공이 모두 달성되도록 비즈니스를 잘하는 것과 착하게 하는 것을 통합한 다. 예를 들어 유니레버 브랜드들은 자사 비즈니스 모델의 필수적인 부분으로 '유니레버 지 속가능 생활 계획'을 실행했다. 이 계획은 다음과 같은 목표를 추구한다: (1) 10억 명 이상의 사람들이 자신의 건강과 웰빙을 향상시키도록 돕는다. (2) 제품이 환경에 미치는 영향을 절반 으로 줄인다. (3) 모든 농업 원재료를 지속가능하게 조달하고 가치사슬에서 사람의 생계수단 을 향상시키도록 한다.[12] 유니레버는 '더 밝은 미래' 캠페인을 개시했는데 이것은 유니레버가 지속가능한 생활방식에 헌신하는 것을 통해 어떻게 긍정적인 사회직 영향을 창출하고 더 밝 은 미래를 위해 노력하는지 강조하고 있다.[13]

'목적 마케팅(purpose marketing)' 또는 '친사회적 마케팅(prosocial markeing)'이 마케팅 전략으로 성장하고 있다. 이러한 마케팅이 유행하는 이유는 기업이 상징하고 의미하는 것이 소비자 구매 결정에 영향을 미치는 사례가 증가하고 있기 때문이다. 탐스 신발은 사회적 기업가 정신과 사회적 목표 마케팅으로 알려져 있다. 탐스 '1 대 1' 정책은 모든 구매를 통해 "탐스는 가난하고 어려운 사람들을 도울 것입니다"라고 고객에게 약속한다.[14] 2016년에만 약 350만 명이 연례 캠페인인 '신발 없는 하루' 계획에 참여했다.[15] 진심이 담긴 목적 마케팅은 소비자들의 감정에 소구하여 충성도를 일으키는 잠재력을 가지고 있다. 이러한 추세는 브랜드에 대한 메시지를 전달하는 기존 방식을 넘어 소비자가 보다 의미 있는 방식에 참여하도록 한다.[16]

가치와 교환이 마케팅의 핵심 개념이다

이 책에 나오는 여러 주제 중에 가치는 마케팅의 핵심이다. 고객 관점에서 **가치**(value)는 고객이 편익 묶음을 획득하기 위해 지불해야 하는 비용 대비 편익 묶음의 비율이라고 정의한다.[17] 또 다른 마케팅의 핵심 원리는 교환 개념이다. **교환**(exchange)은 자신이 원하는 것을 갖기 위하여 가치 있는 다른 것을 포기하는 것이다.[18] 보통 교환은 돈을 통해 이루어지지만 언제나 그런 것은 아니다. 사람들은 가끔 자신들이 원하는 것을 얻기 위해 시간, 기술, 전문성, 지적 자본과 같은 비금전 자원을 거래하거나 물물교환한다. 교환이 일어나기 위해서는 다음과 같은 다섯 가지 조건이 있어야 한다.

1. 적어도 2명의 당사자가 있어야 한다.
2. 각 당사자는 다른 사람에게 가치가 있는 무엇인가를 가지고 있어야 한다.
3. 각 당사자는 가치를 의사소통하고 전달할 능력이 있어야 한다.
4. 각 당사자는 교환물을 받거나 거절할 자유를 가지고 있어야 한다.
5. 각 당사자가 교환 대상자를 상대하는 것이 바람직하고 적절하다고 믿어야 한다.

이 조건들이 교환 형성을 보증하는 것은 아니다. 쌍방 모두에게 유익을 주는 합의를 해야 교환이 발생한다. 그러므로 미국마케팅협회의 정의에 나오는 '… 가치를 가진 제공물을 교환하는 것'이 암시하는 것은 교환을 통해 두 참여자가 모두 편익을 누리는 것이다.

마케팅의 새로운 아젠더

지금 이 시대가 마케팅 리더와 관리자가 활동하기에 가장 좋은 시기라고 믿는다. 최근 미국마케팅협회는 지적 아젠더 1.0을 발표했다. 미국마케팅협회는 이 아젠더가 전 세계 마케팅 관리자들을 위한 실천적 통찰력, 도구, 자원 및 프레임워크의 기초인 이론 및 응용 지식에 대해 지침과 영감을 주는 '큰 텐트' 역할을 하기를 바라고 있다. 지적 아젠더의 핵심적인 부분은 모든 마케팅 관리자가 직면하고 있는 중요한 도전들의 배경이 되는 마케팅의 일곱 가지 큰 문제를 파악하는 것이다. 일곱 가지 문제는 마케팅 분야에서 지속적으로 논의하고 생각할 수 있는 공통분모가 된다. 일곱 가지 문제는 다음과 같다.

산업혁명 이전

↓

생산 및 제품 중심

↓

판매 중심

↓

마케팅 개념의 등장

↓

마케팅 개념 이후의 접근

- 차별화 지향성
- 시장지향성
- 관계지향성
- 일대일 마케팅

1. 높은 가치를 주어 성장의 원천이 되는 목표 시장을 효과적으로 선정
2. 기업과 고위 경영진 내에서 마케팅의 역할
3. 현대 기업의 디지털 방식으로의 탈바꿈
4. 마케팅 실행을 위한 통찰력의 창출 및 활용
5. 옴니채널의 관리 및 대처
6. 역동적이고 세계화된 시장에서의 경쟁
7. 점진적 혁신과 급진적 혁신의 균형[19]

미국마케팅협회는 마케팅의 역할이 일곱 가지 문제를 포함할 뿐만 아니라 그보다 훨씬 크다고 확신하고 있다. 마케팅이 경제적·환경적·사회적 지속가능성을 통해 우리 사회와 지구의 공익을 향상시키는 역할을 할 수 있다고 생각한다. 즉, 일곱 가지 문제 해결을 위해 실천 가능하고 수용할 수 있는 해결책을 제시할 때는 공익을 고려해야 한다. 제2장에서는 마케팅의 사회적 영향력에 대해 다룰 것이다.

미국마케팅협회의 정의는 가치를 가진 제공물을 창출, 의사소통, 전달, 교환하는 데 있어 마케팅의 역할을 강조한다. 그러나 마케팅의 초점이 항상 가치, 고객관계에 있었던 것은 아니다. 오늘날에도 일부 기업들은 이 부분에서 뒤쳐져 있는 것이 사실이다. 다음 부분에서는 마케팅의 뿌리, 과거 관점, 진화 과정을 살펴보고 지금도 일부 기업들이 과거 마케팅 접근에 머물러 있는 이유를 설명하고자 한다.

마케팅의 뿌리와 진화

1 - 3

마케팅이 어떻게 변화해서 오늘날과 같이 실행되고 있는지 알아본다.

역사를 무시하는 사람은 과거의 실수를 반복한다는 옛 격언에 비추어 마케팅의 역사가 주는 교훈을 알아보고자 한다. 도표 1.2는 마케팅의 진화 과정을 보여준다. 중요한 것은 오늘날에도 마케팅에 접근하는 방식이 과거에 머물러 있는 기업들이 있다는 것이다. 즉, 모든 조직이 최종적으로 진화한 마케팅 개념을 가지고 있는 것은 아니다. 그러나 대부분의 기업들이 이 책에서 지금까지 제시한 것과 같은 21세기 관점에서 마케팅에 접근하고 있다.

산업혁명 이전

헨리 포드와 동시대 사람들이 조립라인을 만들고 대량생산을 하기 전에는 마케팅이라는 단어를 사용하지도 않았지만 마케팅은 기업과 고객 사이에서 일대일로 진행되었다. 산업혁명 이전에 한 사람이 신발 한 켤레가 필요할 때 일어날 상황에 대해 생각해보자. 그 사람은 마을 구두수선공을 찾아간다. 구두수선공은 발의 치수를 재고 일주일 후에 와서 신발을 가져가라고 말한다. 일주일 후에 그 사람은 다시 방문하여 신발을 구매하여 가져간다. 재질, 스타일, 색깔이 다양하진 않지만 마을 구두수선공은 각 고객에 맞춰 신발을 만들기 때문에 고객들은

자신에게 딱 맞는 신발을 구매하여 신을 수 있다. 신발이 잘 맞지 않으면 마을 구두수선공은
즉시 고객의 기호에 맞춰 신발을 다시 만들거나 수선해준다.

생산 및 제품 중심

산업혁명으로 수요에 따라 하나씩 생산하던 방식이 조립라인에 의한 대량생산으로 바뀌었
다. 이러한 변화는 비즈니스의 거의 모든 것을 변화시켰다. 생산 효율성을 극대화하는 것이
가장 중요한 관심사가 되었다. 20세기 초반에는 제품과 생산 효율성을 높이는 **생산지향성**
(production orientation)에 초점이 맞춰졌다. 시장에서 일어나는 일에 대해서는 큰 관심이 없
었다. 제품 기능과 스타일이 다양하지 않아도 가격이 어느 정도 합리적이면 소비자들은 제품
을 채가듯이 구매했다. 포드의 T 모델을 소유하는 것 자체가 대단한 일이었다. 포드는 다음
과 같이 말했다 "사람들은 어떤 색상의 T형 자동차라도 가질 수 있다. 그 색이 검정색이기만
한다면"[20]

생산지향성은 기능이 우수한 제품을 만들면 고객들이 몰려올 것이라고 가정한다. 좋은 쥐
덫을 만들면 고객이 온다는 뜻이다. 여러분은 마케팅 관리를 공부하면서 좋은 제품만으로는
성공을 확신할 수 없다는 것을 배울 것이다. 불행히도 생산지향성에 머물러 있는 기업들은
고객을 얻기 위한 경쟁에서 어려움을 겪을 것이다.

판매 중심

제1차 세계대전이 끝날 무렵 기업의 생산 시설 가동률은 여
러 가지 이유 때문에 하락하기 시작했다. 첫째, 전쟁 수행을
위해 생산 능력이 크게 증가했다. 둘째, 전쟁 전에는 몇몇 기
업이 각 사업을 지배하여 좌지우지했는데 전쟁 후에 많은 경
쟁자들이 시장에 진입하면서 기존 기업들과의 경쟁이 심해졌
다. 셋째, 금융 시장이 발전하고 복잡해지면서 기업들이 지속
적으로 판매량과 이익을 증가시켜야 하는 압력을 받았다.

이런 이유 때문에 판매에 중점을 두어 성공한 판매조직들
이 생겼다. **판매지향성**(sales orientation)은 판매량을 늘려 생
산 시설 가동률을 높이는 것을 추구한다. 그리고 전문적인
판매원들이 개인 및 기업고객이 제품을 구매하도록 밀어내
기 식 전략을 쓰는 것을 권장한다. 오랫동안 일반인에게 판
매원의 전형적인 이미지는 약속 후 고객을 만나 악수하고 웃
으면서 제품 구매를 밀어붙이는 것이었다. 점차 많은 고객들
이 압박성 판매 행동에 싫증을 느꼈고, 무분별한 판매원들
로부터 소비자를 보호하기 위한 여러 수준의 법도 만들어졌
다. 많은 고객들에게 마케팅 이미지는 밀어붙이는 판매원으
로 굳어졌다. 생산지향성처럼 지금도 일부 기업들은 판매지

1950년대 후반의 옛 제너럴일렉트릭 광고는 그 당시 광고가 현대 광고보다 더
정보 제공 중심이었고 섹시함이 덜했다 것을 보여주는 좋은 예이다.

ⓒThe Advertising Archives/Alamy Stock Photo

향성 접근을 하고 있다.

마케팅 개념의 등장

제2차 세계대전 이후 오랫동안 지속되던 비즈니스 방식이 변했다. 비즈니스 역사학자들은 몇 가지 원인을 제시하고 있다.

- 전후 소비재와 서비스에 대해 억눌린 수요
- 오랜 전쟁 후 가족에 대한 강조, 절실하게 일상의 정상적 삶으로 돌아가려는 욕구(이 결과 베이비부머 세대가 나타남)
- 전쟁 중 늘어난 생산량
- 사용이 쉬워진 대용량 중앙컴퓨터 저장 장치, 정교한 시장조사를 할 수 있는 관련 통계 분석 기법의 발달

강압적 판매에 대한 회의와 맞물려 1950년대 미국 비즈니스 방식에서 변화가 일어났다. 그 결과 나타난 것이 **마케팅 개념**(marketing concept)이다. 이 개념은 조직의 장기적 이익을 달성하기 위한 조직 전체의 고객지향성을 의미한다.[21] 제너럴일렉트릭은 1952년 연간 보고서에서 주요 기업으로서는 처음으로 마케팅 개념을 구체적으로 언급한다. 제너럴일렉트릭은 새로운 시대의 경영철학을 알리게 된 것을 기뻐하면서 주주들에게 다음과 같이 글을 쓴다(그 당시에는 전문 사업가를 남자라고 생각하여 영문에는 marketing man이란 표현을 사용함).[22]

"마케팅 개념에 비춰볼 때 마케팅 관리자는 생산 주기의 마지막이 아니라 시작 단계에 참여해야 한다. 비즈니스 각 단계와 마케팅을 통합해야 한다. 그러므로 기업은 마케팅 연구와 조사를 통해 엔지니어, 디자이너, 생산자를 위해 고객이 제품으로부터 원하는 것, 지불하고자 하는 가격, 구매하려는 장소와 시간을 이해하고 밝혀주어야 한다. 마케팅은 판매, 유통, 제품, 서비스뿐만 아니라 제품 기획, 생산 스케줄링, 재고관리까지 지휘 권한을 가질 것이다."

마케팅 개념을 구체화한 것은 비즈니스에 있어 획기적인 발전이었다. 1960년대와 1970년대에 마케팅 개념은 들불처럼 다른 기업들에도 퍼져나갔고 곧이어 곳곳에서 기업들은 시장이 제공할 제품을 결정하는 관행을 채택하고 있다. 이러한 접근 때문에 시장과 소비자 조사에 지속적인 투자가 이루어졌고 조직 차원에서 마케팅 계획 수립에 몰입하게 되었다. 그 결과 마케팅 계획 수립은 대부분의 비즈니스 과정에 포함되었다. 제3장에서는 마케팅 계획을 다루게 될 것이다.

마케팅 믹스 마케팅 개념이 구체화되고 주요 기업들이 이 개념을 수용하면서 대학에서도 마케팅 과목을 가르치는 것에 초점을 맞췄다. 1960년대에 **마케팅 믹스**[또는 **마케팅의** 4P인, 제품(product), 가격(price), 유통(place), 촉진(promotion)]가 등장하여 마케팅의 핵심 요소를 가르치는 편리한 방법이 되었다.[23] 기본적인 생각은 이 네 가지가 마케팅의 근본적인 요소이고 마케팅 수행에 적용될 수 있다는 것이다. 믹스라는 단어를 사용한 이유는 이 단어가 네 가지 요소의 독특한 조합을 만들어 자사의 제품과 브랜드를 경쟁자와 차별화하는 의미이기 때

문이다. 또한 마케팅의 중요한 규칙은 마케팅 믹스 요소 중 하나를 바꾸면 다른 요소들도 변하는 도미노 효과가 일어나는 것이다.

오늘날에도 마케팅 믹스의 기본 개념은 계속 유지되어 사용된다. 하지만 1960년대보다 상당히 정교하고 세련되게 다듬어졌다. 지금은 제품을 넓은 의미에서 상품, 서비스, 아이디어(예 : 지적 재산권) 등과 같은 **제공물**(offering)의 묶음으로 보고 있다. 강력하고 중요한 브랜드가 제품을 대표하기도 한다. 오늘날 많은 마케팅 관리자들은 제품보다 **솔루션**, 즉 문제 해결책에 초점을 둔다. 마케팅 관리자는 구체적으로 이해하고 있는 고객욕구와 필요와 관련된 문제 해결책을 마련하기 때문에 제공물을 문제 해결책으로 표현하는 것이 좋다.[24] 그리고 마케팅 관리자들은 가치 개념과의 관계 가운데 가격을 이해한다. 유통도 크게 변화했다. 기업들은 유통이 상품을 A지점에서 B지점으로 가져가는 과정이라기보다 사업 성공을 위해 중요한 요소인 정교하고 통합된 가치사슬로 이해하고 접근한다.[25] 마지막으로 1960년대 이후 촉진에서도 큰 변화가 있었는데 지금 이용 가능한 인터넷, 핸드폰과 같은 첨단 미디어들을 생각할 수 있다.

지금까지 어떤 저자들은 기본적인 마케팅 믹스인 4P에 새로운 P를 추가하는 것을 제안해 왔다. 특히 서비스와 아이디어 마케팅처럼 물리적 상품 배경이 아닌 상황에서 기본 마케팅 도구 세트에 새로운 요소를 추가하려는 의견이 자주 제시되었다.[26] 이 주제는 수년 동안 뜨거운 토론 주제였다. 아비바의 브랜드 커뮤니케이션 및 마케팅 임원인 피트 마키는 4P는 마케팅이 한 부서의 책임이 아니라는 것을 상기시켜주기 때문에 오늘날에도 여전히 타당하고 의미 있는 개념이라고 주장한다. 다시 말해 고객의 욕구와 필요를 이해하여 가치를 창출하는 것은 비즈니스 전체의 책임인데 4P 개념이 이를 뒷받침한다는 것이다. 기존 세대가 신세대 마케팅 관리자들에게 단순하게 반복할 수 있는 마케팅 과정의 핵심을 의사소통하려고 할 때 4P는 이를 잘 요약하고 있다.[27]

여러분은 이 책을 읽어가면서 이 책이 기본적으로 가치를 가진 제공물을 개발하여 가격 책정, 전달, 의사소통하는 흐름으로 설명하고 있다는 것을 알게 될 것이다. 4P의 관점에서 볼 때 이 책의 제3부는 제품 전략, 신제품 개발, 브랜드 구축, 서비스를 통한 가치 제공물의 개발에 초점을 맞추고 있다(제품의 'P'). 제4부는 가치 제공물의 가격을 결정하여 전달하는 것을 다룬다(가격과 유통의 'P'). 마지막으로 제5부는 기업이 가치 제공물을 고객에게 의사소통하는 방식에 대한 포괄적인 관점을 제공한다(촉진의 'P'). 이와 같이 초기 4P의 핵심 요소는 변함없지만 현대 마케딩 관리자들의 업무 과정과 용어에서는 확장된 의미를 갖는다.

마케팅 개념 이후의 접근

마케팅 개념의 정의를 깊이 있게 살펴봄으로써 오늘날 사업가들이 넓게 공감하는 주제들을 도출해볼 수 있다. 고객을 기업의 중심에 두는 것[**고객 중심**(customer-centric) 접근으로 불림], 장기적으로 고객에게 투자하는 것에 초점을 맞추는 것, 마케팅을 조직 전체의 문제로 다루는 것(마케팅 부서만의 일이 아님)은 오늘날 비즈니스 수업과 이사회에서 중요한 주제이다. 이 주제들은 이 장 후반부에 논의할 것이다.[28] 아마존은 고객 중심 조직을 지향하는 선도 기업 중에 하나이다. 최고경영자인 제프 베조스는 이 접근법을 아마존 문화에 통합했다. 예를 들어, 회의를 할 때 회의의 모든 대화에서 가장 중요한 사람은 고객이라는 사실을 상기시키기 위해 한 좌석을 비어둔다.[29]

도표 1.2 마지막에 제시된 것처럼 차별화 지향성, 시장지향성, 관계지향성, 일대일 마케팅의 4단계 마케팅 진화과정에서 발전된 내용들을 토의해보고자 한다.

차별화 지향성 더 정교한 조사와 분석적 접근 덕분에 특정 고객 집단에 대한 정확성이 더 향상된 시장 세분화, 목표 시장 마케팅, 포지셔닝 전략 수행이 가능해졌다. 이 내용과 과정은 제7장에서 학습할 것이다. 이 접근 방식은 **차별성**(differentiation)을 창출하여 의사소통하는 것인데, 고객 마음속에 자사 제품이 경쟁 제품보다 분명하게 다른 점을 만들어 의사소통하는 것이다.[30] 마케팅 관리자들이 집단마다 다른 맞춤형 제품 메시지를 만들어 전달하는 능력이 크게 향상되었는데, 그 이유는 특정 고객 집단에 정확하게 의사소통할 수 있는 다양한 매체가 확산되었기 때문이다. 예를 들어, "콜라 나누기" 캠페인 기간 동안에 코카콜라는 10대와 밀레니얼 세대에서 가장 보편적인 이름 250개를 20온스 콜라 병에 새기고 나눔 내용이 있는 웹사이트를 만들었다. 코카콜라는 개인화, 트렌드, 콜라병을 매개로 한 사회적 상호작용을 통해 밀레니얼 세대를 목표로 의사소통하고자 했다. 그 결과 캠페인 시작 후 판매가 2% 증가했다.[31]

시장지향성 그동안 기업이 성공적으로 마케팅 개념을 실천할 수 있는 방안에 대한 많은 연구가 진행되었다. **시장지향성**(market orientation)을 마케팅 개념의 실행으로 생각해보자. 시장지향성은 마케팅 개념을 이끌어가는 비즈니스 철학이고, 기업 내에서 마케팅 개념을 보다 효과적으로 실행하는 데 도움을 준다.[32] 한편, 고객을 기업의 모든 부분의 핵심에 두는 **고객지향성**(customer orientation)은 시장지향성의 한 부분이다. 사우스웨스트 항공의 핵심은 고객 경험이다. 이 항공사는 브랜드 개성, 항공기 밑 부분에 있는 하트 심벌, 탑승권의 심벌, 잘 훈련된 직원들을 통해 자사의 정체성인 고객 경험을 표현하고 드러낸다. 사우스웨스트 항공의 하트는 고객에 대한 약속이고 직원에게는 자사의 정체성과 직원의 역할을 상기시킨다.[33]

관계지향성 오늘날 마케팅 관리자는 수익성 있는 고객과 장기적인 관계를 형성하여 유지하는 것의 중요성과 힘을 잘 인식하고 있다.[34] 원래 마케팅 개념은 다음 분기의 재무성과보다 장기적인 고객을 육성하는 장기지향성의 필요를 인식하고 강조했다. **관계지향성**(relationship orientation)을 중요시하는 움직임은 투자 수익을 확신할 수 없는 신규 고객 유치보다 현재의 수익성 있는 고객을 유지하는 데 투자하는 것이 더 효율적이고 효과적이라는 것을 깨달은 후 나타난 것이다.[35] 사실 대부분의 기업들은 현재 고객과 신규 고객 모두에게 초점을 맞춘다. 하지만 중요한 고객을 잃고 그 손해를 만회하기 위해 허둥대길 원하는 기업도 없다.

관계지향성은 마케팅 의사결정에서 지속적인 실시간 고객 정보를 수집하고 사용하는 기업 역량에 의해 좌우된다. 관계지향성 실행에 대해서는 고객관계관리(customer relationship management, CRM)를 다루는 제5장에서 설명하고자 한다. 많은 고객관계관리 프로그램은 마케팅 투자를 할 가치가 있는 수익성 있는 고객을 파악하는 방법을 제공하고 고객만족도와 충성도를 향상시키기 위해 설계된다.[36] 달러 세이브 클럽은 고객에 대한 통찰력을 갖기 위해 사내 고객관계관리 시스템, 고객 지원 플랫폼, 데이터 분석을 사용하는데 질레트 등의 면도기 회사에 큰 위협이 되고 있다. 이러한 고객관계관리 프로그램을 사용한 결과 150만 가입자들에게 타사가 모방하기 힘든 고객 경험을 제공하고 있으며, 개별 고객과 진정성 있는 관계를 만드는 데 목표를 두고 있다.[37]

일대일 마케팅 앞에서 제시했던 산업혁명 이전에 구두 수선공이 개별 고객을 위해 맞춤형 신발을 만드는 예를 기억하는가? 마케팅은 진화를 거듭해서 산업혁명 이전처럼 고객맞춤화 역량을 갖추는 것에 초점을 두는 단계로 다시 돌아왔다. **일대일 마케팅**(one-to-one marketing)이란 용어는 돈 페퍼스와 마사 로저스의 책과 논문을 통해 유행하게 되었다. 일대일 마케팅의 핵심 주장은 기업이 보유한 에너지와 자원을 집중하여 고객과 학습 관계를 형성하고 이 관계에서 획득한 지식을 기업의 생산과 서비스 역량에 연결하여 가능한 한 고객 맞춤형으로 고객 욕구를 충족시켜야 한다는 것이다.[38]

일부 기업들은 **대량 고객화**(mass customization)를 통해 일대일 마케팅에 근접하고 있다. 대량 고객화에서는 기업이 유연 생산과 유연 마케팅을 결합하여 고객의 선택 대안을 늘린다.[39] 소매상들도 대량 고객화에 뛰어들었다. 고급 브랜드인 버버리는 일대일 마케팅을 도입하여 고객이 스스로 트렌치코트의 다양한 옵션을 선택하도록 하고 있다. 고객은 코트 길이, 가죽과 천 유형, 색깔을 선택할 수 있다. 또한 소매 길이, 안감, 깃, 단추, 벨트도 고를 수 있다. 고객들은 클릭 몇 번으로 자신을 위한 완벽한 코트를 맞춤형으로 구매할 수 있다.[40]

지금까지 이 장에서는 마케팅에 대한 오해를 파악해서 편견을 떨쳐버림으로써 현대의 마케팅 관리를 이해하기 위한 기초를 놓고자 했다. 오늘날 비즈니스 환경이 매우 빠르게 변화하고 있는 상황에서 마케팅의 역할은 과거보다 더 빠르게 진화하고 있는 것 같다. 이제부터는 우리의 시야를 미래로 옮겨 향후 10년 이상 마케팅에 영향을 미칠 중요한 변화 동인을 알아보도록 하자.

마케팅의 미래에 영향을 미치는 변화 동인

마케팅의 미래를 체계적으로 탐색해보기 위한 좋은 방법은 문서로 잘 정리되어 있고 마케팅에 분명한 영향을 주는 근 동향을 알아보는 것이다. 일반적인 주세와 흐름은 이미 진행 중이지만 마케팅과 비즈니스에 궁극적으로 미치는 영향은 아직 완전히 알려져 있지 않다. 다섯 가지 핵심 변화 동인은 다음과 같다.

1 - 4

미래 마케팅에 영향을 주는 핵심 동인들을 학습한다.

- 제품 공급 과잉과 고객 부족
- 정보력이 마케팅 관리자에서 고객으로 이동
- 세대 간 가치와 기호의 변화
- 큰 마케팅과 작은 마케팅을 구별함
- 마케팅 투자에 대한 수익을 요구

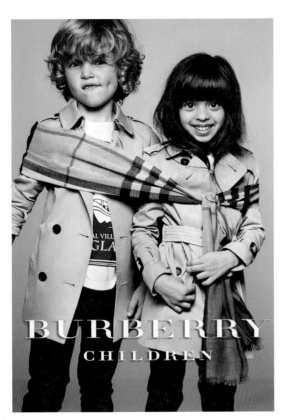

고도로 고객맞춤화를 할 수 있는 브랜드인 버버리는 어린이 고객까지
제품 라인을 확장했다.

출처 : Burberry

제품 공급 과잉과 고객 부족

프레드 비어세마는 자신의 책 새로운 시장의 리더(*The New Market Leaders*)에서 B2C와 B2B 시장 모두에서 마케팅 관리자와 고객 사이의 힘이 이동하고 있다는 증거들을 제시한다. 그는 자신의 주장을 뒷받침하는 여섯 가지 새로운 시장 현실을 발견하여 제시한다. 여섯 가지는 다음과 같다: 경쟁자의 증가, 모든 비밀이 공개된 비밀임, 혁신이 보편화됨, 정보가 넘쳐 가치가 하락함, 쉬운 성장이 힘든 시기를 만듦, 고객은 시간이 부족함.[41]

블록버스터는 넷플릭스의 기술 때문에 망하지는 않았지만 고객에 초점을 맞추지 못해 종말을 맞이했다. 블록버스터가 자신들이 소매 고객 서비스 사업을 하고 있다는 것을 이해하고 상담 판매로 전략을 수정하여 자사를 필요한 모든 플랫폼을 활용하는 '영화 전문가'로 브랜드화했다면 살아남았을 것이다. 하지만 블록버스터는 자신들을 계속 편의점 체인으로 생각했다. 디지털 시대가 현실인 상황에서 블록버스터는 더 이상 편리하지 않았고 결국 문을 닫았다.[42]

비어세마의 핵심 주장은 고객지향성이 바람직할 뿐만 아니라 오늘날 생존을 위해 필수요소라는 것이다. 비어세마의 여섯 가지 시장 현실의 영향을 이해하면 조직의 고객 중심 전략의 결합체로서 마케팅의 역할이 더 중요해지고 있다는 것을 알 수 있다.

마케팅 관리자에서 고객으로 정보력 이동

최근 고객들은 회사, 제품, 경쟁자, 다른 고객에 대한 정보뿐만 아니라 기업이 세운 마케팅 계획과 전략의 세부 정보까지 거의 제한 없이 접근하여 얻을 수 있다. 이것은 비어세마가 말한 시장 현실 중 '모든 비밀은 공개된 비밀'과 유사하다. 그러나 여기에서는 고객 관점에 대해 설명하고자 한다. 수십 년 동안 마케팅 관리자는 고객보다 더 큰 정보력을 가지고 있었다. 왜냐하면 기업은 고객이 기업 내부자(보통 판매원)의 도움 없이 얻을 수 없는 제품과 서비스에 대한 세부 정보에 접근할 수 있기 때문이었다. 지금은 인터넷에서 모든 종류의 제품과 서비스에 대한 정보를 제한 없이 접근할 수 있는 권한이 고객에게 주어져 있다.[43]

기업은 경쟁 때문에 사업과 제품에 대한 정보를 공개할 수밖에 없다. 기업이 채팅방, 독립 웹사이트, 블로그, 기타 고객이 만든 의사소통 채널을 폐쇄하고 싶어도 그렇게 할 수 없다. 이러한 정보 원천들은 기업의 제품, 서비스, 부끄러운 일에 대한 정보뿐만 아니라 허위 정보와 의견도 알리고 의사소통한다. 최근 수년 동안 월마트는 회사와 회사 활동에 대한 정보(직원 임금과 혜택 관행)를 퍼트리는 통제하기 힘든 정보 원천들 때문에 허를 찔리고 어려움을 겪었다. 정보력 이동에 대한 다른 예는 의사와 환자의 관계이다. 점점 더 많은 환자들이 제약 회사 광고와 인터넷을 통해 질병에 대한 정보를 획득해서 의사 진료실에 올 때는 이미 스스로 진단하고 처방한 경우가 많다. 고객의 손에 더 많은 정보가 주어지는 추세는 줄어들지 않을 것이다. 이러한 중요 변화를 반영하고 반응하여 마케팅 접근 방식을 수정해야 한다.[44]

세대 간 가치와 기호 변화

제7장에서 세대 마케팅에 대해서 더 자세히 토의할 것이다. 세대별로 추구하는 가치와 기호가 크게 변하고 있는데 마케팅의 미래에 영향을 미치는 핵심 동향 중 하나로 논의할만한 가치가 있다. 분명한 영향 중 하나는 기업의 메시지와 의사소통 방식에 미치는 영향이다. 예를 들어, Y세대는 이전 세대보다 전자상거래를 더 잘 수용하여 마케팅 의사소통과 구매 채널로 더 적극적으로 활용한다.[45] 여러분은 아이튠즈 스토어나 구글 플레이에서 'Girl Scout Cookie Finder' 앱을 찾아 설치하면 현 위치에서 가장 가까운 쿠키 판매점을 찾을 수 있다는 것을 알고 있었는가? 대면 판매에만 의존하는 시대는 지났다.[46] 이러한 변화는 어떻게 여러 세대 고객과의 관계를 관리하고 젊은 고객들이 기업과의 관계를 다양하게 형성하여 얼마나 큰 가치를 획득하는지에 대한 시사점을 준다. 젊은 세대들은 스테이트 팜 보험회사의 보험 대리인과 개인적으로 친밀한 관계를 형성하

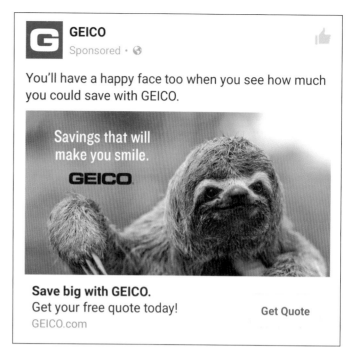

보험회사 가이코는 웹에서 현명한 광고 테마와 효율적인 보험료율 가격을 제시해서 젊은 세대를 겨냥한 보험 세분 시장에 진출했다.

출처 : GEICO

는 것을 환영하고 필요하다고 생각할까? 아니면 가이코 같은 보험회사와 전자상거래와 온라인 유통 경로로 상호작용할 때 행복해할까? 세대 간 차이는 인적 자원 측면에서도 마케팅에 영향을 준다. 세대 간에는 직장과 가정생활에 대한 태도, 직무 만족과 보상에 대한 기대, 선호하는 학습과 업무 방식(전자 방식 대 대면 방식)에 차이가 있다. 이러한 차이가 기업이 직원을 채용하여 마케팅 관련 업무에 배치하는 과정과 역량에 영향을 준다. 예를 들어, 기업은 고객에게 탁월한 서비스를 제공하여 차별화하기를 원한다. 그러나 자격을 갖춘 능력 있는 인력이 부족하여 거의 모든 기업이 우수한 고객 서비스 능력을 갖춘 직원을 채용하여 유지하는 데 어려움을 겪고 있다.[47]

세대 간 변화와 차이가 새로운 것은 아니다. 고객 관리와 조직 구성원 육성 관점에서 세대 간 차이와 여러 세대의 가치관과 기호에 부응하는 방식을 이해하는 것은 마케팅 관리의 중요한 부분이다. 오늘날 이 주제는 마케팅에서 더 강조되고 있다. 왜냐하면 세대별로 기술 사용 성향이 다르고 세대 차이가 작업장 설계와 관리 방식에 영향을 주기 때문이다.

여기서 마케팅 관리자들에게 소중한 세대인 밀레니얼 세대에 대해 강조하고자 한다. 인구의 25%가 밀레니얼 세대이고, 연간 구매력은 2,000억 달러이다. 밀레니얼 세대는 진정성 있는 내용을 좋아하고 브랜드 충성도가 높다. 특히 소셜미디어에서 활동이 활발한 브랜드를 좋아한다. 또한 기술로 서로 잘 연결되어 있으며 기업의 제품 개발 과정에 참여하기를 원한다.[48] 치폴레의 '자신의 비즈니스 모델 만들기' 프로그램은 고객에게 상호작용하는 고객 체험을 제공한다. 그리고 고객들은 'Farmed & Dangerous'라는 웹 시리즈를 통해 소셜미디어에서 상호작용할 수 있다. 이러한 노력 덕분에 2015년 음식 안전 문제로 위기를 겪었을 때 대부분 젊은 고객들은 충성 고객으로 남았다.[49]

2025년까지 밀레니얼 세대는 노동자의 75%를 치지할 것으로 예상된다. 이 세대는 직장에

서 책임을 분담하길 원하고 일과 개인 삶의 균형, 일을 떠난 시간을 가치 있게 여긴다. 또한 사회적 책임과 윤리적 비즈니스를 실행하는 기업에서 일하고 싶어 한다. 밀레니얼 세대는 역사상 가장 잘 교육받은 세대이다.[50] 소프트웨어 회사 워크데이는 '워크데이 세대' 프로그램을 통해 밀레니얼 세대에 맞추고 있다. 이 프로그램에서는 부하 직원을 상급자 회의에 초청하여 멘토링을 받을 수 있는 기회를 제공하고 직원을 여러 부서로 순환시켜 새로운 기술과 경험을 습득하고 네트워크를 형성하도록 돕는다.[51] 제7장에서는 세대 마케팅에 대해 더 학습할 것이다.

큰 마케팅과 작은 마케팅을 구별함

앞에서 마케팅 개념은 기업이 고객을 회사의 중심에 두는 중요한 사업 철학이라고 이야기했다. 또한 여러분은 마케팅에 대한 여러 선입견들을 읽으면서 마케팅에 대한 이미지가 매우 단편적이고 전술적인 영역에 머물러 있다는 것을 알게 되었을 것이다. 어떻게 하면 마케팅을 전략과 전술적 속성을 가진 영역으로 균형 있고 조화롭게 이해할 수 있을까?

조직 내의 두 측면에서 마케팅을 생각하는 것으로 시작해보자. 두 차원은 자전거의 두 바퀴처럼 나란히 공존하고 때때로 서로 교차하기도 한다. 하지만 목표와 특성에서 근본적인 차이가 있다. 편의상 첫 번째 차원은 대문자인 큰 마케팅(Marketing)으로 두 번째 차원은 소문자 작은 마케팅(marketing)으로 표시하여 구별하고자 한다. 도표 1.3은 두 차원의 관계를 보여주고 있다. 두 개념을 보다 깊이 살펴보도록 하자.

큰 마케팅 큰 마케팅(Marketing, Big M)은 사업 전략의 핵심 동인 역할을 한다. 즉, 기업은 내부 역량과 더불어 시장, 경쟁자, 다른 외부 요인을 이해함으로써 미래 전략을 성공적으로 개발할 수 있다. 이러한 접근을 **전략 마케팅**(strategic marketing)이라고 하며, 조직 고위층이 조직 성과를 높일 목적으로 기업 수준에서 장기적으로 마케팅에 투자하는 것을 의미한다.

미국마케팅협회의 정의를 다시 생각해보자. 이 정의 안에 큰 마케팅의 상당한 요소들이 포함되어 있다. 고객 가치, 교환, 고객 관계, 조직과 이해관계자를 위한 혜택이 바로 전략적 개념이고, 속성상 기업의 핵심 사업 철학을 만드는 데 도움을 준다. 우리는 앞에서 마케팅 개념이 큰 마케팅의 중심 개념을 포함하고 있다는 것을 살펴보았다. "장기 이익을 성취하려는 목적으로 조직 차원의 고객지향성…". 조직 차원의 고객지향성과 장기 이익이라는 마케팅 개념의 핵심 특성이 바로 전략적 개념이다. 미국마케팅협회의 마케팅 정의와 오래된 마케팅 개념 모두 큰 마케팅이 핵심 사업 철학으로서 기업에게 중요하다는 증거를 보여주고 있다.

큰 마케팅 개념은 마케팅의 영향을 극대화하기 위해 조직에서 필요한 행동 지침을 제시한다. 성공적인 큰 마케팅을 위해 필요한 행동 요소들을 생각해보자.

- 직위와 직함에 관계없이 조직의 모든 구성원이 고객을 기업의 모든 활동의 중심에 두는 고객지향성 개념을 이해하게 하라. 조직 구성원이 기업 밖에서 고객을 직접 대면하느냐는 중요하지 않다. 요지는 조직 내부의 모든 사람에게 고객이 있다는 것이고, 기업은 내부 고객을 효과적으로 응대하는 과정을 통해 외부 고객을 더 잘 만족시킬 수 있다. 이렇게 생각하면 기업의 모든 구성원이 큰 마케팅 성공을 위해 각자 역할이 있다.

- 모든 조직 내부 과정과 시스템을 고객을 중심으로 조정하라. IT 시스템, 통신 시스템, 지불 시스템, 다른 내부 과정과 시스템이 고객지향성의 장애물이 되지 않도록 해야 한다. 기업 내부의 사람들이 고객 중심 사업 방식의 힘을 이해하더라도 내부 시스템이 이를 지원하지 않으면 큰 마케팅은 성공하지 못할 것이다.

- 기업의 고위 임원 중에서 큰 마케팅 사업 철학을 일관성 있게 옹호하고 대변할 사람을 찾아라. 최고경영자가 이 역할을 위해 가장 적합하다. 기업 조직 내 다른 중요한 것처럼 큰 마케팅도 자원, 인내, 동화되어 실행할 시간이 필요하므로 조직 상층부의 자원과 지도력을 가지고 일관성 있게 지원할 사람이 없으면 이루어질 수 없다.

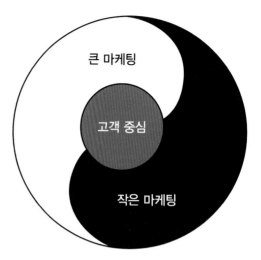

- 큰 마케팅을 하는 곳에 마케팅 부서가 있다는 개념을 잊어라. 큰 마케팅은 하나의 부서가 하고 안 하고의 문제가 아니다. 큰 마케팅은 조직이 기업 전체를 접근하는 기초이다. "고객관점에서 마케팅이 비즈니스 전체이다. 마케팅을 위한 관심과 책임은 기업의 모든 영역에 스며들어 있어야 한다."는 피터 드러커의 말을 다시 한 번 생각해보자. 드러커가 옳았다.

- 시장위주(market-driven) 전략만이 아니라 시장주도(market-driving) 전략을 수립하라. 마케팅 계획 과정에서 시장과 경쟁을 연구하는 것은 필수적이다. 오늘날 기업은 신제품과 시장을 개발할 때 선형적인 사고에서 벗어나야 한다. 시장과 고객에 대한 조사를 통해 미충족 필요를 발견하고 이러한 필요를 충족시키는 제품을 설계할 지침을 얻을 수 있다. 그러나 이 과정은 시장 창출에 큰 기여를 하지 못한다. **시장 창출**(market creation)은 고객이 몰랐던 완전히 새로운 필요를 충족하기 위해 시장을 이끌어 가는 접근법인데 이전에도 실행 가능했다. 시장 창출의 고전적 사례들은 마이크로소프트의 정보 분야 혁신, 디즈니의 현대적 놀이공원 산업 창출, 애플의 아이폰, 아이패드를 통한 통합적 의사소통 혁신 등이 있다. 이 예들은 신규 시장을 창출한 시장주도 전략이었다.

작은 마케팅 큰 마케팅과 대조적으로 **작은 마케팅**(marketing, little m)은 기능과 운영 수준에서 기업과 이해관계자들에게 기여한다. 그래서 작은 마케팅은 **전술 마케팅**(tactical marketing)이라고도 한다. 사실 작은 마케팅은 거의 대부분 기업의 기능과 운영 수준에서 진행된다. 고객과 이해관계자들을 대상으로 한 구체적인 프로그램과 전술은 작은 마케팅에서 나오는 경향이 있다.[52] 그러나 작은 마케팅은 언제나 큰 마케팅의 철학, 문화, 전략 범주 안에 있을 필요가 있다. 작은 마케팅이 큰 마케팅의 일상적인 운영과 실행을 담당하면서 큰 마케팅과 작은 마케팅은 기업 내에서 자연스럽게 서로 연결되어야 한다. 브랜드 이미지부터 판매원과 광고의 메시지, 고객 서비스, 제품 특성과 포장, 선택된 유통 경로에 이르기까지 모두 작은 마케팅의 예이다.

마케팅의 두 차원을 이해하는 것은 오늘날 마케팅과 관련된 혼동을 명확히 하는 데 도움을 준다. 그리고 마케팅 관리의 올바른 형태에 대한 혼동, 기업 내·외부에서 마케팅 분야의 정

AT&T가 후원하는 지역 YMCA 전시회는 스마트폰 커뮤니케이션의 어두운 면(운전 중 문자 발송)을 끌어내어 이야기하고 있다. 기술 때문에 마케팅 커뮤니케이션 경로가 증가했지만 동시에 마케터는 적절한 사용을 촉진해야 할 중요하고 새로운 책임을 지게 되었다.

ⓒImeh Akpanudosen/Getty Images

체성 위기가 나타나는 이유를 설명하는 것에도 도움을 준다. 이 책에서는 중요한 부분을 보다 깊이 설명하기 위해 큰 마케팅과 작은 마케팅을 제시할 것이다. 그러나 마케팅이란 단어가 두 가지 의미를 포함하고 있다고 가정하고 마케팅이라는 한 단어만 사용할 것이다.

마케팅 투자의 타당성과 회수를 정당화하는 방향으로 이동

미래 마케팅에 영향을 주는 마지막 변화 동인은 오늘날 많은 최고경영자와 최고마케팅경영자의 마음속에 있는 주제이다. 그것은 경영자가 마케팅에 투자한 후 성공 수준을 어떻게 효과적으로 측정하고 평가할 것인가에 대한 내용이다. 마케팅 수행 결과를 계량적으로 분석하는 **마케팅 메트릭스**는 다양한 재무 메트릭스가 재무관리 방향을 안내하는 것처럼 성과 향상을 위한 핵심 기준을 발견, 추적, 평가, 제공하도록 설계되어야 한다.[53] 왜 성과 평가 메트릭스에 초점을 맞추는 것일까? 다음과 같은 몇 가지 중요한 이유가 있다.

- 마케팅은 애매모호한 분야이다 : 역사적으로 마케팅은 사업의 회색 지대이자 안전 영역으로 간주되어 왔다. 일반적으로 마케팅 전략은 창의적인 속성이 있는데, 이러한 마케팅 활동의 성과를 어떻게 효과적으로 측정할 수 있을까? 측정하기 힘든 마케팅의 속성은 마케팅 관리자에게 매력적인 것이다. 오랫동안 마케팅 관리자들은 마케팅 활동은 측정과는 거리가 있다는 생각을 적절하게 활용해 왔다. 하지만 이런 시대는 끝났다.

- 측정할 수 없는 것은 관리될 수 없다 : 다른 비즈니스 활동과 마찬가지로 마케팅 활동을 효과적으로 관리하기 위해 마케팅 목표와 결과를 계량화하는 것이 필요하다. 마케팅 계획은 가장 중요한 사업 계획 중 하나이다. 그러므로 효과적인 계획 수립을 위해 계량 분석을 해야 한다.

- 마케팅은 비용인가? 투자인가? : 마케팅 실무자들은 조직의 미래 성공을 위해 마케팅을 투자로 생각해야 한다고 조직 내부에서 홍보하는 경향이 있다. 마케팅이 투자라면 기대 수익을 파악하고 측정하는 것이 합리적이다.[54] 업계 선두 기업인 맥킨지앤드컴퍼니는 의뢰 고객들의 효과적인 마케팅 투자 결정을 돕기 위해 복잡한 마케팅 투자 수익(marketing return on investment, MROI) 자료를 간단하게 시각화해주는 마케팅 네비게이터를 사용한다. 맥킨지는 마케팅은 비용이 아니라 투자로 믿고 이야기한다.[55] 우리는 제5장에서 마케팅 분석과 메트릭스를 자세히 살펴볼 것이다.

- 최고경영자와 주주들은 마케팅의 책임감을 기대한다 : 마케팅 관리자는 마케팅 생산성을 지속적이고 의미 있게 측정할 수 있는 도구를 개발할 필요가 있다. 최고재무경영자와 다른 기능의 지도자들처럼 최고마케팅경영자는 마케팅 성과를 책임지고 있다.[56]

지금까지 마케팅의 미래에 영향을 준다고 확신하는 몇 가지 핵심 변화 동인을 파악하여 알아보았다. 분명히 사업의 거시 수준 환경에서 글로벌화, 다양한 소수민족, 기술의 성장과 확산, 마케팅 커뮤니케이션의 급격한 디지털화 및 소셜미디어 활용과 같은 동향들도 마케팅에 영향을 준다. 이러한 주제들은 다른 장에서 다루게 될 것이다.

마케팅 여행의 시작

어떤 학생들은 관리자 경력을 위해 마케팅이 가치 있다고 생각해서가 아니라 학위를 받기 위한 필수과목이므로 마케팅 관리를 수강한다. 여러분이 처음에 이 범주에 속할지라도 마케팅 관리를 위한 지식과 기술을 배우면 직위 및 직함과 관계없이 회사 내에서 자신의 가치를 높이게 됨을 알 수 있길 바란다.

여러분이 이 과목을 수강하면서 마케팅 관리는 직위나 직함이기보다 중요한 사업 기회와 도전에 대한 의사결정에 접근하는 방식이라는 것을 명심해주길 바란다. 이 책은 여러분이 마케팅 지식과 기술을 최대한 습득하여 조직성과에 긍정적 영향을 주려고 노력한다는 것을 가정한다. 이 책을 보는 처음부터 개인 경력을 쌓아 가치를 높이려면 지금 리더십과 마케팅 관리를 숙달하는 데 시간과 에너지를 투자해야 한다는 것을 확신하기 바란다.

요약

활동, 제도, 과정인 마케팅은 다양한 방식으로 기업과 내·외부 이해관계자들을 위해 가치를 창출한다. 성공적인 마케팅 관리자는 훌륭한 마케팅을 위해 필요한 것을 이해해야 한다. 그리고 현재의 변화 동인이 다양하기 때문에 현대의 마케팅은 과거의 마케팅과 무엇이 다른지 알고 있어야 한다. 개인, 사업단위, 기업의 성과를 향상시키기 위해 여러 마케팅 활동을 이끌고 관리하는 마케팅 관리는 비즈니스의 핵심 활동이다. 그러므로 학생의 직위, 직업, 교육 배경과 관계없이 비즈니스를 공부하는 모든 학생이 공부하고 숙달할만한 가치가 있다.

핵심용어

가치(value)
고객 중심(customer-centric)
고객지향성(customer orientation)
관계지향성(relationship orientation)
교환(exchange)
대량 고객화(mass customization)
마케팅 개념(marketing concept)
마케팅 관리(marketing management)

마케팅 메트릭스(marketing metrics)
마케팅 믹스(마케팅의 4Ps)[marketing mix
　(4Ps of marketing)]
마케팅 이해관계자(marketing's stakeholders)
사회적 마케팅(societal marketing)
생산지향성(production orientation)
시장지향성(market orientation)
시장 창출(market creation)

일대일 마케팅(one-to-one marketing)
작은 마케팅(marketing, little m)
전략 마케팅(strategic marketing)
전술 마케팅(tactical marketing)
지속가능성(sustainability)
차별성(differentiation)
큰 마케팅(Marketing, Big M)
판매지향성(sales orientation)

1. 이 장에서 제시된 마케팅에 대한 오해들을 생각해보라.

   a. 제시된 오해들 중에 두 가지를 골라 회사와 브랜드에 대해 자신이 경험한 구체적인 사례를 제시해보라.

   b. 마케팅 관리자가 마케팅에 대한 잘못된 오해들을 이해하면 어떤 유익이 있는가?

   c. 이 장에서 다루지 않은 다른 마케팅에 대한 오해들을 제시해보라.

2. 이 장에서는 피터 드러커의 많은 책들이 수십 년 전에 쓰여졌지만 그의 핵심 주장들이 오늘날에도 타당하다고 강력히 옹호한다. 당신은 그의 글이 시대를 앞선 것이고 지금도 타당하다고 생각하는가? 이유는 무엇인가? 당신이 시장지향성을 실천하기 원하는 기업의 최고경영자라고 가정하자. 당신이 시장지향성 실천이라는 목표를 달성하는 데 드러커의 조언은 어떤 도움이 되겠는가?

3. 당신이 마케팅 관리자의 역할을 하고 있다고 생각해보자. 당신은 마케팅 관리자로서 사회적 마케팅과 지속가능성에 동의하는가? 동의 또는 동의하지 않는 이유는 무엇인가? 지속가능성이 마케팅 관리자의 역할과 활동에 어떻게 영향을 주는가? 당신이 지속가능성을 잘 수행하고 있다고 믿는 2개의 조직을 골라 증거를 제시해보라.

4. 이 장의 변화 동인 부분을 다시 보고 초점을 맞추고 싶은 두 가지 동인을 선택하라. 하나의 조직을 정하여 다음 질문에 응답하라.

   a. 당신이 고른 변화 동인들은 어떤 방식으로 이 조직의 성공적 마케팅에 영향을 미치는가?

   b. 이 기업은 변화 동인에 어떻게 대응하고 있는가? 현재 하고 있지 않지만 해야 하는 것은 무엇인가?

   c. 두 가지 및 미래 변화 동인들에 대해 미리 대비할 때 마케팅 관리자는 무슨 역할을 하는가?

5. 이 장에서 기업이 큰 마케팅과 작은 마케팅을 잘 조화하여 수행하면 성공할 수 있다는 것을 배웠다. 왜 이 주장이 맞다고 생각하는가? 두 가지 마케팅을 '조화롭게' 한다는 의미는 무엇인가? 마케팅 관리자가 두 가지 마케팅을 조화하지 않으면 어떤 부정적 결과가 일어나는가?

경영 의사결정 사례

힘센 말에서 말하는 개구리로 : 전략적 적응으로 계속 승자가 된 버드와이저

오늘날 마케팅 관리자들이 처한 환경은 빠르게 변하고 있기 때문에 브랜드가 살아남아 장기적으로 성장하기 위해서는 마케팅 전략이 이러한 변화보다 앞서 나가야 한다. 마케팅 전략은 계속 발전하고 진화해야 한다. 고객의 변화하는 필요와 기호에 부응하고 목표 고객과 연결할 수 있는 새로운 도구들을 활용해야 한다. 버드와이저는 고객에게 가치를 제공하고 그 가치를 효과적으로 고객과 의사소통하는 강력한 마케팅 관리 덕분에 지난 150년 동안 시장에서 살아남고 성장할 수 있었다.[57]

1864년 애돌퍼스 부시는 그의 장인 에버허드 앤호이저와 함께 세인트루이스에서 맥주 사업을 시작했다. 앤호이저는 그 시대에 최첨단의 촉진 믹스를 사용한 마케팅 개척자였다.

그가 사용한 촉진믹스는 인쇄 및 옥외광고, 판매시점 촉진, 사은품, 대규모 이동 판매원 그룹이었다(그 당시에는 모두 남성 판매원이었다).[58] 1908년으로 빠르게 가보자. 부시는 금주법을 예상하고 신문 광고를 하였다. 이 광고의 목적은 구독자들과 규제 기관에게 맥주 산업은 75만 명을 고용하여 그들의 가족인 400만 명의 여성과 어린 아이들을 돌보고 있고, 맥주 재료인 농작물을 생산하는 농장에서 40만 명 이상이 일하고 있음을 상기시키는 것이었다. 나중에 다시 논의되는 이 애국적인 촉진 주제에서 부시와 앤호이저는 맥주 산업의 직원들은 선하고 정직한 시민이며 온화하고 애국적이고 진실하다고 선포한다.[59]

금주법을 막기 위한 그들의 최선을 다한 노력에도 불구하고 1920년 금주법이 시행된다. 버드와이저를 뒤에서 밀고 있던 핵심 인력들은 마케팅 믹스의 제품 요소를 수정하는 것으로 이 상황에 대응했다: 비알코올 맥주와 청량음료의 도입.[60] 1933년 금주법이 끝났을 때 대다수 맥주 브랜드의 자동반사적인 마케팅 접근 방식은 그 당시 주요 신문(예 : 뉴욕타임스)에 자신들이 돌아왔다는 단순한 광고를 내는 것이었다. 버드와이저는 약간 더 용감한 마케팅 접근을 했다. 초창기 이벤트 마케팅에서 버드와이저는 뉴욕 5번가에서 엠파이어스테이트 빌딩까지 여섯 마리 짐마차 말이 빨간색, 하얀색, 금색으로 장식된 마차를 끄는 이벤트를 통해 법적으로 인정된 술의 귀환을 축하했다.[61] 이 위풍당당한 말들은 초기의 브랜드 캐릭터였다. 이 말들은 다른 연도 버드와이저 촉진 활동에도 여러 번 등장한다.

대공황 이후에 버드와이저는 캔 맥주를 생산해서 제품 포장을 혁신한다. 이를 통해 맥주 판매를 극적으로 증가시켰다. 1940년대에는 "맥주의 왕(King of Beer)"과 같이 지금도 유명해서 사용되는 슬로건 또는 표어가 등장했다. 1980년두에 버드와이저는 건강에 민감한 소비자들을 상대하게 되는데 이 소비자들을 위해 가장 큰 혁신 중에 하나를 실행하여 버드 라이트가 탄생한다. 1988년 버드와이저는 1위 미국 맥주 브랜드가 되지만 버드 라이트는 2001년까지 브랜드 라인 확장을 해서 큰 형뻘 되는 버드와이저 브랜드를 따라잡고 1위 브랜드가 되었다. 또한 1980년대에는 스포츠 관람을 좋아하는 남성에게 전적으로 집중하는 과감한 마케팅 전략을 사용했다. 따라서 버드와이저는 자연스럽게 최고 스포츠 이벤트인 슈퍼볼을 마케팅으로 지배하려는 결정을 한다. 이를 위해 큰 촉진 비

용이 필요했으나 매년 열리는 이 스포츠 이벤트를 활용한 마케팅을 함으로써 스포츠를 보는 대규모 목표 고객에 즉각적으로 접근할 수 있는 기회를 얻었다. 그리고 슈퍼볼은 창의적이고 기억에 남을만한 광고인 "버드와이저 개구리"와 "버드와이저 안녕하세요(Whassup)"와 같은 고전적 광고의 플랫폼이었다.[62] 버드와이저는 정말 맥주의 왕이고 마케터의 왕이었다.

그러나 슬프게도 1990년대에 시장 선호도는 와인과 칵테일로 옮겨져 맥주 판매량은 뚜렷하게 하락하고 버드와이저를 위한 마케팅 관리의 역할은 고조되었다. 결국 신흥 소규모 양조장의 대유행이 시작되었다. 2008년에 앤호이저-부시는 벨기에 회사인 인베브에 매각되었다(새로운 기업 이름은 AB 인베브가 된다).[63] 버드와이저는 더 이상 미국 기업은 아니었지만 차별적인 슈퍼볼 광고와 짐마차 말 이미지를 통해 강한 미국적 이미지를 계속 밀고 나갔다. 버드와이저는 2017년 슈퍼볼 광고에서 미국의 과거 역사로 돌아가서 애돌퍼스 부시의 미국 이민에 대해 이야기했다.[64]

버드와이저는 여성과 밀레니얼 세대에 초점을 맞춰 계속 제품을 혁신한다. 2012년에 맛을 추가한 라임 아리타라고 불리는 맥주와 칵테일 혼합 제품을 출시했다.[65] 그리고 2014년에는 20만 명의 밀레니얼 고객을 미국 콜로라도 크레스티드 뷰트에서 열린 버드와이저 주최 이벤트에 초청하여 1,000개의 관광지를 놓고 경쟁하게 했다. 이 이벤트에서 고객들은 유명인들과 파티를 하고 친구를 사귀었는데 버드 라이트를 마시는 것은 당연한 일이었다. 버드와이저는 이 전략을 주로 디지털과 소셜미디어를 통해 진행했다.[66]

지난 세월 동안 버드와이저가 장수하고 성공한 것은 강력하고 적응을 잘하는 마케팅 관리의 힘 덕분이다. 버드와이저의 마케팅 관리는 자사 브랜드를 시장에서 항상 신선한 브랜드로 인식되도록 했고 신규 고객 집단에 적합했다. 그리고 브랜드 가치와 차별성을 의사소통하기 위해 각 시기에 가장 효과적인 촉진 도구를 사용하였다.

생각해볼 문제

1. 지난 역사를 돌아보면 버드와이저의 마케팅은 금주법, 사회에서 여성의 역할 변화 같은 주요 규제와 문화 변화에 대응해왔다. 지금은 어떤 변화가 일어나고 있는가? 그리고 버드와이저 마케팅 관리자가 향후에 대응해야 할 것으

로 예상되는 변화는 무엇인가? 버드와이저는 무슨 대응을 해야 하는가?

2. 버드와이저의 역사를 보면 큰 마케팅과 작은 마케팅의 사례가 있다. 이 두 형태의 마케팅 중 버드와이저의 더 큰 강점은 어떤 것인가? 예를 들어 당신의 생각을 설명해보라.

3. 최근 버드와이저에게 가장 큰 위협은 소규모 양조장의 유행이다. 이러한 유행은 더 큰 차별성을 추구하는 애주가들 때문인데 와인의 열성팬들과 크게 다르지 않다. 버드와이저가 광고에서 택한 접근은 이러한 열성 고객들을 놀리는 것이었는데 당신은 이것이 효과적인 전략이라고 믿는가? 그 이유는 무엇인가? 이 세분 시장에 도달하기 위해 다른 커뮤니케이션 전략 또는 제품 혁신은 무엇이겠는가?

미주

1. @Wendy's. *Twitter,* 2017, https://twitter.com/Wendys?ref_src=twsrc%5Egoogle%7Ctwcamp%5Eserp%7Ctwgr%5Eauthor.

2. Source: Jayson DeMers. "What Your Business Should Know before Imitating Wendy's Twitter Feed." *Forbes,* January 17, 2017, https://www.forbes.com/sites/jaysondemers/2017/01/17/is-wendys-winning-or-losing-with-its-twitter-roasting-streak/#2129cb6a1944.

3. Pola B. Gupta, Paula M. Saunders, and Jeremy Smith, "Traditional Master of Business Administration (MBA) versus the MBA with Specialization: A Disconnection between What Business Schools Offer and What Employers Seek," *Journal of Education for Business* 82, no. 8 (2007), pp. 307–12.

4. David W. Stewart, "How Marketing Contributes to the Bottom Line," *Journal of Advertising Research* 48, no. 1 (2008), p. 94.

5. Malcolm A. McNiven, "Plan for More Productive Advertising," *Harvard Business Review* 58, no. 2 (1980), p. 130.

6. Mitchell J. Lovett and Jason B. MacDonald, "How Does Financial Performance Affect Marketing? Studying the Marketing-Finance Relationship from a Dynamic Perspective," *Journal of the Academy of Marketing Science* 33, no. 4 (2005), pp. 476–85; and Ramesh K. S. Rao and Neeraj Bharadwaj, "Marketing Initiatives, Expected Cash Flows, and Shareholders' Wealth," *Journal of Marketing* 72, no. 1 (2008), pp. 16–26.

7. Source: Peter F. Drucker, *The Practice of Management.* New York, NY: HarperCollins Publishers, pp. 37–38, 1954.

8. Source: Peter F. Drucker, *Management: Tasks, Responsibilities, Practices* (New York: Harper and Row, 1973), p. 63.

9. Shaun Powell, "The Management and Consumption of Organisational Creativity," *Journal of Consumer Marketing* 25, no. 3 (2008), pp. 158–66.

10. Rosa Chun and Gary Davies, "The Influence of Corporate Character on Customers and Employees: Exploring Similarities and Differences," *Journal of the Academy of Marketing Science* 34, no. 2 (2006), pp. 138–47.

11. John Grant, "Green Marketing," *Strategic Direction* 24, no. 6 (2008), pp. 25–27.

12. Source: "About Unilever," *Unilever,* n.d., https://www.unilever.com/about/who-we-are/about-Unilever/.

13. Leonie Roderick, "Unilever Puts Brands Front and Centre in Renewed Sustainability Push," *Marketing Week,* September 1, 2016, https://www.marketingweek.com/2016/09/01/unilever-puts-brands-front-and-centre-in-renewed-sustainability-push/.

14. *Toms,* n.d., http://www.toms.com/.

15. Charlotte Rogers, "How Toms Engaged 3.5 Million People in One Day," *Marketing Week,* June 29, 2016, https://www.marketingweek.com/2016/06/29/how-footwear-brand-toms-engaged-3-5-million-people-in-one-day-using-tribe-power/.

16. Stuart Elliot, "Selling Products by Selling Shared Values," *New York Times,* www.nytimes.com/2013/02/14/business/media/panera-to-advertise-its-socialconsciousness-advertising.html?pagewanted=all&_r=0.

17. Michael J. Barone, Kenneth C. Manning, and Paul W. Miniard, "Consumer Response to Retailers' Use of Partially Comparative Pricing," *Journal of Marketing* 68, no. 3 (2004), pp. 37–47; and Dhruv Grewal and Joan Lindsey-Mullikin, "The Moderating Role of the Price Frame on the Effects of Price Range and the Number of Competitors on Consumers' Search Intentions," *Journal of the Academy of Marketing Science* 34, no. 1 (2006), pp. 55–63.

18. Jyh-shen Chiou and Cornelia Droge, "Service Quality, Trust, Specific Asset Investment, and Expertise: Direct and Indirect Effects in a Satisfaction-Loyalty Framework," *Journal of the Academy of Marketing Science* 34, no. 4 (2006), pp. 613–28.

19. Source: Jaworski, Bernie , Rob Malcolm, and Neil Morgan. "7 Big Problems in the Marketing Industry," *Marketing News,* 2016.

20. Source: "Henry Ford Quotes," UBR Inc., www.people.ubr.com/historical-figures/by-first-name/h/henry-ford/henry-ford-quotes.aspx.

21. Louis E. Boone and David L. Kurtz, *Contemporary Marketing* (Hinsdale, IL: Dryden Press, 1974), p. 14.

22. Source: General Electric Company, *1952 Annual Report* (New York: General Electric Company, 1952), p. 21.

23. Neil H. Borden, "The Concept of the Marketing Mix," *Journal of Advertising Research* 4 (June 1964), pp. 2–7; and E. Jerome McCarthy, *Basic Marketing: A Managerial Approach* (Homewood, IL: Irwin, 1960).

24. Bernard Cova and Robert Salle, "Marketing Solutions in Accordance with the S-D Logic: Co-creating Value with Customer Network Actors," *Industrial Marketing Management* 37, no. 3 (2008), pp. 270–77.

25. Evangelia D. Fassoula, "Transforming the Supply Chain," *Journal of Manufacturing Technology Management* 17, no. 6 (2006), pp. 848–60.

26. Jonathan Bacon, "The Big Debate: Are the '4Ps of Marketing' Still Relevant?" *Marketing Week,* February 9, 2017,

https://www.marketingweek.com/2017/02/09/big-debate-4ps-marketing-still-relevant/.

27. Mary Jo Bitner and Bernard H. Booms, "Marketing Strategies and Organizational Structures for Service Firms," in *Marketing of Services,* J. Donnelly and W. George, eds. (Chicago: American Marketing Association, 1981), pp. 47–51.

28. V. Kumar and J. Andrew Petersen, "Using a Customer-Level Marketing Strategy to Enhance Firm Performance: A Review of Theoretical and Empirical Evidence," *Journal of the Academy of Marketing Science* 33, no. 4 (2005), pp. 504–20; and Stephen L. Vargo and Robert F. Lusch, "Evolving to a New Dominant Logic for Marketing," *Journal of Marketing* 68, no. 1 (2004), pp. 1–17.

29. Liad Stein, "4 Examples of Successful Businesses Following a Customer-Centric Model," *Nanorep,* June 28, 2016, https://www.nanorep.com/4-examples-of-customer-centric-models.

30. Sundar Bharadwaj, Terry Clark, and Songpol Kulviwat, "Marketing, Market Growth, and Endogenous Growth Theory: An Inquiry into the Causes of Market Growth," *Journal of the Academy of Marketing Science* 33, no. 3 (2005), pp. 347–60.

31. Mindy Weinstein, "A Trillion-Dollar Demographic: 10 Brands That Got Millennial Marketing Right," *Search Engine Journal,* July 23, 2015, https://www.searchenginejournal.com/trillion-dollar-demographic-10-brands-got-millennial-marketing-right/135969/.

32. Vargo and Lusch, "Evolving to a New Dominant Logic for Marketing."

33. Stan Phelps, "Southwest Airlines Understands the Heart of Marketing Is Experience," *Forbes,* September 14, 2014, https://www.forbes.com/sites/stanphelps/2014/09/14/southwest-airlines-understands-the-heart-of-marketing-is-experience/#1677aefa2bda.

34. Mark W. Johnston and Greg W. Marshall, *Relationship Selling,* 2nd ed. (New York: McGraw-Hill/Irwin, 2008), p. 5.

35. George S. Day, "Managing Market Relationships," *Journal of the Academy of Marketing Science* 28, no. 1 (2000), pp. 24–31.

36. Simon J. Bell, Seigyoung Auh, and Karen Smalley, "Customer Relationship Dynamics: Service Quality and Customer Loyalty in the Context of Varying Levels of Customer Expertise and Switching Costs," *Journal of the Academy of Marketing Science* 33, no. 2 (2005), pp. 169–84; and Girish Ramani and V. Kumar, "Interaction Orientation and Firm Performance," *Journal of Marketing* 72, no. 1 (2008), pp. 27–45.

37. Joseph Pigato, "How 9 Successful Companies Keep Their Customers," *Entrepreneur,* April 3, 2015, https://www.entrepreneur.com/article/243764.

38. Don Peppers and Martha Rogers, *The One-to-One Manager: Real World Lessons in Customer Relationship Management* (New York: Doubleday Business, 2002).

39. Jagdish N. Sheth, Rajendra S. Sisodia, and Arun Sharma, "The Antecedents and Consequences of Customer-Centric Marketing," *Journal of the Academy of Marketing Science* 28, no. 1 (2000), pp. 55–67.

40. Cotton Timberlake, "Retailers Cater to Customization Craze," *San Francisco Chronicle,* January 18, 2013, www.sfgate.com/business/article/Retailers-cater-to-customization-craze-4207186.php.

41. Fred Wiersema, *The New Market Leaders: Who's Winning and How in the Battle for Customers* (New York: Free Press, 2001), pp. 48–58.

42. Jonathan Salem Baskin, "The Internet Didn't Kill Blockbuster, the Company Did It to Itself," *Forbes,* November 8, 2013, https://www.forbes.com/sites/jonathansalembaskin/2013/11/08/the-internet-didnt-kill-blockbuster-the-company-did-it-to-itself/#7a5c2cf6488d.

43. Efhymios Constantinides and Stefan J. Fountain, "Web 2.0: Conceptual Foundations and Marketing Issues," *Journal of Direct, Data and Digital Marketing Practice* 9, no. 3 (2008), pp. 231–45.

44. Anonymous, "Search and Seizure," *Marketing Health Services* 28, no. 1 (2008), p. 6.

45. Barton Goldenberg, "Conquering Your 2 Biggest CRM Challenges," *Sales & Marketing Management* 159, no. 3 (2007), p. 35.

46. Natalia Angulo, "Girl Scout Cookie Finder App Helps You Find Your Thin Mints," *Fox News,* February 7, 2013, www.foxnews.com/tech/2013/02/07/girl-scout-cookie-finder-app-helps-buyers-find-their-thin-mints/.

47. Ruth Maria Stock and Wayne D. Hoyer, "An Attitude-Behavior Model of Salespeople's Customer Orientation," *Journal of the Academy of Marketing Science* 33, no. 4 (2005), pp. 536–53.

48. Dan Schawbel, "10 New Findings about the Millennial Consumer," *Forbes,* January 20, 2015, https://www.forbes.com/sites/danschawbel/2015/01/20/10-new-findings-about-the-millennial-consumer/2/#6f5b812c1474.

49. Mindy Weinstein, "A Trillion-Dollar Demographic: 10 Brands That Got Millennial Marketing Right," *Search Engine Journal,* July 23, 2015, https://www.searchenginejournal.com/trillion-dollar-demographic-10-brands-got-millennial-marketing-right/135969/; "NPD Group: Millennials Not abandoning Chipotle," *Fast Casual,* February 18, 2016, https://www.fastcasual.com/news/npd-group-millennials-not-abandoning-chipotle/.

50. Micah Solomon, "You've Got Millennial Employees All Wrong; Here Are the Four Things You Need to Know Now," *Forbes,* January 26, 2016, https://www.forbes.com/sites/micahsolomon/2016/01/26/everything-youve-heard-about-millennial-employees-is-baloney-heres-the-truth-and-how-to-use-it/#7b693dfe4904.

51. Katherine Reynolds Lewis, "Everything You Need to Know about Your Millennial Co-Workers," *Fortune,* June 23, 2015, http://fortune.com/2015/06/23/know-your-millennial-co-workers/.

52. Marco Vriens, "Strategic Research Design," *Marketing Research* 15, no. 4 (2003), p. 20.

53. Lovett and MacDonald, "How Does Financial Performance Affect Marketing?"; and Steven H. Seggie, "Assessing Marketing Strategy Performance," *Journal of the Academy of Marketing Science* 34, no. 2 (2006), pp. 267–69.

54. Thomas S. Gruca and Lopo L. Rego, "Customer Satisfaction, Cash Flow, and Shareholder Value," *Journal of Marketing* 69, no. 3 (2005), pp. 115–30.

55. "Marketing Return on Investment," McKinsey & Company, 2017, http://www.mckinsey.com/business-functions/marketing-and-sales/how-we-help-clients/marketing-return-on-investment.

56. Frederick E. Webster, Jr., Alan J. Malter, and Shankar Ganesan, "Can Marketing Regain Its Seat at the Table?" *Marketing Science Institute Working Paper Series,* Report No. 03-113 (2004).

57. Fastco Studios, "Whassup?! 150 Years of Budweiser History, from Clydesdales to Talking Frogs, in 2 Minutes," *Fast Company,* web video, October 2, 2014, www.fastcompany.com/3036422/whassup-150-years-of-budweiser-history-from-clydsdales-to-talking-frogs-in-2-minutes.

58. "Anheuser-Busch," *Advertising Age,* September 15, 2003, http://adage.com/article/adage-encyclopedia/anheuser-busch/98319/.

59. Jay R. Brooks, "Beer in Ads #623: Budweiser's 6000 Men," *Brookston Beer Bulletin,* June 4, 2012, http://brookstonbeerbulletin.com/beer-in-ads-623-budweisers-6000-men/.

60. Fastco Studios, "Whassup?!"

61. Anheuser-Busch, "Horse-Story in the Making: The Budweiser Clydesdales," *Anheuser-Busch,* November 21, 2016, http://www.anheuser-busch.com/about/clydesdale.html.

62. Fastco Studios, "Whassup?!"

63. Fastco Studios, "Whassup?!"

64. Will Burns, "Budweiser Tells Its Own Immigration Story in Super Bowl Ad," *Forbes,* January 31, 2017, https://www.forbes.com/sites/willburns/2017/01/31/budweiser-tells-its-own-immigration-story-in-super-bowl-ad/#446cab0e2907.

65. John Kell, "AB InBev Is Marketing Bud Light Lime-A-Rita Exclusively to Women," *Fortune,* March 13, 2017, http://fortune.com/2017/03/13/ab-inbev-lime-a-rita-women/.

66. Kristina Monllos, "Inside Whatever, USA: Bud Light's Party Town as 'Content Factory,'" *Adweek,* June 2, 2015, www.adweek.com/brand-marketing/inside-whatever-usa-bud-lights-party-town-content-factory-165114/; Jeff Fromm, "The Secret to Bud Light's Millennial Marketing Success," *Forbes,* October 7, 2014, www.forbes.com/sites/jefffromm/2014/10/07/the-secret-to-bud-lights-millennial-marketing-success/#5f0854ee7054.

Chapter 2

마케팅의 기초 : 글로벌, 윤리, 지속가능성

학습목표

2-1 글로벌 마케팅 경험 곡선과 관련된 다양한 수준을 파악한다.

2-2 글로벌 시장 기회를 평가하기 위한 핵심 정보 요소를 학습한다.

2-3 핵심 시장을 정의하고 해당 지역의 마케팅 도전을 이해한다.

2-4 새로운 글로벌 시장에 진출하기 위한 전략을 이해한다.

2-5 글로벌 제품 전략을 창출하기 위한 핵심 요소를 학습한다.

2-6 마케팅 전략에서 윤리의 중요성, 가치 제안, 마케팅 믹스 요소를 학습한다.

2-7 마케팅 전략의 한 부분으로서 지속가능성의 의미와 기업 성과 평가를 위한 세 가지 핵심 요소 사용을 학습한다.

이 장의 세 가지 주제인 글로벌, 윤리, 지속가능성은 어떻게 서로 어울리는 것일까? 여러분이 제목을 읽었을 때 이러한 질문을 할지 모른다. 그러나 이 주제들은 마케팅의 기초이고, 제1장에서 토의한 아이디어와 개념들에 기반을 둔다. 이 주제들은 서로 관련이 없는 것처럼 보이지만 오늘날 기업들은 마케팅의 성공이 글로벌 기회 파악, 가치에 대한 분명한 정의, 가치 제안 개발, 이익 이상의 요소를 고려한 마케팅 전략(지속가능성)을 실행할 기업 능력에 의해 달성된다는 것을 깨닫고 있기 때문에 세 가지 주제는 서로 연결되어 있다. 이 장에서는 세 가지 주제를 탐색해보고 제1장의 개념들과 연결해보고자 한다. 그리고 여러분이 이 책의 나머지 부분에서 사용할 정보를 소개하고자 한다.

마케팅에는 국경이 없다

대형 다국적 기업부터 스타트업 기업에 이르기까지 비즈니스는 더 이상 국내 시장에 국한되지 않는다. 글로벌 유통 네트워크, 복잡한 의사소통 도구, 제품 표준화, 인터넷을 통해 세계 시장이 열렸다. 네슬레, P&G, 아마존, GE 같은 대기업들은 세계 여러 곳에서 사업을 하는 글로벌 기업을 세우기 위해 상당한 자산을 투자했다(도표 2.1). 중소기업들은 웹사이트와 국제 해운 회사를 통해 상대적으로 적은 투자로 해외 시장에 접근한다.[1]

위험을 감수하지 않으면 기회도 없다. 사실 글로벌 마케팅에서 실수하면 비싼 대가를 치르게 된다. 국제 경쟁력을 갖추려면 성공적인 현지 조직과 능력 있는 글로벌 회사가 필요하다. 글로벌 경영환경은 나라마다 다양하기 때문에 새로운 시장에 진출하려는 기업에게는 큰 도전이다. 글로벌 고객들은 다양한 제품을 원하므로 국내에서 성공적인 제품들도 신규 시장에 맞

도표 2.1	2016년 세계에서 가장 규모가 큰 국제 기업들
기업	**매출($ 100만)**
월마트	$484,130
스테이트 그리드	329, 601
차이나내셔널페트롤리엄	299,271
중국석유화공집단	294,344
로열 더치 셸	272,156
엑슨모빌	246,204
폭스바겐	236,600
토요타 자동차	236,592
애플	233,715
브리티시페트롤리엄	225,982

출처 : "Fortune Global 500," *Time Inc.*, July 3, 2016.

게 수정될 필요가 있다.[2] 이런 이유 때문에 글로벌 마케팅은 마케팅에서 도전적이고 보상이
큰 영역 중에 하나이다.

글로벌 경험 학습 곡선

기업들이 해외에서 많은 비즈니스 경험을 하면서 국내 시장을 넘어선 마케팅에 대한 이해가
발전해 왔다. 이 과정을 **글로벌 경험 학습 곡선**(global experience learning curve)이라고 한다. 어떤 경우에는 이러한 경험 학습 곡선은 빨리 나타난다. 1918년 제너럴모터스는 법인 설립 후
불과 2년 만에 캐나다에 진출했다. 이베이는 사업 개시 첫해에 영국에서 사업을 시작했다. 그
러나 대부분의 기업들이 글로벌 시장에 진출하는 데
많은 시간이 걸린다. 월마트는 샘 월튼이 아칸소주 벤
턴빌에 첫 매장을 연 이후 30년이 지난 1991년 멕시코
에 첫 해외 매장을 시작했다. 도표 2.2는 주요 기업의
글로벌 시장 진출 역사를 보여주고 있다.

글로벌 경험 학습 곡선을 통해 볼 때 기업의 해외 진
출은 네 단계를 밟는다: 외국 마케팅 전무, 외국 마케
팅, 국제 마케팅, 글로벌 마케팅. 이 과정은 항상 선형
적인 것은 아니다. 예를 들어, 어떤 기업은 외국 마케
팅이 전무(全無)한 단계에서 외국 마케팅 단계를 거치
지 않고 국제 마케팅으로 옮겨갈 수도 있다. 그리고 특
정 단계에 머물러 있는 시간은 다양할 수 있다. 어떤
기업은 특정 단계에 수년간 머문다.

2-1

글로벌 마케팅 경험 곡선과 관련된 다양한 수준을 파악한다.

글로벌 항공사인 에미리츠는 더 많은 여행객들이 에미리츠를 선택할 것이라는 희망을
가지고 국제적 연대를 강화하기 원하고 있다.
출처 : The Emirates Group

도표 2.2	글로벌 기업과 글로벌 시장으로의 확장 사례

설립 후 해외 확장까지 소요된 연수	기업명	첫 해외 확장
29	월마트(설립일 : 1962)	1991 : 멕시코시티에 2개 점포 오픈
20	휴렛팩커드(설립일 : 1939)	1959 : 스위스 제네바에 유럽 마케팅 조직을 세우고 독일에 생산공장 건설
26	타이슨푸드(설립일 : 1963)	1989 : 멕시코 가금류 회사와 파트너십 구축
25	캐터필라(설립일 : 1925)	1950 : 영국에 케터필라 트랙터를 세움
19	홈디포(설립일 : 1979)	1998 : 푸에르토리코 시장 진출에 이어 아르헨티나에도 진출함
18	갭(설립일 : 1969)	1987 : 최초의 해외 매장을 런던 조지 스트리트에 오픈함
12	굿이어(설립일 : 1898)	1910 : 캐나다 공장을 오픈함
10	페덱스(설립일 : 1971)	1981 : 캐나다까지 확장한 국제 배송 서비스 시작
1	펩시코(설립일 : 1965)	1966 : 일본과 동유럽 진출

도표 2.3	매출의 50% 이상을 국제 시장에서 달성하는 미국 대기업

기업	국제 시장에서의 매출 비율
퀄컴	98%
인텔	82
맥도날드	68
다우케미칼	66
제너럴모터스	63
애플	62
나이키	55
존슨앤존슨	53
제너럴일렉트릭	53

외국 마케팅이 없는 기업

직접적인 외국 마케팅을 하지 않는 기업들은 중개상 또는 제한된 직접 접촉을 통해 국제 고객들과 사업을 한다. 그러나 이 경우에 국제 고객을 목표로 한 공식적인 국제 경로 관계나 글로벌 마케팅 전략이 없다. 물론, 고객들이 세계 어디서나 홈페이지를 방문할 수 있기 때문에 웹사이트를 보유한 모든 기업은 글로벌 기업이다. 그러나 외국 마케팅을 하지 않는 기업들은 국제 고객을 통해 얻는 매출을 부수적인 것으로 여긴다.

외국 마케팅을 하지 않는 기업은 일반적으로 규모가 작고 제품 범주가 제한적이다. 하지만 소기업들도 점차적으로 10년 전보다 더 빠르게 국제 시장으로 이동하고 있다. 소기업들의 이러한 움직임은 부분적으로 국내 유통업자와의 관계, 현지 고객의 글로벌 사업 운영, 효과적인 웹사이트 때문에 비롯된 것이다. 이러한 여건들은 제한된 자원을 가진 많은 소기업들에게 국제적인 기회를 창출하고 있다.

외국 마케팅을 하는 기업

기업들은 국제 시장으로 진출하는 기존 고객을 따라 공식적인 국제화 전략을 개발한다. 글로벌 사업을 하는 국내 고객들은 기업에게 더 많은 서비스나 자사의 외국 자회사와 함께 일하는 것을 요구하는 추가주문을 할 수 있다. 글로벌 경험 학습 곡선에서 이 단계는 외국 마케팅(foreign marketing)이라고 불리는데, 둘중 하나의 방법으로 외국 시장에서 현지 유통과 서비스를 개발하는 단계이다. 첫 번째 방법은 적절한 국제 시장에서 현지 중간상을 파악해서 공식적인 관계를 형성하는 것이다. 두 번째 접근 방법은 기업이 주요 시장에 자사 소유의 직접 판매망을 만들어 자사의 시장 범위를 확장하는 것이다.

두 시나리오 모두 제품 계획과 개발, 생산과 같은 핵심 활동은 여전히 본국인 국내 시장에서 진행된다. 그러나 제품은 국제 시장의 요구에 맞춰 수정된다. 국제 시장은 경영진이 판매 예측을 할 정도로 중요하고 생산도 구체적으로 국제 생산에 시간을 할당한다. 이 점에서 국제 시장은 의도하지 않다가 나중에 생각된 것이 아니라 작을지라도 기업 성장 모델의 필수불가결한 요소이다.[3]

국제 마케팅

기업이 국내 시장 밖에서 제품을 생산하는 데 몰입하면 국제 마케팅(international marketing) 단계로 진입하게 된다. 기업이 광범위한 판매 조직과 유통 네트워크로 국제 시장에 깊이 관여한 후 국내 시장 밖에서 생산하는 것을 결정하면 이는 통합된 국제 시장 전략으로 의미 있게 움직이고 있다는 징표가 된다. 글로벌 시장은 기업 성장 전략의 본질적 요소가 되고 글로벌 시장으로 확장할 수 있도록 자원이 할당된다. 기업은 목표 외국 시장의 사업 성장을 책임 맡고 있는 국제 부문 또는 사업 단위를 통합한다.

국제 마케팅은 글로벌 시장에 맞춰 기업 자산과 자원을 조정한다. 그러나 대다수 기업에서 경영진은 여전히 국내 시장을 첫 번째로 두는 접근을 한다. 결과적으로 기업 구조는 여전히 국제 시장과 국내 시장으로 분류된다.

글로벌 마케팅

글로벌 마케팅 기업은 현실에서 국내 시장을 포함한 세계의 모든 시장은 다르고 많은 세분 시장이 있는 하나의 시장이라는 것을 깨닫고 있다. 기업이 매출의 절반 이상을 국제 시장에서 달성할 때 이러한 생각이 일어난다. 도표 2.3은 전통적인 미국 기업으로서 미국 밖에서 매출의 50% 이상을 올리고 있는 기업들을 보여주고 있다.

국제 마케팅과 글로벌 마케팅의 가장 의미 있는 차이는 경영 철학과 기업 계획이다. 글로벌 마케터들은 세계를 다르고 많은 세분 시장으로 구성된 하나의 통합된 시장으로 여긴다. 세분 시장들은 국가의 정치적 경계와 같거나 다를 수 있다. 한편 국제 마케터들은 전통적인 정치적 경계에 따라 시장을 정의하고 대부분의 경우 국내 시장에 우선순위를 두고 특별한 관심을 갖는다.

글로벌 시장으로 이동하는 첫 번째 단계는 시장 기회를 평가하는 것이다. 기업의 경영자 팀은 외국 시장에 익숙하지 않기 때문에 조사 연구는 이 문제를 해결하고 의사결정자들에게 중요한 정보를 제공한다.

필수 정보

글로벌 시장 조사는 다섯 가지 기본 정보에 초점을 맞춘다.

경제 국내 총생산 성장, 인플레이션, 화폐 가치, 비즈니스 주기 동향과 같은 현재 경제 환경을 정확하게 이해하는 것은 필수적이다. 또한 의사결정을 신속하게 하기 위해 1인당 소비 지출(소비재), 산업 구매 동향(사업재)과 같은 목표 시장에 대한 추가 정보가 필요하다. 도표 2.4는 GDP 기준으로 세계에서 경제 규모가 가장 큰 5개 경제 블록을 파악한 것이다. 국내 총생산은 1년 동안 한 국가에서 생산된 모든 최종 새화와 서비스의 시장 기치를 합한 것으로 경제 성장을 파악할 때 가장 널리 사용되는 측정도구 중 하나이다.

문화 및 사회적 동향 소비재 마케팅을 위해 글로벌 시장의 문화 및 사회적 동향을 이해하는 것은 기본이고 B2B 마케팅에도 도움이 된다. 문화적 가치, 상징, 의례, 문화적 차이는 사람들의 제품에 대한 지각에 영향을 준다. 반면에 B2B 기업들은 직원을 채용하고 좋은 사업 관계를 형성하기 위해 현지 문화적 관습을 배워야 한다.[4]

비즈니스 환경 비즈니스 환경에 대한 지식은 외국 시장에 진출하여

2-2
글로벌 시장 기회를 평가하기 위한 핵심 정보 요소를 학습한다.

도표 2.4	국내 총생산 기준 5대 경제규모
5대 경제규모	**국내 총생산(구매력 평가 US$ 조)**
중국	$21.27
유럽연합	$19.18
미국	$18.56
인도	$ 8.72
일본	$ 4.93

출처 : 2016 CIA World Fact Book

다음 국가에서 비즈니스를 할 때	이와 같은 내용을 기억하라
체코	관계 형성이 중요하다. 사소한 잡담에서 시작하여 함께 일하는 사람을 알아가도록 하라
프랑스	프랑스어로 미스터 또는 마담을 붙여 성을 이야기해야 한다. 상대방이 이름을 불러도 좋다고 할 때 이름을 불러야 한다.
일본	명함을 교환하는 것은 간단한 의식이다. 명함을 받을 때 양손을 사용하고 호주머니나 서류 가방에 넣기 전에 양쪽 면을 모두 살펴보라.
독일	시간을 잘 지키는 것이 극단적으로 중요하다. 시간을 잘 지켜라. 그렇지 않으면 무례한 것이다.
콜롬비아	콜롬비아 사람들은 미국인들보다 서로 가까이 선다. 사람들이 너무 가깝게 있다고 느껴도 뒤로 물러서지 말라. 무례한 행동이 될지도 모른다.

출처 : Kwintessential.co.uk

자원을 투자할 기업에게는 필수적이다. 윤리 기준, 경영 스타일, 격식을 차리는 정도, 성 또는 기타 편견은 모두 신규 시장에 진입하기 전에 경영자가 알 필요가 있는 중요 요소이다. 비즈니스 환경 이해에 실패하면 오해가 발생하고 관계를 잃을 수 있다(도표 2.5 참조).

정치와 법률 현지 정치 변화는 사업에 있어서 중요한 불확실성이다. 볼리비아와 다른 국가에서 볼 수 있는 것처럼 새로운 정부는 때때로 통제를 강화하고 산업을 국유화하여 정부와 산업과의 관계 설정을 수정하기도 한다.

외국 시장에서 자원을 투입하기 전에 법률에 대한 전망을 해보는 것은 기본적인 사항이다. 개발도상국들은 자주 자금의 해외 이동을 제한하여 외국 기업이 본국으로 자금을 가져가는 것을 어렵게 한다. 전 세계적으로 노동법도 나라마다 다르다. 독일과 프랑스에서는 일단 직원 한 명을 채용하면 퇴직시키기 어렵다. 반면에 영국의 퇴직 정책은 미국과 유사하다.

구체적인 시장 여건 기업은 외국 시장에 진출하기 전에 자사 제품을 위해 구체적인 시장 여건을 이해해야 한다. 그러나 기업은 시장 동향, 경쟁자, 독특한 시장 특성에 대한 깊은 지식을 가지고 있지 않은 경우가 많다. 불행히도 고객을 따라 특정 시장에 진출한 많은 기업들은 현지 시장 여건에 대해 많이 아는 것은 불필요하다고 믿는다. 이해가 부족하면 성장 기회가 제한될 수 있다. 기업이 현지 시장 환경을 더 많이 알수록 시장에서 투자 성과를 더 잘 올릴 수 있을 것이다.

신흥 시장

20세기 세계 경제 성장은 서유럽, 미국, 일본과 같은 **선진국 경제**(developed economies)에 의해 촉진되었다. 그러나 지난 25년 동안 선진국 경제도 계속 성장했지만 가장 의미 있는 경제 성장은 **신흥 시장**(emerging markets)을 통해 이루어졌다. 향후 20년의 세계 경제 성장의 75%는 가장 주목받고 있는 중국, 인도와 같은 강력한 신흥 경제 국가에서 달성될 가능성이 높다. 이와 같은 경제 성장 엔진들은 기업을 위한 시장 기회를 창출하는데, 이는 마케터들이 신흥 시장의 독특한 도전과 기회를 이해할 필요가 있다는 것을 의미한다.[5] 도표 2.6은 세계에서 경제적으로 가장 빠르게 성장하고 있는 국가들을 보여주고 있다. 인도를 제외하고 경제적으로 가장 빠르게 성장하고 있는 국가들은 작은데 이러한 성장은 주로 이 국가들이 작은 경제 기반에서 출발했기 때문이라는 사실에 주의하라. 예를 들어, 리비아는 2017년에 거의 14% 성장을 했다. 그러나 이것이 좋은 시장 기회를 의미하는 것은 아니다.

신흥 시장의 특성을 고려하면 전통적인 마케팅 수단이 효과적이지 않을 것임을 알 수 있다. 예를 들어, 대다수 국가에서 TV, 라디오가 부족하고 문맹률이 높으면 전통적인 마케팅 캠페인은 작동하지 않을 것이다. 또한 유통 네트워크가 부족하면 고객에게 제품을 배송하는 것이 가능하지 않을 것이다.

특히 소비재 마케터들이 접하는 도전은 제품 수요가 강하지 않거나 제품을 구매할 수 있는 소득이 충분하지 않고 정교한 마케팅 프로그램을 지원할 적절한 기반이 부족하다는 것이다. 체코 공산주의를 무너뜨렸던 벨벳 혁명 직후 에스티로더는 체코 여성을 목표로 하는 매장을 프라하에 열었다. 처음에는 미국과 유럽에 잘 팔렸던 제품을 체코 여성들이 구매하지 않는 문제를 경험했다.[6] 에스티로더는 크기와 가격이 서유럽 기준에 맞춰져 있어 체코 현지 비즈니스 여성들이 너무 비싼 느낌을 갖는다는 것을 깨달았다. 해결책은 큰 제품의 한 부분에 해당하는 샘플 크기로 판매하는 것이었다(미국에서 판매되는 촉진 패키지의 프리미엄으로 자주 제공되는 크기였다). 체코 여성들은 현지 시장에 맞는 크기와 가격에 에스티로더 화장품을 구매하길 원했던 것이다.

도표 2.6	경제적으로 가장 빠르게 성장하는 국가

국가	2017 GDP 성장률 실제
리비아	13.73
예맨	12.62
코트디부아르	7.98
미얀마	7.70
인디아	7.61

다국적 지역 시장 구역

지난 15년 동안 가장 의미 있는 글로벌 경제 동향은 전 세계적으로 **지역 시장 구역**(regional market zone)이 등장한 것이다. 지역 시장 구역 내에서는 관세가 낮아지고 무역 장벽이 축소되는데 상호 경제 이익을 위해 공식적 관계를 형성한 일단의 국가들로 구성된다. 어떤 경우에는 유럽연합처럼 경제적 영역을 넘어 정치·사회 이슈로 확장되기도 한다. 많은 국가들이 경제 동맹의 회원이 되는 것이 미래에 다른 나라 시장에 접근할 수 있는 필수요소라고 믿고 있다. 전 세계가 소수의 경제 동맹으로 분화되면서 국가들은 지역 시장 구역에 맞춰야 한다는 압력을 느낀다. 도표 2.7에서 가장 큰 4개의 지역 시장 구역을 알 수 있다.

일반적으로 지역 시장 구역은 네 가지 힘 때문에 형성된다. 첫 번째 그리고 가장 기본적인 요소는 **경제**이다. 많은 중소 규모의 국가들은 자국의 성장이 다른 국가들과 동맹을 맺음으로써 더 커진다고 믿는다. 각 국가는 무역 지역을 확대하고 새로운 시장을 창출함으로써 경제적으로 혜택을 누리고 해당 시장 구역은 글로벌 시장에서 더 큰 힘을 갖게 된다. 둘째, 연구 결과에 따르면 다른 동맹 파트너들과의 **지리적 근접성**은 시장 구역 발달에 중요한 이점이 된

2-3

핵심 시장을 정의하고 해당 지역의 마케팅 도전을 이해한다.

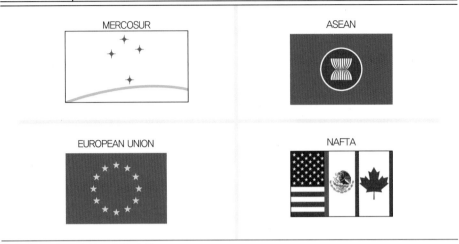

다. 수송과 의사소통 네트워크는 국가들을 서로 가깝게 연결해주고 시장 구역 활동 촉진을 더 쉽게 해줄 가능성이 높다. 파트너들 사이의 거리가 가까우면 이민과 같이 다른 중요한 이슈들도 효과적으로 다룰 수 있다. 셋째 요소는 **정치**이다. 경제적 힘은 정치적 영향력과 밀접한 관련이 있다. 작은 국가들이 광범위한 정치 동맹을 형성하면서 경제적 지역 시장 구역이 형성되었다. 국가들 간의 효과적인 정치 동맹의 전제조건은 정부 정책에 대한 일반적 합의이다. 매우 이질적인 정치 구조를 가진 국가들이 정치 동맹에서 차이를 극복하고 수용하는 것은 어렵다. 동맹 파트너들이 같은 언어를 쓰는 경우와 같은 **문화적 유사성**도 공유된 문화 경험이 협력을 높이고 일어날 수 있는 갈등을 최소화하기 때문에 시장 구역 형성을 촉진한다.

유럽 유럽연합(European Union)은 가장 오래되고 성공적인 지역 시장 구역이다. 유럽연합은 50년 전에 6개 국가(벨기에, 프랑스, 이탈리아, 룩셈부르크, 네덜란드, 서독)의 로마 조약을 통해 창설된 이후 지금은 유럽의 28개 국가가 회원이다. 추가로 아이슬란드, 마케도니아, 몬테네그로, 세르비아, 터키가 회원이 되기 위해 노력하고 있다. 유럽연합 회원국이 되는 데는 수년이 걸리는데, 지원국들은 경제·사회·법률 평가 기준을 충족해야 한다. 많은 회원국들에게 가장 어려운 도전 중에 하나는 정부 지출 목표와 총부채 한도를 맞추는 것이다. 최근에 유럽연합 중 가장 큰 두 국가인 프랑스와 독일은 정부 지출 한도를 충족하는 데 실패했고, 이탈리아와 그리스의 부채 한도는 유럽연합의 가이드라인을 초과했다. 유럽연합 목표

세계무역기구(WTO)는 국가 간 무역 분쟁을 해결하는 선도적 글로벌 조직이다.

를 맞추지 못한 것에 대한 대가가 거의 없기 때문에 많은 국가의 정부는 유럽연합 지침보다는 자국의 우선순위에 초점을 맞춘다. 그리스와 같은 국가들이 심각한 예산 문제를 경험하면서 이러한 상황은 유로화에 지속적이고 중요한 도전이다. 다른 국가들(이탈리아, 스페인, 포르투갈)도 재정적 의무를 충족하는 데 어려움을 겪고 있다.[7]

유럽연합은 미국과 비슷한 경제적 산출량을 가진 세계의 지배적인 경제 주체 중에 하나지만 도전이 없는 것은 아니다. 유로는 세계에서 가장 강한 화폐 중에 하나이다. 그러나 최근 그리스와 같은 몇몇 유럽연합 회원국이 경험한 경제적 불안전성은 유로의 화폐 가치 등락이 커지는 요인이 되고 있다. 동시에 영국이 투표를 통해 유럽연합을 탈퇴하기로 하여 유럽연합의 미래에 대한 불확실성이 커지고 있다. 이러한 도전들에도 불구하고 유럽연합은 법 제정, 세금 부과, 시민들의 삶에 미치는 사회적 영향력을 통해 회원국을 통제하는 강력한 힘을 유지하고 있다. 예를 들어, 유럽연합은 회원국에서 비즈니스를 하는 기업들에게 사회적 책임을 요구하는 강력한 정책을 채택했다.

아메리카 아메리카에서 가장 의미 있는 지역 시장 구역은 미국, 캐나다, 멕시코의 동맹인데, 보통 동맹을 설립할 때 맺은 조약에 따라 **북미자유무역협정**(North American Free Trade Agree-ment, NAFTA)이라고 한다. 북미자유무역협정은 가장 큰 단일 무역 동맹인데 19년이 넘는 기간 동안 회원국들 간의 무역 거래에서 관세를 철폐해 왔다. 도표 2.8은 북미자유무역협정의 핵심 조항을 기술하고 있다. 자동차 등 많은 산업의 기업들이 멕시코에 공장을 짓고 제품을 생산하여 미국 시장에 공급한다. 소매상들도 혜택을 받고 있다. 멕시코의 대형 슈퍼마켓 체인인 지간테는 미국에서 영업하고 있으며 미국 기업인 월마트는 멕시코에 800개 이상의 점포를 보유하고 있다.[8]

북미자유무역협정이 아메리카에서 유일한 시장 구역은 아니다. 남미에서 가장 강력한 시장 구역인 **남미공동시장**(MERCOSUR)은 1995년 출범했고 아르헨티나, 볼리비아, 브라질, 칠레, 파라과이, 우루과이가 회원국으로 있다. 2억 명 이상의 인구와 1조 달러가 넘는 국내총생산을 가진 남미공동시장은 현재 세계에서 세 번째로 큰 자유무역 구역이다.[9] 이 시장 구역의 약점 중 하나는 국가를 뛰어넘는 수송 네트워크가 부족하여 회원국 사이의 재화 이동이 제한

도표 2.8	북미자유무역협정의 핵심 조항

북미자유무역협정은 다음과 같은 내용을 목표로 한다.

- 무역장벽을 제거하고 협정 당사국들 간에 국경을 넘어 재화와 서비스의 이동을 촉진한다.
- 자유무역 지역 내에서 공정한 경쟁 여건을 촉진한다.
- 참여국의 영토 내에서 투자 기회를 실질적으로 증가시킨다.
- 각 참여국 영토 내에서 지적 재산권을 효과적이고 적절하게 보호하며 이와 관련된 법을 집행한다.
- 본 협정의 실행, 적용, 공동 관리, 분쟁 해결을 위해 효과적인 절차를 만든다.
- 본 협정의 혜택을 증대시키기 위해 삼자 간, 지역적, 상호 협력을 위한 체계를 수립한다.

출처 : Article 101: Establishment of the Free Trade Area, NAFTA.

받고 있다는 것이다. 그러나 남미공동시장은 회원국들의 결합된 경제력을 성공적으로 활용함으로써 이 문제를 해결했다.

아시아 가장 중요한 아시아 시장 구역은 **동남아시아 국가연합**(ASEAN)이다. 이 시장 구역은 1967년에 만들어졌고 태평양 연안의 10개국이 참여했다(브루나이, 인도네시아, 말레이시아, 필리핀, 캄보디아, 라오스, 미안마, 싱가포르, 태국, 베트남). 1997~1998년 아시아 금융 위기 이후 중국, 일본, 한국이 추가되었다. 추가된 세 국가와의 관계는 다른 정회원 국가들 사이의 관계보다 발전되지 못했지만 모든 참여국들의 연결된 경제 활동 덕분에 동남아시아 국가연합은 강력한 글로벌 경제력을 가지고 있다.[10] 정회원 10개국의 국내 총생산은 6,000억 달러가 넘고 세 국가를 포함하면 20조 달러 이상이다. 현재 동남아시아 국가연합은 전체 세계 수출량의 30%를 아우르는 아시아 자유무역 구역을 창설하려는 회담을 이끌고 있다. 이 포괄적 지역 경제 협력체는 규모에서 세계무역기구 다음이 될 것이다.

글로벌 시장 선정

글로벌 시장에 진출할 때 글로벌 시장 기회 잠재력을 철저하게 평가하는 것은 첫 번째 필수 단계이다. 일단 분석이 끝나면 미래 투자를 위해 구체적인 국가를 선정한다. 실패 위험이 매우 높기 때문에 어떤 국가에 진출할지 결정하는 것은 어려운 과정이다. 잘못된 국가를 목표로 선정하면 많은 비용과 장기적 손실이 따르게 된다. 월마트는 4억 달러의 비용이 추정되자 독일 시장에서 철수했다. 다른 한편으로는 시장에 너무 천천히 진출하면 성장을 방해하고 미래의 잠재 수익을 제한할 수 있다. 이베이는 중국 시장에 천천히 진입하는 결정을 해서 시장의 지배적 위치를 차지하지 못하는 대가를 치렀다.

도표 2.9 | **글로벌 시장 확장에서 핵심 기업 특성**

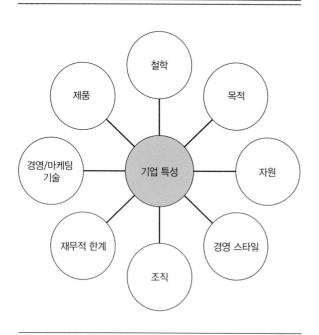

선택 기준 파악

시장 선택 기준에는 목표 시장 크기, 미래 성장률뿐만 아니라 현지 경쟁자, 글로벌 경쟁자를 포함한 경쟁 환경의 특성 등이 있다. 마케팅 관리자는 가장 진입하기 힘든 시장과 쉬운 시장을 알 필요가 있다. 추가적으로 시장 크기와 미래 잠재 성장성은 국제 시장에서 생산에 몰입하는 데 있어 중요한 요소이다. 한편 재무적 기준에는 특정 기간의 시장 진입 비용과 수익성 예측치가 있다. 의사결정자는 특히 신규 시장의 투자 규모와 이익을 획득할 때까지 필요한 시간에 관심이 있다.[11]

기업 내부 평가

마케팅 관리자는 기업의 장점은 극대화하고 약점은 최소화할 수 있는 시장을 찾기 위하여 기업의 핵심 특성에 비추어 글로벌 시장 기회들을 평가할 필요가 있을 것이다. 기업이 새로운 외국 시장에 진출할 때는 큰 위험을 감수한다. 결과적으로 의사결정자는 기업 철학, 인력의 숙련도와 기술(주로 마케팅과 물류 영역), 조직 구조, 경영 전문성, 재무자원이 신규 시장 진출을 지원할 수 있는지를 고려해야 한다(도표 2.9 참조). 기업 특성과 시장 기회를 비교하여 최종 선택을 한다. 이 과정에서 경영자는 기업의 강점과 약점 그리고 각 국가의 기회와 위협이 맞는 접점을 찾으려고 한다.

글로벌 시장 전략 개발

기업은 국가를 선택한 후 포괄적인 마케팅 전략을 개발해야 한다. 국제적으로 확장하려면 현재 마케팅 전략을 재평가해야 한다. 기업들은 보통 실수로 현 시장의 마케팅 전략을 신규 국제 시장에 적용할 수 있다고 믿는다. 불행하게도 기업들은 본국에서는 성공적이었던 시장 전술을 외국 시장에 옮기는 데 자주 실패한다. 결과적으로 글로벌 시장에 진출하기 위해 구체적으로 고안된 마케팅 계획이 필수적이다.

2-4

새로운 글로벌 시장에 진출하기 위한 전략을 이해한다.

시장 진입 전략

첫 번째 결정은 시장 진입 전략이다. 진입 전략은 신규 글로벌 시장에 진출하기 위한 체계이므로 올바른 전략을 선택하는 것이 중요하다. 이 결정은 다른 마케팅 결정에도 영향을 준다. 또한 시장 진입 전략 결정은 장기적인 의미가 있다. 왜냐하면 일단 전략이 선별되면 바꾸기 힘들고 수정하기 위해 비싼 대가를 치러야 하기 때문이다.

신규 글로벌 시장 진출 전략은 네 가지가 있다: 수출, 계약 협정, 전략적 제휴, 소유. 다양한 옵션이 기본 전략 안에 있다. 일반적으로 기업들은 수출을 통해 신규 시장에 진입한다. 왜냐하면 수출은 위험이 낮고 최소한의 투자만 하면 되기 때문이다. 동시에 잠재 투자 수익률과 수익성은 낮고 기업의 통제력도 적다. 기업이 국제 시장에 더 많이 관여할수록 잠재적 재무 수익은 증가하고 과정에 대한 통제력도 커진다. 그러나 위험과 기업 투자도 증가한다.

수출 수출(exporting)은 외국 시장에 진입하는 가장 흔한 수단이고 글로벌 경제 활동의 10%를 차지한다. 수출의 주요 이점은 최소한의 투자와 매우 낮은 위험으로 외국 시장을 침투한다는 것이다. 일관성 있는 수출 전략이 부족하고 구체적 분석과 목표 시장 선정 없이 단순히 주문만 받으려는 기회주의적 접근을 하는 경우가 흔하다.

대부분 사람들은 수출을 초기 진입 전략으로 생각하고 글로벌 마케팅에 대한 장기적 접근으로 여기지 않는다. 그러나 일부 대기업들은 글로벌 시장을 직접 상대하면서 수출 전략을 성공적으로 활용하고 있다. 보잉과 에어버스는 대형 제트 항공기를 생산하는 양대 산맥인데 본국에서 항공기를 생산해서(보잉-미국, 에어버스-유럽) 직접 판매 조직을 활용하여 전 세계로 자사 비행기를 판매한다.[12]

인터넷 인터넷은 웹사이트를 가진 모든 기업이 글로벌 시장으로 확장하는 데 유용한 도구이다. 쉬운 대금 지불과 마스터 카드, 비자, 아메리칸 익스프레스 같은 글로벌 신용 회사들이 제공하는 신용거래가 인터넷 시장 진입 전략에서 중요하다. 신용카드와 기타 지불 시스템 덕분에 거래가 크게 단순해졌고 고객은 보다 쉽게 제품을 구매하고 기업은 세계 어디에서든지 더 안전하게 제품을 판매하게 되었다. 또 다른 핵심 요인은 페덱스, UPS, DHL과 같은 글로벌 배송 회사를 활용하는 주문 시스템을 통해 세계 모든 곳에서 제품을 약속한 시간에 배송할 수 있는 능력이다. 이러한 체계는 성공적인 거래를 할 수 있다는 기업과 고객의 확신을 크게 높인다.

아마존과 같은 인터넷 소매상은 공격적으로 글로벌 시장에 진출하고 있다. 아마존은 독일, 영국, 캐나다, 일본, 프랑스, 중국, 이탈리아, 스페인에 사이트를 개설했다. 아마존은 영국과 독일에서는 고객들이 가장 많이 방문하는 상업 사이트이다. 모든 소매상이 인터넷을 통해 국제 시장을 확장했다. 예를 들어, H&M은 전 세계에서 사업을 추진하기 위해 공격적인 온라인 전략을 사용한다.[13]

수출업자와 유통업자 수출의 다음 단계는 여러 형태의 국가 대리인을 내세우는 것이다. **수출업자(exporter)**는 수출 마케팅 부서로 활동하면서 기업을 돕는 국제 시장 전문가이다. 일반적으로 수출업자는 기업과 많은 접촉을 하지 않지만 외국 시장으로 제품을 운송하기 위해 필요한 절차 및 방침 지식을 보유하고 있기 때문에 기업에게 가치 있는 서비스를 제공한다. 또한 국제 시장 경험이 없거나 적은 소기업들을 위해 해외 고객들에게 제품을 제공하는 과정을 신속히 처리해준다.

유통업자(distributors)는 외국 시장에서 기업을 대표하여 대변한다. 또한 유통업자는 각 국가에서 기업의 얼굴이고 고객 서비스 제공, 제품 판매, 대금 수납 등의 역할을 한다. 많은 경우에 유통업자는 제품 소유권을 획득하여 재판매한다. 유통업자 활용의 주된 이점은 유통업자들은 현지 시장을 잘 알고 기업을 물리적으로 대표해준다는 것이다. 그리고 기업이 현지 운영 활동을 위해 인력을 고용하고 자원을 투입할 필요가 없다는 것이다. 약점은 유통업자가 수출기업을 위해 일하는 것이 아니고 자신의 이윤을 위해 가격을 올리기 때문에 기업의 통제력이 약해진다는 것이다.

직접 판매 인력 외국 시장에 직접 판매 인력을 배치하는 것은 기업이 글로벌 시장으로 진출할 때 의미 있는 단계이다. 외국 시장에서 현지 판매팀을 배치하고 운영하기 위해서 많은 비용이 필요하다. 그러나 시장 통제력과 훈련된 판매원이 제공하는 전문적 지식 때문에 기업들은 이 전략을 자주 사용한다. 일부 산업에서는 고객이 해당 국가에 기업 판매원이 상주하기를 요구하기 때문에 직접 판매 인력을 배치하는 것이 필수적이다. 기술 및 하이엔드 산업재 시장에서 자주 나타나는 현상이다.

계약 협정 기업은 **계약 협정(contractual agreements)**을 통해 주로 현지 기업과 지속적인 비지본 관계를 형성하여 특정 국가 시장에 참여한다. 대부분의 협정에서 기업은 기술, 상표, 특허, 독특한 생산 과정과 같은 가치 있는 뭔가를 제공하고 매출의 일부나 특허 사용료를 대가로 받는다.

라이선싱 기업은 현지 법률에 의한 현지 동업자 의무화, 직접 수입 금지, 재무 자원 부족의 경우에 **라이선싱**(licensing)을 선택한다. 국제 시장에 많은 자원을 투입하지 않고 더 큰 입지를 확보하고 싶은 기업들은 라이선싱을 선택할 수 있다. 특허, 상표와 같은 핵심자산을 다른 기업에게 빌려주어 그 기업이 특정 시장에서 자사의 자산을 사용할 수 있는 권리를 주는 것이다. 제품 역량은 있으나 해외 사업 운영에 많은 투자를 할만한 전문성과 의지가 부족한 중소기업은 특정 외국 시장에서 제품을 생산하거나 현지 유통업자로서 핵심 서비스를 제공할 수 있는 라이선스 파트너를 찾을 수 있다. 추가로 대기업은 더 집중적인 투자를 정당화하기 힘든 경우에 제품을 수출하고 생산하는 데 이 접근을 활용한다. 제약 회사들은 글로벌 생산자이지만 다수의 외국 시장에서 라이선싱 전략을 사용한다. 예를 들어, 해먹 제약회사와 밀란 팜/트라이로직 파머는 해먹에게 혁신적인 여성 건강 증진 신기술 사용 권리를 주는 것에 합의하고 서명했다. 이 기술은 체온에서 액체를 젤로 전환시키는 것인데, 이는 세계 여성들을 위한 새로운 치료 기회를 열었다.[14] 이 경우에 잘못된 라이선싱 파트너를 선택하면 큰 문제가 될 수 있지만 기술을 라이선싱하는 기업에 미치는 위험은 제한적이다. 한편 기업이 확장 라이선싱 계약을 체결하면 잠재 수익과 장기적인 기회가 크지 않다.

프랜차이징 이 시장 진입 전략은 지난 10년 동안 꾸준히 증가해왔다. 기업이 현지 소유권을 가지고 외국 시장에 접근하는 방식이다. 일반적으로 외국 시장에 진출하고자 하는 기업인 프랜차이즈 업체는 프랜차이즈 가맹점이 현지 시장 지식, 재무적 보상(프랜차이즈 수수료, 매출액 대비 일정 비율, 프랜차이즈 업체 제품 구매 의무화), 현지 경영 경험을 주는 대가로 제품, 시스템, 서비스, 경영 전문성을 묶음으로 제공하는 것에 동의한다. 프랜차이즈 업체는 광범위한 프랜차이즈 계약을 통해 강력한 통제력을 행사하는데 프랜차이즈 가맹점의 비즈니스 운영 방식을 지시한다.[15] 이런 방식으로 프랜차이즈 업체는 고객 접점의 품질을 통제할 수 있다.

글로벌 시장 진입 전략으로서 **프랜차이징**(franchising)은 1990년대 시작되었고 많은 소매상들이 국제 비즈니스를 확장하려고 할 때 첫 번째 고려하는 전략이 되었다. 맥도날드, 버거킹, KFC 등은 전 세계에 대규모 프랜차이징 네트워크를 만들었다. 맥도날드 레스토랑의 3분의 2 정도는 미국 이외 지역에 있다. 낮은 자본 투자, 빠른 확장 기회, 현지 시장 전문성을 결합하면서 시장 진입 전략으로서 프랜차이징은 많은 이점을 준다. 그러나 도전도 있다. 전 세계적으로 소비자 취향이 크게 변하고 있으므로 프랜차이즈 업체들은 품질 통제를 하면서도 글로벌 소비자의 수요를 충족시킬 수 있는 제품을 개발하는 데 충분한 자원을 투입할 필요가 있다.

전략적 제휴 시장 진입 전략으로 **전략적 제휴**(strategic alliances)는 파트너에게 위험을 분산한다는 측면에서 지난 20년 동안 중요성이 커져왔다. 일부 산업에는 전략적 제휴가 지배적인 경쟁 구도인데 항공 산업보다 눈에 띄는 곳은 없다. 하나의 세계(oneworld) 제휴(아메리칸 항공, 영국 항공, 콴타스, 캐세이퍼시픽), 스카이 팀(에어프랑스, KLM, 델타, 대한항공, 아에로멕시코항공), 스타(유나이티드, 루프트한자)는 전 세계적인 항공 파트너십을 만들어 코드 공유, 상용 고객 마일리지, 물류 지원 등을 함께 한다. 이와 같은 제휴들은 각 항공사의 약점을

ADRIA Airways, Aegean Airlines, Air Canada, Air China, Air India, Air New Zealand, ANA, Asiana Airlines, Austrian, Avianca, Brussels Airlines, Copa Airlines, Croatia Airlines, EgyptAir, Ethiopian Airlines, EVA Air, LOT Polish Airlines, Lufthansa, SAS, Shenzhe Airlines, Singapore Airlines, South African Airlines, SWISS, TAP Portugal, Thai, Turkish Airlines, United Airlines

Aeroflot, Aerolineas Argentinas, AeroMexico, AirEuropa, Air France, Alitalia, China Airlines, China Eastern, China Southern, Czech Airlines, Delta, Garuda Indonesia, Kenya Airways, KLM Royal Dutch Airlines, Korean Air, Middle East Airlines, Saudia, TAROM Romanian Air Transport, Vietnam Airlines, Xiamen Airlines

Airberlin, American Airlines, British Airways, Cathay Pacific, Finnair, Iberia, Japan Airlines, LATAM Airlines, Qatar Airways, Malaysia Airlines, Qantas, SriLankan Airlines, Royal Jordanian, S7 Airlines

보완하여 경쟁력을 강화하기 위해 고안된 것이다. 글로벌 항공사를 만들기 위해선 많은 비용이 필요한데, 델타 항공이 유럽에 자사 네트워크를 직접 만드는 것보다 에어프랑스와 제휴하는 것이 비용 측면에서 더 효과적이다. 현실적으로 현지 항공사에 유리한 현지 법 때문에 자사 네트워크를 직접 구축하는 것은 가능하지 않을 수 있다.[16] 결과적으로 전략적 제휴는 필수이고, 항공사들은 자사 사업 범위를 확장하기 위해 넓은 글로벌 파트너십을 만든다(도표 2.10 참조).

국제 합작 투자 전략적 제휴의 한 형태인 합작 투자는 법적 제한과 문화 장벽 때문에 닫혀있는 시장에 진출할 때 사용된다.[17] 추가적으로 모든 전략적 제휴처럼 **합작 투자**(joint ventures)는 위험을 파트너에게 분산하여 위험을 줄인다. 합작 투자는 두 기업 이상이 참여하는 파트너십인데 다음과 같은 내용이 다른 전략적 제휴와 다른 점이다: (1) 경영상 의무를 공유하고 경영 구조가 정해진다. (2) 개인이 아니라 기업과 법적 주체가 참여하여 합작 투자를 한다. (3) 모든 참여자가 지분을 갖는다. 합작 투자에서는 두 파트너가 지분을 보유하고 경영상 의무를 공유하기 때문에 올바른 파트너를 선택하는 것이 필수적이다. 각 파트너는 문제를 피하기 위해 평판, 자원, 경영 전문성 측면에서 합작 투자 회사에 기여하는 바가 있어야 한다. 추가적으로 중요한 주제는 경영 구조, 비용 공유와 통제이다.

해외 직접 투자 가장 장기적인 시장 진입 전략은 **해외 직접 투자**(direct foreign investment)이다. 기업이 생산기지를 해외시장으로 옮기면 위험이 실질적으로 증가한다. 이것은 가장 위험한 시장 진입 전략이지만 미래 시장 잠재력을 고려할 때 장기 성장성은 높다. 기업은 다음과 같은 요인들을 고려해야 한다.

- **시기 선택** : 알려지지 않은 정치 또는 사회적 이벤트, 경쟁자 활동
- **법적 이슈** : 증가한 국제 계약과 자산 보호의 복잡성
- **거래 비용** : 생산 비용과 다양한 화폐로 표시된 비용
- **기술 이전** : 해외 시장에서 핵심 기술은 더 쉽게 복제됨
- **제품 차별화** : 비용 증가 없는 제품 차별화
- **마케팅 커뮤니케이션 장벽** : 매우 다양한 현지 시장 관행

기업은 투자 규모와 위험을 고려해서 시장 기회뿐만 아니라 광범위한 비용과 잠재적 문제를 고려해야 한다. 기업이 신규 시장으로 확장하면서 제품 기술 손실과 같은 이슈를 간과할 수 있다.[18] 또한 기업들이 많은 자원을 투입한 후에 중요한 이슈가 발생하여 위험이 크게 증가하는 경우도 흔한 일이다.

조직 구조

마케팅 관리자는 특정 시장 진입 전략을 결정한 후 효율적이고 효과적인 글로벌 시장 조직 구조를 만들어야 한다. 이를 위해 계속 점검하여 적응해야 한다. 이상적인 하나의 조직은 존재하지 않는다. 미국의 43개 다국적 기업을 대상으로 한 최근 조사에 따르면 이 기업들은 향후 5년 동안 국제 사업을 위해 137회의 조직 변화를 계획하고 있었다. 최선의 조직 구조는 시간이 지나면서 진화하고, 움직이는 표적처럼 맞아 떨어지는 정답은 없다.

기업이 조직 구조를 정하기 전에 두 가지 중요한 사항을 결정해야 한다. 첫째, **의사결정 권한**(decision-making authority)이다. 기업이 성장하면서 권한 라인은 길어지고 복잡해진다. 그래서 조직의 각 수준에서 어떤 결정을 할 것인지 명확한 규약을 정하는 것이 중요하다. 보통 임원들이 8시간 시차가 나는 곳에 떨어져 있으면 고위 경영진이 결정하기가 더 어려워진다.[19]

중앙집권화 정도(degree of centralization)는 자원 할당과 인사에 영향을 주기 때문에 두 번째로 중요한 결정이다. 전 세계적으로 기업이 채택하는 기본 조직 형태는 세 가지인데 중앙집권적 조직, 분권적 조직, 지역 조직이다. 중앙집권적 조직의 장점은 강한 통제를 할 수 있기 때문에 소식 전체적으로 일관성이 있다는 것이다. 이 형태는 조직 내의 지식이 많은 사람들을 모아 핵심 이슈를 다루도록 전문가 센터를 만들 때 더 효율적이다(예 : R&D, 법, IT). 반면에 분권적 조직은 시장 여건 변화에 신속하게 대응하는 실무형 경영을 할 때 적합하다. 지역 조직은 글로벌 시장에서의 결정은 신속하게 하고 핵심 기능은 중앙집권화해서 중앙집권적 조직과 분권적 조직의 장점을 결합한 것이다.[20]

의사결정 권한과 중앙집권화 정도가 정해지면 보통 기업은 국제 사업을 운영하기 위해 세 가지 조직 구조 중에 하나를 채택한다. 첫째, **글로벌 제품 라인**(global product line) 구조는 넓고 다양한 제품을 가진 기업에 적합하다. 이 모델은 제품이 가진 기능과 소구력에 기초하고, 유사한 제품별로 고객들에게 판매한다. 또한 고객 기준으로 제품 라인 구조를 나눌 수 있는데, 이를 통해 제품 사용과 고객 필요를 연결시킨다. 이 구조의 단점은 직접 판매 인력과 같은 기능은 기회가 크다고 믿는 시장에서 중복 투자될 수 있다는 것이다. 독일 대기업인 지멘

스는 제품 및 고객별 전문 직접 판매 인력을 운영한다. 지멘스의 제품 포트폴리오는 대형 발전기부터 정교한 의료 장비에 이르기까지 다양하기 때문에 이 접근 방식은 지멘스에서 잘 작동했다. 두 번째는 **지리적 영역**(geographic regions) 구조인데 국제 시장을 지리적으로 나눈 후 독립된 지역 조직을 만들어 각 지역에서 사업을 수행하도록 하는 것이다. 이 모델은 경영자들이 현지 고객과 더 밀접하게 연결되면서 현지 정부와의 관계가 사업 성공에 중요할 때 특별히 더 큰 효과가 있다. 핼리버튼과 같은 대형 건설 엔지니어링 회사는 사업 환경이 자사에 적합한 시장들에서 지역별로 사업을 운영·관리한다. **매트릭스 조직**(matrix structure)은 세 번째 형태인데, 앞의 두 형태를 결합한 하이브리드 조직이다. 오늘날 대부분 기업들이 지역별로 자율성을 주면서 핵심 지역에서는 제품 역량 구축을 강조하는 매트릭스 조직을 사용하는 것은 놀랄 일이 아니다.

제품

2-5

글로벌 제품 전략을 창출하기 위한 핵심 요소를 학습한다.

기업들은 본국 시장 밖에 있는 사람과 기업들이 자사 제품을 구매할 것이라는 믿음을 가지고 있을 때 글로벌 시장으로 확장한다. 이러한 신념은 신규 글로벌 시장에서 판매할 제품과 밀접한 관련이 있다. 그렇다면 단순히 기존 제품을 수정 없이 판매할까? 해외시장을 위해 신제품을 개발할까? 아니면 두 방법을 절충할까? 이 질문들에 대한 대답은 글로벌 시장 확장에서 필수적이다.

어떤 제품은 해외 신규시장에서 다른 제품보다 쉽게 수용된다. 디지털 음악 플레이어나 카메라 같은 소비재 전자제품은 전 세계적으로 표준화되어 있다. 그러나 음식 등은 나라마다 다르므로 현지 기호에 맞출 필요가 있다. 기업은 세 가지 제품 옵션 중에 하나를 선택할 수 있다.[21]

- **직접 제품 확장** : 본국에서 판매하는 제품을 수정 없이 국제 시장에 그대로 출시하는 것이다. 추가적인 연구 개발과 생산 비용이 필요없다는 장점이 있다. 단점은 제품이 현지 필요와 기호에 맞지 않을 수 있다는 것이다.
- **제품 개조** : 기존 제품을 현지 필요와 법적 요구에 맞춰 수정하는 것이다. 제품 개조의 범위는 지역 단위에서 시 단위까지 다양할 수 있다.
- **제품 발명** : 국제 시장을 위해 신제품을 개발하는 것이다. 가끔 한 시장에서 판매 중단된 제품을 신규 시장에 다시 출시할 수 있는데 이 과정을 후방 발명이라고 한다. 핸드폰 생산업체가 이 전략을 채택했다. 유럽과 아시아에서 다른 기종으로 대체된 핸드폰을 라틴 아메리카에 시판했다. 다른 전략은 전방 발명인데 특정 국가나 지역의 수요를 충족하기 위해 신제품을 개발하는 것이다.

소비자

글로벌 소비자 시장에 진출하는 것은 큰 도전이다. 왜냐하면 국제 경험이 적은 기업이 필요, 기호, 제품 사용 수요가 다른 소비자들을 대상으로 제품을 평가, 개발, 마케팅하는 것은 쉬운 일이 아니기 때문이다. 가끔 경험이 풍부한 글로벌 마케터도 해외시장에서 특정 소비자 동향을 파악하지 못하기도 한다. 국제 소비자 마케터들이 직면하고 있는 네 가지 핵심 이슈는 품질, 제품을 문화에 맞추기, 브랜드 전략, 원산지이다.

이 광고에서 코카콜라는 다른 이름을 사용하고 있지만 미국 광고에서 전달한 동일한 재미를 보여주고 있다.

출처 : The Coca-Cola Company

품질 품질 지각은 전 세계적으로 다양하기 때문에 기업이 글로벌 시장을 대상으로 제품을 개발하여 수정해 가는 것은 어려운 일이다. 핸드폰 생산업체가 배운 것처럼 한 시장에서 성공한 제품이 다른 시장에서는 실패할 수 있다. 유럽, 일본, 미국에서 핸드폰이 성공하기 위해서는 로밍 기능을 가지고 있어야 한다. 하지만 중국 소비자들은 이 기능을 중요한 특성으로 여기지 않는다.

글로벌 소비자들은 제품 품질에 대한 지식이 풍부해서 기꺼이 구매하고자 하는 명확한 품질 기준을 가지고 있다. 연구에 따르면 가격-품질 관계와 이 책에서 초점을 맞추고 있는 가치 제안은 소비자 의사결정에서 핵심 요소이다. 많은 조직들이 서비스와 같은 핵심 품질 자원을 통제하기 힘들 때 조사를 통해 품질 수준을 파악하고 탁월한 품질을 제공하려고 노력한다. 앞에서 토의한 것처럼 기업은 많은 상황에서 제품 경험의 핵심 요소를 제공하지 않기 때문에 훌륭한 국제 파트너가 중요하다.

제품을 문화에 맞추기 문화 차이는 소비자 제품 선택에 막대한 영향을 미치므로 국제 시장에서 중요하다. 제품 색깔과 특징뿐만 아니라 브랜드명도 현지 해외시장의 문화에 큰 영향을 받는다.

언어 차이 때문에 재미있고 유례가 없는 마케팅 실수가 일어나기도 했다. 코카콜라가 다이어트 코크를 일본에 출시했을 때 초기 판매량은 실망스러웠다. 코카콜라는 초기 판매 실패 이후에 일본 여성들이 다이어트란 단어를 좋아하지 않고 일본 문화에서 이 단어의 이미지는 질병과 관련되어 있다는 것을 알게 됐다. 코카콜라는 브랜드명을 코크 라이트로 변경했고 전 세계에서 효과적으로 사용되었다. 기업은 제품도 현지 시장에 맞춰야 한다. 주방 제품 제조업자들은 일본 시장을 침투하기 어렵다는 것을 알게 되었다. 미스터 커피와 필립스 전자 NV는 아시아 주방이 서구 국가 주방보다 매우 작기 때문에 자사 커피 제조기가 일본에서 잘 팔리지 않는다는 것을 발견했다. 미국에서 판매되는 큰 커피 제조기는 일본 주방에 맞지 않았다.

브랜드 전략 제9장에서 학습할 것처럼 기업들은 전 세계적으로 통합된 브랜딩 전략을 추구한다. 어떤 경우는 이러한 전략이 효과적이다. 코카콜라, 캐터필라, 애플, 캘로그, BMW 등은 강력한 글로벌 브랜드를 개발하여 가지고 있다. 기업들이 현지 브랜드를 인수한 후 결정해야 하는 내용 중 하나는 현지 브랜드를 글로벌 브랜드에 편입할 것인지에 대한 것이다. 기업들은 현지 여건을 고려해야 하는데 브랜드 인지도를 구축하고 마케팅 커뮤니케이션 예산을 확장하기 위해 여러 브랜드들을 조화롭게 관리하고 있다.

한편 기업이 현지 브랜드를 그대로 사용하면 이미 형성된 브랜드 충성도와 확실한 브랜드 인지도의 혜택을 얻는다. 예를 들어, 네슬레는 개별 제품을 위해 현지 브랜딩 전략(7,000개 이상의 브랜드를 보유)을 따르고 있지만 전 세계적으로 네슬레라는 기업 브랜드를 촉진한다. 이 회사는 현지 브랜드가 제품 차별화에 도움이 된다고 믿는다.

원산지 고객들은 구매 결정을 할 때 점점 더 원산지를 활용하고 있다. 원산지 효과는 생산, 조립, 디자인을 한 국가가 제품에 대한 긍정적 또는 부정적 이미지에 미치는 영향이다.[22] "메이드 인 재팬", "메이드 인 이탈리아", "메이드 인 미국"은 각각 고객에게 의미를 주고 제품 원산지에 기초하여 제품이 어떤 품질을 가지고 있는지 암시한다. 이와 같은 지각은 시간이 지나면서 변할 수 있다. 제2차 세계대전 직후에 사람들은 일본 제품은 품질이 떨어지고 비싸지 않다고 생각했다. 21세기 일본 제품의 탁월한 품질에 비추어 볼 때 믿기 어려울지도 모른다. 버드와이저는 매우 강한 원산지 효과를 가지고 있는 브랜드이다. 전 세계 소비자들은 이 제품을 미국 브랜드로 간주한다. 벨기에 회사인 인베브는 앤호이저부시를 인수한 후 강력한 미국 정체성을 유지하는 것이 이 회사의 초점이라고 발표했다.

기업들은 자사 제품을 외국 제품과 차별화하기 위해 자민족 중심주의 메시지를 사용한다. 포드와 크라이슬러는 소비자들의 마음 속에 "buy America" 감정을 심기 위해 광고에서 자신들이 미국의 유산이라는 내용을 사용했다. 미국에서 생산되는 일본 자동차들은 멕시코에서 조립되는 미국 자동차들보다 더 많은 미국산 부품을 장착하고 있다.[23] 한 연구는 원산지에 관하여 다음과 같이 보고한다.

- 선진국 사람들은 자국에서 생산된 제품을 선호한다.
- 호의적인 평가를 받는 국가의 생산업체들은 그렇지 못한 국가들보다 더 원산지를 강조한다.
- 여러 국가들은 원산지가 차이를 만들어 영향을 줄 수 있는 특정 영역을 개발해왔다. 예를 들어 독일과 일본의 자동차, 미국의 기술, 프랑스의 와인과 사치품이 있다.

시장 경로

글로벌 마케팅 관리자가 직면하는 골치 아픈 문제 중 하나는 제품을 고객에게 가져다주는 것이다.[24] 특히 미국과 유럽 기업들은 상대적으로 낮은 비용으로 매끄럽게 생산지에서 고객에게 제품을 이동시키는 정교한 유통 경로에 익숙하다. 잘 조정된 수송 및 물류 시스템은 유통 비용을 낮추고 판매 시 고객의 선택 폭을 넓혀준다.

기업들이 글로벌 시장에 진출했을 때 경로 구조가 근본적으로 다르고 유통 시스템이 형편없이 조직되어 쉽게 접근하기 힘들며 수송 네트워크가 적절하지 않으면 유통 전략을 다시 생각해야 한다. 기업이 복잡한 해외 유통 시스템에 침투할 준비가 안 되어 있는 경우가 흔하다. 적어도 단기적으로 경로 결정은 어렵고 적응하는 네 비용이 높이 소모되므로 위험이 높다. 성공적인 경로 전략을 개발할 수 있는 기업은 시장에서 경쟁 우위를 확보하고 경쟁자의 선택을 효과적으로 제한한다.

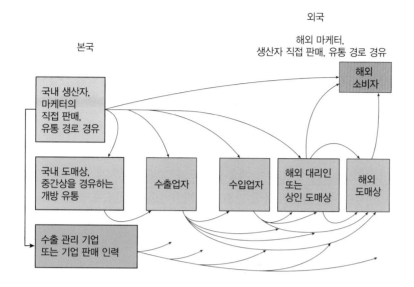

출처 : Cateora, Philip R. , John Graham, and Mary C. Gilly, *International Marketing* New York, NY: McGraw-Hill Education, 2016.

경로 구조 판매 국가에서 생산되지 않는 모든 제품은 글로벌 유통 경로를 통과해야 한다(도표 2.11 참조). 제품은 국가 간 해외 유통 경로를 거쳐 생산 국가에서 현지 해외 시장 유통 경로로 이동한다. 생산자는 본국 경로 네트워크에 가장 익숙하다. 그러나 해외 시장에서 상품을 판매할 때는 무역회사나 기존 경로의 수정을 요구하는 해외 대리인과 같이 다른 중간상을 사용한다. 국가 간 제품 이동을 조정한다는 것은 가장 효과적이고 효율적인 수송 수단뿐만 아니라 법 문제에도 익숙한 전문가를 고용한다는 것을 의미한다. 기업들은 여러 수송 방법을 생각할 수 있는데, 비용과 더불어 수송 시간과 위험을 고려해야 한다. 생산자는 마지막 단계에서 가장 큰 도전에 부딪히는데, 제품을 현지 경로에 전달하고 궁극적으로 고객에게 배송한다. 국제 배송 전문가들은 현지 유통 파트너들을 파악하는 데 도움을 주지만 기업들은 단순히 유통 경로가 아니라 전반적인 사업 목표에 적합한 경로 제휴 파트너를 찾으려고 한다.

경로 요인 경로 파트너를 선택할 때 기업들은 경로 전략의 6Cs로 알려진 여섯 가지 전략 목표를 고려해야 한다. 비용(cost), 자본(captial), 통제(control), 범위(coverage), 특징(character), 지속성(continuity)은 경로 대안들을 평가하는 점검표가 된다.

비용 경로 비용은 다음과 같은 내용을 포함한다: (1) 경로 구축을 위한 초기 투자, (2) 경로 유지 비용. 기업들은 신규 시장으로 확장하면서 불필요한 중간상을 제거해서 현지 유통 시스템의 효율성을 높이는 방안을 찾는다. 이를 통해 고객에 이르는 경로를 단축한다.[25]

자본 글로벌 시장 경로 시스템이 부적당하면 비싼 대가를 지불해야 한다. 제품 비용이 발생하고 브랜드와 기업 평판에 장기적인 손상을 주기 때문이다. 경로 네트워크가 이미 잘 정비되어 있으면 투자 비용이 낮아진다. 그러나 기존 시스템을 개발하고 크게 향상시키는 것이 필요하다면 많은 비용이 발생한다.

통제 기업이 경로를 더 통제할수록 유지 비용이 커진다. 따라서 일반적으로 기업들은 경로 통제와 비용 사이의 균형점을 찾는다. 현지 시장 지식이 부족하고 글로벌 공급사슬이 복잡하면 경로 시스템을 구축하는 데 많은 비용이 소모되기 되기 때문에 능력 있는 마케터 외에 대부분의 마케팅 관리자들은 해외 시장의 현지 유통 네트워크에 의존한다.

범위 현지 유통 네트워크를 통해 자사 제품을 목표 시장에 완벽하게 노출시키지 못할 수 있다. 예를 들어, 미국에서도 하나의 유통 경로로 소비자 시장을 완벽하게 감당하기 힘들기 때문에 다중 유통 경로가 필요한 상황이다. 결과적으로 목표 고객에 가장 효과적으로 도달할 수 있는 유통 경로와 그렇지 못한 유통 네크워크를 평가할 필요가 있다. 중국에서 중상류 계층 소비자를 목표로 한다면 베이징, 상하이, 광저우 같은 해안 도시들에서는 광범위한 유통이 요구되고 나머지 지역에서 최소한의 유통 경로가 필요하다.

특징 장기적인 경로 결정을 할 때는 경로 구성원의 특징이 최선의 경로 파트너를 선발하는 데 있어 중요한 이슈이다.[26] 현지 경로 파트너의 역량, 평판, 기술이 기업 특성과 맞아야 한다. 서비스 지향 기업은 서비스와 고객 만족 부문에서 좋은 평판을 가진 경로 파트너를 찾아야 한다.

지속성 경로 시스템을 변경하면 고객은 염려하고 경쟁자는 우리 서비스의 비효율성과 혼란을 기회로 삼는다. 시장에서 오랫동안 존재했던 경로 파트너를 찾으면 어느 정도 안정감을 얻는다. 그러나 최선의 경로 파트너가 이미 경쟁자와 관련되어 있는 경우에 우리가 이 경로 파트너와 관계를 구축하는 것은 가장 어려운 일이다.

마케팅 커뮤니케이션

고려해야 할 또 다른 요인은 조직의 커뮤니케이션 전략에 추가되는 글로벌 마케팅 커뮤니케이션이다. 본국의 소비자에게 커뮤니케이션할 때 고려한 핵심 요소(언어, 이미지, 색깔, 문화, 맥락 단서)는 해외 시장에서 크게 다를 수 있다.[27] 더욱이 매체도 다르므로 본국에서 한 매체에 의존하는 기업은 다른 매체에 적응해야 할 것이다.

광고 글로벌 시장 광고는 현지 시장 적응 정도에 따라 네 가지 접근 방식이 있다. 첫 번째 전략은 **글로벌 마케팅 주제**(global marketing theme)를 만드는 것이다. 색깔과 언어만 현지 시장에 맞게 조정한다. 세계 모든 국가에서 광고의 기본 틀은 바꾸지 않는다. 두 번째 전략은 **현지 콘텐츠를 이용한 글로벌 마케팅**(global marketing with local contents)인데 본국 시장과 같은 글로벌 마케팅 주제를 다루지만 현지 콘텐츠로 현지 상황에 맞게 광고를 조정한다. 광고에 현지 스타일과 느낌을 불어넣기 위해 현지 콘텐츠가 표준화된 틀에 포함된다. 이러한 광고는 현지 이미지와 카피를 포함하지만 여전히 동일한 글로벌 마케팅 메시지를 담고 있다. 세 번째는 **바구니식 글로벌 마케팅 주제**(basket of global advertising theme) 접근법이다. 이 방식은 일단 몇 가지 마케팅 메시지를 표현하고, 서로 관련되어 있지만 뚜렷이 다른 광고들을 제작한다. 이 광고들은 보통 기업의 광고 대행사가 만들고 현지 마케터는 특정 시장 상황에 가장 잘 맞는 광고를 선택한다. 마지막으로 어떤 기업들은 **현지 시장 광고 제작**(local market ad generation)을 허용한다. 마케터들은 글로벌 마케팅 메시지와 맞지 않는 현지 광고를 만들 수 있는 권한을 가지고 있다. 그러나 일관성 있는 품질을 확보하기 위해 기업 고위층의 조정이 필요하다. 글로벌 시장에 제품을 마케팅하기 위해 상당한 자원이 필요하고 선두 글로벌 광고주들은 모두 매년 20억 달러 이상을 사용한다.

인적 판매 판매원-고객 관계는 세계에서 국가마다 매우 다르다. 미국에서는 비즈니스에 초점이 맞춰진 관계이고 개인적이지 않다. 라틴아메리카와 아시아는 훨씬 더 개인적이다. 실제 비즈니스 협상은 개인적인 관계가 구축된 다음에 시작되는 경우가 흔하다. 기업은 현지 비즈니스 문화를 수용할 수 있는 글로벌 판매 인력을 선발, 훈련시키는 데 민감할 필요가 있다.

판매촉진 미국 마케팅 커뮤니케이션 예산에서 상대적으로 작은 부분이 판매촉진에 할당된다. 그러나 판매촉진은 글로벌 마케팅 커뮤니케이션 전략에서 의미 있는 요소가 될 수 있다. 글로벌 시장에서 소비자 시험 구매와 실제 구매를 자극할 필요가 더 클 수 있다. 펩시와 코카콜라 모두 라틴아메리카에서 외딴 마을 여행 카니발을 후원하는데, 이는 제품 시험 구매를 독려하기 위한 목적이다.[28]

PR 글로벌 커뮤니케이션이 확장되면서 국제 PR의 중요성이 커졌다. 글로벌 뉴스 조직들이 소식을 매우 빠르게 전 세계에서 배포하면서 기업들은 위기 처리를 매우 빠르고 효과적으로 해야 함을 깨닫고 있다. 어떤 뉴스와 이야기에 대한 기업의 관점을 정립하려면 공중에 발표하기 전에 기업과 PR 컨설턴트 사이의 조정이 필요하다. PR도 마케팅 커뮤니케이션 전략의 다른 요소들을 향상시킬 수 있다.[29] 기업이 신제품을 도입할 때 기자회견과 다른 국가의 뉴스 주기에 스케줄을 맞추는 것은 자주 있는 일이다.

가격

세 가지 주요 가격 전략이 있다. 단일 가격 전략이 모든 해외 현지 시장에 부응할 수 없으므로 대부분 기업들이 원가 기반 가격 전략과 시장 여건 기반 가격 전략을 결합해서 최종 가격을 결정한다.[30]

단일 세계 가격 세계 모든 시장에서 모든 제품에 한 가지 가격을 부과한다. 기업이 이 접근법을 사용하면 마케팅 믹스의 다른 요소들도 표준화하고 재무 예측을 단순화할 수 있다. 현실적으로 이 전략은 자주 활용되지 않는다. 가격은 일정한데 생산, 유통, 마케팅 원가는 매우 변동이 심해 이익 마진이 크게 요동친다. 더욱이 경쟁 압력, 경제 상황 등과 같은 현지 여건이 최종 제품 가격에 중요한 영향을 미칠 수 있다.

현지 시장 여건 가격 기업은 제품을 시장에 투입할 때 발생하는 원가는 최소로 반영하고 현지 시장 여건에 기초해서 가격을 부과한다. 최종 가격을 부과할 때 시장에 반응하는 것이 확실히 중요하지만 현지 여건이 현지 국가에서 글로벌 기업의 제품 판매 현실을 반영하지 못할 수 있다. 현지 경쟁자들은 수송비, 관세, 기타 해외 시장 제품 판매 비용을 지불하지 않는다. 결과적으로 기업들은 가격 책정 시 현지 시장 가격에 민감해야 한다. 글로벌 시장 기회의 매력도를 평가할 때 현지 시장 가격을 주도하는 강력한 현지 또는 글로벌 경쟁자들을 고려해야 한다. 한 가지 해결책은 높은 가격을 책정할 수 있도록 부가 가치를 창출하는 제품 기능을 파악해서 추가하는 것이다.

원가 기반 가격 이 전략은 원가에 이윤을 위한 추가 가격을 책정하여 최종 가격을 결정하는 것이다. 원가에 초점을 두기 때문에 이윤이 나지 않는 가격을 책정하는 것을 막지만 시장 여건을 고려하지 않는다. 관세나 수송비 때문에 원가가 높으면 가격이 시장에서 너무 높을지도 모른다.

가격 상승 글로벌 시장에서 기업들이 상당히 당황스러운 것은 글로벌 비즈니스 비용이 본국 시장에서보다 높은 경우가 자주 있다는 점이다. 많은 사람들이 자국에서 판매되는 제품 가격이 해외 시장에서 두 배인 것을 보고 놀란다. 네 가지 주된 힘이 원가를 높이고 가격을 상승시킨다.

- 제품 수출 비용 : 제품 구성의 차이, 패키징과 문서작업이 해외 시장에서 많은 제품의 원가를 상승시킨다. 핵심 내부 원가 이슈는 **이전 가격**(transfer pricing) 또는 기업이 자회사와 사업부 간 제품 이동에 내부적으로 부과하는 비용이다. 기업이 내부적으로 너무 높은 가격을 매기면 자회사가 이윤을 위한 추가 가격을 붙여 최종 가격을 책정하기 때문에 최종 제품 가격의 경쟁력이 떨어진다.
- 관세, 수입 비용, 세금 : 전 세계 모든 정부는 자국 시장의 산업과 매출액을 보호하기 위해 수입 제품에 관세, 수수료, 세금을 부과한다.
- 환율 변동 : 오랫동안 미국 달러는 모든 국제 계약에서 표준이었는데 모든 가격이 달러로 표시되어 통화 변동을 최소화해주었다. 지금은 통화가 변동하고 통화 시장 바스켓을 사용하여 제품 가격이 결정된다. 통화들이 상호 간에 쉽게 15~20% 변동이 일어날 수 있기 때문에 국제 계약에서 통화 가치 할당이 중요하다. 점차적으로 기업들은 통화 변동으로 인한 위험을 막기 위해 자국 통화로 계약하기를 원한다.[31]
- 중간상 및 수송 비용 : 글로벌 시장을 위해 경로를 구축하면 경로 구성원의 수와 원가가 상승한다. 각 경로 구성원은 보상을 요구하므로 최종 가격이 올라간다. 더욱이 현지 시장까지 거리가 멀수록 수송 비용이 증가한다.

글로벌 가격 책정 이슈 가격 상승에 추가해서 두 가지 글로벌 가격 책정 이슈가 있다. 첫째

덤핑인데 원가나 본국 시장 가격보다 낮은 가격을 책정하는 관행이다.[32] 세계무역기구와 모든 국가의 정부는 덤핑을 불법으로 규정하고, 덤핑으로 밝혀지면 해당 제품에 세금을 부과한다. 일반적으로 글로벌 시장이 강세일 때는 덤핑이 큰 문제가 되지 않는다. 그러나 시장이 약세일 때 제품 가격을 총원가보다 한계 원가에 기초해 정하려는 의도가 커진다. 두 번째 주요 이슈 는 **회색 시장**(gray market)인데 공인되지 않은 사업부가 브랜드화된 제품을 글로벌 시장에서 판매할 때 나타난다. 회색 시장 유통업자(공인된 유통업자인 경우가 자주 있음)는 제품을 가 격이 낮은 시장에서 높은 시장으로 우회시킨다. 기업들은 유통입자 사이의 비정상적인 주문 패턴을 주의 깊게 살펴볼 필요가 있다. 왜냐하면 이것이 회색 시장 문제의 신호가 될 수 있기 때문이다.[33]

윤리 : 성공적 마케팅 관리의 핵심

윤리는 성공적인 마케팅 전략의 필수적인 요소이고 보다 넓게는 기업의 전반적인 비즈니스 전략이다. 정말로 많은 기업들이 윤리적 리더십, 문화, 방침의 실질적인 혜택을 안다(연구 결 과도 보여줌). 불행하게도 비즈니스에서 벌어진 윤리적 일탈을 보도하는 뉴스 없이 일주일을 보내는 것은 어렵다. 보통 이슈가 잘못 고안된 전략과 실행의 문제인 것처럼 보이지만 자세 히 점검해보면 윤리적 의사결정의 실패인 경우가 많다. 예를 들어, 폭스바겐이 전 세계에서 디젤 차 배출가스 자료를 속여서 발생한 위기를 다루면서 직면한 도전들을 생각해보자. 현 재까지 이 회사는 수십억 달러의 비용을 지불했고 자사 자동차와 브랜드에 대한 신뢰를 잃었 다. 실제 디젤 엔진 배출 가스양을 감추기 위해 속임수 소프트웨어를 설치했는지 조사한 결 과 수많은 잘못된 결정이 밝혀졌다. 분명한 것은 기업 문화도 이런 행동을 지지했고 기업에 심각하게 부정적 영향을 미친 결정을 한 구성원들을 막지 않았다는 것이다.

마케팅에서 윤리는 비즈니스 및 소비자 시장에서 강한 고객 관계를 발전시켜 유지하는 데 핵심적인 역할을 한다.[34] 시장은 윤리적 행동을 하는 기업들에게 충성도로 보상하고 이는 재 무적 성과로 나타난다.[35] 추가로 윤리적 기업은 높은 직원 충성도와 같은 편익을 축적하는데 이는 낮은 이직과 채용 비용으로 이어진다. 윤리는 가치 제안부터 마케팅 믹스, 마케팅 전략, 실행의 모든 중요 요소에 이르기까지 마케팅의 모든 분야에서 중요한 역할을 한다. 기업들은 마케팅과 비즈니스에서 윤리의 중요성을 깨달았기 때문에 윤리 강령과 방침을 만들어 조직 내 에서 직접적인 윤리 결정을 할 수 있도록 돕는다. 다음 부분에서 이 주제들을 살펴볼 것이다.

일부 사람들은 기업이 마케팅 활동에서 법적 의무만 충족시키면 된다고 주장한다. 그러나 오늘날 성공적인 마케터는 법은 기대 행동의 기본에 불과하고, 일반적으로 사회적 규범과 의 견에는 한참 미치지 못하는 것으로 생각한다. 어떤 면에서 의견을 금방 바꿀 수 있고 기업은 전략 계획과 실행의 안정성이 필요하기 때문에 법만 지키면 된다는 생각도 좋다. 그러나 법을 지킨다는 것이 기업이 마케팅 노력에서 할 수 있고 해야 하는 모든 것을 하고 있다는 것을 의 미하지 않는다. 반면에 **마케팅 윤리**(marketing ethics)는 마케팅 관리자가 전략 수립, 실행, 통 제를 관리할 때 사람들이 기대하는 옳고 공정한 사회적·전문적 기준을 포함한다.[36]

2-6

마케팅 전략에서 윤리의 중요 성, 가치 제안, 마케팅 믹스 요 소를 학습한다.

윤리와 가치 제안

우리가 제1장에서 토의한 것처럼 가치는 마케팅의 핵심 개념이다. 당신은 가치가 제품과 서비스와 관련된 순편익이라는 것을 기억할 것이다. 구매자는 모든 편익을 고려하여 비용을 차감하여 제품의 가치를 계산한다. 핵심 고려사항 중 하나는 기업이 제품 경험, 보증, 서비스, 기타 수많은 상호작용에 관한 약속을 지킬 것이라는 신뢰와 신념이다. 고객이 기업을 신뢰할 때 그것은 주요 편익이다. 고객이 기업을 신뢰하지 않을 때 그것은 중요한 비용이다. 두 경우 모두 구매자의 기업 윤리성 평가가 고객에 대한 가치를 정의할 때 본질적인 역할을 한다. 연구 결과에서도 구매자가 가치 제안을 평가하고 구매 결정을 할 때 기업의 윤리를 고려한다고 밝히고 있다.[37]

웰스 파고는 지난 10년 동안 미국에서 가장 성공적인 은행 중 하나였다. 그러나 은행 매출을 늘리기 위해 가짜 계좌들을 만들었다는 스캔들이 고객에 대한 기업의 가치 제안을 변경시켰고 많은 고객과의 장기적 관계에 큰 피해를 입혔다. 스캔들의 즉각적인 영향은 기존 고객이 떠나고 잠재 신규 사업을 개척해서 시작하기 힘든 것이었다.[38] 웰스 파고와 모든 기업의 도전은 한 번 신뢰가 깨지면 회복하기가 쉽지 않다는 것이다. 은행업과 같은 산업에서 신뢰와 윤리는 가치 제안의 핵심이다.

기업 윤리가 가치 제안을 정의하는 데 있어 점점 더 중요한 역할을 하면서 신뢰는 천천히 발전하지만 쉽게 잃어버린다는 것을 기억하는 것이 중요하다. 존슨앤존슨의 아기 제품 라인은 오랫동안 고객들과 강한 연결을 구축해왔다. 그러나 존슨앤존슨 베이비 파우더가 함유한 활석이 난소암과 관련 있다는 것이 알려지면서 수많은 소송이 제기되었다. 존슨앤존슨은 자사 베이비 파우더는 안전하다고 주장하면서 많은 소송을 해결했고 부정적 여론을 상쇄하기 위해 마케팅 커뮤니케이션 예산을 증액했다. 그러나 기업 내부 문건은 기업이 위험이 있을지도 모른다는 것을 알았다는 것을 시사한다. 이 사례는 기업이 윤리적 결정과 비즈니스 결정을 잘 맞춰 조정하지 않을 때 직면하는 압력을 강조하고 있다.[39] 존슨앤존슨 베이비 파우더는 계속 시장에서 판매되고 있고 시장에서 선도적인 위치에 있다. 하지만 제품의 브랜드 이미지에 미칠 장기적인 영향은 아직 모른다.

윤리와 마케팅 믹스 요소

윤리는 마케팅 믹스의 모든 요소에 영향을 준다. 그리고 마케팅에서 윤리적 결정은 디젤 자동차에 속임수 소프트웨어를 사용한 폭스바겐의 결정에서 보는 것처럼 법적·재무적 결과에도 영향을 미친다. 그러므로 기업이 마케팅 결정의 윤리적·법적 결과를 고려하는 데 시간과 자원을 사용하는 것은 놀랍지 않다. 도표 2.12에서 볼 수 있는 것처럼 각 마케팅 믹스 요소의 몇 가지 윤리적 영향과 결과를 살펴보도록 하자.

제품 제품 전략과 관련된 수많은 윤리적 이슈가 있다. 이 주제는 어떤 시장을 목표로 해야 하는가에서 시작된다. 예를 들어, 어린이와 노인과 같은 시장은 취약한 고객 집단이므로 이 시장을 목표로 하는 제품은 특별한 고려가 필요하다. 식품 생산자는 제품 품질에 영향을 미치는 결정뿐만 아니라 재료의 양과 품질에도 관심을 가질 필요가 있다. 수년 동안 의류 회사

제품
- 사생활과 비밀을 보장하는 시장조사 데이터를 사용하라.
- 특정 세분 시장을 차별하지 않도록 세분 시장을 정의하라.
- 안전한 제품을 개발하고 사용자에게 해를 주지 않는 재료를 선택하라.
- 직원에게 안전한 조건을 갖추고 사용자에게 안전한 재료를 사용하여 제품을 생산하라.
- 보증과 서비스 수준을 분명하게 밝히고 존중하라.

가격
- 총매매가를 구매 전에 고객에게 공개하라.
- 가격 차별화, 가격 담합, 약탈적 가격과 같은 비윤리적 가격 책정 관행에 관여하지 말라.
- 고객이 구매하기 전에 모든 묶음 가격을 완전히 공개하라.

유통
- 경로 구성원에게 불공정한 압력을 주지 않아야 한다.
- 경로 구성원은 다른 경로 구성원에게 조작 판매 기법을 사용하지 않아야 한다.
- 사생활 데이터 기밀 유지가 전 경로에서 지켜져야 한다.
- 경로 구성원들은 고객이 불필요한 제품을 구매하도록 과도한 압력을 가해서는 안 된다.

마케팅 커뮤니케이션
- 모든 마케팅 커뮤니케이션에서 기만하는 허위 정보를 이해관계자들에게 전달해서는 안 된다.
- 판매원 판매와 광고 메시지에서 강압적 또는 조작 판매 기법이 사용되어서는 안 된다.

들은 대형 사이즈 시장이 20%임에도 불구하고 대형 사이즈 옷을 생산하지 않았다.

또한 신제품 개발 전략에서 중요한 시장 조사 데이터 수집과 사용에 관한 많은 윤리적 이슈가 있다. 오늘날 기업들은 대량의 고객 데이터를 수집하고 있는데, 데이터 보안과 사생활 보호에 대한 염려뿐만 아니라 데이터를 어떻게 사용할 것인가에 대한 문제가 있다.

주요한 윤리적 제품 이슈 중 하나는 제품 재료의 품질과 안전성이다. 기업은 원가를 낮추기 위해 노력하므로 의사결정자들이 품질 기준을 충족시키지 못하거나 안전하지 않은 부품을 사용하도록 압력을 줄 수 있다. 기업은 생산 과정에서 사용할 재료를 결정하기 전인 제품 개발 단계에서 제품의 안전성을 고려해야 한다. 예를 들어, 어린이들은 연약해서 쉽게 다치기 쉬운 세분 시장이기 때문에 장난감을 디자인할 때 쉽게 부서지고 삼킬 수 있는 날카로운 물건이나 부분을 최소화하도록 특별히 관심을 가져야 한다.

가격 윤리적 문제는 가격 전략과 실행의 필수 요소이다. 예를 들어, 기업이 시장에서 경쟁 우위를 얻기 위해 약탈적 가격 성책(경쟁자를 시장에서 밀어내기 위해 원가보다 낮은 가격에 판매) 또는 가격 담합(서로 유익한 높은 수준에서 가격을 책정하려는 기업 간 공모)과 같은 가격 전략을 사용하는 것은 비윤리적(불법)이다(두 용어를 제11장에서 더 자세히 설명할 것이다).

또 다른 이슈는 제품의 실제 가격이다. 예를 들어, 기업들은 때때로 낮은 가격을 부과하지만 수수료와 다른 비용을 추가해서 실질적으로 고객이 지불하는 실제 가격을 올린다. 항공권 구매를 생각해보자. 항공 운임은 낮을지라도 많은 항공사들이 고객 수하물과 특정 좌석 형태를 예약하는데 추가 요금을 부과한다. 스피릿항공과 같은 일부 항공사들은 항공권 인쇄와 기내 수하물에도 요금을 부과한다.

유통 유통의 윤리적 도전 중에 핵심 경로 구성원이 경로에 지나친 영향력을 행사하는 능력이 있다. 이것은 특별한 계약 조건에 대한 요구나 경로 구성원들과의 거래에서 나타날 수 있다. 어떤 경우에 영향력 있는 경로 구성원들은 계약 확보를 돕거나 특정 제품을 운반하면서 돈과 같은 선물을 요구하기도 한다.

동시에 제품을 외부에서 구매하는 소싱이 윤리적 딜레마가 될 수 있다. 예를 들어, 전 세계에서 제품을 생산하는 기업들은 아동 노동을 시키는 공급자를 사용할 것인가에 대한 결정에 직면한다. 서구 사회 기준에서 아동 노동은 윤리적이지 않지만 세계의 다른 지역에서는 아동 노동이 문화의 한 부분으로 받아들여진다.

촉진 마케팅에서 촉진만큼 윤리적 도전이 제기되는 영역은 없다. 설득력 있고 효과적인 마케팅 메시지는 성공적인 마케팅 전략에서 중요한 요소이다. 그러나 마케팅 관리자는 기만적이거나 거짓 주장을 하지 않도록 주의를 기울여야 한다. 이것은 광고, 인적판매, 디지털 메시지(예 : 이메일)를 포함한 모든 마케팅 커뮤니케이션에 해당된다.

판매에서 추가적인 윤리 이슈가 있는데 그것은 고객이 제품을 구매하거나 호의적이지 않은 계약 조건을 수용하도록 조작하거나 강요하는 것이다. 판매원이 제품을 구매하는 고객에게 인센티브를 제공할 때 항상 뇌물의 문제가 있다. 이것은 세계 여러 지역에서 비윤리적인 것으로 간주되는데, 많은 국가에서 추가 판매를 위해 뇌물을 사용하는 것은 불법이다.

마케팅(비즈니스) 윤리 강령

모든 사람은 자신의 선택과 행동을 인도하는 자기 자신의 윤리 강령에 따라 산다. 대부분 개인들은 이것을 문서로 만들지 않고 내면적 강령으로 사용하여 결정한다. 직원들은 윤리적으로 조직 목표와 목적을 성취하는 문화 속에서 함께 일해야 하기 때문에 기업들은 특별한 도전에 직면한다. 결과적으로 오늘날 대다수의 기업들은 기업의 가치를 규정한 윤리 강령을 만든다. 흔히 행동 강령이라고 불리는 두 번째 문서는 적절한 행동과 결정을 정의하여 기업의 가치를 운영하려는 노력의 산물이다. 전 세계에서 마케팅 전문가들의 최고의 조직인 미국 마케팅 학회는 마케터들의 규범과 가치를 정의한 윤리 강령을 가지고 있다.[40] 이 강령은 여섯 가지 주요 윤리 가치를 말한다: 정직, 책임, 공정, 존중, 투명성, 시민권.

많은 기업들이 자사 윤리 강령에서 비슷한 윤리 가치를 수용하고 있다. 동시에 많은 기업들이 점차 특정한 윤리적 마케팅 실천에 대한 토의를 통해 기업의 윤리 강령을 보충할 필요를 느끼고 있다. 목표는 마케팅 관리자들이 윤리적 요소와 관련된 중요한 마케팅 결정을 할 때 명확한 방향을 제시해주기 위해서이다. 마케팅 윤리에 초점을 두는 것은 조직에서의 마케팅의 본질적인 역할과 윤리적(비윤리적) 결정이 조직 성과에 미치는 영향을 말해준다.

지속가능성 : 옳은 일을 하는 것 이상의 착한 마케팅 전략

2-7

마케팅 전략의 한 부분으로서 지속가능성의 의미와 기업 성과 평가를 위한 세 가지 핵심 요소 사용을 학습한다.

옳은 것을 하는 것이 착한 마케팅 전략인가? 그렇다. 제1장에서 제시한 것처럼 지속가능성 개념은 장기적으로 비즈니스의 성공과 사회적 성공의 균형을 맞추려고 하는 모든 비즈니스 실천을 포함한다. 불행하게도 일반적 원칙들에 대한 합의는 있지만 지속가능성의 범위가 애매모호한 것도 사실이다. 흔히 '선행을 함으로써 잘해나가는 것(doing well by doing good)'으로 요약되지만 '녹색(green)', '기업 책임(corporate responsibility)'과 같은 용어도 지속가능하다는 개념의 한 부분으로 간주된다.

지속가능성의 개념을 생각하기 위해서 수년 전으로 돌아가보자. 예를 들어, 미국 환경법은 1930년대 대공황 이후 물, 공기, 심지어 농토와 같은 자원을 더 잘 관리할 필요성에서 발전했다. 지속가능성의 중요성에 대한 인식은 자원을 효율적·효과적으로 활용하는 것이 사회에 좋고 비즈니스에도 유익하다는 깨달음에서 비롯되었다. 녹색 운동은 지속가능성으로 알려진 환경에 대한 관심과 자원 활용 이슈에서 시작되었다.

그러나 오늘날 지속가능성에 대한 정의는 확장되어 정책과 착한 마케팅 전략 사이의 분명한 연결뿐만 아니라 지역 사회와 더 밀접한 관계 및 지원, 고급 노동력과 같은 이슈들도 포함한다. 그 결과 **지속가능성**은 더 넓은 범위를 포함한 개념으로 다시 정의되었다. 간단히 말하자면, 지속가능성을 '사람, 지구, 이익' 또는 영어로 'triple bottom line'으로 요약할 수 있다.

지속가능성의 세 가지 핵심 요인 : 잘하는 것과 착한 일을 하는 것의 연결

제1장에서 마케팅 이해관계자들이라고 불리는 다양한 집단에 대해서 설명했는데, 이들은 서로 상호작용하고 마케팅의 영향을 받으며 지속가능성의 세 가지 핵심 요인을 이해하는 열쇠이다. 주요 이해관계자들은 도표 2.13에서 다시 볼 수 있다. **세 가지 핵심 요인**(triple bottom line, TBL)의 영문명인 'triple bottom line'은 존 엘킹턴이 그의 저서 **포크를 든 식인종: 21세기 비즈니스의 세 가지 핵심 요인**(*Cannibals with Forks: The Triple Bottom Line of 21st Century Business*)에서 처음 제시했는데 마케팅(비즈니스) 이해관계자들의 다양한 이해관계에 대한 기업의 책임을 이야기한다. 전통적 접근법인 재무회계는 주주들에게 유용하다. 그러나 고객, 공급자, 정부기관 등은 어떨까? 세 가지 핵심 요인(TBL)은 기업의 재무적 결과뿐만 아니라 보다 폭넓은 사회적 형평성, 경제적·환경적 고려사항도 평가하는 척도이다.[41] 도표 2.14에서 볼 수 있는 것처럼 사람, 지구, 이익을 사용하는 TBL이 마케팅 관리에서 어떤 영향을 주는지 생각해보자.

대부분은 아니지만 많은 조직들이 여전히 성공의 유일한 평가 척도로 이익에만 초점을 둔다. 그러나 기업들은 점차 성공이 사람과 같은 다른 척도도 포함할 필요가 있다는 것을 깨닫고 있다. 이러한 변화는 경영자가 이익보다 더 큰 성공 목표가 있다는 것을 인정하면서 시작된다. 이러한 경영자들은 변화를 실행하기 위해 척도, 전략, 전술 계획을 만든다. 여기서부터 직원 인식을 높이기 위한 훈련과 교육이 필요하

도표 2.13 | 마케팅에서 이해관계자

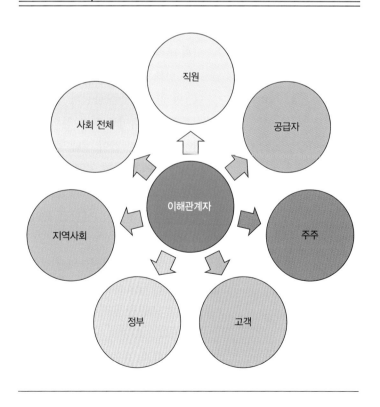

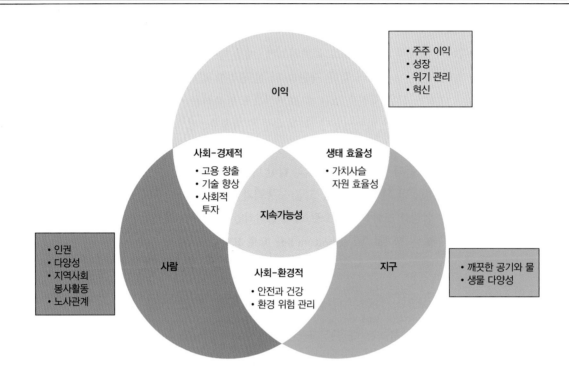

며 시간이 지나면서 문화가 변한다. 마케팅 직원(판매, 고객 서비스 등)은 고객의 기업 접촉 점이므로 이러한 훈련과 교육이 중요한 첫걸음이다. 궁극적으로 오늘날 기업들은 지역사회 에 돌려주는 방법을 적극적으로 찾는다. 예를 들어 디즈니는 직원들이 자신들이 선택한 지역 사회 조직에서 일할 수 있는 시간을 준다.

두 번째 TBL 척도는 지구인데, 마케터들은 지구에 영향을 주는 결정에 깊이 관여되어 있 다. 마케터는 제품 품질과 원가와 관련된 기업 목표를 성취하는 한편 재료의 지속가능한 소 싱부터 효율적이고 환경 친화적인 공급사슬까지 환경에 영향을 미치는 중요한 과정들을 평 가하고 있다. 시간이 지나면서 스타벅스 같은 기업들은 사회적으로 책임감 있고 환경적으로 안전한 윤리적 커피 공급자들을 성공적으로 개발하여 확보하였다. 스타벅스는 커피와 농부 형평성(Coffee and Farmer Equity, C.A.F.E) 원칙을 만들어 네 가지 핵심 영역인 품질, 경제 적 책임성과 투명성, 사회적 책임, 경제적 지도력에 관한 지침을 마련하였다. 기업들은 자사 의 생산과 공급자의 비즈니스를 위해서 더 큰 책임을 받아들이고 있다. 나이키처럼 어떤 경우 에서는 공급회사 직원들의 건강에 해로운 작업 조건을 개선하라는 대중의 압력이 기업을 변 화시켰다. 나이키와 다른 회사들은 자사 내부에서 하는 것처럼 공급자들이 동일한 환경 표준 과 작업 조건을 유지하도록 공급자들을 평가하고 있다.

마지막으로 지속가능한 기업을 위한 중요한 척도인 이익이다. 마케팅 관리자는 마케팅 결 정이 사람과 지구에 미치는 영향을 고려하면서 기업 성공을 위해 재무 목표도 충족해야 한 다. 예를 들어, 기업의 지속가능성 결정이 고객 제품 선택에 미치는 영향을 생각해보자. 밀레니얼 세대 같은 목표 시장은 지속가능성을 의사결정을 위한 중요한 요인으로 고려한다. 이 것은 지속가능성이 전반적인 마케팅 전략에 포함될 수 있도록 기업은 제품, 유통, 마케팅 커뮤니케이션, 가격을 조정해야 한다는 뜻이다. 이러한 흐름은 B2C 시장에만 국한되지 않고 B2B 시장에도 점차 퍼지고 있다. 예를 들어, IBM은 다양한 지속가능 활동에 많은 투자를 해서 환경과 지속가능 발전에 기여한 공로로 상을 받았다. 주주는 말할 것도 없고 고객, 직원, 기타 이해관계자들은 기업이 이익 목표를 사람 및 지구 목표와 균형 있게 달성할 수 있기를 기대한다.

요약

지금은 글로벌 마케팅과 마케팅이 같은 의미이다. 기술과 정교한 유통 시스템 때문에 세계 어느 곳에 있는 기업이든 국제 마케터가 되기 쉽다. 그러나 일반적으로 기업들은 해외 비즈니스를 확장하면서 글로벌 경험 학습 곡선을 체험하게 된다. 기업은 신규 해외 시장을 생각할 때 먼저 시장 기회를 평가하고 신규 시장 진출이 제품 개발부터 유통, 가격, 마케팅 커뮤니케이션까지 전반적인 마케팅 전략에 미칠 영향을 고려해야 한다.

윤리는 마케팅에서 필수 요소 중 하나이다. 윤리는 마케팅 믹스 요소뿐만 아니라 마케팅 전략 개발과 실행에 영향을 미치고 가치 제안까지도 변화시킨다. 기업들은 윤리적 기업이 된다는 것이 윤리적 결정과 행동을 격려하는 문화를 개발하는 것임을 이해하고 있다. 윤리적 기업을 만드는 기본적인 도구는 기업의 가치를 정의하고 행동 규범을 정한 윤리 강령이다.

성공적 마케팅의 핵심 요인 중 하나는 '선행을 함으로써 잘해나가는 것(doing well by doing good)'으로 이해되는 지속가능성이다. 그러나 착한 행동을 하는 것이 기업의 전반적인 성과에 미치는 영향을 평가하는 것은 어렵다. 결과적으로 사람, 지구, 이익에 초점을 맞춘 세 가지 핵심 요인(TBL) 척도가 개발되었다. 기업은 이 척도로 재무 성과와 다른 고려 사항들을 평가한다.

핵심용어

계약 협정(contractual agreements)
글로벌 마케팅 주제(global marketing themes)
글로벌 제품 라인(global product lines)
남미공동시장(MERCOSUR)
덤핑(dumping)
동남아시아 국가연합(ASEAN)
라이선싱(licensing)
마케팅 윤리(marketing ethics)
매트릭스 구조(matrix structure)
바구니식 글로벌 마케팅 주제(basket of global advertising themes)
북미자유무역협정(North American Free Trade Agreement, NAFTA)

선진국 경제(developed economies)
세 가지 핵심 요인(triple bottom line, TBL)
수출(exporting)
수출업자(exporters)
신흥 시장(emerging markets)
원산지 효과(country-of-origin effect)
유럽연합(European Union)
유통업자(distributors)
의사결정 권한(decision-making authority)
이전 가격(transfer pricing)
전략적 제휴(strategic alliances)
중앙집권화 정도(degree of centralization)
지리적 영역(geographic regions)

지역 시상 구역(regional market zones)
프랜차이징(franchising)
합작 투자(joint ventures)
해외 직접 투자(direct foreign investment)
현지 시장 광고 제작 (local market ad genera-tion)
현지 콘텐츠를 이용한 글로벌 마케팅(global marketing with local content)
회색 시장(gray market)

1. 당신은 미국에서 고급 잉크젯 프린터의 전문 부품을 생산하는 소기업의 마케팅 관리자이다. 당신 회사의 가장 큰 고객(휴렛팩커드)은 전 세계 유통 및 고장수리 센터 열 곳에 부품을 공급해줄 것을 요청했다. 당신 회사는 미국 외의 시장에 제품을 판매해본 경험이 없다. 그래서 이 요청은 회사를 위해 중요한 발판이 될 수 있다. 당신 회사는 글로벌 경험 학습 곡선에서 어느 단계에 진입하고 있는가? 이유는? 이 단계에서 당신 회사가 수행해야 하는 활동을 파악해보라.

2. 당신은 소비자 제품 회사의 시장 조사 책임자이다. 회사 제품 판매를 위해 중국 시장 잠재력 평가와 2차 자료 탐색 시작을 요청받았다. 중국을 평가할 때 어떤 형태의 정보를 고려하겠는가? 어떻게 정보를 찾겠는가?

3. 당신은 옥시모론 세탁세제 마케팅 관리자이고 이 제품을 아르헨티나에 출시할 것을 지시받았다. 이 제품 도입을 위한 유통 경로를 결정할 때 당신이 고려해야 할 여섯 가지 요인은 무엇인가?

4. 맥도날드 마케팅 관리자는 회사를 위해 마케팅 윤리 강령을 만들 것을 요청받았다. 맥도날드를 위해 윤리 강령을 개발해보라. 이 회사는 전 세계에 매장을 보유하고 있다는 것을 잊지 말라.

5. 팀버랜드 최고경영자가 당신에게 전화해서 세 가지 핵심 요인(TBL) 보고서 개발을 요청했다. 팀버랜드를 위한 보고서에 무슨 내용이 포함되어야 하는가?

경영 의사결정 사례

피라미드의 바닥인 저개발 국가 저소득층에 판매하기 : 유니레버 제품을 전 세계 농촌마을에 마케팅하다

글로벌 확장을 위해 특정 국가와 지역의 비즈니스 실행 가능성을 평가할 때 마케터가 가장 먼저 점검할 요인은 소비자가 제품을 구매할 능력이 있느냐이다. 당신은 마음속에 이 평가 기준을 가지고 소득이 연간 1,500달러인 사람들에게 당신 제품을 마케팅하겠는가? 40억 명의 잠재고객이 있다면 어떨까?[42]

이것이 피라미드의 바닥인 저개발 국가의 저소득층 시장(BOPM)으로 확장할 때 마케터가 직면하는 도전이자 기회이다. 이 집단에 성공적으로 마케팅하려면 두 가지 핵심 우선순위에 초점을 두는 것이 요구된다. 소비자 행동을 바꾸는 것과 제품 제조와 배달 방식을 바꾸는 것이다. 첫 번째 변화를

위해서는 혁신적인 교육 형태가 필요하다. 두 번째 변화는 원가와 가격을 저렴한 수준으로 낮추기 위해 제품 기능, 품질, 양을 변경하는 것을 의미할 수 있다. 종종 이런 외진 지역들은 마케터의 유통과 촉진 실행에도 특별한 도전이다.[43]

미국에서 도브 비누와 샴푸로 알려진 유니레버가 인도에서 세탁세제 휠 브랜드를 판매하기로 결정했을 때 이런 도전을 경험했다. 이 회사는 이미 중산층과 가난한 계층을 위해 잘 구축된 유통과 소매 경로를 보유했기 때문에 유리한 점이 있었다. 또한 세제는 이미 알려진 제품군이었다. 그래서 제품 목적으로 국민을 교육시킬 필요는 없었다. 유니레버는 휠에 관한 소문을 퍼뜨리기 위해서 특이한 판매 인력을 활용했다.

16만 5,000개의 농촌 지역에 제품을 판매하기 위해 약 7만 명의 샤크티 여성(나중에 남편들)을 고용했다. 샤크티는 힌두어로 힘과 권력을 의미하는데, 유니레버는 이 대규모의 비공식 판매 직원들의 힘 덕분에 인도 전역의 농촌 지역에 도달할 수 있었다.[44] 이미 마을 사람들과 관계가 형성되어 있을 뿐만 아니라 지리와 의사소통 스타일에 친숙하기 때문에 이 판매 여성들은 매우 빠르게 유니레버 신제품을 대변하는 브랜드 대사가 되었다.

또한 이 제품을 작고 알맞은 가격의 크기로 포장해야 했다. 유니레버는 목표 가격과 인도 소비자들의 쇼핑 습관에 맞추기 위해 1회용 포장 봉지 사용을 개척했다. 이 포장 상품의 판매량은 연간 270억 개에 이르렀다.[45]

인도에서의 성공 때문에 유니레버는 이 콘셉트를 다른 나라의 농촌 지역으로 확장했다. 파키스탄에서는 여성들이 미용사로 훈련받고 유니레버 제품 판매 방법뿐만 아니라 화장과 헤어 샴푸법도 배웠다. 태국에서는 플래티넘 점포 계획으로 농촌 지역 소매상의 촉진과 배치를 도왔다. 필리핀에서는 10센트 탈취제 패킷으로 시장을 침투하여 렉소나 제품의 점유율이 60%가 되었다.[46]

유니레버의 저개발 국가 저소득층 혁신은 고객 커뮤니케이션에서도 참신한 접근을 했다. 인도에서 많은 농촌 고객들은 핸드폰을 가지고 있으나 부재중 전화를 이용해서 비용을 절감한다. 모바일 사용자들은 전화번호를 누른 후 과금을 피하기 위해 끊는다. 유니레버는 액티브 휠 세제를 촉진하기 위해 이 습관을 이용했다. 소비자들에게 두 번 울린 후 끊어지도록 프로그램된 특별 번호로 전화를 하도록 요청했다. 발신자에게는 과금되지 않는다. 발신자는 자동적으로 유니레버로부터 답신을 받았다. 인도 영화 스타의 웃기는 메시지와 휠 광고 메시지를 받았다. 결과는? 1,600만 통의 전화를 받았고 휠 매출은 세 배가 되었다.[47]

이 모험으로 유니레버는 세계에서 다섯 번째로 큰 소비재 생산자가 되었으며 착한 일을 함으로써 비즈니스도 잘할 수 있었다. 유니레버는 교육 프로그램을 통해 3억 명 이상의 소비자들이 비누를 사용하도록 가르쳐서 어린이 사망을 감소시키는 것을 도왔다. 이 회사의 '지속가능한 생활 계획'을 통해 유니레버 공급사슬에서 60만 농민의 농업 경영이 강화되었다. 유니레버는 이 프로그램으로 글로벌 스캔이 지속가능성을 위한 노력에서 가장 존경받는 기업을 묻는 설문조사에서 1위가 되었다.[48]

특히 유니레버의 라이벌인 P&G는 유니레버의 성공을 간과하고 지나치지 않았다.[49] 이와 같은 글로벌 기업들과 다른 주체들은 마케팅을 실행할 수 있는 고객의 범위인 고객 실행 가능성 범위를 지속적으로 확대해 나가면서 가격이 적당하게 저렴한 제품을 생산하는 방식, 유통 방법, 촉진 메시지로 세계의 외진 곳에 있는 소비자들에게 도달할 수 있는 창의적인 방법을 찾기 위해 계속 혁신해야 할 것이다.

생각해볼 문제

1. 유니레버는 인도 고객들에게 가치를 제공하고 있는가? 어떤 방법인가? 답할 때 네 가지 효용 형태를 고려하라.

2. 유니레버가 지금도 경쟁하고 있는 경쟁자인 P&G를 고려할 때 경쟁자 제공물과 차별화하기 위해 유니레버가 어떤 창의적인 방법으로 휠 세제 제품 제공물을 변화시킬 수 있겠는가?

3. 제품이 저개발 국가의 저소득층 시장에 적합하다고 판단하기 위해 어떤 원칙들이 사용되어야 하는가? 저개발 국가의 저소득층 소비자들에게 제공되지 않아야 하는 제품이 있는가? 마케터, 정부 또는 소비자가 이 이슈를 결정해야 하는가?

4. 마케터가 생존 수준에서 겨우 살고 있는 사람들로부터 돈을 벌려고 하는 것은 윤리적인가? 기업은 특정 소득 계층에 있는 사람들에게만 제품을 마케팅해야 하는가? 마케터가 이 질문들에 대답하려고 할 때 어떤 요인을 고려해야 하는가?

1. Peter Gabrielsson, Mika Gabrielsson, John Darling, and Reijo Luostarinen, "Globalizing Internationals: Product Strategies of ICT Manufacturers," *International Marketing Review* 23, no. 6 (2006), pp. 650–67.

2. M. Theodosiou, and L. C. Leonidou, "International Marketing Policy: An Integrative Assessment of the Empirical Research," *International Business Review* 12, no. 2 (2003), pp. 141–71.

3. Katrijn Gielens and Marnik G. Dekimpe, "The Entry Strategy of Retail Firms into Transition Economies," *Journal of Marketing* 71, no. 2 (2007), pp. 196–210; and Jasmine E. M. Williams, "Export Marketing Information-Gathering and Processing in Small and Medium-Sized Companies," *Marketing Intelligence and Planning* 24, no. 5 (2006), pp. 477–92.

4. Kristian Moller and Senja Svahn, "Crossing East-West Boundaries: Knowledge Sharing in Intercultural Business Networks," *Industrial Marketing Management* 33, no. 3 (2004), pp. 219–28.

5. "Growth Still Quite Strong: Inflation Remains the Key Concerns for Emergers, with Many Countries Still Tightening Policies," *Emerging Marketing Weekly,* April 14, 2008, pp. 1–13; and Luiz F. Mesquita and Sergio G. Lazzarini, "Horizontal and Vertical Relationships in Developing Economies: Implications for SME's Access to Global Markets," *Academy of Management Journal* 51, no. 2 (2008), pp. 359–71.

6. Jennifer Hoyt, "Innovations in Beauty," *The Prague Post,* April 7, 2005, www.praguepost.cz/archivescontent/40872 -innovations-in-br-br-beauty.html.

7. Cristina del Campo, Carlos M. F. Monteiro, and Joao Oliveira Soares, "The European Regional Policy and the Socioeconomic Diversity of European Regions: A Multivariate Analysis," *European Journal of Operational Research* 187, no. 2 (2008), pp. 600–12; and David Floyd, "Have 'European Politics' and EU Policymaking Replaced the Politics of Member State Countries?" *International Journal of Social Economics* 35, no. 5 (2008), pp. 338–43.

8. "Wal-Mart Banks on the 'Unbanked,'" *BusinessWeek*, December 13, 2007, and www.giganteusa.com.

9. Kerry Campbell, "McDonald's Offers Ethics with Those Fries," *BusinessWeek*, January 7, 2007, www.businessweek .com/globalbiz/content/jan2007/gb20070109_958716 .htm?chan=search.

10. *BBC News*, "Profile Association of SouthEast Asian Nations," May 20, 2008, http://news.bbc.co.uk/2/hi/asia-pacific/country _profiles/4114415.stm.

11. Richard A. Owusu, Maqsood Sandhu, and Soren Kock, "Project Business: A Distinct Mode of Internationalization," *International Marketing Review* 24, no. 6 (2007), pp. 695–714; and Terence Fan and Phillip Phan, "International New Ventures: Revisiting the Influences behind the 'Born-Global' Firm," *Journal of International Business Studies* 38, no. 7 (2007), pp. 1113–32.

12. Judith Crown and Carol Matlack, "Boeing Delays Dreamliner Again," *BusinessWeek*, April 9, 2008, www.businessweek.com /print/bwdaily/dnflash/content/apr2008/db2008049 _424569.htm; and Carol Matlack, "Airbus Cost-Cuts Don't Fly," *BusinessWeek*, May 7, 2008, www.businessweek.com/global -biz/content/may2008/gb2008057_379072.htm?chan=search.

13. Deloitte Global Powers of Retailing 2017, Top 250 Stats, http:// www.nxtbook.com/nxtbooks/nrfe/STORES_globalretail 2017/index.php#/1.

14. "Hammock Pharmaceuticals Announces Licensing of Women's Health and Urological Technology Platform from MilanaPharm," *Yahoo Finance,* January 2017, http://finance. yahoo.com/news/hammock-pharmaceuticals-announces -licensing-womens-130000627.html.

15. B. Elango, "Are Franchisors with International Operations Different from Those Who Are Domestic Market Oriented?" *Journal of Small Business Management* 45, no. 2 (2007), pp. 179–85.

16. Sergio G. Lazzarini, "The Impact of Membership in Competing Alliance Constellations: Evidence on the Operational Performance of Global Airlines," *Strategic Management Journal* 28, no. 4 (2007), pp. 345–60; and Kerry Capell, "Skirmishing in the Open Skies," *BusinessWeek*, January 14, 2008, www.businessweek.com/print/globalbiz/content /jan2008/gb20080114_431564.htm.

17. Jane W. Lu and Xufei Ma, "The Contingent Value of Local Partners' Business Group Affiliations," *Academy of Management Journal* 51, no. 2 (2008), pp. 295–305; and Eric Rodriguez, "Cooperative Ventures in Emerging Economies," *Journal of Business Research* 61, no. 6 (2008), pp. 640–55.

18. Lance Eliot Brouthers, Yan Gao, and Jason Patrick McNicol, "Corruption and Market Attractiveness Influences on Different Types of FDI," *Strategic Management Journal* 29, no. 6 (2008), pp. 673–81; and Jan Hendrik Fisch, "Investment in New Foreign Subsidiaries under Receding Perception of Uncertainty," *Journal of International Business Studies* 39, no. 3 (2008), pp. 370–87.

19. Riki Takeuichi, Jeffrey P. Shay, and Jiatao Li, "When Does Decision Autonomy Increase Expatriate Managers' Adjustment? An Empirical Test," *Academy of Management Journal* 51, no. 1 (2008), pp. 45–60.

20. Andrea Dossi and Lorenzo Patelli, "The Decision-Influencing Use of Performance Measurement Systems in Relationships between Headquarters and Subsidiaries," *Management Accounting Research* 19, no. 2 (2008), pp. 126–39.

21. Michael G. Harvey and David A. Griffith, "The Role of Globalization, Time Acceleration, and Virtual Global Teams in Fostering Successful Global Product Launches," *Journal of Product Innovation Management* 24, no. 5 (2007), pp. 486–501; and Thomas L. Powers and Jeffrey J. Loyka, "Market, Industry, and Company Influences on Global Product Standardization," *International Marketing Review* 24, no. 6 (2007), pp. 678–94.

22. Sadrudin A. Ahmed and Alain d'Astous, "Antecedents, Moderators, and Dimensions of Country-of-Origin Evaluations," *International Marketing Review* 25, no. 1 (2008), pp. 75–84; and Saikat Banerjee, "Strategic Brand-Culture Fit: A Conceptual Framework for Brand Management," *Journal of Brand Management* 15, no. 5 (2008), pp. 312–22.

23. "Made in the USA? The Truth behind the Labels," *Consumer Reports* 73, no. 3 (2008), p. 12.

24. Eric Gang, Robert W. Paellmatier, Lisa K. Scheer, and Ning Li, "Trust at Different Organizational Levels," *Journal of Marketing* 72, no. 2 (2008), pp. 80–98; Janice M. Payan and Richard G. McGarland, "Decomposing Influence Strategies: Argument Structure and Dependence as Determinants of the Effectiveness of Influence Strategies in Gaining Channel Member Compliance," *Journal of Marketing* 69, no. 3 (2005), pp. 66–79; Eric M. Olson, Stanley F. Slater, and G. Tomas M. Hult, "The Performance Implications of Fit among Business Strategy, Marketing Organization Structure, and Strategic Behavior," *Journal of Marketing* 69, no. 3 (2005), pp. 49–65; and Carlos Niezen and Julio Rodriguez, "Dis-

tribution Lessons from Mom and Pop," *Harvard Business Review* 86, no. 4 (2008), pp. 23–46.

25. Abel P. Jeuland and Steven M. Shugan, "Managing Channel Profits," *Marketing Science* 27, no. 1 (January/February 2008), pp. 49–54.

26. Neil Herndon, "Effective Ethical Response: A New Approach to Meeting Channel Stakeholder Needs for Ethical Behavior and Socially Responsible Conduct," *Journal of Marketing Channels* 13, no. 1 (2005), pp. 63–67; and Emma Kambewa, Paul Ingenbleek, and Aad Van Tilbury, "Improving Income Positions of Primary Producers in International Marketing Channels: The Lake Victoria–DU Nile Perch Case," *Journal of Macromarketing* 28, no. 1 (2008), pp. 53–64.

27. Michelle R. Nelson and Hye-Jin Paek, "A Content Analysis of Advertising in a Global Magazine across Seven Countries: Implications for Global Advertising Strategies," *International Marketing Review* 24, no. 1 (2007), pp. 64–78.

28. Wagner A. Kamakura and Wooseong Kang, "Chain Wide and Store Level Analysis for Cross Category Management," *Journal of Retailing* 83, no. 2 (2007), pp. 159–70.

29. Piet Verhoeven, "Who's In and Who's Out? Studying the Effects of Communication Management on Social Cohesion," *Journal of Communication Management* 12, no. 2 (2008), pp. 124–30; and Tom Watson, "Public Relations Research Priorities: A Delphi Study," *Journal of Communication Management* 12, no. 2 (2008), pp. 104–11.

30. George S. Yip and Audrey J. M. Bink, "Managing Global Accounts," *Harvard Business Review* 85, no. 9 (2007), pp. 102–19; and Kenneth D. Ko, "Optimal Pricing Model," *Journal of Global Business Issues* 2, no. 1 (2008), pp. 143–48.

31. Magda Kandil, "The Asymmetric Effects of Exchange Rate Fluctuations on Output and Prices: Evidence from Developing Countries," *Journal of International Trade and Economic Development* 17, no. 2 (2008), pp. 257–70.

32. Benjamin Eden, "Inefficient Trade Patterns: Excessive Trade, Cross-Hauling and Dumping," *Journal of International Economics* 73, no. 1 (2007), pp. 175–87.

33. William Vetter and C. Jeanne Hill, "The Hunt for Online Trademark Infringers: The Internet, Gray Markets, and the Law Collide," *Journal of the Academy of Marketing Science* 34, no. 1 (2006), pp. 85–88; Jen-Hung Huang, Bruce C. Y. Lee, and Shu Hsun Ho, "Consumer Attitudes toward Gray Market Goods," *International Marketing Review* 21, no. 6 (2004), pp. 598–611; and Barry Berman, "Strategies to Combat the Sale of Gray Market Goods," *Business Horizons* 47, no. 4 (2004), pp. 51–70.

34. P. M. Madhani, "Marketing Ethics: Enhancing Firm Valuation and Building Competitive Advantages,:" *SCMS Journal of Indian Management* 13, no. 3 (2016), pp. 80–99.

35. P. M. Madhani, "Compensation, Ethical Sales Behavior and Customer Lifetime Value," *Compensation & Benefits Review* 46, no. 4 (2014), pp. 204–18.

36. Patrick E. Murphy, Gene R. Laczniak, and Andrea Prothero, *Ethics in Marketing* (New York: Routledge, 2012), p. 9.

37. V. Gruber, "Exploring the Positioning of Sustainable Products and Its Impact on Consumer Behavior," *Proceedings of the Marketing Management Association* (Spring 2015), p. 25.

38. Jen Wieczner, "Here's How Much Wells Fargo's Fake Accounts Scandal Is Hurting the Bank," *Fortune,* January 13, 2017, http://fortune.com/2017/01/13/wells-fargo-fake-accounts-scandal-closing-branches-earnings/.

39. Susan Berfield, Jef Feeley, and Margaret Cronin Fisk, "Johnson & Johnson Has a Baby Powder Problem," *Bloomberg Businessweek,* March 31, 2016, https://www.bloomberg.com/features/2016-baby-powder-cancer-lawsuits/.

40. American Marketing Association, "Statement of Ethics," 2017, https://www.ama.org/AboutAMA/Pages/Statement-of-Ethics.aspx.

41. John Elkington, *Cannibals with Forks: The Triple Bottom Line of 21st Century Business* (Oxford: Capstone, 1999).

42. E. Simanis and D. Duke, "Profits at the Bottom of the Pyramid," *Harvard Business Review* 92, no. 10 (2014), pp. 86–93.

43. Simanis and Duke, "Profits at the Bottom of the Pyramid"; and V. Mahajan, "How Unilever Reaches Rural Consumers in Emerging Markets," *Harvard Business Review Digital Articles* (2016), pp. 2–6.

44. Simanis and Duke, "Profits at the Bottom of the Pyramid"; Mahajan, "How Unilever Reaches Rural Consumers in Emerging Markets"; and Kim Bhasin, "Unilever Now Has an Army Of 50,000 'Shakti Women' Selling Its Products in India," *Business Insider,* July 3, 2012, http://www.businessinsider.com/unilevers-shakti-women-fight-pg-in-india-2012-7.

45. Mahajan, "How Unilever Reaches Rural Consumers in Emerging Markets."

46. Mahajan, "How Unilever Reaches Rural Consumers in Emerging Markets."

47. Mahajan, "How Unilever Reaches Rural Consumers in Emerging Markets."

48. Jack Nelson, "Unilever's Responsible Capitalism Should Be Lauded," *Financial Times* 10 (March 6, 2017); and Globescan, "The 2016 Sustainability Leaders," June 7, 2016, http://www.globescan.com/component/edocman/?view=document&id=250&Itemid=591.

49. Bhasin, "Unilever Now Has an Army of 50,000 'Shakti Women' Selling Its Products in India."

Chapter 3

마케팅 전략 · 계획 · 경쟁

학습목표

3-1 가치 개념, 가치사슬 구성 요소와 역할을 학습한다.

3-2 성공적인 마케팅 계획 수립을 위해 필요한 조건을 이해하고 마케팅 계획은 가치 제안에 초점이 맞춰지고 동태적인 과정이라는 것을 학습한다.

3-3 조직 전략의 여러 형태를 확인한다.

3-4 상황 분석을 실시한다.

3-5 마케팅 계획 수립을 위한 프레임워크의 사용을 이해한다.

가치는 마케팅의 핵심이다

3 - 1

가치 개념, 가치사슬 구성 요소
와 역할을 학습한다.

제1장에서 가치가 마케팅의 핵심 요소라고 소개했다. 고객 관점에서 가치는 지불하는 비용 대비 제공물을 통해 얻는 편익의 비율로 정의할 수 있다. 경영의 대가인 피터 드러커 교수의 1950년대 저서부터 최근 미국마케팅협회에 이르기까지 마케팅의 중심 역할은 가치를 지닌 제공물을 창출, 의사소통, 전달, 교환하는 것이라고 정의한다.

가치에 대해 좀 더 주의 깊게 살펴보도록 하자. 위에서 언급한 것처럼 고객의 눈으로 볼 때 가치는 비용 대비 편익의 비율이다. 고객은 기업과 비즈니스를 할 때 자금, 시간, 기회비용 등 다양한 형태의 비용을 지불한다. 고객들은 이러한 비용의 대가로 편익을 기대한다. **편익** (benefit)은 기업과 제품(또는 서비스)이 주는 효용이라고 볼 수 있다. 그리고 **효용**(utility)은 재화와 서비스의 욕구 충족력이다.[1] 효용은 네 가지 종류가 있는데 형태, 시간, 장소, 소유 효용이다. 형태 효용은 기업이 원자재를 시장이 원하는 최종 제품으로 변형시킬 때 생성된다. 다른 세 가지 효용은 마케팅을 통해 창출된다. 고객이 구매를 원해 편리한 장소에서 제품을 얻을 수 있을 때 효용이 생긴다. 그리고 판매자로부터 구매자로 소유권이 이전되는 교환이 용이한 시설이 주어지면 효용이 창출된다. 제1장에서 설명한 것처럼 판매자와 구매자 사이의 교환을 촉진하는 것은 마케팅의 또 다른 요소이다.

가치는 비용 대비 편익의 비율이기 때문에 기업은 편익, 비용 또는 둘 다를 바꿔서 고객이 지각하는 가치에 영향을 줄 수 있다. 한 사람이 두 종류의 자동차 중 한 대를 구매해야 한다고 하자. 구매는 편익과 비용 비율에 의해 결정될 것이다. 즉 단순히 화폐로 표시된 가격이 구매를 결정하지 않는다. 첫 번째 자동차와 두 번째 자동차가 제공하는 편익 또는 효용 대비 가격을 비교하여 구매할 것이다.[2] 편익은 용이성, 스타일, 평판, 제품 속성 등과 관련이 있다. 2017년 미국 가격 대비 최고 자동차 시상에서 럭셔리 자동차 부문에서 렉서스가, 하이브리드 자동차에서 프리우스가, 콤팩트 SUV 부문에서 렉서스 NX가 수상했다. 높은 가격을 책정했음에도 상을 받은 것이다. 이 자동차들은 일관성 있는 고품질을 제공하고 탁월한 가치를 창출했다. 특히, 토요타 프리우스는 우수한 연비와 내부 공간을 제공한다. 렉서스 NX도 고품격의 현대식 실내 디자인과 넓은 실내 공간을 제공한다.[3]

마케팅은 가치를 지닌 제공물을 창출할 뿐만 아니라 이러한 제공물을 **의사소통, 전달, 교환** 하는 것임을 상기할 필요가 있다. 따라서 기업이 고객에게 제품의 가치 제안을 의사소통할 때 가치 메시지는 제품 그 자체의 편익뿐만 아니라 여러 가지 편익의 총합을 잘 전달하겠다는 약속을 포함할 수 있다.[4] 예를 들어, 한국 기업인 삼성이 미국 시장에 자사 브랜드를 처음 소개할 때 초기에는 일본 제품들보다 가격이 합리적이라는 것을 강조하는 전략을 사용하여 제품 기능에 초점을 맞추는 메시지를 사용하였다. 그러나 시간이 지나면서 삼성의 가치 제안은 혁신성, 스타일, 신뢰성과 같은 내용을 포함하게 되었다. 컨슈머 리포트가 삼성 제품에 대해 높은 순위를 부여함으로써 이와 같은 가치 제안 전략은 더 탄력을 받았다.[5] 소프트웨어 회사인 인튜이트는 자사의 독특한 가치 제안을 '인생의 사업을 단순하게 하는 것'이라고 말한다. 터보텍스, 민트, 퀵북스로 널리 알려진 인튜이트는 소기업, 소비자, 회계 전문가를 목표 시장으로 한 비즈니스 및 재무관리 솔루션을 만들었다. 이 회사는 최근에 퀵북스 온라인 가입자의 41% 성장과 소기업 세분 시장 고객의 17% 성장을 통해 자사의 가치 제안이 반향을 일으켜

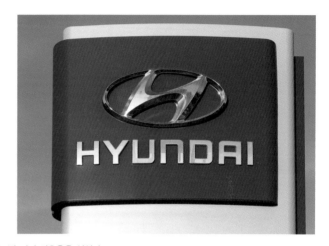

이 한국 기업들은 자사 브랜드를 고객을 위한 강력한 가치 제안과 연관시킴으로써 글로벌 시장 점유율을 얻었다.

성공적이라는 것을 깨달았다.[6]

오랫동안 기업들은 고객들이 자신들의 제품을 얼마나 좋아하는지 알아보기 위해 **고객 만족** (customer satisfaction) 측정에 집중했다. 그러나 고객과 장기적인 관계 형성에 관심 있는 기업에게는 고객 만족만으로는 충분하지 않다. 기업의 가치 제안은 고객을 만족시키는 것을 넘어 고객이 기업, 제품, 브랜드에 오랫동안 몰입할 수 있도록 강렬해야 한다. 이러한 몰입은 **고객 충성도**(customer loyalty)로 이어지는데 **고객 유지**(customer retention)를 증가시키고 **고객 전환**(customer switching)을 감소시킨다.[7] 휴렛팩커드는 고객 유지를 위해 고객 만족과 충성도를 중요하게 생각하여 콜센터 숫자를 늘리고 관련 소프트웨어에 투자했다. 원격 진단 도구를 활용하여 우수하고 신속한 고객 지원 서비스를 제공했다. 그리고 모든 HP 노트북에 설치된 웹 사이트, 트윗, 페이스북 앱을 통해서도 고객 지원을 받을 수 있도록 했다.[8]

이러한 고객 충성도는 고객이 기업이나 브랜드와 형성한 관계를 통해 얻는 가치와 밀접한 관련이 있다. 강제된 충성을 요구하는 독점 상황을 제외하고 일반적으로 충성 고객들은 만족한 고객들이다.[9] 하지만 만족한 고객이 언제나 충성 고객이 되는 것은 아니다. 경쟁자가 더 나은 가치 제안을 하는 경우나 우리가 제시하는 가치 제안이 퇴색하거나 잘 의사소통되지 않으면 현재 만족한 고객도 다른 기업 제품으로 전환할 수 있다.[10]

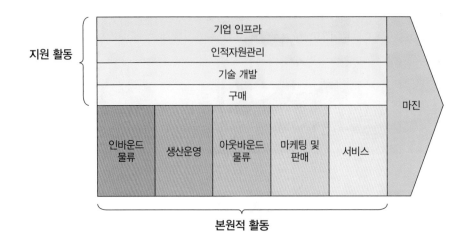

출처 : Porter, Michael E., *Competitive Advantage: Creating and Sustaining Superior Performance*, New York, NY: Free Press, 1985.

가치사슬

고객 가치, 고객 만족, 고객 충성 개념을 이해하여 통합하는 데 유용한 접근 방법은 **가치사슬** (value chain)이다. 마이클 포터 교수가 경쟁 우위(*Competitive Advantage*)라는 책에서 가치사슬 개념을 처음으로 제시했는데, 기업 내부에서 고객 가치를 창출, 의사소통, 전달하는 방법을 파악하는 데 유용하다.[11] 도표 3.1에서는 포터의 가치사슬을 확인할 수 있다. 기본적으로 가치사슬 개념에서는 모든 조직을 디자인, 생산, 마케팅, 물류, 제품 지원 활동이 통합된 것으로 본다. 포터의 가치사슬에는 가치 공식의 두 측면인 편익과 원가를 창출하거나 영향을 주는 아홉 가지 전략 활동이 있다. 이러한 **가치 창출 활동**(value-creating activities)에는 다섯 가지 본원적 활동과 네 가지 지원 활동이 있다.[12]

다섯 가지 본원적 활동은 다음과 같다.

1. 인바운드 물류 : 생산을 위한 원재료 구매 확보 방안
2. 생산운영 : 원재료를 통해 최종 제품을 생산하는 방안
3. 아웃바운드 물류 : 최종 제품을 시장에 수송하고 유통하는 과정과 방안
4. 마케팅 및 판매 : 기업이 가치 제안을 시장에 의사소통하는 방안
5. 서비스 : 판매 전후에 고객을 지원하는 방안

네 가지 지원 활동은 다음과 같다.

1. 기업 인프라 : 비즈니스를 위한 효율적이고 일관성 있는 내부 과정 설계
2. 인적지원관리 : 인력을 훈련시켜 적재적소에 배치하고 유지하는 방안
3. 기술 개발 : 고객 편익을 위해 기술을 확보하여 사용하는 방안
4. 구매 : 기업이 공급자와 납품 품질을 관리하는 방안

가치사슬은 기업이 고객 가치를 창출, 의사소통, 전달하는 과정에서 필요한 활동을 이해하는 데 유용하다. 최근 최고 경영자들은 가치사슬의 다양한 요소를 전체적으로 조정하는 데 집중하고 있다. 이것은 예상하지 못한 문제들이 기업의 가치 제안에 부정적 영향을 주지 않도록 기업의 모든 활동이 통합적이고 일관성 있게 행해지고 있다는 것을 의미한다.[13] 기업의 가치사슬이 잘 운영되면 고객은 고품질 제품, 좋은 판매원, 정시 배달, 즉각적인 사후 서비스와 같은 잘 조정된 가치사슬의 결과를 경험하게 된다. 그런데 가치사슬에 하나의 연결고리만 약해도, 만족스럽고 충성스러운 고객을 확보하는 데 문제가 발생한다. 예를 들어, 월마트 공급자 중 하나가 배달 납기를 맞추지 못하면 월마트 매장의 제품 재고에 문제가 생긴다. 이러한 일이 반복되면 월마트와 해당 공급자의 관계뿐만 아니라 고객과의 관계가 악화된다. 월마트와 다른 많은 기업들은 공급자들에게 기업의 정보시스템에 연결될 것을 요구하여 주문과 재고 관리 과정에 빈틈이 생기지 않도록 하고 있다.[14]

가치사슬의 마지막 단계는 이익과 관련된 마진이다. 기업은 본원적 활동과 지원 활동의 지능화에 투자함으로써 효율성과 효과성을 높이고 최종적으로 이윤을 극대화해야 한다.[15]

가장 중요한 결정은 가장 중요한 사람들과 함께 시작된다. 미국 군대는 정교한 마케팅을 하여 신병들에게 효과적으로 소구하는 능력을 가지게 되었다.

출처 : US Army

가치 제공물 계획

이 장의 나머지 부분에서는 가치 제공물 창출, 의사소통, 전달 계획 수립을 위해 마케팅 관리자가 사용할 접근 방법에 대해 알아보고자 한다. 이는 보통 **마케팅 계획 수립**(marketing planning)이라고 불리며, 시장지향적 전략을 개발하고 실행하는 지속적인 과정이다. 마케팅 계획 수립 과정을 문서화한 결과가 **마케팅 계획**(marketing plan)이다.[16]

마케팅 계획은 전략적이고 전술적이다

제1장에서 학습한 핵심 동향은 조직 내에서 두 차원으로 마케팅을 실행하는 것이었다. 두 차원은 경우에 따라 겹치는 부분도 있지만 목표와 속성에서 근본적 차이가 있다. 전략적 차원에서 마케팅(Big M)은 기업 전략의 핵심 동인 역할을 한다. 즉, 기업은 내부 역량과 더불어 시장, 경쟁자, 다른 외부 요인들을 이해함으로써 성공적인 미래 전략을 수립한다. 기능 및 운영 차원에서 마케팅(little m)은 고객이나 관련 집단을 대상으로 한 구체적인 프로그램이다. 이러한 전술은 브랜드 이미지, 판매원과 광고의 전달 메시지, 포장, 제품 특성과 같은 마케팅 믹스를 포함한다.[17] 마케팅 전략(Big M)의 성과물인 마케팅 프로그램과 전술(little m)의 예로 나이키를 생각해보도록 하자. 나이키는 1980년대 후반에 전설적인 "Just Do It" 캠페인을 시

3 - 2

성공적인 마케팅 계획 수립을 위해 필요한 조건을 이해하고 마케팅 계획은 가치 제안에 초점이 맞춰지고 동태적인 과정이라는 것을 학습한다.

작했는데, 이는 기업 역사의 전환점이 되었다. 나이키는 소수의 엘리트 선수를 넘어 모든 잠재적 운동선수를 포함할 수 있도록 접촉점을 넓힐 필요를 깨달은 후 대중의 시선을 사로잡고 어떤 의사소통 채널을 통해서도 쉽게 재생하여 전달할 수 있는 간결하고 분명한 문구가 필요했다. 나이키의 "Just Do It" 캠페인은 즉각적으로 운동에 대한 사람들의 감정을 공감할 수 있었고 이 욕구는 한계를 넘어서 널리 알려질 필요가 있었다. 현재 이 문구는 나이키를 넘어 전 세계 어디에서나 공감을 얻고 있다.[18]

이러한 두 가지 마케팅 수준의 범위와 활동은 분명한 차이가 있지만 마케팅 계획 수립 과정에 공통적 고리가 있다. 마케팅 관리자들은 전략 수립의 큰 그림과 세밀한 전술적 실행을 모두 이해할 수 있어야 한다. 사실 많은 마케팅 계획이 전략 수립의 결함이나 잘못된 실행 때문에 실패했다. 훌륭하게 문서화된 마케팅 계획은 마케팅 전략(Big M)과 전술(little m)을 모두 잘 다룬다. 궁극적으로 효과적인 마케팅 계획을 위해 다음과 같은 내용이 갖춰져야 한다.

- 제1장에서 학습한 것처럼 조직 내의 지위와 직함에 관계없이 모든 구성원이 고객을 기업 활동의 중심에 두는 고객 지향 개념을 이해하고 지원해야 한다. 높은 수준의 고객 초점 경영을 촉진하고 실천하는 기업을 고객 중심(customer-centric) 조직이라고 부른다.[19] 라이트에이드는 고객 중심 회사이다. 이 기업은 미국에서 세 번째로 큰 제약회사로 매장에 '나무클리닉 온라인 케어' 서비스를 확대하고 있다. 고객은 이 프로그램을 통해 온라인에서 의사 및 간호사와 질병과 부상에 대한 화상 대화를 하고 컨설팅을 받는다. 그리고 이 컨설팅은 녹화되어 환자가 주치의 치료를 받을 때 참고 자료로 공유된다. 의사의 10분 컨설팅 가격은 고용주 할인이나 보험 조건에 따라 다르지만 정상 가격도 합리적인 수준이다. 의사는 컨설팅 후에 처방전을 발급하거나 환자가 더 높은 가격의 치료를 받도록 다른 병원이나 의사에게 추천할 수 있다. 라이트에이드는 소비자 동향과 동기를 이해하고 분석한 후 이러한 전략을 수립하여 실행했다. 고객이 의사를 기다리는 시대는 지났다. 이 전략은 발전된 기술을 활용하여 편의성을 추구하는 욕구를 잘 충족시키고 있다.[20]
- 고객 중심 접근을 운영하기 위해서는 내부 조직 과정과 시스템이 고객을 중심으로 조정되고 배열되어야 한다. 기업의 내부 구조와 시스템이 고객 지향의 장애물이 되어서는 안 된다.[21] 고객이 서비스를 받기 위해 전화를 했는데 여러 직원들이 고객 문제를 해결할 수 없어 계속 다른 부서와 통화하도록 전화를 돌리는 구조와 시스템을 가지고 있다면 고객 만족과 충성도에 어떤 영향을 미치겠는가?
- 조직을 이끌어가는 최고경영자와 임원들은 고객 중심 사업 철학을 통해 시장지향성 전략 계획을 지속적으로 강조해야 한다. 마케팅 계획이 성공하기 위해서는 기업 내부 구조와 시스템뿐만 아니라 문화도 고객 중심 접근을 지원해야 한다. 경영자들은 고객 중심 운영이 될 수 있도록 필요한 자원을 지속적으로 투입해야 한다. 마케팅 계획 수립은 필요할 때만 가끔 하는 과정이 아니라 기업의 매순간 일상에서 나타나는 동인이 되어야 한다.[22] 타블로의 최고경영자인 애덤 셀립스키는 타블로가 고객을 가장 먼저 생각하고 결정을 한다면 지속적으로 성장할 것이라고 낙관한다. 셀립스키는 데이터 분석을 통해 기존 고객을 위한 서비스를 높은 수준에서 유지함과 동시에 대형 고객을 위한 타블로의 능력을 향상시키려고 한다. 기업 고객 지분을 늘리는 것이 타블로의 미래 성공의 열쇠이다.[23]

여러분들은 지금까지 마케팅 관리에 대해 학습한 후 마케팅 계획을 위한 여러 구조를 이해했지만 마케팅 계획을 채울 수 있는 구체적인 내용과 구성 요소를 충분히 알지 못하고 있다는 느낌을 가질 수 있다. 이 반응은 매우 자연스러운 것이다. 이 책의 후반부에 마케팅 계획을 구성하는 다양한 내용을 다룰 것이다. 여러분들이 해야 할 일은 장마다 나오는 세부 내용들을 접하면서 각 내용들이 완전한 마케팅 계획으로 맞춰질 수 있도록 마케팅 계획의 전반적인 과정과 프레임워크에 익숙해지는 것이다. 이 장을 시작으로 각 장 마지막 부분에는 '마케팅 계획 연습'이 있다. 이것은 여러분들이 전체적인 마케팅 계획의 요구사항과 각 장의 내용을 연결할 수 있도록 고안된 것이다.

마케팅 계획의 요소

먼저 마케팅 계획의 과정과 내용을 살펴보기로 하자. 이와 관련된 전체적인 요약은 도표 3.2와 같다. 이 장 마지막에는 가상 기업인 클라우드캡 소형 제트 택시 서비스라는 회사의 요약된 마케팅 계획 사례를 볼 수 있다. 실제 적용된 마케팅 계획의 핵심 요소를 보기 원하면 부록을 참고하기 바란다.

마케팅 계획을 기업 계획과 연결하기

마케팅 계획을 어떻게 기업의 전반적인 사업 계획에 맞출까? 우리가 앞에서 학습한 것처럼 마케팅은 비즈니스의 핵심 철학(Big M) 및 기능적 역할(little m)과 모두 관련되어 있다는 점에서 다른 기능들과 다른 독특한 특성을 가지고 있다. 모든 사업 전략이 성공하기 위해서는 시장 주도형이어야 한다. 그러므로 **시장 주도 전략 계획**(market-driven strategic planning)이라는 용어는 기업 또는 전략사업단위 수준에서 고객을 중심으로 기업의 여러 자원과 기능을

도표 3.2	축약된 마케팅 계획 프레임워크

- 마케팅 계획을 기업의 사업 계획 요소인 조직 사명, 비전, 목표, 목적, 전략과 연결되도록 함
- 상황 분석 실시
  - 거시 외부 환경
  - 경쟁 환경
  - 내부 환경
- 필요한 시장 조사 수행
- 마케팅 목표와 목적 수립
- 마케팅 전략 개발
  - 제품–시장 결합
  - 시장 세분화, 타깃 마케팅, 포지셔닝

- 마케팅 믹스 전략
  - 제품/브랜딩 전략
  - 서비스 전략
  - 가격 전략
  - 공급사슬 전략
  - 촉진 전략
- 실행 계획 개발
  - 각 전략의 프로그램/실천 계획 : 시간 계획, 책임과 자원 할당
  - 수요 예측과 예산 수립
  - 마케팅 통제를 위한 메트릭스
- 비상 상황 계획 수립

마케팅 전략은 속성상 분석적인 반면에 맥도날드나 다른 회사들은 종종 매우 재미있는 마케팅 커뮤니케이션을 한다.

출처 : McDonald's

결합시키는 과정을 설명할 때 자주 사용된다.[24] **전략사업단위**(strategic business unit, SBU)는 기업의 우산 안에서 상대적으로 큰 독립성이 주어진 부서나 조직 단위로, 장기적인 성과에 영향을 미치는 대부분의 요소들에 대한 통제권을 가지고 있다.

여러 수준의 계획을 통합적으로 운영한 사례로 제너럴일렉트릭을 들 수 있다. 이 회사는 조명에서 제트엔진과 재무 서비스에 이르기까지 다양한 전략사업단위를 가지고 있다. 최고경영자는 여러 전략사업단위 계획을 아우르는 우산 역할을 하는 **기업 수준 전략 계획**(corporate-level strategic plan)을 관리한다. 각 사업에는 자체 **전략사업단위 수준 전략 계획**(SBU-level strategic plan)이 있다. 하지만 구체적인 마케팅 계획 실행은 각 전략사업단위에서 한다. 제너럴일렉트릭의 전통적인 리더십 문화는 각 사업단위가 기업 전체 계획의 성과에 기여하기만 하면 각 전략사업단위의 경영자들이 자체 계획을 수립하여 실행하도록 하는 것이다.

전략 계획에 대해 좀 더 공부하기 전에 훌륭한 계획과 전략은 조직의 운명을 바꾸는 역할을 할 수 있다는 것을 강조하고자 한다. 맥도날드는 오랫동안 패스트푸드 서비스 분야에서 적수가 없었다. 그리고 시간이 지나 새로운 혁신 경쟁자들이 신세대 소비자들을 차지하면서 맥도날드의 시장 내 강점은 약해졌다. 그러나 2015년 스티브 이스터브룩이 회장으로 취임하면서 혁신적이고 새로운 성장 전략을 포함한 공격적인 국면 전환 계획 덕분에 모든 것이 바뀌기 시작했다. 지금은 사업이 번창하고 있고 투자자들은 맥도날드가 정상 궤도로 돌아와 미래가 밝다고 확신하고 있다.[25]

포트폴리오 분석 포트폴리오 분석은 전략사업단위와 제품 라인을 이익 극대화를 위한 투자 대상으로 보고 기업 내 여러 사업단위가 전체 성과에 기여하는 정도를 평가하는 도구이다. 그 중에 잘 알려진 것은 **보스턴 컨설팅 그룹의 성장-점유율 매트릭스**[Boston Consulting Group (BCG) Growth-Share Matrix]와 GE **사업 스크린**(GE Business Screen)이다. 도표 3.3과 3.4는 이를 설명하고 있다.

BCG 포트폴리오 분석 방법은 도표 3.3처럼 기업 내 각 사업단위를 2차원에 배치시키는 것이다. 경쟁 시장 점유율 차원은 시장 내에서 가장 큰 점유율을 가진 경쟁자 대비 비율을 의미한다. 시장 성장률은 전반적인 시장 매력도를 측정하기 위한 것이다. BCG 매트릭스 내에 네 가지 셀이 있는 각 셀에서 추천하는 전략은 다음과 같다.

- 별(고시장 점유율, 고성장) : 미래를 위한 비즈니스를 잘 구축하는 것이 중요하므로 아끼지 않고 투자할 가치가 있음
- 현금 젖소(cash cow, 고시장 점유율, 저성장) : 기업 내에서 현금을 창출하는 핵심 원천
- 개(저시장 점유율, 저성장) : 현금 지출 가능성 큼, 사업 청산 후보

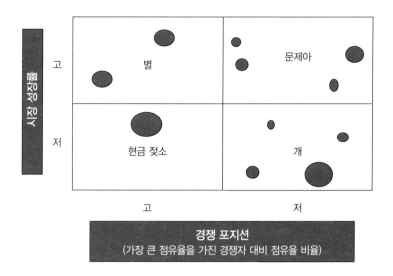

출처 : Henderson, Bruce, *Henderson on Corporate Strategy*, New York, NY: Wiley, 1979.

도표 3.4 | GE 비즈니스 스크린

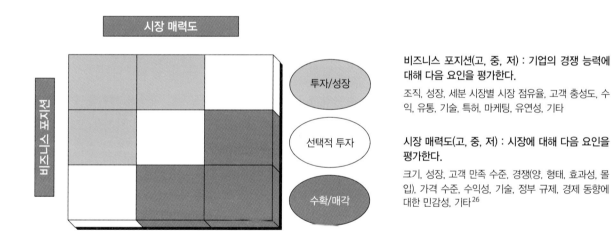

비즈니스 포지션(고, 중, 저) : 기업의 경쟁 능력에 대해 다음 요인을 평가한다.

조직, 성장, 세분 시장별 시장 점유율, 고객 충성도, 수익, 유통, 기술, 특허, 마케팅, 유연성, 기타

시장 매력도(고, 중, 저) : 시장에 대해 다음 요인을 평가한다.

크기, 성장, 고객 만족 수준, 경쟁(양, 형태, 효과성, 몰입), 가격 수준, 수익성, 기술, 정부 규제, 경제 동향에 대한 민감성, 기타[26]

출처 : "GE Business Screen," *Business Resource Software Online*, www.brs−inc.com/pwxcharts.asp?32, accessed April 22, 2017.

- 문제아 또는 물음표(저시장 점유율, 고성장) : 많은 현금 필요, 잘 관리되면 별로 성장 가능[27]

　전략을 수립할 때 BCG 매트릭스는 매우 단순하고 여러 전략사업단위들의 현금 배분과 창출에 대한 의사결정을 할 때 유용하다. 또한 제품 라인과 제품 집단에 적용할 수도 있다. 투자 결정을 할 때 비용과 수익을 명확히 분리할 수 있으면 적절한 방법이다. 그러나 너무 단순해서 다른 중요한 요소들을 고려하지 못하고 외부에서 현금을 창출할 수 있는 가능성을 고려

하지 않는 단점이 있다.

도표 3.4에서 보는 것처럼 GE 사업 스크린은 좀 더 현실적이고 복잡한 포트폴리오 모델이다. 이 모델도 경쟁 능력을 알 수 있는 시장 매력도와 사업 위치라는 두 차원을 기준으로 전략사업단위를 평가한다. 매트릭스상의 위치에 따라 투자 결정을 제안하게 된다. 두 차원에서 모두 긍정적인 평가를 받은 사업은 성장 후보군이다. 시장 매력도와 사업 위치 평가가 모두 부정적이면 해당 전략사업단위에 추가 투자를 하지 않거나 최소한의 투자를 하여 가능한 이익을 극대화하는 수확 전략이나 사업단위를 폐쇄하거나 파는 매각 전략을 사용한다. 시스코의 플립은 2006년에 시작하여 2011년에 중단되었다. 핸드폰을 통해 영상녹화를 할 수 있기 때문에 1시간까지 녹화할 수 있는 주머니 크기의 비디오 카메라의 필요성은 없어졌다. 사업을 충분히 펼친 후에 수확 전략으로 돌아섰다. 시스코는 이 전략을 통해 자원을 재분배하여 우선순위가 높은 사업에 집중할 수 있었다고 설명했다.[28] 매트릭스상의 위치가 모호하면 추가적인 분석이 필요할 것이다.

지금은 포트폴리오 분석이 기업 전략 수립의 만병통치약이 아니다. 현명한 기업들은 이 방법이 전략 의사결정의 한 방법이라는 것을 알고 있다.[29]

기능 수준 계획 기업의 전략사업단위 계획은 생산운영, 마케팅, 재무와 기타 **기능 수준 계획**(functional-level plans)을 포괄한다. GE의 개별 전략사업단위 경영자들이 기업 계획하에서 전체를 주관하는 최고경영자에게 성과 책임을 지는 것처럼 각 사업단위의 최고마케팅경영자, 최고재무경영자 등의 세부 기능 책임자들은 전략사업단위 최고경영자에 대하여 성과에 대한 책임을 맡는다.[30] GE 시스템은 다른 사업 계획 사업보다 크고 복잡하지만 계획을 수립하는 논리는 기업의 크기와 상관없이 동일하다. 그러므로 마케팅 계획은 기업과 사업단위 계획에 포함되어 있다.

마케팅 계획의 각 요소를 파악하고 살펴보기 전에 성공적인 마케팅 계획을 수립한 기업으로 제트블루의 예를 참고할 필요가 있다. 왜 제트블루가 성공 사례가 되는가? 제트블루가 완벽한 것은 아니어도 급변하는 항공 산업에서 훌륭한 마케팅 계획을 만드는 것은 어려운 일이다. 제트블루의 창업자 데이비드 닐리먼은 재직 중에 자신의 기업 및 사업 전략을 투명하게 공개하고 제시하였다. 그는 비즈니스 언론을 통해 전략 계획을 토의하고 많은 회사 정보를 회사 홈페이지에 공개했다. 이러한 접근은 닐리먼 이후에도 계속 되었다. 제트블루가 실수했을 때 회사는 잘못을 솔직하게 인정하고 문제를 처리했다. 이 장에서 마케팅 계획 수립 과정의 주요 요소를 설명할 때 제트블루를 사례로 제시할 것이다.

조직 사명, 비전, 목적, 목표

마케팅 계획은 아무것도 없는 상태에서 세워지는 것이 아니다. 기업의 전반적인 사명 및 비전과 연결되어야 한다. **사명 선언문**(mission statement)은 조직의 존재 이유와 목적을 자세히 기술한 것이다. 잘 만들어진 사명 선언문은 타 기업과 다른 우리 회사의 근본적이고 유일무이한 목적, 제품, 시장, 생산운영의 범위를 규정한다. 가구 회사인 이케아는 자신들의 사명을 고객의 매일의 삶을 더 낫게 만드는 것이라고 정의한다.[31] 이케아는 매력적인 가격으로 고객에게 제품을 제공하기 위해 대량 단위 구매를 하고 매우 효율적인 가치사슬을 구축했다. 이 케아는 합리적인 가격의 가구를 제공하는 것을 사명으로 정하지 않고 충성고객의 경험과 관련된 보다 독특하고 차별적인 것을 사명으로 정했다.[32]

또한 대부분의 사명 선언문은 기업이 미래에 되고 싶은 모습인 **전략적 비전**(strategic vision)을 포함하고 있다. GE의 전 회장인 잭 웰치는 다음과 같이 말했다. "훌륭한 비즈니스 지도자는 비전을 만들고, 비전을 구체화하고, 열정적으로 비전을 소유하고, 그 비전을 주저함 없이 완성해가는 사람이다"[33] 비전은 기업이 미래에 갈 수 있고 가고자 하는 방향이며, 최고경영자가 주관하여 이끌어간다. 이러한 비전은 계획 수립 과정에서 필요한 모든 것의 기초가 되어 분위기를 만들어 간다.[34] **목표**(goals)는 사명과 비전을 지원하기 위해 기업이 성취하기 원하는 것을 기록한 일반적 기술문인데 구체적이고 측정 가능한 **목적**(objectives)으로 다듬어진다. 기업과 전략사업단위에서 목표는 조직 성과를 평가하는 기준이 된다. 불행하게도 공식적인 사명, 비전, 목표, 목적이 있음에도 불구하고 고위 임원과 이사회 구성원들조차 기업이 지향하는 방향에서 벗어나는 일은 너무 쉽게 일어난다.

2000년 2월 11일 제트블루 항공은 뉴욕 존에프케네디공항에서 플로리다 포트로더데일로 날아갔다. 오늘날 제트블루 항공은 주요 항공사로 성장하고 있으며 100여 대 항공기로 50개 도시에서 운항하고 있다. 이 회사는 지속적인 성장을 위한 야심찬 계획을 가지고 있다. 다른 항공사들이 생존을 위해 씨름하는 가운데서도 이 회사의 비전은 저렴한 항공료로 우수한 서비스를 제공하는 것이다. 이를 통해 이윤을 창출하고자 하고자 한다. 중요한 목표들이 이 비전을 뒷받침하고 있다.

- 자금이 부족하지 않은 상태를 유지한다.
- 낡지 않은 새 항공기를 사용한다.
- 최고의 사람들을 직원으로 고용한다.
- 서비스에 초점을 맞춘다.
- 책임 있는 재무 관리를 실천한다.

현재 제트블루는 이 방향을 잘 유지하고 있다. 주요 항공사들이 계속 자금 압박을 받는 것과 달리 제트블루는 매분기 매출과 이윤 목표를 달성하는 것은 아니지만 대부분의 항공사들보다 훨씬 안정적인 재무 상태를 보이고 있다. 시장 주도 계획이 이러한 성공에 큰 영향을 미쳤다.

구체적이고 측정 가능한 목표를 설정한다는 관점에서 볼 때 닐리먼은 재무, 운영 과정, 고객만족과 충성도 성과에 대해 높은 수준을 제시했다. 앞에서 언급한 것처럼 제트블루는 회사 경영자들의 계획을 홈페이지에 투명하게 공개한다. 닐리먼은 제트블루가 고객을 위해 경쟁사들이 모방할 수 없는 유일무이한 가치 제공물을 창출한다는 자신감을 가지고 있었다. 몇 년 전 겨울 제트블루는 존에프케네디공항에서 내린 폭설과 눈폭풍 때문에 항공기 운항을 중단해야 했다. 이 상황은 언론을 통해 널리 알려졌고 닐리먼은 웹사이트와 대중 매체에 나타났다. 그는 사과 대신에 피해를 본 고객들에게 100% 환불, 무료 대체 항공권, 여행 상품권을 제공하고 1등석 고객 권리를 주었다.

마케팅 관리자가 마케팅 계획을 수립할 때는 기업 전체의 사명, 비전, 목표, 목적을 이해하고 이에 부합하도록 노력하고 헌신해야 한다. 제트블루의 잘 수립되고 실행된 마케팅 계획은 기업 성공의 필수 요소이다.

조직 전략

3-3

조직 전략의 여러 형태를 확인한다.

조직 수준에서 **전략**(strategy)은 조직의 사명과 목적을 어떻게 성취할 것인지를 명시한 포괄적 계획이다. 다른 무엇보다도 전략은 미리 수집된 양질의 정보를 기초로 조직이 가고자 하는 곳으로 조직을 안내하는 로드맵과 같다. 기업이 어느 방향으로 갈 것인지에 대한 선택은 궁극적으로 기업과 관리자들의 결정으로 귀결된다. 전략은 두 가지 핵심 단계가 있다. 첫째는 개발이고 둘째는 실행이다. 이러한 전략은 다양한 수준에서 수립되고 실행되는데 기업 수준, 전략사업단위 수준, 기능 수준이 있다. 앞에서 토의한 것처럼 각 수준에서 수립되고 실행하는 전략은 조직의 사명과 비전을 지향하여 잘 조정되어야 한다.

기업의 **일반 전략**(generic strategy)은 사업 수준에서 기업의 전반적인 방향을 제시하는 전략이다.[35] 기업은 기본적으로 성장을 추구할 것인지 결정해야 한다. 성장하지 않는다면 안정과 긴축을 통해 어떻게 생존할 것인지 판단해야 한다. 크로거는 자국에서 가장 큰 슈퍼마켓이고 세 번째로 큰 소매상이다. 이 회사는 경쟁자들이 신규 점포를 개설하여 성장한 것과 달리 다른 회사를 공격적으로 인수하는 것을 통해 성장했다. 크로거의 중요한 인수는 자국에서 다섯 번째로 큰 슈퍼마켓인 프레드마이어를 사들인 것이었다. 이를 통해 규모의 경제 효과를 누리고 지금의 성공을 이룰 수 있었다. 인수 후 수익은 두 배, 주가는 세 배까지 상승하기도 했다.[36]

기업이 선택하는 일반 전략의 유형은 보유한 자원과 경쟁을 바라보는 관점에 따라 달라진다. 성장 지향적인 미국 시장에서 주주와 재무 분석가들은 기업의 성장 전략에 관심이 있는데 기대보다 성장 속도가 느린 기업들에 실망하기도 한다. 성장 전략이 중요하다고 할 수 있다. 하지만 기업의 경쟁에 대한 관점과 부족한 자원 때문에 기업 최선의 일반 전략이 성장이 아니라 안정과 긴축이 될 수 있다. 흥미롭게도 미국 이외의 나라에서는 기업의 빠른 성장에 대한 압박이 훨씬 덜한 편이다.

도표 3.5 | **일반 사업 전략**

성장

- 일반적으로 역동적인 경쟁 환경에서 사업을 하는 조직들은 생존하기 위해 성장 압력을 경험한다. 성장은 판매량, 시장 점유율, 자산, 이익 아니면 이러한 요소들의 조합의 형태도 나타난다. 성장 전략의 범주는 두 가지가 있다: 수직적·수평적 통합을 통한 집중화(concentration), 중앙집권적 또는 복합적 수단을 통한 다각화(diversification)

안정

- 의미 있는 방향 변화 없이 현 활동을 계속하는 전략은 합리적으로 예측 가능한 환경에서 성공적으로 활동하는 조직에 적절할 수 있다. 이 전략은 단

기적으로 유용하나 장기적으로 잠재적 위험이 있다.

긴축

- 일부 또는 모든 제품 라인에서 약한 경쟁 위치에 있어 성과가 낮고 신속한 경영 개선 압력을 받는 조직은 긴축을 추구할 수 있다.
- 본질적으로 긴축은 성과가 좋지 않은 사업 분야에서 자산을 회수해서 미래 성과를 낼 잠재력이 더 큰 사업에 재투자하는 것을 포함하고 있다.

출처 : J. David Hunger and Thomas H. Wheelen, *Essentials of Strategic Management*, 5th ed. (Upper Saddle River, NJ: Prentice Hall, 2011).

도표 3.6	경쟁 전략 유형

원가 리더십

- 기업은 산업 내에서 가장 낮은 원가 달성을 위해 노력하고 폭넓은 고객 기반을 마련하기 위해 제품과 서비스를 생산한다. 주목할 점은 가격이 아니라 원가에 초점을 둔다는 것이다.

차별화

- 기업은 고객이 가치 있게 여기고 다른 제품과 다르다고 생각하여 프리미

엄 가격을 주고 구매할 의사가 있는 제품과 서비스를 생산하여 시장에서 경쟁한다.

집중화(틈새)

- 기업은 원가 우위나 차별화 전략 중 하나를 선택한다. 그러나 고객 집단이 크지 않기 때문에 집중화 전략에서는 특정 틈새시장에 집중한다.

출처 : Porter, Michael E., *Competitive Advantage: Creating and Sustaining Superior Performance*, New York, NY: Free Press, 1985.

도표 3.7	경쟁 전략 매트릭스

경쟁 우위

	낮은 원가	차별화
경쟁 범위 폭넓은 시장	원가 리더십	차별화
좁은 시장	원가 집중화	집중화된 차별화

출처 : Porter, Michael E., *Competitive Advantage: Creating and Sustaining Superior Performance*, New York, NY: Free Press, 1985.

마이클 포터는 **경쟁 전략**(competitive strategy)의 세 가지 본원적 전략을 제시한다: 원가 우위, 차별화, 집중화(또는 틈새) 도표 3.6은 세 가지 전략을 기술하고 있으며 도표 3.7은 매트릭스 형태로 차이점을 설명한다. 포터의 대전제는 기업이 먼저 자신의 **핵심 역량**(core competence)과 아주 잘할 수 있는 활동을 파악하는 것이다. 그리고 경쟁자보다 뛰어난 핵심 역량은 **독보적 역량**(distinctive competence)이라고 한다. 경쟁자가 독보적 역량을 모방하고 빼앗을 수 없으면 기업은 **지속적인 경쟁 우위**(sustainable competitive advantage)를 가질 수 있기 때문에 핵심 역량에 지속적으로 투자해야 한다. 차별적 우위의 원천에 대한 내용은 제7장에서 학습한다.

도표 3.8처럼 마일스와 스노우는 **전략 형태**(strategic type)를 기초로 기업의 범주를 제시했다. 특정 전략 형태 내의 기업들은 지향하는 전략이 비슷하고 그 전략과 일관성을 유지하는 유사한 구조, 문화, 과정을 갖는다. 기업이 경쟁 시장을 접근하는 방식에 따라 네 가지 전략 형태인 전망자, 분석자, 방어자, 반응자가 있다.

- **전망자** : 신제품과 시장 기회를 지속적으로 발견하고 개척함으로써 지속적인 성장을 한다.
- **분석자** : 전망자의 성공을 모방하고 분석하는 데 치중한다.

- **방어자** : 안정성을 추구하여 제한된 제품 라인만 생산하고 좁은 세분 시장에 초점을 둔다. 현재 영역을 방어하는 데 집중한다.
- **반응자** : 일관성 있는 전략 계획과 효과적인 경쟁을 위한 분명한 수단이 부족하다. 시장에서 생존하기 위해서만 노력한다.

출처 : Miles, Raymond E. and Charles C. Snow, *Organizational Strategy, Structure, and Process*, New York, NY: McGraw-Hill Education, 1978.

제트블루가 차별화하는 한 가지 방법은 객실의 다리 뻗는 공간을 더 넓히는 것이다.

출처 : JetBlue Airways

제트블루는 내부 성장 전략을 따르는 기업 역사를 가지고 있다. 경쟁자들은 계속 주춤거리는데 제트블루가 어떻게 공격적인 인수를 통한 집중화 전략으로 성장했는지 살펴보는 것은 흥미로울 것이다. 더 큰 경쟁자인 사우스웨스트항공처럼 제트블루는 낮은 원가로 시장에서 경쟁하고 있다. 제트블루는 노동조합이 없으며 연료비 가격 변동에 대한 방어체계가 잘되어 있고 항공기를 표준화했기 때문에 경쟁에서 다양한 원가우위를 확보하고 있다. 그러나 사우스웨스트항공은 원가 리더십 전략을 추구하지만 제트블루는 원가 집중화 전략을 사용한다는 점이 다르다.

제트블루도 규모가 커지고 있지만 사우스웨스트항공은 에어트랜항공을 인수하는 등 제트블루보다 넓은 시장에서 경쟁하려고 한다는 점에서 다르다. 사우스웨스트는 미국 내에서 다른 항공사보다 많은 승객을 수송하고 있다. 하지만 두 저가 항공사가 차별화를 하지 않는 것은 아니다. 예를 들어, 제트블루는 기내 오락과 편안한 좌석 서비스를 성공적으로 제공하고 사우스웨스트는 고객을 위해 재미있고 즐거운 분위기를 만들어 차별화했다. 요점은 경쟁 전략에서 원가 리더십 전략의 기업이 차별화 전략도 사용할 수 있다는 것이다.

마일스와 스노우의 전략 형태에 비춰볼 때 제트블루는 전망자이다. 기업은 고객이 경험해보지 못한 제품을 시장에 소개하면 이 제품이 시장을 규정하게 된다. 이것을 **선발자 우위**(first-mover advantage)라고 한다. 제트블루는 고객들에게 저렴한 가격으로 모든 좌석에 편안한 가죽 좌석과 넓게 발 뻗는 공간을 제공하였다. 더불어 모든 고객이 TV, 영화, 게임 등을 즐길 수 있도록 했다. 이것을 통해 제트블루는 선발자 우위를 누릴 수 있었다. 도표 3.8은 여러 전략 형태의 특징을 설명하고 있다.

요약하면 마케팅 계획을 수립할 때 조직의 현재 전략을 고려해야 한다는 것이다. 이 부분에 대해서는 논쟁이 있을 수 있다. 조직 전략과 마케팅 전략 사이에는 가는 선이 존재하여 마케팅 계획을 통해 수립된 시장 주도 전략은 궁극적으로 조직 수준으로 발전한다는 주장이 가능하다.[37] 하지만 개발되어 실행되는 전략들이 조직의 사명, 비전, 목표를 지원한다면 두 수준의 전략을 구별하는 것은 큰 의미가 없다.

상황 분석

마케팅 관리자는 마케팅 계획을 수립할 때 환경에 대한 완벽한 **상황 분석**(situation analysis)을 해야 한다. 분석해야 할 상황은 기업의 운영 환경, 산업 환경, 경쟁 환경과 같은 거시 수준 환경과 내부 환경 요소들이다.[38] 외부 환경은 기업이 변화시키거나 영향을 주기 힘든 환경이다. 반면에 내부 환경은 기업 구조, 시스템, 문화, 리더십, 기타 다양한 자원들인데 기업이 통제할 수 있다. 하지만 관리자가 상황 분석을 할 때 외부 환경 분석보다 내부 환경 분석이 더 어렵다. 왜냐하면 내부 환경 분석은 자기 자신을 평가하고 관리자가 책임지고 있는 일을 평가하는 일이기 때문이다.[39]

3-4

상황 분석을 실시한다.

거시 수준 외부 환경 요인 외부 환경 분석의 주요 범주는 다음과 같다

- 정치, 법률, 윤리 환경 : 모든 기업은 규칙, 법, 규범 안에서 운영된다. 예를 들어, 제트블루는 연방 항공국, 국가 수송 안전국, 수송 보안국이 관리하는 규제 가운데 경영 활동을 한다. 항공 산업에서 규제 환경은 마케팅 계획에 특별히 강한 영향을 미친다.

- 사회문화/인구통계 환경 : 소비자와 사회의 변화 동향은 마케팅 계획에 큰 영향을 미친다. 인구통계적 변화가 핵심적인 요소이다. 개발도상국과 미국 내 소수집단의 구매력 증가, 세대별 선호성향 변화가 주요한 예이다.[40] 제트블루는 어린이와 십 대들의 게임 선호가 커지는 것을 고려하여 부모들이 비행 중 아이들을 신경 쓰지 않도록 좌석마다 게임을 제공하여 부모들의 큰 호응을 받았다.

인구통계적 요소들은 기업의 마케팅 전략에 영향을 미친다. 소닉 드라이브 인은 젊은 고객들을 유치하기 위해 음식 광고, 판매, 디자인 구상에 소셜미디어를 사용한다. 소닉은 캘리포니아의 코첼라 밸리 음악 예술 축제에서 스퀘이 셰이크 인스타그램 캠페인을 실시했다. 소닉의 셰이크는 세계 최초로 인스타그램을 위한 셰이크로 광고되었다.[41] 소닉은 음식 예술과 소셜미디어 기술을 접목하여 사람들의 눈을 사로잡는 독특한 인스타그램을 배경으로 자사의 새로운 밀크셰이크를 사각형 컵, 빨대, 체리로 묘사했다. 소닉의 전임 최고경영자이자 마케팅 책임자인 토드 스미스는 인터뷰에서 소닉은 인스타그램을 위해 구상된 최초의 제품, 최초의 음식 브랜드, 최초의 브랜드가 되길 원한다고 말했다. 그리고 인스타그램에서만 판매하고 주문 후 몇 분 내에 배달하는 최초의 기업이 되길 원한다고 했다.[42] 이것은 디지털 및 소셜미디어 마케팅을 강화하는 전략에서 비

파네라 베이커리와 패스트 레스토랑 업계에 속하는 다른 경쟁자들은 건강에 좋은 음식을 더 긍정적으로 평가하는 소비자들의 선호 변화와 맥도날드, KFC 같은 전통적인 패스트푸드점을 꺼려하는 밀레니얼 세대 때문에 비즈니스에서 이점을 갖게 되었다. 이는 거시적 경제 환경과 기업 간 경쟁 환경 요소의 변화 때문이기도 하다.

출처 : Panera Bread

롯된 것인데 소닉은 이 전략을 통해 차세대 고객에게 소구하여 신규 고객을 유치하는 것이 목표였다. 또한 전국에 3,500개가 넘는 드라이브 인 점포와 소닉 브랜드를 지원하고자 했다.

- 기술 환경 : 새롭게 등장하거나 진화한 기술들은 비즈니스에 여러 모양으로 영향을 미친다. 기술 환경 분석의 목표는 제품을 지속적으로 새롭게 하여 생존할 수 있도록 기술 변화가 미래에 미칠 영향을 이해하는 것이다. 제트블루는 성장하면서 약 100명의 승객을 수송하는 소규모의 지역 제트 항공기를 도입하여 가치가 적었던 시장 진출을 도모하고 있다. 제트블루는 경쟁에서 우위를 점하기 위해 매력적이고 편안한 신형 기종에 기대를 하고 있다.
- 경제 환경 : 경제 환경은 마케팅 계획에 영향을 미친다. 마케팅 계획에는 수요 예측과 예산이 포함되어 있는데 수요 예측은 경제 여건의 영향을 받는다.[43] 항공사에게는 연료 가격이 중요한 경제 원가 요소이다. 제트블루는 연료 가격 상승을 헤징하는 데 있어 개척자이다. 연료 가격을 예상하여 미리 장기 구매를 하였다.
- 자연 환경 : 자연 환경도 자주 마케팅 계획에 영향을 미친다.[44] 제트블루는 뉴욕 존에프케네디공항에서 눈 폭풍 때문에 경험한 낭패 때문에 고객과 의사소통하는 방식을 즉각 수정했다. 넓은 범위에서 환경친화적 마케팅 또는 그린 마케팅은 사회적으로 책임 있는 기업들에게 계속 강조되는 개념이다. 미래 세대에 나쁜 영향을 주지 않고 현재 필요를 충족시키는 비즈니스 모델을 찾으려는 지속가능성 개념은 많은 기업의 철학과 전략의 핵심 중에 일부가 되었다.

경쟁 환경 요인 경쟁 환경은 외부 환경 중에 특히 더 복잡한 요소이다. 산업 내 경쟁 수준과 강도를 평가하는 데 필요한 기본 요인들을 살펴보도록 하자. 도표 3.9를 보면 관련 요인들을 알 수 있고 이에 대한 설명은 아래와 같다.

- 신규 진입자 위협 : 요구 자본이나 다른 요소를 고려할 때 진입 장벽이 얼마나 강한가? 제트블루가 초기에 성공할 수 있었던 것은 다른 항공사들과 달리 충분한 자본을 유치하여 보유하고 있었기 때문이다.
- 기존 기업 사이의 경쟁 : 직접 경쟁은 얼마나 강한가? 간접 경쟁은 어떠한가? 직접 또는 간접 경쟁하는 기업들은 얼마나 강한가? 제트블루가 속한 산업에는 규모가 더 큰 여러 회사들이 있다. 하지만 제트블루의 가치 제안이 독특하고 모방하기 힘들어 합리적 가격에 제트블루와 같은 고객 체험을 제공할 수 있는 기업은 거의 없다.
- 대체재 위협 : 다른 제품이지만 동일한 고객 욕구를 충족하는 제품이 대체재이다. PC를 통한 화상회의는 가까운 미래에 비즈니스 여행을 위협하는 수준으로 발전할 것이다. 제트블루와 같은 항공사들이 영향을 받을 것이다.
- 구매자의 협상력 : 고객이 어느 정도 가격과 제품에 영향을 줄 수 있는가? 제트블루는 지금까지 사우스웨스트, 스피릿, 얼리전트, 프런티어와 같은 저가 항공사들과 직접적인 경쟁을 하지 않았다. 하지만 이러한 구도가 바뀌면 승객들이 제트블루에게 더 낮은 가격과 추가 서비스를 요구하는 힘을 갖게 될 것이다.
- 공급자의 협상력 : 공급자는 가격 인상, 인바운드 제품과 서비스 품질 향상 등을 통해 산

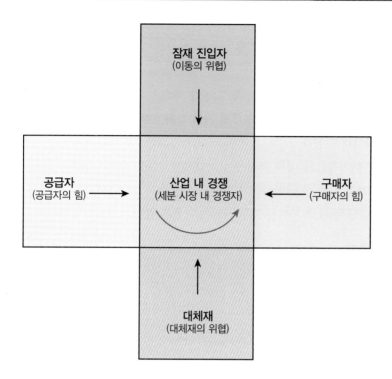

출처 : Porter, Michael E., *Competitive Advantage: Creating and Sustaining Superior Performance*, New York, NY: Free Press, 1985.

업 내 경쟁에 영향을 준다. 제트블루는 항공 산업의 경제 엔진에 불을 지폈다. 그리고 민간 항공기 생산자가 많지 않은 상황이다. 따라서 공급자의 힘이 강한 경쟁 환경이다.

포터가 다루지 않은 또 다른 경쟁 요인은 다른 이해관계자들의 상대적 힘이다. 이 요인은 산업 내 경쟁을 평가하기 위해 점점 더 의미 있는 요인이 되고 있다. 노동조합 활동 수준, 무역 협회, 지역사회, 시민단체, 기타 이익 집단은 산업 매력도에 강한 영향을 줄 수 있다.[45] 제트블루 창업자 데이비스 닐리먼은 최고의 인력을 고용하여 바르게 대접함으로써 노동조합 없는 기업을 만드는 것을 목표로 하였고 이를 유지했다. 항공산업에서 노동조합 환경을 고려하면 경쟁력을 유지하는 방식은 더 복잡해진다.[46]

내부 환경 요인 내부 환경 분석에는 다음과 같은 요인들이 있다.

- 기업 구조와 시스템 : 현재 조직 구조는 어느 정도 시장 주도 전략 계획을 촉진하거나 방해하는가? 내부 시스템은 고객 욕구를 효과적으로 충족시키기 위해 적절하게 구축되고 조정되어 있는가? 데이비드 닐리먼은 회사 홈페이지에 조직 구조 도표를 두고 군살 없는 훌륭한 운영을 공개적으로 언급했다. 제트블루의 구조와 시스템이 마케팅 계획에 방해가 된다는 많은 증거를 찾기는 어렵다.
- 기업 문화 : 앞에서 토의한 것처럼 성공적인 마케팅 계획 수립을 위해서는 고객지향성이

핵심 가치가 되어야 한다. 고객지향성과 고객 중심 접근을 가치 있게 여기고 지원하는 문화가 없으면 마케팅 계획의 결과는 실망스러울 가능성이 크다.[47] 모든 항공사는 자사를 비난하는 고객을 경험하지만 제트블루는 소셜미디어 채팅의 긍정적 분위기와 고객과의 의사소통 측면에서 높은 점수를 기록하고 있다. 이는 고객 지향이 제트블루의 핵심 가치라는 것을 보여준다.

- 기업 리더십 : CEO는 당연히 시장 주도 전략 계획을 위한 구조, 시스템, 문화를 믿고 지속적으로 지원해야 한다.[48] 제트블루의 직원 친화, 고객 친화 접근은 리더십의 노력과 헌신을 잘 나타내고 있다.

- 기업 자원 : 마지막으로 내부 분석에는 기능/운영 수준 자원과 역량의 모든 측면을 정직하게 바라보고 시장 주도 전략을 수립하고 실행할 수 있는 능력으로 전환하는 방안에 대한 내용이 포함된다.[49] 분석할 핵심 자원은 다음과 같다.

    - 마케팅 역량
    - 재무 역량
    - R&D 및 기술 역량
    - 운영 및 생산 역량
    - 인적 역량
    - 정보시스템 역량

제트블루는 이러한 역량에서 대부분의 경쟁자들보다 우수하다.

SWOT으로 상황 분석 요약 상황 분석을 통해 얻은 핵심 사항을 요약하기 위해 편리하게 사용할 수 있는 도구는 SWOT 분석이다. 이 분석은 강점, 약점, 기회, 위기로 구성되어 있다. 도표 3.10은 상황 분석 표를 나타내고 있다. 내부 분석을 통해 강점과 약점을 알 수 있고 외부 분석을 통해 위협과 기회를 파악할 수 있다. 상황 분석과 SWOT 분석을 기초로 나머지 마

도표 3.10 | SWOT 분석표

내부 요인 외부 요인	강점(S) 강점 5~10개 제시	약점(W) 약점 5~10개 제시
기회(O) 기회 5~10개 제시	S/O 기반 전략 **기회를 활용하기 위해 강점을** 사용하는 전략 제시	W/O 기반 전략 **약점을 극복하기 위해** **기회를 활용**하는 전략 제시
위협(T) 위협 5~10개 제시	S/T 기반 전략 **위협을 피하기 위하여 강점을** 사용하는 전략 제시	W/T 기반 전략 **위협을 피하기 위하여 약점을** **최소화**하는 전략 제시

출처 : Weihrich, H. "The TOWS Matrix —A Tool For Situational Analysis," *Long Range Planning* 15, no. 2, 1982, p. 60.

케팅 계획에 대한 의사결정이 가능하다.

마케팅 관리자는 SWOT 분석을 통해 상황 분석 결과를 요약할 뿐만 아니라 상황 분석 표의 네 가지 조합을 놓고 어떤 마케팅 전략이 타당한지 브레인스토밍을 시작할 수 있다. 네 가지 조합은 내부 강점/외부 기회, 내부 강점/외부 위협, 내부 약점/외부 기회, 내부 약점/외부 위협이다. 상황 분석을 하는 동안 기업의 외부, 내부 환경이 기업의 마케팅 전략 수립 능력에 어느 정도 영향을 미치는지 비판적이고 현실적으로 평가하는 것이 분석의 핵심이다. SWOT 분석이 정확하고 솔직할수록 나머지 마케팅 계획도 유용하게 될 것이다.

마케팅 계획 시 추가 고려요소

다음은 마케팅 계획에서 추가적으로 고려할 요소들이다. 이 요소들은 앞으로 학습할 장에서 나오기 때문에 참고문헌은 해당 내용이 나오는 장에서 가져와 인용했다.

필요한 모든 시장 조사 수행 이 책의 두 번째 파트는 마케팅 의사결정을 위한 정보에 초점을 맞추고 있다. 여러분들은 마케팅 정보를 수집하여 분석하는 내용을 학습할 것이다. 고객관계관리, 빅데이터, 마케팅 분석을 통한 시사점 도출 방법과 소비자 및 기업 고객을 가장 잘 이해하는 방안을 살펴볼 것이다. 이러한 방법들은 모두 마케팅 관리자의 더 나은 의사결정을 위한 것이다. 제트블루는 트루 블루 충성도 프로그램 등이 지원하는 효과적인 고객관계관리 시스템을 가지고 있다. 또한 이 회사는 고객 경험을 향상시키기 위한 기회와 동향을 찾아내기 위해 지속적으로 시장 및 소비자 조사를 실시하고 있다.

미국 미네소타주 미네아폴리스의 아메리카 몰은 미국에서 가장 큰 점포이다. 연간 400만 명의 쇼핑객이 이 점포를 방문하기 때문에 고객 만족을 측정하고 관리하는 것은 큰 도전이라고 할 수 있다. 다른 여러 쇼핑몰들은 실패하고 있는데 아메리카 몰에는 계속 소비자들이 몰린다. 이러한 성공은 고객 데이터 수집과 분석 덕분이다. 몰 관리부서는 추가 분석력이 필요하다는 것을 인식하고 '킵수(kipsu)'라고 불리는 혁명적인 제품을 발견했다. 이 정교한 고객관계관리 시스템 때문에 소비자들은 지정된 번호로 자신들의 경험을 익명으로 보낼 수 있게 되었다. 아메리카 몰은 2010년대 초에 이 고객관계관리 프로그램을 사용하기 시작했다. 이 프로그램이 미친 영향력은 다음 사례로 이해할 수 있다. 현재 몰 관리인들은 어떤 화장실에 대한 불평이 가장 적은가에 대한 경쟁을 하고 있다. 이 경쟁은 공식적인 것은 아니고 비공식 경쟁이다. 몰 관리 스태프들은 고객과 직원들로부터 실시간으로 업데이트 자료를 받는다. 킵수의 공동 창업자인 조셉 루터는 다음과 같이 말했다. "우리 프로그램을 사용하는 기업들이 소비자들에게 제공하는 서비스 문화를 혁명적으로 바꾸고 있다. 또한 우리 회사는 서비스 환경에서 의사소통의 뉘앙스를 과학적으로 해부하고 분석해서 고객에게 영역별 자료와 책임에 대한 정보를 제공한다." 아메리카 몰의 성공을 볼 때 그의 말이 옳다는 것을 알 수 있다.[50]

마케팅 목표와 목적 수립 마케팅 계획을 통해 무엇을 성취하기를 기대하는가? 이제 상황 분석, 경쟁자 분석, 시장 조사에서 배운 것을 기초로 마케팅 관리자가 마케팅 계획을 통해 성취하고자 하는 목표와 목적을 정할 수 있다. 제트블루의 마케팅 목표는 안전, 편안함, 재미에

제품 강조

	기존 제품	신제품
기존 시장	**전략-시장 침투** 기존 시장에서 기존 제품 판매 증가	**전략-제품 개발** 기존 시장에서 신제품을 판매하여 성장
신규 시장	**전략-시장 개발** 신규 시장에 기존 제품 소개	**전략-다각화** 성장을 위하여 신제품으로 신규 시장 진출

시장 강조

출처 : H. Igor Ansoff, *The New Corporate Strategy*, New York, NY: John Wiley & Sons, 1988.

초점을 맞춰 높은 사용자 만족도와 충성도를 구축하고 신규 고객을 유치하는 것이다.

마케팅 전략 개발 앞에서 언급한 것처럼 마케팅 전략은 고객을 위한 가치를 창출하여 의사 소통하고 전달하는 로드맵 역할을 한다. 먼저 핵심 의사결정은 어떤 제품-시장 조합에 투자 할 것인가이다. 도표 3.11에서 볼 수 있는 것처럼 네 가지 제품-시장 조합이 있는데, 이고르 앤소프의 제품-시장 매트릭스라고 불린다.

- **시장 침투 전략**(market penetration strategies)은 기존 제품을 더 사용하도록 기존 고객들 에게 투자하는 것이다.
- **제품 개발 전략**(product development strategies)은 기존 고객들의 사용량을 증가시키기 위해 신제품에 투자하여 개발하는 것이다.
- **시장 개발 전략**(market development strategies)은 기존 제품을 가지고 해외 시장과 같은 신규 시장에 진출하는 것이다.
- **다각화 전략**(diversification strategies)은 신제품으로 새로운 시장을 개척하는 것이다.

제트블루는 제품 개발 전략으로 사업을 시작했다. 다른 항공사들이 오랫동안 혁신과 변화 없이 사업을 하던 상황에서 고객들은 제트블루의 깨끗한 신형 항공기, 편안한 가죽 의자, 오 락 시스템, 친절한 직원 서비스를 환영했다. 최근에 제트블루는 이 승리 공식으로 새로운 시 장에 진출하는 것에 초점을 맞추고 있다. 또한 제트블루는 이러한 시장 개발 전략을 통해 취 항하는 도시를 크게 늘렸고 소형 항공기만 운항하여 사업 타당성이 낮았던 소규모 도시에서 신규 고객을 유치했다. 그리고 제트블루는 버뮤다, 하바나, 쿠바(제트블루의 100번째 취항 지역)와 같은 해외 지역을 추가로 개발했다.

수요 예측, 예산, 적절한 마케팅 메트릭스를 포함한 실행 계획 창출 앞에서 설명한 것처럼 전략 개발은 마케팅 계획의 한 부분에 불과하다. 또 다른 부분은 전략 실행이다. 전략 실행에는 성과 측정도 포함되어 있다. 마케팅 결과를 측정하고 필요하면 마케팅 계획을 수정하는 과정을 **마케팅 통제** (marketing control)라고 한다.

마케팅 계획에서 모든 전략은 실행 요소를 포함하고 있어야 한다. 실행은 행동 계획 또는 프로그램으로 불릴 수 있다. 실행 단계에서 관리자는 타이밍을 토의하여 다양한 실행 내용을 책임질 인력과 필요 자원을 할당하여 전략이 실현될 수 있도록 한다.[51] 수요 예측도 하고 관련 예산도 세워야 한다. 그리고 계획이 어느 정도 진행되었고 명시된 마케

레고는 레고랜드 테마 공원을 캘리포니아, 플로리다, 덴마크, 독일, 말레이시아, 영국으로 확장하여 매우 성공적으로 전략을 수행했다.
ⓒJason Knott/Alamy Stock Photo

팅 목표에 얼마나 기여했는지 평가할 수 있는 적절한 메트릭스를 가지고 있어야 한다.

제트블루 홈페이지의 투자자 홍보와 언론 보도자료 부분을 보면 이 회사가 마케팅 결과 측정을 강조하고 있음을 알 수 있다. 그리고 항공산업이 전체적으로 비용 증가 때문에 어려움을 겪고 있지만 제트블루는 일반적으로 월스트리트 분석가들로부터 다른 항공사들보다 더 나은 평가를 받고 있다. 이는 제트블루의 목표, 메트릭스, 통제가 명확하기 때문이다.

비상 상황 계획 수립 마케팅 관리자의 마케팅 계획 수립 마지막 단계는 이미 수립된 마케팅 계획을 수행할 수 없는 예상치 못한 사건이 일어났을 때 실행할 수 있는 비상 상황 계획을 세우는 것이다.[52] 이미 학습한 것처럼 마케팅 계획에서는 융통성과 적응성이 중요하다. 왜냐하면 여러 외부 환경에서 예상하지 못한 사건이 일어나는 것은 늘 있는 일이기 때문이다. 만일의 사태를 대비하기 위해 기업은 비상 상황 계획을 수립해야 한다.

비상 상황 계획은 최악의 상황, 최상의 상황, 기대한 상황으로 나누어 세워진다. 즉, 마케팅 전략 실행은 예측 대비 성과가 얼마나 성취되었느냐에 따라 달라진다. 상황이 좋으면 기업이 재빠르게 긍정적 시나리오에 따라 실행을 한다. 상황이 좋지 않으면 부정적 시나리오를 따른다. 기업이 적절한 상황 계획을 가지고 있으면 기대보다 성과가 나쁘거나 좋을 때 어떻게 마케팅 전략을 수정할지 허둥대는 깃을 피할 수 있다.

기업은 비상 상황 계획을 세울 때 상황 발생 가능성에 대해서는 현실적이어야 하고 실행 중단을 최소화하기 위한 대안을 개발하는 것에 대해서는 창의적이어야 한다. 일부 기업들은 제품 변조와 실패, 윤리적·법적 문제 등 때문에 기업에 대한 부정적 언론 보도가 되는 예상하지 못한 상황에서 일반 대중과의 관계를 잘 유지하는 데 실수하지 않기 위해 비상 상황 계획을 사용한다.[53]

다른 항공사처럼 제트블루에게 중요한 외부 자원 상황은 제트 연료이다. 지난 10년간 연료 가격은 등락을 거듭해왔다. 제트블루가 할 수 있는 것이 많지 않다. 그러므로 제트블루는 연료 가격 변동에 대비한 상황 계획을 가지고 있을 것이다. 비상 상황 계획이 수립되어 있으면 연료 가격이 급격하게 변동할 때 즉각적으로 실행 전략을 수정하는 데 도움을 받을 수 있다.

성공적인 마케팅 계획을 위한 조언

3 - 5

마케팅 계획 수립을 위한 프레임워크 사용을 이해한다.

마케팅 계획 수립은 기업 성공을 위해 핵심적인 과정이다. 마케팅 계획은 기업의 경쟁 능력에 영향을 줄 뿐만 아니라 조직 내 다양한 영역에서 중요한 이해관계자들의 도움을 받고 창의적인 아이디어를 개발할 때 내부 결집체 역할을 한다.[54] 누가 마케팅 계획에 참여해야 하는가? 답은 다음과 같다. 성과 향상에 기여하고 참여하는 모든 부서의 모든 직급의 모든 사람이다. 조직 구성원들은 마케팅 계획을 통해 기업의 성공에 구체적이고 분명한 방식으로 기여할 수 있다.

다음은 성공적인 마케팅 계획 수립을 위한 몇 가지 조언들이다.

1. **융통성을 가진다.** 마케팅 계획은 돌처럼 굳게 정해진 것이 아니라는 것을 잊지 말아야 한다. 시장과 고객은 변하고 경쟁자는 예상하지 못한 행동을 한다. 외부 환경에서는 사람의 나쁜 습관처럼 우리가 생각하지 못하고 놀랄만한 사건이 일어난다. 훌륭한 마케팅 관리자는 언제 계획을 수정해야 하는지 안다. 민첩한 조직이 마케팅 계획 수립과 실행에 더 성공적인 경향이 있다.

    전략 전문가 헨리 민츠버그는 자신의 도발적인 책 **전략 계획의 성공과 실패**(*The Rise and Fall of Strategic Planning*)라는 책에서 다음과 같이 말한다. "조직은 때때로 장기 계획 수립에 너무 많은 시간을 보내 문을 통해 걸어오는 바로 옆 고객이 주는 기회를 놓치는 경우가 있다"[55] 민츠버그의 염려는 타당하다. 그는 계획이 돌처럼 단단하여 변경하기 힘든 것이 아니라 변화하는 시장 조건에 맞춰 융통성 있게 적응시켜야 하는 지속적이고 유기적인 과정으로 볼 필요성을 지적했다. 즉, 계획이 세워진 이후 외부와 내부 환경이 많이 변하기 때문에 마케팅 관리자는 시장에서의 전략을 신속하게 변경할 필요가 있다.[56] 기업이 환경 조건에 대응하기 위해 보다 민첩하게 경로를 바꿀수록 마케팅 전략이 성공할 가능성이 더 높아진다.

2. **획득한 정보를 잘 활용한다.** 하지만 지나친 정보 분석에 매몰되어 행동이 마비되어서는 안된다.

3. **계획의 실행 부분을 과소평가하지 않는다.** 잘못된 마케팅 계획에서 공통적으로 나타나는 현상이다. 행동 계획을 잘 세우고 실행하는 것이 계획의 성패를 좌우하는 것은 흔한 일이다. 다시 말해, 효과적인 실행 없는 종이 위의 좋은 계획은 쓸모없다.

4. **전략적이어야 하고 전략은 전술과 연관되어 방향을 제시해야 한다.** 마케팅에 전략과 전술이라는 상호 관련된 두 가지 이슈가 있다는 것을 기억하라. 계획이 성공하려면 전략과 전술 요소가 올바르게 되어 있어야 한다.

5. **여러분 자신과 다른 사람들에게 실패하고 다시 시도할 여지를 준다.** 마케팅 계획은 결코 예측 가능한 과학이 아니다. 마케팅은 과학임과 동시에 기술이라고 생각하는 것이 더 현실적이다. 창의력과 위험 감수를 통해 보상을 받는다. 성공한 모든 마케팅 관리자는 성공과 실패를 경험했다. 더 현실직이나. 야구에서처럼 한두 번의 타격으로 타자를 평가하지 않고 시즌 전체의 평균 타율로 좋은 타자를 판별해야 한다.

부록의 마케팅 계획 예제를 참조하라

예를 통해 학습하는 것은 가장 좋은 방법 중 하나이다. 이 장의 부록에 가상 기업인 클라우드 캡 소형 제트 택시 서비스의 마케팅 계획 요약이 제시되어 있다. 요약본이지만 전형적 마케팅 계획의 내용 등에 익숙해지는 기회가 되기 바란다.

　또한 이 장을 시작으로 각 장 마지막에 마케팅 계획 연습이 있다. 이 부분은 마케팅 관리자가 효과적인 마케팅 계획을 수립할 수 있는 능력을 키울 수 있도록 각 장의 내용을 기초로 만들어진 것이다. 마케팅 계획 과정의 지식과 기술을 습득하기 위해 이 활동을 활용하기 바란다.

요약

마케팅 계획은 조직을 위한 시장 주도 전략을 개발하고 실행하는 지속적인 과정이다. 훌륭한 마케팅 계획은 시장에서 성공하기 위해 필수적이다. 한 번 수립된 마케팅 계획이 돌처럼 단단해 변경할 수 없는 것은 아니다. 마케팅 관리자는 내부와 외부 환경 변화를 지속적으로 평가하여 전략과 전술을 수정하는 융통성을 가질 필요가 있다. 이 장에서는 마케팅 계획의 프레임워크를 소개한다. 이 책의 나머지 세 부분은 이 프레임워크의 필수 요소를 다루고 있다.

핵심용어

GE 사업 스크린(GE Business Screen)
SWOT 분석(SWOT analysis)
가치사슬(value chain)
가치 제안(value proposition)
가치 창출 활동(value-creating activities)
경쟁 전략(competitive strategy)
고객 만족(customer satisfaction)
고객 유지(customer retention)
고객 전환(customer switching)
고객 충성도(customer loyalty)
기능 수준 계획(functional-level plans)
기업 수준 전략 계획(corporate-level strategic plan)
다각화 전략(diversification strategies)
독보적 역량(distinctive competence)

마케팅 계획(marketing plan)
마케팅 계획 수립(marketing planning)
마케팅 통제(marketing control)
목적(objectives)
목표(goals)
보스턴 컨설팅 그룹의 성장-점유율 매트릭스 [Boston Consulting Group (BCG) Growth-Share Matrix]
사명 선언문(mission statement)
상황 분석(situation analysis)
선발자 우위(first-mover advantage)
시장 개발 전략(market development strategies)
시장 주도 전략 계획(market-driven strategic planning)
시장 침투 전략(market penetration strategies)

일반 전략(generic strategy)
전략사업단위 수준 전략 계획(SBU-level strategic plan)
전략(strategy)
전략사업단위(strategic business unit, SBU)
전략적 비전(strategic vision)
전략 형태(strategic type)
제품 개발 전략(product development strategies)
지속적인 경쟁 우위(sustainable competitive advantage)
편익(benefit)
포트폴리오 분석(portfolio analysis)
핵심 역량(core competence)
효용(utility)

응용 문제

1. 가치 제안이란 무엇인가? 아래 브랜드의 핵심 가치 제안은 무엇이라고 생각하는지 자신의 생각을 기술해보라.

a. 디즈니 놀이공원 b. 미국 할인점 타깃 e. 넷플릭스

c. 인스타그램 d. 칙필에이

2. 가치사슬을 생각해보자. 경쟁자보다 가치사슬 요소에 잘 투자하고 관리하여 높은 이윤을 창출한 기업을 제시해보라. 가치사슬에서 어떤 두 가지 또는 세 가지 요소를 잘 관리하고 있는가? 어떤 점에서 경쟁자보다 나은가?

3. 마케팅 계획 수립 과정에서 마케팅 관리자가 전략 차원 마케팅(Big M)과 전술 차원 마케팅(little m)을 모두 잘하는 것이 왜 중요한가? 마케팅 계획을 세울 때 전략에 치중하여 전술을 경시하면 어떤 부정적 결과가 나타날까? 반대의 경우에는 어떤 부정적 결과가 있을까?

4. 관심 있는 산업을 선택하여 경쟁하고 있는 기업들을 생각해보라. 마일스와 스노우의 전략 형태에 기초해볼 때 전망자는 어떤 기업인가? 분석자는 어떤 기업인가? 방어자는 어떤 기업인가? 반응자는 어떤 기업인가? 각 회사의 어떤 특성 때문에 이렇게 분류하였는가?

5. 과거를 비추어볼 때 올랜도의 디즈니 놀이공원 사업은 거시 외부 환경의 영향을 크게 받아왔다. 앞으로 수년 동안 거시 외부 환경의 다섯 가지 요소들이 놀이공원 사업의 마케팅 계획에 어떤 영향을 미칠지 구체적인 예를 생각해보라. 여러분이 제시한 예가 마케팅 계획 개발에 중요한 이유를 설명해보라.

경영 의사결정 사례

던킨도너츠! 마케팅 계획 덕분에 높은 커피 충성도 점수를 기록하다

마케팅 관리자의 핵심 목표 중 하나는 브랜드가 소비자의 삶에 의미 있는 것으로 남아 있도록 하는 것이다. 이 목표를 잘 깨닫고 있는 마케팅 관리자는 철저하게 우수 사례에 기반한 마케팅 계획 과정을 수립하고자 하고 변화하는 소비자 기호와 가치의 이동에 반응하는(가능하다면 미리 대비하는) 융통성을 가지고 있다. 지난 67년 동안의 비즈니스에서 던킨도너츠는 정기적으로 마케팅 전략을 갱신해서 매우 경쟁적인 '집 밖에서 마시는 커피 시장'에서 경쟁력을 유지하면서도 핵심 사명을 고수할 수 있었다.[57]

1950년 던킨도너츠는 매사추세츠 퀸시에 있는 레스토랑이었는데 사명은 단순했다: 고품질의 도넛과 커피를 빠르고 친절한 서비스로 합리적인 가격에 제공하는 것. 오늘날 45개국에 1만 2,000개 이상의 레스토랑을 가지고 있으며 사명은 기본적으로 동일하지만 치열한 경쟁 속에서 던킨 도넛 이미지를 새롭고 적합한 브랜드로 유지하기 위해 마케팅 전략의 여러 측면은 변화했다.[58]

던킨의 역사 중 첫 50년은 주로 도넛에 대한 내용이었다. 2000년대 초에 던킨은 도넛을 빠뜨릴 것 같았던 음료인 커피에 더 초점을 맞출 것을 결정했다. 던킨은 더 빠르고 사용자 친화적인 비싸지 않은 대안인 보통 사람의 보통 커피를 제공함으로써 시장 선두인 스타벅스와 정면으로 대결했다. 2006년 던킨은 성공한 캠페인으로 유명한 "던킨이 미국을 깨운다(American runs on Dunkin)"로 더욱 커피에 진지해졌다. 오늘날 던킨은 여전히 많은 도넛을 판매하고 있는데, 믿기지 않는 숫자인 19억 컵의 커피를 판매한다. 초당 60컵이다.[59]

최근 수년 동안 던킨도너츠 마케팅 계획의 주된 초점은 디지털 전략이었는데 특별히 소셜미디어를 통해 고객과 소통하는 것이었다. 예를 들어, 몇 년 전에 열린 '던킨의 다음 도넛' 만들기 콘테스트와 더 최근인 '트위터에서 나의 던킨 캠페인(#mydunkincampaign)'을 예로 들 수 있다. 두 번째 캠페인에

서 던킨은 열성 팬들이 던킨 광고에 출연하게 하는 등 팬들이 페이스북과 트위터에서 던킨이 어떻게 자신들을 깨우고 달리게 하는지 나누도록 격려했다. 이 도구들을 사용하는 것은 던킨이 고객들의 이야기를 듣고, 다시 말하고 정기적으로 충성 팬들과 상호작용하는 데 도움을 주었다.[60]

소셜미디어 상호작용 수에서 던킨의 점수는 스타벅스보다 낮지만 전문가들은 상호작용의 질적인 측면에서 던킨에게 더 높은 점수를 준다. 던킨의 광고대행사 임원에 따르면 던킨은 이전보다 더욱 조직의 모든 수준에서 다수의 경로를 통해 손님에게 귀를 기울이는 브랜드이다. 던킨은 소셜미디어 전략의 중심에 팬들을 둔다. 던킨의 팬들은 브랜드와 상호작용하는 것으로 힘을 얻는 활동적이고 열정적인 부족들과 같다. 그리고 던킨은 때때로 경쟁자에게 잽을 날린다. 최근 던킨의 최상위 페이스북 게시물은 다음과 같은 메시지가 새겨진 던킨 티셔츠 사진이다. "친구 여러분, 친구들이 스타벅스 마시지 못하게 해요."[61]

큰 마케팅과 작은 마케팅은 기업의 가장 중요한 이해관계자인 고객과 고객의 브랜드 경험에 포괄적으로 초점을 맞추기 위해 전략적·전술적 접근을 결합한다. 던킨의 핵심 차별화 요소로 크게 성공한 DD 특별 보상 충성도 프로그램을 살펴보도록 하자. 500만 명 이상의 회원을 보유하고 있는 이 프로그램은 퀵서비스 레스토랑 산업에서 가장 빠르게 성장하고 있는 충성도 프로그램 중 하나이다. DD 특별 보상 프로그램의 회원인 고객은 1달러마다 포인트를 받고 포인트가 200포인트까지 누적될 때 무료 음료수를 받을 수 있다. DD 특별 보상 프로그램의 회원이 되자마자 고객은 이 프로그램의 혜택을 설명해주는 개인 환영 이메일 메시지를 받는다. 추가 이메일이 보내지고 고객은 자신의 핸드폰 던킨 앱에서 특별 할인 쿠폰을 받는다(던킨 앱은 출시 이후 1,600만 번 다운로드됨). 또한 이 앱은 미리 주문하고 도착해서 가져갈 수 있는 던킨의 이동 중 주문(on-the-go ordering)의 플랫폼이다.[62]

던킨은 고객에게 우수한 고객 경험을 제공한 공로로 산업 표창을 받았다. 틀림없이 스타벅스가 원통해 하겠지만 지난 11년 동안 집 밖에서 마시는 커피 제품군에서 던킨이 고객 충성도 관계 지수에서 1위를 했고 포장 커피 제품군에서는 지난 5년 동안 1위 브랜드였다. 이 지수는 브랜드 가치뿐만 아니라 맛, 품질, 서비스에서 경쟁자들보다 더 고객을 감동시키고 기대를 충족시켰다는 것을 인정한 것이다.[63]

우수한 마케팅 계획과 마케팅 전략 실행 때문에 던킨도너츠는 성공적으로 초점을 도넛에서 커피로 이동시킬 수 있었다. 그러나 던킨도너츠는 스타벅스의 그늘 아래 있다. 던킨도너츠가 미국 커피 시장의 24%를 차지하고 있는 데 반해 스타벅스의 점유율은 36%라는 사실을 잊지 말라. 스타벅스도 디지털과 소셜미디어 마케팅에 매우 헌신적이고 충성도 프로그램과 모바일 앱도 가지고 있다.[64] 각 기업이 고객과 소통하고 관계를 형성하고 있으므로 던킨의 마케팅 관리자는 게임의 맨 상위에 머물도록 해야 할 것이고 강력한 마케팅 계획 과정을 효율적으로 사용해야 할 것이다. 그리고 고객 동향을 모니터링하여 적용하고 던킨도너츠 브랜드가 의미 있고 전략적으로 경쟁자와 차별화될 수 있도록 고안된 전략을 통해 대응해야 할 것이다.

생각해볼 문제

1. 던킨도너츠는 도넛이 아니라 커피 사업에 대한 전략적 결정을 했다. 한 제품(이름 안에서)과 매우 가깝게 동일시되어 있는 기업이 다른 제품으로 초점을 변경할 때 어떤 위험들이 있는가? 어떤 마케팅 전략들이 위험을 줄이고 성공 가능성을 높일 수 있는가?

2. 던킨도너츠와 주요 경쟁자인 스타벅스 마케팅 전략의 주된 차이점은 무엇인가? 이외에 마케팅 관리자의 관점에서 스타벅스와 성공적으로 경쟁하고 던킨을 분명하게 차별화하기 위해 무엇을 할 수 있을까?

3. DD 특별 보상과 같은 충성도 프로그램은 고객이 해당 브랜드에 관여하게 하고 인센티브를 주어 계속 충성 고객이 될 수 있도록 한다. 그러나 충성도 프로그램만 있으면 경쟁자가 쉽게 수준을 맞추고 앞서 나가기 쉽다. 그러므로 고객 전환을 막아 고객을 유지하기 위해 충성도 프로그램이 충분하지 않은 경우가 종종 있다. 다른 어떤 요인이 브랜드에 충성하도록 할까? 현재 던킨 도넛의 예에서 어떤 요인을 볼 수 있는가? 고객 충성도를 높이기 위해 던킨도너츠가 더 할 수 있는 것이 있는가?

활동 1 : 마케팅 계획 요소

이 장에서 당신은 마케팅 관리자는 마케팅 계획을 통해 마케팅 활동을 추진한다는 것을 학습했다. 또한 마케팅 계획 수립을 위한 프레임워크를 배웠다. 더 진도를 나가기 전에 전형적인 마케팅 계획의 흐름과 내용을 확실하게 이해하는 것이 중요하다.

1. 이 장의 부록에 있는 마케팅 계획 사례를 읽어보라.

2. 이 사례에 대해 질문이 있으면 기록해보고 강의 시간에 가져오라.

활동 2 : 상황 분석

이 장에서 당신은 마케팅 관리자가 고려해야 할 다음과 같은 핵심 상황 분석 영역도 학습했다: 외부 거시 수준 환경 요인, 경쟁 요인, 내부 환경 요인. 또한 당신은 이 정보들이 SWOT 분석에서 어떻게 요약되고 기술될 수 있는지 보았다.

1. 도표 3.10과 함께 이 장의 토의 질문을 지침으로 활용하여 강점, 약점, 외부 기회, 위협의 간단한 목록을 기록해보라. 당신이 내년에 마케팅 계획에서 가장 중요할 것이라고 믿는 이슈에 초점을 맞춰라.

2. 도표 3.10을 보면 가능한 전략을 브레인스토밍하기 위해 네 가지 다른 SWOT 시나리오를 고려해야 한다는 것을 알 수 있다. 현재 가지고 있는 지식을 기초로 네 가지 상황 시나리오 조합 각각에 대해 적절한 마케팅 전략 아이디어를 개발하라.

- 외부 기회를 활용하기 위해 내부 강점 사용 전략
- 외부 위협을 피하기 위한 내부 강점 사용 전략
- 내부 약점을 극복하기 위한 외부 기회 활용 전략
- 내부 약점을 최소화하고 외부 위협을 피하기 위한 전략

미주

1. Peter C. Verhoef, "Understanding the Effect of Customer Relationship Management Efforts on Customer Retention and Customer Share Development," *Journal of Marketing* 67, no. 4 (October 2003), pp. 30–45.

2. Stephanie Coyles and Timothy C. Gokey, "Customer Retention Is Not Enough," *Journal of Consumer Marketing* 22, no. 2/3 (2005), pp. 101–06.

3. Jamie Page Deaton, "2017 Best Cars for the Money," *U.S. News & World Report,* February 7, 2017, https://cars.usnews.com /cars-trucks/Best-Cars-for-the-Money/; Mel Anton, "2017 Toyota Prius Review," *U.S. News & World Report,* March 23, 2017, https://cars.usnews.com/cars-trucks/toyota/prius; and Cody Trotter, "2017 Lexus NX Review," *U.S. News & World Report,* March 3, 2017, https://cars.usnews.com/cars-trucks/lexus/nx.

4. Anders Gustafsson, Michael D. Johnson, and Inger Roos, "The Effects of Customer Satisfaction, Relationship Commitment Dimensions, and Triggers on Customer Retention," *Journal of Marketing* 69, no. 4 (October 2005), pp. 210–18.

5. Seongjae Yu, "The Growth Pattern of Samsung Electronics: A Strategy Perspective," *International Studies of Management & Organization* 28, no. 4 (Winter 1998/1999), pp. 57–73.

6. "QuickBooks Online Passes 1.5 Million Paid Subscribers." *Intuit,* August 8, 2016, http://investors.intuit.com/press-releases/press -release-details/2016/QuickBooks-Online-Passes-15-Million -Paid-Subscribers/default.aspx; Intuit Inc., "Form 10-K." *Securities and Exchange Commission,* September 1, 2016, https://www .sec.gov/Archives/edgar/data/896878/000089687816000286 /fy16q410-kdocument.htm.

7. Michael D. Johnson, Andreas Herrman, and Frank Huber, "The Evolution of Loyalty Intentions," *Journal of Marketing* 70, no. 2 (April 2006), pp. 122–32.

8. "Top 10 Customer-Centric Companies of 2014." *Talk Desk,* January 13, 2015, https://www.talkdesk.com/blog/top-10 -customer-centric-companies-of-2014; and Michael A. Prospero, "Is HP Customer Service Good? 2017 Rating," *LAPTOP,* March 9, 2017, http://www.laptopmag.com/articles/hp-tech-support.

9. Kusum L. Ailawadi and Bari Harlam, "An Empirical Analysis of the Determinants of Retail Margins: The Role of Store-Brand Share," *Journal of Marketing* 68, no. 1 (January 2004), pp. 147–65.

10. Frederick F. Reichheld, *Loyalty Rules! How Leaders Build Lasting Relationships in the Digital Age* (Cambridge, MA: Harvard Business School Press, 2001).

11. Michael E. Porter, *Competitive Advantage* (New York: Simon & Schuster, 1985).

12. J. David Hunger and Thomas H. Wheelen, *Essentials of Strategic Management,* 4th ed. (Upper Saddle River, NJ: Prentice Hall, 2007).

13. Eric M. Olson, Stanley F. Slater, and G. Tomas M. Hult, "The Performance Implications of Fit among Business Strategy, Marketing Organization Structure, and Strategic Behavior," *Journal of Marketing* 69, no. 3 (July 2005), pp. 49–65.

14. Thomas L. Friedman, *The World Is Flat: A Brief History of the Twenty-First Century* (New York: Farrar, Straus and Giroux, 2005).

15. Wayne McPhee and David Wheeler, "Making the Case for the Added-Value Chain," *Strategy and Leadership* 34, no. 4 (2006), pp. 39–48.

16. Roland T. Rust, Katherine N. Lemon, and Valarie A. Zeithaml, "Return on Marketing: Using Customer Equity to Focus Marketing Strategy," *Journal of Marketing* 68, no. 1 (January 2004), pp. 109–27.

17. Richard W. Mosley, "Customer Experience, Organisational Culture, and the Employer Brand," *Journal of Brand Management* 15, no. 2 (November 2007), pp. 123–35.

18. Riley Jones, "How Nike's 'Just Do It' Slogan Turned the Brand into a Household Name," *Complex,* August 17, 2015, http://www.complex.com/sneakers/2015/08/nike-just -do-it-history; and Lindsay Kolowich, "12 of the Best Marketing and Advertising Campaigns of All Time," *Hub Spot,* June 26, 2015, https://blog.hubspot.com/blog/tabid/6307/bid/32763/The -10-Greatest-Marketing-Campaigns-of-All-Time.aspx#sm .0000peftmpa6qd6rphv169ukue3b8.

19. P. Rajan Varadarajan, Satish Jayachandran, and J. Chris White, "Strategic Interdependence in Organizations: Deconglomeration and Marketing Strategy," *Journal of Marketing* 65, no. 1 (January 2001), pp. 15–29.

20. Ron Southwick, "$45 for 10 Minutes: Rite Aid Ex-pands Online Doctor's Appointments to Four More Cities," *MedCity News,* March 3, 2013, http://medcitynews.com/2013/03/45-for-10 -minutes-rite-aid-expands-online-doctors-appointments-to -four-more-cities/.

21. Karen Norman Kennedy, Jerry R. Goolsby, and Eric J. Arnold, "Implementing a Customer Orientation: Extension of Theory and Application," *Journal of Marketing* 67, no. 4 (October 2003), pp. 67–81.

22. Rust, Lemon, and Zeithaml, "Return on Marketing."

23. Rachel Lerman, "Tableau's New CEO Vows to Put Customer First on His Agenda," *Seattle Times,* November 9, 2016, http://www.seattletimes.com/business/technology/tableaus -new-ceo-vows-to-put-customer-first-on-his-agenda/.

24. Karen Dubinsky, "Brand Is Dead," *Journal of Business Strategy* 24, no. 2 (March/April 2003), pp. 42–43.

25. Haley Peterson, "McDonald's CEO Reveals His Massive Plan to Save the Business," *Business Insider,* May 4, 2015, http://www .businessinsider.com/mcdonalds-ceo-reveals-turnaround -plan-2015-5.

26. "GE Business Screen," *Business Resource Software,* www .brs-inc.com/pwxcharts.asp?32.

27. "The Experience Curve—Reviewed: IV. The Growth Share Matrix or The Product Portfolio," *Boston Consulting Group,* www.bcg.com/documents/file13904.pdf.

28. Dylan Love and Karyne Levy, "12 Discontinued Tech Products That We Miss So Much," *Business Insider,* March 29, 2014, http:// www.businessinsider.com/discontinued-tech-we-miss-2014-3#.

29. Andrew E. Polcha, "A Complex Global Business' Dilemma: Long Range Planning vs. Flexibility," *Planning Review* 18, no. 2 (March/April 1990), pp. 34–40.

30. Robert Slater, *Jack Welch and the GE Way: Management Insights and Leadership Secrets of the Legendary CEO* (Boston: McGraw-Hill, 1998).

31. Hunger and Wheelen, *Essentials of Strategic Management.*

32. Lindsay Kolowich, "12 Truly Inspiring Company Vision and Mission Statement Examples," *Hub Spot,* August 4, 2015, https:// blog.hubspot.com/marketing/inspiring-company-mission -statements#sm.0000peftmpa6qd6rphv169ukue3b8.

33. Noel Tichy and Ram Charan, "Speed, Simplicity, Self-Confidence: An Interview with Jack Welch," *Harvard Business Review,* September–October 1989, p. 113.

34. Mohanbir Sawhney and Jeff Zabin, "Managing and Measuring Relational Equity in the Network Economy," *Journal of the Academy of Marketing Science* 30, no. 4 (Fall 2002), pp. 313–33.

35. Bishnu Sharma, "Marketing Strategy, Contextual Factors, and Performance: An Investigation of Their Relationship," *Marketing Intelligence & Planning* 22, no. 2/3 (2004), pp. 128–44.

36. Jeremy Bowman, "Why Kroger Co's Growth Strategy Beats Its Rivals," *The Motley Fool,* August 23, 2015, https://www .fool.com/investing/general/2015/08/23/why-kroger-cos -growth-strategy-beats-its-rivals.aspx.

37. Mark B. Houston, Beth A. Walker, Michael D. Hutt, and Peter H. Reingen, "Cross-Unit Competition for Market Charter: The Enduring Influence of Structure," *Journal of Marketing* 65, no. 2 (April 2001), pp. 19–35.

38. David Mercer, *Marketing Strategy: The Challenge of the External Environment* (Thousand Oaks, CA: Sage, 1998).

39. Robert L. Cardy, "Employees as Customers?" *Marketing Management* 10, no. 3 (September/October 2001), pp. 12–14.

40. Regina D. Woodall, Charles L. Colby, and A. Parasuraman, "Evolution to Revolution," *Marketing Management* 16, no. 2 (March/April 2007), p. 29.

41. Sonic Drive-In, "#squareshakes," *Instagram,* n.d., https:// www.instagram.com/explore/tags/squareshakes/.

42. Tim Nudd, "Sonic Is Making Awesome Square Shakes Designed for Instagram, Sold through Instagram," *Adweek,* April 4, 2017, http://www.adweek.com/creativity /sonic-making-awesome-square-shakes-designed-instagram -sold-through-instagram-170602/.

43. Chaman L. Jain, "Benchmarking the Forecasting Process," *Journal of Business Forecasting Methods & Systems* 21, no. 3 (Fall 2002), pp. 12–16.

44. Rajdeep Grewal and Patriya Tansuhaj, "Building Organizational Capabilities for Managing Economic Crisis: The Role of Market Orientation and Strategic Flexibility," *Journal of Marketing* 65, no. 2 (April 2001), pp. 67–81.

45. Hunger and Wheelen, *Essentials of Strategic Management.*

46. Gary Chaison, "Airline Negotiations and the New Concessionary Bargaining," *Journal of Labor Research* 28, no. 4 (September 2007), pp. 642–57.

47. Kennedy et al., "Implementing a Customer Orientation."

48. Ross Goodwin and Brad Ball, "What Marketing Wants the CEO to Know," *Marketing Management* 12, no. 5 (September/October 2003), pp. 18–23.

49. Robert Inglis and Robert Clift, "Market-Oriented Accounting: Information for Product-Level Decisions," *Managerial Auditing Journal* 23, no. 3 (2008), pp. 225–39.

50. Patrick Hanlon, "Google Pushes Marketing Talk-Back Button," *Forbes,* February 8, 2013, www.forbes.com/sites /patrickhanlon/2013/02/08/google-pushes-marketing-talk -back-button/.

51. Robert L. Cardy, "Employees as Customers?" *Marketing Management* 10, no. 3 (September/October 2001), pp. 12–14.

52. Denis Smith, "Business (Not) as Usual: Crisis Management, Service Recovery, and the Vulnerability of Organisations," *Journal of Services Marketing* 19, no. 5 (2005), pp. 309–21.

53. Tobin Hensgen, Kevin C. Desouza, and Maryann Durland, "Initial Crisis Agent-Response Impact Syndrome (ICARIS)," *Journal of Contingencies and Crisis Management* 14, no. 4 (December 2006), pp. 190–98.

54. William B. Locander, "Staying within the Flock," *Marketing Management* 14, no. 2 (March/April 2005), pp. 52–55.

55. Henry Mintzberg, *The Rise and Fall of Strategic Planning* (New York: Financial Times Prentice Hall, 2000).

56. Polcha, "A Complex Global Business' Dilemma."

57. Steve Olenski, "Time to Make the Donuts: How the Dunkin' Donuts Brand Stays Relevant," *Forbes.com,* March 6, 2017, https://www.forbes.com/sites/steveolenski/2017/03/06/time-to-make-the-donuts-how-the-dunkin-donuts-brand-stays-relevant/#14b3b3575556; Dunkin' Donuts, "Brand Keys Names Dunkin' Donuts #1 in Coffee Customer Loyalty for 11th Consecutive Year," *Dunkin' Donuts corporate website,* January 26, 2017, https://news.dunkindonuts.com/news/brand-keys-names-dunkin-donuts; and Linda Tucci, "Dunkin' Sees Growth from Digital Tech," *TechTarget.com,* February 9, 2017, http://searchcio.techtarget.com/news/450412715/Dunkin-pins-growth-on-digital-tech.

58. Olenski, "Time to Make the Donuts."

59. Christine Champagne and Teresa Iezzio, "Dunkin' Donuts and Starbucks: A Tale of Two Coffee Marketing Giants," *FastCompany.com,* August 21, 2014, www.fastcompany.com/3034572/dunkin-donuts-and-starbucks-a-tale-of-two-coffee-marketing-giants; Linda Tischler, "It's Not about the Doughnuts," *Fast Company.com,* December 1, 2004, https://www.fastcompany.com/51444/its-not-about-doughnuts; Dunkin' Donuts, "Brand Keys Names Dunkin' Donuts #1 in Coffee Customer Loyalty"; and Dunkin' Donuts, "Facts ABOUT Dunkin' Donuts," *Newsday.com,* April 17, 2017, http://www.newsday.com/business/facts-about-dunkin-donuts-including-munchkins-coffees-iced-coffee-quincy-and-first-store-1.10435725.

60. Ali Aceto, "Behind the Scenes of #mydunkin with Dunkin' Donuts Fan Meg A," *Dunkin' Donuts corporate website,* October 17, 2013, https://news.dunkindonuts.com/blog/behind-the-scenes-of-mydunkin-with-dunkin-donuts-fan-meg-a; and Champagne and Iezzio, "Dunkin' Donuts and Starbucks."

61. Champagne and Iezzio, "Dunkin' Donuts and Starbucks."

62. Dunkin' Donuts, "Brand Keys Names Dunkin' Donuts #1 in Coffee Customer Loyalty"; Olenski, "Time to Make the Donuts"; Jim Tierney, "Dunkin' Donuts Look to Strengthen Customer Loyalty," *Customer 360,* October 7, 2016, https://www.loyalty360.org/content-gallery/daily-news/dunkin-donuts-look-to-strengthen-customer-loyalty; and James Geddes, "Dunkin' Donuts Introduces New App with On the Go Ordering and Free Beverage Signup Promo," *Tech Times,* April 19, 2016, http://www.techtimes.com/articles/150873/20160419/dunkin-donuts-introduces-new-app-with-on-the-go-ordering-and-free-beverage-signup-promo.htm.

63. Dunkin' Donuts, "Brand Keys Names Dunkin' Donuts #1 in Coffee Customer."

64. Champagne and Iezzio, "Dunkin' Donuts and Starbucks."

클라우드캡 소형 제트 택시 서비스
- 약식 마케팅 계획 사례 -

여러분를 위한 참고사항

이 사례는 가상의 기업인 클라우드캡 소형 제트 택시 서비스가 수립한 마케팅 계획의 약식 버전이다. 이 부록은 당신에게 마케팅 계획의 주요 단계를 보여주기 위해 마련된 것이다. 당신이 이 책 전체를 보면서 마케팅 계획의 세부 분야들이 어떻게 통합될 수 있는지 더 잘 이해하도록 하기 위해 초반에 사례를 제공하는 것이 이 부록의 아이디어이다. 제3장의 주제는 마케팅 계획인데 마케팅 계획 프레임워크를 제시하고 구성 요소를 설명하고 있다. 이 약식 사례를 개발하기 위해 그 프레임워크가 사용된다. 실무에서 대부분 마케팅 계획은 이 사례보다 더 자세하고 깊은 내용을 담고 있다는 것을 참고하기 바란다. 또한 이 책의 각 장 마지막에는 마케팅 계획 연습이 있는데 당신이 각 장의 개념들을 마케팅 계획에 적용하도록 안내하기 위해 고안된 것이다.

상황 분석

클라우드캡은 고급 제트 수송서비스를 이용하는 시간 민감형 여행자들을 위해 솔루션을 제공하려고 한다. 이 소기업은 과거 파일럿이었던 트래비스 캠프가 설립했는데 지금은 캘리포니아, 네바다, 애리조나 시장의 선발 진입자가 될 준비가 되어 있다. 클라우드캡은 고객들에게 공항에서 경험하는 대기 불만과 긴 자동차 이동의 대안을 적정 가격에 제공할 것이다.

클라우드캡은 고객들을 한 도시에서 다른 도시로 빠르고 편안하게 수송하기 위해 작고 충분히 활용되지 않는 공항과 초경량 제트기를 사용할 것이다. 이 회사의 고객은 기본적으로 요구하면 언제든지 빠르게 제공되는 수송 서비스가 필요한 비즈니스 고객들이다. 클라우드캡은 직접적인 경쟁에 직면하지 않을 것이다. 그래서 이 회사의 가장 큰 도전은 이 서비스로부터 전통적인 제품보다 더 많은 편익을 얻을 수 있다는 것을 고객들에게 확신시키는 것이다.

거시 수준 외부 환경

정치적·법적

하늘을 활용하는 다른 기업들처럼 클라우드캡은 연방 항공국과 다른 규제 기관들이 정한 규칙의 적용을 받는다. 다행스럽게도 소형 제트기는 대형 항공사들과 동일한 항공 특전들을 받을 수 있다. 필요한 영공과 항공 교통 통제 시스템에 접근할 수 있다.

이 회사의 비즈니스를 확장하면서 정치적·법적 환경이 클라우드캡에 더 긍정적이 될 가능성이있다. 클라우드캡은 작고 잘 활용되지 않는 공항을 사용한다. 이렇게 함으로써 혼잡한 주요 중심지로부터 교통량을 분산하고 전체 시스템의 효율을 높일 수 있다. 클라우드캡이 성공하면 입법자들이 클라우드캡과 같은 기업들에게 인센티브를 줄지도 모른다.

더욱이 대형 공항들은 이미 수용 부담에 직면하고 있다. 그래서 클라우드캡이 대형 공항을 사용해서 더 많은 승객을 나르는 대형 항공사들이 필요로 하는 정부 자원을 차지한다면 대형 공항에서 소형 제트기 사용을 제한하려는 압력이 있을지도 모른다.

사회 문화적

개인과 기업 모두 일상적 업무를 좀 더 효율적으로 하기 위해 분투하고 있기 때문에 소비자들이 시간에 쪼들리는 삶을 사는 거시적 흐름은 계속되고 있다. 강화된 보안 검색 절차 때문에 주요 공항에서 대기 시간이 길어진 것과 결부되어 현대 소비자들은 수송 중 쓰는 시간을 더 의식하게 되었다. 많은 소비자들이 더 빠르고 편리하게 여행하기 위해 추가 비용을 지불할 의사를 가지고 있다.

기술적

최근까지 대규모 소형 제트 서비스는 엄두도 내지 못할 만큼 비쌌다. 이 서비스에 돈을 지불할 의사가 있는 제한된 숫자의 사람들이 제트기 자체의 높은 비용을 감당하지 못할 수 있다. 기술 발전과 초경량 제트기의 등장으로 이 상황이 변하기 시작했다. 일부 기업들이 100~300만 불 사이의 상대적으로 낮은 가격으로 초경량 제트기를 생산할 수 있게 되었다. 효율적인 3~6인승 제트기를 사용하면서 지금은 택시와 유사한 항공 서비스기 가능하다.

경제적

비즈니스 여행은 경제 불황기에 급격하게 줄어들기 때문에 전반적인 경제 상황이 클라우드캡의 성공에 큰 영향을 줄 것이다. 컨설팅이나 판매와 같은 산업은 본질적으로 다른 산업들보다 비즈니스 여행이 많고 클라우드캡 서비스 수용에 더 큰 영향을 미치기 때문에 클라우드캡은 자사 서비스의 수요를 예측하기 위해 특히 이 산업들의 건전성을 관찰해야 한다.

클라우드캡도 원유 가격과 이용 가능성에 많이 의존한다. 원유 부족은 클라우드캡의 비즈니스를 멈추게 할지도 모르고 고유가는 클라우드캡의 마진을 잠식할 것이다. 가격 변동 가능성이 높은 자원에 의존하는 산업에서 성공하기 위해서는 이러한 위험을 효과적으로 관리해야 한다.

경쟁 환경

신규 진입자의 위협

클라우드캡의 성공은 다른 회사들이 이 시장에 진입하도록 유혹하는 역할을 할지 모른다. 클라우드캡의 서비스는 소형의 저비용 제트기를 사용하고 제한된 지역에서 운항하기 때문에 전통적인 항공사들만큼 자본 집약적이지는 않지만 상대적으로 매우 자본 집약적이다. 따라서 필요한 자본 때문에 많은 회사들이 진입하지 못한다.

신규 진입자들이 부딪히는 가장 큰 장애물은 초경량 제트기를 확보하기 위해 필요한 대기 시간이다. 많은 수요와 밀린 생산 때문에 실제 운항 몇 년 전에 계획을 세워야 한다. 그러므로 기업이 지금 사업을 하고 있지 않다면 이 시장에 진입할 수 있을 때까지 적어도 수년은 필요할 가능성이 크다. 한편, 새로운 경쟁자가 진입할 거라면 클라우드캡에게 경고가 될 것이다.

기존 기업과의 경쟁

다행히도 클라우드캡은 시장에 처음 진출하는 기업들 중에 하나일 것이다. 그러므로 초기에는 직접적으로 경쟁하는 경쟁자는 많지 않을 것이다. 얼마 동안 현재 비슷한 전략을 추구하는 기업들은 대부분 지역적으로 집중화되어 있기 때문에 평화롭게 공존하여 각 지역에서 충분한 시장 점유율을 확보해야 한다. 그러나 몇몇 기업이 시장에서 지배적인 브랜드가 되어 사업을 전국적으로 확대하면 경쟁이 심해지고 경쟁력이 약한 기업들을 시장에서 밀어내려고 하는 것은 시간 문제다.

클라우드캡은 처음부터 개인 제트기 옵션과 같은 간접적 경쟁을 직면할 것이다. 시간당 대금 지불 회원 카드를 가지고 제트기를 부분적으로 소유하는 것이다. 지금까지 이것은 빠르고 고급스러운 여행을 위한 솔루션이었다.

대체재의 위협

아마 대체재가 클라우드캡을 가장 크게 위협할 것이다. 소비자들은 수송에 있어서 다양한 선택 대안을 가지고 있다. 지역 여행을 위해 전통적인 항공사 이용이나 자동차 운전을 선택할 수 있다. 어떤 경우에는 버스나 기차를 탈 수 있다. 이러한 수송 대안들은 항공 택시와 거의 같은 편안함과 속도를 제공하지는 않는다. 그러나 저렴한 비용으로 A지점에서 B지점으로 사람을 수송하는 일은 할 수 있다. 또한 화상 회의 같은 기술 솔루션 때문에 비즈니스 여행자가 어떤 회의에 참석하기 위해 물리적으로 직접 여행하는 것이 필수적인 것은 아니다. 국가 안보 여행 제한이 강화되고 경제 불황 때문에 비즈니스 여행이 줄어들면 이러한 대체재들이 지배적인 대안이 될 것이다.

구매자의 협상력

기본적으로 클라우드캡은 B2B 시장에서 경쟁한다. 그리고 이 회사는 제한된 숫자의 항공기를 가지고 비행 때마다 소수 고객의 수요와 요구를 맞춰야 할 것이다. 이것은 사업 초기에 어떤 한 고객의 클라우드캡 사용 결정이 큰 영향을 미친다는 것을 의미한다. 클라우드캡은 한 고객이라도 놓칠 여유가 없기 때문에 각 고객을 잘 대접해야 할 것이다. 개인 고객의 경우에는 항공사 변경으로 얻는 이익보다 비용이 크기 때문에 요구, 변경, 협상할 수 없을 것이다. 한편 주요 기업 고객은 시간이 경과하면 많은 승객을 공급하기 때문에 상당한 힘을 휘두를 가능성이 있다.

공급자의 협상력

클라우드캡은 한 제트기 생산업체로부터만 제트기 공급을 받는다. 그러므로 의존 정도가 매우 크다. 제트기 생산이 제때 되지 않고 기준을 맞추지 못하면 클라우드캡은 비즈니스를 할 수 없다. 클라우드캡의 생산자가 계약을 수행할 수 없으면 클라우드캡은 다른 공급자에게 주문을 하기 위해 수년

을 기다려야 할지도 모른다. 결과적으로 클라우드캡의 공급자는 더 나은 조건을 요구할 수 있는 협상력을 가지고 있다.

현재 제트기를 살 수 있는 구매자는 상대적으로 적은 편이다. 클라우드캡도 그중 하나다. 따라서 구매자로서 클라우드캡도 어느 정도 협상력을 가지고 있다. 이런 상황 때문에 클라우드캡과 공급자는 상호의존적이고 공급자가 클라우드캡을 불공정하게 대하지 않는다.

내부 환경

기업 구조

상대적으로 신규 회사인 클라우드캡은 대부분의 항공사보다 아주 소규모이다. 직원이 적기 때문에 의사소통이 쉽고 변화에 빠르게 반응한다. 클라우드캡 임원들은 기업의 성공은 고객의 신제품 수용에 크게 좌우된다는 것을 깨닫고 있기 때문에 주로 시장 욕구가 임원들의 행동과 결정을 좌우한다.

창업자이자 최고경영자인 트래비스 캠프가 클라우드캡을 이끌고 있다. 캠프의 친한 친구인 최고운영경영자 로버트 프레이는 클라우드캡의 가격이 가능한 경쟁력을 가질 수 있도록 원가 절감 방안을 개발했다. 다른 경영자들로는 최고재무경영자 토마스 퍽, 최고마케팅경영자 엘리자베스 바이스, 최고기술경영자 제퍼리 브라운이 있다. 모두 항공 산업에서 일한 경험이 있고 캠프와 프레이는 민간 회사 파일럿이었다. 이 회사는 기업 발전 과정에서 기업가 정신 단계에 있다.

클라우드캡은 주로 트래비스 캠프와 로버트 프레인의 개인적 투자로 자금을 조달했다. 이 두 사람은 함께 지분을 가지고 있다. 나머지 자금은 대부분 5년 계획으로 수익을 기대하는 벤처캐피탈들로부터 투자를 받았다.

기업 문화

클라우드캡은 고객에게 더 나은 서비스를 제공하는 것에서 기회를 잡아 설립되었다. 이 회사의 문화는 "1등이 되기 위해 기를 쓰고 애쓰는 것"으로 요약할 수 있다. 이와 같은 고객 중심 문화에서 효율성과 서비스 품질을 향상시키는 새로운 아이디어를 내는 것이 권장된다. 클라우드캡은 직원들의 사기와 생산성을 높이기 위해 탁월한 성과와 태도에 대한 보상 시스템을 공식화했다.

기업 자원

마케팅 역량 : 클라우드캡은 긴밀한 관계 속에서 경험 많은 마케팅 직원과 최근 대학을 졸업한 신입사원의 조합으로 구성된 마케팅 팀을 보유하고 있다. 몇몇 직원들은 신제품을 출시할 때 활용할 수 있는 지역 매체들과 유대를 맺고 있다.

재무 역량 : 클라우드캡은 지분 투자를 통해 자금 조달이 잘 되어 있는 기업이다. 이 기업은 사업 운영에 사용할 15개 초경량 제트기를 즉시 구매했다. 투자자들이 필요하면 추가 자금을 투자하겠다고 약속했지만 현재 현금 유보금으로도 초기 마케팅과 지속적 운영을 위한 자금을 조달할 수 있다.

연구개발 및 기술 역량 : 클라우드캡은 내부 연구개발 역량이 부족하기 때문에 모든 항공기와 관련 시스템을 자격 있는 판매자로부터 구매했고 항공기와 시스템 유지 보수도 외부 업체에 맡겼다. 클라우드캡은 자사 시스템을 최신으로 유지하는 것에 가치를 두고 획기적인 제트기 기술이 나타나면 적극적으로 활용하는 사업자가 되는 것을 추구한다.

운영 역량 : 클라우드캡은 현재 캘리포니아와 네바다주의 4개 도시에서 서비스를 제공하고 있다(이 사례의 시장 조사 부분 참조). 이 시장들에서 성공하면 커뮤니케이션 및 물류 시스템은 충분히 확장 가능하기 때문에 사업을 확대할 수 있을 것이다.

인적 역량 : 클라우드캡의 직원들은 역량 있고 헌신적이다. 많은 직원들이 보상의 일부로 주식이나 스톡옵션을 받았다. 이로 인해 회사와 직원들의 이해관계가 함께 묶여 연결되어 있다. 현재 45명의 직원들이 일하고 있는데, 완전히 운항 준비가 갖춰지면 총 80명을 고용할 계획을 가지고 있다. 유지 보수, 보안, 수위 업무 등의 많은 기능은 외부업체에 위탁할 것이다.

정보시스템 역량 : 최고경영자 캠프는 고객관계관리를 매우 신봉하는 사람이다. 고객이 항공기를 탈 때마다 고객의견 카드를 받아 기록하게 하고 이 카드 내용은 클라우드캡 중앙 데이터베이스에 입력될 것이다. 고객을 접하는 직원들도 고객을 관찰하여 기록으로 남길 수 있을 것이다. 이와 같은 자료는 범주별로 코딩되어 고객 개발과 마케팅 계획을 지원하는 데 사용된다. 인기 있는 시간대와 경로를 추적 조사하여 그 결과를 가지고 서비스 개선을 지원할 것이다.

SWOT 요약/분석

내부 / 외부	핵심 강점(S) 고객 중심 시장 반응 속도 산업에 대한 지식	핵심 약점(W) 테스트되지 않은 제품 알려지지 않은 브랜드 제한된 서비스 지역
핵심 기회(O) 시간 민감형 여행자 초경량 제트기 이용 가능성 충분히 활용되지 않는 소규모 공항	**강점/기회 기반 전략** 소규모 공항들 간의 신속한 수송을 제공하는 초경량 제트기 사용	**약점/기회 기반 전략** 먼저 소규모 시장에서 브랜드와 제공물에 초점을 맞춰 투자
핵심 위협(T) 전통적인 항공편과 자동차 승객이 붐비는 대형 공항 더 좋은 신형 제트기 개발 가능성	**강점/위협 기반 전략** 대안들보다 더 나은 편익을 보여줌 대형 공항은 피함 지속적인 기술 상황 인식	**약점/위협 기반 전략** 일반적인 주류 고객을 놓고 대형 항공사와 경쟁하려고 하지 않음

시장 조사

어느 지역 먼저 진출할 것인가를 결정하기 위해 클라우드캡은 먼저 항공 운항 패턴, 개인 제트기 소유자들이 선호하는 목적지, 비즈니스와 여가를 위한 여행 빈도에 관한 2차 자료를 수집하였다. 클라우드캡은 이 결과를 통해 어디에서 유사한 서비스가 이미 제공되고 있는지 알고 비교할 수 있었다.

그리고 여행자들이 원하는 서비스 지역과 서비스 특성에 대한 1차 자료를 수집하였다. 이 조사는 초점집단 면접과 설문조사를 조합하여 진행하였다. 초점집단 면접은 여행 구매자, 비즈니스 여행자, 고소득 레저 여행자로 구성되었다. 설문조사는 비즈니스와 레저 여행자 모두의 반응을 이해하고자 하는 목표를 가지고 이메일을 통해 실행되었다.

모든 자료를 분석하여 현재의 여행 패턴, 예상되는 미래의 여행 패턴, 클라우드캡의 수요를 창출하는 요인(다르게 말하면 고객 편익)을 그림으로 제시했다. 클라우드는 초기 4개 도시를 선정할 때 이 자료들을 활용했다: 샌프란시스코, 로스앤젤레스, 레노, 라스베이거스

- 일반적으로 항공 택시에 대한 수요는 레저 여행자보다 비즈니스 여행자가 더 큰 것 같다.
- 레저 여행자는 더 일찍 계획을 세우고 요구 시 즉시 서비스를 제공해야 할 필요는 적다.
- 레저와 비즈니스 여행자 모두 고급 숙박시설을 원한다.
- 비즈니스 여행자는 레저 여행자보다 편도 항공편에 대한 필요가 더 크다.
- 시간이 비즈니스 여행자에게 가장 큰 우선순위이고 레저 여행자에게는 편안함이다.
- 컨실딩과 판매 같은 비즈니스들은 요구 시 즉시 서비스가 제공되는 필요가 더 크다.
- 레저 여행자 중에 자가 제트기를 보유하기에는 소득이 충분하지 않지만 클라우캡 서비스를 이용하기에는 적합한 고객들이 있다.

마케팅 목표와 목적

목표

클라우드캡의 목적은 고객들이 선호하는 주문형 즉시 단거리 항공 서비스 제공자가 되는 것이다.

목적

5월 1일 사업 개시를 목표로 운항 첫해에 클라우드캡은 다음과 같은 목적을 성취할 것이다.

1. 5,500회의 항공 일정표를 판매한다.
2. 90% 고객으로부터 '매우 만족' 평가를 획득한다.
3. 50% 고객이 재구매하는 것을 달성한다.

마케팅 전략

제품 – 시장 조합

클라우드캡은 신규 서비스인 주문형 즉시 제트 서비스를 캘리포니아, 네바다, 애리조나 시장에 도입하기 위해 제품 개발 전략을 사용할 것이다. 클라우드캡의 시장 조사를 기초로 샌프란시스코, 로스앤젤레스, 레노, 라스베이거스에서 먼저 이용 가능하게 할 것이다. 신규 서비스가 이 지역들에서 성공하면 서비스 지역을 점진적으로 늘릴 것이다. 이 지역들에 기업 교두보가 구축되면 다른 신규 지역 시장으로 확장할 것이다.

클라우드는 초기에 선별된 4개 지역에서만 서비스를 시작할 것이다. 그러나 고객이 서비스 지역 내에서 왕복 항공을 이용할 때는 모든 공항을 이용할 수 있을 것이다. 편도 항공 서비스는 선정된 4개 도시 사이에서만 제공되는데 이 도시들에서는 다음 항공편을 위해 즉시 항공기 이용이 가능하다.

시장 세분화, 목표 시장 선정, 포지셔닝

시장 세분화

주문형 즉시 소형 제트 서비스 시장은 비즈니스 여행자와 레저 여행자로 나눌 수 있다. 레저 여행자는 소득 수준으로 더 나눌 수 있고, 비즈니스 여행자는 산업 및 기업 규모와 같은 변수로 나눌 수 있다. 클라우드캡은 가능성 있는 모든 세분 시장 중에서 특별히 고객이 될 만한 잠재성이 있는 3개의 시장을 파악했다.

- 연간 소득 30만 불에서 100만 불 사이의 레저 여행자
- B2B 영업 상담을 하는 비즈니스 여행자
- 중대형 규모 컨설팅 회사의 임무를 맡은 비즈니스 여행자

목표 시장 선정

클라우드캡은 초기 투자에서 초점을 맞출 시장을 결정하기 위해 각 세분 시장을 평가했다. 첫 번째 세분 시장인 레저 여행자 세분 시장은 클라우드캡 서비스를 이용할 만한 소득이 있으며 효과적으로 접근하면 수익성이 높은 세분 시장이다. 그러나 편도보다 왕복 항공편을 선호하고 여행을 미리 예약하는 성향은 클라우드캡의 주문형 즉시 서비스와 맞지 않는다. 또한 레저 여행자는 집중화되어 있지 않기 때문에 마케팅 커뮤니케이션으로 도달하기가 더 어렵다.

두 번째 세분 시장인 영업 비즈니스 여행자는 마케팅 활동으로 도달하기는 더 쉽고 선별된 도시들에서 클라우드의 편도 항공 서비스가 필요할 것으로 보인다. 영업 상담은 사전에 정해진 약속과 고객 요구가 조합된 것이므로 이 집단에서 주문형 즉시 서비스에 대한 수요는 섞여 있다. 하지만 영업 전문가들은 종종 여행 비용을 낮춰야 하는 압력을 받기 때문에 이 세분 시장의 수익성에 대해서는 의문이 있다.

세 번째 세분 시장인 컨설팅 업무 비즈니스 여행자 시장에는 영업 전문가처럼 편도 항공편과 주문형 서비스에 대한 필요가 있다. 그러나 영업 전문가 시장에 비해 여행비 절감에 대한 압력이 덜한데, 그 이유는 시간과 의뢰인에 대한 서비스 수준이 우선이고 여행 및 기타 비용은 보통 의뢰인에게 청구되기 때문이다. 더구나 이 여행자들은 주로 몇 개 기업에 집중되어 있기 때문에 마케팅 커뮤니케이션 활동으로 도달하기가 더 쉽다. 또한 상당히 큰 독립 컨설턴트 하위 시장이 있다. 이런 이유에서 클라우드캡은 비즈니스 컨설팅 여행자 세분 시장을 기본 목표 시장으로 삼고 집중하기로 결정했다. 다른 세분 시장 고객들도 클라우드캡 서비스를 원하면 사용할 수 있도록 할 것이지만 초기에 마케팅 자금을 투입하여 집중하는 어떤 노력도 하지 않을 것이다. 그러므로 현재 고소득 레저 여행자와 영업 전문가 시장은 2차 목표 시장으로 간주된다. 아직 3차 목표 시장은 파악되지 않았다.

포지셔닝

여행 스펙트럼 한 끝에는 저가격-저편익 집단이 있다. 여기에는 전통적인 항공 요금과 자동차 수송이 포함된다. 두 가지 모두 시간 낭비, 불편함, 귀찮은 일이 매우 많다. 이 집단의 한 가지 이점은 일반 소비자들이 감당할만한 가격이라는 것이다.

스펙트럼의 반대쪽에는 고가격-고편익 집단이 있다. 이 집단은 개인 단독 제트기 소유, 시간 배분과 유사한 부분 제트기 소유, 더 낮은 쪽에는 시간 단위 지불 서비스가 있다. 이 선택 대안들은 고객에게 높은 수준의 고급 서비스와 시간 절약 서비스를 제공한다. 그러나 대부분의 비즈니스 또는 레저 여행자가 수용할 수 있는 가격 범위 밖에 있다.

이 두 집단 중간에 큰 절벽이 있다. 지금까지 두 집단 중간의 만족스러운 수단을 발견한 기업은 없었다. 클라우드캡은 신기술과 독특한 비즈니스 모델을 활용하여 B2B 컨설팅 시장에 초점을 둠으로써 이 빈 지점에 포지셔닝하려고 한다. 고객이 클라우드가 선택한 도시들에서 주문형 즉시 소형 제트 서비스를 이용하면 개인 제트기 소유자들이 누렸던 것과 동일한 편익을 경험할 수 있을 것이다. 이 서비스의 터무니없이 비싼 비용이 아니라면 클라우드캡 서비스는 전통적인 항공서비스와 자동차 이동보다 더 빨리 확산되고 즐길 수 있을 것이다. 하지만 개인 제트기 소유 비용보다는 매우 저렴하다. 이 서비스가 클라우드캡의 1차 목표 시장에 전달하는 포지셔닝은 강하고 성장 잠재력이 크다.

마케팅 믹스 전략

제품/브랜딩 전략

클라우드캡의 제품 편익은 편리함, 신뢰할 수 있는 서비스, 품질 이미지에 중점을 둔다. 클라우드캡은 기본적으로 서비스를 개시하는 4개 도시와 가까운 소형 공항에서 서비스를 제공하는 것에 초점을 맞출 것이다. 라스베이거스는 예외인데 라스베이거스 주요 공항인 맥차렌이 도시 거리와 가깝기 때문이다.

고객들이 클라우드캡 서비스를 이용할 수 있는 방법은 두 가지가 될 것이다. 고객들은 고객 서비스 안내 직원에 전화를 해서 예약을 하거나 온라인에서 자신의 항공편과 요금 지불 정보를 직접 입력할 수 있을 것이다.

클라우드캡 브랜드는 고객 마음속에 '구름'에 의해 편안하고 빠르게 한 장소에서 다른 장소로 이동한다는 이미지를 상기시킬 것이다. 이 이미지를 빨리 움직이는 구름 속에서 쉬는 가벼운 항공기 좌석이라는 로고뿐만 아니라 클라우드캡이란 브랜드명을 통해 의사소통할 것이다.

서비스 전략

고객 서비스 직원들과 공항 직원들은 전화 또는 대면으로 친절하고 전문적인 것 이상의 탁월한 서비스를 항상 제공할 것이다. 회사가 대부분의 가치 고객들에게 개인화 서비스를 제공할 수 있는 고객관계관리 역량을 가지고 있기 때문에 클라우드캡 직원들은 내부 데이터베이스의 고객 개인 프로파일에 쉽게 정보를 입력할 수 있을 것이다. 이와 같은 시스템 때문에 고객들이 클라우드캡을 사용할 때마다 선호도를 조사할 필요 없이 일관성 있게 고객 기대를 충족시킬 수 있을 것이다.

가격 전략

클라우드캡 서비스는 새로운 서비스이고 (지금까지) 시장에서 강력한 경쟁자가 거의 없기 때문에 가격 책정이 더 어렵다. 초기 단계에서 고객 시험 구매, 고객의 탁월한 서비스 품질 경험, 브랜드에 대한 고객 충성도 구축을 위해서는 침투 가격 전략이 효과적일 수 있다. 또한 이러한 접근은 항공편을 항상 만석으로 유지하여 소형 항공기를 최대한 활용할 수 있다.

그러나 침투 가격 전략은 클라우드캡의 매출, 마진, 투자 수익률 목표를 보고 조절되어야 한다. 다음과 같은 기회가 있을 수 있다. 일단 충성 고객 기반이 세워지면 큰 어려움 없이 어느 정도 점진적인 가격 인상이 가능할 수 있다.

클라우드캡은 가격을 통해 자사의 포지셔닝을 의사소통할 수 있다. 그리고 시장의 첫 번째 사업자이기 때문에 고객 마음속에 제품 가치를 생성할 수 있는 기회를 갖는다. 클라우드캡은 가격을 책정할 때 고객이 기대하는 실제 시간 절약 정도, 편안함, 고객에게 주는 편익 가치를 평가하여 주의 깊게 결정해야 한다. 이와 같은 방식으로 제품을 효과적으로 포지셔닝하고 가치를 의사소통하기 위해 가격 전략은 클라우드캡의 촉진 전략과 함께 실행될 것이다.

공급사슬 전략

클라우드캡은 항공기를 적절하게 추적하여 항공기를 항상 필요한 곳에 있게 하기 위해 운영 시스템을 구매했다. 고객 서비스 직원들은 이 시스템을 이용하여 고객들에게 이용 가능한 항공편 정보를 제공하고 새로운 항공편 일정을 짤 것이다. 클라우드캡의 외부 위탁 회사들과 공급사슬 파트너들도 이 시스템에 접속하여 베개부터 제트 연료까지 필요한 재료가 필요한 곳에 공급되도록 할 것이다.

촉진 전략

클라우드캡은 먼저 회사 인지도를 만들어내고 제트 서비스에 대한 관심을 높이기 위해 촉진을 사용할 것이다. 분명하고 일관된 메시지를 전달하는 데 모든 노력을 기울일 것이다. 클라우드캡의 독특한 판매 제안은 이 서비스가 하늘의 택시와 비슷하고 다른 여행 방식보다 훨씬 빠르고 편안하다는 것이 될 것이다.

이 메시지를 전달하기 위해 클라우드캡은 목표 시장에 맞춘 광고, 직접 마케팅, 인적판매, 버즈 마케팅을 사용할 것이다. 광고는 목표 시장에서 열독률이 높은 발간물에만 제한하여 진행할 것이다. 클라우드캡 서비스를 이용하려고 하는 고객들에게 판매 촉진 인센티브를 제공하기 위해 다양한 형태의 디지털 및 소셜미디어 마케팅 방법을 사용할 것이다. 컨설팅 회사들과 수송 계약을 체결하기 위해 인적판매 노력을 할 것이다. 마지막으로 PR을 통해 입소문을 내기 위해 공식 사업 개시 날짜와 혁명적인 여행 방법으로 첫 번째 운항이라는 내용을 매체에 보도자료로 제공할 것이다.

클라우드캡은 이러한 전략들로 지상에서 순조롭게 출발해야 하지만 최종적으로 사업을 성장시키기 위해 긍정적인 고객 경험을 통해 생성되는 입소문에 주로 의지할 것이다. 클라우드캡이 더 많은 사람들에게 효과적으로 서비스를 제공할수록 더 많은 잠재적인 브랜드 홍보대사들이 생길 것이다. 그리고 이것이 빠른 판매 성장으로 전환되어야 한다.

실행

클라우드캡은 내년 초 성공적인 사업 개시를 위해 필요한 자원을 보유하고 있다. 아래의 행동 계획은 클라우드캡이 5월 1일 사업 개시 첫해에 시장 점유율을 늘리고 5,500회 운항 목표를 달성하기 위해 수행할 촉진 계획을 자세히 제시한 것이다.

마케팅 통제와 메트릭스

클라우드캡은 1차연도에 설정한 목표 대비 성과가 궤도에 올라올 수 있도록 하기 위해 마케팅 노력을 지속적으로 평가해야 한다. 다음 메트릭스는 각 목표와 관련되어 있다.

출시 조기의 마케팅 행동 계획

행동	날짜	기간	비용	책임
목표 시장에 맞춘 인쇄 광고	12월 1일	4개월	265,000불	최고마케팅경영자 바스
클라우드캡의 목표 고객에 직접 마케팅	2월 1일	3개월	170,000불	최고마케팅경영자 바스
핵심 기업 고객에 대한 인적판매	3월 1일	2개월	210,000불	최고경영자 캠프 등
첫 번째 클라우드캡 운항	5월 1일			최고운영책임자 프레이
첫 번째 클라우드캡 운항의 매체 보도	5월 1일	1주	3,000불	최고마케팅경영자 바스

1차연도 월간 판매 예측

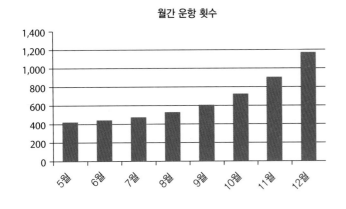

월간 운항 횟수

1차연도 예산

클라우드캡은 판매 예측을 통해 1차연도 운영 예산을 수립할 수 있다. 현 상황에서 추정한 항공편당 가격은 1,200불이 될 것이다.

매출	5,287×$1,200	$6,600,000
연료 비용		2,600,000
촉진 활동		648,000
임금		1,200,000
시스템 위탁		700,000
운영 수입		1,452,000
초경량 제트기 구입		9,500,000
순수입		$(8,048,000)

목표 1 : 5,500회의 항공 일정표 판매

클라우드캡은 월간 목표가 달성되고 있는지 점검하기 위해 판매량을 추적·조사할 것이다. 목표가 달성되지 않으면 시장에서 인지도 수준, 직접 우편 응답률을 알아보기 위해 설문조사를 실시하고 인적판매 달성률을 점검할 것이다. 이 과정에서 문제를 파악하고 해결할 것이다. 현재 클라우드캡 촉진 믹스로 문제를 처리할 수 없으면 목표 청중에 도달하기 위한 더 좋은 방법을 찾기 위해 다른 요소들이 촉진에 추가될 수도 있다.

목표 2 : '매우 만족' 고객 비율 90% 획득

지속적인 고객만족 측정을 통해 개선 정도를 점검할 것이다.

목표 3 : 50% 고객 반복 구매 달성

고객의 사용 빈도를 추적하기 위해 고객관계관리 시스템이 사용될 것이다.

비상 상황 계획 수립

클라우드캡 제품을 시장에 내놓기 위해서는 상당한 자본 투자가 필요하고 제품을 쉽게 수정하기 힘들다. 결과적으로 목표 시장이 계획한 대로 반응하지 않으면 시장에 맞춰 제품을 변경하기보다는 제품에 맞춰 시장을 바꾸는 것이 더 쉬울 가능성이 크다. 컨설턴트들이 클라우드캡의 가치를 예측한 수준만큼 충분히 받아들이지 않으면 판매원으로 구성된 2차 시장에 투자할 것이다.

추가적으로 클라우드캡은 레저 여행자들의 사용량을 자세히 추적할 필요가 있다. 예측했던 것보다 레저 여행자 고객들의 수가 많고 컨설팅 외에 비즈니스 세분 시장을 대표하게 되면 2개의 목표 시장 모두에 초점을 두어 마케팅 노력을 하는 것을 고려할 수 있다. 이와 같이 회사는 만일의 사태에 대비하는 비상 촉진 계획을 준비할 것이다.

마케팅 의사결정을
위한 정보의 활용

Chapter 4

시장 조사의 필수 요소

학습목표

4-1 시장 정보시스템과 시장 조사시스템의 차이를 설명한다.

4-2 주요 내부 정보(기업 내부)가 어떻게 수집되고 마케팅 의사결정에 활용되는지 확인한다.

4-3 필수적인 외부 정보(기업 외부)의 수집 방법을 설명한다.

4-4 시장 조사의 중요성과 마케팅에서 시장 조사의 역할을 인식한다.

4-5 시장 조사 과정을 정의한다.

4-6 현재의 조사 기술과 이들이 시장 조사에서 어떻게 활용되는지 이해한다.

좋은 마케팅 의사결정 : 지식의 필요성

"아는 것이 힘이다"라는 말은 의사결정과정에서 좋은 정보의 중요성을 말해준다. 기업들은 적절한 시기에, 적절한 형태로(중요하지만 종종 과정상 등한시되는 부분) 제시된 정보가 의사결정자들에게 필수적이라는 사실을 깨달았다. 보편적으로 마케팅 담당자들은 조직에 영향을 미칠 수 있는 환경 변화를 살피는 역할을 위임받은 사람들이다. 그들은 소비자의 최신 경향과 행동들을 이해하기 위해 많은 양의 데이터를 신속하게 분석할 수 있다. 기업들은 정보를 관리하고, 기업 전략을 고객 주도적 정보와 연관시켜 현명한 의사결정을 내리기 위해 데이터 최고책임자(chief data officer)라는 새로운 직책을 만들고 있다. 결과적으로, 적절한 정보를 수집·분석·이용하는 과정을 만드는 것이 마케팅 관리의 중요한 부분이다.[1]

오늘날 대부분의 관리자들은 정보 부족이 아닌 지나치게 많은 정보로 인해 어려움을 겪게 된다. 관리자들은 종종 당면한 문제와 관련 없는 흥미로운 정보에 직면하게 된다. 그 결과 기업들은 방대한 양의 정보를 수집하고 분석한 다음 시기와 상황에 맞게 보관할 수 있는 정보 시스템을 필요로 하게 된다. 풀티홈스는 미국 최대의 주택 건설 업체 중 하나이다. 풀티홈스는 사람들이 집 안에서 어떻게 움직이고(예 : 계획 하수량), 고객들이 어떤 특징을 원하며(예 : 넓은 안방과 화장실), 어떤 추가 요구사항이 있는지(예 : 세면대 높이, 목조 장식)를 파악하기 위해 조사를 실시하였다. 또한 풀티홈스는 인구통계학적 변화를 검토하였다. 예를 들어 인구 구조상 큰 세분 시장을 차지하는 베이비붐 세대(53~71세)가 은퇴 시기를 맞이하고 있었으며, 풀티홈스는 이들 세대가 선호하는 특별한 속성을 가지되 기존보다 소규모의 집을 설계 및 건축하기 시작하였다. 또한 부동산 시장의 변동으로 인해 연방정부가 부동산금융업의 변화를 수용하게 되었고, 많은 주들이 추가적인 법안을 따르게 되었다. 마침내, 풀티홈스 또한 주택 건설에 영향을 미치는 연방법 및 주법의 변화를 연구해야 했다. 결과적으로 이러한 변화는 사람들의 주택 구매에 영향을 미쳤으며, 풀티홈스는 이 모든 분야의 지식을 필요로 하게 되었다.[2]

대량의 데이터를 저장하는 것 외에도, 마케팅 관리자들은 정확한 정보를 제공해주는 조사를 설계하고 실행하기 위해 시스템이 필요하다. 애플을 고려해보자. 애플은 아이폰의 새로운 모델이 출시되기 전에, 제품이 고객들의 요구를 충족시키는지 검토하기 위해 실제 사용자들을 대상으로 테스트를 진행하였다. 또한 삼성과 같은 경쟁 기업들에 대한 정보, 아이폰의 현재와 미래를 위한 핵심 기술을 확인할 수 있는 장기적인 기술 동향 등 여러 광범위한 이슈들에 대해 연구하였다. 마케팅 관리자는 아이폰의 성능 개선과 마케팅 계획의 수립에 대한 중요한 의사결정을 내리기 위해 이와 같은 정보를 필요로 한다. 아이폰의 성공으로 경쟁자들은 자사의 상품에 아이폰과 유사한 속성을 포함시키고 있다.

이러한 사례들은 오늘날 의사결정자가 필요로 하는 두 가지 유형의 시장 정보를 강조하고 있다. 첫 번째 유형의 정보는 인구통계 및 경제 동향과 같은 광범위한 관심 분야, 또는 기업 내부의 고객 주문 실행 프로세스와 관련된다. 이와 같은 데이터는 새로운 잠재적 투자 기회를 예측하는 전략 계획을 수립하거나 이후 기업에 중요한 이슈가 될 수 있는 문제를 처리할 때 사용된다.[3] 두 번째 유형의 정보는 예를 들어 은퇴한 베이비붐 세대

애플은 사용자 경험을 바탕으로 아이폰의 차후 모델을 개선하고자 한다.
©Leszek Kobusinski/Shutterstock

의 부부에게는 어떤 부엌 디자인이 적합할 것인지 혹은 도시에 사는 젊은 전문직 종사자들이 필요로 하는 아이폰의 특징은 무엇인지와 같은 구체적인 문제를 다룰 때 필요하다. 이와 같은 구체적인 질문에 답하기 위해서는 독특한 조사 설계가 요구된다.[4] 이번 장에서는 두 유형의 정보에 대한 필요성을 검토해볼 것이다. 먼저 마케팅 의사결정자에게 다양한 유형의 유용한 정보들을 전달해주는 마케팅 정보시스템에 대하여 토의할 것이다. 그다음 마케팅 담당자들이 구체적인 마케팅 문제를 해결하기 위해 사용하는 프로세스인 마케팅 조사에 대해 다룰 것이다.

마케팅 정보시스템

마케팅 정보시스템의 본질

앞서 언급한 바와 같이, 마케팅 의사결정자들은 주어진 시간에 한정된 양의 정확한 정보만을 필요로 한다. 간단히 말해서 관리자들은 자신이 원할 때 원하는 정보를 얻고자 한다. 정보의 양이 지나치게 많을 경우, 관리자는 정보를 분석하는 데 과도한 시간을 소요하거나 모든 데이터를 무시하게 되는 경향이 있다. 정보의 양이 지나치게 적을 경우, 모든 사실을 알 수 없기에 관리자는 그릇된 결정을 내릴 수 있다. 두 경우 모두 정확하지 않은 결정으로 이어지게 된다. 도표 4.1은 마케팅 의사결정에서 사용되는 다양한 시장 조사 방법들을 요약하고 있다. 도표 4.1에서 볼 수 있듯이, 시장 조사는 기업의 내부 및 외부에서 다양한 형식으로 수행되고 있다.

4 - 1

시장 정보시스템과 시장 조사 시스템의 차이를 설명한다.

마케팅 정보시스템(market information system, MIS)은 단순한 소프트웨어 패키지가 아니라 중요 정보를 확인·수집·분석·축적하여 마케팅 의사결정자에게 제공하는 지속적인 과정이다. 실제로 MIS는 경영진에서 이를 '중단'할 때까지 기업의 마케팅 노력과 관련된 정보를 수집하는 '정보은행'이다. 일반적으로 이러한 정보들은 특정 문제나 질문에 국한된 것이 아니라, 마케팅 의사결정자가 특정 시점에서 필요로 한다는 점에서 중요한 정보이다.[5] 기업들은 MIS를 수립하기 위해 다음과 같은 세 가지 요소를 고려하게 된다.

첫 번째, 어떤 정보를 수집해야 하는가? 내부 및 외부 정보의 원천을 평가하기 위해, 기업들은 정보의 중요싱뿐민 이니라 정보의 출처 또한 고려한다. 기업이 경쟁사의 정보를 수집하는 방법을 생각해보자. 현장의 판매원과 고객, 경쟁사의 자료와 웹사이트, 후버 같은 산업과 관련된 웹사이트 등이 있을 것이다. 이처럼 정보의 원천은 매우 다양하기 때문에, 의사결정자들은 어떤 정보를 수집할 것이며, 어디에서 정보를 수집할 것인지에 대해 고려해야 한다.

두 번째, 각 의사결정자에게 필요한 정보는 무엇인가? 모든 관리자들이 동일한 정보를 필요로 하는 것은 아니다. CEO들은 각 제품 라인별 일일 매출액에 대한 정보를 원하지 않거나 필요로 하지 않을 수 있으나, 각 지역별 판매 관리자들에게는 이와 같은 정보가 필요할 수 있다. 우수한 MIS는 관리자들이 필요로 하는 정보와 형식을 개별화할 수 있을 만큼 충분히 유연하다.

세 번째, 어떻게 민감한 정보의 기밀을 유지할 것인가? 기업의 데이터베이스는 고객, 공급업체, 직원에 대한 많은 양의 기밀정보를 보유하고 있다. 기업은 데이터에 접근할 수 있는 사람들을 제한함으로써 관계를 보호하고 신뢰를 구축한다. 많은 정보가 수집되고 이를 분석하는 능

마케팅 계획의 단계 및 과정	적절한 시장 조사
상황 분석 • 경쟁적 강점과 약점 파악 • 추세 파악(기회와 위협)	• 경쟁 장벽 분석 • 경쟁 우위의 원천 분석 • 추세 분석 • 포지셔닝 분석 • 공적인 주요 이슈 확인 • 시장 점유율 측정
목표 시장 선정 • 시장 분석 • 목표 시장 선정	• 세분화 기준 파악 • 시장 세분화 검토 • 욕구 파악 • 구매 기준 결정 • 구매자 행동 분석 • 시장 수요 예측
마케팅 믹스 계획 • 제품	• 제품 디자인 평가 • 경쟁사 제품 분석 • 경쟁사 패키지 평가 • 패키지 추세 평가 • 브랜드 이미지 기술어 정립 • 브랜드명/심벌 분석 • 신제품 개발(콘셉트 개발) • 패키지 개발 또는 재설계
• 가격	• 가격 탄력성 측정 • 산업 내 가격 패턴 • 가격–가치 지각 분석 • 다양한 가격 유인의 효과 분석
• 유통 경로	• 매장 진열 평가 • 재고 관리 평가 • 입지 분석(장소 분석) • 시장 노출 평가
• 촉진	• 메시지 평가 • 내용 분석 • 문구 테스트 • 매체 평가 • 매체 구매 평가
마케팅 통제 • 마케팅 감사	• 촉진 효과성 검토 • 마케팅 믹스의 효과성 평가

출처 : Cooper, Donald R. and Pamela S. Schindler, *Business Research Methods*, 12th ed. New York, NY: McGraw-Hill Education, 2014.

력이 더욱 정밀해짐에 따라 마케팅 정보시스템의 필요성이 더욱 커지고 있다. 제5장에서 빅데이터에 대해 다루겠지만, 구글 및 아마존 같은 기업들은 소비자 행동을 진단(결과 평가 및 대안 제시)하고 예측(과거 행동을 토대로 미래 행동을 예측)하기 위해 다양한 원천으로부터 방대한 양의 정보를 수집하여 분석하고 있다. 이러한 기업들이 마케팅 정보시스템을 구축하고 이를 향상시키기 위해 투자하는 것은 놀라운 일이 아니다.

내부 원천 : 기업 내부에서 수집된 정보

마케팅의 핵심은 기업, 제품, 고객 간의 관계이다. 이들 관계에서 가장 중요한 것은 고객과의 접점에서 무엇이 옳고 그른지를 분명하게 이해하는 것이다. 고객 지원에 대한 고객들의 불만족이 높아지고 있는 현상을 우려하는 마이크로소프트사의 고위 간부에 대해 생각해보자. 고객 불만족이 증가하는 데에는 많은 이유가 있을 수 있으나, 관리자는 먼저 서비스 대기 시간, 서비스 담당자가 효율적이고 효과적으로 문제를 다루는 능력, 문제 해결을 위해 다시 전화를 건 고객의 수와 다수의 메트릭스 등을 살펴보고자 할 것이다. 또한 구글 웹 분석과 같은 회사의 웹 트래픽 모니터링을 통해 고객 서비스 관리자는 웹사이트의 어떤 부분이 문제를 일으켰는지(예 : 명확성이나 방향의 결여, 다른 고객 메시지와 불일치, 고객에게 도움이 되지 않는 것)를 확인할 수 있으며, 이를 통해 고객 서비스를 향상시킬 수 있다. 이 모든 정보는 내부 정보라 할 수 있다. 관리자는 마케팅 정보시스템의 일부 주요 정보를 살펴봄으로써 다음과 같은 두 가지 작업을 수행할 수 있다. 먼저, 사례에서 보았듯이 관리자는 서비스 대기 시간이 길어질수록 고객의 불만족이 증가하는 것을 확인할 수 있다. 이러한 정보는 문제를 확인하는 데 사용된다. 두 번째, 마케팅 정보시스템을 보다 효과적으로 활용하여 이후 문제가 될 수 있는 이슈에 선제적으로 대응할 수 있다.[6] 예를 들어, 관리자는 서비스 대기 시간이 2분을 초과하지 않도록 기준을 세울 수 있을 것이다. 이러한 방법을 통해 경영진은 기업에 중대한 우려가 되기 전에 문제를 해결할 수 있다. 물론, 이러한 시스템을 만들고 감시하는 데 필요한 시간과 돈을 투자하는 것이 중요하다.

마케팅 정보시스템은 기업의 요구 사항과 능력에 따라 복잡해질 수 있다. 데이터를 수집하고 분석하는 데에는 상당한 비용이 소요되기에 대다수의 기업들은 가지고 있는 정보조차 최대로 사용할 수 없는 경우가 많다. 때때로, 합법적인 웹사이트와 같은 2차 자료의 출처를 단순히 확인하는 것만으로도 마케팅 관리자가 특정 상황에서 의사결정을 내리는 데 충분한 정보를 제공해줄 수 있다. 그러나 보다 공식적인 정보시스템은 전략적 의사결정(인구통계학적 변화가 제공하는 새로운 시장 기회)의 방향을 정하거나 중대한 전술적인 이슈(고객의 서비스 대기 시간 감축)를 다루는 데 필요한 더 많은 양의 정보를 제공해준다.[7] 도표 4.2는 기업의 경영에서 일반적으로 수집되는 데이터의 다섯 가지 원천을 제시한다. 불행히도 관리자들은 때때로 자사가 보유한 모든 정보를 파악하지 못한다.

고객의 주문으로부터 주문 실행에 이르기까지 고객의 주문, 배송, 결제 및 구매 후 후속 조치를 통해 고객의 초기 요구를 추적하는 일은 기업이 업무를 잘 수행하고 있는지에 대한 통찰력뿐만 아니라 고객에 대한 통찰력도 제공한다. 제5장에서 다룰 CRM 시스템은 고객 중심

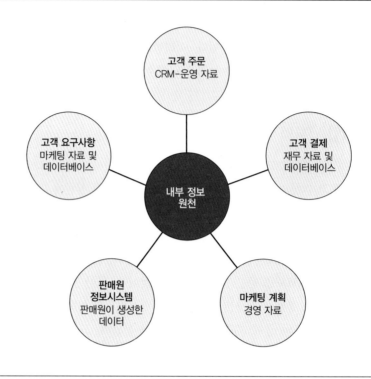

의 전략을 수립하는 데 도움이 되는 마케팅 정보시스템에서 수집된 고객 데이터를 사용한다. 보다 구체적으로, CRM 시스템에서 수집되고 분석되는 데이터를 활용해 기업은 다음과 같은 업무를 수행할 수 있다.

- 고객 주문의 빈도와 크기 확인 : 주문에 포함된 빈도와 크기, 특정 항목을 기록함으로써 고객의 만족도를 평가할 수 있다.
- 고객 주문의 실제 비용 결정 : 활동 기준 원가 회계와 같은 방식을 통해 특정 고객에게 시간과 간접비용을 배분할 수 있다. 기업은 개별 고객 주문으로부터 수집된 정보를 통합함으로써 개별 고객에게 소요되는 정확한 비용과 수익성을 측정할 수 있다.
- 수익성과 같은 기준을 토대로 고객의 우선순위 결정 : 모든 고객의 요구는 동일한 것이 아니며, 고객 믹스는 시간이 지날수록 변화한다. 기업들은 현재 자원을 보다 효율적으로 배분하고 미래 성장 전략을 수립하기 위해, 여러 기준을 통해 각 고객을 어떻게 평가할지를 이해할 필요가 있다. 스타벅스의 보상 시스템은 수익성과 사용량을 기반으로 조정된다. 예를 들어, 매장에 자주 방문하는 고객들은 신규 고객 혹은 자주 방문하지 않는 고객에 비해 보상으로 마일리지의 성격을 가진 별을 더 많이 획득해야만 한다(더 많이 구매했기 때문에).
- 기업의 생산 및 유통 시스템의 효율성 측정 : 고객 주문을 추적하여 기업 내 다른 주요 기능을 평가할 수 있다.

현장에 귀 기울여라 : 매출 정보시스템 판매원은 내부 정보를 얻을 수 있는 훌륭한 원천 중 하나이다. 판매원들은 기업–고객 간 접점의 최전선에서 유일하게 고객에게 접근할 수 있다. 결과적으로, 판매원들은 고객뿐만 아니라 시장의 최신 동향과 경쟁사에 대한 정보를 제공해주는 훌륭한 원천이다.[8] B2B 분야에서 판매원은 기업이 고객과 소통할 수 있는 주된 방법이라 할 수 있다. 판매원은 보통 새로운 신규 직원에 대한 정보나 신제품에 대한 욕구 등 고객의 변화를 가장 먼저 듣게 된다. 보다 구체적으로, 그들은 고객과 직접 상호작용하며 경쟁사의 전략과 계획에 대한 정보를 얻는다.

유감스럽게도 기업들은 이러한 정보 원천을 최대한 활용할 수 없다. 판매원이 그 지역의 관리자 또는 다른 판매원으로부터 얻은 정보를 공유하더라도, 전통적으로 기업들은 판매원으로부터 얻은 정보를 분석하고 수집할 수 있는 공식적 시스템을 갖추고 있지 않다.[9] 그러나 관리자들이 현장 정보를 수집·분석·저장·분배할 수 있도록 공식적 매출 정보시스템을 구축하고, 기업의 의사결정자가 이러한 시스템으로부터 얻은 정보를 활용할 수 있는 방향으로 변화하고 있다.[10] 매출 정보시스템은 다음 사항들을 포함하고 있다.

Salesforce.com은 판매원이 고객 데이터에 쉽게 접근할 수 있게 해주는 온라인 CRM 응용 애플리케이션을 성공적으로 제공해왔다. 또한 맞춤형 애플리케이션을 통해 판매원이 고객 데이터를 기업의 매출 정보시스템에 입력하도록 독려하고 있다.

출처 : Salesforce.com, inc.

- 데이터 수집을 위한 공식 시스템(데이터 수집) : 판매원들은 개별 영업 상담 건들을 요약하여 영업 상담 보고서를 작성한다. 이 보고서 작성에 활용되는 정보의 대부분이 매출 정보시스템과 밀접하게 관련되어 있다. 해당 정보에는 고객, 고객의 우려, 직원의 변동 사항 등이 있다.

- 데이터 해석(분석) : 이 과정은 판매원으로부터 수집된 '가공되지 않은' 데이터에서 통찰력을 얻는 지역 수준의 판매 관리자가 실행한다. 보다 정교화된 매출 정보시스템에서는 광범위한 트렌드를 다루는 판매원으로부터 수집된 데이터를 지역 혹은 전국 사무소에 있는 사람이 분석할 수 있을 것이다.

- 데이터 분배(분석 결과를 의사결정자에게 전달하거나 현장으로 재전송) : 시장 정보시스템의 일부로 작동하는 매출 정보시스템은 수집된 정보를 경영자들에게 전달해주어야 하며, 그와 동시에 현장의 판매원에게도 정보를 재전송해줄 필요가 있다. 시장 동향, 문제 혹은 문제에 대한 해결책, 기회 등이 확인되었을 때, 판매원들은 이러한 정보를 신속하게 습득함으로써 현장에 대응할 수 있다. 이와 같은 정보는 시간적 가치를 지니게 된다. 만약 판매원이 적절한 시기에 이런 정보를 분석하지 못한다면, 정보시스템으로부터 얻을 수 있는 이익의 대부분이 사라질 것이다. 예를 들어, 주요 경쟁사가 신제품에 대해 조사하기 위해 고객들과 접촉하고 있다는 소식을 일부 판매원으로부터 들었다고 가정해보자. 경쟁사의 움직임에 대한 정보를 전체 판매원들에게 신속하게 제공한다면, 기존 고객에 대한 대응에 도움이 될 것이다.

외부 원천 : 기업 외부에서 수집된 정보

4-3

필수적인 외부 정보(기업 외부)의 수집 방법을 설명한다.

비즈니스 환경을 지속적으로 주시하는 것은 기업에게 더 이상 선택이 아닌 필수적인 활동이다. 성공을 위해서는 경영진에게 양적·질적으로 우수한 정보가 제공되어야 한다. 결과적으로, 대다수의 기업들은 거시 환경으로부터 데이터를 지속적으로 수집·분석·저장하고 있으며, 이는 **마케팅 인텔리전스**로 알려져 있다. 마케팅 인텔리전스의 활용 능력은 기업의 경쟁 우위가 될 수 있다. 즉, 성공적인 기업들은 환경에 대한 정보를 정확하게 분석하고 해석하여 시장 기회를 활용하고 문제가 발생하기 이전에 위협적인 요소를 처리하는 전략을 수립한다(도표 4.3).

인구통계 인구는 시간의 흐름에 따라 변하기 마련이며, 기업은 이러한 변화를 인식해야 한다. 인구통계 데이터는 쉽게 얻을 수 있으며, 주요한 변화는 서서히 발생하기 때문에 인구통계학적 변화를 추적하고 적절히 대응하지 않으면 경영 실패를 겪을 수 있다. 실제로 많은 기업들이 인구통계학적 동향을 학습하거나 이에 대응하는 데 미흡하다.

　인구통계(demographics)는 시장을 확인하기 위해 사용되었던 연령, 소득과 같은 인구의 통계적 특징으로 정의될 수 있다. 인구통계학적 정보는 집단에 대한 통계적인 설명을 제공하며, 다음과 같은 두 가지 이유로 마케팅에 매우 유용하다. 첫째, 인구통계는 시장을 정의하는 데 도움을 준다. 주요 고객은 몇 살인가? 교육 수준은 어떠한가? 주요 고객의 소득은 어느 정도인가? 이 모든 것들이 시장을 설명하는 데 도움이 되는 인구통계학적 특성을 나타내고 있다.

도표 4.3 | **마케팅 의사결정에 영향을 미치는 외부 요인**

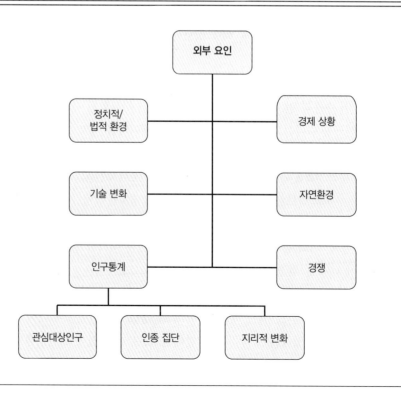

예를 들어 미국에서 전형적인 메르세데스 벤츠의 소유주는 성공한 남성이며, 50세 이상인 경우가 많다. 인구통계를 분석함으로써 기업은 '전형적'인 고객뿐만 아니라 시장 전체를 정의할 수 있다. 둘째, 인구통계에 대한 학습은 새로운 시장 기회를 확인하는 데 도움이 된다. 베이비붐 세대가 노령화되면서 그들은 무엇보다 은퇴 공동체를 필요로 하게 될 것이다. 이는 기업에게 기회가 될 수 있는데, 베이비붐 세대만을 위한 독특한 은퇴 주택을 지어 제공할 수 있기 때문이다.

소비자와 직접 거래하는 기업들은 인구통계학적 정보를 기반으로 고객의 프로파일을 개발하고 이를 경쟁사의 프로파일과 비교한다. 예를 들어, 전형적인 메르세데스 벤츠 소유주는 BMW의 소유주보다 나이가 많은 경향이 있다. 심지어 기업들은 핵심적인 인구통계학적 데이터(연령, 성별, 인종)를 강조함으로써 자사의 '평균적인' 고객상을 만들 수도 있다.

관심대상인구 마케팅 담당자들은 모든 집단이 아닌 오직 관심의 대상이 되는 집단에만 흥미를 가진다. 많은 마케팅 담당자에게 자사와 관련이 있는 인구통계학적 데이터와 관련이 없는 데이터를 분리하는 것은 어려운 부분이다. 예컨대, 휴대폰 제조기업인 삼성이 개발도상국의 인구 성장률이 더 빠르다는 것을 알 필요가 있을까?(개발도상국의 연평균 인구성장률은 2%인 반면, 선진국의 성장률은 1% 미만이다) 삼성은 통신 네트워크가 구축되어 있고, 기술을 활용할 수 있는 시민들이 많은 선진국에 관심을 가질 가능성이 높으므로, 당신의 첫 번째 대답은 "아니오"일 것이다. 그러나 개발도상국의 소비자에게 최신형의 비싼 삼성 갤럭시 휴대폰은 불필요할 수 있는 반면, 상대적으로 더 오래되고 저렴한 기술을 통해 경제 개발을 촉진하고 커뮤니케이션 네트워크를 구축하는 것은 필요할 수 있다. 삼성이 개발도상국을 목표 시장으로 정한다면, 이들 국가가 경제적으로 발전했을 때 시장 지위를 확보할 수 있는 기회를 얻을 수 있다.

인종 집단 개인들의 국가 간 이동이 자유로워지면서 많은 국가들이 인종적으로 다양해지고 있다. 중동의 아랍에미리트와 같은 일부 국가들의 인구는 한 인종으로 구성되어 있으나, 미국과 같은 국가는 인종이 매우 다양하다. 미국 인구의 4분의 3이 백인이지만, 추세에 따르면 30년 내에 백인 인구가 50% 미만으로 줄어들 것으로 예측된다. 미국의 인종 중 지난 10년간 가장 많이 증가한 집단은 히스패닉이다. 히스패닉은 현재 두 번째로 큰 소수민족이며, 미국 인구에서 차지하는 비중도 계속 커질 것으로 예상된다.

유럽연합에 소속된 개인들은 회원국 내에서 자유롭게 이동할 수 있다. 회원국들 중 대다수의 국가에서는 여전히 그 지역의 인종이 지배적으로 많으나, 유럽 대륙 역시 인종적으로 다양해지고 있다. 대부분의 경우, 이러한 추세는 더 큰 기회로 이어진다. 그러나 프랑스와 같은 일부 국가에서는 특정 집단을 그들의 문화에 동화시키는 데 어려움을 겪고 있다. 다음의 시장 과제는 동

히스패닉 인구가 증가함에 따라 광고주는 소피아 베르가라와 같은 히스패닉계 유명 인사가 홍보하기를 원하고 있다.

출처 : Procter & Gamble

일한 지역에 살고 있는 서로 다른 민족에게 적용할 수 있는 효과적인 마케팅 전략을 개발하는 것이다.

지리적 변화 사람들은 미국 내뿐만 아니라 전 세계를 다닐 수 있다. 앞서 언급한 바와 같이 유럽연합은 국경을 개방하여 회원국 국민들의 이동성이 증가했다. 전 세계적으로 수십 년간 인구가 시골에서 도시로 이동하는 추세가 지속되고 있으며 멕시코시티, 상파울루와 같은 도시들은 사회적 서비스 제공 능력의 확장이 필수적으로 요구되는 인구 유입에 대처하는 데 어려움을 겪고 있다(도표 4.4).

이러한 변화는 어려움을 주지만 또한 기회도 제공한다. 아시아 문화의 성장으로 많은 기업들이 아시아 소비자들의 독특한 요구에 부합하도록 마케팅 전략을 조정하고 있다. 월풀과 같은 가전 기업은 상대적으로 작은 아시아인의 부엌에 맞게 자사 제품을 새롭게 설계하였다. 제품 소형화는 도심으로 이주하는 사람들에게도 적합한 전략이 될 수 있다. 미스터커피, 브라운과 같은 기업들은 대도시에서 흔히 볼 수 있는 좁은 집에 사는 1인 가구를 대상으로 한 커피메이커를 개발하였다.

경제 상황 기업들은 고객들의 제품 및 서비스 구매 능력에 매우 큰 관심을 가진다. 당연히 효과적인 시장 정보시스템 내에서 현재와 미래의 경제 동향을 제대로 파악하는 것이 매우 중요하다. 경제적 지식에는 두 가지 유형이 있다. 개인의 경제 활동(기업, 가구 또는 가격)에 관한 학문은 **미시경제학**(microeconomics)으로 알려져 있다. 다른 한 극단에는 광범위한 관점에

| 도표 4.4 | 예상 성장률에 따른 도시 인구 |

도시 지역	인구 수(백만)			순위		
	1990	2025	2050	1990	2025	2050
도쿄, 일본	32.5	6.40	32.62	1	1	7
델리, 인도	8.3	22.2	35.19		4	4
멕시코시티, 멕시코	15.3	21.01	24.33	3	6	10
뉴욕-뉴어크	16.1	20.63	24.77	2	7	9
상하이-중국	13.3	19.41	22.32		9	15
상파울루-브라질	14.8	21.43	22.83	4	5	14
뭄바이(봄베이), 인도	12.4	26.39	42.40	5	2	1
베이징, 중국	10.8	14.55	15.97		16	23
다카, 방글라데시	6.7	22.50	36.16		3	2
콜카타(캘커타), 인도	10.9	20.56	33.04	7	8	5

출처 : Daniel Hoornweg and Kevin Pope, "Population Projections of the 101 Largest Cities in the 21st Century," Global Cities Institute Working Paper No. 4, January 2014.

서 경제 활동의 산출물(국민 총생산 또는 GNP)과 투입물뿐 아니라 전체 경제 부문들 간 상호작용을 다루는 학문인 **거시경제학**(macroeconomics)이 있다. 이 두 학문 모두 마케팅 관리자들에게 중요하다. 미시경제학은 개인이 어떤 우선순위를 통해 구매 의사결정을 하는지를 이해하는 데 도움이 된다. 반면 거시경제학은 경제에 대해 '큰 그림'을 그릴 수 있는 관점을 제시해주며, 폭넓은 경제 동향을 파악하는 데 도움이 된다.

GNP와 같은 지표를 통해 경제의 건강함을 측정할 수 있으며, 이는 현재 추세를 파악하는 데 도움이 된다. 예를 들어, GNP의 증가는 경제 상황이 양호하다는 청신호로 여겨진다. 반면, 경제에 활력이 없다면 GNP 또한 감소할 것이다.

기술 변화 기업 경영에서 마케팅보다 기술의 영향을 많이 받는 분야는 많지 않다. 기술은 시장의 변화를 일으키는 주요한 촉매제 중 하나이다. 더 빠르고, 더 작고, 더 사용하기 쉬운 컴퓨터와 매우 효과적인 소프트웨어를 통해 시공간의 제약 없이 일선 관리자는 책상에서 정교한 분석이 가능하다. 복잡한 공급사슬 및 제조 과정은 인터넷으로 연결하면 고객이 실시간으로 전체 제조 과정에 접근할 수 있다. HP의 온라인 주문 과정을 떠올려보자. 소비자는 온라인으로 주문하고 최종 가격과 예상 배송일 정보를 받게 되며, 이후 조립 공장에서 출고된 컴퓨터는 운송회사의 추적번호가 부착되어 현관 앞까지 배송된다.

마케팅 관리자는 자신의 사업에서 활용되는 최신 기술의 역할을 알 필요가 있으며, 더 중요한 것은 미래 기술의 역할을 파악하는 것이다. 기술을 사업에 성공적으로 접목시키는 데에는 시간과 돈이 요구된다. 대다수의 기업들은 기술과 관련하여 적어도 한 가지의 부정적인 경험을 가지고 있기 마련이다. 예컨대 허쉬푸드의 경우, 핼러윈과 같이 사탕 판매량이 증가하는 시기에 새로운 온라인 CRM 시스템을 도입하였으나, 시스템을 실행만 하면 문제가 발생하였다. 허쉬푸드는 새로운 소프트웨어 통합과 관련된 문제로 인해 1억 달러 상당의 사탕 주문량을 처리하지 못한 것으로 추정된다. 또한 기업들은 자사 사업에 중요한 영향을 미칠 수 있는 신기술에 개방적이어야만 한다는 것을 알고 있다. 예를 들어, 유튜브, 넷플릭스는 사람들이 비디오를 시청하는 방식을 변화시켜 기업들이 창조적인 메시지로 새로운 시장에 도달할 수 있는 기회를 창출하고 있다.[11]

자연환경 모든 사람들은 지구에서 살아가며, 기업들은 이용 가능한 천연 자원의 제약 내에서 운영된다. 마케팅 담당자들이 자연환경에 대해 알아야할 두 가지 주요 문제는 다음과 같다. 첫째, 개인, 정부, 기업 모두 이용 가능한 자원을 잘 관리할 필요가 있다. 1조 배럴의 석유를 사용하는 데에는 대략 150년이 걸렸으나, 2030년까지 1조 배럴의 석유를 사용할 것으로 예상되며, 남아 있는 석유가 많다 하더라도 갈수록 구하기 어렵고 비싸질 것이다. 정부와 기업은 경제 성장에 따라 증가하고 있는 에너지 비용의 효과에 대해 걱정하고 있다. 물과 같은 다른 자원 또한 일부 국가에서는 매우 부족해지고 있다. 예를 들어 미국 서부에 있는 피닉스와 같은 커뮤니티의 성장은 수자원에 대한 접근성과 밀접한 관련이 있으며, 물 부족으로 인해 향후 개발이 제한되고 있다.

두 번째 문제는 자연환경의 오염과 관련된다. 일부 지역에서 환경오염은 삶의 질과 경제 성장에 큰 타격을 준다. 멕시코시티의 경우, 교통 혼잡과 스모그로 인해 도시 전역에 거대한 공해 구름이 발생하여 모든 시민들은 일주일 중 정해진 날에만 운전하도록 제한된다. 중국 정부의 통계자료에 따르면 중국 내 호수와 강의 20%가 농업용수로 쓸 수 없을 정도로 오염되어 수십억 달러의 손실이 발생하였다.[12] 이와 같은 문제들은 마케팅 담당자의 어떻게, 어디서 제품을 제조할 것인가에 관한 의사결정에 영향을 미친다. 예컨대, 쉐브론과 같은 에너지 기업은 보다 환경 친화적인 에너지를 발견하고 개발하기 위해 수십억 달러를 투자하고 있다.

정치적/법적 환경 정치적 판단뿐 아니라 보다 광범위한 법적 환경은 기업의 결정뿐 아니라 전체 산업에 상당한 영향을 미친다. 2003년 소비자들을 귀찮게 하는 텔레마케팅을 최소화하기 위한 '광고전화 사절 등록(National Do Not Call Registry)' 법안이 제정되었다. 등록을 통해 개인은 광고전화를 거절할 수 있게 되었다. 텔레마케팅 회사는 등록된 사람에게 전화를 걸었을 때 상당한 벌금을 내게 되었다. 수백만 명이 등록을 하게 되자 많은 회사들이 마케팅 커뮤니케이션 전략을 재구성해야만 했다.[13]

지역, 주, 연방 입법부는 이전보다 더 많은 비즈니스 관련 법안을 통과시키게 되었다. 또한 정부 기관들은 보다 적극적으로 비즈니스 활동을 감시하게 되었다. 1990년대 증권 거래 위원회는 불법 독점행위를 이유로 마이크로소프트에 대한 독점금지법을 추진하였다. 그 결과 마이크로소프트는 윈도우 8을 외부 소프트웨어 회사가 판매할 수 있도록 변경하였다. 보다 최근인 2010년에 통과된 도드–프랭크 월스트리트 개혁 및 소비자 보호법은 은행 및 기타 금융기관에게 대출 관행을 포함한 사업의 여러 측면에서 상당한 변화를 요구하였다.

경쟁 경쟁은 기업이 고려해야 할 가장 중요한 외부 환경 요인들 중 하나이다. 기업은 경쟁사의 제품과 전략에 대해 가능한 한 많이 알기를 원한다. 고도의 자유 경쟁 시장에서 기업은 경쟁사를 고려하여 전략을 지속적으로 조정하기도 한다. 예를 들어, 항공사는 경쟁사의 가격을 추적하고 시장 환경의 변화에 대응해 즉각적으로 자사의 가격을 조정한다. 한 항공사가 특정 시장에서 가격을 할인하게 되면, 경쟁사들도 뒤이어 같은 시장에서 가격을 할인한다. 경쟁자의 확인 및 분석, 경쟁자에 대한 효과적인 대응 등의 내용은 제2장을 참조하기 바란다.

시장 조사시스템

마케팅 관리자들은 무수한 문제, 기회 및 구체적인 해결책이 요구되는 이슈에 직면하게 된다. 때때로 필요한 정보는 다른 원천 또는 기업의 자체적인 시장 정보시스템에서 구할 수 없으므로 중요한 경영 문제에 대한 구체적인 해결책을 찾기 위해서는 마케팅 조사가 필수적이다.

관리자들에게 중요한 마케팅 조사

다음 사항을 떠올려보자.

- 당신은 할리데이비슨 오토바이의 마케팅 관리자이며, 구매자의 90% 이상이 남성 고객이

4-4

시장 조사의 중요성과 마케팅에서 시장 조사의 역할을 인식한다.

기업	본부	총수입
닐슨	뉴욕	$ 6,288 billion
칸타	런던/페어필드, CT	$ 3,785 billion
아이엠에스 헬스	댄베리, CT	$ 2,641 billion
입손	파리, 프랑스	$ 2,219 billion
지에프케이	뉘른베르크, 독일	$ 1,932 billion

출처 : American Marketing Association, *2016 AMA Gold Global Report*, p. 36.

었다. 당신은 여성도 잠재적인 표적 시장이라 믿고 있으나 여성들은 할리데이비슨을 거의 구매하지 않았다. 이때 당신은 무엇을 할 것인가?

- 당신은 맥도날드의 광고 책임자이며, 새롭게 출시된 샌드위치의 판매 증가를 위해 새로운 광고 캠페인을 기획하고자 한다. 그러나 고위 관리자는 그 캠페인이 효과적일지 확인하고자 한다. 이때 당신은 무엇을 할 것인가?

위 상황의 질문에 대한 답은 시장 조사에 달려 있다. **시장 조사**(market research)는 마케팅 문제 또는 기회를 발견하여 해결하고 올바른 의사결정을 내리기 위해 체계적으로 정보를 식별·수집·분석·분배하는 과정으로 볼 수 있다. 여러 요인들이 이러한 정의로부터 파생된다. 훌륭한 시장 조사는

- 잘 구축된 활동을 따르며 우연히 발생하지 않는다. 더 정확히 말하면, 이는 체계적인 정보 식별 · 수집 · 분석 · 분배의 결과이다.
- 정보의 타당성을 증진시킨다. 누구나 '구글'이라는 주제로 많은 정보를 얻을 수 있다. 그러나 시장 조사 과정을 통해 마케팅 문제와 기회를 발견하고 이를 해결할 수 있다는 신뢰감이 높아진다.
- 공정하며 객관적이다. 이미 결정된 결과에 맞춰 정보를 판단하거나 해답을 도출하지 않는다. 오히려 의사결정의 질을 향상시킨다.

시장 조사는 또한 거대한 사업이다. 2017년 가장 많은 시장 조사가 실시된 미국을 포함하여(180억 달러) 전 세계적으로 시장 조사에 약 400억 달러가 사용되었다.[16] 맥도날드의 내부 조사 그룹은 다른 조사 회사보다 규모가 크며 자사의 시장 조사를 위해 연간 수억 달러를 지출한다. 도표 4.5는 세계 상위 시장 조사 기업을 보여주고 있다.

시장 조사 과정

시장 조사 과정의 핵심은 이해를 위한 탐색이다. 때때로 관리자들은 특정 문제에 대한 해답을 추구한다. 또 다른 상황에서는 자원을 쓰기도 전에 기회를 평가해야 한다. 시장 조사 과정

4-5
시장 조사 과정을 정의한다.

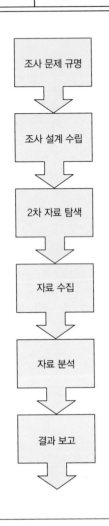

조사 문제 규명

조사 설계 수립

2차 자료 탐색

자료 수집

자료 분석

결과 보고

을 통해 마케팅 관리자들은 자신이 받은 정보에 대해 더욱 신뢰할 수 있으며, 이를 토대로 더 나은 의사결정을 내릴 수 있다. 다음의 도표 4.6은 시장 조사 과정의 6단계를 보여준다.

조사 문제 규명 마케팅 조사자가 직면하는 가장 큰 도전 과제 중 하나가 정확하게 문제를 진단하는 것이다. 이슈/기회/문제가 정확하게 무엇인가? 관리자들은 종종 문제에 대해 명확히 알지 못하며 이를 정의하기 위해 도움이 필요하다. 실제로 시장 조사 전문가가 다음과 같은 전화를 받는 일은 드문 일이 아니다. "나에게 문제가 생겼다. 매출이 6개월 동안 하락했고 지금 우리 기업이 경쟁업체에게 뒤지고 있다." 매출 감소는 문제의 결과로 나타나는 현상일 뿐, 조사자는 실질적 문제가 회사의 매출 감소가 아니라는 것을 알고 있다. 이때 시장 조사는 경영자가 실질적 문제를 파악하고 처리하는 데 도움이 되는 유용한 수단이 될 수 있다.[15]

경영자가 문제를 명확하게 이해하지 못할 수도 있기 때문에, 조사 문제를 규명하기 위해서는 두 가지 단계가 필요하다. 우선, 경영진은 조사자 및 마케팅 의사결정자와 함께 **경영 조사 상품**(management research deliverable)을 정의해야 한다. 조사를 통해 경영진이 얻고자 하는 바가 정확히 무엇인가? 의사결정자는 의사결정에 도움이 되는 보다 나은 정보를 찾고 있음을 명심해야 한다. 예컨대, 당신이 맥도날드의 광고 책임자라면 새로운 광고 캠페인을 통해 신제품 샌드위치의 판매 증진이라는 목표를 달성하기를 원할 것이다. 그러나 당신은 캠페인에 막대한 예산을 투자하기 전에 그 캠페인이 성공할 것인지를 알고자 할 것이다.

경영 조사 상품이 정의된다면 이후 단계는 **조사 문제**(research problem)를 규명하는 것이다. 현 상황에서 경영자를 돕기 위해 필요한 정보는 정확히 무엇인가? 앞서 말한 사례에서는 새로운 광고 캠페인에 대한 표적 시장의 반응을 측정하는 것이라 할 수 있다.

맥도날드 사례의 조사 문제는 정말 명백했다. 그러나 실제 상황에서는 여러 가지 조사 문제가 있을 수 있으므로 연구자는 먼저 조사해야 할 문제의 우선순위를 결정해야 한다. 여성 고객의 증가를 목표로 하는 할리데이비슨에 대해 생각해보라. 경영자는 다음과 같은 사항을 알고 싶을 것이다: (1) 얼마나 많은 여성들이 오토바이 시장에 있을까? 정확히, 할리와 같은 대형 오토바이 시장에는 얼마나 많은 여성 고객이 있을까? (2) 그들은 어떤 유형의 오토바이를 사고 싶어 할까? (3) 할리데이비슨이 새로운 오토바이를 출시한다면, 충성고객들은 어떻게 반응할까? 이를 통해 당신은 경영자와 조사자들이 왜 문제 해결의 우선순위를 결정해야 하는지 파악할 수 있을 것이다.[16]

조사 설계 수립 문제를 규명한 다음, 기업들은 조사의 설계 또는 조사 문제에 대처하기 위한 계획을 수립해야 한다. 도표 4.7에 볼 수 있듯이, 조사 설계에는 구체적인 문제를 해결하기 위해 고안된 다섯 가지 활동들이 포함된다. 조사자들은 의사결정자가 조사 결과를 신뢰할 수 있는 조사 설계를 개발하고 실행하는 것이 중요하다. 효과적인 마케팅 조사는 조사 설계와 실행에 달려 있다.[17] 반대로 잘못된 시장 조사는 좋은 정보를 생성할 수 없으며 이는 의사

활동	답변할 질문
조사 유형	어떤 유형의 조사가 필요한가?
자료 특성	어떤 유형의 자료가 필요한가?
자료 수집 특성	자료를 어떻게 수집할 것인가?
정보 내용	알고자 하는 것이 무엇인가?
표본 수집 계획	누구를 대상으로 조사할 것인가?

결정자에게 문제가 된다. 이러한 일이 발생했을 때 결과에 대한 경영자의 신뢰도는 심각하게 훼손된다.

조사 상황에 따라 여러 설계 방식이 적용될 수 있지만, 한 가지 설계 방식을 지정하여 전체 과정에서 이를 따르는 것이 매우 중요하다. 조사 설계 단계에서의 결정은 이후 프로젝트에도 영향을 미치므로 조사가 시작된 이후에 이를 바꾸는 것은 적절하지 않다. 다음으로 각 활동들에 대해 알아보자.

조사 유형 : 어떤 유형의 조사가 필요한가? 모든 시장 조사가 복잡하고 비용이 많이 드는 것은 아니다. 사람들은 시장 조사를 자주 실시하지만 그것을 시장 조사로 생각하지 않는다. 예를 들어, 판매원이 영업 상담 전 고객 정보를 파악하기 위해 웹사이트를 방문하는 것 또한 시장 조사에 해당된다. 그 조사가 특정 상황의 특수한 요구사항에 부합하는지가 핵심이다.

조사에는 세 가지 유형이 있다: 탐색적 조사, 기술적 조사, 인과적 조사. 각 유형의 조사에 따라 복잡도와 방법론이 다르지만, 인과적 조사가 반드시 탐색적 조사보다 더 우수한 것은 아니다. 각 조사 유형을 더욱 자세히 알아보자.

이름에서 알 수 있듯이 실제로 **탐색적 조사**(exploratory research)는 발견을 위한 조사이다. 탐색적 조사를 수행하는 이유는 다음과 같다.

- 조사 문제를 명확히 규명
- 기술적 또는 인과적 조사에서 검증할 가설 설정
- 설문조사 개발에 도움이 되는 추가적 관점 확립 또는 연구를 위한 다른 변수 확인
- 조사 질문에 대한 대답

수차례 실시하는 탐색적 조사를 통해 조사 질문에 답할 수 있는 충분한 정보를 얻을 수 있다. 보다 정교한 조사가 필요한 경우에도 보통 탐색적 조사를 우선적으로 수행한다.

기술적 조사(descriptive research)는 현상을 설명하고 기술하기 위해 사용된다. 기술적 조사에서 다루는 현상에는 시장에서 일어나는 일들이 포함되며, 다음과 같은 문제를 포함할 수 있다.

- 자사 표적 시장의 특성 확인
- 시장에서의 경쟁자 활동 평가
- 고객들이 자사 제품을 어떻게 사용하는지 결정
- 자사 혹은 경쟁사 제품의 사용자 측면에서 인구통계학적 특성(연령, 교육 수준, 소득) 차이 발견

기술적 조사에는 2차 자료, 설문조사, 관찰법 등을 포함한 다양한 방법들이 활용된다. 이 방법들 중 몇 가지는 탐색적 조사에서도 사용될 수 있으나, 정보를 어떻게 이용하는지에 따라 차이가 있다. 기술적 조사에는 탐색적 조사와 다른 더 제한적이고 엄격한 방법론이 사용된다.

기술적 조사는 변수들 간의 연관성을 확인한다. 예컨대 할리데이비슨의 고객들은 성공한 중년 남성인 경우가 많다. **인과적 조사**(causal research)는 이와 같은 변수들 간의 인과관계를 발견하기 위해 수행된다.

할리데이비슨 사례의 경우, 남성을 대상으로 한 광고를 늘리면 할리데이비슨 오토바이의 판매 증가로 이어지게 될까? 이러한 변수 간 인과관계는 중요한 마케팅 의사결정을 내리는 데 특히 유용할 수 있다. 모든 마케팅 관리자들은 다음과 같은 중대한 의사결정 상황에 직면한다. 가격 인상이 매출에 어떤 영향을 미칠 것인가? 인과적 조사를 통해 다양한 가격 수준에 대한 판매량의 변화를 파악할 수 있다. 조사의 유형이 매우 다양하기 때문에 다음과 같은 문제가 발생한다. 이 상황에서는 어떤 조사를 실행하는 것이 적절할 것인가? 다음 요인들은 이같은 결정을 내리는 데 도움이 된다.

- **이익과 비용** : 어떤 유형의 마케팅 조사를 실행할지를 결정하기 전, 이로 인해 얻을 수 있는 이익과 비용을 평가해야 한다. 간단히 말해 얻을 수 있는 이익보다 비용이 더 크다면 조사를 실행해서는 안 된다.
- **결정까지의 시간** : 때때로 의사결정자들은 추가적인 정보의 필요성을 깨닫고 의사결정을 내리기까지의 시간이 매우 부족하다. 시간이 매우 촉박할 경우(며칠 이내), 심도 깊은 시장 조사를 실행하기란 불가능하다. 인터넷을 통해 조사에 필요한 시간을 수개월에서 몇 주로 단축할 수 있게 되었으나, 시간이 촉박할 경우 조사자는 탐색적 조사와 2차 자료에 의존해 조사를 수행해야만 한다.
- **의사결정의 특성** : 의사결정이 전략적일수록 정보의 중요성과 1차 자료의 필요성이 높아지게 된다. 반대로, 의사결정이 전술적인 경우(광고를 어디에 배치할 것인가), 매체의 인구통계학적 자료 및 광고 요율표와 같은 2차 자료만으로 의사결정을 내리는 데 충분할 수 있다.
- **자료의 이용 가능성** : 기업들은 이미 CRM의 결과 또는 다른 내부 정보시스템을 통해 많은 양의 데이터를 보유하고 있다. 기존 혹은 2차 자료를 통해 조사 문제에 대한 답을 도출할 수 있을 때에는 반드시 1차 자료의 수집이 필요한 것은 아니다.

자료의 특성 : 어떤 유형의 자료가 필요한가? 조사 유형이 결정되고 나면, 조사를 위해 어떤 유형의 자료가 필요한지 평가해야 한다. 자료의 유형은 자료 수집 방법과 기업이 수행하

는 조사의 유형에 따라 결정된다.[18] 근본적인 문제는 당면한 조사 문제를 해결하기 위해 특별하게 수집되는 **1차 자료**(primary data)가 필요한지 또는 현재 다뤄지는 문제가 아닌 다른 목적을 위해 수집된 **2차 자료**(secondary data)로 충분한지를 판단해야 한다. 1차 자료가 수집되더라도 대다수의 조사에는 다음 부분에서 다룰 2차 자료의 수집이 포함된다.

1차 자료는 다음의 두 가지 접근법 중 하나를 활용하여 수집된다: 정성적 조사와 정량적 조사. **정성적 조사**(qualitative research)는 설문조사나 인터뷰 같은 방법을 통해 자료를 수집하고 적은 수의 표본으로 실시할 수 있으며 통계적 분석 방법을 사용하지 않는다는 점에서 비교적 덜 구조화된 조사라 할 수 있다. **정량적 조사**(quantitative research)는 결과를 평가하고 정량화하기 위해 통계적 분석 방법을 사용하며 보다 계량적인 정보를 획득하기 위해 사용된다.[19] 이제 자료 수집 특성에 대해 알아보도록 하자.

자료 수집 특성 : 자료를 어떻게 수집할 것인가? 어떤 방법도 다른 방법보다 우수하지는 않기 때문에 조사 문제 및 조사 유형에 대한 평가를 바탕으로 적절한 방법을 사용하는 것이 중요하다. 1차 자료를 수집하기 위한 다양한 접근 방법을 살펴보자. 탐색적 조사 방법에는 표적 집단 면접법과 심층 면접법이 포함된다.

의심의 여지없이 가장 널리 사용되는 정성적 조사 방법이 표적 집단 면접법이다. 아마도 이러한 이유 때문에 가장 오용되고 있는 방법 중 하나이다.[20] **표적 집단**(focus group)은 6~10명으로 구성된 모임으로(면대면 또는 점차 온라인을 통해) 미리 정의된 구조화되지 않은 개방된 형식의 안건에 대해 토론을 하며, 이러한 대화를 전문적으로 이끌어 갈 수 있는 사회자의 조정하에 해당 안건에 대해 자유롭게 이야기하는 방식으로 진행된다. 일반적으로, 참여자들은 몇 가지 기준하에 선발된다. 월마트와 유니레버와 같은 기업들은 웹사이트를 통해 패널을 모아 정보를 비교적 빠르고 저렴하게 수집하기도 한다.[21] 예를 들어 참여자들은 현재 고객이거나 특정 인구통계학적 특성(연령, 소득, 교육 수준)을 가지고 있으며, 적어도 한 가지 이상의 공통점이 있다.

표적 집단 면접법의 가치는 참여자들의 토론을 통해 얻은 자료의 풍부함에 있다. 훌륭한 사회자는 참여자들로부터 더 많은 정보를 이끌어낼 수 있다. 예를 들어, 할리데이비슨의 마케팅 담당자는 표적 집단 면접법을 통해 여성과 오토바이 사이의 관계를 더 깊이 이해할 수 있을 것이다. 다수의 소비자에 대한 얕은 지식과 소수의 참여자에 대한 심층적 이해는 서로 상쇄관계에 있다. 사람들이 표적 집단 면접법을 수행할 때 범하는 많은 실수가 여기에서 발생한다. 그들은 표적 집단 면접으로 얻은 결과가 자사의 관심 대상 고객 모두에게 적용될 수 있으며, 일반화될 수 있을 것이라고 가정한다. 하지만 실제로는 그렇지 않다. 표적 집단이 표본을 대표하지 않기 때문에 도출된 결과를 적절히 해석하기 위해서는 주의를 기울여야 한다. 그러나 표적 집단 면접법은 정량적 조사를 실시하려는 조사자에게 조사의 대상이 되는 이슈들에 대한 통찰력을 제시해줄 수 있기 때문에 유용하다. 또한 수집된 자료는 조사자가 설문조사에서 사용될 구체적 질문들을 개발하는 시작점이 될 수 있다.[22]

또 다른 정성적 조사 방법으로는 심층 면접법이 있다. **심층 면접법**(in-depth interview)은 인구통계학적 특징과 같은 관심 특성을 기준으로 선정된 사람을 대상으로 진행되는 구조화되지 않은 면접이다. 이러한 방법은 응답자의 수가 하나 또는 소규모라는 점에서 표적 집단 면

할리데이비슨은 여성들에게 소구할 수 있는 제품 개발을 위해 시장 조사를 실시하였다.

©Ramzi Haidar/AFP/Getty Images

접법과 구분된다. 표적 집단 면접법과 동일한 강점과 약점이 있으므로, 조사자들은 다른 조사 방법(설문조사, 관찰법)에 활용하기 위해 사용한다.

기술적 조사의 방법에는 설문조사, 행동 자료, 관찰 자료가 포함된다. 정량적 조사 방법에서 1차 자료는 설문조사를 통해 수집되는 것이 일반적이다. 설문조사는 탐색적 조사에서도 약식으로 사용되지만 일반적으로는 기술적 조사를 위해 활용된다. **설문조사**(surveys)는 자사의 관심 대상을 대표할 수 있는 사람들에게 구조화된 설문지를 제공하고, 질문에 대한 구체적인 답변을 얻기 위해 수행된다.[23]

설문조사는 다양한 방법으로 진행될 수 있다. 과거에는 메일 또는 전화를 통한 설문조사가 보편적이었다. 오늘날에는 비용이 저렴하고 사용이 쉽고 빠르다는 이점으로 인해 온라인 설문조사가 보편적으로 이용되고 있다. 온라인 설문조사는 서베이몽키와 같은 서비스를 통해 손쉽게 이용할 수 있다.[24]

행동 자료(behavioral data)는 고객들이 어떤 제품과 서비스를 언제, 얼마나 자주 구매하고 다른 고객들과 '접촉'(예 : 불평 혹은 문제로 인해 언제 기업과 접촉하는지)하는지에 대한 정보를 포함한다. 이런 종류의 정보를 고객에 대한 인구통계학적 정보 및 사이코그래픽스 정보와 조화시키면, 기업은 고객들의 차별적 구매 패턴을 파악할 수 있다. 행동 자료는 응답자들이 자신이 무엇을 할 것이라고 말하는 것이 아닌 실제 응답자들이 하는 행동에 기반을 두기 때문에 설문조사보다 더 신뢰할 수 있다.

여러 상황에서 사람들이 하는 행동을 관측하는 것만으로도 다양한 통찰력을 얻을 수 있다. **관찰 자료**(observational data)는 관심의 대상이 되는 사람들의 행동 패턴을 확인하는 것이다. 이는 유통 분야에서 널리 사용되는 방법 중 하나이다. 유통업자들은 사람들이 어떤 통로로 이동하며, 어느 곳에서 시간을 보내는지 등 매장 내에서 사람들이 어떻게 움직이는지를 관찰한다. 최근 몇 년간 관찰 자료는 개인적인 공간(예 : 집)에서 사람들의 실제 행동을 분석하기 위해 사용되었다. 이런 접근법을 통해 관찰자들은 사람들의 활동을 멀리서 지켜보는 것에서 나아가 사람들의 개인적 공간에 들어가게 되었다. 조사자들은 사람들이 어떻게 제품을 사용하고 제품과 상호작용하는지를 이해하기 위해 가장 개인적인 환경 속에 있는 사람들을 지켜본다.

관찰 자료의 변화는 기계적 관찰을 통해 설명할 수 있다. **기계적 관찰**(mechanical observation)은 행동을 기록하기 위해 기계장치를 사용한다. 몇몇 방법은 사람들의 행동에 방해가 되지 않게 실행된다. 예컨대, 회전문은 그 구역에 들어오고 나가는 사람들을 기록한다. 트래픽 카운터는 지정된 시간대에 도로에 있는 차의 수를 기록한다.

반면 보다 사람들의 행동을 침해하는 방식으로 정보를 얻는 기계 장치도 있다. 기계 장치는 조사자에게 매우 유용하나 기계를 인식함으로써 발생하는 응답자의 편견이나 비용 문제로 인해 비교적 드물게 사용된다. 아이카메라는 사람들이 광고를 볼 때 눈동자의 움직임을 추적할 수 있다. 이를 통해 조사자들은 사람들이 광고를 보면서 무엇을 가장 먼저 보며, 시선이 어떻게 움직이는지를 확인할 수 있다. 또 다른 장치 중 하나인 검류계는 사람들의 피부에 부착되어 신체 온도의 미묘한 변화를 확인하는 데 사용된다. 이 장치를 통해 조사자들은 응답자들이 광고에 흥미를 느끼는지를 판단할 수 있다. 정교한 홈어시스턴트의 출현과 함께 사람들의 행동을 그들의 집에서 바로 추적하는 것이 가능해졌다. 아마존의 홈어시스턴트인 알렉사는 집 안에서 이용자들이 수행하는 업무를 보조해준다. 이와 동시에 사람들과의 상호작용으로 생성된 모든 정보를 수집하여 아마존에 전송해준다.

정보 내용 : 알고자 하는 것이 무엇인가? 조사 설계의 중요한 부분 중 하나는 우리에게 필요한 정보가 정확히 무엇이며 이에 대한 질문을 어떻게 표현할 것인지를 결정하는 것이다. 표적 집단 면접에서 사용된 질문에서부터 긴 설문지에 이르기까지, 응답 선택지뿐 아니라 질문의 구조와 문구 등을 고려하는 것이 매우 중요하다. 이 모든 것이 설문지 구성에서 언급된다. 가장 널리 사용되는 조사 방법 중 하나인 설문조사에서, 설문지의 설계 및 구조는 다양하게 적용될 수 있다. 의견 카드와 같은 설문조사의 경우, 간단한 몇 가지 질문들만 묻고 빠른 시간 내에 진행된다. 또 다른 조사인 신차에 대한 만족도 조사의 경우, 비교적 더 길고 더 많은 문항이 활용될 수 있다. 상황에 관계없이 각 설문 문항의 설계, 구조 및 형식에 주의를 기울여야 한다.

오늘날, 조사자들은 설문지의 전달 방식 또한 고려해야 한다. 예를 들어 응답자들이 질문을 다르게 받아들이기 때문에 우편을 통한 설문조사와 전화 설문조사는 서로 다르다. 온라인 설문지의 구조는 우편 설문지 형식을 차용하지만 이 또한 여러 문제를 발생시킬 수 있다.

조사자들은 여러 가지 형식 중 상황에 가장 적절한 질문 형식을 고려해야 한다. 가장 기본적으로 결정해야 할 사항은 개방형 질문과 폐쇄형 질문 중 하나를 선택하는 것이다. **개방형 질문**(open-ended question)은 응답자가 자신의 생각을 더 잘 표현할 수 있고, 더욱 세부적이고 정성적인 답변을 제공할 수 있게 해준다. 그 결과 이러한 유형의 질문은 탐색적 조사에서 주로 사용된다. 반면 **폐쇄형 질문**(closed-ended question)은 보다 정밀하고 구체적인 답변을 제공할 수 있게 해준다. 따라서 보다 정량적인 조사에 활용되며, 기술적 조사에서 주로 사용된다. 대체로 하나의 설문조사에서 사용되는 설문지에는 정성적 정보와 정량적 정보를 모두 얻기 위해 개방형 질문과 폐쇄형 질문이 혼용된다.

표본 수집 계획 : 누구를 대상으로 조사할 것인가? 다른 조사 설계 요소들이 결정되고 나면, 누구를 대상으로 조사를 실시할 것인지를 고려해야 한다. 가장 기본적으로 전수조사를 수행할 것인지 또는 전체 집단으로부터 표본을 추출할 것인지를 결정해야 한다. **전수조사** (census)는 관심 있는 집단의 모든 개인을 대상으로 하는 포괄적인 기록이지만, **표본**(sample) 은 연구의 대상이 되는 전체 집단에서 추출된 하위집단이다. 조사에 전체 집단이 모두 포함되기 때문에 전수조사가 더 나은 접근법으로 보일 수 있다. 불행히도 대부분의 경우 조사 대상자가 너무 많고 다양하기 때문에 모두를 대상으로 조사를 진행하는 것은 물리적으로나 재정적으로 가능하지 않다. 결과적으로 시장 조사를 위해 선별된 표본을 활용하는 방법이 더 선호된다.[25]

기본적으로 표본추출방법은 두 가지로 나눌 수 있다: 확률적 표본추출방법과 비확률적 표본추출방법. 한 방법이 다른 방법에 비해 반드시 좋은 것이 아니다. 조사 방법에 적합한 표본

추출방법을 선택하는 것이 중요하며, 예산의 제약 또한 의사결정에 영향을 미칠 수 있다. **확률적 표본추출방법**(probability sampling)은 특정 절차와 규칙을 통해 조사 대상자를 선정하는 방법이다. 여기에는 조사에 참여하는 다수의 사람들을 선정하기 위한 특정 프로토콜이 확인된다. 예를 들어, 뱅크오브아메리카가 특정 신용카드를 소유한 고객 집단에 대해 더 많은 정보를 알고 싶어 하는 상황을 생각해보라. 약 1,000만 명의 사람들이 이 카드를 소지하고 있다고 가정해보자. 은행은 무작위로 5,000명을 선정해 조사하고자 한다. 이는 모든 사람들이 5,000/10,000,000 = .0005의 확률로 선택될 수 있음을 의미한다. 그다음, 은행은 1,000만 명의 사람들 중 5,000명을 무작위로 선정하기 위한 알고리즘을 개발하게 될 것이다. 알고리즘을 사용하면 모든 사람이 0.0005의 확률로 선택되며 전체 집단 중 오직 5,000명이 표본으로 선정될 것이다.

두 번째 접근법은 **비확률적 표본추출방법**(nonprobability sampling)이며, 이름에서 알 수 있듯이 전체 집단의 각 구성원이 표본으로 선택되는 확률을 확인할 수 없다. 선택될 확률은 0이거나 알 수 없다. 이 유형의 표본추출방법은 시간적·재정적 제약 때문에 확률적 표본추출방법을 실행하기 힘들 때 주로 사용된다. 비확률적 표본추출방법의 가장 큰 문제는 통계적 분석을 수행하거나 결과를 일반화하는 데 제약이 있다는 것이다.

2차 자료 탐색 2차 자료는 대부분의 시장 조사에서 항상 사용된다. 다양한 출처를 조사하고 추가적인 정보를 수집하는 것은 조사 문제에 대한 통찰력을 높이며 1차 자료를 보완할 수 있다. 기업 내부에서 이용 가능한 정보에 대해서는 앞에서 다루었으므로, 기업 외부에서 얻을 수 있는 2차 자료에 대해 알아보도록 하자.

정부 자료 연방정부, 주 정부 및 지방정부들은 다양한 주제의 정보를 수집할 수 있는 중요한 원천이다. 예를 들어, 미국의 인구조사국은 기업과 소비자의 인구통계학적 동향에 대한 정보가 담겨 있는 총서를 발행된다. 2012년에는 미국의 경영 활동에 대한 심도 깊은 분석이 담긴 경제 조사를 발표하였다. 업데이트된 인구조사국 정보는 2019년에 공개될 예정이다. 주정부들 또한 경제 활동에 대한 추가적인 자료를 게시하고 있다. 마지막으로, 지방 정부는 그 지역의 일반적인 경제 활동뿐 아니라 사업등록증에 대한 기록을 발표한다. 정부는 다양한 활동에 대한 막대한 정보를 제공한다. 이를 통해 마케팅 담당자들은 특정 지역을 구체적인 거리까지 상세하게 식별하고 표적 시장을 대상으로 캠페인 활동을 벌이는 데 도움이 되는 세부적인 인구통계학적 정보를 얻을 수 있다.

시장 조사 기관 많은 시장 조사 기관들이 마케팅 담당자에게 도움이 되는 자료를 발표한다. 가장 친숙한 자료 중 하나가 닐슨미디어리서치의 TV 시청률 정보이다. TV 시청률은 전국의 케이블 및 지역 광고 요금을 정하는 기준이 된다. 또 다른 서비스로 자동차 애호가들에게 잘 알려진 J.D.파워의 자동차 품질 및 고객만족순위를 들 수 있다. 자동차 제조사들은 보다 상세한 정보를 얻기 위해 비용을 지불해야 하지만, 대중들은 전반적인 정보를 이용할 수 있다.

이 외의 기관들도 특정 산업의 마케팅 담당자에게 도움이 될 수 있는 자료를 발표하고 있다. 예를 들어, MMGY 글로벌은 매년 여가 및 사업 목적의 여행 시장에 대한 여러 보고서를 제공하고 있다. 이러한 보고서들을 통해 여행 산업에서의 여행 패턴과 세분 시장을 알 수 있다. 이들 정보는 항공사, 호텔, 크루즈라인과 같이 여행 산업과 관련된 기업들에게 매우 유용하다.

또한, 수천의 유통업자들로부터의 스캐너 데이터를 추적하는 인포메이션리소스, 인포스캔, 닐슨스캔트랙과 같은 정보 서비스도 있다. 이러한 기관들은 판매 자료와 인구통계학적 자료를 조화시켜 특정 지역 또는 표적 시장에는 어떤 제품이 가장 적합할지에 대한 상세한 정보를 제공한다. 이러한 정보는 특정한 마케팅 활동(예 : 광고 캠페인이 표적 시장에 효과적일 것인가)이 성공적일지를 평가하고자 하는 소비재 기업에게 유용하다.

인터넷 현재 수백, 수천 개의 원천을 확인할 수 있는 검색 엔진을 활용하여 막대한 양의 정보에 접근하는 것이 가능하다. 그러나 수집된 데이터의 타당성과 출처의 신뢰성에 대한 평가에는 주의를 기울여야 한다. 일반적으로 우리는 인터넷을 통해 두 가지 원천으로부터 정보를 얻을 수 있다. 첫째는 앞서 언급한 바와 같이 시장 조사 기관이 기꺼이 공유하거나 판매하고자하는 시장 자료이다. 두 번째 원천은 사업보고서, 학술 연구 사이트와 같은 '일반적인 지식' 사이트 혹은 조사 문제에 적용 가능한 자료가 있는 다른 독립적인 출처들이다.[26]

2차 자료의 강점과 약점 앞에서 이야기한 바와 같이, 2차 자료는 시장 조사 프로젝트를 수행할 때 가장 먼저 고려된다. 1차 자료가 수집되더라도 지금 적용할 수 있는 기존 자료를 확인하는 것이 좋다. 2차 자료는 두 가지 주요 강점을 가진다. 우선, 2차 자료는 가장 빠르게 얻을 수 있는 정보이다. 검색 엔진을 통해 단 몇 분 만에 막대한 정보를 얻을 수 있다. 물론, 모든 자료를 살피는 데에는 더 많은 시간이 소요된다. 두 번째 강점은 비용이다. 2차 자료의 수집에는 비교적 비용이 적게 든다. 기업이 J.D.파워와 같은 기관이 발표하는 자료를 구독하고, 이를 통해 더 자세한 정보를 얻는다 하더라도 1차 자료를 수집하기 위한 조사를 직접 실행하는 것보다는 비용 효율적이다.

물론 2차 자료에는 다음과 같은 명백한 단점도 있다. 우선 2차 자료는 정의상 현재 조사 문제와 정확하게 일치하지 않는다. 결과적으로 2차 자료만으로는 구체적인 조사 문제에 대한 해답을 도출할 수 없다. 둘째, 2차 자료는 모든 시점에서 통용될 수 없다. 정보가 불과 몇 주 또는 몇 달밖에 되지 않았다 하더라도 현재 시점에서는 그 정보가 프로젝트에 더 이상 유용하지 않을 수 있다. 세 번째, 2차 데이터를 수집하고 해석하는 방법론을 명확하게 이해하지 못한다면, 누군가는 그 자료의 타당성에 대해 회의적일 것이다.[27]

자료 수집 자료 수집(data collection) 단계에서는 응답자를 참여시키고 데이터를 수집한다. 자료 수집은 응답자에게 접촉해 설문지를 배분하고 대답을 기록한 다음, 분석 가능한 데이터로 만드는 과정을 포함한다. 기업은 자체 내부 원천을 사용하거나 마케팅 조사 회사를 고용해 데이터를 수집할 수 있다. 이 둘 중 무엇을 선택할지는 작업이 완료되는 데 필요한 자원뿐 아니라 기업 내부의 시장

포토덱스 프로쇼 골드는 프레젠테이션을 향상시키기 위해 고안된 많은 소프트웨어 패키지 중 하나이다. 조사 보고서의 발표에는 종종 조사 결과 및 권장 사항을 명확하게 제시할 수 있도록 고안된 정교한 소프트웨어가 포함된다.

출처 : Photodex Corporation

조사에 대한 전문성의 정도에 따라 달라진다.

시장 조사의 자료 수집 단계에는 몇 가지 문제가 발생한다. 우선, 자료 수집은 시장 조사 과정에서 가장 많은 비용이 발생하는 단계이다. 둘째, 자료 수집 시 오류 발생 가능성이 가장 크다.[28] 예를 들어, 응답자가 특정 질문에 응답하지 않거나 설문지를 제대로 작성하지 않을 수 있다. 마지막으로 설문지를 수집하는 사람이 편향되어 있거나 실수를 할 수 있다.

기술의 발달로 온라인 설문조사가 가능해졌으며, 자료 수집에서 발생하는 상기의 문제를 줄일 수 있다. 예를 들어 온라인 설문조사 방법은 다른 설문조사 방법들보다 비용 면에서 효율적일 수 있다. 게다가 컴퓨터에 자료를 입력하지 않기 때문에, 누군가 자료를 입력할 때 발생할 수 있는 오류의 가능성이 감소한다. 불행히도 모든 사람들이 컴퓨터를 사용할 수 있는 것은 아니다. 따라서 온라인 설문의 완료가 필수적인 조사를 실행하였을 경우 특정 표적 시장이 실제보다 작게 나타날 수 있다. 게다가 여전히 사람들이 부정확한 답을 입력할 수도 있다.[29] 온라인 조사 수단에 대해서는 다음 절에서 다룰 것이다.

자료 분석 자료가 수집되고 코드화되고, 확인되고 나면 그다음 단계는 정보를 분석하는 것이다. 적절한 분석은 조사 초기에 개발된 조사 질문들을 기반으로 수행된다. 일반적인 실수는 해당 자료에 의해 뒷받침될 수 없는 부적절한 분석을 사용하는 것이다.

자료 분석을 통해 조사 문제를 해결할 수 있는 결과가 도출된다. 이러한 결과들은 어떤 의미에서는 그 조사의 '생산물'이라 할 수 있다. 대부분의 경우 조사자들은 의사결정자를 위해 결과를 해석할 것이다.

결과 보고 최종 보고서와 발표 역시 우수해야 최고의 조사 프로젝트라고 할 수 있다. 조사가 잘 진행되더라도 보고서가 형편없이 작성되고 보고된다면 관리자들은 조사로 인한 혜택을 얻을 수 없을 것이다. 도표 4.8은 조사 보고서의 기본 형식을 보여준다. 관리자들에게 보고서의 핵심 부분은 분석 및 결과를 요약해서 보여주는 개요서(executive summary)이다. 이 때 명심해야 할 점은 관리자는 2차 자료의 출처 수, 설문지 설계, 표본추출 계획이 아닌, 원하는 결과를 보는 것에만 관심이 있다는 것이다.

시장 조사 기술

4-6

현재의 조사 기술과 이들이 시장 조사에서 어떻게 활용되는지 이해한다.

시장 조사는 우수하면서도 비용 효율적인 기술의 혜택을 누리고 있다. 매우 효과적인 소프트웨어와 온라인 기술로 인해 조직의 모든 수준에서 조사를 수행할 수 있게 되었다. 판매 관리자들은 비싸고 시간이 오래 걸리는 외부 조사 없이도 고객들을 대상으로 설문조사를 실행하고 결과를 분석하여 의사결정을 할 수 있게 되었다. CRM과 통합된 정교한 소프트웨어와 마케팅 의사결정지원시스템을 통해 몇 년 전까지만 해도 불가능했던 고객과 시장 동향에 대한 심층 분석과 독특한 통찰력 도출이 가능해졌다. 시장 조사 도구의 활용이 가능해지면서 기업은 전반적으로 큰 성공을 거두었다. 불행하게도 시장 조사 기술을 많이 활용하게 되면서 기술을 오·남용하는 사례 역시 증가했다. 앞서 설명한 시장 조사 프로세스를 제대로 실행하지 않으면, 수많은 기술을 사용하더라도 가치 있는 결과를 도출할 수 없다.

보고서 모듈	짧은 보고서		긴 보고서	
	메모 또는 문자	간략한 기술	관리	기술
서두 정보		1	1	1
머리말		✓	✓	✓
표제 페이지		✓	✓	✓
승인 현황		✓	✓	✓
개요서		✓	✓	✓
목차			✓	✓
도입	1	2	2	2
문제 현황	✓	✓	✓	✓
조사 목적	✓	✓	✓	✓
배경	✓	✓	✓	✓
방법		✓	✓	3
		(간략히)	(간략히)	
표본 설계				✓
조사 설계				✓
자료 수집				✓
자료 분석				✓
한계점		✓	✓	✓
결과		3	4	4
결론	2	4	3	5
요약 및 결론	✓	✓	✓	✓
권고사항	✓	✓	✓	✓
부록		5	5	6
참고문헌				7

출처 : Cooper, Donald R. and Pamela S. Schindler, *Business Research Methods*, 12th ed. New York, NY: McGraw-Hill Education, 2014.

온라인 조사 도구 온라인 조사 도구는 세 가지 범주로 분류된다: 데이터베이스, 표적 집단, 표본 추출. 세 가지 범주 모두 시장 조사의 범위와 유용성을 확장할 수 있는 독특한 기회를 제공한다. 각 범주에 대해 더욱 자세히 알아보도록 하자.

온라인(클라우드) 데이터베이스 **온라인 데이터베이스**는 인터넷이나 다른 통신 네트워크를 통해 원격으로 접근할 수 있는 서버에 저장된 데이터를 말한다. 대부분의 기업들은 직원, 공급업체, 심지어 고객에게도 데이터베이스를 제공하고 있다. 또한 판매원과 고객 서비스 담당

자들은 주문, 선적, 가격 및 기타 관련 정보를 이용할 수 있다.[30]

정부 및 다른 원천에서 이용 가능한 독립적인 온라인 데이터베이스는 마케팅 조사에서 매우 유용한 수단이 될 수 있다. 국립문서기록보관소와 같은 기관은 다양한 주제의 데이터로 구성된 데이터베이스를 모든 사람들에게 무료로 제공하고 있다. 비싼 구독료를 지불해야 하는 서비스들 역시 다양한 범주의 정보를 제공하고 있다. 예를 들어, 마케팅 조사자들은 렉시스넥시스를 통해 수천 개의 경영 및 무역 관련 출판물과 시장 조사 자료를 이용할 수 있다. IBIS월드 또한 회원들에게 조사를 통해 수집된 수백 가지 산업에 대한 개요 및 분석 자료를 제공해주고 있다. 이러한 서비스를 통해 시장 조사 보고서, 산업 및 기업 분석 및 시장 점유율 정보까지 검토할 수 있다.[31]

온라인 표적 집단 가상의 표적 집단 면접법은 한 공간에서 6~10명을 대상으로 진행하는 기존 형식을 대체하게 되었다. 온라인 표적 집단 면접법은 편리성과 비용 대비 효율성 측면에서 이점을 제공하며 더 쉽게 읽고 분석할 수 있는 형식으로 자료를 신속하게 수집할 수 있다. 전통적인 표적 집단 면접법은 참여자들이 말한 단어를 글로 기록할 사람이 필요했다. 온라인으로 진행되는 표적 집단 면접법에서는 모든 내용이 컴퓨터에 기록된다. 모바일 기기 사용의 증대로 인해 온라인 표적 집단 면접법을 수행하기가 훨씬 수월해졌으며 제품 및 서비스를 경험 중인 고객으로부터 자료를 수집하는 것도 용이해졌다.[32]

온라인 표적 집단 면접법은 컴퓨터나 단말기를 이용할 수 있는 사람만이 참여할 수 있다는 단점이 있다. 또한 참여자들이 원격으로 참여하기 때문에 누가 실제로 그 질문에 응답했는지를 확인하기 어렵다. 실제 참여 여부를 확인하기 위한 방법(예 : 암호)을 사용할 수도 있으나, 현실적으로 대부분의 경우 응답자의 정직함에 의존하게 된다. 마지막 문제는 응답 환경을 통제하기 어렵다는 점이다. 전통적인 표적 집단 면접법은 참여자가 질문에 집중할 수 있는 환경 하에서 진행되었다. 온라인 표적 집단 면접법은 응답자가 집, 직장 또는 무선 인터넷이 연결되는 멀리 떨어진 곳에서도 참여하는 것이 가능하다. 그에 따라 참여자들은 주의가 산만해질 수 있으며 환경적인 요인이 참여자들의 집중 및 대답에 영향을 미칠 수 있다.

SAS는 관리자가 시장 데이터를 보다 명확하게 이해할 수 있도록 돕는 강력한 분석 도구를 제공한다.

출처 : SAS Institute Inc

온라인 표본 수집 만약 누군가 인터넷이 연결된 컴퓨터를 이용할 수 있다면, 그 사람은 설문지에 응답할 수 있다. 온라인 표본 수집은 점차 대중적인 자료 수집 방법이 되고 있다. 온라인 표적 집단 면접법처럼 온라인 표본 수집의 가장 큰 장점은 편리성과 비용 대비 효율성이다. 응답자들은 그들이 원할 때 자유롭게 설문에 응답할 수 있으며 설문지를 보내는 데에도 비용이 들지 않는다. 퀘스천프로와 같은 온라인 조사기관들은 조사 설계 및 전달 방식(이메일, 팝업서베이, 회사 뉴스레터, 기타 등) 결정에서부터 데이터 분석 및 결과 보고까지 완전한 서비스를 제공하고 있다.

통계 소프트웨어 오늘날 시장 조사 방법의 실질적인 이점 중 하나는 최전선 관리자가 매우 효과적인 통계 소프트웨어를 이용할 있다는 것이다. 적절한 훈련 및 자료를 바탕으로 5년 전만에도 불가능했던 분석을 수행할 수 있게 되었다. 가장 널리 사용되는 통계 분석 소프트웨어 패키지로는 IBM SPSS와 SAS가 있다. IBM SPSS는 다양한 마케팅 분석 도구를 제공해주고 있다. 이 통계 소프트웨어에는 사용하기 쉬운 인터페이스와 매우 효과적인 통계 도구가 모든 수준의 관리자들이 사용할 수 있는 형식으로 결합되어 있다. 널리 활용되고 있는 또 다른 패키지인 SAS 역시 유사한 기능을 제공하고 있다. 이들 패키지의 실질적인 장점 중 하나는 자료 분석 결과를 토대로 표와 보고서를 만들 수 있다는 것이다.[33]

흥미롭게도 이러한 통계 전용 패키지는 매우 효과적인 분석 도구와 뛰어난 보고 기능을 제공하지만, 사업 자료를 분석하는 데 가장 널리 사용되는 도구는 이미 모든 사용자의 컴퓨터에 설치되어 있는 엑셀 스프레드시트이다. 엑셀은 마이크로소프트 오피스의 한 부분으로, 사용자가 작성한 수식 또는 소프트웨어에 포함된 통계 함수를 통해 자료를 분석할 수 있다. 엑셀은 통계 전용 패키지는 아니지만 기본적인 자료 분석에서는 확실히 유용한 도구이다.

글로벌 시장을 대상으로 한 시장 조사의 어려움

국내 조사와 국제 조사의 가장 큰 차이점은 해외 자료가 국내 자료보다 수집하기 어렵고 이해하기도 어렵다는 점이다. 대부분의 서유럽 국가와 미국에서는 다른 지역의 국가보다 더 쉽게 양질의 데이터를 얻을 수 있다. 마케팅 담당자가 해외 시장에 대한 시장 자료를 찾고, 수집하고 분석하는 과정에서 직면하는 문제점에 대해 알아보도록 하자.

2차 자료 도표 4.9는 마케팅 조사 비용이 가장 높은 10개국을 나타내고 있다. 표에서 볼 수 있듯이 미국과 그 아래에 위치한 일본 및 유럽연합 국가들은 풍부한 시장 자료를 가지고 있는 동시에 마케팅 조사를 수행할 때 비용이 가장 많이 드는 국가들이기도 하다. 불행히도 이 외의 다른 지역에 대해서는 정보의 수준을 파악할 수 없다. 중부유럽과 같은 일부 지역은 최근에야 개방 경제로 전환하였기 때문에 정보의 수준을 확인할 수 없다. 또한 중국 및 인도와 같은 국가의 문화는 정보의 자유로운 흐름을 제어한다. 그로 인해 정부를 포함한 모든 조직들이 좋은 정보를 수집하는 데 이려움을 겪는다. 해외 정보를 수집할 때 조사자들이 직면하는 세 가지 주요 문제점을 고려해보자.

자료의 접근 가능성 미국의 경영자들은 미국을 제외한 대부분의 다른 국가에는 없는 쉽게 접근할 수 있는 정보에 익숙하다. 미국의 인구조사국은 소매 및 유통을 비롯한 다양한 산업 분야의 세부적인 정보뿐만 아니라 1인당 소득, 지역별 인구 수 같은 다양한 경제적·개인적 자료 및 우편번호(성별, 연령, 인종 및 기타 특성에 의해 등 세분화된) 등을 제공하고 있다. 관리자들은 정부기관(미국의 인구조사국, 상무부, EU 사업 개발 센터) 및 비정부 기업 조직(미국의 상공회의소, OECD), 민간 조사기관으로부터 막대한 양의 정보를 이용할 수 있다. 미국에서 발견되는 양질의 자료와 비슷한 수준의 자료를 다른 국가에서는 이용할 수 없다.

국가	국가지수규모
미국	241
스위스	239
캐나다	229
일본	222
영국	187
스웨덴	168
독일	165
덴마크	162
프랑스	161
네덜란드	156

출처 : "US the Most Expensive Country for Market Research," *Marketing Charts*, October 17, 2014.

자료의 신뢰성 두 번째 주요 문제는 자료의 신뢰성이다. 정보가 정확하다고 여겨지는가? 유감스럽게도 대부분의 경우 그렇지 않다. 특히 개발도상국의 정부 기관은 정부에 보다 호의적인 분석 결과를 도출하기 위해 자료를 왜곡할 수 있다. 개발도상국 사람들은 높은 세금 부담 때문에 정부가 실제 수치를 아는 것을 원하지 않고, 이로 인해 해당 자료가 부정확하게 보고되는 경우도 많다. 또한 정부 정책을 지지하는 낙관적인 결과를 도출하기 위해 정부 성과가 반영되도록 자료를 변경하는 경우도 있다.

자료의 비교 가능성 해외 시장으로부터 얻은 2차 자료를 비교하는 데에는 세 가지 위험이 따른다. 첫째, 개발도상국의 경우 역사적인 자료가 부족하기 때문에 장기간의 경제 및 사업 동향을 평가하기 어렵다. 둘째, 이용 가능한 자료라 하더라도 너무 오래되었다면 현재의 경제 상황에 대한 의사결정에는 효과적이지 않다. 마지막으로, 정보 보고에 사용된 용어들이 일관적이지 않다. 선진국에서 사용되는 표준화된 경영 전문 용어들이 개발도상국에서는 사용되지 않을 것이며, 이로 인해 조사자가 자료를 해석하는 데 어려움을 겪게 된다.

1차 자료 2차 자료를 통해 경제 및 일반적인 사업 동향들에 대한 기본적인 정보를 얻을 수 있으나, 고객 선호도와 같은 특정 시장 자료를 얻기 위해서는 1차 자료가 필수적이다. 해외 시장에서 수집된 1차 자료는 거의 항상 혼합되어 있기 때문에 마케터들은 어려움을 겪는다. 해외 1차 자료 수집의 구체적인 문제점은 다음과 같다.

응답 회피 문화, 성별, 개인적 차이로 인해 사람들이 개인 정보를 제공하려는 의도에서 심각한 차이가 나타난다. 미국에서는 비교적 개방적인 정보 문화가 확산되어 있으며 사람들은 기꺼이 자신의 정보를 제공하려 하나 그렇지 않은 국가들도 많다. 또한 증권 거래 위원회와 같은 정부 기관은 상장 기업들에게 타당한 재무 결과를 포함하는 정확한 경영 정보를 제공하도록 요구하고 있다. 무역협회와 같은 비정부기구 또한 사업에서 널리 사용되는 연구 결과를 보고하고 있다. 예를 들어 전미부동산중개인협회는 미국 부동산 시장에 대한 정확한 평가지표로 간주되는 주택 산업의 분기별 데이터를 제공하고 있다.

앞서 언급한 바와 같이 대다수의 사람들은 정부의 간섭이나 추가 세금에 대한 우려 때문에 정보를 제공하지 않는다. 그러나 개인 정보와 사적인 자료가 어떻게 사용되는지에 대한 우려는 소비자와 기업 사이의 광범위한 불신을 야기한다. 이러한 우려를 이해하는 것은 어렵지 않다. 예를 들어 과거 소비에트연방의 지배하에 있던 국가(체코 공화국, 폴란드, 헝가리 등)의 경우, 사람들은 당국에게 제공한 개인적 정보가 그들에게 해를 끼치는 데 사용될 것으로 우려한다. 소비에트연방의 붕괴 이후, 폐쇄된 사회 내에서 수십 년간 살면서 생겨난 이러한 역사적 문제로 인해 닐슨과 같은 조사 기업들이 이들 국가를 대상으로 타당한 소비자 의견과 사업 자료를 수집하는 데 어려움을 겪었다.

신뢰할 수 없는 표본 수집 절차 앞에서 지적한 자료의 질과 관련하여 1차 자료를 수집할 때 신뢰할 수 없거나 부적절한 인구통계학적 정보로 인해 문제가 발생한다. 많은 국가에서 미국인 사업가들은 당연하게 여기는 어떤 지역에 누가 그리고 얼마나 많은 사람들이 살고 있는지와 같은 정보를 찾고 확인할 방법이 없다. 미국에서는 정교한 GPS 장치를 통해 하드 드라이브에 저장된 지도나 다른 데이터를 기반으로 사람들을 특정 위치로 안내할 수 있다. 문제는 남미나 아시아의 중소 도시들은 지도가 존재하지 않거나 거리명이 게시되지 않는다는 것이다. 부적절한 인프라로 인해 신뢰할 수 있는 정보가 부족할 경우, 마케팅 조사자들은 많은 국가에서 정확한 표본 추출 프레임을 활용하여 참여자를 선정할 수 없을 것이다.

부정확한 번역과 이해 부족 세계 시장의 사람들을 대상으로 설문지에 정확하게 응답할 것을 요청했을 때 세 가지 문제점이 발생한다. 첫째, 간단하게 설문지의 번역에서 문제가 생길 수 있다. 예를 들어 중국어는 한자로 이루어져 있으며, 각 문자마다 고유한 의미를 지니고 있다. 중국어를 유창하게 읽기 위해서는 3,000개 이상의 한자에 대한 지식이 필요하다. 둘째, 전 세계적으로 공통으로 사용하는 단어의 의미가 매우 다르다. 미국과 서유럽에서 '가족'은 부모와 자녀들을 포함하는 직계 가족 단위를 의미하지만, 라틴 및 아시아 문화권에서는 삼촌, 이모, 사촌, 조부모를 포함한 확대된 가족 단위를 의미한다. 설문조사에서 가족 구성원에 대해 질문했을 때, 문화권에 따라 응답이 매우 다르게 나타날 수 있다.

마지막 문제는 언어를 충분하게 이해하지 못하는 것이다. 문맹률이 높은 많은 지역에서는 대부분의 설문조사 방식이 배제된다. 또한 일부 국가에서는 여러 언어를 사용하므로 번역 비용이 많이 들고 오역의 가능성이 높아진다. 예를 들어 인도의 경우 여러 비공식적 언어와 함께 14개의 공식 언어가 사용된다. 12개 이상의 언어로 번역될 설문지를 작성한다고 상상해 보라.

요약

마케터들은 정확하고, 업무와 관련 있으며 시기적절한 정보가 마케팅 관리에 필수 요소임을 알고 있다. 정보에는 두 가지 원천이 있다: 기업 외부로부터의 정보와 내부에서 발견될 수 있는 정보. 인구통계학적 특징과 변화, 경제 상황, 신흥 기술, 자연 환경의 변화, 정치 및 법적 환경과 같은 환경적 요인을 인식하여 마케터는 더 효과적인 장·단기 마케팅 전략을 수립할 수 있다.

마케팅 정보를 평가하는 핵심 요소는 시장 조사 과정에 대한 철저한 이해이다. 그 과정은 6개의 구체적인 단계인 조사 문제 규정, 조사 설계 수립, 2차 자료 탐색, 자료 수집, 자료 분석, 조사 결과 보고를 포함하고 있다. 조사자들은 의사결정자에게 자료의 타당성과 유용성을 보증하기 위해 시장 조사 과정을 따라야 한다.

핵심용어

1차 자료(primary data)
2차 자료(secondary data)
개방형 질문(open-ended questions)
거시경제학(macroeconomics)
경영 조사 상품(management research deliverable)
관찰 자료(observational data)
기계적 관찰(mechanical observation)
기술적 조사(descriptive research)
마케팅 인텔리전스(marketing intelligence)

마케팅 정보시스템(market information system, MIS)
미시경제학(microeconomics)
비확률적 표본추출방법(nonprobability sampling)
설문조사(surveys)
시장 조사(market research)
심층 면접법(in-depth interview)
온라인 데이터베이스(online database)
인과적 조사(causal research)
인구통계(demographics)
자료 수집(data collection)

전수조사(census)
정량적 조사(quantitative research)
정성적 조사(qualitative research)
조사 문제(research problem)
탐색적 조사(exploratory research)
폐쇄형 질문(closed-ended questions)
표본(sample)
표적 집단(focus group)
행동 자료(behavioral data)
확률적 표본추출방법(probability sampling)

응용 문제

1. 당신이 대형 증권회사의 영업 담당 부사장이고 영업 사원으로부터 정보를 수집, 분석, 해석하고 분배하는 매출 정보시스템을 구축해달라는 요청을 받았다고 가정해보라. 어떻게 할 것인가? 영업 사원에게 어떤 정보를 수집하라고 요청할 것인가?

2. 레노버의 시장 관리자로서 중소기업을 위한 새로운 노트북을 설계할 때 도움이 되는 회사의 핵심적인 외부 정보는 무엇인가?

3. 디즈니 크루즈라인의 마케팅 관리자는 향후 5년간 인구통계학적 추세가 크루즈라인 사업에 어떤 영향을 미칠지 알고자 한다. 이를 위해 어떤 유형의 조사가 필요한가? 이 사업에 영향을 줄 수 있는 2~3개의 주요 인구통계학적 동향을 파악하기 위한 2차 자료 조사를 실시하라.

4. 존 디어의 시장 조사 담당자는 자사의 잔디 트랙터 부문의 마케팅 관리자로부터 전화를 받았다. 그 관리자는 새로운 광고 캠페인이 현재 고객에게 어떻게 전달되는지를 알고 싶어 한다. 이 조사에 대한 연구 조사를 설계하라. 조사 문제를 규명하고 조사 설계를 포함시켜라.

5. 당신이 졸업한 학교의 동문회 임원은 동문들에게 더 많은 도움을 줄 수 있는 방법을 알고 싶어 한다. 동문회 임원이 동문들에게 학교와 더욱 밀접해지도록 하는 그들의 관심사를 조사하기 위해 사용될 10개 이내의 항목으로 구성된 설문지를 바탕으로 설문조사를 설계하라.

BMW의 고객만족 향상을 위한 길 : 그냥 네가 생각하는 걸 말해봐!

고객 만족과 충성도는 성공적인 마케팅 전략의 핵심 요소이며, 소비자가 제품을 몇 년에 한 번 구입할 때 고객 만족도와 충성도는 더욱 중요하다. 따라서 2014년 어큐라, 아우디, BMW와 같은 고급 자동차 생산 업체에 대한 고객 만족도가 자동차 업계 평균보다 낮아졌을 때 이들 기업은 그러한 현상에 대해 우려하였다.[34] 그 기업들은 몇 년 동안 자사의 설문조사를 통해 외부에서 1차 자료를 수집하고 사용해왔으며, 미국인 소비자 만족 지수와 같은 2차 자료도 활용했음에도 불구하고 고객 만족도가 떨어진 것이다. 고급 자동차 회사들이 기존에 실행된 조사로부터 획득한 자료에 주의를 기울여 대응했다고 가정한다면, 그러한 예전 방식의 조사를 통해서는 핵심적인 통찰력을 얻지 못한 것으로 보인다. 경영진은 새로운 조사 상품(고객 만족도를 증진시킬 방법을 배우는 것)과 새로운 조사 문제(어떤 특정 제품 속성이나 서비스 구성요소가 우리 고객을 만족시키지 못하고 있는가?)에 직면하게 되었다.

이러한 상황에서, 당신은 자신이 무엇을 모르고 있는지 알지 못한다. 덜 비싼 경쟁사 제품이 고객을 만족시킬 수 있는 특징을 추가했는가? 자동차 무료 대여와 같은 서비스가 고객들에게 가치를 인정받지 못했는가? 실패했거나 누락되었거나 가치가 없는 기능 또는 서비스 구성요소들은 무엇인가? 불만족(또는 만족시킬 기회를 놓친)과 관련된 질문들을 목표 소비자들을 대표할 수 있는 집단에게 묻는 것이 시장 조사 문제가 되었다. 이러한 기업들 중 하나인 BMW는 고객 만족도에 주의를 기울이고, 이를 크게 향상시킬 수 있는 방법을 배웠다. BMW에 대한 고객 만족도는 자동차 업계 평균을 상회하며, 고급 자동차를 생산하는 경쟁사보다도 높다.[35] BMW는 고객을 이해하기 위한 집중적 노력 덕분에 시장의 선두에 설 수 있었고, 이는 BMW가 다양한 유형의 마케팅 조사 방법들 사이의 중요한 상쇄 관계를 이해하였기 때문에 가능했다.

BMW는 전 세계의 딜러 네트워크를 통해 고객에게 열 가지를 약속한 후, 기업(과 딜러들)이 약속을 얼마나 잘 지키고 있는지를 측정한다. 아이다호 폭포에서부터 뉴질랜드의 헤이스팅스까지 분포되어 있는 대부분의 BMW 판매점을 방문(또는 웹사이트 방문)한다면, 당신은 서비스 품질의 열 가지 약속에 대한 지표를 볼 수 있을 것이다.[36] 당신은 고객 만족과 관련된 시의 적절한 응답, 청구서에 대한 설명, 시범 운전 제공 등과 같은 활동에 대하여 수백에서 수천 명 또는 국가 수준에서 수십만 명의 의견을 측정하고 이해하는 것이 얼마나 어려운지 모른다.

양질의 만족도 정보를 얻기 위해, BMW UK는 동시에 두 가지 문제를 해결하려 했다. 대부분의 기업들과 마찬가지로 BMW UK는 고객을 설문조사에 참여시키는 데 어려움을 겪었다.[37] 또한 열 가지 약속을 평가하기 위한 설문조사는 매우 길어 완료하는 데 시간이 많이 걸렸으며, 이는 고객 응답률 저하로 이어졌다. 두 번째 문제는 설문조사에서 측정된 데이터를 이해하는 것이었다. 참여자들이 쉽게 응답하고 후속 분석 역시 용이하도록 하기 위해 시장 조사자들은 전형적인 1~5점 또는 1~7점의 매우 불만족~매우 만족 척도를 활용한 폐쇄형의 정량적 질문을 활용했다. 설문조사에서 고객들은 적절한 숫자를 이야기하며 응답하였다. 그러나 BMW는 고객들이 왜 매우 만족했는지(또는 그렇지 않은지)에 대한 전후 사정을 알지 못한 상태에서, 무엇을 계속 해야 하고 무엇을 고쳐야 할지 정확히 알기가 어려웠다. 알아야 할 전후 사정이 많다는 것은 질문이 많아진다는 것을 의미하며, 질문이 많아진다는 것은 응답률이 떨어진다는 것을 의미했다.

시장 조사자들은 이 문제를 해결하고 전후 사정을 보다 심도 있게 파악하기 위해 실행 비용이 높지만 깊이 있는 정성적인 정보를 얻을 수 있는 1대 1 심층 면접법을 실행하였다. 또한 소수 고객(약 12명)을 초대하여 전문 사회자가 개방형의 정성적 질문을 하는 표적 집단 면접법을 실행하였고, 이를 통해 고객이 왜 해당 수준의 만족도를 표현했는지에 대한 미묘한 차이를 파헤치고자 했다. 심층 면접법과 표적 집단 면접법의 한 가지 단점은 응답자들이 관심 집단(예 : 렉서스 구매자와 같은 목표 집단)을 통계적으로 타당성 있게 대표하지 못한다는 것이다. BMW는 표적 집단 면접법을 통해 정성적 자료를 얻고 전후 사정을 보다 잘 이해하며 실행 가능한 통찰력을 얻을 수 있지만, 그 결과를 더 큰 집단에 일반화시킬 수 없다는 것을 깨달았기 때문에, 더 광범위하고 통계적으로 타당한 연구에 중점을 두라는 지침을 제시하였다.

모든 시장 조사자와 마찬가지로 BMW는 서로 다른 조사 방법 간의 상쇄(trade-off) 문제에 직면하였다. 표적 집단 면접법과 같은 정성적 방법을 사용하면 깊이 있는 통찰력을 얻을 수 있지만, 보다 일반적인 목표 고객에게는 결과를 적용할 수 없다. 정량적 설문조사와 같은 방법들을 활용하면 속도, 일반화 가능성, 높은 수준의 수치 정밀도, 통계적 타당성 등을 얻을 수 있지만, 고객의 가치를 더 깊이 탐구하고 이해하기에는 역부족이다. 그리고 두 경우 모두 BMW가 얻고자 하는 정보가 많을수록, 응답하는 고객들은 줄어들 것이다. 보다 풍부하고 대표적인 정보의 필요성을 깨달은 BMW는 다수의 개방형 질문에 응답할 대표적인 표본을 선택하고 분석할 수 있는 방법을 찾게 되었다.

생각해볼 문제

1. BMW가 고급차 운전 경험에서 고객이 가치 있게 여기는 것에 대해 파악한 후, 이를 기반으로 의사결정을 한다고 가정했을 때, BMW의 이해도를 높이기 위해 어떤 유형의 시장 조사를 추천할 것인가?

2. BMW는 고전적 문제인 품질-수량-비용의 상충 관계에 직면해 있다. BMW가 고품질의 정보를 추구할수록(많은 질문으로 표현되는) 응답이 줄어들거나 비용이 많이 든다. BMW의 모든 임원들은 자동차 시장에 대한 25년 ~30년의 경험이 있는데, 이들이 자신의 경험을 신뢰하는 것은 시장 조사에 예산을 더 지출하는 것에 비해 어떤 장단점이 있는가?

3. BMW가 조사 자료를 수집하면서 겪은 문제와 동일한 문제가 발생했을 때, 종종 이를 해결하기 위한 새로운 기술적 해결책이 개발되기도 한다. 통계적 유의성(응답률 향상)과 맥락에 대한 심도 깊은 이해(개방형의 정성적 자료)를 동시에 얻을 수 있는 혁신적인 방법은 무엇인가?

마케팅 계획 연습

활동 3 : 중요 정보 확인

이 연습은 당신이 마케팅 계획을 수립하는 데 필요한 중요 정보를 확인하기를 요구한다. 이런 측면에서 1차 조사를 통해 수집된 새로운 정보뿐 아니라 기존 정보(내부 및 2차 자료)를 평가하는 것이 중요하다. 이 과제에는 다음이 포함된다.

1. 조직 내부에서 사용할 수 있는 내부 정보 원천과 각 내부 원천에서 수집될 정보를 분류하라.

2. 2차 자료의 원천과 각 원천에서 수집되는 당신에게 필요한 구체적인 정보를 확인하라.

   a. 원천들의 목록

   b. 자료

   c. 자료와 프로젝트의 관련성 평가

3. 마케팅 계획을 수립하는 데 필요한 1차 차료를 열거해보라. 다음으로 이후 마케팅 계획에서 사용될 구체적 도구(표적 집단 면접법, 설문조사)를 개발하라.

미주

1. David Barton, "Data Analytics Top Trends in 2017," *Innovation Enterprise*, March 2017, https://channels.theinnovationenterprise.com/articles/data-analytics-top-trends-in-2017.

2. Dana Varinsky, "An American Cultural Revolution Is Killing Cookie-Cutter Homes," *Business Insider*, March 9, 2017, http://www.businessinsider.com/the-dream-of-owning-a-cookie-cutter-home-is-dying-heres-where-people-are-moving-instead-2017-2.

3. Roger Bennett, "Sources and Use of Marketing Information by Marketing Managers," *Journal of Documentation* 63, no. 5 (2007), p. 702; and Hean Tat Keh, Thi Mai Nguyen, and Hwei Ping Ng, "The Effects of Entrepreneurial Orientation and Marketing Information on the Performance of SME's," *Journal of Business Venturing* 22, no. 4 (2007), pp. 592–611.

4. Paul Ingenbleek, "Value-Informed Pricing in Its Organizational Context: Literature Review, Conceptual Framework, and Directions for Future Research," *Journal of Product and Brand Management* 16, no. 7 (2007), pp. 441–58.

5. Gerrit H. Van Bruggen, Ale Smidts, and Berend Wierenga, "The Powerful Triangle of Marketing Data, Managerial Judgment, and Marketing Management Support Systems," *European Journal of Marketing* 35, no. 7 (2001), pp. 796–816.

6. Shreyas Tanna, "Research Delivers Insight into the Global Predictive Analytics market to 2021," WhaTech, March 17, 2017, https://www.whatech.com/market-research/it/275294-research-delivers-insight-into-the-global-predictive-analytics-market-forecast-to-2021.

7. João F. Proença, Teresa M. Fernandez, and P. K. Kannan, "The Relationship in Marketing: Contribution of a Historical Perspective," *Journal of Macromarketing* 28, no. 1 (2008), pp. 90–106.

8. Sandra S. Liu and Lucette B. Comer, "Salespeople as Information Gatherers: Associated Success Factors," *Industrial Marketing Management* 36, no. 5 (2007), pp. 565–79.

9. Joel Le Bon and Dwight Merunka, "The Impact of Individual and Managerial Factors on Salespeople's Contribution to Marketing Intelligence Activities," *International Journal of Research in Marketing* 23, no. 4 (2006), pp. 395–412.

10. Jean Michel Moutot and Ganael Bascoul, "Effects of Sales Force Automation Use on Sales Force Activities and Customer Relationship Management Process," *Journal of Personal Selling and Sales Management* 28, no. 2 (2008), pp. 167–82.

11. K. Michel, "OTT: The Future of Content Delivery." *Broadcasting & Cable* 146, no. 40 (2016), p. 49.

12. Brad Plumer, "Will China Ever Get Its Pollution Problem under Control?" *Washington Post,* March 11, 2013, www.washingtonpost.com/blogs/wonkblog/wp/2013/03/11/will-china-ever-get-its-pollution-problem-under-control/; "Plan to Reduce Air Pollution Chokes Mexico City," *Phys Org,* February 2, 2017, https://phys.org/news/2017-02-air-pollution-mexico-city.html.

13. Connie R. Bateman and JoAnn Schmidt, "Do Not Call Lists: A Cause for Telemarketing Extinction or Evolution," *Academy of Marketing Studies Journal* 11, no. 1 (2007), pp. 83–107; and Herbert Jack Rotfeld, "Misplace Marketing: Do-Not-Call as the U.S. Govern-ment's Improvement to Telemarketing Efficiency," *Journal of Consumer Marketing* 21, no. 4/5 (2004), pp. 242–59.

14. "2017 U.S. Industry and Market Outlook (Marketing Research and Public Opinion Polling)," *Barnes Reports*, October 2016.

15. Alan Tapp, "A Call to Arms for Applied Marketing Academics," *Marketing Intelligence and Planning* 22, no. 5 (2004), pp. 579–96.

16. Dianne Altman Weaver, "The Right Questions," *Marketing Research* 18, no. 1 (2006), pp. 17–18.

17. Janice Denegri-Knott, Detiev Zwick, and Jonathan E. Schroeder, "Mapping Consumer Power: An Integrative Framework for Marketing and Consumer Research," *European Journal of Marketing* 40, no. 9/10 (2006), pp. 950–71.

18. Gordon A. Wyner, "Redefining Data," *Marketing Research* 16, no. 4 (2004), pp. 6–7.

19. Naomi R. Henderson, "Twelve Steps to Better Research," *Marketing Research* 17, no. 2 (2005), pp. 36–37.

20. David Stokes and Richard Bergin, "Methodology or 'Methodolatry'? An Evaluation of Focus Groups and Depth Interviews?" *Qualitative Market Research* 9, no. 1 (2006), pp. 26–38.

21. B. J. Allen, U. M. Dholakia, and S. Basuroy, "The Economic Benefits to Retailers from Customer Participation in Proprietary Web Panels," *Journal of Retailing* 92, no. 2 (2016), pp. 147–61. http://dx.doi.org.ezproxy.rollins.edu:2048/10.1016/j.jretai.2015.12.003.

22. Jennifer Comiteau, "Why the Traditional Focus Group Is Dying," *Adweek,* October 31, 2005, pp. 24–27.

23. Gordon Wyner, "Survey Errors," *Marketing Research* 19, no. 1 (2007), pp. 6–7.

24. Catherine A. Roter, Robert A. Rogers, George C. Hozier Jr., Kenneth G. Baker, and Gerald Albaum, "Management of Marketing Research Projects: Does Delivery Method Matter Anymore in Survey Research," *Journal of Marketing Theory and Practice* 15, no. 2 (2007), pp. 127–45; and Sharon Loane, Jim Bell, and Rob McNaughton, "Employing Information Communication Technologies to Enhance Qualitative International Marketing Enquiry," *International Marketing Review* 23, no. 4 (2006), pp. 438–53.

25. Edward Blair and George M. Zinkhan, "Nonresponse and Generalizability in Academic Research," *Academy of Marketing Science Journal* 34, no. 1 (2006), pp. 4–8.

26. Peter Keliner, "Can Online Polls Produce Accurate Findings?" *International Journal of Market Research* 46 (2004), pp. 3–15; and Olivier Furrer and D. Sudharshan, "Internet Marketing Research: Opportunities and Problems," *Qualitative Market Research* 4, no. 3 (2001), pp. 123–30.

27. N. L. Reynolds, A. C. Simintiras, and A. Diamantopoulos, "Theoretical Justification of Sampling Choices in International Marketing Research: Key Issues and Guidelines for Researchers," *Journal of International Business Studies* 34, no. 1 (2003), pp. 80–90.

28. Bill Blyth, "Mixed Mode: The Only 'Fitness' Regime?" *International Journal of Marketing Research* 50, no. 2 (2008), pp. 241–56.

29. Nick Sparrow, "Quality Issues in Online Research," *Journal of Advertising Research* 47, no. 2 (2007), pp. 179–91; and Elisabeth Deutskens, Ad de Jong, Ko de Ruyter, and Martin Wetzels, "Comparing the Generalizability of Online and Mail Surveys in Cross National Service Quality Research," *Marketing Letters* 17, no. 2 (2006), pp. 119–32.

30. Kai Wehmeyer, "Aligning IT and Marketing—The Impact of Database Marketing and CRM," *Journal of Database Marketing & Customer Strategy Management* 12, no. 3 (2005), pp. 243–57; Joshua Weinberger, "Database Marketers

Mine for Perfect Customer Segmentation," *Customer Relationship Management* 8, no. 10 (2004), p. 19; and Hoda McClymont and Graham Jocumsen, "How to Implement Marketing Strategies Using Database Approaches, "*Journal of Database Marketing & Customer Strategy Management* 11, no. 2 (2003), pp. 135–49.

31. R. Dale Wilson, "Developing New Business Strategies in B2B Markets by Combining CRM Concepts and Online Databases," *Competitiveness Review* 16, no. 1 (2006), pp. 38–44.

32. K. Brosnan, B. Griin, and S. Dolnicar, "PC, Phone or Tablet?" *International Journal of Market Research* 59, no. 1 (2017), 35–55. doi:10.2501/IJMR-2016-049.

33. Steve Ranger, "How Firms Use Business Intelligence," *BusinessWeek,* May 24, 2007, www.businessweek.com/globalbiz /content/may2007/gb20070524_006085.htm?chan =search; and Colin Beasty, "Minimizing Customer Guesswork,"

Customer Relationship Management 10, no. 6 (2006), p. 45.

34. Aimee Picchi, "Some Surprises in Customers' Car Rankings," *CBS News,* August 26, 2014, http://www.cbsnews.com /news/some-surprises-in-customers-car-rankings/.

35. "Benchmarks by Company: BMW," *American Customer Satisfaction Index,* 2016, http://www.theacsi.org/customer -satisfaction-benchmarks/benchmarks-by-company.

36. "Customer Promise | BMW of Idaho Falls," 2017, http://www .bmwofidahofalls.com/customer-promise.htm; and "BMW Customer Promise - Hawkes Bay BMW," 2017, http://www .hawkesbaybmw.co.nz/com/en/insights/aboutus/customer _promise.html.

37. "Shorter BMW Customer Surveys Increase Response Rates by 10%," *Feedback Ferret,* 2016, http://www .feedbackferret.com/wp-content/uploads/sites/2/2016/02 /Feedback-Ferret-Automotive-Case-Studies-USA.pdf.

Chapter 5

CRM, 빅데이터, 마케팅 분석

학습목표

5-1 CRM을 정의하고 CRM의 목표와 역량을 구체화할 수 있다.

5-2 CRM 과정의 주기를 나타낼 수 있다.

5-3 고객 접점의 개념과 CRM에서 고객 접점이 중요한 이유를 이해할 수 있다.

5-4 마케팅 관리 의사결정에 활용되는 데이터의 유형을 확인하고 이해할 수 있다.

5-5 마케팅 분석을 위한 주요 방법을 알 수 있다.

5-6 마케팅 대시보드의 개념을 이해하고 마케팅 대시보드가 기업의 마케팅 계획을 개선하는 데 어떤 역할을 하는지 이해할 수 있다.

5-7 마케팅 투자 수익률의 개념 및 활용 시 유의사항을 설명할 수 있다.

CRM의 목표와 역량

우리는 앞 장에서 CRM을 간단히 언급한 바가 있다. CRM의 정확한 의미는 무엇일까? **고객관계관리**(customer relationship management, CRM)는 고객에 집중하여 기업의 수익(revenues)과 순익(profits)을 늘리고자 하는 포괄적인 비즈니스 모델이다. 그러한 정의는 CRM이 조직 안에서 누군가의 전유물이 아님을 나타낸다는 점에서 중요하다. 1990년대 중반, CRM 시스템 도입기에, CEO들은 기업의 CRM 시스템 운영을 IT 담당 부서에 맡기려는 경향이 강하였다. 왜냐하면 CRM은 기술 기반의 시스템이기 때문이다. 그러나 수백만 달러에 달하는 CRM 설비를 순전히 IT 부서의 추천에 근거해서 구매한 CEO들의 좋지 않은 사례가 많이 있다. 그들은 CRM 시스템의 주요 **사용자**들인 영업 인력, 마케팅 관리자, 고객 서비스 담당자 등과 중요한 상의도 없이 그러한 결정을 한 것이다. 결국, 여러 어려움을 겪으면서 기업들은 CRM 시스템이 어느 특정 집단의 전유물이 되어서는 안 된다는 것을 깨닫게 되었다. CRM이 포괄적 비즈니스 모델로 인식되면, 최고경영층은 장시간에 걸쳐 CRM 시스템을 적절히 지원하고자 할 것이고, 다양한 내부 이해관계자들은 CRM 시스템을 활용할 기회를 찾고, 그 사용법에 대해 지속적으로 관심을 가지고 의견을 제시할 것이다.[1]

초창기 CRM 채택 실패 사례는 이제 과거의 일이 되었으며, 대부분의 기업들이 이제 CRM을 업무에 필수적인 경영 전략으로 받아들이고 있는 것은 다행스러운 일이다. 시장에서의 경쟁 압력 때문에 CRM은 이제 업무에 필수적인 것으로 널리 받아들여지고 있다. 즉, 누구도 경쟁 환경에서 사업을 할 때 고객을 이해하지 못하는 고립주의자가 되어서는 안 된다.

세일즈포스는 클라우드 기반의 최첨단 CRM 기능을 제공하며 다양한 기기에서 잘 작동한다.

출처 : Salesforce.com Inc.

기업들은 CRM의 기여도를 극대화하기 위해, 내부 구조를 새롭게 디자인하고 있으며, 고객들이 그들과의 사업을 보다 원활하게 할 수 있도록 하기 위해, 내·외부 사업 프로세스 및 시스템을 수정하고 있다. 비록 마케팅 부서가 CRM을 전유하지는 않지만, 마케팅 관리자들은 고객 및 고객과의 관계에서 전문성이 있기 때문에, 조직의 내·외부 프로세스 및 시스템을 보다 고객지향적으로 배치하는 CRM의 성공에 결정적으로 기여하고 있다.[2] 제14장에서 자세히 논의될 것이지만, 특히 CRM 주도의 조직에서 영업 인력은 기업의 고객 관리 전략을 수행할 때 주요 위치를 차지해 왔는데, 그런 경향에 맞게 '고객관리자', '관계관리자', '비즈니스 솔루션 컨설턴트' 등 신규 영업 역할에 어울리는 새로운 타이틀이 부여되었다.

CRM은 다음 세 가지 중요 목표가 있다.

1. **고객 획득** : 성장을 견인하고 이익을 증대시키기 위해, 이미 알려져 있거나 획득된 특성들을 고려하여 적합한 고객을 획득

2. **고객 유지** : 상품에 만족하고 충성스럽기 때문에 결국 기업에 이익이 되는 고객을 유지시킴으로써 오랜 기간에 걸쳐

사업이 수익성 있게 지속적으로 성장하도록 하는 것

3. 고객 수익성 : 적시에 적절한 상품을 제공하여 지속적으로 개별 고객 수익을 증가시키는 것[3]

위 세 가지 목표를 달성하기 위해서는 고객 가치를 대변하고 고객 만족과 충성을 창출하는 제품 및 서비스 속성들에 대해 명확하게 집중하는 것이 필요하다. **고객 만족**(customer satisfaction)은 제공물에 대한 개인적 선호의 수준을 의미하며, 제공물의 수준이 고객의 기대를 충족시키거나 혹은 뛰어넘는가에 관한 문제이다. **고객 충성**(customer loyalty)은 개인이 현재 소유하고 있는 제공물에서 다른 제공물로 바꾸거나 이탈을 거부하는 정도를 의미한다. 충성도는 통상적으로 높은 만족에 기반을 두는데, 높은 만족은 제공물과 공급자 및 브랜드 간 강한 관계로부터 비롯된 높은 수준의 인지된 가치와 결부된다. 고객 만족과 충성은 마케팅 관리자가 그들의 사업과 브랜드의 건전성 수준을 측정할 때 사용하는 상당히 인기 있는 두 메트릭스이다. 이 모든 것은 CRM이 기업의 전반적인 마케팅 계획 과정에 강력하게 통합되어 있음을 나타낸다.[4]

제3장에 제시된 마케팅 계획의 요소들을 생각해보면, CRM 시스템으로부터 얻은 정보가 전략 개발과 실행 과정에 도움을 줄 수 있는 여러 포인트들을 알 수 있다. CRM으로부터 얻은 정보에 의존하는 주요 마케팅 계획 분야에는 상황 분석, 시장 조사, 전략 개발, 실행, 그리고 마케팅 계획의 측정 단계 등이 있다. 실제로, 마케팅 관리자가 CRM의 성공 여부를 평가하기 위해 사용하는 여러 메트릭스들은 기업의 CRM 시스템으로부터 직접적으로 도출된다.[5]

CRM에서 가장 중요한 메트릭스 중 하나가 **고객 생애 가치**(customer lifetime value, CLV)이다. 프레드릭 라이할트가 고객 충성에 관해 저술한 책들에서는 CRM에 대한 투자가 고객과 장기간의 관계를 성공적으로 형성시켜줄 것이며, 그러한 관계를 통해 비용 절감, 수익 증가, 이익 증가, 추천 의도 향상 등 사업의 성공 요인들로부터 후한 보상을 얻을 수 있을 것이라 제시하고 있다. 이를 바탕으로 실제로 **고객 투자 수익률**(return on customer investment, ROCI)을 계산할 수 있다. 고객 투자 수익률 분석은 고객에게 다양한 자원(돈, 시간, 사람, 정보 등)을 어느 수준까지 투자할 것인지를 결정할 때 매우 유용한 전략 툴이 될 것이다. 대부분의 유용한 마케팅 메트릭스는 CRM으로부터 그 권위와 기능성을 얻는다. ROCI 분석이 확산되면서 예상 생애가치가 낮은 **고객 퇴출**(firing a customer)의 가능성이 커졌으며, 자원을 보다 수익성이 높은 고객들에게 투자할 수 있게 되었다. 물론, 고객 퇴출은 보다 수익성 높은 고객들이 존재한다는 가정하에서 유의하다.[6]

CRM 과정 주기

CRM 과정 주기는 다음 네 가지 요소로 나눌 수 있다: (1) 지식 발굴, (2) 마케팅 계획 수립, (3) 고객 상호작용, (4) 분석 및 정교화. 각 과정 주기 요소들은 도표 5.1에 제시되어 있으며, 다음과 같이 논의된다.

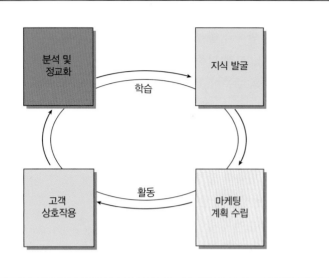

출처 : Swift, Ronald S. *Accelerating Customer Relationships: Using CRM and Relationship Technologies.* Upper Saddle River, NJ: Prentice Hall, 2001

지식 발굴

지식 발굴은 다양한 고객 접점에서 획득한 고객 정보를 분석하는 과정이다. 본질적으로, 기업이 어떤 식으로든 고객과 접촉할 수 있는 곳이 **고객 접점**(customer touchpoints)이며, 고객 정보 수집이 허용된 곳이다. 매장 시스템, 콜센터 파일, 인터넷, 직접 판매 또는 고객 서비스에서 얻는 기록과 기타 유형의 고객 접촉 경험 등이 고객 접점에 포함될 수 있다. 고객 접점은 미디어를 활용한 채널(온라인에서 가망 고객의 문의, 서비스 문제에 대한 구매 고객과의 통화, 영업사원과의 대면 접촉 등)을 통해 발생하는 비즈니스 이벤트의 교차점에서 생긴다.[7]

데이터 웨어하우스는 접점을 통해 얻은 모든 고객 데이터를 다루고, 마케팅 관리 의사결정과 마케팅 계획 수립을 위한 정보로 고객 데이터를 전환하는데 최적화된 환경이다. 데이터 웨어하우스를 통해 대량의 정보를 결합하고 현재 및 잠재 고객에 관해 보다 많이 알기 위해 사용되는 데이터 마이닝 기술의 활용이 가능해진다.[8]

데이터 마이닝은 CRM 시스템을 통해 축적한 거대한 양의 데이터를 활용하는데 필요한 정교한 분석 방법이며, 시장 조사 및 시장 세분화와 타깃 마케팅 전략 수립을 위한 세분 시장 및 초세분 시장 개발에 활용된다. 많은 다이렉트 마케팅 담당자들은 CRM 과정 주기의 지식 개발 단계에 큰 관심을 두고 있다. 다이렉트 마케팅은 가망 고객들의 '목표 고객 리스트'를 개발할 때, 지식 개발 단계에서 생성된 데이터를 활용한다. 다양한 커뮤니케이션 수단을 통해 가망 고객들에게 개인적으로 접근할 수 있다. 이러한 활동을 **데이터베이스 마케팅**이라 한다.[9] 지식 개발 단계는 제3장에서 배운 시장 조사와 시장 정보 관리와 상당 부분 관련된다.

마케팅 계획 수립

CRM 과정 주기의 다음 단계는 마케팅 계획 수립이며, 지식 발견 단계에서 얻은 결과를 활용하는 단계이다. 즉, 정보를 활용해 마케팅, 고객 전략 및 프로그램을 개발할 수 있는 역량을 갖출 수 있다. 마케팅 계획 수립 과정에서 CRM을 투입하는 것은 특히 유용하다. 예를 들어, 마케팅 믹스 전략 요소를 개발할 때와 여러 고객 그룹에 대한 접근을 고객별로 차별화하여 통합적 마케팅 커뮤니케이션 믹스를 도입할 때 CRM을 투입하는 것이 좋다(마케팅 커뮤니케이션 관련 이슈는 이 책의 제5부에서 다룰 것이다).[10]

고객 상호작용

고객 상호작용 단계는 고객 전략 및 프로그램을 실제로 실행하는 단계이다. 고객 상호작용에는 모든 고객 지향적 상호작용과 개인의 판매 노력이 들어 있다. 대면 및 온라인에 있는 모든

고객의 접점 또는 고객 접촉 채널에서 고객 상호작용을 목표로 삼아야 한다.[11]

분석 및 정교화

마지막으로, CRM 과정의 분석 및 정교화는 실행된 전략과 프로그램에 대한 소비자 반응을 통해 **조직 학습**(organizational learning)이 발생하는 단계이다. CRM 도구를 효과적으로 활용해서 촉진된 고객과의 지속적인 대화 형태로 나타나는 시장 조사를 분석과 정교화로 볼 수 있다. 상당히 지속적인 헌신과 노력으로 고객 조사를 하면서, 고객과 관련된 전반적인 계획을 지속적으로 조정하게 되면, 결국 보다 효율적인 자원 투자 및 ROCI 증가가 가능해진다.[12]

고객 접점에 대한 추가 내용

5-3

고객 접점의 개념과 CRM에서 고객 접점이 중요한 이유를 이해할 수 있다.

여러분은 CRM 계획의 성공 여부가 고객 접점(콜센터, 영업사원, 유통업자, 상점, 지점, 웹사이트 또는 이메일)을 통한 고객, 공급자 또는 가망 고객과의 상호작용에 상당 부분 달려 있다는 것을 이해하였다. CRM은 고객에 관한 지식 획득과 접점에서의 고객에 대한 정보 활용을 동시에 필요로 한다. 어떤 접점에서는 상호작용적인 양방향 정보 교환이 허용된다. 즉, 그러한 접점에서는 고객과 영업사원, 텔레마케터, 고객 서비스 상담원, 양방향 웹사이트 등 기업의 고객 접촉 담당자와 직접적 연결이 가능하다. 그 외에 다른 접점은 양방향적이지 않다. 즉, 고객이 기업 담당자와 동시에 직접적으로 접촉하지 못할 경우, 정적인 웹사이트에서 데이터 입력이나 이메일을 통해 단순히 정보를 제공할 수도 있다. 고객 접점을 성공적으로 활용하고자 하는 기업의 능력을 극대화하기 위해, (1) 잠재적 고객 접점을 발굴하고, (2) 각 고객 접점에서 어떤 종류의 정보가 수집될 수 있을 것인가에 대한 특정 목표를 개발하고, (3) 정보가 어떻게 수집되고 궁극적으로 기업의 전반적 고객 데이터베이스에 통합될 것인지 결정하며, (4) 정보에 접근하고 사용하는 방법에 관한 정책을 개발하기 위해 지속적이고 결연한 노력을 해야 한다.

CRM, 고객 접점, 고객 신뢰

고객 접점을 통해 수집된 고객 정보에 대한 CRM의 관점 때문에, 특히 소비재 시장에서 기업에 대해 프라이버시 문제와 관련된 윤리적·법적 논쟁들이 상당히 일어날 수 있다. 높은 수준의 신뢰가 기업과 고객 간에 강한 관계를 위한 주요 요소인 것은 자명하다.[13] 기업을 신뢰하는 고객들은 기업이 그들에 관해 수집하고 저장한 정보가 자신들이 의도하지 않은 목적으로 사용되지 않을 것이라 확신할 것이다. CRM의 어두운 단면이라고 일컬어지는 그러한 이슈는 기업들이 고객을 유인하기 위한 수단으로서 저장된 고객 정보를 남용하지 않을 것이라는 보장을 공개적으로 촉진하기 시작한 특정 산업들에서 더욱 분명히 나타난다.[14] 그것은 고객들에게 큰 반향을 일으키며 경쟁자 대비 강력한 차별점 제공이 가능하다는 특징을 가진다.

　여러 산업에서, 주민등록번호와 같은 민감한 고객 정보에 접근하고 있는 기업들에게는 정보 활용에 관한 보다 강한 규제가 필요하다(금융 서비스 기업이 좋은 예이다). 그러한 경우에, 기업은 고객의 개인 정보가 활용될 수 있는 여러 방법과 고객이 개인 정보의 잠재적 사용을 취소할 수 있다는 점을 고객에게 알려야 한다. 그리고 마케팅 관리자는 필수 규제 사항들을 고려해야 하는데, 그러한 규제는 마케팅 캠페인 또는 고객 접점 내에서 어떤 정보가 기업에 전달될 수 있는가와 같은 제약을 부과한다.

고객이 제기하는 정보 남용의 가능성은 근심거리이나, 이것이 고객이 주어진 고객 접점에서 자신의 개인 정보를 제공할 때 발생하는 유일한 걱정인 것은 아니다. 개인적 이익, 보통 재무적 이익을 위해 사적인 정보에 접근하기 위해, 악의적인 온라인 활동이 지속적으로 증가하고 있는데, 이는 모든 조직이 민감하게 받아들이고 있다. 언급한 바와 같이, 신뢰는 조직이 고객과의 관계를 구축하기 위해 중요한 요소이다. CRM을 통해 대량의 데이터를 수집하고자 하는 어떤 기업에게도 정보를 안전하게 다루고 보호할 수 있다는 고객의 인식은 신뢰에 상당한 영향을 줄 수 있다. 온라인 소매상이 신뢰를 통해 고객의 애정을 얻기 위해서는 자사의 웹 사이트가 민감한 고객 정보에 절대적 안전을 보장하는 능력이 있다는 인식을 확립시킬 필요가 있다. 이는 첨단 거래 처리 기술 및 데이터 처리 규제를 위반하지 않는 실적 활용 등과 같은 요소들을 통해 얻을 수 있다.[15]

정보 보안 업무는 보통 마케팅 관리자의 책임으로 보지 않지만, 마케팅 관리자는 기업의 정보 보안 능력이 고객 가치를 높이는 데 결정적인 역할을 할 수 있다는 점을 알아야 한다. 기업이 고객 정보를 어떤 방식으로 보호하는지 이해하는 마케팅 관리자들은 이와 가장 밀접한 기업의 정보보호 전략 요소들을 고객들에게 적극적으로 알려 신뢰를 얻고, 기업 및 그 기업의 브랜드에 고객들이 더욱 충성하도록 함으로써 보다 효과적인 전략 수립에 기여할 수 있다. 마케팅은 또한 보안 실패 사건이 기업에 대한 고객의 인식에 미치는 부정적인 영향을 감소시키고, 고객의 신뢰를 다시 얻도록 기여하는 등, 정보 보안 실패를 극복하는 데 적극적으로 관여해야 한다.

소매 업계 대기업인 타깃의 마케팅 관리자들은 결과적으로 약 4,000만 명의 고객 정보를 잃게 된 대규모 데이터 규정 위반 사건 이후 신뢰를 재구축하기 위해 얼마나 최선을 다해야 하는가를 알게 되었다. 그러한 사건으로 인해 타깃은 기업 시민 의식에 주안점을 둔 주요 캠페인을 연기하는 등 이미 예정된 마케팅 커뮤니케이션 계획을 급하게 변경해야 했다.[16]

CRM은 고객 중심의 문화를 촉진한다

알다시피, 고객 중심적인 기업은 기업 안팎의 그 어떤 요소보다 고객을 사업의 핵심에 둔다. 고객은 어떤 사업에서도 생명줄과 같다. 즉, 고객이 없다면 어떤 기업도 매출과 이익을 얻을 수 없고, 궁극적으로 사업을 할 수 없다. 따라서 마케팅 관리자들은 수용할 수 있는 수준의 투자 대비 수익률을 기대하는 한, 고객들에게 상당한 자원을 투자할 가치가 있다는 태도로 역할을 수행해야 할 것이다.

전략적 마케팅 수준에서, 고객 중심적인 문화에는 다음 주요 요소들이 있다.

1. 상호 공유된 보상과 위험 관리가 수반되는 관계 또는 파트너십 사업 모델 선택

외부 고객 중심적 사고방식	내부 고객 중심적 사고방식
나는 다음 사항들을 믿는다.	나는 다음 사항들을 믿는다.
• 나는 우리 회사 고객의 욕구를 이해해야 한다. • 우리 회사 고객들에게 가치를 제공하는 것은 중요하다. • 나는 우리 회사 고객들을 만족시키는 데 관심이 많다. • 나는 누가 우리 회사의 제품/서비스를 구매하는지 이해해야 한다. • 우리 회사 고객들의 욕구를 이해한다면 나는 업무를 보다 잘 수행할 수 있다. • 우리 회사 고객에 대한 이해는 나의 업무 능력을 향상시키는 데 도움이 될 것이다.	• 나의 일을 하고 있는 고용인들은 나의 고객이다. • 나의 일을 하는 고용인들의 욕구를 충족시키는 것은 훌륭한 과업을 하는 데 중요하다. • 나의 일을 하는 고용인들로부터 피드백을 받는 것이 중요하다. • 나는 나의 일을 하는 사람의 요구 조건에 집중한다.

각 문항에 대해 1＝전혀 동의하지 않는다, 6＝강하게 동의한다, 가 되도록 1~6점 척도로 점수를 부여하고, 점수의 합계를 내라. 총점수가 높을수록 고객 중심적 사고방식을 보다 많이 하고 있다는 것을 나타낸다.

출처 : Kennedy, Karen Norman, Felicia G. Lassk, and Jerry R. Goolsby, "Customer Mind-Set of Employees Throughout the Organization," *Journal of the Academy of Marketing Science*, vol. 30, 2002, pp. 159-171.

2. 고객에 대한 조언과 문제 해결에 집중하기 위해 기업 내 영업의 역할 재정의
3. 고객 분석 과정의 공식화 증가
4. 사업 관계를 구축하여 가능해진 가치사슬 기회를 고객에게 교육시킬 때, 선제적인 리더의 역할을 수행
5. 고객 만족과 충성을 강조하는 지속적인 개선 원칙에 집중하기[17]

기업이 고객 중심적 문화를 구축하고자 하는 노력은 기업 내부의 수준 높은 공식화를 요구한다. **공식화**(formalization)는 구조화, 과정 및 도구, 경영 지식과 몰입이 고객 중심적 문화를 지지하며 공식적으로 수립된다는 것을 의미한다. 그러한 요소들을 적절히 배치함으로써, 고객과 관련된 목표를 위해 전략과 프로그램을 성공적으로 개발하고 실행할 수 있다. 또한 그러한 전략과 프로그램이 바람직한 결과를 낳을 것이라는 강한 자신감이 뒤따른다. 오늘날 가장 성행하는 고객 중심 문화의 공식화 방식이 CRM이다.

제1장에서 언급한 바와 같이, 고객 중심적 기업들은 고객지향성의 수준이 높다. 고객지향성을 실행하는 조직은 사업을 수행할 때 모든 면에서 고객을 핵심에 둔다. 그리고

1. 조직 차원에서 고객의 요구 사항을 이해하는 데 집중한다.
2. 고객 시장에 대해 이해하고, 사내 구성원 모두에게 그 지식을 전파한다.
3. 고객에게 혁신적이면서 경쟁적으로 차별화되며, 만족을 주는 제품과 서비스를 활용해, 효과적으로 대응할 수 있도록 시스템 역량을 내부적으로 배치한다.[18]

고객 중심성과 고객지향성의 개념이 기업의 개별 구성원들에 의해 요구되는 행동들과 어떻게 연결되는가? 조직 구성원들이 고객지향성을 나타낼 수 있는 한 가지 방법은 **고객 중심 사고방식**(customer mind-set)이다. 고객 중심 사고방식은 조직 내·외부에서 고객을 이해하고 만족시키는 것이 그 조직 구성원의 핵심이라고 믿는 개인의 신념이다. 조직 구성원들이 고객

중심 사고방식을 가졌을 때, 기업 내에서 고객 지향성이 '활기를 띠게' 된다.[19] 도표 5.2는 업무를 수행하기 위해 기업 외부의 고객과 상호 작용해야 하는 기업 내부의 사람들(내부 고객)의 맥락에서 고객 중심 사고방식의 설명 요소들을 제시한다. 내부 고객의 개념과 내부 마케팅은 제10장에서 더 자세히 다룰 것이다.

　　결국 CRM의 소프트웨어 분야가 중요하며, 기업에 따라서는 예상했던 것보다 그 중요성이 더 클 수도 있다. CRM의 취약성뿐만 아니라 진정한 강점은 사업의 지속적인 동력으로서 기업이 고객 중심의 문화를 가능하게 하고 고객지향성을 실행하기 위해 CRM을 어떻게 활용하는가에 달려 있다. 비즈니스 전략, 프로세스 집합 및 분석 도구와 같은 모든 차원의 CRM은 훌륭한 마케팅 계획 및 관리를 촉진시킬 수 있는 놀라운 잠재력을 가지고 있다.

빅데이터와 마케팅 의사결정

5-4

마케팅 관리 의사결정에 활용되는 데이터의 유형을 확인하고 이해할 수 있다.

정보 기술의 발전으로 인해, 고객과 조직의 활동 기능에 변화가 생겼다. 노트북, 스마트폰 및 기타 스마트 장치로 인해, 개인이 업무를 수행하고, 정보에 접근하며 정보를 구성하고 서로 커뮤니케이션하는 방법이 변화하였다. 또한 그러한 도구들을 활용하여 방대한 양의 데이터를 수집할 수 있었고, 다양한 현상을 보다 잘 이해할 수 있었으며, 중요한 시사점을 잘 도출할 수 있었다. 마케팅 관리 관점에서 데이터 및 분석 주제를 살펴보기 전에 보다 일반적인 사례를 살펴보자. 뉴욕의 번화한 미드 타운에는 약 300개의 센서, 카메라, EZ-Pass 리더기가 설치되어 있어, 시의 교통관리센터가 교통 신호 등 패턴을 실시간으로 조정하여 270블록 지역 내의 교통 신호 계획을 향상시킬 수 있었고 교통 흐름을 보다 잘 설명할 수 있었다. 이 프로그램으로 인해 교통 소요 시간을 10% 이상 감소시킬 수 있었다.[20] 요약하면, 많은 양의 데이터와 데이터의 패턴을 분석할 수 있는 고급 기능이 결합되어 다수의 사람들에게 이익을 주는 솔루션의 창출이 가능해졌다.

　　빅데이터는 다양한 기술 원천들로부터 지속적으로 생산되어, 끊임없이 증가하는 데이터의 양과 복잡성을 나타낸다. 빅데이터의 특성은 일반적으로 볼륨, 속도, 다양성 및 진실성과 같은 네 가지 'Vs'로 지칭된다.[21] **볼륨**(volume)은 생성된 데이터의 양과 관련이 있는데, 일반적으로 바이트 단위로 측정되며, 주로 디지털 미디어에서 가장 많은 데이터가 저장된다. **속도**(velocity)는 시간이 지남에 따라 데이터가 생성되는 빈도와 데이터가 분석되고 사용될 수 있는 빠르기와 관련된다. **다양성**(variety)은 문자, 영상, 이미지 및 소리를 비롯한 데이터의 다양한 형태와 관련이 있다. 그리고 **진실성**(veracity)은 데이터의 신뢰성 및 타당성과 관련이 있다.[22]

　　마케팅 관리자들은 빅데이터의 발전으로 고객 행동의 여러 중요한 요소를 보다 잘 이해할 수 있는 기회를 얻게 되었다. 여기에는 고객이 제품 또는 서비스를 구매하기 위해 선택하는 프로세스를 구성하는 다양한 경험, 제품 또는 서비스를 사용하여 조직과 맺고 있는 여러 접점들과 고객이 다양한 방식으로 상호작용하고, 여러 제품과 서비스를 경험하는 방식이 포함된다. 사실, 일부 경영자들은 자신의 기업이 보유하고 있는 빅데이터의 다양한 특성을 고려할 때 종종 다섯 번째 'V'인 **가치**(value)를 포함한다. 빅데이터에서 얻을 수 있는 가치에 대한 분명한 아이디어가 없다면 수집 및 저장 비용을 제대로 정당화할 수 없다.

빅데이터의 범주 : 정형 및 비정형 데이터

도표 5.3은 정형 데이터와 비정형 데이터의 주요 이슈들을 요약한 것이다. **정형 데이터**(structured data)는 생성 과정에서 조직이 만드는 논리성이 있는 데이터를 말하며, 보다 쉽게 분석하여 지식을 만들어낼 수 있다. 정형 데이터는 특정 범주에 쉽게 넣을 수 있으며 추후 분석을 위해 정보시스템에 저장될 수 있다. 정형 데이터는 일반적으로 특정 입력 값 유형(예 : 여성/남성)으로 제한되는 숫자 또는 문자이다. 이는 일반적으로 마이크로소프트 엑셀 또는 구글 스프레드시트와 같은 관계형 데이터베이스나 스프레드시트에 있는 데이터 유형이다. 일반적으로 열이 있는 테이블로 구성되어 주어진 열의 각 항목에 어떤 유형의 정보가 포함될 것인지 명확하다.

정형 데이터에 대한 아이디어를 보다 구체적으로 이해하기 위해, 소매점의 웹사이트에 계정을 만들어 온라인에서 편리하게 상품을 구매할 수 있는 프로세스를 고려해보자. 이름, 성별, 생일, 이메일, 우편 주소 및 기타 표준 입력값 등과 같은 정보를 요청하는 웹폼을 작성해야 하는 경우가 있다. 데이터를 수집하는 방식(웹 양식의 개별 상자)으로 인해 그러한 데이터는 관계형 데이터베이스 또는 스프레드시트를 채울 수 있는 정형 데이터로 간주된다. 표의 각 행에는 계정을 등록한 각각의 사람들이 포함된다. 이 구조는 다양한 분석과 여러 유형의 작업을 보다 쉽게 수행할 수 있게 한다(예 : 온라인 쇼핑몰의 남성 고객 평균 연령). 정형 데이터는 일반적으로 마케팅 관리자가 작업하기가 더 쉽지만, 그로부터 얻을 수 있는 통찰은 한계가 있으며, 실제로는 사용 가능한 데이터의 일부만 나타낼 수 있다. 정형 데이터는 조직에서 사용할 수 있는 모든 데이터의 10~20%만을 차지하는 것으로 추정된다.[23]

지식을 만들고자 할 때 분석이 용이하도록 해주는 특정 체계적 구조가 없는 방식으로 생성되는 데이터가 바로 **비정형 데이터**(unstructured data)이다. 비정형 데이터는 정형 데이터 방식처럼 즉각적으로 활용이 가능하지 않지만, 조직에서 사용할 수 있는 가장 일반적인 데이터 형식으로 고객 행동 및 고객/공급자 관계에 대한 깊은 통찰력을 제공할 수 있다. 비정형

도표 5.3 | 정형 데이터와 비정형 데이터

	정형 데이터	비정형 데이터
저장	일반적으로 잘 정의된 행렬을 구성하는 관계형 데이터베이스 또는 기타 정보시스템 구조에 저장됨	일반적으로 파일에 부여된 제한된 구조화의 수준으로 파일에 저장됨(예 : 데이터 입력이 시간 순으로 기록되고 정리될 수 있다).
특성	쉽게 이용 가능한 구조적 특성들(예 : 각 기록은 숫자, 날짜, 시간, 알파벳과 같은 단일 데이터 유형에 제한될 수 있다) 때문에 저장과 분석이 용이하고 비용이 절감됨	쉽게 활용할 수 있는 구조적 특성이 없기 때문에 일반적으로 분석하기가 어렵고 비용이 많이 소요
예	• 웹폼 안의 특정 필드에 기록된 데이터(예 : 나이, 성별, 생일) • 특정 거래를 통해 형성된 데이터(예 : 온라인으로 의류 아이템 구매)	• 이메일 메시지 안의 텍스트와 이미지 • 소셜미디어 포스팅의 문자, 이미지, 음성, 비디오 • 블로그 포스팅의 문자, 이미지, 음성, 비디오

데이터에는 사람들이 소셜미디어에서 작성하는 게시물, 고객 서비스 담당자(customer service representative, CSR)로 전송되는 이메일, 영업 담당자 및 CSR과의 통화 기록, 영업 담당자 및 CSR이 현재 및 잠재 고객과의 상호 작용을 설명하기 위해 CRM 시스템에 입력하는 정보, 사람들이 상품에 대한 경험을 토론하면서 만든 비디오, 사람들이 고객으로서 브랜드나 경험에 관해 자신의 감정을 표현하는 데 사용하는 이미지, 그리고 기타 여러 유형의 입력된 내용들을 포함한다.

마케팅 관리자에게 과거 비정형 데이터 활용의 중요한 문제는 분석에 사용할 수 있도록 데이터에서 의미를 추출하는 방법을 결정하는 것이었다. 초기 비정형 형태 안에 포함된 정보의 가치를 떨어뜨리지 않으면서, 비정형 데이터를 정형 데이터로 어떻게 만들지를 결정하는 것이 근본적인 문제이다.[24] 이 프로세스의 목적에 대해 보다 일반적인 이해를 돕기 위해 고객의 온라인 메시지에 포함되어 있으며, 마케팅 관리자에게 잠재적인 가치가 있는 정보의 몇 가지 예를 고려해볼 가치가 있다. 예를 들어, 고객의 메시지에 제품이 언급되어 있다면, 특정 제품의 이름을 정형화된 형식으로 포착하는 것은 향후 분석을 위해 응용 프로그램을 실행할 때, 가치 있는 맥락을 제공할 것이다. 또한 고객이 제품에 대해 구체적으로 가지고 있는 느낌이 있을 경우, 향후 연구에서 구조화된 형태로 해당 느낌을 포착하는 것이 상당히 유용할 것이다.

빅데이터에서는 주로 자동화된 기술을 활용하여 비정형 데이터로부터 정형 데이터를 추출한다. 사람들이 그러한 기능을 실행할 때, 조직에서 활용할 수 있는 데이터의 양을 감안하면 생성된 데이터를 수동으로 탐색할 수 없다. 다행히도 기술의 진보가 이루어지면서, 비정형 데이터에서 정형 데이터를 추출할 수 있는 효율적이고 정교한 방법이 제공되어 다양한 마케팅 분석을 실행하는 데 유용한 자료가 생성되고 있다.

이 시점에서, 우리는 전통적 방식을 따라 데이터를 정형 데이터와 비정형 데이터로 분류했지만, 실제로 모든 데이터가 이러한 두 가지 분류에 딱 맞아 떨어지는 것은 아니다. **반정형 데이터**(semi-structured data)는 정형 데이터와 비정형 데이터 사이에 위치한다. 기계가 데이터 구조를 이해하는 데 용이하도록 정형적인 요소를 포함하고 있지만, 자동화된 방법으로 쉽게 분석할 수 있는 적절한 데이터 구조가 포함되어 있지 않은 것을 나타낸다. 반정형 데이터는 엄격한 표준을 잘 따르지 않는다.[25] XML(Extensible Markup Language) 파일이 웹에서 얻을 수 있는 반정형 데이터의 전형적인 예이다. XML 파일에는 태그를 포함하고(XML 파일 내의 표시로서 데이터의 조직도를 제공하고 일부 의미를 나타냄) 있으나, 이러한 파일에서 정형 데이터를 생성할 수 있도록 추가적인 노력이 필요하며 얻어진 산출물은 광범위한 분야의 분석에 적용될 수 있도록 저장될 수 있다.

빅데이터의 원천과 시사점

빅데이터는 다양한 원천에서 제공된다. 마케팅 담당자에게 가장 유용한 정보원은 잠재 고객과 현재 고객 모두에 대한 데이터를 수집하여 실용적인 통찰력을 제공하는 것이다. 이러한 목적을 달성하는 여섯 가지 핵심 원천은 비즈니스 시스템, 소셜미디어 플랫폼, 인터넷 연결 장치, 모바일 앱, 상업 기관 및 정부 기관이다. 각각은 다음에 설명되어 있다.

비즈니스 시스템으로부터의 데이터 내·외부적으로 서로 다른 비즈니스 기능을 위해 기업이 사용하는 정보시스템은 고객 가치를 극대화하는 방법을 더 잘 이해할 수 있게 하는 유용한 정보를 제공한다. CRM 시스템은 종종 고객 관련 데이터의 중심 허브 역할을 하며, 대다수는 조직에서 사용하는 다른 응용 프로그램과 쉽게 통합할 수 있는 기능이 있다. 여러 애플리케이션의 통합을 통해 한곳에서 정보를 중앙 집중화하는 것의 이점은 기업의 현재 및 잠재 고객에 대해 전체적인 조망을 가능하게 하고, 관련 데이터를 사용하여 다양한 수준의 정교한 분석을 수행할 수 있도록 한다는 것이다.

소매점의 POS(poin of-sales) 시스템 및 온라인 트랜잭션 처리 시스템을 통해 고객의 거래 데이터를 수집함으로써 고객에 대한 풍부한 정보를 접할 수 있으며 해당 고객의 상대 가치를 결정하는 데 사용될 수 있다. 또한 어떤 종류의 제품, 서비스 및 프로모션 제품이 고객에게 가장 매력적인지에 대한 통찰력을 제공해줄 수 있다. 크로거는 POS 시스템 및 로열티 카드 프로그램을 통해 수집한 엄청난 양의 거래 및 개인 데이터를 바탕으로 각 고객별로 맞춤형 DM(direct mail) 캠페인을 개발하여 업계 평균보다 18배 이상 빠른 쿠폰 수익률을 얻는 등 상당한 재무적 성과를 얻을 수 있었다.[26]

인터넷과 정보 탐색, 타인과의 소통, 비즈니스 거래 목적으로, 인터넷에 접근하는 것을 가능하게 하는, 다양한 기술에 의존하는 사람들이 증가하면서, 웹 관련 활동이 데이터 생성의 중요한 원천이 되고 있다. 고객이 웹사이트에서 수행하는 모든 작업은 분석을 통해 마케팅 관리자에게 유용한 통찰력을 제공할 수 있는 데이터를 생성한다. 이 데이터는 웹 로그에 수집될 수 있다. 웹 로그는 사용자의 웹사이트에서 특정 활동을 역순으로(즉, 최신에서 오래된 순으로 표시) 기록한다. 웹 로그에서 얻는 주요 관심 요소 중 하나가 웹사이트 기록 데이터이다. 여기에는 하나 이상의 웹사이트를 방문하는 동안 사용자가 만든 특정 클릭 순서가 포함된다. 웹로그에서 얻은 데이터는 웹사이트 작동 방식 개선에 대한 통찰력 확보, 다양한 마케팅 활동이 회사 성과에 미치는 영향 분석 등과 같이 여러 가지 이유에서 유용하다.

고객이 전자상거래 웹사이트를 탐색할 때 초기 단계에서 만들어진 웹사이트 기록 데이터를 활용하면 해당 사이트에서(단 한 번의 브라우징 세션에서 실제로 변경될 수 있는) 고객의 행동 의도에 대한 통찰력을 얻을 수 있다. 그러한 유형의 지식을 통해 얻을 수 있는 한 가지 시사점은 고객의 탐색 단계에서 고객의 의도를 예상하여 사이트의 특성을 동적으로 변경할 경우 고객이 탐색 중에 구매할 가능성을 높일 수 있다는 것이다.[27] 예를 들어, 구매 의사결정에 관심이 있는 상태의 고객에게는 가격 정보를 더 많이 제공하고, 구매 의사결정을 하는 데 고객의 집중력을 흐트러뜨리고 페이지 주변에서 주의를 분산시킬 수 있는 촉진 요소를 제거하도록 웹사이트를 수정할 수 있다.

고객은 이제 다양한 기술을 사용하여 인터넷에 접근하므로, 개인들이 생성한 웹로그 데이터를 스마트폰에서 얻었는지 또는 노트북을 통해 획득하였는지를 구분해야 한다. 이 두 장치 간에 관찰될 수 있는 웹 관련 행동의 차이는 다양한 장치에서 더 나은 온라인 경험을 고객에게 제공하려는 마케팅 관리자에게 중요한 통찰력을 제공할 수 있다.

소셜미디어 플랫폼으로부터의 데이터 고객이 개인 및 다양한 조직과 소통하는 데 사용하는 방대한 소셜미디어 사이트에서 지속적으로 가치 있는 데이터 원천이 나온다. 다양한 소셜

CRM 활용의 선구자인 USAA는 회원에 대한 많은 데이터를 수집하고 그 데이터를 활용하여 고객 경험을 향상시킨다. USAA는 지속적으로 미국 최고의 고객 만족 보험 회사로 평가되고 있다.

출처 : USAA

네트워킹 사이트에서 강조하거나 사용할 수 있는 커뮤니케이션 수단이 많기 때문에 소셜 미디어 플랫폼을 통해 생성된 데이터는 기본 적으로 여러 종류이다. 예를 들어, 페이스북 은 사용자가 메시지를 텍스트 형식으로 게시 하고, 여러 감정 표현(예 : 이모티콘으로 시각 적으로 포착됨)에 다양하게 반응하며, 이미지 공유 및 비디오를 게시(또는 라이브 녹음)하 는 것이 가능하다는 점을 생각해보자. 페이스 북과 같은 플랫폼을 사용하여 커뮤니케이션 함으로써 생성된 데이터 외에도, 사용자가 사 이트에서 자신의 프로파일을 설정하고 추가

로 확장시킴에 따라 많은 양의 데이터가 생성된다. 정형 데이터와 비정형 데이터가 혼합된 데 이터를 활용하여 마케팅 관리자는 다양한 고객에게 맞춤화된 마케팅 커뮤니케이션을 제공할 수 있고 고객의 생각, 감정, 의견 및 관심에 대한 더 깊은 통찰력을 얻을 수 있다.

소셜미디어 플랫폼에서 사용자들이 '어떻게' 상호 커뮤니케이션하는가와, '누가' 그들과 커뮤니케이션 하는가를 잘 이해하면, 개인이나 그룹 간의 관계와 개인 및 그룹이 다른 사람 들에게 미치는 영향력의 차이를 보다 잘 이해할 수 있다. 특정 제품에 대한 캠페인을 개발하 는 마케팅 관리자의 경우, 소셜미디어에서 영향력이 크며, 특정 제품에 관심이 큰 개인들을 찾아내어 마케팅 캠페인에 참여시킴으로써, 그러한 영향력자가 창출할 수 있는 긍정적인 구 전을 통해 상당한 이익을 얻을 수 있다.[28]

인터넷으로 연결된 장치들로부터의 데이터 더욱 스마트한 장치가 시장에 도입되고 제품이 네트워크로 연결됨에 따라 정형/비정형 데이터가 급증하고 있으며, 다양한 장치를 통해 조직 에 전송된다. 많은 스마트 기기에 상당량의 비정형 데이터를 수집할 수 있는 센서가 부착되 어 있다. 이러한 제품을 사용하여 생성된 데이터는 고객이 제품 및 서비스를 사용하는 방식 을 더 깊이 이해할 수 있는 기회를 제공하는데, 예를 들면 미래의 제품 사양의 설계에 대한 정 보 제공 및 고객이 활용 혜택을 극대화하여 사용하지 못하는 제품 사양에 대한 정보 전달 기 회를 포착하는 데 도움을 줄 수 있다.

자동차 또는 금융 서비스 제공 업체와 같은 다양한 사양을 갖춘 제품 또는 서비스의 경우 활용도가 낮은 사양에 대한 정보를 통해 얻는 가치가 가장 명확하다. 제품의 복잡성 때문에 고객은 제품 내 특정 사양들을 사용하는 데 집중하여, 다른 사양의 존재 자체를 잊어버릴 수 있다. 그러한 패턴을 식별할 수 있다면, 분석된 데이터에 기반한 마케팅 커뮤니케이션을 통해 소비자에게 가치를 제공해줄 수 있는 하나 이상의 사양을 알 수 있는 기회를 제공할 수 있다. 홍보된 기능(예 : 다양한 투자 옵션)을 활용하는 방법을 고객이 이해할 수 있도록 돕는 교육 구성 요소를 복잡한 기능을 위해 제공된 마케팅 커뮤니케이션에 포함할 수 있다. 이러한 유 형의 JIT(just-in-time) 교육은 점진적으로 배우는 것을 선호하는 고객에게 특히 효과적일 수 있다.

모바일 앱으로부터의 데이터 고객의 다양한 모바일 애플리케이션(앱) 사용을 통해 얻은 데이터는 고객의 모바일 앱 사용 방법에 대한 통찰력을 제공할 수 있으며, 어떠한 모바일 앱의 요소가 가장 효과적인지 파악할 수 있다. 고객이 타깃의 카트휠과 같은 매장 내 거래를 찾는 것을 도와주는 모바일 앱은 매장에서 쇼핑 경험의 가치를 극대화할 수 있는 기회를 제공한다. 즉, 제품, 카테고리 및 브랜드의 다양한 가격 수준에 대한 고객 반응을 이해할 수 있으며, 온라인 및 오프라인 경험을 혼합한 쇼핑 행동이 전통적인 오프라인 쇼핑 행동과 다른 점을 더 잘 이해할 수 있다. 모바일 게임에서는 일반적으로 게임의 어떤 요소가 각각의 세분 시장에 소구하는지를 결정할 수 있다. 그러한 지식에서 교차 홍보 기회를 얻을 수 있다는 시사점을 얻을 수 있다. 예를 들어, 한 고객이 게임에서 그가 성취한 것에 대해 배지를 얻는 것을 좋아하는 것으로 판단되면(친구와 온라인으로 성취를 공유하는 선택에 의해 입증됨), 그 고객은 고객이 곧 첫 번째 게임을 할 것으로 예상되는 시점에, 배지를 수여하는 특징이 있는 다른 게임들을 광고하는 게임 내 광고물을 접할 수 있다.

상거래 업체들로부터의 데이터 몇몇 기관들은 고객 빅데이터를 수집하여 다른 조직들에게 판매하는 것을 주요 비즈니스 모델로 한다. 소매업체 및 신용카드사와 같은 일부 조직들에서는 추가 수익 창출을 위해 이 방법을 사용한다. 그러한 조직은 이미 주요 비즈니스 기능의 부산물로 얻어진 활용 가능한 데이터를 보유하고 있기 때문에 데이터로부터 가치를 추출할 수 있는 추가적인 방법을 찾을 수 있다. 고객에 대한 거래 데이터를 수집하고 가격 및 상점의 환경적 요인에 대한 데이터를 기록하는 소매업체는 데이터 구매에 관심이 있는 조직에게 데이터를 제공할 수 있다.[29] 데이터를 통해 구매자 정보를 식별할 수 있지만, 데이터는 다양한 상품 범주 및 특정 브랜드와 관련하여 고객 행동에 영향을 주는 요소들에 대한 통찰력을 제공할 수 있다.

정부 기관으로부터의 데이터 마지막으로 정부가 수집한 데이터는 인구통계학적 특성을 이해하고 대규모의 특정 패턴이나 추세를 파악하는 데 관심이 있는 조직에 유용한 정보 원천이 될 수 있다. 주와 연방 수준에서, 미국 정부는 기관이 수집한 정보를 국민들이 쉽게 접근하고 사용할 수 있도록 시속적인 노력을 하고 있다. 미국 노동 통계국은 노동부 내의 한 부서로서 상업성과 접근성을 높이기 위해 웹사이트를 크게 개선했다. 많은 경우 정부 데이터를 공공영역으로 이동하는 것이 개방형 데이터 정책 개발을 통해 구체화되었다.[30] 한 지역 내의 인구통계와 관련된 센서스 데이터에 접근함으로써, 연령, 성별 및 소득과 같은 요소를 기반으로, 조직이 이상적으로 생각하고 있는 고객의 인구통계 프로파일에 적합한 개인들이 집중적으로 분포하는, 매력적인 지리적 영역을 어떻게 식별하고 있는지를 고려하라. 센서스 데이터는 지역의

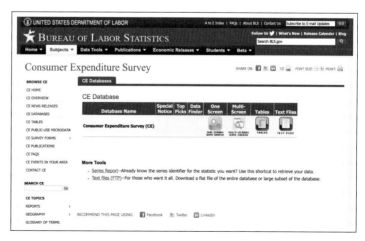

미국 노동 통계국은 정부 기관이지만 스스로를 다양한 이해관계자 및 고객에 대한 가치 있는 데이터 제공자로 보고 있다.

출처 : U.S. Department of Labor

한 산업 내에서 영업을 하고 있는 사업체 숫자에 관한 데이터와 사업체 숫자가 시간에 따라 어떻게 변화되는가를 알 수 있는 데이터를 담고 있기 때문에 경쟁 수준에 있어서 해당 지역의 매력도를 알 수 있는 통찰력을 제공할 수 있다.[31]

마케팅 분석

5 - 5

마케팅 분석을 위한 주요 방법을 알 수 있다.

마케팅 관리자에게 빅데이터에서 가치를 추출하는 데 마케팅 분석을 효과적으로 사용하는 것이 중요하다. **마케팅 분석**(marketing analytics)에는 다양한 방법들이 있는데, 그러한 방법들은 개인 및 시장 수준의 데이터를 활용하며, 마케팅 관련 의사결정을 향상시키기 위해 의미 있는 패턴을 식별하고 전달하는 기술로 촉진될 수 있다.[32] 마케팅 분석은 기술적으로 새로운 개념이 아니지만 마케팅 관리자가 이용할 수 있는 데이터가 폭발적으로 증가하여, 조직은 누적된 데이터에서 최대한의 가치를 추출할 수 있는 새로운 방법을 찾는 데 점점 관심을 기울이고 있다. '거대한' 빅데이터가 어떻게 형성되는가에 대해 이해력을 높이려면 구글 및 페이스북과 같은 대규모 데이터 생산자에 관한 사실을 떠올려보라. 구글 사용자는 1분당 400만 건 이상의 검색어를 입력하고 구글은 하루에 2,000만 페타바이트(1페타바이트는 100만 기가바이트에 해당)의 데이터를 처리한다. 페이스북 사용자는 매분 약 250만 개의 콘텐츠를 생성한다.[33] 실로 엄청난 규모의 데이터이다!

빅데이터의 볼륨, 가용성 및 접근 가능성이 급증하고 있는 점을 고려할 때, 마케팅 관리자는 "고객에 대한 통찰력을 얻고 마케팅 계획을 수립하는 데 데이터를 어떻게 활용할 것인가"라는 핵심적인 질문을 던질 수 있다. 마케팅 분석 방법에 대한 지식과 그러한 질문에 대한 답을 제공하고 있으며, 가치 있는 고객 통찰력 획득에 필요한 역량 및 속도가 증가하면서, 마케팅 분석은 모든 분야에 걸쳐 마케팅 관리를 상당히 변화시키고 있다.

마케팅 분석 방법

마케팅 분석 방법은 분석의 복잡성 수준과 특정 연구 프로젝트에서 각각의 분석법을 통해 만들어지는 가치를 고려하여 생각할 수 있다. 일반적으로 복잡성 수준이 높을수록 높은 비용을 수반하는데, 분석과 관련된 계산 비용뿐 아니라 여러 형태의 시장과 고객 데이터에 정통하고, 다양한 시장 분석을 수행하도록 훈련받은 **마케팅 분석가**(marketing analyst)에게 요구되는 상당한 전문성과 노력 또한 비용으로 볼 수 있다. 그러나 보다 복잡한 분석 방법은 고객 가치에 대한 통찰력을 높이는 경향이 있다. 다음 절에서는 기술 분석, 진단 분석, 예측 분석, 처방 분석과 같은 네 가지 주요 마케팅 분석 유형을 소개한다. 각각의 분석 유형은 빅데이터를 활용하여 마케팅 관리 의사결정을 위한 가치 있는 통찰력을

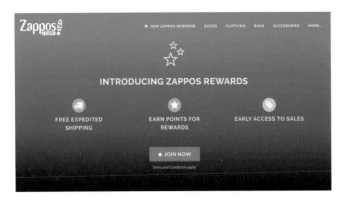

'Zappos Rewards'와 같은 고객 충성도 프로그램은 기술 분석을 가능하게 하는 데이터를 제공한다.

출처 : Zappos.com Inc.

제공한다. 복잡도의 증가에 따라 네 가지 유형의 마케팅 분석 방법이 도표 5.4에 설명되어 있다.

기술 분석　기술 분석(descriptive analytics)을 활용하는 방법은 데이터를 활용하여 요약된 통찰을 제공한다. 원시 형태의 데이터는 과거에 대한 통찰을 제공하는 척도로 변환되며, 데이터의 추가적인 탐구를 위한 기초 자료가 될 수 있다.[34] 온라인 신발 및 의류 매장인 자포스와 같은 기업의 로열티 프로그램 회원인 고객들은 기술 분석에 사용할 수 있는 풍부한 데이터의 원천을 구성하고 있다. 기술 분석을 통해 산출되는 척도는 합계(예 : 온라인 보험 회사가 매월 획득한 신규 고객 총계), 평균(예 : 의류 회사의 로열티 프로그램 회원인 고객들이 구매한 평균 달러 금액) 또는 관심 변수의 변화에 대한 측정(예 : 전년도 같은 월과 비교하여 해당 월의 기업 블로그 이메일 가입자 수의 증가 또는 감소) 등이 있다.

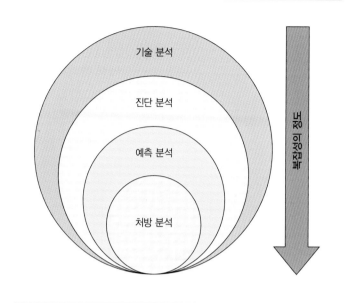

기술 분석을 통해 생성된 정보는 많은 독자들의 해석을 돕기 위해 시각적 형식으로 제공되는 경우가 많다. 예를 들어 히스토그램, 분산형 플롯 또는 파이 차트를 사용하면 기술 분석을 통해 생성된 정보에서 패턴을 더 쉽게 볼 수 있다.

기술 분석 활용은 일반적으로 보다 복잡하고 비용이 많이 드는 분석을 사용하기 전에 고려해야 할 첫 번째 단계이다. 분석 결과로 얻는 정보는 마케팅 관리 의사결정에 중요한 의미가 있는 사건이 발생했다는 초기 증거를 제공할 수 있다. 예를 들어, 과거 매출이 낮은 상품이 한 달 동안 매출이 상당히 증가하였다는 것이 기술 분석을 통해 관찰되었고 마케팅 관리자는 원인을 쉽게 알기 어려울 경우, 어떤 이유로 매출이 급증하였는가를 이해하기 위해 보다 복잡한 분석을 수행해야 할 수도 있다. 식별된 원인을 조직에서 활용할 수 있는 경우 마케팅 관리자는 향후 이 지식을 기업의 이익을 위해 활용할 수 있다.

진단 분석　데이터를 활용하여 직간접적으로 기관의 성과에 영향을 미칠 수 있는 다양한 마케팅 관련 요소 간의 관계를 탐색하는 것이 **진단 분석**(diagnostic analytics)을 사용하는 방법이다. 마케팅 관리자의 영향력 아래에 있거나 통제할 수 있는 마케팅 관련 요소들(예 : 광고 빈도, 광고 배치 또는 제품 가격 책정)이 매출 또는 고객 만족도 점수와 같은 중요한 기업 결과 변수들에 어떻게 영향을 줄 수 있는지 이해하는 데 중요한 가치가 있다. 진단적 분석은 서로 다른 요소들 간의 관계에 대한 통찰을 제공하여, 요소 간 관계를 이해하는 것이 향후 마케팅 의사결정에 가치를 준다는 점에서 의미가 있다. 그러한 맥락에서 마케팅 결과와 그 결과에 영향을 미치는 것으로 여겨지는 특정 마케팅 관련 요소 사이의 정량적 관계를 제공하는 선형 회귀 분석과 같은 통계적 방법은 변수 간 관계가 존재한다는 증거뿐만 아니라 그러한 식별된 관계의 상대적 크기에 대한 증거를 제공할 수 있다.

예를 들어, 온라인 포럼에서의 대화가 새로운 프로그램의 TV 평점에 미치는 영향을 조사하는 데 관심이 있는 텔레비전 네트워크의 마케팅 관리자를 생각해보자. 마케팅 관리자는 여러 온라인 포럼에서 대화의 수와 대화의 범위가 새로운 프로그램의 성공을 결정짓는 중요한 요소라고 믿고 있다. 마케팅 관리자는 온라인 포럼(TV 시청자의 다양한 커뮤니티를 대표하는) 내에서 대화 수, 대화의 범위, 분석 기간 동안 새로운 쇼의 주간 평점 등에 관한 데이터를 수집한다. 마케팅 관리자는 진단 분석을 사용하여 특정 주의 새로운 프로그램에서 대화 수 및 대화의 범위와 그다음 주 프로그램의 평점과의 관계를 살피고, 대화의 확산 범위가 대화 수보다 쇼의 미래 시청률에 훨씬 더 큰 영향을 미친다는 것을 발견한다. 그러한 발견을 통해 마케팅 관리자는 제한된 수의 온라인 포럼 내에서 대화를 하는 유사한 사람들이 있는 그룹에 관여하여 결과적으로 참여의 확산을 제한하는 것보다, 소규모이지만 보다 다양한 시청자가 온라인 포럼 전체에서 대화의 확산을 위해 온라인 토론에 참여하도록 유도하는 동기를 얻을 수 있다.

예측 분석 예측 분석(predictive analytics)은 미래 마케팅 결과에 대한 예측을 위해 데이터를 활용하는 것이다. 예측 분석은 미래에 외삽될 수 있는 패턴을 결정하기 위해 관심 있는 결과에 대한 역사적인 추정을 사용하는 분석과, 여러 요인과 그 요인들이 영향을 줄 것이라 생각하는 결과 간의 관계를 조사하는 것을 기반으로 하여 예측을 하는 분석으로 나눌 수 있다. 후자의 경우, 예측 분석과 진단 분석 간에 밀접한 관계가 있다. 특히, 진단 분석을 통해 식별된 관계는 다양한 마케팅 관련 요소가 시간이 지남에 따라 변할 것으로 예상되므로, 마케팅 결과에 미치는 영향이 시간 경과에 따른 결과의 변화로 이어지는지 예측하는 데 활용될 수 있다.[35]

자동차 진단 분석을 통해 딜러가 실행하는 다양한 마케팅 믹스 요소(이 경우 마케팅 관련 요인)에 고객이 노출되는 것이 실제로 시험 운전을 하기 위해 판매 대리점으로 들어오는 고객의 다양한 확률과 관련되어 있음을 확인한 딜러(우리 대부분은 시험 운전이 실제로 차가 구입될 가능성을 높여주는 것을 안다)를 예로 들어보자. 이 예에서 마케팅 믹스 요소는 광고에 대한 노출(관심 모델에 대한), 판매 업체 웹사이트의 특정 페이지(특히 관심 모델에 대한 제품 페이지) 및 고객 서비스 담당자와의 온라인 채팅 등을 포함한다. 고객이 이러한 각 요소에 노출되면 구매 확률이 점진적으로 증가할 것으로 예상되며, 이는 예측 분석을 통해 파악할 수 있다. 이제 고객이 자동차 판매점으로 들어올 확률에 중요한 영향을 미치는 또 다른 요소는 자동차를 구입하면 무료로 바닥 매트를 제공하는 것이다. 그러나 이 제안은 제안이 제시된 시점에, 고객이 자동차 판매점으로 들어올 확률이 50% 이상일 경우에만 상당한 영향을 줄 것이고, 50% 미만이면 제안은 거의 효과가 없을 것이다. 예측 분석을 사용하여 바닥 매트를 제공해야 하는 시점은 고객의 현재 판매 확률을 계산하고, 50% 임계값을 충족한 후에 결정될 수 있다. 상당히 정교하지 않은가?

마케팅 관련 요소에서 발생할 것으로 예상되는 변화가 마케팅 결과에 미칠 수 있는 영향을 보다 명확하게 보여줄 수 있다는 점에서 예측 분석의 가치가 발생한다. 예측 방법은 마케팅 믹스에 예상된 비용을 분배하여 얻게 될 시장 점유율에 대한 효과와 같은 시장 수준의 결과 예측에 대한 거시적 수준과, 고객이 구매할 확률과 하나 이상의 구체적인 마케팅 믹스 요소에 노출됨으로써 그러한 구매 확률에 미치는 영향과 같은 고객 수준의 반응 예측에 대한 미시적 수준 사이의 넓은 범위에서 예측 분석 방법이 적용될 수 있다는 점이 중요하다. 아메리칸 익스프레스는 데이터 내에서 충성도 예측에 중요하다고 확인된 특정 지표들과 예측 분석을 통해 짧은 기간 내에 이탈할 가능성이 있는 계정에 적힌 0을 주시한다. 이를 통해 마케팅팀은 이탈 위험이 있는 고객에게 선제적으로 접근하여 이탈 확률을 낮출 수 있어 기업의 수익에 상당한 영향을 미칠 수 있다.[36]

처방 분석 처방 분석(prescriptive analytics)을 활용하는 방법은 다양한 방식으로 마케팅 관련 요소들의 투입 수준을 조정하는 것이 어떻게 다양한 마케팅 결과에 영향을 미치는가 하는 점을 고려함으로써, 특정한 상황을 위하여 최적의 마케팅 관련 요소들을 결정하는 것과 관련이 있다.[37] 예를 들어, 처방 분석을 사용하여 인쇄 광고, 텔레비전 광고, 온라인 비디오 광고, 온라인 배너 광고 및 소셜미디어 광고와 같은 다양한 마케팅 커뮤니케이션 채널에 대한 비용 수준을 조정하는 것이 마케팅 커뮤니케이션 지출과 관련된 하나 이상의 마케팅 결과에 어떠한 영향을(핵심 성과는 제품의 총매출 또는 서비스 또는 시장 점유율의 변화 등이 있음) 미치는가를 이해하는 데 활용될 수 있다. 처방 분석은 특정 마케팅 관리 의사결정을 내리는 데 필요한 틀을 제공하기 위해, 앞서 제시된 다른 세 가지 방법에서 얻은 결과와 통찰을 활용하기 때문에 마케팅 분석 방법 중 가장 발전되었으며 가장 비용이 많이 드는 방법이다. 처방 분석을 통해 마케팅 관리자는 "이것을 하면 어떻고 저것을 하면 어떨 것인가"와 같은 질문에서 의사결정의 상대적인 가치를 평가할 수 있다. "~면 어떨 것인가(what if)" 질문은 일반적으로 다른 분석 방법을 사용하여 얻어진 결과를 통해 도출할 수 있다. 이 방법을 활용해 여러 가능한 시나리오를 분석하여, 마케팅 관리자는 자원을 가장 효과적으로 할당하는 방법을 보다 신중하게 고려할 수 있고, 중요 마케팅 결과에 영향을 줄 수 있는 경쟁사의 행동 및 기타 외부 요인과 관련하여 발생할 수 있는 잠재적 위험에 대비할 수 있다.

빅데이터에 의해 지원되는 마케팅 분석 역량

빅데이터를 활용하는 마케팅 분석을 통해 기업은 깊은 고객 통찰력을 얻을 수 있다. 기술 발전으로 인해 보다 저렴한 비용으로 역동적이고 개인화된 경험을 고객에게 제공하고, 마케팅 믹스에 대한 투자를 적절하게 조정할 수 있게 되었다. 오늘날 많은 사람들이 더 나은 의사결정과 전략 실행을 위해 제공되는 역량 때문에 마케팅 관리자가 되기에 가장 좋은 시기라고 생각한다. 도표 5.5는 마케팅 분석 및 관련 마케팅 관리 애플리케이션 유형의 다양한 예를 나타낸다. 빅데이터와 응용 마케팅 분석을 보다 세밀하게 함으로써 얻게 되는 마케팅 믹스 강화와 제품, 서비스 및 고객 경험의 개인화 증가와 같은 두 가지 세부 역량을 고려한다.

마케팅 믹스 강화 마케팅 믹스(4P) 요소(및 해당 요소의 여러 수준)가 마케팅 결과에 미치는 다양한 효과를 이해하는 능력이 마케팅 믹스 최적화를 상당히 좌우한다. 빅데이터는 이전에는 쉽게 측정할 수 없었던 제품 또는 서비스에 대한 고객 경험의 여러 단면에 대한 통찰을 제공해줄 수 있는 원천으로부터 과거보다 훨씬 많은 양의 고객 수준 데이터를 제공함으로써 그 기능을 강화했다. 예를 들어, 광범위한 소셜미디어의 사용 덕분에, 과거에 비해 테마 파크에 방문한 고객 경험에 대해 데이터를 수집하는 것이 최근 더 수월해졌다. 테마 파크에 있

마케팅 분석 유형	설명	관련 데이터 사례	구체적인 적용 사례
웹 분석	인터넷 활용 중 고객 활동을 통해 만들어진 데이터 분석	• 참조 원천(검색 엔진, 웹 사이트, 이메일) • 웹사이트 페이지 뷰	고객을 웹사이트로 유도하는 참조 원천에 대한 데이터를 분석하여 가장 많은 트래픽을 놓는 원천과 가장 가치가 높은 트래픽이 나오는 원천(온라인 소매업체의 경우 평균적으로 가장 많이 소비하는 방문객이 있는 원천)을 알 수 있다.
소셜미디어 분석	소비자의 소셜미디어 플랫폼 활용을 통해 만들어진 데이터 분석	• 게시물의 "좋아요" • 게시물의 공유	기관의 게시물에 대한 공유 패턴 데이터를 분석하여 게시물과 관련된 요인 및 특성(주제, 어조, 타이밍, 목표 청중 등)이 특정 게시물의 공유 경향에 가장 큰 영향을 미친다는 것을 이해할 수 있다.
CRM 분석	CRM 시스템 내부에 수집된 데이터 분석	• 고객 인구통계 정보 • 영업 및 서비스 사원과의 상담 일자	고객 인구통계 데이터와 영업 및 고객 서비스 직원과의 고객 접촉에 대한 데이터를 활용, 높은 수준의 서비스를 제안하여 고객 관계를 유지하는 데 더 많은 비용 투자가 요구되는 특정 고객의 인구통계학적 특성을 식별할 수 있다.
소매 분석(점포 내)	점포 내 소비자 구매 결과 만들어진 데이터와 점포 내 소매 환경을 통해 수집된 데이터 분석	• 판매 제품 • 점포 내 마케팅 믹스	소매업체의 고객 충성 프로그램으로부터 얻은 데이터(특정 고객과 개별 거래를 연결시키는 데 활용할 수 있는)와 소매업체가 매장 내에서 판매한 상품들에 대해 모은 데이터를 결합하여, 고객 맞춤형 촉진 프로그램을 개발할 수 있으며, 그로 인해 기관이 포착할 수 있는 고객의 지갑 점유율을 증가시킬 수 있다.

는 동안 하나 이상의 소셜미디어 플랫폼에 고객이 게시한 메시지는 공원의 문제 여부뿐만 아니라 고객 경험에 대한 중요한 정보 원천의 역할을 한다. 이와 관련된 실질적인 문제는 이러한 통찰력이 비정형 데이터에 포함될 수 있다는 것이다. 마케팅 분석의 발전 때문에, **감성 분석**(sentiment analysis)과 같은 방법을 사용하여 비정형 데이터의 가치를 극대화할 수 있게 되었다. 감성 분석은 메시지에 포함된 일반적인 태도(예 : 긍정, 부정 또는 중립)를 내용 분석을 통해 식별하는 분석 유형이다. 따라서 식별된 태도는 비정형 데이터에서 추출하여 후속 분석에서 사용될 수 있는 정형 데이터이다. 특정 메시지 내에서 뿐만 아니라 관련 메시지(정형 데이터)에 포함된 테마 파크의 특정 부분이나 공원 내에서 탈 것에 대한 태도를 밝히는 것은 공원에서 특정 측면의 고객 경험이 어떻게 전반적 고객 만족과 재방문할 확률을 높이거나 또는 감소시키는지에 대한 보다 풍부한 통찰력을 제공한다. 다양한 마케팅 믹스의 여러 요소에 고객이 노출되어 수집할 수 있는 데이터가 많아질수록, 그러한 요소들(개별적 및 집합적으로)이 중요한 조직의 결과에 미치는 다양한 효과를 얻을 수 있는 가능성이 높아진다.

마케팅 믹스의 영향을 평가할 때 발생하는 주요 고려 사항은 해당 효과 측정을 통해 마케팅 믹스의 여러 요소에 적절한 기여도 점수를 부여하는 방법을 결정하는 것으로 볼 수 있는 **귀인**(attribution)이다. 디지털 맥락에서 온라인 마케팅 믹스 요소에 대한 노출을 원하는 결과(예 : 구매 버튼 클릭)에 연결하는

유니버설 올란도와 같은 거대 테마 파크는 고객 데이터를 활용하여 풍부한 통찰력을 얻는데, 그 안에서 얻는 다양한 고객 경험의 관점들이 고객 만족도와 반복 구매를 높이거나 낮춘다.

것은 일반적으로 간단하다. 이러한 데이터만으로 마케팅 믹스의 여러 온라인 요소가 원하는 결과에 미치는 영향을 계량화하는 방법으로 예측할 수 있지만 몇 가지 주의 사항이 있다. 마케팅 관리자가 고객이 오프라인으로 노출되는 마케팅 믹스 요소가 온라인 구매 결정에 상당한 영향을 미친다고 생각하는 경우를 생각해보자. 예를 들어, 일부 제품의 경우 TV 광고에 노출되면 고객이 온라인으로 수행한 특정 브랜드의 키워드 검색 횟수에 영향을 미친다는 사실이 입증되었다.[38] 이러한 키워드 검색 중 일부는 온라인 구매로 이어질 수 있다. 텔레비전 광고의 이러한 영향을 고려하지 않는다면, 검색 엔진 결과 및 검색 엔진 광고의 가치를 향상시키기 위한 마케팅 관리자의 노력은 기대에 비해 훨씬 낮은 결과(구매 버튼 클릭)로 이어질 수 있다. 조직이 마케팅 믹스 요소에 대한 의사결정에 필요한 데이터에 접근할 수 있는 한, 마케팅 분석은 마케팅 믹스의 **개별 요소**와 그 요소들의 **특정 조합**이 마케팅 결과에 미치는 다양한 영향을 발견하는 데 도움을 줄 수 있어야 한다는 것은 중요하다.

개인화 증가 고객에게 맞춤화된 제품, 서비스 및 고객 경험을 효과적으로 제공할 수 있는 능력(편의상, 우리는 세 가지를 '제공물'로 언급할 것이다)은 다양한 고객의 특성을 이해하고 고객이 가장 가치를 두는 제공물 유형이 무엇인지를 이해하는 데 달려 있다. 마케팅 분석을 사용하는 개인화의 가장 두드러진 응용 프로그램 중 하나는 전자상거래 소매업체 및 디지털 콘텐츠 공급자가 사용하는 추천 시스템이다. 추천 시스템은 내용 기반 필터링, 협력 필터링 및 두 가지 방법을 섞은 방식으로 나눌 수 있다.[39] **내용 기반 필터링**(content filtering)은 고객이 과거에 선호도를 나타냈거나 현재 고려 중인 제품 및 서비스와의 유사도를 판단하여 어떤 제품이나 서비스를 추천할지를 결정하는 분석 방법이다. 내용 기반 필터링 방법은 두 제품 또는 서비스 사이에 유사도를 정량적으로 결정하는 데 활용할 수 있으며, 각각의 제품 및 서비스 쌍들 간에 상대적 비교를 가능하게 하는 여러 특성이 부여되는 제품 또는 서비스에 의존한다. **협력 필터링**(collaborative filtering)은 유사할 것이라고 인식되는 다른 고객들의 관찰된 선호도에 근거하여 제품과 서비스에 대한 고객의 선호도를 예측하는 것이다. 어떤 고객이 유사한지를 결정하는 것은 일반적으로 관련 웹사이트에서 각 고객의 행동 및 선호도와 관련된 데이터 분석을 기반으로 한다. 넷플릭스는 데이터 및 마케팅 분석 역량을 활용하여 사용자를 위한 개인화된 홈페이지 비디오 추천 서비스를 제공한다. 그 기업에서는 기계 학습 기술을 비롯한 고급 분석을 통해 추천할 비디오와 이를 그룹화하는 방법을 결정할 수 있으며, 이를 통해 사용자는 추천 비디오들의 공통점과 그들이 왜 추천되었는지에 대한 이유를 이해할 수 있다. 이 접근 방식을 통해 넷플릭스는 홈페이지의 제한된 공간(및 사용자의 관심 범

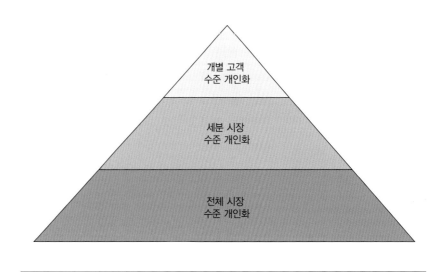

도표 5.6 | 마케팅 분석으로 달성 가능한 개인화의 세밀화 수준

개별 고객
수준 개인화

세분 시장
수준 개인화

전체 시장
수준 개인화

위)을 가장 극대화하는 방법을 결정할 수 있다. 효율적인 방식으로 사용자에게 관련 콘텐츠를 제공하는 것이 사용자를 지속적으로 만족시키고 참여하게 하는 데 중요한 역할을 한다.[40]

세 가지 가능한 개별화 수준에서 개인화를 할 수 있으며, 도표 5.6에서는 제시된 모든 사용자가 동일한 제공물을 받는 전체 시장 수준 개인화, 비슷한 선호도를 가진 고객 그룹인 세분 시장이 식별되고 각 세분 시장에 대한 제공물이 개발되는 세분 시장 수준 개인화, 각 고객이 자신의 취향에 맞게 맞춤형 제공 서비스를 받는 개별 고객 수준 개인화 설정 등의 세 가지 수준을 제시하고 있다. 비용 및 편익을 고려하여 제안의 요소에 대한 개인화 수준을 설정하는 것이 현명한 경우가 많다.[41] 자동차 기업이 여러 세분 시장별 자동차를 제조하는 세분 시장 수준의 맞춤화를 선택할 수 있지만, 권한이 부여된 판매원을 통해 개별 고객을 대상으로 판매 노력 및 제품 가격을 개별적으로 설정할 수 있는 개별 수준 개인화 방법을 활용하는 것을 예로 들 수 있다. 고객 수준의 데이터를 통해 각 수준의 개인화가 가능해진다.

마케팅 대시보드

5-6

마케팅 대시보드의 개념을 이해하고 마케팅 대시보드가 기업의 마케팅 계획을 개선하는 데 어떤 역할을 하는지 이해할 수 있다.

자동차, 비행기 또는 비디오 게임의 대시보드에서 실시간 및 편리한 형식으로 많은 중요한 정보를 제공하는 방법을 생각해보자. **마케팅 대시보드**(marketing dashboard)는 관리자에게 예상 매출 대비 실제 매출, 마케팅 계획 목표에 관한 진행 사항, 유통 경로의 효과성, 영업 인력의 생산성, 브랜드 자산의 발전과 특정 조직에서 마케팅 관리자의 역할과 관련된 메트릭스와 정보에 관한 데이터를 포함하여 마케팅 관리자가 운영하는 데 필요한 최신의 정보를 제공하는 광범위한 시스템이다.[42] 분명히 마케팅 효과와 효율성을 포착, 형성 및 개선하는 과정을 대시보드에 비유하는 것은 훌륭하다.[43]

마케팅 대시보드는 어떻게 구현되는가? 받은 편지함에 매주 또는 매월 컬러 인쇄물 형태로 나타나거나 전자 메일 업데이트로 사이버 공간을 통해 전송되거나 회사 인트라넷 암호로 보호된 웹사이트에서 접근할 수 있다. 물리적 형태와 레이아웃은 조직 내에서 관리자가 직접 관리자를 위해서 개발해야 한다. 인터넷에서 'Marketing Dashboards'를 검색해서 얼마나 많은 컨설팅 기업들이 마케팅 대시보드에 대한 자신들의 고유한 방법이 당신에게 적합한 방법인지를 확신시키기 위해 노력하는지를 알면 매우 놀랄 것이다. 현대 시장에서 성공적으로 경쟁하려면 기업은 마케팅 계획에 집중하여 관리자와 임원이 항상 목표 및 메트릭스에서 사업의 진전 상황에 대한 핵심 정보를 즉시 파악할 수 있도록 해야 한다. 이것은 대시보드 방법이 제공하는 것이다.

마케팅 계획을 향상시키기 위한 마케팅 대시보드 방법에는 다음에 요약된 몇 가지 주요 장점들이 있다.

- 선택한 대시보드 지표에 근거하여 마케팅 목표, 재무 목표 및 회사 전략을 조정한다.
- 마케팅 기능 내에서 정비를 강화하고 마케팅의 다른 조직 기능과의 관계를 명확히 한다. 복합적인 기능을 갖도록 조직을 정비하는 것은 조직의 성공을 이루기 위해 필요한 공동체 정신 형성에 크게 기여한다.

- 사용자에게 친숙한 방식으로 데이터를 표시한다. 마케팅 계획과 재무적 결과 간에 직접적이고 이해 가능한 관계를 만든다.
- 바람직한 조직의 결과를 얻기 위해 마케팅 자원 할당에 관한 사실 기반의 논리적 의사결정을 중시하는 학습 조직을 육성한다.
- 마케팅 목표, 운영 및 성과에 대한 조직의 투명성을 제고하고 조직의 리더십 및 기타 부문에서 마케팅 신뢰도를 높인다.[44]

마케팅 대시보드의 목표와 요소

효과적인 대시보드는 정적이 아닌 유기적이라는 특징을 가진다. 대시보드는 목표가 명료화되고 재정의되며, 지표와 결과 간에 인과관계가 형성되고, 예측치에 대한 확신이 커짐에 따라 조직에 적응하고 변화해야 한다. 첫 번째 버전의 마케팅 대시보드에 대해 확실히 알 수 있는 것은, 1~2년 만에 이 대시보드가 매우 다르게 보일 것이라는 점이다.

대시보드의 두 가지 주요 목표는 진단에 대한 통찰력과 예측적인 예지력이며, 특히 후자에 중점을 둔다. 일부 대시보드 메트릭스 항목은 진단적인데, 발생한 문제를 확인하고 그 이유를 식별하려고 한다. 그러나 당신이 의지하게 될 가장 중요한 메트릭스는 예측 지표인데, 진단 경험을 통해 상황 및 자원 할당에 대한 다양한 가정하에서 결과를 더 잘 예측할 수 있다.[45]

훌륭한 마케팅 대시보드는 다음과 같은 핵심 요소로 구성된다.

- 마케팅 목표로 전환된 기업 목표
- 마케팅 프로그램의 재무적 영향 측정
- 브랜드 및 고객 관계와 같은 마케팅 자산이 어떻게 구축되고 있는지 추적
- 마케팅 팀의 기술 및 역량 실행
- 고객 가치를 제공하는 데 필요한 다른 비즈니스 프로세스 실행
- 고객 통찰력에 대한 접근성과 유용성을 높이기 위한 도구의 지속적인 개선
- 시장에서 어떤 사건이 일어나고 있는가뿐만 아니라 그 사건이 일어나는 이유에 대한 통찰
- 예측, 추정 및 과정 개선을 위한 진단
- 궁극적으로 향상된 마케팅 투자 수익률(ROMI)[46]

마케팅 대시보드의 잠재적 문제

마케팅 메트릭스에 대한 대시보드 접근 방식을 취하는 것이 성공적인 마케팅 계획을 수립하는 데 많은 도움이 되지만 실행할 때는 다음과 같은 몇 가지 잠재적 문제가 있다.

- '내부에서-밖으로' 측정에 대한 지나친 의존 : 과도한 내부 척도를 두는 것은 불확실성이 크고 동적인 외부 시장 대신에 이미 알고 있는 것에 집중하는 것을 의미할 수 있다. 마케팅 계획에 중대한 변화를 일으킬 수 있는 외부 요인을 모니터링하는 데 초점을 두면 특히 대시보드의 가치가 커진다.

- 상당히 많은 전술 메트릭스, 충분하지 않은 전략적 통찰 : 지난 10년간 마케팅에 재무적인 결과에 대해 책임을 묻는 것에 집중해왔기 때문에, 전술적 또는 '중개적' 메트릭스가 확산되었다. 수많은 책과 기사에서 모든 종류의 마케팅 프로그램의 결과(브랜드 인지도, 고객 사용, 리드 전환 등)를 평가할 다양한 계산 방법과 비율을 제공한다. 이들이 가치 있고 대시보드에서 올바른 일련의 중개적 메트릭스를 갖추는 것이 중요하지만, 기업에 대한 전략적 중요성을 측정하는 방법을 과소평가하지 않는 것이 중요하다.

- 대시보드를 내부적으로 시장에 내놓는 것을 잊어버림 : 마케팅 대시보드의 성공에 대한 한 가지 척도는 기업 전체의 관리자와 임원이 그것을 포용하고 **사용하는** 수준이다. 우리가 일관되게 강조했듯이, 마케팅은 부서가 아니라 기업의 전략 및 문화적 구성 요소의 일부이다. 따라서 마케터뿐만 아니라 주요 이해관계자에게 내부적으로 대시보드를 알리는 것이 중요하다. 당신은 대시보드가 제시하는 것이 무엇인지 믿고 이해하는 고위 임원의 비율이 높기를 원한다. 분명히 CEO는 내부 마케팅의 대상이 되어야 한다. 그러나 CFO도 CEO만큼 중요한 대상이다. 특히 회사의 장기적인 성공에 대한 기여자로서 CFO가 마케팅에 대한 친숙도가 높으면 높을수록 좋다.[47]

마케팅 투자 수익률

5 - 7

마케팅 투자 수익률의 개념 및 활용 시 유의사항을 설명할 수 있다.

오늘날 CEO들은 마케팅에 대한 투자가 특히 재무적으로 기업의 성공에 어떤 영향을 미치는지 정확히 알기를 기대한다. 따라서 **마케팅 투자 수익률**(return on marketing investment, ROMI)을 고려하는 것이 중요해졌다.* 마케팅에 대한 목표 중심 투자 접근 방식을 통해 기업은 상품에 대한 기회를 극대화하여 시장에서 잠재력을 최대한 발휘할 수 있기 때문에 이 책은 마케팅을 비용이 아닌 **투자**로 보는 관점에 중점을 두고 있다. 다른 관점(마케팅을 과거 또는 예상 매출의 일정 비율에 연계된 비용으로서 바라보는 것) 때문에 시장 기회가 제한되고, 의미 있게 마케팅 결과를 계획하고 측정할 수 있는 능력이 감소할 수 있다.[48]

다른 투자 결정과 마찬가지로 마케팅 투자 결정은 네 가지 기본 요소를 고려해야 한다.

- 투자 수준
- 수익
- 위험
- 기준 수익률

다른 투자와 마찬가지로, 예상된 결과(수익에서 비용을 뺀 값)는 주어진 위험 수준(둘 다 기업이 정의)에 대한 정해진 투자 기준 수익률을 초과해야 한다. 따라서 ROMI는 마케팅 프로그램에서 생성된 수익 또는 순익을 주어진 위험 수준에서 해당 프로그램의 비용으로 나눈 값이다. ROMI 기준 수익률은 주어진 위험 수준에서 프로그램에 대한 최저 허용 가능 기대

---

* ROMI를 이해하는 데 최고의 참고도서 중 하나는 다음 도서이며 마케팅 관리자들에게 상당히 추천되고 있다. Guy R. Powell, *Return on Marketing Investment: Demand More from Your Marketing and Sales Investments*, Albuquerque, NM: RBI Press, 2002. 이 절의 아이디어는 이 책에서 가져온 것이다.

수익으로 정의된다. 100만 달러의 비용과 500만 달러의 새로운 수익을 창출하는 상대적으로 위험성이 낮은 마케팅 프로그램의 예를 생각해보자. 이 프로그램의 ROMI는 5.0이다. 기업의 마케팅 예산이 500만 달러이고 2,000만 달러의 매출을 창출해야 하는 경우, 위험성이 낮은 마케팅 프로그램의 ROMI 기준 수익률은 4.0이다. 즉, 모든 마케팅 프로그램은 마케팅 지출에서 매 1달러에 대해 최소 4달러의 수익을 창출해야 한다. 위의 5.0의 ROMI는 ROMI 기준 수익률을 초과하므로 채택될 수 있는 마케팅 프로그램이다.[49]

기업은 다양한 마케팅 프로그램 전반에서 여러 잠재적인 위험 수준의 차이에 근거하여 자체 기준 수익률을 설정해야 한다. 또한 위험은 산업에 따라 그리고 마케팅 계획이 신생 업체 또는 기존 제품 라인과 관련되는가의 여부에 따라 상당히 다른 경향이 있다. ROMI는 마케팅에서 더 많은 것을 얻을 수 있도록 도움을 주는 도구라는 것이 핵심이다. ROMI와 조직 내에서 ROMI 사용에 의해 촉진된 사고방식은 마케팅 관리자가 마케팅 계획 및 프로그램을 더 잘 개념화하고 실행하는 데 도움이 된다. ROMI는 마케팅 관리자가 기업의 계획, 측정 및 결과를 목표 및 기대치와 연결하는 데 도움을 주며, 성공할 경우 최고마케팅경영자가 마케팅 투자를 위해 CEO를 다시 찾을 수 있는 좋은 기회를 제공한다.

ROMI에 과도하게 의존하는 것에 대한 주의 사항

상기 내용을 고려하면, ROMI는 분명히 많은 기업들에서 마케팅의 재무적 성과에 대한 중요한 메트릭스이다. 고객(ROCI), 브랜드(ROBI) 및 촉진(ROPI) 등에 동일한 원칙을 적용하는 ROMI의 몇 가지 파생 메트릭스가 개발되었다.[50] 전반적으로 이사회실 및 중역실에서 마케팅 기여도에 대한 계량화를 더욱 기대하는 트렌드는 긍정적인 것이다. 그러나 마케팅 대시보드 개념 내에서 조직이 검토해야 할 것은 대시보드에 포함하기 위해 선택된 관련 메트릭스를 배열하는 것인데, 이러한 메트릭스를 함께 사용하면 기업 실적에 대한 전체적인 윤곽을 그릴 수 있기 때문이다. 관리자는 여러 적절한 메트릭스를 검토하여 ROMI 결과의 해석을 조율해야 한다.

또한 ROMI는 원래 투자가 일단 이루어지고, 다음 기간 동안 수익이 유입되는 자본 투자안들을 비교하기 위해 설계된 것임을 기억하는 것이 중요하다. 마케팅에서 자본 투자안은 목표가 잘 정의되고 시작과 끝이 명확한 개별 마케팅 프로그램 또는 캠페인과 유사하다. 그러나 실제로는 시작이나 끝이 분명하지 않은 상황에서 ROMI가 종종 적용된다. ROMI에 과도하게 의존하는 것에 반대할 때 흔히 표출되는 여섯 가지 의견은 다음과 같다.

1. 기업이 마케팅이 비용이 아닌 투자라며 말을 꾸밀 수 있으나, 일반적으로 마케팅 지출은 기업의 회계 시스템에서 투자로 취급되지 않는다.
2. ROMI는 이윤을 지출로 나누어야 하지만, 다른 모든 재무성과 척도는 지출을 공제한 후에 이익이나 현금 흐름을 고려한다.
3. 이익이 여전히 증가하고 있는 기간 동안에 ROMI가 극대화된다는 것이다. 성장이 정체된 기간 동안 ROMI를 추적하는 것은 저성과와 최적이 아닌 수준의 활동을 '유발'하는 것으로 간주될 수 있다. 즉, 기업은 정체 시기에 이익과 현금 흐름을 극대화하기 위해

하인즈는 ROSI를 진지하게 받아들여, 재활용이 가능하면서 식물 원료를 30%까지 활용한 '식물병'을 케첩 애호가들에게 추가 비용 없이 제공한다!

출처 : The Kraft Heinz Company

마케팅 재투자를 줄이는 경향이 있다. 그 결과 성과가 떨어질 것은 자명하다.

4. ROMI를 계산하기 위해서는 증분 지출이 발생하지 않았다면 어떤 일이 일어났을 것인지를 알아야 한다. 그러한 수치를 가지고 있거나 수치를 대체할만한 의미 있는 무언가를 생각할 수 있어야 한다.

5. ROMI는 중역 회의실 및 이사회에서 '마케팅 생산성'에 대한 매력 있는 대리 지표가 되었지만, 기업이 ROMI의 적절한 계산을 완전히 다르게 해석한다는 상당한 증거가 있다. 경영진이 서로 다른 메트릭스를 염두에 두고 ROMI에 대해 토론하면 혼란이 발생하고 메트릭스의 가치가 떨어진다.

6. ROMI는 본질적으로 기업의 마케팅 자산(예 : 브랜드)의 영향을 무시하고 관리자를 보다 단기적인 의사결정 관점으로 이끌어가는 경향이 있다. 즉, ROMI는 장기적 효과나 브랜드 가치의 변화를 고려하지 않고 단기적인 이윤과 지출만을 고려한다.[51]

신중하게 진행하라

다양한 차원에서 기업의 성공에 대한 마케팅 기여도를 더 정확하게 계량화하는 것을 시도할 때, ROMI 및 기타 마케팅 성과 메트릭스가 지속적으로 확장될 것으로 기대된다. 마케팅 관리자는 기여도를 계량화할 수 있는 기회를 얻어야 할 것이며, 목표 지향적인 척도에 대하여 전체론적인 대시보드 방식을 취함으로써 하나 또는 몇 개의 메트릭스에 초점을 맞추는 것에서 발생할 수 있는 잠재적인 단점을 크게 완화할 수 있다.

마케팅 관리는 과학이자 예술이다. 과학적 측면에서는 계량화를 원하고, 기업의 중역과 주주들에게 성공의 수치적인 증거를 제공하고자 한다. 그러나 평균적인 신제품 도입과 세계적인 수준의 제품 도입 간에 차이는 주로 창의성, 통찰력, 그리고 적절한 시기에 시장을 공략할 수 있는 훌륭한 아이디어를 얻게 되는 좋은 운에 의해 상당히 좌우된다는 것을 이해하는 것이 예술적인 측면이다.

지속가능성과 기업의 사회적 책임에 초점을 두는 현대 비즈니스를 감안할 때 흥미로운 질문은, ROSI(return on social investment, 사회적 투자 수익률) 같은 관련 지표가 다른 전통적인 성과 지표들과 함께 어떻게 작동할 것인가이다. 존경받는 하인즈와 같은 기업은 ROMI와 같은 전통적인 성과 메트릭스와 ROSI와 같은 공익 메트릭스 간의 균형을 잡기 위해 노력해 왔다.

요약

고객관계관리(CRM)는 고객 중심으로 매출과 이익을 증대시키고자 하는 포괄적인 비즈니스 모델이다. CRM은 수익성 높은 고객을 확보하고 유지하는 데 초점을 두기 때문에 고객 만족도와 충성도가 향상된다. 성공적인 CRM은 영업 사원, 고객 관리 담당자 또는 웹사이트와 같은 다양한 고객 접점을 통해 얻은 정보를 활용하여 실행된다. CRM이 고객 중심의 문화를 촉진하여, 모든 조직 구성원이 자신의 직무를 수행할 때 고객 중심의 마음가짐을 갖는 것이 중요하다.

빅데이터는 볼륨, 다양성, 속도, 진실성의 네 가지 'V'로 특징지을 수 있다(많은 관리자의 경우 다섯 번째 'V'값은 가치로 본다). 가치 있는 고객 관련 데이터는 조직의 내부 및 외부의 다양한 출처를 통해 생성되며, 마케팅 관리자가 다양한 잠재적 용도로 활용할 수 있다. 빅데이터는 상대적으로 쉽게 분석할 수 있는 정형 데이터 형식과 분석이 어려운 비정형 데이터 형식(경우에 따라 그 사이에 있는 반정형 형식) 등의 다양한 원천으로부터 생성될 수 있다.

마케팅 분석은 빅데이터에서 가치를 추출할 때 중요한 역할을 한다. 마케팅 분석의 네 가지 핵심 유형은 복잡성이 증가하는 순으로 기술 분석, 진단 분석, 예측 분석, 처방 분석으로 분류된다. 일반적으로 보다 복잡한 접근 방식일수록 비용이 더 많이 들어간다. 마케팅 관리자의 경우 마케팅 분석을 효과적으로 활용하면 마케팅 성과 지표뿐만 아니라 고객에 대한 중요한 통찰을 얻을 수 있다. 마케팅 대시보드는 의사결정에 활용하기에 적합한 형식을 띠고 있고, 업무와 관련이 있으며, 시의 적절하고 정확한 정보를 마케팅 관리자에게 제공하는 포괄적인 방법을 제공한다. 메트릭스는 마케팅 담당자가 다양한 마케팅 투자의 상대적인 성과를 평가하는 데 중요한 역할을 한다. 마케팅 투자 수익률(ROMI)은 재무적 측면에서 마케팅의 기여도를 형성하여, 마케팅 노력의 잠재적이고 실현된 가치를 광범위한 조직 구성원들에게 전달하고, 더 큰 책임을 촉진시키는 역할을 한다.

핵심용어

감성 분석(sentiment analysis)

고객관계관리(customer relationship management, CRM)

고객 만족(customer satisfaction)

고객 생애 가치(customer lifetime value, CLV)

고객 접점(customer touchpoints)

고객 중심 사고방식(customer mind-set)

고객 충성(customer loyalty)

고객 퇴출(firing a customer)

고객 투자 수익률(return on customer investment, ROCI)

공식화(formalization)

귀인(attribution)

기술 분석(descriptive analytics)

내용 기반 필터링(content filtering)

데이터 마이닝(data mining)

데이터베이스 마케팅(database marketing)

데이터 웨어하우스(data warehouse)

마케팅 대시보드(marketing dashboard)

마케팅 분석(marketing analytics)

마케팅 분석가(marketing analyst)

마케팅 투자 수익률(return on marketing investment, ROMI)

반정형 데이터(semi-structured data)

비정형 데이터(unstructured data)

빅데이터(Big Data)

예측 분석(predictive analytics)

정형 데이터(structured data)

조직 학습(organizational learning)

진단 분석(diagnostic analytics)

처방 분석(prescriptive analytics)

협력 필터링(collaborative filtering)

1. 아래의 각 브랜드들을 생각해보자. 각 브랜드의 모기업에 강력한 CRM 시스템이 있다고 가정하면 가장 수익성 높은 고객들로부터 높은 만족 및 충성도를 얻기 위해 마케팅 관리자가 각 경우에 취할 수 있는 구체적인 행동은 무엇인가?

   a. 에어로포스테일
   b. 윈 라스베이거스
   c. 여러분이 다니고 있는 대학
   d. 스바루 자동차
   e. GE 홈 어플라이언스

2. 지식 발견, 시장 계획, 고객 상호작용, 분석 및 개선의 CRM 과정 주기를 고려하라. 관심 있는 기업을 선택하고 중요한 브랜드 또는 제품 라인 중 하나를 생각하라(제품이거나 서비스일 수 있음). 고객 접점을 파악하는 데 특히 주의하면서, 해당 기업을 위해 필요하다고 생각하는 CRM 과정 주기 차트를 작성하라. 각 주기 요소를 설명할 때 최대한 구체적으로 작성하라.

3. 이 장에서는 몇 가지 빅데이터 원천에 대해 살펴보았다. 아래에 나열된 각 빅데이터 원천에 대해, 그러한 원천을 활용하거나 혹은 활용할 수 있다고 여러분이 생각하는 조직을 하나 정하라. 그런 다음, 그 조직이 특정한 마케팅 문제들에 답하거나 마케팅 관련 의사결정을 하기 위해 각 원천으로부터 얻은 데이터를 현재 어떻게 활용하거나 혹은 활용할 수 있다고 생각하는지 간략히 설명하라(여러분이 제시하는 질문들과 의사결정 사항들은 각 데이터 원천마다 다를 수 있다).

   a. 비즈니스 시스템
   b. 소셜미디어 플랫폼
   c. 인터넷으로 연결된 기기
   d. 모바일 애플리케이션
   e. 상업적인 사업체들
   f. 정부 기관

4. 고객에게 온라인으로 제품이나 서비스를 판매하기 위해 고도로 개인화된 방법을 사용하는 기관을 선택하라. 당신이 과거에 사용한 경험이 있는 익숙한 기관일수록 이상적이다.

   a. 선택한 기관이 마케팅 활동에서 개인화를 활용하는 방법에는 어떤 것들이 있는가?
   b. 개인화 마케팅 활동을 가능하게 하는 기관의 웹사이트에서 고객이 참여하는 활동이나 행동은 무엇인가?
   c. 위에서 밝힌 개인화 노력이 긍정적인 영향을 미쳤다는 증거를 제공하기 위해 기관이 데이터를 수집할 수 있는 구체적 활동 및 행동은 무엇인가? 이 장에서 논의된 마케팅 분석 방법 중 어떤 유형이 기관의 개인화 가치를 수립하는 데 가장 적합한가?

5. 여러분이 관심이 있고 그 제공물에 대해 약간의 지식이 있는 기업을 선택하라.

   a. 그 기업은 마케팅 대시보드 방법을 통해 어떤 이점을 얻을 수 있는가?
   b. 그 기업의 대시보드에 어떤 요소를 추가할 것을 추천하는가? 왜 추천하는가?
   c. 어떻게 하면 그 기업은 마케팅 대시보드와 관련된 잠재적 위험을 피할 수 있는가?

아웃라인 인디아 : 데이터에 기반한 의사결정

선진국에서는 질 높은 다량의 데이터에 접근할 수 있다. 인터넷 연결 속도가 빠르고, 스마트폰, 태블릿 및 노트북의 소유 비율이 높기 때문에, 사람들로부터 데이터를 쉽게 수집할 수 있다. 그러나 대부분의 국가들에서는 그렇게까지 데이터 관련 기술이 발달하지 않았다! 따라서 데이터를 수집하는 것이 더 어려운 국가에서 현대 마케팅 분석 방법을 적용하여 정보에 입각한 선택을 어떻게 하느냐 하는 것이 중요한 질문이다. 아웃라인 인디아라고 하는 회사가 이 질문에 성공적으로 대답하기 위해 열심히 노력하고 있다. 그러나 아웃라인 인디아의 일이 왜 중요한지 이해하기 전에 선진국에서 데이터를 수집하는 방법을 알아보자.

미국에서는 여러 유형의 상업용 데이터 공급 업체가 소비자에 대한 인구통계, 행동 및 태도 데이터를 제공한다. 또한 미국 정부와 여러 유럽 국가들에서는 정부 기관 및 공무원들이 더 나은 정보에 입각하여 의사결정을 내릴 수 있도록 지원하기 위해, 데이터 수집과 관련된 연구에 자금을 지원하고 있으며, 연구 결과는 공개되어 거의 무료로 활용할 수 있다. 이러한 유형의 데이터를 수집하는 대표적인 예로는 미국 인구 조사가 있다. 이 인구 조사는 표본 대상 설문조사와 추세에 대한 통계적 추측을 활용해 매년 업데이트되며 10년마다 미국 전역의 사람들을 방문하여 데이터를 수집한다. 센서스에서 미국 시민들로부터 수집된 데이터를 활용해 통계적 추정을 하고, 이를 통해 사실 기반의 정책 결정에 도움을 준다(그 외에, 통계적 표본을 취하여 조사하는 것이 전수 인구 조사를 하는 것보다 더 정확한 결과를 얻을 것이라는 섬이 계량적으로 증명되었지만 그것은 논외의 이야기이다).

이것은 많은 가용 자원을 소유하고 있는 미국과 같은 국가에서나 잘 작동하는 예이다. 그러나 첫 번째 단락에서 제시한 질문으로 돌아가보자. 가치 있는 데이터 수집에 국가가 어려움을 겪고 있는 상황에서 어떻게 마케팅 분석 방법을 적용할 수 있을까? 인도를 고려해보자. 13억이 넘는 인구가 거주하지만 전체 인구의 35%만이 인터넷에 접속하고 일부 농촌 지역에서는 25~35%만 전기를 사용한다.[52] 이로 인해 데이터 수집이 어렵고 수집된 데이터는 도시에 편향된 경향이 있다. 바로 그러한 배경에서 아웃라인 인디아가 시장에 진입한 것이다.

2012년에 설립된 뉴델리 외곽 지역에 기반을 둔 아웃라인 인디아는 고객이 찾는 주요 데이터를 수집하고 기록하기 위해 현지인을 교육한다. 지금까지 현지화 노력은 성공적이었다. 기업 및 정부 고객이 인도 소비자 및 주민의 요구 사항에 대한 긴급한 질문에 답변할 수 있도록 2,300개 이상의 마을에서 데이터가 수집되었다. 예를 들어, 기업의 마케팅 목표가 인도에서 태양열 펌프를 필요로 하는 현장을 알아내는 것이라면 아웃라인 인디아에 요청하는 것을 추천한다. 아웃라인 인디아는 시골 지역에서의 데이터 수집을 개선하기 위해 일하는데, 기업의 사회적 책임을 지원하는 기업(예 : Conscious Foundation을 통한 H&M), 창업 기업, 상업 기관 및 정부 기관이 정보에 근거한 의사결정을 하는 데 필요한 분석 결과를 제공한다.[53]

아웃라인 인디아의 설립자인 프레나 무크하리아는 석사 학위를 취득한 보스턴대학교에서 원시 데이터로부터 가치를 얻는 방법을 배웠으며, 델리에 있는 정책 연구 센터에서 연구를 수행했다. 무크하리아는 인도에서 데이터가 빈곤, 성차별, 아동 노동 및 기타 사회 문제를 해결하는 데 유용하고 가치 있는 도구라고 생각했으며, 아웃라인 인디아의 목표 중 하나는 고객이 고급 분석 기법을 통해 데이터를 적용할 수 있도록 돕는 것이다.[54] 아웃라인 인디아는 데이터를 수집하는 일 외에, 수집한 데이터에 대한 기술 및 예측 분석을 수행한 다음 분석된 결과를 고객에게 직접 전달한다. 아웃라인 인디아의 데이터는 비영리 단체에서도 활용 가능하다.

지금까지 아웃라인 인디아는 250명의 조사자로 팀을 구성하여 약 100만에 이르는 개인들의 자료를 수집할 능력이 있다. 그러나 신생기업임에도 불구하고 상당히 인상적으로 자료 수집 범위를 확장하였으며, 지금까지 수집한 데이터가 유용하다는 것이 입증되었지만, 아웃라인 인디아는 여전히 어려움에 직면해 있다. 아웃라인 인디아는 분명 많은 양의 데이터를 제공하는 데 도움이 되지만, 거대한 인도의 인구로 인해, 여전히 전체 인구의 0.1%만을 커버할 수 있다. 데이터 품질(그것이 수집하는 데이터가 얼마나 정확하고 완전한가)은 또 다른 문제이다. 이 문제를 해결하기 위해 아웃라인 인디아는 지역 주민들에게 데이터를 수집하는 방법을 교육할 뿐만 아니라 테스트를 통해 그들에게 자격을 부여한다. 개인은 처리할 데이터의 복잡성에 따라 다양한 수준의 전문적인 시험을 치러야 하며, 시험의 결과를 통해 능숙함을 증명받을 수 있다.[55]

아웃라인 인디아는 더 많은 양과, 더욱 다양한 유형의 데이터를 수집하는 데 더욱 큰 장벽(개발도상국에 진입하는 마케터와 관련된 장벽)에 직면해 있다. 시골 지역의 주요 커뮤니케이션 채널 중 하나는 휴대 전화이며, 기본적인 셀룰러폰 휴대 전화 사용률이 인도에서 매우 높지만(77% 이상) 정교한 데이터 수집을 위한 애플리케이션 사용이 가능한 스마트폰 사용률은 약 12%로 상대적으로 낮다.[56] 기본 휴대 전화를 사용함으로써, 소비자(잠재적인 데이터 접점)와 효과적인 '라스트 마일' 연결이 가능하지만, 데이터 수집자들에게 데이터 수집을 위한 도구가 매우 제한되며, 신뢰할 수 있는 고대역폭 인터넷 연결이 어려워 많은 양의 데이터 송수신이 어렵다. 또한 마을 기반 시설을 보여주는 위성 이미지와 같은 거대 비정형 데이터는 가장 정교한 스마트폰 또는 노트북에서 데이터를 얻어 전달해야 한다.

그러나 다행히도 이러한 커뮤니케이션 문제는 곧 완화될 수 있다. 보스턴 컨설팅 그룹은 인도 시골의 스마트폰 보유자가 2020년까지 2.6배 증가할 것으로 예상하고 있으며, 그로 인해 시골 지역에 거주하는 3억 1,500만 명의 인도인들이 아웃라인 인디아와 같은 기업과 마케팅 담당자들에게 그들이 필요로 하는 사항들을 전달할 수 있을 것이다.[57] 결국, 아웃라인 인디아는 여러 문제에 직면하고 있음에도 불구하고, 다량의 고품질 필드 데이터를 제공하여 정책 입안자와 기업의 의사결정 내용을 전달하는 데 도움을 주어, 궁극적으로 인도인들에게 긍정적인 영향을 미칠 것이다. 아웃라인 인디아의 최종 목표는 수많은 농촌 거주 인도인들의 삶을 개선하기 위해, 데이터를 수집하고 이를 데이터 분석에 활용하는 것이다.

생각해볼 문제

1. 인도 시장 분석에 필요한 일반적이고 구체적인 유형의 시장 데이터는 무엇인가? 개발도상국에서는 그러한 데이터 중 어떤 데이터의 활용 가능성이 떨어질까?

2. 여러분이 아웃라인 인디아가 갖고 있는 문제(양이 많으면서도 품질이 뛰어난 데이터를 수집하는 것)에 직면한다면, 정확하고 완전한 데이터를 확보하기 위해 무엇을 해야 할까?

3. 현장에서 데이터를 수집하고자 할 때, 아웃라인 인디아는 어떠한 비기술적 장벽에 직면할 것인가?

마케팅 계획 연습

활동 4 : CRM 시스템을 위한 계획

이 장에서는 고객 중심의 문화를 구축하고 관계 기반 사업을 확립하고자 할 때, CRM의 가치에 대해 학습했다. 마케팅 계획 개발 단계에서 다음 단계가 필요하다.

1. 고객 획득, 고객 유지 및 고객 수익성과 관련하여 CRM 시스템의 목표를 수립하라. 특히 고객 만족도 및 수익성 높은 고객의 충성도를 높이는 데 특별한 주의를 기울여라.

2. 여러분의 비즈니스에 활용할 CRM 프로세스 주기를 그려보라. 쌍방향적이거나 단방향적이냐의 여부와 관계없이 활용하려는 모든 관련 접점을 알아보라.

3. 오용과 노난 방지에 숭점을 둔 고객 데이터를 윤리적으로 다루는 것에 관한 일련의 지침을 마련하라.

4. 이 장에서 확인된 CRM 실패의 이유를 고려하라. 여러분의 기업에서 각각의 실패 사유를 피할 수 있는 방법을 개발하라.

1. Ronald S. Swift, *Accelerating Customer Relationships: Using CRM and Relationship Technologies* (Upper Saddle River, NJ: Prentice Hall PTR, 2001).

2. Stephen F. King and Thomas F. Burgess, "Understanding Success and Failure in Customer Relationship Management," *Industrial Marketing Management* 37, no. 4 (June 2008), pp. 421–31.

3. Stanley A. Brown, ed., *Customer Relationship Management: A Strategic Imperative in the World of E-Business* (Toronto: Wiley Canada, 2000), pp. 8–9.

4. Anders Gustafsson, Michael D. Johnson, and Inger Roos, "The Effects of Customer Satisfaction, Relationship Commitment Dimensions, and Triggers on Customer Retention," *Journal of Marketing* 69, no. 4 (October 2005), pp. 210–18.

5. Mohanbir Sawhney and Jeff Zabin, "Managing and Measuring Relational Equity in the Network Economy," *Journal of the Academy of Marketing Science* 30, no. 4 (Fall 2002), pp. 313–33.

6. Frederick F. Reichheld, *Loyalty Rules! How Leaders Build Lasting Relationships in the Digital Age* (Cambridge, MA: Harvard Business School Press, 2001).

7. Timothy W. Aurand, Linda Gorchels, and Terrence R. Bishop, "Human Resource Management's Role in Internal Branding: An Opportunity for Cross-Functional Brand Messaging Synergy," *Journal of Product and Brand Management* 14, no. 2/3 (2005), pp. 163–70; and Scott Davis, "Marketers Challenged to Respond to Changing Nature of Brand Building," *Journal of Advertising Research* 45, no. 2 (June 2005), pp. 198–200.

8. Sawhney and Zabin, "Managing and Measuring Relational Equity."

9. Werner Reinartz, Jacquelyn S. Thomas, and V. Kumar, "Balancing Acquisition and Retention Resources to Maximize Customer Profitability," *Journal of Marketing* 69, no. 1 (January 2005), pp. 63–79.

10. Nicole E. Coviello, Roderick J. Brodie, Peter J. Danaher, and Wesley J. Johnston, "How Firms Relate to Their Markets: An Empirical Examination of Contemporary Marketing Practices," *Journal of Marketing* 66, no. 3 (July 2002), pp. 33–47.

11. Peter C. Verhoef, "Understanding the Effect of Customer Relationship Management Efforts on Customer Retention and Customer Share Development," *Journal of Marketing* 67, no. 4 (October 2003), pp. 30–45.

12. Neil A. Morgan, Eugene W. Anderson, and Vikas Mittal, "Understanding Firm's Customer Satisfaction Information Usage," *Journal of Marketing* 69, no. 3 (July 2005), pp. 131–51.

13. James E. Richard, Peter C. Thirkell, and Sid L. Huff, "An Examination of Customer Relationship Management (CRM) Technology Adoption and Its Impact on Business-to-Business Customer Relationships," *Total Quality Management & Business Excellence* 18, no. 8 (October 2007), pp. 927–45.

14. Bob Lewis, "The Customer Is Wrong," *InfoWorld* 24, no. 2 (January 14, 2002), pp. 40–41.

15. Avinandan Mukherjee and Prithwiraj Nath, "Role of Electronic Trust in Online Retailing: A Re-Examination of the Commitment-Trust Theory," *European Journal of Marketing* 41, no. 9/10, pp. 1173–1202.

16. Natalie Zmuda, "Target's CMO Navigates Marketing Post-Security Breach," *Advertising Age*, March 10, 2014, http://adage.com/article/news/target-s-cmo-navigates-marketing-post-security-breach/292032/.

17. George Day, "Capabilities for Forging Customer Relationships," *MSI Report* #00–118 (Cambridge, MA: Marketing Science Institute, 2000).

18. Patricia Kilgore, "Personalization Provides a Winning Hand for Borgata," *Printing News,* December 11, 2006, pp. 7–8.

19. Karen Norman Kennedy, Felicia G. Lassk, and Jerry R. Goolsby, "Customer Mind-Set of Employees throughout the Organization," *Journal of the Academy of Marketing Science* 30 (Spring 2002), pp. 159–71.

20. New York City Mayor's Office of Tech and Innovation, "INYC DOT Announces Expansion of Midtown Congestion Management System, Receives National Transportation Award," June 5, 2012, http://www.nyc.gov/html/dot/html/pr2012/pr12_25.shtml.

21. Michel Wedel and P. K. Kannan, "Marketing Analytics for Data-Rich Environments," *Journal of Marketing* 80, no. 6, pp. 97–121.

22. Amir Gandomi and Murtaza Haider, "Beyond the Hype: Big Data Concepts, Methods, and Analytics," *International Journal of Information Management* 35, no. 2, pp. 137–44.

23. Jaikumar Vijayan, "Solving the Unstructured Data Challenge," June 25, 2015, http://www.cio.com/article/2941015/big-data/solving-the-unstructured-data-challenge.html;andDarinStewart, "Big Content: The Unstructured Side of Big Data," May 1, 2013, http://blogs.gartner.com/darin-stewart/2013/05/01/big-content-the-unstructured-side-of-big-data/.

24. Alexandros Labrinidis and H. V. Jagadish, "Challenges and Opportunities with Big Data," *Proceedings of the VLDB Endowment* 51, no. 12, pp. 2032–33.

25. Gandomi and Haider, "Beyond the Hype."

26. Lisa Morgan, "Big Data: 6 Real-Life Business Cases," May 27, 2015, *Information Week,* http://www.informationweek.com/software/enterprise-applications/big-data-6-real-life-business-cases/d/d-id/1320590?image_number=5.

27. Alan L. Montgomery, Shibo Li, Kannan Srinivasan, and John C. Liechty, "Modeling Online Browsing and Path Analysis Using Clickstream Data," *Marketing Science* 23, no. 4, pp. 579–95.

28. V. Kumar and Rohan Mirchandani, "Increasing the ROI of Social Media Marketing," *MIT Sloan Management Review* 54, no. 1, pp. 55–61.

29. "Nielsen Datasets," https://research.chicagobooth.edu/nielsen/datasets#simple1.

30. Jason Shueh, "Open Data: What Is It and Why Should You Care?" March 17, 2014, *Government Technology,* http://www.govtech.com/data/Got-Data-Make-it-Open-Data-with-These-Tips.html.

31. "Jenny," "3 Ways You Can Use Census Data," *MacKenzie Corporation*, October 23, 2013, http://www.mackenziecorp.com/3-ways-you-can-use-census-data-2/.

32. Gary Lilien, "Bridging the Academic-Practitioner Divide in Marketing Decision Models," *Journal of Marketing* 75, no. 4, pp. 211–24.

33. Wedel and Kannan, "Marketing Analytics for Data-Rich Environments."

34. Wedel and Kannan, "Marketing Analytics for Data-Rich Environments."

35. Joe F. Hair Jr., "Knowledge Creation in Marketing: The Role of Predictive Analytics," *European Business Review* 19, no. 4, pp. 303–15.

36. Nadia Cameron, "How Predictive Analytics Is Tackling Customer Attrition at American Express," April 11, 2013, http://www.cmo.com.au/article/458724/how_predictive_analytics_tackling_customer_attrition_american_express/.

37. Wedel and Kannan, "Marketing Analytics for Data-Rich Environments."

38. Mingyu Joo, Kenneth C. Wilbur, Bo Cowgill, and Yi Zhu, "Television Advertising and Online Search," *Management Science* 60, no. 1, pp. 56–73.

39. Wedel and Kannan, "Marketing Analytics for Data-Rich Environments."

40. Chris Alvino and Justin Basilico, "Learning a Personalized Homepage," April 9, 2015, http://techblog.netflix.com/2015/04/learning-personalized-homepage.html.

41. Wedel and Kannan, "Marketing Analytics for Data-Rich Environments."

42. A number of concepts in this section are derived from the following outstanding book, which is the best single source for understanding marketing dashboards. It is highly recommended as a guidebook on the topic for marketing managers: Patrick LaPointe, *Marketing by the Dashboard Light: How to Get More Insight, Foresight, and Accountability from Your Marketing Investments* (New York: ANA, 2005).

43. Gail J. McGovern, David Court, John A. Quelch, and Blair Crawford, "Bringing Customers into the Boardroom," *Harvard Business Review* 82, no. 11 (November 2004), pp. 70–80.

44. Patrick LaPointe, *Marketing by the Dashboard Light: How to Get More Insight, Foresight, and Accountability from Your Marketing Investments* (New York: ANA, 2005).

45. Thorsten Wiesel, Bernd Skiera, and Julián Villanueva, "Customer Equity: An Integral Part of Financial Reporting," *Journal of Marketing* 72, no. 2 (March 2008), pp. 1–14.

46. LaPointe, *Marketing by the Dashboard Light.*

47. Leigh McAlister, Raji Srinivasan, and MinChung Kim, "Advertising, Research, and Development, and Systematic Risk of the Firm," *Journal of Marketing* 71, no. 1 (January 2007), pp. 35–49.

48. Claes Fornell, Sunil Mithas, Forrest V. Morgeson III, and M. S. Krishnan, "Customer Satisfaction and Stock Prices: High Returns, Low Risk," *Journal of Marketing* 70, no. 1 (January 2006), pp. 3–14; and Roland T. Rust, Katherine Lemon, and Valarie A. Zeithaml, "Return on Marketing: Using Customer Equity to Focus Marketing Strategy," *Journal of Marketing* 68, no. 1 (January 2004), pp. 109–27.

49. Behram Hansotia and Brad Rukstales, "Incremental Value Modeling," *Journal of Interactive Marketing* 16, no. 3 (Summer 2002), pp. 35–46.

50. Dominique M. Hanssens, Daniel Thorpe, and Carl Finkbeiner, "Marketing When Customer Equity Matters," *Harvard Business Review* 86, no. 5 (May 2008), p. 117; and Rick Ferguson, "Word of Mouth and Viral Marketing: Taking the Temperature of the Hottest Trends in Marketing," *Journal of Consumer Marketing* 25, no. 3 (2008), pp. 179–82.

51. Don E. Schultz, "The New Branding Lingo," *Marketing Management* 12, no. 6 (November/December 2003), pp. 8–9.

52. "Internet Users by Country," 2016, http://www.internetlivestats.com/internet-users-by-country/; and Deepak Patel, "All Villages Electrified, but Darkness Pervades," *Indian Express*, September 14, 2016, http://indianexpress.com/article/india/india-news-india/electricity-in-india-villages-problems-still-no-light-poverty-3030107/.

53. "We Are Currently Collaborating with H&M's for a WASH Project across Four Indian States," *Outline India*, February 1, 2017, http://www.outlineindia.com/.

54. Suparna Dutt D'Cunha, "This Startup Is Using Data Analytics and Technology to Solve Social Challenges in India," *Forbes*, April 6, 2017, https://www.forbes.com/sites/suparnadutt/2017/04/06/this-startup-is-using-data-analytics-and-technology-to-solve-social-challenges-in-india/#162503f06c22.

55. D'Cunha, "This Startup Is Using Data Analytics and Technology."

56. Saritha Rai, "India Just Crossed 1 Billion Mobile Subscribers Milestone and the Excitement's Just Beginning," *Forbes*, January 6, 2016, https://www.forbes.com/sites/saritharai/2016/01/06/india-just-crossed-1-billion-mobile-subscribers-milestone-and-the-excitements-just-beginning/#726816627db0.

57. Vidhi Choudhary, Sounak Mitra, Harveen Ahluwalia, "Internet Usage Picks Up in Rural India," *Mint*, August 12, 2016, http://www.livemint.com/Consumer/QgM23BLpCo4ovHxA-0jpOGM/Rural-India-getting-online-faster-BCG-report.html.

Chapter 6

소비재 및 산업재 시장의 이해

학습목표

6-1 소비자를 아는 것의 가치를 이해한다.

6-2 소비자 의사결정에 영향을 미치는 개인적이고 심리적인 요인들의 역할을 고려한다.

6-3 소비자 구매 결정에서 문화적·상황적·사회적 요인의 중요하고 복잡한 역할을 인식한다.

6-4 소비자의 의사결정과정을 이해한다.

6-5 소비재 시장과 산업재 시장의 차이를 이해한다.

6-6 산업재 구매 과정에서 구매 센터와 각 참여자의 중요한 역할을 이해한다.

6-7 산업재 구매 의사결정과정과 다른 구매 상황들에 대해 학습한다.

6-8 산업재 시장에서 기술의 역할을 이해한다.

3D 영화를 보는 10대 커플
©Image Source

효과적인 마케팅 전략을 개발하기 위해서는 표적 시장의 행동을 이해하는 것이 필수적이다. 이는 표적 시장이 하나의 소비자 집단이든 혹은 산업재 시장이든 상관없이 적용된다. 이번 장에서는 B2C와 B2B 행동 특징을 알아볼 것인데, 이는 이둘 사이에 뚜렷한 차이가 있기 때문이다. 우선, 우리는 수십 년동안 마케팅 담당자들의 주요 관심 분야였던 소비자 행동을 살펴볼 것이다. 소비자가 결정을 내리는 방법(그리고 마케팅 담당자들이 그 과정에 영향을 미치는 데 사용했던 도구)을 아는 것은 소비자에게 직접 제품을 판매하는 혹은 다른 기업에 제품을 판매하는 기업에게 중요하다. 마지막으로 우리는 기업 간 거래에서 나타나는 행동이 소비자 행동과 어떻게 다른지에 대해 토론하고, 마케팅 담당자들이 다른 기업들에게 다가가기 위해 사용하는 도구들을 검토할 것이다.

소비자의 힘

금요일 밤에 일단의 그룹이 저녁을 어떻게 보낼지 고민하고 있다. 영화 관람을 하는 쪽으로 의견이 모아졌고, 다음 두 가지 대안 중 하나를 선택하기로 하였다: (1) 동네에 있는 멀티플렉스 극장을 방문해 처음으로 상영하는 최신 히트 영화를 관람하거나, (2) 한 친구의 집에 가서 서라운드 사운드가 지원되는 55인치 LED TV로 고전 명화를 감상하는 것. 결국, 그들은 친구 집에서 '저스티스 리그'를 보기로 결정했다. 이러한 상호작용은 매 주말 수천 번 반복되며, 소비자 의사결정의 단 한 가지 예시에 불과하다.

마케터들은 기본적으로 사람들의 구매결정과정을 이해하는 데 관심이 있다. 위의 예시처럼, 집에서 영화를 보기로 한, 일견 사소해 보이는 결정도 매우 중요하다. 주문형(on-demand) 비디오 판매는 두 자리 수 성장률을 보이는 반면, 10년 동안 관객 수가 감소하고 있는 극장가는 고민이 많다. 극장주들은 사람들이 집에 가는 대신 밤에 영화를 보러 오도록 하기 위해 수백만 달러를 투자하고 있다. 동시에, 파라마운트, 소니, 타임워너, 디즈니 같은 영화 스튜디오는 이러한 현상에 주목하고 있다. 이러한 기업들은 수익을 극대화하기를 원하며, 이를 위해 극장 개봉과 DVD 판매 사이의 기간을 단축하고, 소비자들이 주문형 비디오를 통해 개봉작을 시청할 수 있게 했다.[1] 마지막으로 유니버설 올랜도 리조트와 같은 테마파크는 성공적인 영화를 그 영화의 경험을 확장할 수 있는 라이브 액션 쇼와 놀이기구와 결합하는데 수백만 달러를 투자하기 때문에 소비자의 영화 시청 패턴 변화에 관심을 가진다.

고객에게 가치를 전달하는 것은 마케팅의 핵심이며, 기업은 철저하고, 정확하며 시기 적절하게 고객을 이해해야 이를 실행할 수 있다. 복합적인 요인들이 소비자 선택에 영향을 미치고 이러한 요인들은 시간이 지남에 따라 변화하며, 이는 마케터들이 직면하는 어려움을 가중시킨다. 도표 6.1은 구매 의사결정과정에 대한 모형을 제시하고 있다. 이 모형에 따르면, 소비자의 내적(개인적·심리적 특성) 및 외적(문화적·상황적·사회적 자극) 요인의 복잡한 상호작용에 기업의 마케팅 활동과 환경적 요인이 더해져 소비자 의사결정과정에 영향을 미친다. 이

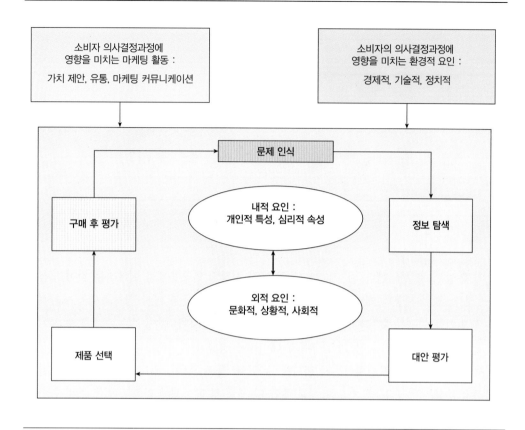

장에서는 의사결정과정에 영향을 미치는 내적 및 외적 요인을 확인한 후 소비자 의사결정과정 자체에 초점을 맞출 것이다.

소비자 선택에 영향을 미치는 내적 요소

가장 이해하기 어려운 요인들 중 하나가 소비자의 내적 요인이다. 때때로 소비자들 스스로는 이러한 중요한 특성들이 그들의 의사결정에 어떤 역할을 하는지 완전히 알지 못한다. 이러한 특성은 개인 및 시간의 경과에 따라 달라지며 알 수 없는 복잡한 방법으로 의사결정에 영향을 미치기 때문이다. 도표 6.2는 내적 요인의 예시를 보여준다.

6-2

소비자 의사결정에 영향을 미치는 개인적이고 심리적인 요인들의 역할을 고려한다.

개인적 특성

개인적 속성은 개인을 정의하는 데 자주 사용된다. 나이, 교육 수준, 직업, 수입, 라이프스타일, 성별 등은 모두 누군가를 식별하고 분류하는 데 사용된다. 아메리칸 헤리티지 온라인 딕셔너리는 **인구통계**(demographics)를 "특히 소비자 시장을 확인할 때 사용되는 인구 및 하위 세분

개인적 특성	심리적 속성
나이	동기
교육 수준	태도
직업	지각
수입	학습
라이프스타일	개성
성별	

집단의 특성"으로 정의한다. 두 가지 이유로 표적 시장의 인구통계를 이해하는 것이 도움이 된다. 첫째, 표적 시장의 개인적 특성을 알면 마케팅 담당자들은 미국 인구조사국 보고서와 같은 광범위한 인구통계학적 연구를 이용하여 경쟁자에 맞서 전체 인구와 관련 통계 지표를 평가할 수 있다. 나이, 소득 등의 인구통계 데이터를 경쟁사 데이터와 비교하면 표적 시장이 경쟁사의 시장과 얼마나 일치하는지 평가할 수 있다. 둘째, 나이, 소득 및 교육 수준과 같은 개인적인 특성은 정보 검색, 가능한 제품 대안 및 제품 결정 자체에 영향을 미쳐 소비자 의사결정과정에 중요한 역할을 수행한다.[2] 또한 인구통계는 시장 세분화의 중요한 도구이며, 제7장에서는 표적 소비자 집단을 결정할 때 인구통계가 어떻게 사용되는지 살펴볼 것이다.

생애주기 단계(나이) 각 개인들은 나이가 들면서 삶이 급격하게 변화하며, 그 결과 구매 패턴도 변화하게 된다. 어린 시절부터 은퇴까지, 구매 행동은 한 개인의 생애 단계에 따라 형성되며, 마케팅 믹스의 특정한 측면은 한 세대에서 다음 세대로 넘어가며 변하기도 하지만, 변하지 않는 요소들도 있다. 예를 들어 아이들은 여전히 노는 것을 좋아하고, 가족 구성원들은 변함없이 주택 및 그 안에 들어가는 모든 것을 필요로 하며, 연장자들은 항상 은퇴 이후의 삶에 관심이 많다. 마케터들은 생애 단계의 변화(예 : 대학 졸업, 결혼, 아이를 갖는 것)가 개인의 구매 습관을 변화시킨다는 것을 깨달았고, 이를 **가족생활주기**(family life cycle)라고 부른다. 이러한 생활 변화는 개인의 가정환경을 반영하며 현재 가족의 구성원의 수, 나이, 성별 등이 포함된다.

역사적으로, 나이는 한 개인의 생애주기를 확인하는 가장 중요한 개념이었다. 그러나 사람들이 전통적인 역할에서 벗어나면서 새로운 경향이 나타나고 있다. 젊은 성인들이 결혼 후, 시간을 두고 아이를 가지면서 30대를 가족 형성자로 보는 전통적인 시각이 바뀌고 있다. 동시에 미국 부부들은 40대까지 아이를 가지며, 정상적으로는 은퇴를 계획하고 있을지도 모르는 사람들의 구매 행동을 크게 바꾸고 있다. 미국의 연령별 인구 추세를 생각해보자. 예를 들어, 인구 추세 연구를 통해 얻을 수 있는 중요한 마케팅 통찰력 중 하나가 인구가 증가하면서 인구의 평균 연령 또한 높아지고 있다는 것이다. 우리가 논의했듯이, 인구의 노령화는 지난 10년 동안 급성장한 도브의 진정한 아름다움과 같은 제품 라인에 기회를 제공할 것이다.

직업 사람들은 일하는 환경으로부터 영향을 받는다. 중역실에서부터 공장까지, 함께 일하는 사람들은 비슷한 옷을 사고, 같은 가게에서 쇼핑하고, 같은 장소에서 휴가를 보내는 경향이 있다.[3] 결과적으로, 마케터들은 조직 내에서의 개인의 지위에 기반을 두어 표적 집단을 확인한다.

또한 마케팅 담당자는 광범위한 직업 범주(조합 근로자, 경영자) 내에서 특정 직업을 가진 사람들을 표적 집단으로 정하기도 한다. 예를 들어, 의사들은 스마트폰 앱에서 휴가까지, 특별히 그들을 위해 고안된 다수의 제품들을 가지고 있다. 직장에서 보내는 시간을 고려하면, 같은 직업을 가진 소비자들이 비슷한 관심사와 구매 행동을 보이는 것은 놀라운 일이 아니다.

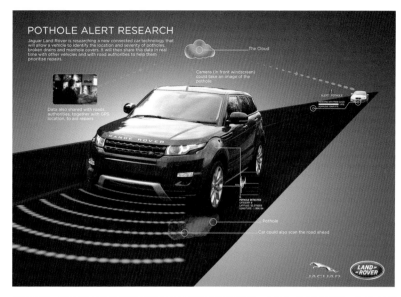

랜드로버는 움푹 팬 도로와 같은 위험 요소를 운전자에게 알리는 기술을 접목한 강화된 기능을 통해 자사의 모델을 특정 표적 시장과 연결한다.

출처 : Jaguar Land Rover North America, LLC

라이프스타일 사람들이 같은 생애 주기나 직업을 공유하더라도, 그들의 라이프스타일은 매우 다를 수 있다. **라이프스타일**이란 개인의 삶에 대한 관점을 말하며 그 사람의 활동, 흥미, 의견에서 주로 나타난다(AIO). 개인이 하고자 하는 것과 취미 또는 세상을 바라보는 관점을 학습함으로써 마케팅 관리자는 그 사람에 대한 전체적인 관점을 개발할 수 있다. 이름에서 알 수 있듯이, 사람들이 어떤 삶을 선택하고, 어떻게 사는가를 의미하는 라이프스타일은 개인의 구매에 영향을 미친다. 특정 활동을 선택하고, 독특한 취미를 개발하며 특정 의견을 가짐으로써, 한 개인은 진정으로 중요한 것이 무엇인지 확인한다. 마케터들은 그들의 제품과 서비스를 소비자의 라이프스타일에 맞추려고 한다.[4] 새로운 기술을 통해 마케터들은 그들의 고객에 대해 많은 것을 알 수 있을 뿐만 아니라 목표로 하는 마케팅 메시지를 전달하는 것이 가능하다. 그러나 그러한 기술이 가진 고객 정보에 대한 침입적 특성 때문에 사생활 문제와 맞물려 윤리적 우려가 증가할 수 있다.

지난 수십 년 동안 노동력 측면에서 여성의 역할이 변했듯이, 그들의 구매 행동도 변했다. 구매력과 부의 증가로 인해 여성은 구매 결정에서 새로운 역할을 부여받고 있다. 예를 들어, 오랫동안 자동차 구매는 남성들이 주로 담당해왔다. 그러나 여성들은 현재 차량 구매에는 80%, SUV 구매에는 40%의 영향력을 행사하고 있다. 반면 화장품 산업에서는 남성들에게 일부 제품을 제공하는 것을 제외하면 여성에게 중점을 두고 있다.

성 역할(gender roles)은 특정한 사회에서 남성과 여성에게 적합하다고 여겨지는 행동들이다. 이러한 역할들은 시간의 경과와 문화에 따라 달라진다. 일반적으로 여성들이 노동인구로 유입되고 정치권력에서 위상을 차지하면서 새로운 역할을 추가적으로 갖게 되었다. 미국에서의 이러한 변화는 남성은 일을 하고 여성은 집에 머물며 아이를 키우는 전통적인 가구의 삶에 비해 남성과 여성이 책임을 보다 동등하게 나눈다는 것을 의미한다.

여성의 역할 차이로 인해 매우 차별적인 세분 시장이 창출되었다. 한쪽 극단에는 주로 가정의 유지와 양육에서 만족을 얻는 전통적인 가정주부들이 있다. 또 반대쪽의 극단에는 미혼이거나 기혼인 직업여성이 있는데, 이들은 직무를 수행할 때 중요한 선택을 하고 직장에서 개인적인 만족을 얻는다. 다른 세분 시장은 결혼을 했지만 직장에 나가는 것을 선호하는 주부(및 남편)와 집에 있고 싶지만 재정적 필요나 가족의 압력 때문에 일을 해야만 하는 여성을 포함한다.

마케팅 관리자들은 남성과 여성이 필요로 하는 제품뿐만 아니라 그들이 수용하는 마케팅 커뮤니케이션도 매우 다르다는 것을 이해한다. 예를 들어, 남성과 여성이 가장 많이 방문하는 웹사이트는 대부분 매우 다르다. 결과적으로, 그들이 보는 메시지도 다르다.[5] 남성은 자동차와 스포츠 웹사이트를 선호하는 반면 여성은 건강과 미식과 관련된 웹사이트를 선택한다. 게다가 메시지 자체가 성별에 따라 다른데 남성은 '자립적인' 메시지를 선호하고 여성은 '다른 사람을 돕는' 커뮤니케이션에 반응한다. 이 모든 것들은 성 역할이 소비자 선택에 영향을 미치는 중요한 개인적 특성임을 제안하고 있다.[6]

심리적 속성

소비자 의사결정과정은 소비자의 선택 과정에 막대한 영향을 미치는 다수의 심리적 요인들을 포함한다. 이러한 요인들은 욕구를 발생시키고, 기억에 저장되는 정보의 내용과 형태를 결정하며, 제품과 브랜드에 대한 관점에 영향을 미친다.

동기 사람들은 항상 다양한 욕구를 경험한다. 모든 욕구가 행동으로 이어지는 것은 아니지만 특정 수준까지 욕구가 강해졌을 때 이는 행동을 유발하는 동기가 된다. 사람들은 강하고 급한 욕구를 먼저 해결하기 위해 우선순위를 정한다. **동기**(motivation)는 행동을 유도하고 이후 방향을 정하도록 자극하는 힘이다. 충족되지 않은 강력한 욕구나 동기는 누군가를 행동하게 하는 요인이다. 수년간 인간의 동기를 설명하기 위한 여러 이론들이 개발되었다. 도표 6.3은 동기와 관련된 네 가지 이론과 이 이론들이 마케팅에 어떻게 활용되는지를 간략하게 제시하고 있다.

태도 종교에서 정치, 스포츠, 내일의 날씨까지 사람들은 모든 것에 대해 태도를 가지고 있다. **태도**(attitude)는 '특정 대상에 대해 지속적으로 호의적이거나 비호의적으로 반응하는 학습된 선유경향(predisposition)'으로 정의된다.[7] 첫째, 태도는 학습되거나 적어도 새로운 정보에 의해 영향을 받는다. 마케터는 사람들의 제품에 대한 태도에 영향을 미치기를 원하기 때문에 태도는 마케터에게 아주 중요하다. 둘째, 태도는 호의적이거나 비호의적 혹은 긍정적이거나 부정적이다. 다르게 말하면, 설사 사람들이 중립적인 태도를 기지는 경우가 있더라도 이는 매우 드물다. 따라서 마케터들은 사람들의 구매 결정에 큰 역할을 하는 자사 제품에 대한 사람들의 태도에 각별한 주의를 기울인다.

초기에 사람의 태도는 그들의 가치와 신념에 의해 형성된다. 가치에는 두 가지 범주가 있

	이론	주요 요소	마케팅 시사점
매슬로우의 계층적 욕구 이론	인간은 그들의 행동에 영향을 미치는 욕구와 필요를 가지고 있다. 사람들은 더 낮은 욕구가 충족되어야만 다음 단계로 올라갈 수 있다.	1. 생리적 욕구 2. 안전의 욕구 3. 사회적 욕구(애정의 욕구) 4. 존경의 욕구(자아 욕구) 5. 자아실현의 욕구	개인들은 기본적인 욕구(음식, 주거지)를 충족시키기 전까지는 사치품에 관심이 없다.
허즈버그의 2요인 이론 (허즈버그의 동기-위생이론)	직장의 특정 요인들이 일에 대한 만족을 결정한다.	1. 동기 요인 : 도전적인 일, 인정, 책임 2. 위생 요인 : 지위, 고용 보장, 급여, 복지	위생 요인들에 대한 만족이 충성 직원이나 고객을 만드는 것이 아니다. 기업이 진정으로 만족도가 높은 직원을 만들기 위해서는 동기 요인에 중점을 두는 것이 중요하다.
알더퍼의 ERG 이론	욕구를 3개의 범주로 나누어 매슬로우의 위계 이론을 확장한다.	1. 존재 욕구 2. 관계 욕구 3. 성장 욕구	사람들은 소속감과 사회적 상호작용을 필요로 한다. 고객과의 관계 구축은 제품과 관련된 고객의 만족도를 높인다.
맥클레랜드의 성취동기이론	욕구에는 세 가지 범주가 있고 사람에 따라 다양한 욕구들이 그들의 행동에 미치는 영향의 정도가 다르다.	1. 성취 욕구 2. 권력 욕구 3. 친화 욕구	기업들은 세 가지 기본적인 요구 중 하나에 집중함으로써 성공할 수 있다.

다. 첫 번째 범주는 국가적 의식에 기초한 문화적 가치를 의미한다. 예를 들어 미국인들은 여러 가치 중 열심히 일하는 것과 자유에 가치를 부여한다. 일본의 국가적 가치에는 호혜, 충성심, 복종 등이 있다. 두 번째 범주는 개인이 가지는 개인적 가치이다. 개인의 가치 시스템과 일치하는 특성을 가진 제품은 더 호의적으로 보인다.

가치가 부분적으로 사실에 기반하고 있는 반면, 신념은 어떤 것에 대한 주관적 의견이다. 신념은 주관적이기 때문에(감정적이며 반드시 사실에 근거할 필요가 없는) 마케팅 담당자들은 주관적이지만 부정적인 제품 신념으로 인해 해당 제품에 대한 부정적인 태도가 형성될까 우려하게 되는데, 태도는 변화시키는 것이 힘들기 때문이다.[8] 일단 신념이 형성되면 쉽게 변하지 않는다는 것을 유념해야 한다. 개인의 경험, 마케팅 커뮤니케이션, 그리고 가족 구성원이나 친구 등 믿을 수 있는 원천으로부터의 정보 등은 모두 개인의 신념 체계를 형성한다.

그 대상이 코카콜라, 환경 혹은 가장 좋아하는 스포츠 팀인지에 상관없이 가치와 믿음은 함께 태도를 형성한다. 이러한 총체적 선유경향은 일반적으로 대상의 몇 가지 속성에 대한 평가의 결과이다. 예를 들면, 코카콜라에 대한 태도는 건강이라는 속성에 의해 형성될 수 있는데, 건강에 대한 평가는 코카콜라의 카페인이 에너지를 발생시킨다는 긍정적인 신념, 혹은 코카콜라는 당도와 칼로리가 높다는 부정인 신념에 따라 달라질 수 있으며, 따라서 코카콜라에 대한 태도에 영향을 미칠 수 있다. 코카콜라는 재미있고 젊은 음료로 표현되며 젊음은 미국의 가치이다.[9]

사람들의 신념/가치는 구매 결정에 영향을 미치기 때문에 마케팅 관리자는 이러한 신념/가치에 대해 학습하기 위해 노력한다. 마케팅 관리자들은 고객으로 하여금 제품의 성능을 여

PLANTS
MAKE
US
HAPPY

They make us want to
smooch, neck and kiss.
**They also make
our bottles.**

Coca-Cola

코카콜라는 사려 깊고, 재미있고, 흥미로운 그래픽 디자인을 통해 자사의
재미있는 브랜드 이미지를 홍보한다.

출처 : The Coca-Cola Company

러 속성 목록에 따라 평가하도록 하는 평가 척도에 응답하게 함
으로써 고객의 신념 및 가치를 파악한다. 대부분의 태도는 몇 가
지 중요한 속성에서 대상을 평가하는 **다속성 모델**(multiattribute
model)을 통해 형성되며, 응답을 통해 얻은 정보는 다속성 모델
을 활용한 대상에 대한 종합적 평가의 결과이기 때문에 중요하
다. 어떤 속성들이 사용되고, 그 속성들의 우선순위가 어떤지를
파악하는 것은 마케팅 담당자들이 전반적인 가치 제안과 특정
마케팅 메시지를 만드는 데 특히 도움이 된다.[10] 예를 들어, 환경
과 생태계를 중시하는 사람들은 자동차 구매 시 연비와 다른 환
경 친화적인 속성에 우선순위를 둘 것이다.

지각 사람들은 감당하기 힘들 정도로 많은 정보를 접하게 된다.
사실 모든 것을 이해하기에는 불가능할 정도로 정보가 너무 많
으며, 따라서 사람들은 환경적 자극의 흐름을 관리하는 데 도움
이 되는, 지각이라는 과정을 활용한다. **지각**(perception)은 정보
를 선택하고, 조직화하고, 해석하여 세상에 대한 유용하고 전체
적인 그림을 만들어내는 체계이다.

마케팅에서 제품에 대한 지각은 그 제품의 실제보다 훨씬 더
중요한데, 실은 개인의 지각이 곧 그 사람의 현실이기 때문이다.
지각은 태도, 신념, 동기, 그리고 궁극적으로는 행동을 유발한
다. 각 개인의 지각은 독특하기 때문에, 주어진 현실에 대한 모든 사람들의 지각 반응은 다를
것이다. 두 사람이 똑같이 새로운 삼성 OLED 평면 TV 광고를 본다 하더라도, 이 광고에 대
한 그들의 지각은 매우 다를 수 있다. 한 사람이 삼성 OLED 평면 TV를 그만한 금전적 가치
가 있는 고품질의 TV로 보더라도, 다른 사람은 프리미엄 가격의 가치를 보장하는 않는 너무
비싼 TV로 볼 수 있다. 이렇듯 광고와 제품에 대한 사람들의 태도는 그들의 지각에 영향을
받는다.

지각은 세 가지 심리적 도구로 형성된다: 선택적 인식, 선택적 왜곡, 선택적 기억.

선택적 인식 한 개인은 매일 평균적으로 2,000~3,000개 사이의 메시지에 노출된다. 사람들
은 이 모든 메시지를 처리할 수 없고, 간직할 수도 없기 때문에 그들에게 관련된 것에 집중하
고 그렇지 않은 것을 제거하는 데 도움을 주는 **선택적 인식**(selective awareness)이라고 알려진
심리적 도구를 활용한다. 마케터들의 도전 과제는 매일 보게 되는 방대한 자극의 대부분을
거부하도록 디자인된 사람들의 의사결정 법칙을 깨트리는 것이다.

기존 연구는 이러한 결정 규칙에 대한 몇 가지 통찰력을 제공한다. 첫째, 사람들은 현재 충
족되지 않은 욕구와 관련된 정보를 더 잘 인식하는 경향이 있다. 이동통신사를 바꾸려는 사
람들은 현재 통신 서비스에 만족하는 사람보다 통신사의 광고에 더 많은 관심을 기울일 것이
다. 둘째, 사람들은 예상되는 마케팅 자극을 더 잘 수용한다. AT&T 또는 버라이즌 와이어리
스 매장에 입장하는 고객들은 휴대폰과 태블릿 컴퓨터를 볼 것으로 예상하고, 그 결과 더 많

은 주의를 기울인다. 마지막으로, 사람들은 그들이 기대했던 것에서 크게 벗어나면 마케팅 자극을 더 잘 인식하는 경향이 있다. 올스테이트 보험은 수년간 'Mayhem'이라고 불리는 일련의 광고 시리즈를 운영해왔는데, 이 광고에서는 비즈니스 정장을 입은 한 남자가 올스테이트 보험에 가입하지 않은 누군가가 가질 수 있는 문제들을 지적하고 있다. 이러한 접근 방식 이면의 크리에이티비티 외에도, 이 캠페인이 성공한 이유 중 하나는 이 광고가 일반적인 보험 광고의 틀에서 많이 벗어났기 때문이다. 사람들은 보험 광고에서 보험이 필요한 아찔한 상황을 의인화한 'Mayhem'이라는 캐릭터를 접할 것으로 예상하지 못했다.[11]

선택적 왜곡 고객의 선택적 인식을 깨는 것은 중요한 첫 번째 단계이다. 그러나 해당 자극을 알아차렸더라도, 이 자극이 정확하게 해석될 것이라는 보장은 없다. 정보는 잘못 이해되거나 이미 존재하는 신념에 맞춰질 수 있는데, 이것이 **선택적 왜곡**(selective distortion)이라고 알려진 과정이다.

선택적인 왜곡이 제품에 도움이 될 수도 있고 해가 될 수 있다는 것은 마케팅 담당자들의 이슈이다. 개인이 강력한 브랜드나 제품에 대해 긍정적인 신념을 가지고 있다면 모호하거나 중립적인 정보는 긍정적으로 해석될 가능성이 높다. 심지어 부정적인 데이터도 개인의 기존 신념에 맞게 조정될 수 있다. 예를 들어, 토요타 프리우스 자동차의 리콜과 관련된 정보의 부정적 의미에도 불구하고 토요타의 전반적인 품질에 대한 인식이 제품 리콜과 관련된 부정적인 연상을 상쇄했기 때문에, 매출 감소 폭이 크지 않았다. 반면 부정적인 신념은 부정적인 해석으로 이어질 수 있다. 1990년대 제너럴 모터스는 자동차의 품질을 향상시키기 위해 노력했다. 이는 제너럴 모터스가 품질 측면에서 수십 년 동안 토요타와 혼다보다 낮은 평가를 받았기 때문이다. J.D 파워와 같은 독립적인 연구원들에 의해 입증된 상당한 품질 개선에도 불구하고, 사람들은 계속해서 GM의 자동차의 품질이 토요타나 혼다의 품질보다 열등하다고 믿는다. 때때로 긍정적인 신념이 마케팅 담당자들에게 불리하게 작용할 수 있는데, 특히 그 신념이 잘못된 해석으로 이어질 때 그렇다.[12] P&G가 "저항할 수 없는 우월함(Irresistible Superiority)"이라는 캠페인을 펼칠 때, 전문가들과 소비자들은 혼란스러워했다. 아무도 그 캠페인이 P&G 제품과 어떻게 연결되는지 알지 못했다. P&G는 소비자들이 자사 제품을 우월하다고 생각하기를 원했지만 소비자들은 단순히 그것이 무엇을 의미하는지 궁금해할 뿐이었다.

선택적 기억 자극이 정확히 인식되고 해석된다 하더라도 그것이 기억될 것이라는 보장은 없다. 선택적 인식이 개인의 의식에서 이용 가능한 정보의 양을 상당히 통제하지만, 선택적 기억은 추가적인 필터 역할을 한다. **선택적 기억**(selective retention)은 제품이나 브랜드에 대한 기존 신념과 태도를 지지하는 자극만 기억하도록 하는 과정이다. **기억**(memory)은 사람들이 과거의 모든 학습 이벤트를 저장하는 곳이기 때문에 중요하다. 본질적으로 기억은 사람들이 그들의 지식, 태도, 감정, 그리고 신념을 유지하는 '은행'이다.[13] 기억은 단기 기억과 장기 기억의 두 가지 유형으로 분류된다. **단기 기억**(short-term memory)은 현재 회상되는 것이며 때때로 운용 기억이라고 일컬어지는 반면, **장기 기억**(long-term memory)은 수십 년 동안 개인에게 남아 있을 수 있는 견고한 저장고라 할 수 있다. 마케팅 관리자들은 특히 자사의 브랜드에 대한 개인의 장기 기억 회상을 이해하는 데 관심이 있다. 선택적 기억은 기존의 태도를 강화하는 경향이 있기 때문에 부정적인 신념과 태도를 극복하려는 마케터들에게 진정한 도전과 제를 제시하는데, 왜냐하면 사람들은 기존 신념 및 태도와 대조되는 정보를 인식하거나 보유할 가능성이 낮기 때문이다.

지각의 마지막 부분은 논란의 여지가 있는 이슈, 즉 식역하 자극이 지각에 미치는 영향이다. 사람들은 그들 주변에 있는 대부분의 자극을 인식하지만, 다른 여러 자극들은 알아차리지 못한다. 대부분의 경우, 자극이 너무 빨리 제시되거나 개인에게 과부하가 걸릴 경우 인식하지 못하는데 이러한 자극들은 개인의 의식에서 '잃어'버린다. 이러한 자극은 식역하라고 불리며, 많은 광고 비평가들은 식역하 자극이 소비자의 행동에 영향을 미칠 수 있다고 주장한다. 그러나 이와 비슷한 주장이 많음에도 불구하고, 여러 연구에서 의도적이든 우발적이든 식역하 메시지가 제품 태도나 선택 행동에 영향을 미친다는 증거를 제시하지 못했다.

사람들이 마케팅 자극에 대한 인식을 제한하고 나머지 정보에 대한 보존을 통제하기 위해 사용하는 심리적 과정을 고려하면, 왜 마케팅 담당자들이 계속해서 메시지를 전달해야 하는지 쉽게 알 수 있다. 반복이 없다면, 메시지는 선택적 인식을 깨트리지 못할 것이며 따라서 개인이 메시지를 기억할 가능성도 줄어들 것이다.[14]

학습 한 개인이 어떻게 특정 제품의 소비자가 되는가? 대부분의 소비자 행동은 그 사람의 삶의 경험, 개인적 특성 그리고 관계를 통해 학습된다.

학습(learning)이란 장기 기억의 내용 및 구조 혹은 행동에 변화가 일어나는 것을 일컫는다. 학습은 정보가 처리되고 장기 기억에 더해질 때 일어난다. 마케터들은 메시지의 내용 및 형식, 그리고 이를 전달함으로써 학습에 영향을 미칠 수 있으며, 이러한 학습 과정은 고객들이 그 정보를 기억하도록 촉진할 수 있다.

학습에는 두 가지 근본적인 접근 방법이 있다. 첫 번째는 **조건화**(conditioning)로 두 자극 사이의 연관성을 만드는 과정이 수반된다. 조건화에는 고전적 조건화와 조작적 조건화의 두 가지 유형이 있다. 고전적 조건화는 자극(마케팅 정보, 브랜드 경험)과 반응(태도, 감정, 행동)을 연계시킴으로써 사람들이 학습을 하도록 유도한다.[15] 오늘날 많은 기업들은 광고에 다양한 음악 장르를 사용하고 있는데, 이는 특정 표적 청중들과 연결되도록 설계되었다. 젊은 층을 겨냥한 제품 광고에는 현대 아티스트들의 음악을 사용하는 반면, 베이비붐 세대 같은 오래된 표적 시장은 1960년대와 1970년대의 음악에 반응한다. 이것이 바로 자극(음악)과 반응(특정 브랜드에 대한 긍정적 연상)을 연결키는 조건화 학습이다.

다른 유형의 조건화인 조작적 조건화는 제품 사용이나 구매와 같은 바람직한 행동을 계속하도록 긍정적인 결과물을 보상으로 제공하는 것이 수반된다. 여러 형태의 식품 소매상들은 상점에서 제품 샘플을 제공한다.[16] 예를 들어 프리토레이는 제품을 시식해보고, 즐기고, 최종적으로 도리토스 묶음을 구매하도록 하는 명확한 목적을 달성하기 위해, 매장 내에서 도리토스 샘플을 무료로 제공한다. 도리토스를 먹어보는 것은 제품의 긍정적인 득성을 강화하고 구매 가능성을 높인다. 조작적 조건화가 발생하려면 소비자가 제품 사용을 시도해야만 하기 때문에 프리토레이는 가능한 소비자가 쉽게 사용할 수 있는 환경을 조성하고자 한다.

조건화는 학습자의 노력을 거의 필요로 하지 않지만 **인지적 학습**(cognitive learning)은 보다

능동적이며 삶의 상황을 관리하고 문제를 해결하기 위한 정
보를 얻는 정신적 과정을 포함한다.[17] 독감으로 고통을 느끼
고 있으며 친구, 의사, 의료 웹사이트 등을 통해 특정 증상
을 완화시킬 수 있는, 처방전 없이 살 수 있는 치료약에 대
한 정보를 찾는 누군가는 인지적 학습 과정을 거치고 있다.
그들은 문제 해결에 도움이 될 정보를 찾고 있다. 마케터는
소비자가 때때로 이러한 유형의 활동에 관여한다는 것을 이
해해야만 하며, 소비자가 원하는 정보를 선제적으로 제공
해야 한다. 테라플루 알약 상자를 생각해보라. 테라플루 데
이타임은 상자 앞면의 오른쪽에 제품이 고통을 경감시키는
데 도움을 줄 수 있는 여섯 가지 증상을 나열하고 있다. 이
런 종류의 정보는 구매 시점에 매우 중요한데, 소비자가 어
떤 제품이 자신의 기분을 더 빨리 나아지게 할지를 고려하
기 때문이다.

고프로는 초기에 익스트림 스포츠 선수와 자신을 흥분감 및 강인함이라는 특성
으로 동일시하는 사람들을 목표 고객으로 선정했다.

© Purestock/SuperStock

개성 사람들이 누군가에 대해 설명하도록 요청을 받을 때, 우리 대부분은 그 사람의 나이나
교육 수준에 대해 이야기하지 않는다. 오히려 우리는 일반적으로 그 사람의 개성에 대해 말
하며, 대답의 내용은 각기 다른 상황에서 있었던 그 사람과의 상호작용을 바탕으로 한다. 우
리의 설명은 보통 친절하고 외향적이며 온화하다는 등의 다양한 개성 차원을 포함한다. **개성**
(personality)이란 유사한 상황에서 특유의 반응을 유발하는 독특한 개인적 특성의 집합이다.

개성에 대한 많은 이론들이 개발되었지만 마케팅 담당자들은 특히 개성 특성 이론에 중점
을 두는 경향이 있는데, 그 이론이 소비자에 대해 가장 훌륭한 통찰력을 제공하기 때문이다.

개성 특성 이론은 모두 두 가지 기본적인 가정을 두고 있다: (1) 사람은 일관되고 지속적
인 개인적 특성이 있고, (2) 개인 간의 차이를 확인하기 위해 이러한 특성이 측정될 수 있다.
대부분의 사람들은 개성적 특성이 상대적으로 이른 나이에 형성되며 외향성, 불안정성, 상
냥함, 새로운 경험에 대한 개방성, 성실성과 같은 특성으로 정의될 수 있다고 믿는다. 이러
한 핵심 특성들은 사람들이 인지하는 외형상의 특징으로 이어진다. 예를 들어, 외향적인 사
람은 다른 사람의 동료들과 어울리는 것에 호의적이며 새로운 사람과의 만남을 편하게 느낄
수 있다. 성실한 사람은 신중하고 정확하며 체계적인 행동을 보일 것이다. 표적 청중의 개인
적 성향을 아는 것은 마케팅 담당자들이 유사한 관심사를 가진 사람들이 서로 어울릴 수 있
는 애플리케이션의 채팅 옵션과 같은 특수한 제품 특성을 개발하는 데 도움을 줄 수 있다.

소비자 선택에 영향을 미치는 외적 요인

내적 요인은 소비자 의사결정의 바탕이 되지만 소비자의 외적 요인 또한 소비자의 의사결
정과정에 직접적이고 막대한 영향을 미친다. 이 요인들은 개인의 욕구와 행동을 형성하고,
고려 중인 제품들을 정의하며, 정보의 원천을 선택하고 구매 결정에 영향을 미친다. 소비자

6-3

소비자 구매 결정에서 문화적·
상황적·사회적 요인의 중요하
고 복잡한 역할을 인식한다.

의 선택에 가장 큰 영향을 미치는 세 가지 광범위한 외부 요인은 문화적·상황적·사회적 요인이다.

문화적 요인

문화는 소비자들에게 가치를 가르치고 그들의 제품 선호에 영향을 주며, 결국 소비자의 인식과 태도에 영향을 미치기 때문에 소비자 행동의 주요 동인이 된다. 유년 시절부터 평생 동안, 사람들은 자신이 속한 문화에 반응한다. 최근 몇 년간 있었던 정보 통신의 세계화와 인터넷의 보편화로 인한 변화에도 불구하고, 소비자들은 자신들만의 고유한 문화와 하위문화에 대한 인식이 높아졌다.

마케터들이 문화에 대해 알아야 할 이유에는 두 가지가 있다. 첫째, 효과적인 마케팅 전략을 수립할 때 목표 시장의 문화를 배우는 것은 필수적이다. 문화적 단서가 통합된 가치 제안의 창출은 성공의 전제 조건이다. 둘째, 문화적 규범을 이해하지 못하면, 자사 제품을 목표 시장에서 성공시키는 데 어려움을 겪는다.

문화 문화(culture)는 가치, 도덕, 신념, 예술, 법과 같은 인위적 산물들을 사람들이 사회 구성원으로서의 역할을 수행하게 하는 조직된 체계에 동화시킨다. 아이들은 학교에서 반 친구들과의 교류와 공식적인 학습을 통해 기본적인 문화적 가치를 배운다. 사람들은 아주 어릴 때부터 자신들의 문화에 대한 가치와 개념을 배운다. 예를 들어, 미국인들은 성취, 근면, 자유 등의 가치를 공유하는 반면, 일본인들은 사회적 화합, 위계 및 헌신을 중시한다.

문화는 다양한 방법으로 사람들에게 영향을 미치지만 소비자 행동에는 세 가지 요인, 즉 언어, 가치 및 비언어적 의사소통이 특히 관련이 있다. **언어**(language)는 사회의 필수적인 문화적 구성 요소이자 주요 의사소통 수단이다. 가장 기본적인 수준에서 단어의 의미를 정확하게 이해하면서 언어를 이해하는 것이 중요하다.[18] 그러나 언어는 사회와 그 사회의 가치에 대해 훨씬 더 많은 것을 전달한다. 예를 들어, 스칸디나비아 문화는 시간을 함께 보내는 데 높은 가치를 둔다. 그들의 언어에는 영어보다 '함께'를 표현하는 단어가 더 많으며, 그 단어들은 이 문화권에 속한 사람들이 생각과 신념을 더 친밀하게 공유한다는 것을 의미한다. 이러한 개념들은 영미의 언어로 번역되지 않으며 쉽게 이해되지도 않는다.

문화적 가치(cultural values)는 낙관적인 이상향을 추구하는 사회에서 공유되는 원칙들을 말한다. 이 원칙들은 종종 하나의 연속선상에 위치한다. 핵가족과 대가족의 가치를 생각해보자. 미국에서 가족에 대한 의무와 헌신은 보통 부모님, 자녀, 형제, 자매를 포함한 직계 가족에만 한정된다. 이와 반대로 라틴아메리카 문화에서는 가족에 대한 정의가 보다 광범위하여 사촌, 조부모와 같은 대가족 구성원을 포함하며, 그들과 같이 사는 경우도 많다.

마지막 문화적 요인은 **비언어적 의사소통**(nonverbal communication)이다. 여러 가지 요인들이 이 범주에 속하지만(자세한 내용은 도표 6.4 참조), 시간과 사적 공간이라는 두 요인에만 중점을 두자. 시간에 대한 인식은 문화에 따라 다르다. 미국인들과 서유럽 사람들은 시간에 높은 가치를 부여하고, 이를 한 시간, 하루, 한 주 등 분리된 블록으로 파악한다. 결과적으로, 그들은 주어진 시간에 가능한 많은 것을 계획하고 수행하는 데 중점을 둔다. 반면 라틴

비언어적 의사소통 : 표정, 눈동자의 움직임, 몸짓, 자세, 기타 다른 신체적 언어를 통한 의사소통을 의미

발표 중 긍정적인 비언어적 커뮤니케이션	• 눈맞춤
	• 미소
	• 일정한 호흡
	• 목소리 톤
	• 상대방에게 다가가기
발표 중 부정적인 비언어적 커뮤니케이션	• 흔들거림
	• 말더듬기
	• 주머니 속에 손 넣기
	• 꼼지락거림
	• 시계 보기

주의 : 비언어적 의사소통이 올바르게 사용되지 않을 경우, 말하는 바와 모순될 수 있다.

아메리카와 아시아인들은 시간에 대해 훨씬 더 유연하고 덜 분리된 것으로 인식한다. 그들은 주어진 시간 블록 내에 행해지는 일의 양에 대해 그렇게 걱정하지 않는다. 이러한 요인이 마케팅에 어떤 영향을 미치는가? 미국의 판매 상황에서 훈련을 받은 판매원들은 종종 아시아 및 라틴아메리카 고객들이 미리 약속된 미팅 시간을 지키는 것보다 개인적 관계를 구축하기 위해 시간을 보내는 것에 더 신경을 쓴다는 것을 알게 된 후 좌절감을 느낀다.

사적인 공간은 문화에 따라 달라지는 비언어적 의사소통의 또 다른 예다. 예를 들어, 미국에서 대부분의 사업적 대화는 3~5피트 사이의 거리에서 이루어지는데, 이는 라틴아메리카 문화에서보다 더 떨어진 거리이다. 3~5피트 거리에 익숙한 판매원들은 거리가 18인치에서 3피트까지 줄어들면 약간 당황할 수 있다. 이러한 차이를 이해하지 못하면 혼란과 당혹감을 느낄 수 있으며, 심지어 사업 관계에서 문제가 발생할 수도 있다.[19]

하위문화 소비자 행동 연구가 소비자 선택에 영향을 미치는 문화의 역할에 대해 더 많은 것을 발견함에 따라, 문화를 넘어 사람들이 다양한 하위문화의 구성원에 의해 더 큰 영향을 받는다는 것이 명확해졌다. **하위문화**(subculture)는 민족성, 종교, 인종 또는 지리적 차이에 의해 만들어진 유사한 문화적 산물을 공유하는 문화 내 집단이다. 하위문화는 더 큰 문화의 일부인 동시에 서로 간에는 큰 차이가 있다. 미국은 상이한 하위문화가 많은 동시에 강력한 국가 문화를 가진 나라의 가장 좋은 사례일 것이다.

미국의 몇몇 하위문화들은 기업이 해당 집단을 겨냥한 구체적인 마케팅 전략을 개발할 만큼 강력한 요인이 되었다. 로레알과 제너럴 모터스 같은 대기업들은 특정 상품, 유통 경로, 마케팅 커뮤니케이션 등을 통해 라틴아메리카와 아프리카계 미국인을 목표 시장으로 선택하기 시작했다. 예를 들어, 화장품 회사인 로레알은 뉴저지의 아프리카계 미국인만을 대상으로 한 연구소를 가지고 있으며, 소프트-센 카슨과 미자니 브랜드에서 이와 관련된 다수의 제품을 생산하고 있다.[20]

상황적 요인

상황적 요인은 소비자 의사결정과정의 여러 시점에서 중요한 역할을 한다. 상황적 요인은 시간에 민감하며 내부 및 외부 요인과 상호작용함으로써 소비자의 변화에 영향을 미친다. 이들은 상황적이기 때문에, 마케팅 담당자들이 통제하기가 매우 어렵다. 그러나 훌륭한 마케팅 전략을 통해 상황적 요인의 효과를 완화시키는 것은 가능하다.

물리적인 환경 사람들은 물리적인 환경에 많은 영향을 받는다. NFL 풋볼 경기를 혼자 보는지 혹은 친구들과 파티를 하는 도중에 보는지에 따라 경기 중 광고에 상이하게 반응할 것이다. 같은 게임, 같은 광고일지라도 마케팅 메시지가 전달되는 시점의 물리적 환경에 따라 반응이 달라진다. 제12장에서 배우겠지만, 소매업자들은 고객의 쇼핑 경험을 극대화하는 적절한 물리적 환경을 조성하는 데 막대한 시간과 자원을 투자한다. 소매업자들은 사람들이 매장 안의 색상, 조명 또는 제품 위치의 변화에 따라 다르게 반응한다는 것을 알고 있다. 실제로, 이러한 고객 경험을 구성하는 대부분의 요소들은 소비자의 선택 과정에서 중요한 역할을 수행한다.

개인적 상황 개인의 행동은 항상 그 당시에 처한 자신의 개인적 상황에 영향을 받는다. 울고 있는 자녀와 함께 있는 부모와 쇼핑 경험을 즐기는 어린 자녀를 둔 부모의 쇼핑 행동은 다르며 아이 없이 혼자 있는 부모는 아이가 있는 부모와 다르게 쇼핑한다. 소비자의 선택 시점에서, 많은 요소들이 최종 구매에 영향을 미칠 수 있다. 만약 계산대의 줄이 너무 길면, 사람들은 꼭 필요하지 않은 물건을 제외시키거나 모든 구매를 포기할 수 있다.

마케팅 담당자들이 개인적 상황을 통제하는 것이 불가능하더라도, 개인적 상황이 선택 과정에 미치는 영향을 이해하는 것은 중요하다. 타이레놀 같은 감기약에 대해 생각해보자. 이 약의 제조업체인 존슨앤존슨은 사람들이 주로 몸이 좋지 않을 때 자사 제품을 구입한다는 것을 알고 있다. 따라서 이 회사는 광범위한 유통 경로를 활용하여 소비자들이 쉽게 제품을 이용할 수 있도록 했다.

시간 시간은 소비자의 선택 과정 전반에 걸쳐 영향을 미치는 매우 중요한 상황적 요인이다. 많은 선진국에서 소비자들이 시간과 돈을 기꺼이 교환하려는 경향이 나타나고 있다. 이는 대다수의 미국인들이 가족과 함께 더 많은 시간을 갖길 원하며 그들의 삶을 간소화하기 위한 방법을 찾고 있다는 연구에서 입증되었다.[21] 많은 사람들에게 시간은 사용, 소비, 낭비되는 자원이며, 문제는 항상 최선의 가격이 최선의 서비스를 의미하는 것은 아니라는 것이다. 점점 더 많은 고객들이 제품을 구매함으로써 더 많은 시간을 확보할 수 있는지 혹은 다른 제품보다 구매가 번거롭지 않은지 묻고 있다. 자동차 제조업체와 딜러들은 더 '간편한' 쇼핑 경험을 창출함으로써 이러한 추세에 대응하고 있다. 최저 가격을 얻기 위해 힘든 협상 과정을 거치는 대신, 딜러들은 번거로움을 줄일 수 있는 저렴한 고정 가격을 제시하고 있다.

사회적 요인

인간은 사회적 존재다. 모든 사람들은 적정 수준의 사회적 상호 작용과 수용을 추구한다. 사람들은 살아가면서 다양한 사회적 요인에 영향을 미치며 또한 이들 요인의 영향을 받는다. 사회적 요인에는 의견 선도자뿐 아니라 가족, 사회 계층, 준거 집단 같은 집단 역시 포함된다.

가족 한 개인이 가장 먼저 소속되는 집단은 가족이다. 가족은 가장 중요한 단일 구매 집단이며, 두 가지 방식으로 소비자의 선택 과정에 영향을 미친다. 첫째, 가족 단위는 문화적 가치를 알려주는 가장 영향력 있는 선생님이다. 아이들은 부모, 형제자매, 확대된 가족 구성원 등과 상호작용하며, 공동체 및 공동체가 추구하는 가치에 대한 사회화 과정을 거친다. 둘째, 아이들은 부모로부터 소비자 행동을 배운다. 아이들이 어릴 때 처음 배운 행동은 나중에 그들이 어른 혹은 부모가 되었을 때 본보기가 된다.

가족(family)은 기본적으로 출생, 결혼 또는 입양을 통해 함께 사는 둘 이상의 집단으로 정의된다. 역사적으로 미국과 세계 대부분의 지역에서 전통적인 가족은 직접 낳았거나 입양한 자식이 있는 결혼한 부부를 포함했다. 그러나 지난 40년 동안 가족 구조가 변화했다. 1970년대에는 전통적인 가정이 전체 가구의 70%를 차지했다. 오늘날 그 숫자는 전체 가구의 절반 이하(48%)로 감소했다.

이제 새로운 가족 구조가 훨씬 더 널리 퍼져 있다. 새로운 가족 구조는 마케터들에게 많은 도전 과제를 제시한다.[22] 예를 들어, 종종 편부모 가정은 자유롭게 쓸 수 있는 시간이 부족한 것으로 보고된다. 식료품점들은 이를 기회 삼아 직장인 아빠, 엄마가 퇴근길에 저녁 식사를 가져올 수 있도록 델리바를 만들었다.

가정생활주기(household life cycle, HLC)는 소비자의 선택 과정에서 가족의 역할을 이해하는 데 바탕이 된다. 전통적 가족생활주기는 독신자들이 결혼하고(20대), 가정을 꾸리고(30대), 아이들을 키우고(40~50대), 아이들이 성장하면 출가시키고(50~60대), 마침내 은퇴를 하는 (60대 이상) 상당히 구조화된 활동들로 구성되어 있다. 전통적인 가정생활주기의 기본 원리들은 타당하지만, 사람들은 점점 결혼 시기를 늦추고 가족을 만드는 것을 미루고 있다. 여성들은 다양한 이유(늦어진 결혼, 커리어에 집중)로 아이를 늦게 가지고 있다. 부부들은 아이들을 양육하다가 이혼 혹은 재혼을 통해 혼합 가족을 만들거나 새로운 가족을 꾸리기도 한다.

각각의 그룹은 마케팅 관리자들에게 기회와 도전을 제공한다. 정보 탐색을 통해 프로세스에 관여하게 하는 기본적 욕구에서부터 최종 구매 결정에 이르기까지, 각 집단은 다르게 생각하고 행동한다. 각각의 그룹은 생활주기 단계에 따라 완전히 다른 선택을 한다.[23] 예를 들어, 두 자녀가 있는 부부 또는 자녀가 없는 부부(35세, 기혼, 전문직)는 생활 방식, 가치관, 구매 우선순위가 매우 다르다. 결과적으로, 마케팅 담당자들은 미래의 생활주기 단계를 나타내는 지표로서 연령에 관심을 가지게 된다(도표 6.5는 미국의 향후 40년간 연령 추세를 보여준다).

가족 구매 의사결정에 대한 개인의 책임은 가족 내 구성원들이 의사결정을 내리는 방식과 관련된다. 의사결정과정에서 가족 구성원의 다양한 역할에 대해 여러 연구가 진행되었다. 가정에서 일어나는 가정 내 전체 구매 결정을 연구한 결과, 남편과 아내는 각각 특정 범주에서 주도적으로 의사결정을 하고, 다른 범주에서는 공동으로 의사결정을 하는 것으로 나타났다. 예를 들어, 식료품점에서는 아내들이 주요 의사결정권자인 반면, 보험 상품은 주로 남편들이 결

성별 및 연령	2020	2030	2040	2050	2060
모든 성별	334,503	359,402	380,219	398,328	416,795
18세 이하	74,128	76,273	78,185	79,888	82,309
5세 이하	20,568	21,178	21,471	22,147	22,778
5~13세	36,824	38,322	39,087	39,887	41,193
14~17세	16,737	16,773	17,627	17,854	18,338
18~64세	203,934	209,022	219,690	230,444	236,322
18~24세	30,555	30,794	31,815	32,717	33,300
25~44세	89,518	95,795	96,854	99,653	103,010
45~64세	83,861	82,434	91,021	98,074	100,013
65세 이상	56,441	74,107	82,344	87,996	98,164
85세 이상	6,727	9,132	14,634	18,972	19,724
100세 이상	89	138	193	387	604

출처 : "Projections of the Population by Sex and Selected Age Groups for the United States: 2015 to 2060," Table 3, Washington, DC: U.S. Census Bureau, Population Division, December 2014.

정하는 경향이 있다.[24] 어린 아이들도 시리얼과 같은 제품의 결정에 영향력을 행사하며, 휴가 결정에도 간접적인 영향을 미친다. 그러나 전통적인 가족의 책임은 가족 단위가 바뀌면서 변하고 있다. 편부모 가정의 의사결정은 전통적인 가족 의사결정과 다르다. 예를 들어, 이혼한 아빠들은 자녀의 학교를 결정해야만 하는 책임이 있다.

사회 계층 모든 사회에서 사람들은 자신의 사회적 지위를 인식하고 있다. 하지만 사회 계층 체계를 문화권 밖의 누군가에게 설명하는 것은 어렵다. 사람들은 어릴 때부터 부모님, 학교, 친구, 언론을 통해 사회 계층과 사회적 지위에 대해 학습한다. **사회 계층**(social class)은 연령, 교육 수준, 소득, 직업과 같은 인구통계적 특성에 따른 개인들의 등급이다.

대부분의 서양 문화에는 공식적인 사회 계층 제도는 없으나, 비공식적인 사회적 등급은 존재한다. 이러한 비공식적인 제도는 개인의 태도와 행동에 영향을 미친다. 두 가지 요인이 사회적 지위를 만든다. 성공 주도 요인은 사회적 지위에 가장 큰 영향을 미치며 교육 수준, 소득, 직업 등이 포함된다. 또 다른 요인인 선천적 요인은 개인 스스로의 노력만으로 얻을 수 있는 것이 아닌 태어날 때부터 물려받은 특성들이다. 성별, 인종, 부모 등이 사회적 지위를 결정하는 주요 선천적 요인이다.

사회 계층은 소득과 같은 단일 요소에 의해 결정되지 않으며, 여러 특성들 간 복잡한 상호 작용의 결과로 결정된다. 사회 계층을 형성하는 일부 요인은 개인의 통제 밖에 있는 반면, 교육 수준과 직업 등은 선택할 수 있다. 특히 교육 기회가 제공되는 사회에서는 사람들이 자신의 성취를 바탕으로 새로운 사회 계층으로 이동할 수 있다. 또한 사람들은 신용 대출, 창조적인 가격 체계, 새로운 금융 약정을 이용하여 열망적 구매에 참여할 수 있다. **열망적 구매**

(aspirational purchases)는 자신의 사회적 지위를 벗어난 제품을 구매하는 것이다. 미국에서 팔리는 고급 승용차의 50% 이상은 리스용으로 쓰인다. 저소득층의 사람들은 특별한 금융 조건을 통해 BMW, 메르세데스 벤츠 또는 아우디를 운전할 수 있다. 이렇듯 사람들은 열망적 구매를 통해 정상적으로는 구매할 수 없는 차를 운전할 수 있게 된다.

마케팅 관점에서 보면, 사회적 지위는 사람들이 보는 미디어(하위 계층은 TV를 주로 시청하며, 상위 계층은 신문을 읽는 경향이 있음)에서 사람들이 구매하는 제품(하위 계층은 일반 제품을 구매하지만 상위 계층은 브랜드 제품을 구매하는 경향이 있음), 즉 모든 것에 영향을 미치는 소비자 행동의 중요 요인이다.

의견 선도자 외적 요인에 대한 이전의 논의는 주로 사회적·문화적 요인과 같은 집단적 영향에 중점을 두었다. 그러나 외적 요인에는 개인이 미치는 영향 또한 포함된다. 전기차를 통해 자동차 산업을 극적으로 변화시키고 기술적 비전을 제시한 테슬라의 CEO, 엘론 머스크를 예로 들어보자. 그는 증강현실과 같은 신기술을 포함한 여러 현안들에 대해 거리낌 없이 말한다. 머스크의 인터뷰는 그가 테슬라의 최고경영자이자 의견 선도자이기 때문에 확산되고 논의된다. 그의 통찰력은 미래를 예고하는 전조로 여겨진다.

의견 선도자(opinion leaders)들은 정보를 분류하고 설명하며 이를 가족과 친구에게 전달하는 중요한 역할을 수행하지만 때로는 엘론 머스크처럼 더 광범위한 청중들에게 영향을 미친다. 사람들은 제품에 친숙하지 않거나, 구매 전 제품 선택에 대한 확신을 얻거나, 특정 제품 구매에 대한 관여도가 높아 생기는 불안감을 줄이기 원하는 등의 다양한 이유로 의견 선도자를 찾는다. 자신의 의견이 다른 사람들에게 존중받는 사람은 누구나 의견 선도자가 될 수 있다. 예를 들어, 자동차를 즐기는 친구는 자동차에 대한 의견 선도자가 될 수 있다. 정보 기술 분야에 대해 배경 지식이 있는 친척은 아마도 기술에 관한 의견 선도자일 것이다.

의견 선도자들은 종종 특정 기술에 대한 머스크의 전문성과 같이 특정 제품군 내에서 정의되지만, 또 다른 영향 집단이 생겨나고 있다. **시장 전문가**(market mavens)로 불리는 새로운 집단은 다양한 종류의 상품, 쇼핑 장소, 시장의 다양한 측면에 대한 정보를 제공하며, 구성원들은 소비자와 토론하며 시장 정보에 대한 소비자의 요구에 응답한다.[25] 의견 선도자들과 시장 전문가들의 핵심적 차이점은 시장 지식에 대한 집중도이다. 시장 전문가들은 구매 결정의 다른 요소인 쇼핑 경험이나 가격 등 제품 범위를 넘어서는 요인들에 대해 광범위하게 이해하고 있으며, 이에 대한 전문성 역시 가지고 있다.

정보의 문지기로서 의견 선도자들과 시장 전문가들의 역할은 개인의 제품 및 브랜드 선택에 영향을 미치는 것이다. 따라서 마케팅 담당자들은 이 두 집단의 역할을 이해하기를 원하며, 각 집단의 구성원들을 확인한 후 이들로 하여금 특정 제품을 사용하도록 장려한다. 마케터들은 이들에게 다음의 활동을 하도록 권장한다.

- 시장 조사 : 관심 소비자 집단의 주요 정보 원천으로서, 의견 선도자들과 시장 전문가들은 정보를 정확하게 전달할 수 있도록 제품에 친숙해야 하고, 제품 광고를 잘 이해해야 한다. 많은 시장 조사자들은 마케팅 믹스가 제대로 작동하고 있는지 확인하기 위해 이들이 메시지를 해석하는 방법에 중점을 둔다.

- 제품 샘플링 : 문지기들의 승인을 받기 위해 제품을 써보게 하는 것은 필수적인 과정이다. 따라서 선도자들은 제품 사용의 주요 대상이 된다.
- 광고 : 기업들은 의견 선도자와 시장 전문가들을 이용해 사업가 혹은 개별 소비자의 의사 결정에 영향을 미친다. 태그호이어(시계 제조업체)는 세계 최고의 축구 선수 중 한 명인 크리스티아누 호날두를 홍보대사로 고용하였다. 이 회사는 호날두의 특징(성공, 집중, 승자)이 시계를 구매하려는 사람에게 영향을 미치기를 원한다.

준거 집단 모든 사람들은 집단을 통해 정체성을 확인하고 이에 영향을 받는다. 대부분의 경우, 개인은 추구 집단에 소속되고자 하지만 다른 경우에는 특정 집단을 부정적으로 인식하고 관계를 끊으려고 한다. **준거 집단**(reference group)은 구성원의 신념, 태도, 행동에(긍정적 또는 부정적으로) 영향을 미치는 사람들의 집단이다.[26] 준거 집단을 분류하기 위해서는 연관성, 열망, 소속감 등의 세 가지 특성이 활용된다.

준거 집단과의 연관성은 공식적이거나 비공식적일 수 있다. 예를 들어, 학생들은 학교 또는 대학과 공식적인 관계에 있으며, 따라서 다른 학생들과 관계를 맺거나 이들의 행동에 반응한다. 그와 동시에 학생들은 많은 비공식적인 집단에 속해 있다. 친구 혹은 동급생으로 구성된 동아리는 공식적인 집단은 아니지만, 개인에게 많은 영향을 미칠 수 있다.

개인은 해당 집단과 연관되기를 원하는 정도에 따라 그 집단의 영향을 받는다. **열망**(desirability)은 한 개인이 특정 집단에 소속되기를 소망하는 정서적 유대감의 범위와 방향을 의미한다. 사람들은 특정 집단에 소속되기를 정말로 원하거나 그렇지 않을 수 있으며, 그 관계는 긍정적이거나 혹은 부정적일 수 있다. 스포츠 팀들은 여러 수준에서 참여를 권장한다. 다른 도시들과 마찬가지로 보스턴에는 레드삭스, 패트리어츠, 셀틱스, 브루인스 등은 수많은 팬들을 보유한 스포츠 팀들이 있다. 여러 재원을 가진 헌신적인 팬들은 시즌 티켓의 소유자가 되고, 시즌의 전 경기를 관람하는 데 매년 수천 달러를 지출한다. 보스턴의 많은 시민들은 어떤 팀과도 적극적으로 관련되어 있지 않거나, 어떤 팀에 대해서는 열정적인 팬이라 하더라도 다른 팀에는 관심이 없다. 일부 보스턴 주민들은 다른 도시의 팀, 가령 뉴욕 양키즈를 응원할 수 있으며, 자신이 속한 지역의 팀에 부정적인 인식을 가질 수도 있다. 결과적으로, '보스턴 스포츠 팬'이라고 알려진 준거 집단에 속하고자 하는 열망은 사람마다 혹은 팀에 따라 다르다.

소속감의 정도(degree of affiliation)는 개인이 준거 집단과 접촉하는 빈도를 나타낸다. **1차 집단**(primary groups)은 빈번한 접촉이 특징인 반면, **2차 집단**(secondary groups)은 빈번하지 않은 만남과 제한된 관계가 특징이다. 사람들은 접촉의 정도에 따라 1차 혹은 2차 집단이 될 수 있는 동료, 가까운 친구 혹은 종교, 흥미, 취미 동호회 같은 집단에 소속된다. 소속감의 정도는 시간이 지남에 따라 변할 수 있다. 예를 들어 누군가 직장을 바꿀 때, 동료에 관련된 1차 집단은 바뀔 것이다.

태그호이어는 세계 최고이자 가장 주목받는 선수 중 하나인 호날두의 성공적 이미지가 자사의 시계에 대한 사람들의 지각에 전이되기를 원한다.

출처 : Tag Heuer

의사결정에 영향을 미치는 관여도의 수준

앞서 논의한 동기의 주요 결과 중 하나가 제품에 대한 **관여도**(involvement)이며, 이는 제품 선택 결정에 영향을 미친다. 관여도는 개인의 배경 및 심리적 상태, 열망 초점, 구매 결정을 내릴 때의 환경이라는 세 가지 요소에 의해 활성화된다. 앞서 언급했듯이, 동기는 각 개인마다 다르며, 구매 결정을 유도한다. 열망 초점은 구매자의 관심사이며 제품 자체에 국한되지 않는다. 열망 초점은 브랜드, 광고 혹은 제품 사용과 동시에 발생하는 활동들과 관련될 수 있다.

　많은 사람들이 오토바이를 타지만 할리데이비슨 오토바이를 타는 사람의 수는 매우 적고, 이들 중 일부는 할리데이비슨 로고를 문신으로 새기기도 한다. 이들은 할리데이비슨의 제품 이외의 것들에 대해서도 관여도가 높으며, 자신을 할리의 라이프스타일과 밀접하게 연관시킨다. 마지막으로, 환경은 관여도의 수준을 변화시킨다. 예를 들어 시간 압박이 있는 경우, 시간은 관여도를 제한할 수 있으나 의사결정을 위한 시간이 충분할 경우, 관여도가 높아질 수 있다. 관여도는 선택 의사결정과정의 모든 단계에 영향을 미치며, 따라서 마케터들은 관여도의 수준을 바탕으로 전략을 수립한다. 예를 들어, 신차를 구매하기 위해 자동차 딜러를 방문하고, 자동차 관련 웹사이트를 뒤지며, 자동차 전문가에게 조언을 얻는 소비자들의 의사결정 과정은 관여도가 높고, 이러한 고관여 구매는 보다 인지적인 학습을 유도한다. 반면, 조건화는 가격, 위치와 같은 다양한 요인으로 인해 같은 장소에서 자주 구매하는 휘발유의 경우처럼 저관여 구매 상황에서 효과적이다.[27]

고관여 의사결정

관여도를 높이는 강력한 동기는 보다 적극적이고 헌신적인 선택 결정 과정을 이끈다. 의사결정의 결과를 걱정하는 사람들은 제품 옵션을 배우는 데 보다 많은 시간을 보낼 것이며, 이러한 의사결정과정과 그로 인한 결과에 대해 보다 감정적일 것이다. 새로운 정보를 얻도록 자극을 받은 사람들은 **고관여 학습**(high-involvement learning)에 참여하게 된다. 예를 들어, 새로운 고급 디지털 카메라 구매에 관심이 있는 사람들은 선택 결정에 도움이 되는 정보를 얻기 위해 씨넷(CNET.com) 또는 다른 온라인 원천에서 제품 후기들을 찾아볼 것이다. 특정 브랜드를 선호함에도 불구하고, 일부 사람들은 새로운 대안을 찾기 위해 다른 브랜드를 써보고 추가적인 정보를 검색할 수도 있다. 관여도가 높을 경우에는 전체 의사결정과정에 보다 많은 시간이 소요된다. 고관여 소비자들은 구매 결정에 대한 만족감이 높다. 이러한 소비자들은 의사결정과정에 많은 시간을 할애하기 때문에 자신의 결정에 대해 더욱 편안함을 느끼게 된다.

저관여 의사결정

고관여 구매가 소비자들에게 보다 중요하다 하더라도, 대부분의 구매는 제한적 혹은 저관여 상태에서 이루어진다. 가솔린 구매에서부터 레스토랑 선택에 이르는 다수의 의사결정들은 관여도가 낮으며 거의 자동적이거나 습관적이다. 현실적으로 대부분의 경우 소비자들은 거의 또는 전혀 생각을 하지 않고 구매를 결정하는 반면, 자신의 시간과 에너지를 고관여 구매에 집중시키는 경향이 있다.

저관여 학습(low-involvement learning)은 사람들이 새로운 정보를 가치 있게 여기지 않을 때 발생한다. 저관여 학습은 고관여 학습보다 보편적인데, 이는 대부분의 마케팅 자극이 소비자가 정보에 관심이 거의 또는 전혀 없을 때 발생하기 때문이다. 사람들은 광고를 보기 위해 TV를 시청하는 것이 아니다. 그들은 프로그램을 시청하기 위해 TV를 보며, 광고는 단지 시청 경험의 일부분에 불과하다. 마찬가지로, 인쇄 광고는 기사와 함께 제시되며 자주 무시된다. 사람들은 적극적으로 정보를 찾지 않더라도 광고에 노출되며, 이는 차후 그들의 브랜드 태도에 영향을 미친다. 연구 결과에 따르면, 저관여 상황에서 광고를 본 사람들은 해당 브랜드들을 선택 결정 과정에 포함시킬 확률이 높다. 저관여 소비자들은 제품 속성 비교에 시간을 들이지 않으며, 대부분의 경우 브랜드 간 차이를 거의 알아채지 못한다. 이런 결정은 상대적으로 덜 중요하기 때문에, 그들은 종종 중요한 제품 특징에 대해 평가하지 않고 선반에서의 위치 또는 최저 가격에 따라 제품을 구매할 것이다.[28]

마케터들은 저관여 소비자들을 대상으로 몇 가지 전략들을 고려한다. 이러한 전략의 목표는 제품에 대한 소비자들의 관여도를 높이는 것이다. 이러한 전략에서는 일반적으로 시간이 중요한 역할을 수행한다. 단기 전략들은 쿠폰, 환불, 할인 등의 제품 사용을 유도하는 판매촉진을 통해 소비자들의 제품 관여도를 높인다. 장기 전략의 실행은 더 어렵다. 마케터들은 추가적인 제품 속성, 더 높은 신뢰성, 고객 만족도를 높이는 즉각적 서비스 등을 바탕으로 한 가치 제안을 창출하는 데 중점을 둔다. 또한 강력한 마케팅 커뮤니케이션을 통해 제품과 관련된 소비자의 문제나 우려 등을 전달함으로써 제품의 관여도를 높일 수 있다. 이에 대한 고전적인 사례로, 비교적 저관여 제품인 타이어를 소비자의 중요한 관심사인 가족의 안전과 연결시킨 미셸린의 매우 효과적이고 장기적인 광고 캠페인을 들 수 있다. 일반적으로 타이어는 고관여 제품이 아니다. 그러나, 광고 속 목소리가 "당신의 타이어 위에 많은 것들이 있기 때문에" 혹은 차 안에 있는 아이들을 보여주면서 "가장 중요한 것"이라고 말하게 되면, 제품(과 더 구체적으로는 브랜드)에 대한 소비자들의 관여도가 높아진다.

저관여 소비자는 브랜드에 충성도가 전혀 혹은 거의 없기 때문에 브랜드 전환에 대해 매우 개방적이다. 결과적으로, 브랜드들은 효과적이고 종합적인 마케팅 전략을 통해 소비자가 자사 제품을 수용하게 함으로써 상당한 이득을 얻을 수 있다.

소비자 의사결정과정

6-4

소비자의 의사결정과정을 이해한다.

사람들은 매일 수많은 결정을 내린다. 아침 식사부터 잠자리에 들기 전 마지막으로 시청하는 텔레비전 쇼까지, 사람들은 의사결정과정의 결과로 제품을 선택한다. 그 과정에 대한 학습은 효과적인 마케팅 전략을 수립하고자 하는 마케터들에게 필수적인 단계이다.

수년간의 연구를 통해 소비자 의사결정과정이 5단계를 거친다는 사실이 밝혀졌다. 모든 사람이 이 단계를 모두 거치는 것은 아니지만, 모든 소비자들은 문제 인식을 시작으로 정보 탐색, 대안 평가, 제품 선택, 최종적으로 구매 후 평가에 이르는 기본적인 과정을 거친다. 소비자는 구매를 결정할 때마다 다음 결정을 준비하기 위해 제품을 평가하기 시작한다(도표

6.6 참조).

그러나 앞서 언급한 바와 같이, 자가용으로 출퇴근을 하는 사람들은 휘발유를 구입할 때 정보를 많이 탐색하거나 여러 가지 대안을 평가하지 않는다. 소비자는 그들이 잘 알고 정기적으로 방문하는 주유소를 이용할 가능성이 높다. 그럼에도 불구하고, 이 모델은 사람들이 구매에 완전히 관여되었을 때 거치게 되는 '완전한 의사결정과정'을 보여주기 때문에 유용하다.

문제 인식

모든 구매 결정은 의사결정과정으로 이끄는 개인의 문제나 욕구에서 비롯된다. 문제나 욕구는 한 개인이 선호하는 상태와 실제 상태와의 간극으로 인해 발생한다.

사람들은 현재의 지각된 현실 혹은 **실제 상태**(real state)에서 살고 있다. 동시에, 사람들은 현재의 느낌이나 생활 방식을 반영하는 욕구를 가지고 있으며, 이는 **선호 상태**(preferred state)로 알려져 있다. 두 상태가 균형을 이룰 때, 개인은 아무것도 요구하지 않으며 구매도 일어나지 않는다. 그러나 두 상태가 일치하지 않을 경우, 문제가 발생하면서 소비자 의사결정과정이 시작된다.

불일치 또는 차이는 내부 또는 외부 요인으로 인해 발생할 수 있다. 내부 요인들은 배고픔, 안전과 같은 인간의 근원적인 욕구이다. 배가 고픈(실제 상태) 사람은 무언가를 먹고 싶어 한다(선호 상태). 이는 여러 선택으로 이어질 수 있다: 집에서 먹거나, 외식을 하거나, 식료품점에 가는 것 등. 심지어 이러한 상태는 사회적 상호 작용의 욕구를 해결하기 위해 친구에게 전화를 하는 것과 같은 다른 선택들을 유발할 수도 있다. 외부 동인들은 사람들이 세상과 소통할 때 발생한다. 이 중 일부는 기업의 마케팅 노력에서 비롯되지만, 대부분은 누군가 새 차를 운전하는 친구를 보거나 훌륭한 새 레스토랑에 대한 이야기를 듣는 것과 같이 욕망을 자극하는 어떤 일을 경험할 때 발생한다.

내부 또는 외부 자극에도 불구하고, 사람들이 실제 상태와 선호 상태 사이의 모든 간극에 반응하는 것은 아니다. 때때로 그 격차는 행동까지 유도하는 데 충분하지 않다. 누군가 새로운 자동차를 원할 수도 있지만 재정적 자원이 부족하거나 단순히 그 구매를 정당화할 수 없나면, 감정에 따라 행동하지 않는다. 실제 상태와 선호 상태 사이의 갈등이 일정 수준에 이를 때, 의사결정과정이 시작된다.

도표 6.6 | 소비자 의사결정과정

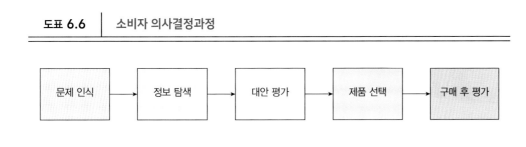

마케터들은 여러 이유로 문제 인식을 이해할 필요가 있다. 첫째, 부가 가치가 높은 제품들을 만들기 위해서는 목표 시장의 문제와 욕구에 대한 학습이 필수적이다. 둘째, 특히 커뮤니케이션 같은 효과적인 마케팅 전략의 핵심 요소들은 문제 인식의 원인들에 대한 훌륭한 지식으로부터 도출된다.

정보 탐색

일단 문제가 인식되고 행동이 필요한 경우, 사람들은 최선의 결정을 하기 위해 정보를 탐색한다. 정보의 탐색은 범주화되지 않는다. 오히려 제한적 정보 탐색과 광범위한 정보 탐색 사이의 연속선상에서 실행된다. 다음 사례를 고려해보자. 한 커플이 파티가 끝난 후 차를 타고 집으로 돌아갈 때, 연료 부족 경고등이 켜졌다는 것을 알아차렸다. 운전자는 집으로 가는 길에 있는 '동네' 주유소를 떠올리며, 추가 정보를 탐색하지 않고 그 주유소에 들러 휘발유를 넣는다. 이는 **최소 정보 탐색**(minimal information search)의 사례이다. 이 커플은 이제 아기를 갖게 될 것이라는 사실을 알게 되었고 그들의 메르세데스 벤츠 C급 쿠페를 더 실용적인 차로 교체해야 함을 깨달았다. 이들은 자동차 관련 잡지를 철저히 검토하고, 친구들과 가족들로부터 의견을 구하고, 에드먼드나 KBB 같은 웹사이트에서 온라인 탐색을 실시하고, 최종 구매 결정을 내리기 전에 여러 신차와 SUV에 시승해본다. 이것은 **광범위한 정보 탐색**(extensive information search)의 한 예다. 이 두 극단 사이에 **제한된 정보 탐색**(limited information search)이 위치하며, 이름에서 알 수 있듯이 비록 제한적이라 할지라도 정보 탐색 과정이 포함된다. 이전의 사례에서 본 부부 중 아내가 감기에 걸렸다고 가정해보자. 남편은 아내에게 약을 사주기 위해 약국에 들른다. 그는 감기약 코너에서 아내의 증상을 '최대한 감소'시킬 수 있는 약을 찾기 위해 상자들을 살핀다. 심지어 그는 최선의 대안을 선택하기 위해 약사에게 도움을 요청할 수도 있다. 이 시점에서 그는 제한된 정보 탐색 과정을 거치고 있다. 일반적으로, 사람들은 단지 최선의 결정을 내리기 위해 필요하다고 생각되는 양의 정보만을 탐색한다.

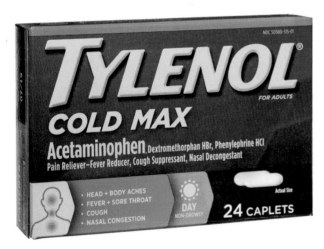

타이레놀 콜드는 패키지를 통해 소비자가 매장에서 구매하는 시점에 제품 선택에 도움이 되는 상당량의 정보를 제공한다.

© Editorial Image, LLC

정보 원천 기본적으로 내부 정보 원천과 외부 정보 원천이라는 두 가지 정보 원천이 있다. 이름에서 알 수 있듯이, **내부 정보 원천**(internal information sources)은 기억 속에 저장되어 개인이 접근할 수 있는 모든 정보들을 의미한다. 내부 정보 원천은 사람들이 정보를 탐색할 때 항상 가장 먼저 고려된다. 일단 문제가 인식되면 과거의 경험, 대화, 조사, 기존 신념, 태도 등은 개인이 이용하는 광범위한 내부 데이터베이스를 형성한다. 휘발유가 부족한 차의 사례에서, 운전자는 내부 정보를 탐색하였고 결정을 내리기에 충분한 정보를 제공하는 과거의 경험을 떠올렸다.

추가적인 정보가 필요한 경우에도 내부 정보는 외부 탐색의 틀을 짜는 데 사용된다. 대안 평가에서 자주 사용되는 예

외부 정보 원천	예시	마케팅 시사점
독립 집단	소비자 보고서 소비자 연합	독립적인 출처로부터 호의적인 평가는 외부 정보의 중요한 원천이다. 마케터는 관련 정보로 독립적인 원천에 도달하기 위한 전략이 필요하다.
개인적 유대	가족/친구	이러한 유대 관계는 특정 결정에서 외부 정보의 중요한 원천이 될 수 있다. 마케터들은 호의적인 제품 평가와 효과적인 마케팅 커뮤니케이션을 통해 준거 집단과 의견 선도자들에게 영향력을 행사하려고 한다.
시장 정보	광고, 제조업체의 웹사이트	효과적인 마케팅 커뮤니케이션은 독립 집단과 같은 다른 외부 정보 원천에 보내는 메시지를 강화한다.
경험적 요소	제품 시용	식품과 같은 특정 범주의 제품 샘플은 쉽게 제공될 수 있다. 샘플이 적절하지 않을 때(전자제품, 자동차), 제품 시용 및 시연을 해보도록 권장해야 한다.

산 제약 및 핵심 성과 지표 등의 기준은 종종 기억 속에 저장된 정보로부터 나온다. 사람들은 구매결정과정에 적극적으로 참여하지 않더라도 정보를 수집하고 처리한다. 따라서 개인의 내부 정보는 항상 변하게 된다. 사람들이 제품이나 브랜드에 대해 더 많은 경험을 쌓고 더 많은 정보를 수집하면서, 점차 내부 정보에 더욱 의존하게 되어 외부 정보 탐색이 줄어든다.

두 번째 기본적인 원천은 외부 원천이다. 사람들은 일단 내부 정보가 구매 결정을 내리기에 충분하지 않다고 판단하면, 외부 원천으로부터 정보를 탐색한다. **외부 정보 원천**(external information sources)에는 독립적 집단(원천), 개인적인 유대관계(친구, 가족), 마케팅 담당자가 만든 정보(자동차 제조업체 웹사이트, 광고), 경험(제품 시용, 시연) 등이 포함된다.

조직의 마케팅 커뮤니케이션이 중요하다 하더라도, 이는 여러 외부 원천 중 한 가지에 불과하다. 그러나 기업의 마케팅 커뮤니케이션은 개인적 접촉과 같은 다른 정보 원천에 영향을 미침으로써 중요한 역할을 수행할 수 있다. 예를 들어, 존슨앤존슨은 새로운 유아 제품을 도입할 때, 젊은 엄마를 향한 직접적인 마케팅 커뮤니케이션을 지원하기 위해 소아과 의사와 간호사에게 견본품과 정보를 제공하는 데 많은 예산을 지출한다. 따라서 비록 소비자들의 구매 결정에서 기업이 후원하는 마케팅 정보가 제한된 가치를 지닌 것으로 나타나더라도, 다른 외부 정보 원천에 미치는 영향력을 고려할 때 기업의 마케팅 노력은 더 중요한 역할을 수행할 수 있다. 도표 6.7은 외부 원천에 대한 요약이며, 이용 가능한 정보 원천의 다양성을 강조하고 있다.

대안 상표군의 정의 사람들은 종종 내부 정보 탐색 중 고려 중인 대안의 수를 제한한다. 실용적인 관점에서 볼 때, 무수히 많은 대안에 대한 정보를 수집하고 처리하는 것은 불가능하다. 이는 제한된 합리성으로 알려져 있으며, 사람의 제한된 정보 처리 능력을 의미한다.

사람들은 **전체 상표군**(complete set)으로 알려진 매우 넓은 가능 대안의 집합에서 시작한다. 여기에는 여러 브랜드 및 제품에 대한 다양한 대안들이 속해 있다. 모바일 무선 인터넷에 접속하려는 사람을 고려해보자. 전체 상표군에는 다양한 제품 대안(휴대폰, 노트북 또는 태블릿 컴퓨터)과 브랜드(애플, 델, 소니, 삼성, 휴렛팩커드, 레노보)가 포함될 수 있다. 그러나 개인의 선택 기준에 따라, 광범위했던 가능 상표군은 축소될 것이다. 전체 상표군이 구매자가 이용할 수 있는 **모든** 대안을 의미하는 것이 아니라는 것을 명심하라. 차라리 전체 상표군은 구매자가 검색을 시작할 때 인식하는 대안의 집합이다. 문제 및 이용 가능한 대안에 대한 구매자의 지식 수준은 전체 상표군 내 가능 대안 상표군을 결정한다.

소비자는 정보 검색 과정에서 다른 제품(태블릿 컴퓨터)을 선호하게 되어 특정 제품(노트북)을 제거할 수 있으며, 제품군에 속한 여러 브랜드가 평가되고 제거될 것이다. **인식 상표군** (awareness set)에서는 대안이 줄어든다. 최소한 제품 범주의 수가 줄어들고, 일부 브랜드도 제거될 것이다. 흥미롭게도, 인식 상표군은 여러 제품 범주에 걸친 대안을 포함할 수 있다. 앞선 사례를 살펴보면, 제품 범주가 다름에도 불구하고 특정 브랜드의 휴대폰이 인식 상표군에 여전히 남아 있을 수 있다. 인식 상표군으로부터 개인은 추가적인 정보 탐색을 수행한다. 추가 정보 및 평가를 바탕으로 가장 강력한 대안을 포함하는 **고려 상표군(환기된)**[consideration (evoked) set]이 형성된다. 제품 결정은 고려 상표군 내에서 이루어진다.

마케팅 담당자는 다음의 두 가지 이유로 정보 탐색 과정의 학습에 대해 관심이 있다. 첫째, 마케팅 담당자들은 자원을 가장 효과적인 외부 원천에 투입할 수 있도록 중요한 외부 정보 원천을 파악해야 한다. 둘째, 마케팅 담당자들은 소비자들의 고려 상표군에 포함될 가능성을 높이는 마케팅 전략을 수립하기 위해 소비자들이 인식 및 고려 상표군에 포함될 제품을 어떻게 선택하는지를 배워야만 한다.

대안 평가

정보 탐색과 동시에 가능한 제품 선택에 대한 분석과 평가도 이루어진다. 앞에서 논의한 바와 같이, 소비자들은 때때로 많은 대안에서 보다 제한된 인식 상표군으로, 그리고 인식 상표군에서 선택이 결정되는 최종 고려 상표군으로 빠르게 이동한다. 이 과정에서, 개인은 내부 및 외부 정보를 바탕으로 대안을 지속적으로 평가한다.

소비자 선택 과정은 복잡하며 끊임없이 변화하고 있다. 결정 시점의 환경 및 개인적 요인은 구매 결정에 매우 큰 영향을 미친다. 결과적으로, 모든 구매에 적합한 소비자 선택 모델을 개발하는 것은 불가능한 일이다. 그러나 수년간의 연구 결과에 따르면 소비자들은 주로 세 가지 관점에서 제품을 선택한다: 감정, 태도 기반, 속성 기반

감정적 선택 모든 구매가 이성적인 이유로 엄격하게 이루어지는 것은 아니다. 실제로, 제품은 상황에 따라 제품 혹은 제품 속성에 대한 태도를 바탕으로 결정하는 **감정적 선택**(emotional choices)에 따라 선택될 수 있다. 종종, 제품 선택은 세 요소의 조합을 모두 포함하기도 한다. 누군가는 휴식을 취하기 위해 요거트나 스낵을 먹는다(감정 기반). 동일한 사람은 초바니 그릭 요거트를 건강을 위한 최선의 선택이라고 생각한다(태도 기반). 마지막으로 그 사람은 초바니 그릭 요거트가 다른 요거트보다 더 맛있다고 생각한다(속성 기반).

수년 동안 감정은 의사결정에 영향을 미치는 중요한 요소로 여겨져 왔지만, 감성적 선택을 대상으로 한 구체적인 마케팅 전략은 최근에서야 개발되기 시작하였다. 심지어 제품 디자인과 시연은 제품에 대한 정서적인 반응을 유발하는 데 중점을 둔다. 여기서부터 마케팅 커뮤니케이션은 감정을 유발하는 이미지와 단어들을 사용하여 제품과 목표 고객을 감정적으로 연

결시킨다. 도표 6.8은 독자에게 감정을 전달하는 광고를 보여준다.

태도 기반 선택 초기의 대안 평가 과정에서, 사람들은 평가를 위해 신념과 가치를 규칙적으로 사용한다. 소비자들은 인식 상표군을 형성할 때, 기존 태도를 활용하여 제품이나 브랜드를 제거하거나 포함시킨다. **태도 기반 선택**(attitude-based choices)은 대안을 평가할 때 특성 속성보다는 간략한 인상을 활용하기 때문에 보다 전체적인 경향을 보이며, 심지어 자동차나 주택 등의 중요한 구매에도 영향을 미친다. 신념이 실제 제품 결정에 영향을 미치는 것은 드문 일이 아니다. "미국에서 제조된 자동차를 사는 것이 중요하다" 또는 "수입차가 미국 제품보다 더 낫다" 등이 예가 될 수 있다. 두 브랜드가 비교적 동일하다고 판단될 때, 사람들은 종종 기존에 가지고 있던 태도로 결정을 내리게 된다. 누군가가 특정 제품을 구입한 이유에 대해 "나는 항상 …을 산다" 또는 "이것은 내가 사용하는 유일한 브랜드다"라고 응답한다면, 그들은 태도를 바탕으로 결정을 내린 것이다.

속성 기반 선택 지금까지 제품 의사결정에 대한 가장 보편적인 접근법은 정의된 속성 집단에서 브랜드를 비교하여 제품을 선택한다는 전제를 바탕에 둔, **속성에 기반을 둔 의사결정**(attitude-based choices)이다. 이러한 평가 속성은 구매 결정에서 다루는 특정 문제와 관련이 있다고 간주되는 제품 기능 혹은 혜택이다. 앤티록식 브레이크(antilock brakes, ABS)는 위험한 상황에서 제어력을 높여주는 혜택을 제공하는 제품 기능이다. 대부분의 소비자들은 ABS가 실제로 어떻게 작동하는지를 설명할 수 없지만 그 이점은 잘 알고 있으며, ABS 기능이 없는 자동차를 선택 과정에서 제외할 것이다. 모든 평가 속성이 유형적인 것은 아니다. 브랜드 이미지, 명성 및 브랜드나 제품에 대한 태도 또한 평가 기준으로 사용될 수 있다.

제품 선택

대안 평가의 최종 결과는 구매하기로 결정한 제품이다. 여러 사건이나 상호작용이 최종 구매 결정을 단념시키거나 변경시킬 수 있기 때문에 실제 구매로 이어지기 전 이 대안은 단지 '의도된' 대안에 불과하다. 실제 구매 결정에 영향을 미치는 네 가지 구매 사건 특성들은 다음과 같다.

케텔 원은 고객과 감정적 차원에서 연결되어 "이것이 보드카"라고 말하는 아름다운 여인의 호소를 강화하고 있다.

출처 : Ketel One

물리적 환경(구매 환경) : 매장 색상에서 직원에 이르기까지 소비자들은 물리적 환경에 반응한다. 예를 들어, 빨간색은 인식과 관심을 유발하지만 불안감과 부정적 감정도 일으킨다. 파란색은 차분한 느낌을 주며 고객에게 긍정적인 감정을 불러일으키고자 할 때 가장 많이 고려되는 색상이다. 가게가 너무 혼잡하면 사람들은 구매를 포기하고 다른 매장으로 이동할 수 있기 때문에, 혼잡은 구매 결정에 부정적인 영향을 미칠 수 있다.

사회적 환경(구매 시점에서의 사회적 상호작용) : 쇼핑은 사회적 활동이며, 사람들은 구매 시점에서 사회적 상호작용의 영향을 받는다. 아울렛에 혼자 가면 옷을 입어보고 바로 구매할 수도 있다. 그러나 친구와 함께 쇼핑을 할 경우, 내가 고른 옷을 친구가 좋아하지 않으면 해당 옷을 구입하지 않을 수도 있다.

시간(구매 결정에 사용할 수 있는 시간) : 제품 선택 결정은 시간 압박에 영향을 받을 수 있다. 소비자는 최선의 해결책을 위해 기다리기보다는 수용할 수 있는 대안을 바로 구입할 가능성이 더 높을 것이다.

심리 상태(구매 시점에서 개인의 심리 상태) : 개인의 기분은 구매 결정에 영향을 미친다. 긍정적인 심리 상태에 있는 소비자는 정보 탐색을 더 많이 하는 경향이 있다. 하지만 부정적인 기분을 느끼고 있는 소비자는 참을성이 부족하며, 이는 충동구매로 이어질 수 있다.

정보 탐색 및 평가 과정을 거쳤음에도 불구하고, 상기의 구매 사건 특성들로 인해 구매하기로 했던 대안이 변경될 수 있다. 이러한 특성 중 일부는 마케팅 담당자들의 통제 내에 있다. 하지만 개인의 심리 상태와 같은 특성들은 통제할 수 없으며, 구매 시점에서 어려운 구매 상황에 대응하는 데 필요한 기술을 가진 숙련된 직원들이 대처해야 한다.[29]

최종 구매 결정은 단일의 결정이 아니다. 오히려 소비자는 다섯 가지의 중요한 결정에 직면하게 된다.

무엇 : 제품을 선택하고, 더 구체적으로 브랜드를 선택한다. 제품 선택의 일부로 제품 기능, 서비스 옵션 및 제품 경험과 관련된 기타 특성에 대한 결정 등이 포함된다.

어디 : 구매 장소를 정한다. 매장을 선택하고, 더 나아가 제품을 구매할 경로, 즉 소매점(오프라인) 또는 인터넷 사이트(온라인) 등을 선택한다.

얼마 : 구매 수량을 결정한다. 예를 들어 샘스클럽이나 코스트코 같은 창고형 매장에서는 소비자가 구매량을 선택할 수 있다. 만약 당신이 대량의 상품을 보관할 수 있는 능력이 있다면, 보다 많은 양을 구매함으로써 비용을 절약할 수 있다.

언제 : 구매 시점을 정한다. 구매 시점에 따라 최종 구매 가격이 달라질 수 있다. 보편적으로, 자동차 딜러들은 매달 판매 할당량을 맞추기 위해 월말에 더 나은 조건을 제시한다. 판매 및 기타 마케팅 커뮤니케이션을 통해, 마케팅 담당자들은 소비자들이 구매를 당기거나 미루도록 유도한다.

지불 : 지불 방법을 선택한다. 지불 방법의 선택으로 소비자와 마케터 사이의 간극이 발생한다. 마케터들은 소비자들이 제품을 편리하게 구매할 수 있기를 원한다. 하지만, 모든 지불 방법이 동일한 것은 아니다. 신용카드는 소매업자에게 수수료를 부과하며, 이는 다시 소비자에게 전가된다. 신용카드의 편리함과 현금 구매의 재정적 책임을 결합한 지불 수단인 직불 카드가 인기를 얻고 있다. 마지막으로, 스마트폰을 사용한 전자 지불 방식을

이용하면 신용카드나 현금을 휴대할 필요가 없다.

소비자들은 구매 시점에서 여러 가지 결정을 내리게 된다. 종종 제품의 구매 장소를 선택하는 일은 제품 평가와 함께 이루어진다.

구매 후 평가

일단 구매가 완료되면, 소비자는 자신의 결정을 평가하기 시작한다. 제품과의 상호작용과 경험에 따라 태도는 달라진다. 이러한 태도 변화에는 이미 구입한 제품을 보는 시각뿐 아니라 경쟁제품을 바라보는 시각도 포함된다. 동시에 마케팅 담당자들은 관계를 구축하고 장려하기를 원하며, 앞서 제7장에서 논의한 바와 같이 고객과의 관계를 구축하기 위해 점점 더 많은 자원을 집중하고 있다. 대부분의 CRM 프로그램은 구매 후 고객의 경험을 바탕으로 구축된다. 구매 후 평가의 네 가지 주요 특성은 부조화, 사용/비사용, 처분, 만족/불만족이다.

부조화 높은 관여도와 대량 구매는 종종 **구매 후 부조화**(post-purchase dissonance)로 알려진 의심이나 불안으로 이어진다.[30] 대부분의 구매에서는 부조화가 거의 혹은 전혀 발생하지 않는다. 다음에서 제시된 구매 결정 특성 중에 하나 이상이 존재한다면 부조화의 가능성이 증가하게 된다: (1) 쉽게 철회되지 않는 높은 수준의 의무, (2) 고객에 대한 높은 수준의 중요도, (3) 균등하게 평가되는 대안 및 명확하지 않은 구매 결정. 또한 불안에 대한 개인적 성향은 추가적인 부조화를 유발할 수 있다. 비싼 제품의 구매에는 종종 이러한 특징들이 포함된다. 예를 들어, 대부분의 사람들이 한 번에 구입할 수 있는 가장 큰 제품 단위인 주택의 경우, 소비자가 두 가지 혹은 세 가지 대안이 거의 비슷하다고 평가할 때 구매가 복잡해지고 부담도 커진다.

소비자들의 부조화를 어떻게 감소시킬 수 있을까? 가장 효과적인 방법은 철저한 정보 탐색과 대안 평가다. 소비자들은 충분히 노력했다고 확신하면, 구매 후 불안감은 줄어든다. 부조화가 여전히 문제가 될 경우, 불안을 줄이고 결정을 뒷받침하기 위해 추가 정보를 찾을 수 있다. 특히 자동차 같은 비싼 제품의 경우, 마케팅 담당자들은 부조화를 줄이기 위해 직접적으로 마케팅 커뮤니케이션을 수행할 수 있다. CRM 프로그램의 일환으로, 많은 기업들은 구매 후 만족도를 평가하기 위해 구매 고객을 대상으로 사후 관리를 하고 있다.

사용/비사용 소비자들은 사용하기 위해 제품을 구매한다. 마케팅 담당자들은 몇 가지 이유로 고객이 구매한 제품을 어떻게 사용하는지를 아는 데 많은 관심을 가진다. 첫째, 고객이 제품을 올바르게 사용하는 방법을 아는 것이 중요하다. 새로 구입한 TV가 제대로 설치되지 않는다면, 이는 곧 소비자들에게 부정적인 경험이 될 수 있다. 따라서 마케팅 담당자들은 고객이 제품의 사용 방법과 기능을 제대로 쓰기 위해 필요한 모든 설정 절차를 이해하고 있는지 확인하기를 원한다. 둘째, 만족한 고객은 제품을 추가로 구매할 가능성이 높다. 자전거를 구매하고 탄다는 것은 그 소비자가 헬멧, 조명, 자전거 랙 및 기타 액세서리를 구입할 가능성이 높다는 것을 의미한다.

고객과의 관계가 구축되고, 고객이 제품 및 제품의 사용 방법을 이해하게 되면 제품이 반품될 가능성이 줄어든다. 구매 후에 발생할 수 있는 또 다른 잠재적인 문제는 소비자가 제품을 구매한 후 사용하지 않는 것이다. 이러한 상황에서 마케팅 담당자들은 제품 사용을 촉진하려고 한다. 캠벨 수프는 소비자들이 종종 자사의 통조림 수프를 바로 먹지 않고, 선반에 오랫동안 두고 있음을 알아냈다. 이에 캠벨 수프는 자사 제품의 즉각적 소비를 장려하기 위한 마케팅 커뮤니케이션 프로그램을 개발하였다. 많은 포장 식품들은 소비자들이 제품을 빨리 사용하고 재구매하도록 유도하는 유통기한을 표시한다.

처분 마케팅 담당자들은 제품이 더 이상 사용되지 않을 때, 어떻게 폐기해야 할지에 대해 점점 더 우려하고 있다. 세계 여러 지역의 소비자들은 환경에 대해 지속적으로 관심을 가지고 있으며, 이는 주요 이슈 중 상위권을 차지하고 하고 있다. 예를 들어, 미국에 거주하는 사람들은 매년 1인당 약 2,000파운드(1톤)의 쓰레기를 만든다. 제품이 소비되면, 대부분의 경우 폐기해야 하는 물리적인 형체가 남게 된다. 노트북이나 모바일 기기와 같은 첨단 제품은 위험한 화학 물질을 포함하고 있기 때문에 특히 폐기하기 어렵다.

친환경 제품은 적절한 사용과 처분을 독려한다. 코라콜라를 비롯한 여러 회사들은 제조 및 포장 과정에서 재활용 자재를 사용하고 있다. 동시에, 기업들은 소비자들이 스스로 재활용 과정에 참여하도록 권장하고 있다. 델을 포함한 여러 컴퓨터 생산 업체들은 소비자들로 하여금 오래된 컴퓨터를 재활용하도록 권장하는 프로그램을 운영하고 있다.

세븐스 제너레이션은 포장재에 재활용 재료를 이용하는 여러 회사 중 하나다.

ⓒEditorial Image, LLC

만족/불만족 소비자들은 제품의 모든 측면을 평가한다. 앞서 언급한 바와 같이, 여기에는 구매 후 부조화, 제품의 사용 또는 비사용, 제품 처분, 구매 경험, 심지어 가치 방정식까지 포함된다. 이는 제품 및 구매 결정에 대한 소비자들의 만족 혹은 불만족을 초래한다. 또한 전체적인 경험 중 다양한 차원에서 만족이나 불만족을 느낄 것이다. 어떤 고객은 제품 자체는 좋아할 수도 있지만, 판매자 또는 소매업자를 싫어할 수 있다.

대부분의 제품은 도구적 성과와 상징적 성과라는 두 가지 차원에서 평가된다. **도구적 성과**(instrumental performance)는 제품의 실제 성능과 관련된 특성이며, 다음과 같은 질문에 대한 대답이다. 제품이 기대한 바를 제대로 수행했는가? **상징적 성과**(symbolic performance)는 제품의 이미지 구축 측면과 관련되며, 다음과 같은 질문에 대한 대답이다. 제품으로 인해 자기 자신에 대해 더 좋게 느끼게 되었는가? 도구적 차원에서 부족한 성과는 결국 제품의 불만족으로 이어질 것이다. 그러나 소비자가 제품에 완전히 만족하려면 도구적 성과와 상징적 성과가 모두 뛰어나야 한다. 기아의 신차는 도구적 성과에서는 높은 점수를 받지만 상징적 성과에서는 낮은 점수를 받을 수 있다. 이때 고객은 불만족을 느끼게 될까? 아닐 수 있지만, 그 고객이 기아의 다른 자동차를 구매할지는 확실치 않다.

제품에 대한 소비자 불만족은 두 가지 중요한 결과를 수반한다. 고객은 자신의 행동을 바꾸거나 아무것도 하지 않을 것이다. 고객이 은행에서 비호의적인 경험을 하게 될 때, 거래를 그만두지 않을 수는 있지만 그 은행에 대한 의견 제시는 줄어들 것이다. 시간이 지남에 따라 이는 해당 은행에 대한 소비자의 평가를 악화시킬 것이다. 소비자 불만의 두 번째 결과는 행동의 변화이다. 소비자는 단순히 매장에서 쇼핑을 중단하거나 특정 제품을 구매하지 않을 수 있다. 또 다른 선택은 경영진에게 항의하는 것이다. 마케팅 담당자들은 한 건의 불평 행동이 접수될 때마다 '조용'하지만 불만족한 8명의 소비자가 떠난다는 것을 알고 있다. 심지어 더 큰 걱정은 소비자들이 친구들에게 나쁜 경험에 대해 말하거나 정부 기관에 항의한다는 것이다. 마지막으로, 자신의 법적 권리가 침해되었다고 믿는 불만족한 소비자들은 구매 경험과 관련된 손해에 대해 법적 행동을 취할 수 있다.

조직 구매 : 기업에 대한 마케팅

많은 사람들은 마케팅이 주로 소비자들(제품의 최종 사용자)에게 중점을 둔다고 믿는다. 이는 대부분의 사람들이 소비자로서 마케팅을 경험하기 때문이다. 그러나 현실에서는 대형 소비재 기업들이 수천억 달러 상당의 제품과 서비스를 구매하고 있다. 예를 들어 제너럴 모터스는 제품 및 서비스 구매에 연간 600억 달러 이상을 지출한다. 휴렛팩커드와 제너럴일렉트로닉스와 같은 기업은 소비자를 대상으로 제품을 판매하기 때문에 누구나 알지만, 실제 이 기업들의 수익 대부분은 다른 기업에 대한 판매로부터 발생한다.

대부분의 경우, 기업들은 최종 제품의 구성 요소가 되는 부품을 판매하고 있다. 제너럴 모터스는 여객기 엔진 제조 분야의 세계적인 선두업체로 현재 비행 중인 절반의 제트기에 동력을 공급한다. 또한 기업들은 자사의 사업을 유지하기 위해 제품을 구입해야만 한다. 레노버는 전 세계의 기업을 대상으로 IT솔루션을 제공하는 글로벌 기업이다. 레노버 제품은 다른 제품의 구성 요소가 아니며, 오히려 기업 운영을 개선시키는데 도움을 준다. 많은 기업들이 B2C 시장에 서비스를 제공하지만, 이 장에서 살펴볼 것처럼 모든 기업들은 B2B 시장 내에서 운영되고 있다. 제너럴 모터스에서 월마트에 이르기까지, 기업들은 자사의 사업 운영의 일부로서 다른 기업들을 이해하고 이들과 협력해야 한다.

이 절에서는 B2B **시장**[B2B(business-to-business) markets]을 탐구한다. 이 장이 첫 부분에서는 B2B 시장을 정의하고, B2B 시장과 소비재 시장의 차이점을 기술한다. 다음으로, 소비자의 구매 의사결정과정과는 다른 산업재 구매 의사결정에 대해 논의한다. 마지막으로, B2B 시장 관계 구축을 위한 기술의 중요한 역할이 제시될 것이다.

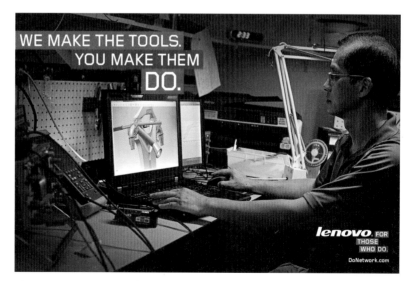

레노버는 기업과 소비자 모두에게 제품을 판매한다.
출처 : Lenovo

산업재와 소비재 시장의 차이점

6-5

소비재 시장과 산업재 시장의
차이를 이해한다.

산업재 시장과 소비재 시장은 동일하지 않다. 여섯 가지의 뚜렷한 차이가 마케팅 전략 및 전술에 큰 영향을 미친다(도표 6.9 참조). 이러한 차이점은 마케팅 관리자에게 독특한 기회 및 과제를 창출하는데, 소비자 마케팅의 성공이 산업재 시장으로 직접적으로 전이되지도, 반대로 산업재 시장의 성공이 소비재 시장의 성공으로 이어지는 것도 아니기 때문이다.

고객의 관계

제7장에서 논의할 것처럼, 이제 많은 소비재 기업들은 고객과의 강력한 관계를 구축하는 데 중점을 두고 있다. 그러나 고객과 관계를 맺을 때조차도 비대면적이며, 관계 역시 주로 전자 통신이나 직접 메일을 통해서만 존재한다.

산업재 시장에서는 정반대이다. 산업재 시장의 특성상 구매자와 판매자 사이에 개인적 관계가 더욱 요구된다. 모든 관계는 개별 고객의 매출 잠재력이 증가하면서 점차 중요해진다. 기업 고객들은 빠른 응답과 좋은 서비스를 요구하며, 일반적으로 공급자들과 긴밀한 관계를 구축하길 원하기 때문에 강력한 개인적 관계가 중요하다.[31] 결과적으로, B2B 시장의 판매 기업은 소비재 시장에서보다 고객과의 개인적 접촉 기회를 보다 많이 만들고 이를 유지하기 위해 더 많은 자원을 투자한다. 자사 제품을 소비자에게도 판매하지만 B2B 시장에만 전념하는 별도의 전담 영업 사원이 있는 휴렛팩커드와 같은 회사를 생각해보라. 심지어 어떤 경우에는 기업들이 관계를 강화하기 위해 공급업체에 투자하기도 한다.

개인적인 관계는 종종 인적 판매와 기술에 더욱 중점을 둔다는 것을 의미한다. 고객들은 기업 대표들과 직접적인 의사소통을 원하고, 그들이 알고 신뢰하는 사람을 선호한다. 관계를 유지하는 데 가장 큰 책임을 지는 사람은 영업 사원이다. 인적 판매는 기업에게 고객과의 직접적인 의사소통을 위한 가장 효과적인 방법을 제공한다. 기술은 구매자와 판매자 간 커뮤니

도표 6.9	산업재와 소비재 시장의 차이점

	B2B 시장(산업재)	B2C 시장(소비재)
고객과의 관계	개인 관계 유지에 더 많이 투자	비대면적, 전자 통신망을 통해 존재
고객의 수와 크기	소수지만 상대적으로 규모가 큰 고객	상대적으로 소규모로 구매하지만 더 많은 수의 고객
지리적인 집중도	구매자에 따라 전략적으로 위치하는 공급업체	세계 어디에나 있을 수 있음
구매 과정의 복잡성	시간이 오래 걸리고(경우에 따라 수년) 더 많은 사람이 참여하는 복잡한 과정	구매 결정에 직접 관여하는 사람의 수가 적으며, 구매 결정은 종종 개인적·심리적 혜택에 바탕
공급사슬의 복잡성	공급업체에서부터 제조업체로 직접 연결	소비자에게 도달하기 위해 여러 경로를 거치는 제품들로 복잡
제품에 대한 수요	소비자 수요에서 파생되고, 소비자 수요 변화에 따라 변동하며, 보다 비탄력적(가격에 덜 민감)	환경적 요인과 마케팅 자극으로 인해 완화된 자신의 욕구에 대한 소비자들의 지각

케이션의 질과 양을 크게 향상시켰다. 그러나 일대일 개인 커뮤니케이션은 여전히 산업재 시장에서 강력한 고객 관계를 구축하고 유지하는 데 가장 중요한 수단이다.

동시에 기술은 구매자와 판매자를 연결하는 데 중요한 역할을 한다. 성공적인 B2B 고객 관계를 위해 판매 대응 시간을 향상시키고, 더 나은 고객 서비스를 제공하며, 정보 흐름을 증가시키는 IT 시스템의 통합이 진행되고 있다. 고객들은 판매상과의 개인적인 관계뿐 아니라 효율성도 요구한다. 요즘 대부분의 기업들은 효율성을 높이기 위해 판매업체에게 인터넷 연결을 요구하고 있다.

소비자의 크기와 수

산업재 시장의 특징은 고객의 수는 적지만, 그 규모가 크다는 것이다. 예를 들어, 굿이어는 한 소비자에게 3년간 한 세트의 타이어를 판매할 수 있지만, 포드에는 매년 수백만 개의 타이어를 판매하고 있다. 주요 자동차 회사를 합쳐도 모두 굿이어의 기업 고객은 25개보다 적다. 당연히 이 기업은 자동차 제조 기업만을 위한 전담 영업팀을 유지하고 있다.

고객의 규모가 크고 수가 적기 때문에 개별 고객의 가치가 크다. 비록 소비재 기업이 고객 관계에 가치를 둔다 해도, 모든 고객을 매번 만족시키는 것은 불가능할 뿐 아니라 경제적으로도 가능하지 않다. 그러나 산업재 시장 환경에서는 단 하나의 고객만 잃게 되어도 기업에게 막대한 영향을 미친다.[32] 월마트는 P&G의 단일 최대 고객으로, 회사 매출의 14%(약 100억 달러)를 차지한다. P&G의 아칸소주 지사에는 단일 고객인 월마트를 전담하는 300명의 직원이 있다.

지리적 집중도

산업재 시장은 특정 지역에 집중되는 경향이 있다.[33] 역사적으로 자동차 산업은 중서부 지역, 특히 디트로이트에 집중되었으며, 기술 기업들은 주로 캘리포니아의 실리콘 밸리를 지배하였다. 그 결과, 그들의 공급업체들은 근처에 모여들었다. 예를 들어, 주요 고객들과 가까이 있기를 원하는 소프트웨어 개발자들은 캘리포니아의 산호세에 사무실을 개설해야 했다. 인터넷이 사람들로 하여금 어딘 곳에서도 살아갈 수 있게 해주었지만, 사업 관계의 특성상 기업들은 자사의 최고 고객들 근처에서 강한 존재감을 가지기를 원한다.

구매과정의 복잡성

이 장의 뒷부분에서 논의되는 기업 고객의 구매 과정은 소비자 구매결정과정보다 더욱 복잡하다. 시간이 오래 걸리고 더 많은 사람들이 관여하기 때문에 판매자의 업무는 더욱 힘들어진다. 게다가 기업들이 고객과 연결되면서 관계의 수는 증가하였고, 개인인 판매사원이 그 관계의 복잡성을 따라잡기 어려워졌다.[34]

공급사슬의 복잡성

유통 경로를 통해 상품을 최종 소비자로 이동시키려면 경로 참가자들 사이에 높은 수준의 조정이 요구된다. **공급사슬**(supply chain)은 유통 경로상의 재화의 흐름을 동시에 통합한다. 기업들이 생산 비용을 절감하고, 제품 설계에서 고객 의견의 반영과 유연성을 최대화하며, 경쟁 우위 창출을 원하기 때문에 공급사슬의 통합은 그 어느 때보다 활발하다. 이와 동시에, 일반적으로 B2B 시장의 공급사슬은 공급업체와 제조업체가 제품과 서비스의 효율적인 이동을 위해 긴밀하게 협력하기 때문에 보다 직접적이라는 특성을 가진다.

산업재 시장에서의 제품 및 서비스에 대한 수요 차이

산업재 시장에서의 **제품 수요**(product demand)는 파생 수요, 변동 수요, 비탄력적 수요 등 세 가지 주요 차원에서 소비재 수요와 다르다. 이 세 가지 모두 마케팅 담당자들에게 독특한 어려움과 기회를 제공한다. 예를 들어, 세 가지 차이 중 두 가지(파생 및 변동 수요)는 B2B와 B2C 수요 간의 관계를 다루며, B2B 마케팅 관리자가 고객에게 판매하기 전 그 고객의 시장을 이해해야 한다고 제안한다. 마지막 차원(비탄력적 수요)은 판매자에게 기회가 되지만, 성공적인 관계를 유지하기 위해서는 신중하게 관리해야 한다.

파생 수요 B2B 제품에 대한 수요는 소비재에 대한 수요에서 비롯되기 때문에 **파생 수요**

굿이어는 고품질의 눈길 전용 타이어가 필요한 눈사태 구조용 자동차에 쓰이는 타이어를 만든다는 것을 알리며, 소비자들에게 소구한다.

출처 : The Goodyear Tire & Rubber Company

(derived demand)로 볼 수 있다. 소비자들이 포드의 승용차와 트럭을 구매하지 않으면, 포드가 굿이어의 타이어를 구입할 필요가 없다. 따라서 굿이어는 두 가지 이유로 소비재 자동차 시장을 이해하는 것이 중요하다. 첫째, 소비자들이 자동차에서 무엇을 원하는지 아는 것은 해당 자동차용 타이어를 디자인하는 데 매우 중요하다. 둘째, 소비재 자동차 시장을 아는 것은 승용차와 트럭 판매 증가를 원하는 포드에 대한 가치 제안을 만드는 데 필수적이다.

굿이어는 플렉스나 머스탱과 같은 포드의 특정 모델에 대한 수요 외에도 소비자 수요에 영향을 미칠 수 있는 모든 환경적 요인을 살핀다. 환경적 요인은 소비자 제품 선택에 장기적이고 단기적인 영향을 미친다. 예를 들어, 휘발유 가격의 급격한 변동과 같은 장기적인 경제 요인은 SUV 판매에 상당히 긍정적 혹은 부정적인 영향을 미칠 수 있으며, 플로리다에서 발생하는 허리케인과 같은 단기적 요인으로 인해 그 지역 상품의 유통과 판매가 일정 기간 제한될 수 있다. B2B 판매자는 기업 고객의 성공이 그 고객의 소비자 시장에서 자신의 고객을 돕는 방법을 찾는 것이라는 것을 이해한다. 이것은 기업 마케팅 남낭자들에게 어려운 도전인데, 훌륭한 제품이 있고 경쟁력 있는 가격에 훌륭한 서비스를 제공함에도 불구하고, 기업 고객의 제품에 대한 소비자의 수요가 약하다면 참혹한 꼴을 당할 수 있기 때문이다.

변동 수요 소비재 수요와 산업재 수요 간의 관계는 B2B 마케팅 담당자들에게 진정한 도전 과제를 제시한다. 소비재 수요의 작은 변화는 산업재 수요에 상당한 변화를 초래할 수 있는데, 이를 **가속효과**(acceleration effect)라 한다. 소비재 수요 예측에서의 사소한 실수가 제품 생산에 심각한 오류를 초래할 수 있기 때문에, 소비재 판매 예측은 매우 중요하다.

비탄력적 수요 산업재 수요는 상당히 **비탄력적인**(inelastic demand) 특징을 가지는데, 이는 수요의 변화가 가격 변동에 크게 영향을 받지 않음을 의미한다. 예를 들어, 애플은 인텔이 가격을 낮춘다 해도 인텔의 프로세서를 더 많이 구매하지 않을 것이고, 반대로 인텔이 대체 업체를 고려할 정도까지 가격을 인상해도, 애플의 칩 구매는 감소하지 않을 것이다. 애플은 인텔의 프로세서를 바탕으로 일부 컴퓨터를 설계하고, 협력업체의 교체는 다른 제조 공정 과정에서 혼란과 비용을 발생시킨다. 점진적으로 가격이 인상되어도 제조업체들은 제조 공정에 지장이 생기는 것을 주저하기 때문에 이를 받아들이며, 이로 인해 단기적인 수요는 비탄력적인 특징을 갖는다. 도표 6.10에는 D_1과 D_2의 두 가지 수요 곡선이 있다.

가격이 P_1에서 P_2로 상승하면서 수요가 변한다. 보다 탄력적인 수요 곡선은 더 큰 음영 면적인 B를 가진 곡선이다. 일반적으로 B2B 시장에서의 수요는 소비재 시장의 수요보다 비탄력적이며, 이는 음영 면적이 더 작은 A에서 볼 수 있듯이 가격 변화가 수요에 미치는 영향이 더 작다는 것을 의미한다. 이에 따라 D_2는 D_1에 비해 보다 비탄력적인 수요 곡선이 된다.

구매 상황

산업재 **구매 결정**(buying decisions)에 참여하는 사람들은 구매결정과정을 거치면서 많은 선택에 직면한다. 산업재 구매 결정은 아래의 특성에 따라 매우 다양하게 나타난다.

- 구매의 특성(신규 제조 공장에 필요한 대규모 자본 지출 대 사무 용품 주문)
- 결정에 참여하는 사람의 수(한 명 또는 여러 명)
- 구매 중인 제품에 대한 이해(그 회사에 새로운 제품 또는 여러 번 구입한 적이 있는 친숙한 제품)
- 결정을 위한 기간(즉각적인 구매 결정이 필요한 단기 혹은 더 긴 소요 시간)

일부 결정에는 구매 결정 전 분석이 거의 또는 전혀 필요하지 않다. 다른 결정들은 구매 결정 전 정보 갱신이나 기존 구매 주문서의 변경이 요구된다. 마지막으로, 일부 결정에는 제품에 대한 심층적인 분석이 필요하다. 이 세 가지를 각각 단순 재구매, 수정된 재구매, 신규 구매라 한다.

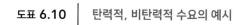

도표 6.10 | 탄력적, 비탄력적 수요의 예시

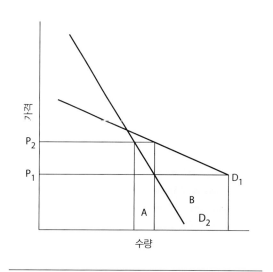

출처 : Slavin, Stephen. *Economics*, 10th ed. New York: NY: McGraw-Hill Educa tion, 2011.

단순 재구매

많은 제품들이 아주 빈번하게 구입되기 때문에 모든 구매 결정을 평가할 필요는 없다. 기업들은 광범위한 제품(사무용 소모품, 원자재)을 사용하며, 지속적으로 혹은 필요할 때 재주문한다. 이러한 유형의 구매를 **단순 재구매**(straight rebuy)라 부른다. 이런 유형의 구매는 점차 승인되거나 선호되는 공급업체와의 안전한 인터넷 연결을 통해 자동적으로 이루어지는 추세이다. 또한 구매 결정에 참여하는 사람이 훨씬 적다. 종종 구매부서 구성원 중 한 사람이 처리한다.

단순 재구매 상황에서 산업재 판매자의 목표는 선호되는 공급업체가 되는 것이다. 현재 승인된 지위에 있는 기업은 부단히 노력해야 하며 자사를 대체하려고 하는 경쟁 업체를 항상 염두에 두어야 한다. 승인되지 않은 기업들은 **외부 공급자**(out suppliers)라 불린다. 그들의 주된 임무는 소규모 주문으로 거래를 시작한 다음, 그 기회를 활용하여 추가 사업을 하는 것이다. 그러나 승인된 공급업체가 고객의 요구를 제대로 충족시키고 있다면 추가 사업을 하기는 어렵다. 때때로 많은 기업들은 승인받은 공급업체가 현실에 안주하지 않도록 하거나 잠재적인 새로운 공급업체를 평가해보기 위해, 승인되지 않은 공급자에게 소량의 제품을 주문하기도 한다.[35]

수정 재구매

수정 재구매(modified rebuy)는 고객이 제품과 공급업체에 친숙하지만, 추가적인 정보를 찾고 있는 경우 발생한다. 대부분 이러한 변화의 필요성은 세 가지 상황 중 하나 또는 그 이상에서 비롯된 것이다. 첫째, 승인된 공급업체의 성과가 좋지 않거나 고객의 기대에 부응하지 못하는 상황이다. 둘째, 신제품이 출시되면서 기존 구매 프로토콜에 대한 재평가가 시작되는 상황이다. 셋째, 고객이 변화가 필요한 시기라고 믿고 다른 공급업체를 고려하는 상황이다.

이 세 가지 상황 모두 외부 공급자들이 새로운 사업 기회를 얻을 수 있는 기회를 창출한다. 수정 재구매에 대한 구매 계약이 공표되면, 이는 새로운 공급업체에게는 최고의 기회가 된다. 하지만 동시에, 현재 승인된 공급업체는 관계를 유지하기 위해 노력한다. 승인된 공급업체는 대부분의 경우 이점을 가지고 있는데, 특히 고객과 밀접한 관계를 맺고 있기 때문에 관계자들을 알고 있으며 대개 중요한 정보를 먼저 얻기 때문이다.

신규 구매

가장 복잡하고 어려운 구매 상황은 신규 구매이다. **신규 구매**(new purchase)는 고객이 제품 및 서비스를 처음으로 구매하는 것을 의미한다. 비용이 많이 들고, 위험이 높으며, 자원 투입량이 많을수록 해당 기업이 전체 구매결정과정을 거칠 가능성이 높다(이 장의 뒷부분에 설명).

최종 결정은 한 사람이 할 수 있지만, 전체 의사결정과정에는 집단이 참여하는 경우가 많다. 기업의 구매 담당자는 제품에 대한 경험이 거의 없기 때문에, 다양한 원천에서 정보를 탐색한다. 무엇보다도 제품 기능에 대한 핵심 정보 원천은 판매사의 영업 사원들이다. 만약 영업 사원들이 업무를 잘 수행한다면, 그들은 고객의 요구 사항을 정의하고 이를 잘 충족할 수 있는 방법을 찾도록 도울 것이다. 기업들이 정보를 얻는 또 다른 방법은 자사의 욕구와 가능한 해결책을 평가하고 교육을 제공해줄 수 있는 편견이 없는 전문 컨설턴트를 고용하는 것이다. 마지막으로, 기업은 과거 구매 기록을 포함하는 관련 정보를 얻기 위해 자체 정보 원천을 검토해야 한다.

구매 센터

6-6

산업재 구매 과정에서 구매 센터와 각 참여자의 중요한 역할을 이해한다.

우리가 논의한 바와 같이, 산업재 구매는 한 사람이 결정하는 경우가 거의 없으며, 특히 수정 재구매나 신규 구매 상황에서는 더욱 그렇다. 따라서 구매 결정에 이해관계가 있는 다수의 구성원이 함께 모여 구매결정과정을 관리하고 궁극적으로 결정을 내리는 **구매 센터**(buying center)를 구축한다. 구매 센터에 소속된 개인은 해당 구매 혹은 회사의 재무적 관리에 대해 직접적인 책임을 가질 수 있다(고위 관리직). 다른 경우, 개인은 구매 결정에 도움이 되는 구체적인 전문성을 가질 수 있다(기술자, 컨설턴트).[36]

구매 센터는 보통 영구적인 그룹이 아니라 결정을 내린 후 해체되기 위해 소집된다. 또한 개인은 주어진 기간에 한 곳 이상의 구매 센터에 참여할 수 있다. 구매 대리인은 여러 구매 센터의 구성원이 되는 경향이 있다. 또한 구매 센터 참여자의 대다수가 자사의 고객을 위해 일하는 반면, 외부 컨설턴트와 같은 다른 사람들은 자신의 전문성 때문에 구매 센터에 합류한다. 이러한 상황은 신규 구매에서 기업이 더 나은 결정을 내리기 위해 충분한 내부 지식과 경험이 부족하다고 판단할 때 발생한다. 대부분의 구매 센터에는 최소 5명의 구성원이 포함되지만, 규모는 더 커질 수 있다. 대규모 다국적 기업의 경우, 신규 기업 CRM 시스템과 같은 전사적인 결정을 위한 구매 센터에는 전 세계 수십 명의 사람들이 포함될 수 있다.

구매 센터의 구성원

구매 센터의 모든 참여자는 특정 역할을 수행하며, 일부는 복수의 역할을 수행할 수 있다(도표 6.11 참조). 게다가 개인의 역할은 바뀔 수 있다. 사람들이 조직 내에서 승진할 때, 사용자에서 영향력 행사자로, 그리고 마침내 의사결정자로 이동할 수 있다. 이러한 기능은 회사에 의해 공식적으로 혹은 개인의 전문성이나 영향력으로 인해 비공식적으로 정의될 수 있다. 구매 센터 구성원이 수행하는 다섯 가지 주요 역할을 개별적으로 살펴보자.

| 도표 6.11 | 구매 센터 참가자들 |

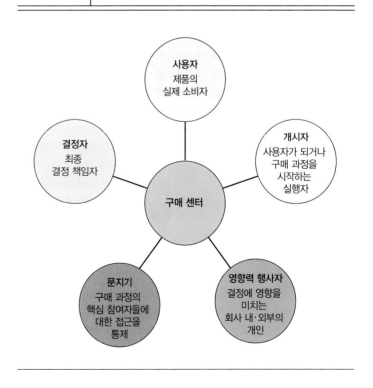

사용자 사용자(user)는 제품의 실제 소비자로서 중요한 역할을 수행한다. 일반적으로 의사결정자는 아니지만, 그들은 구매 의사결정의 다양한 단계에서 많은 의견을 가지고 있다. 그들은 필요에 따라 문제를 가장 먼저 인식하고 제품 사양을 정의하는 데 도움을 준다. 마지막으로, 그들은 제품 구매 후 중요한 피드백을 제공한다. 그 결과, 신규 구매 및 구매 결정에 대한 제품 사양이 설정되고 있는 수정 재구매 상황에서 이들의 책임이 커진다.

개시자 개시자(initiator)는 보통 두 가지 중 하나의 방법으로 구매결정과정을 시작한다. 첫번째는 사무용품이 부족해질 때 재주문하는 비서처럼, 구매자 역시 그 제품의 사용자인 경우이다. 두 번째는 고위 경영진이 새로운 자원(제조 시설, 제품 개발 및 정보 기술)이 필요한 결정을 내릴 때 발생한다. 이러한 상황에서 경영진은 구매결정과정을 시작하는 역할을 수행한다.

영향력 행사자 특정 분야와 관련된 전문 지식이 있는 사람은 조직 내·외부에서 모두 **영향력 행사자**(influencers)로 활동하며, 구매 센터에서 최종 결정을 내리는 데 사용하는 정보를 제공한다. 기술자들은 종종 제품 요건과 사양을 상세히 설명하는 역할을 수행한다. 구매 대리인은 자신의 경험을 바탕으로 판매 제안서를 평가하는 데 도움을 준다. 마케팅 담당자는 고객 피드백을 제공할 수 있다. 이 모든 경우, 구매 결정과 관련된 특정 주제에 대한 영향력 행사자의 지식은 구매 결정에 영향을 미칠 수 있다.

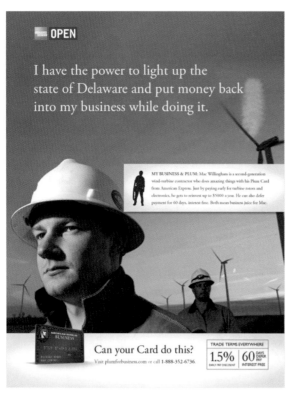

아메리칸 익스프레스는 중소기업 소유주들에게 사업 비용을 자사 카드를 통해 지불함으로써 얻을 수 있는 재무적 혜택을 제시하였다.

출처 : American Express Company

문지기 구매 센터의 정보 및 구성원에 대한 접근은 **문지기**(gate-keepers)에 의해 통제된다. 구매 부서는 공급업체를 회사가 승인한 업체로 제한함으로써 문지기 역할을 수행한다. 마찬가지로 엔지니어링, 품질 관리 및 서비스 부서 직원은 필연적으로 공급업체의 수를 제한하는 제품 사양을 만든다. 동시에, 비서들과 수행 보좌관들은 핵심 인물에 대한 기본적인 접촉을 통제한다. 신규 구매 또는 수정 재구매 상황에서 영업 사원들이 직면하는 가장 어려운 문제 중 하나는 적절한 사람들에게 접근하는 것이다.

결정자 궁극적으로 구매 결정은 구매 센터에 속한 한 명 이상의 **결정자**(deciders)에게 달려 있다. 종종 팀의 최고참이 결정자가 될 수도 있지만, 결정이 합의를 통해 이루어질 경우 다른 개인(사용자, 영향력 행사자 등)이 포함될 수도 있다. 비용이 크고 전략적인 구매일수록 최종 권한을 가진 결정자의 지위는 높아진다.[37] CEO가 기술, 새로운 제조 공장, 근본적인 사업 과정에 영향을 미치는 다른 핵심 결정 등에 대한 중대한 전략적 결정을 하는 것이 일반적이다. 비용이 많이 드는 자본 설비 구입 과정에는 핵심 결정자가 될 가능성이 높은 최고재무경영자(CFO)가 포함되는 경우가 많다. CFO는 가장 적절한 구매 결정을 위해 제안

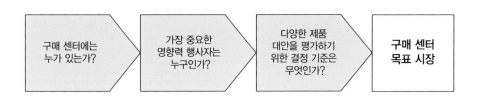

된 투자에 대한 할인 현금 흐름 분석을 포함한 광범위한 재무적 도구를 활용할 것이다.

구매 센터에 대한 추가 논의

구매 센터는 도표 6.12에 제시된 바와 같이 마케터에게 세 가지 뚜렷한 난제를 제시한다. 첫째, 구매 센터에는 누가 있는가? 단순히 구매 센터의 구성원을 확인하는 것이 어려울 수 있으며, 부분적으로 외부 공급업체 대표가 구매 센터 구성원에게 접근하는 것을 통제하는 역할을 수행하는 문지기들 때문에 더욱 어려워진다. 시간에 따른 참여자들의 변동으로 인해 구매 센터의 구성원을 확인하는 일은 더욱 복잡해진다. 둘째, 구매 센터의 가장 중요한 영향력 행사자는 누구인가? 이 질문은 영업 프레젠테이션과 후속조치를 준비할 때 매우 중요하다. 영향력 있는 사람들을 목표로 하는 것은 구매 센터가 판매원의 제품을 구매하도록 설득하는 데 중요하다. 마지막으로, 다양한 제품 대안을 평가하기 위한 결정 기준은 무엇인가? 영업 사원의 가장 큰 걱정은 자사의 제품이 중요 평가 기준에서 성과가 뛰어나다는 것을 확신시키는 것이다. 그러나 평가 기준을 제대로 이해하지 못하면 제품의 성공 가능성을 평가하는 것이 불가능하다.

B2B 시장의 참여자

B2B 시장은 동질적이지 않다. 미국에만 2,000만 개 이상의 소기업들이 있을 정도로 산업재 시장은 소비재 시장만큼 복잡하다. 대기업, 비영리 기관, 정부 기관을 포함하면 그 수는 더욱 크게 증가한다. 기업 대 기업 시장의 고유한 특성과 결합된 사업의 다양성은 B2B 시장의 판매 기업들이 자사의 시장을 매우 잘 파악할 필요가 있음을 의미한다. 산업재 시장의 주요 범주 간 유사점과 차이점을 보다 잘 이해하기 위해 개별 산업재 시장에 대해 살펴보도록 하자.

북미산업분류체계(NAICS)

역사적으로, 1930년대 미국 정부가 개발한 SIC(Standard Industrial Classification) 코드는 산업재 시장을 정의하고 구분하는 기본적인 도구로 알려져 있다. SIC 체계는 산업을 산출물(생산물 또는 주요 사업 활동)을 기준으로 사업 범주를 추가로 세분화한 10개 집단으로 분류하였다. SIC는 오랜 기간 미국의 산업재 시장을 세분화하는 기준이 되었다.

SIC 코드는 1990년대에 갱신되었고 현재는 **북미산업분류체계**(NAICS)로 불린다. 이 시스템은 확장되어 멕시코와 캐나다의 산업을 포함하게 되었다. NAICS는 여섯 자리 계층적 코드를 기반으로 20개의 주요 산업 분야를 정의한다. 첫 다섯 자리는 멕시코, 캐나다, 미국에 걸쳐 표준화된 반면, 각 국가들이 여섯 번째 자리를 통해 자국의 고유한 경제 구조에 맞게 코드를 조정할 수 있다.[38]

NAICS는 완벽하지 않다. 기업들은 주요 산출물을 기준으로 분류된다. 즉, 여러 산업 분야에서 복수의 사업을 영위하는 대기업들은 단지 하나의 NAICS 코드만 받기 때문에 자신의 사업을 정확하게 표현할 수 없다. 하지만 이 체계는 특정 산업재 시장의 조사를 위한 좋은 출발점을 제공한다. 이 시스템의 각 코드에 대한 상세한 정보를 구입할 수 있다. 이 정보는 각 코드에 나열된 회사의 직원 수, 매출액, 위치 및 연락처 등을 포함한다. 도표 6.13은 NAICS의 예시를 보여준다.

제조업체

기업 고객 중 가장 규모가 큰 집단 중 하나가 두 가지 유형의 제품을 소비하는 제조업체이다. 첫째, 제조 공정에 사용되는 부품을 **주문자생산방식**(original equipment manufacturer, OEM) 구매라고 한다. OEM 제품을 판매하는 회사들은 OEM 고객에게 자사의 제품이 최고의 가치(가격과 품질)를 제공한다는 확신을 주기 위해 노력한다. 소비자들이 인식하는 인텔의 평판에 대한 전반적인 가치 때문에, 이 기업이 레노버 및 다른 OEM 컴퓨터 제조업체들과 함께 "인텔 인사이드"를 홍보할 정도로 강력한 사업 관계를 구축할 수 있었다.

OEM 고객은 자사의 제품 수요를 뒷받침하기 위해 대량으로 구매한다. 이러한 구매력으로부터 두 가지 중요한 결과를 얻을 수 있다. 첫째, OEM 고객은 판매업체로부터 가장 '최상의' 가격으로 제공받기를 원한다. 최상이 항상 최저가를 의미하는 것은 아니다. 다른 요인들이 중요한 역할을 한다.[39] 제품 품질, 수요 충족 능력, 적시 제품 배송 일정 및 기타 요인들에 대한 보증이 제품과 공급업체에 대한 최종 선택을 좌우한다. 대량 구매로 얻을 수 있는 두 번째 결과는 특정 제품 사양을 지시할 수 있는 능력이다. OEM 고객들은 종종 공급업체들에게 기존 제품을 수정하고 심지어 새로운 제품을 개발하도록 강요한다. 판매업체는 OEM 고객의 요구에 맞는 제품을 개발하기 위해 OEM 엔지니어 및 기술자와 긴밀히 협력한다. 이를 통해 얻을 수 있는 이익은 대규모의 제품 판매와 장기적인 전략적 관계를 구축할 수 있는 기회이다.[40]

제조업체가 구매하는 두 번째 제품 범주를 **최종 사용자 구매**(end user purchases)라고 하며, 대표적으로 사업을 지속적으로 운영하는 데 필요한 장비, 소모품 및 서비스 등이 해당된다. 최종 사용자 구매는 대표적으로 두 가지 유형으로 구분된다: **자본설비**(capital equipment)와 **원자재, 수리 및 운영**(materials, repairs, operational, MRO) 관련 소모품과 서비스. 자본 설비 구입에는 상당한 투자가 필요하며, 제조 공정에 필요한 주요 기술(메인프레임 컴퓨터, ERP 및 CRM 소프트웨어 패키지) 및 중요한 장비(대규모 드릴 프레스, 로봇 조립 시스템)에 대한

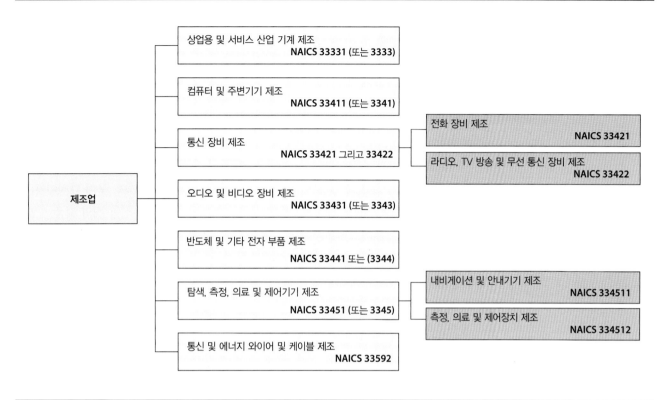

출처 : North American Industry Classification System(NAICS).

결정이 포함된다. 이러한 구매는 장기 투자로 간주되기 때문에 고객은 구매 가격뿐만 아니라 보유 비용, 신뢰성 및 업그레이드 용이성 등의 다른 요인도 평가한다. 구매 비용 및 장기간의 의무로 인해 고위 경영진은 이와 관련된 최종 의사결정에 자주 관여하게 된다. 종종 구매 센터는 대안을 평가하고, 이를 고위 경영진에게 추천할 것이다.

반면에, MRO 소모품은 일상적인 사업 운영에 사용되는 제품이며, 일반적으로 중요한 지출로 간주되지 않는다. 사무실 관리자와 같은 구매 결정에 가까운 구매 대리인이나 개인은 MRO 구매를 책임진다. 이러한 구매 중 상당수가 바로 단순 재구매이다. 구매 결정에 참여하는 사람들은 많은 시간을 투입하길 원하지 않는다. 이들 업계의 공급업체들은 일단 그들이 고객을 확보하기만 하면, 그 고객의 기대에 부응하지 못할 때까지 사업이 보장된다는 것을 잘 알고 있다. 다른 말로 하자면, 그 사업은 그들 자신에게 달려 있다.

재판매업체

제품을 구입하여 다른 기업이나 소비자에게 재판매하는 회사를 **재판매업체**(resellers)라고 부른다. 예를 들어 홈디포는 가정용품을 구입해 소비자, 건축 계약자 및 건설업계의 다른 전문가들에게 되팔고 있다. 제12장에서 소비재 재판매업체에 대해 심층적으로 논의하겠지만, 재판매업체가 구매 결정을 할 때 독특한 욕구가 있다는 점을 명심해야 한다. 제조업체에게 최종 사용자 제품이 필요한 것과 마찬가지로 재판매업체 또한 자신의 사업을 운영하기 위해 장비와 소모품이 필요하다. 소매업체는 판매와 재고를 추적하는 기술이 적용된 컴퓨터 및 계산대 등이 필요하다. 유통업체는 유통 센터를 유지하기 위해 재고 관리 시스템이 필요하며, MRO와 관련된 제품 역시 필요하다.

정부

세계에서 가장 큰 단일의 상품 및 서비스 구매자는 미국 정부다. 주 및 지방 정부와 합친 전체 구매 가치는 2조 달러가 넘는다. 지방, 주 및 특히 연방 **정부**(government) 기관의 구매 관행은 독특하며 이를 준수하기 어렵다. 상세한 제품 사양은 정확해야 하며, 구매 과정이 길다. 미 국방부의 제너럴 포드 항공모함의 구매 결정에는 수년이 걸렸고 수십만 개의 제품 사양이 포함되어 있었다.[41] 이론적으로 정부는 모든 판매업체들에게 개방되어 있지만, 실제로는 정부 구매 과정에 대한 경험이 성공의 필수 요소이다.

연방정부와 주정부는 잠재적 공급업체가 이용할 수 있는 여러 정보 원천을 제공한다. 연방정부로부터 지침을 얻는 것도 가능하다. 게다가, 일부 민간 기업들은 그 과정을 배우는 데 도움을 준다. 미국의 국가 구매 공무원 협회는 50개 주에서 구매하고자 하는 제품 및 서비스에 대한 정보를 발행한다. 또한 중소기업청과 중소기관은 연방정부 계약 및 정부 기관의 연락 담당자에 대한 정보를 제공한다.

기관

비영리, 병원, 기타 비정부 조직(NGO)과 같은 **기관**(institutions)들은 규모가 큰 중요 시장이며, 몇 가지 독특한 특성을 가진다. 첫째, 이러한 조직에서는 수익성이 중요하지 않다. 오히려 가장 중요한 목적은 목표 지역에 서비스를 제공하는 것이다. 비영리 커뮤니티에서도 흔히 말하는 이익 또는 흑자가 중요하지만 의사결정의 근본적인 동인은 아니다. 예를 들어, 12개 이상의 주에서 의료 시설을 소유하고 운영하는 에드멘티스트 헬스 시스템은 중요한 전략적 결정을 내릴 때 다양한 우선순위를 고려하는 대규모 비영리 의료 서비스 제공업체이다.[42] 두 번째 독특한 특성은 제한된 자원이다. 적십자를 포함한 가장 큰 비정부 조직조차도 대부분의 대형 영리 기관들만큼 자본 및 자원을 보유할 수 없다.

산업재 구매 의사결정과정

6-7

산업재 구매 의사결정과정과 다른 구매 상황들에 대해 학습한다.

어떤 측면에서 산업재의 구매 의사결정과정은 소비자 의사결정과 기본적으로 동일한 과정을 거친다. 도표 6.14에서 제시된 바와 같이, 문제를 인식하고, 정보를 수집하고 평가하며, 결정을 내리고, 향후 의사결정을 위해 제품 경험을 평가한다. 그러나 산업재 구매 결정과 소비자 구매 결정 사이에는 상당한 차이가 있다. 이러한 차이로 인해 구매 과정이 더욱 복잡해지며 더 많은 사람들의 참여가 요구된다. 한 가지 중요한 차이점은 소비자 의사결정이 종종 감정 문제 인식 → 필요 및 제품 사양 정의 → 공급업체 탐색 → 제안 요청서에 대한 답변으로 판매 제안서 요청 → 구매 결정 → 제품 및 공급업체에 대한 구매 후 평가

적인 요소를 포함하는 반면, 사업 목표 및 성능 명세서는 조직을 보다 합리적인 결정 과정으로 이끈다는 것이다.

우리가 논의한 바와 같이, 이 과정은 모든 구매 결정에 적용되지는 않는다. 단순 재구매는 문제가 인식되면 주문이 들어간다. 제품 사양 정의, 공급업체 검색 및 과정상의 다른 단계는 한 번에 수행되었지만, 공급업체를 일단 선정하고 난 후에는 구매결정과정이 다소 자동화된다. 선정되었거나 승인된 공급업체 목록이 있을 경우, 의사결정과정이 극적으로 줄어든다. 구매자들은 대상 판매업체를 방문하거나 공급업체 목록에서 선택한 후 구매한다. 이 과정은 모든 조직에서 일관되게 적용된다. 반면에 수정 재구매는 훨씬 더 조직적으로 이루어지며 구매 상황을 구체적으로 반영한다. 어떤 상황에서는 수정 재구매 과정이 제품 사양이나 계약 조건을 일부 변경한 단순 재구매와 유사할 수 있다. 다른 상황에서는 새로운 공급업체와 제안서에 대해 평가하는 신규 구매와 비슷할 수도 있다. 신규 구매에는 의사결정과정의 모든 단계가 포함될 것이다. 일반적으로 신규 구매는 각 단계를 거치는 데 시간이 소요되기 때문에 시간이 더 오래 걸린다. 새로운 정유 공장이나 자동차 조립 공장을 건설하는 신규 구매의 경우, 그 과정을 거치는 데 몇 년이 걸릴 수도 있다.

문제 인식

기업 내부 또는 외부의 누군가가 필요(need)를 확인했을 때 산업재 구매결정과정이 시작된다. 많은 경우 그 필요는 해결책이 요구되는 문제이다. 용지가 줄어들고 있을 때 사무실 관리자는 많은 양을 재주문한다. 제조 시설이 완전 가동 상태인 기업은 생산량을 늘릴 수 있는 대안을 고려해야 한다. 다른 상황에서 필요는 신규 구매를 요구하는 기회가 될 수 있다. 신기술은 주문 효율성을 높일 수 있고, 중요한 요소를 새롭게 디자인하는 것은 자사 제품의 효능을 향상시켜 소비자들에게 이점을 제공할 수 있다. 기업들은 에너지 가격의 상승에 대처하기 위해 고군분투하고 있으며, 때로는 오래된 기술을 흥미로운 방법으로 적용한 새로운 대안적 해결책을 채택하고 있다.

직원들은 업무의 일환으로 구매 과정을 활성화시키는 경우가 많다. 사무실 관리자는 사무실에 충분한 소모품을 비축해 둘 책임이 있다. 전략기획부 부사장은 향후 제조 수요에 대한 계획을 수립해야 한다. 그러나 구매 또는 판매 회사의 판매원이나 경로 구성원들도 필요를 확인하는 데 도움을 주거나 효율성 혹은 효과성을 높일 수 있는 기회를 제시함으로써 구매

과정을 시작한다. 이러한 경우는 영업 사원이 회사와 신뢰할 수 있는 관계를 구축했을 때 발생할 가능성이 가장 높다. 박람회 또한 새로운 아이디어의 원천이다. 참석자들은 종종 새로운 것들을 보러 시장에 간다. 산업재 시장에서 광고 및 직접 우편과 같은 전통적인 마케팅 커뮤니케이션 수단의 효과는 크지 않지만, 판매 사원들의 인적 커뮤니케이션을 위한 노력을 지원하는 것은 중요하다.

필요 및 제품 사양 정의

일단 문제가 확인된다면, 다음 단계는 필요를 명확하게 정의하는 것이다. 조직 전체의 개인들은 문제를 명확히 하고 해결책을 개발한다. 모든 문제가 신규 구매로 이어지는 것은 아니다. 정보기술부문 부사장은 통화 대기 시간의 증가를 알아차릴 수 있지만, 그 문제는 훈련 혹은 직원 수의 부족으로 인해 발생한 것일 수 있다. 해결책은 새로운 확장된 전화 및 통화 관리 시스템을 포함할 수 있지만, 함께 일하고 있는 다른 직원들에게 필요한 것이 무엇인지를 결정하는 것은 경영진에 달려 있을 것이다.

필요를 설명하는 부분으로, 제품 사양은 회사 내·외부의 모든 사람들이 문제를 해결하기 위해 무엇이 필요한지를 정확히 알 수 있도록 규정되어야 한다. 제품 사양을 통해 두 가지 중요한 목적을 달성할 수 있다. 첫째, 조직 내의 개인들은 미래를 위한 계획을 세울 수 있다. 관리자가 사양을 기준으로 비용을 추정하고 예산을 편성하는 동안 구매 대리인은 가능한 공급업체를 확인한다. 사용자들은 신규 구매를 기존의 업무 과정에 어떻게 동화시킬 것인지를 계획한다. 구매 센터는 판매업체의 제안서를 평가하기 위해 제품 사양을 활용할 것이다. 제품

도표 6.15 | **제안 요청서 부분**

1. **목적 명세서** : 귀사가 찾고 있는 제품 및 서비스의 범위와 계약 전반의 목표에 대해 설명한다.

2. **배경 정보** : 통계지표, 고객의 인구통계 및 심리도식 등을 사용하여 조직 및 조직의 운영에 대한 간략한 개요를 제시한다. 귀사의 장점과 단점을 솔직하게 서술한다. 앞으로 교신할 사람들에 대한 포괄적인 정보를 포함하는 것을 잊지 않는다.

3. **작업 범위** : 제공자가 수행해야 할 특정 의무와 예상 결과를 열거한다. 특히 협력업체가 관련된 경우, 책임에 대한 자세한 목록을 포함한다.

4. **결과 및 성과 표준** : 결과 목표, 계약업체로부터 예상되는 최소 성과 기준, 성과 모니터링 방법, 시정조치 이행 등을 명시한다.

5. **제공물** : 귀사에 전달될 모든 제품, 보고서 및 계획의 목록을 제공하고 전달 일정을 제시한다.

6. **계약 기간** : 계약 기간, 시작일 및 종료일, 갱신 선택사항을 명시한다.

7. **지불, 인센티브 및 벌금** : 적절한 성과를 위한 모든 지불 조건을 나열한다.

우수한 성과에 대한 인센티브와 부적절한 성과 및 미이행 시 부과되는 벌칙에 대한 근거를 강조한다.

8. **계약 조건** : 표준 계약서, 인증서 및 보증을 첨부한다. 당신은 이 특정 계약에 구체적인 요건을 포함할 수 있다.

9. **제안서 준비 요건** : 내용, 정보 및 문서 유형 측면에서 일관성 있는 구조가 제안서를 평가하는 사람들의 업무를 단순화시킨다. 따라서 특정 구조의 제안서를 요청하고 수신하고자 하는 전체 문서 목록을 제공해야 한다.

10. **평가 및 보상 절차** : 제안서 평가 및 최종 계약의 보상에 사용되는 절차와 기준을 명시한다.

11. **프로세스 일정** : 의향서 제출, 질문 제출, 사전 회의 참석, 제안서 제출 등 최종 결정에 이르는 모든 단계에 대한 시간대를 명확하고 간결하게 제시한다.

12. **연락처** : RFP에 대한 정보나 기타 문의 사항이 있는 경우 연락할 사람의 전체 목록을 포함한다. 이름, 직함, 책임 및 목록에 있는 사람에 대한 다양한 연락 방법을 포함한다.

출처 : Technology Evaluation Centers, "Writing an RFP," 2017.

사양이 삽입된 배포용 문서는 **제안 요청서**(request for proposal, RFP)로 알려져 있다. 제품 사양을 설명하는 두 번째 목적은 잠재적 공급업체에게 지침을 주는 것이다. RFP에 포함된 제품 사양은 공급업체가 제품 솔루션을 통합하는 출발점이 된다. 고객이 요구하는 것과 공급업체의 기존 제품이 일치하는 것이 최상의 경우이다.[43] 그러나 특정 제품 사양에 대해서는 잠재적 제품이 경쟁사의 제품보다 나은 반면, 다른 부분에서는 경쟁사가 더 뛰어난 경우가 빈번하게 발생한다. 도표 6.15는 제안 요청서의 핵심 부분을 나타낸다. 일반적으로 제안 요청서는 많은 양의 정보를 요구하며, 기업이 성공적인 판매 제안서를 준비하는 데에는 상당한 시간이 소요된다.

영업 사원들이 해결해야 할 과제는 가능한 한 빨리 구매결정과정에 참여하는 것이다. 예를 들어, 판매사원이 고객과 전략적 관계를 맺고 있다면, 제품 사양을 정의하는 데 도움을 줄 수 있다. 공급업체의 판매사원들은 자사의 제품이 가장 호의적으로 나타나는 제품 사양을 만들기 위해 노력할 수 있기 때문에 이는 진정한 이점으로 볼 수 있다. 제품 사양은 종종 판매자의 수를 제한하는 방식으로 작성된다. 기업은 제품 사양을 알지 못하면 다른 공급업체에 비해 불리한 입장에 놓인다는 것을 알고 있다. 주문 수주는 여전히 가능하지만, 점점 어려워진다.

공급업체 탐색

일단 기업의 필요가 확인되고 제품 사양에 윤곽이 잡히면, 기업 고객들은 잠재적 공급업체들을 확인할 수 있다. 일반적으로 공급업체 목록을 결정하기 위해 두 가지 방법을 사용한다. 첫째, 기업들은 선호되거나 승인된 공급업체의 목록을 작성하고 신규 구매가 고려될 때마다 그 목록을 살펴본다. 그 기업의 누적된 경험을 바탕으로 이러한 목록이 작성될 수 있다. 이 경우 기존 공급업체 및 신규 공급업체를 포함한 목록을 최신 상태로 유지하는 것이 중요하다.

둘째, 더욱 복잡한 방법은 잠재적 공급자들을 찾고 확인하는 것이다. 인터넷은 기업들이 잠재적 공급자들을 확인할 수 있도록 해주는 귀중한 도구이다. 일반 검색 엔진은 물론 토마스 글로벌 레지스터와 같은 공급업체 검색 전용 웹사이트도 사용하기 쉬우며, 고객들이 특정의 잠재적 공급업체를 확인할 수 있게 해준다. 물론, 기업들은 여전히 공급업체의 고객 레퍼런스 확인을 통한 실사를 수행할 필요가 있으며, 중요한 구매의 경우 공급업체의 재무 안정성과 경영 능력을 조사하는 것이 바람직하다.

제안 요청서에 대한 답변으로 판매 제안서 요청

기업들은 두 가지 이유로 많은 공급업체들로부터 제안을 자주 받는다. 첫째, 선호하는 공급업체가 있더라도 다른 공급업체로부터 활용 가능한 대안에 대해 더 많은 정보를 얻는 것은 좋은 생각이다. 만약 이것이 개방형 공급업체 탐색이라면, 그 제안은 주요 평가 수단일 뿐만 아니라 귀중한 정보의 원천이 된다. 둘째로, 추가 제안서를 받는 것은 선호하는 공급업체와 협상하는 데 도움이 된다. 공급업체가 다른 제안서들이 고려되고 있다는 것을 알게 되면, 그 업체는 고객의 기대를 충족시키기 위해 더 열심히 일하게 된다.

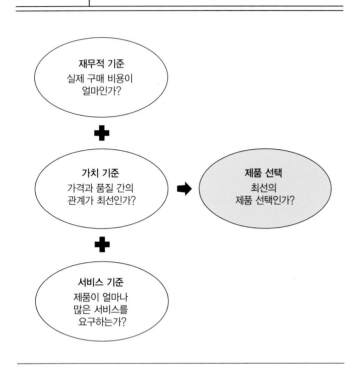

이 단계는 대개 공급업체와의 접촉이 제한된다는 특징이 있다. 다시, 기업은 적은 수의 잠재적 공급업체를 선정하기 위해 많은 공급업체들에게 제안서를 제출하도록 요청한다. 결과적으로, 판매 제안서는 산업재 마케팅에서 중요한 역할을 한다. 대부분의 경우 판매 제안서는 고객에게 깊은 인상을 심어줄 수 있는 첫 번째이자 최고의 기회이다. 일반적으로 제안서를 통해 두 가지 목적을 달성한다. 첫째, 제안서는 자사 제품이 RFP에 상술된 제품 사양을 어떻게 충족시키는지를 명확하게 제시한다. 둘째, 고객을 설득하는 데 도움이 되는 독특한 제품 특징, 서비스 프로그램, 경쟁력 있는 가격 등과 같은 추가 정보가 제시된 제안서로 인해 해당 기업이 선정되는 경우도 있다.

구매 결정

일단 제안서가 제출되면, 그다음 단계는 구매 결정을 내리는 것이다. 구매 과정에 투입된 시간과 분석을 고려할 때, 그 결정이 간단하다고 생각할 수 있다. 그러나 실제로는 도표 6.16에서 기술된 것처럼 복잡하다. 최종 결정에는 중요한 여러 평가 기준과 각 기준에서 동등한 자격을 갖춘 공급업체들 사이의 상쇄관계가 고려된다.

제품 선택 가장 첫 번째 구매 결정은 **제품 선택**(pro-duct choice)이다. 대부분의 경우 제품 결정은 제품 가격과 같은 단일 기준으로 결정된다(최저 가격으로 인쇄용지를 구매하는 사무실 관리자). 단일 기준에 의한 결정은 일반적으로 단순 재구매나 매우 제한된 수정 재구매 상황에서 주로 이루어지며, 신규 구매를 돕는 구매 센터는 단일 기준에 의한 결정이 필요하지 않다. 그러나 대부분의 경우, 어떤 제품도 모든 제품 사양에 정확하게 부합하지는 못한다. 결과적으로, 최종 결정에서는 평가 기준에 따라 제품을 평가하고 최적의 해결책을 선택한다.[44] 새로운 사무용 복사기를 구매하고자 하는 기업을 생각해보라. 첫 번째 반응은 '가장 좋은 복사기를 고르는 것'일 수 있으나, '가장 좋은'의 정의가 무엇인가? 한 사람은 이를 분당 최대 복사 수로 정의할 수 있으나, 다른 사람은 복사본당 가장 저렴한 비용으로, 또 다른 사람은 가장 저렴한 유지 비용으로 정의할 수 있다. 결과적으로 평가 기준을 정의한 다음 판매 제안서를 평가할 때 일관되고 공정한 방법을 따르는 것이 중요하다. 세 가지 주요 기준을 통해 제품 선택을 평가한다.

재무적 기준 재무적 기준은 소유 비용을 평가하기 위해 함께 분류되는 일련의 분석 및 메트릭스의 집합이다. 실제 구매 가격은 실제 구매 비용을 결정하는 하나의 고려사항에 불과하다. 유지 보수 및 운영 비용, 수리 및 소모품 비용은 제품을 소유하는 데 관련된 모든 비용으로 제품 선택에 따라 달라질 수 있다. 이러한 비용은 제품에 명시된 수명을 기준으로 평가된다. 제품의 수명이 긴 경우, 초기 가격이 높더라도 시간이 경과함에 따라 실제 비용이 낮아지기 때문에 제품 수명과 비용을 함께 고려하는 것이 중요하다. 또한 재무적 기준은 투자의 손익분기점에 도달하는 데 걸리는 시간을 평가한다. 생산 비용을 낮추도록 설계된 새로운 장비를 고려 중인 기업은 예상되는 비용 절감액을 감안할 때 투자금을 회수하는 데 걸리는 기간을 알고 싶을 것이다.

기업을 대상으로 하는 산업재 마케터들은 자사 제품의 재무 건전성을 강조하는 것이 제품 판매의 필수적인 부분임을 이해하고 있다. 그 결과, 공급업체에서 이러한 재무적 분석 중 많은 부분을 실시하며, 관련 내용이 판매 제안서에 포함된다.

가치 기준 가치는 가격과 품질 사이의 관계이며, 이는 구매 의사결정의 중요한 측면이다. B2B 구매자들은 특히 고장이 고객 불만족으로 이어지는 OEM 장비나 오류가 생기면 심각한 사업 중단이 초래될 수 있는 새로운 IT 시스템 등과 같은 전략적 구매의 경우, 최저가 제품이 적절한 제품이 아닐 수 있음을 알고 있다. 반면, 제품을 과도하게 사용하며 상황에 따른 필요량보다 더 많이 구매할 때에는 비용이 많이 든다. 100% 가동해야 하는 컴퓨터 네트워크는 백업 시스템과 이를 유지·관리하는 데 필요한 중복 하드웨어와 소프트웨어를 고려하면 실행 시간이 95%인 시스템보다 비용이 훨씬 많이 든다. 구매 센터는 작업에 필요한 제품 사양을 결정한다.[45]

구매자들이 항상 최고 품질의 제품을 원하는 것은 아니기 때문에, 대부분의 기업은 품질과 가격 수준이 상이한 다양한 제품 라인을 보유하고 있다. 고객에게 선택 옵션을 제공하면 성공 가능성이 높아지며 기업의 전체 제품 라인 사이에서 빈틈을 노리는 경쟁업체의 기회를 최소화할 수 있다.[46]

서비스 기준 구매자들은 장비에 대한 서비스가 두 가지 면에서 비용을 발생시키기 때문에 제품에 대한 서비스 요구사항에 관심을 가진다. 우선, 인건비와 소모품 비용을 포함하는 서비스에 대한 직접비용이 있다. 둘째, 시스템의 고장은 장비가 의도된 용도로 사용되지 못했음을 의미하며, 이러한 가동 중단으로 인해 간접비용이 발생한다.[47] 사우스웨스트항공은 부분적으로 오직 보잉 737기만을 운행하는데, 이는 정비요원이 보잉 737기 같은 단 하나의 모델만 잘 안다면, 이 비행기를 더 쉽게 유지·관리하고 정비하는 것이 가능하기 때문이다.

제품은 부분적으로 서비스 비용을 최소화하도록 설계되었다. 그러나 기업들은 제품 성능과 낮은 서비스 비용 사이에 최상의 절충안을 추구하기 때문에, 이 둘 사이에는 상쇄 관계가 있다. 제품 사양에 가장 적합한 제품을 설계하고 제작하기 위해서는 성능, 서비스 및 다른 중요한 기준 등에 대한 구매자의 구체적인 우선순위를 아는 것이 필수적이다.

공급업체 선택 기업은 단지 제품만을 구매하는 것이 아니다. 그들은 또한 **공급업체를 선택**(supplier choice)한다. 종종, 다수의 공급업체들은 동일한 제품을 제공하거나 매우 유사한 제품 구성을 제공할 것이다. 따라서 제품뿐 아니라 제품을 제공하는 공급업체의 자질 역시 구매 의사결정 사항의 일부가 된다. 의사결정자들은 적절한 제품을 선택했다 하더라도 잘못된

공급업체를 선정했을 경우, 그 구매 결정이 나쁜 결과를 초래할 수 있다는 것을 알고 있다.[48]

판매자 선정의 가장 기본적인 기준은 납기 및 서비스 일정을 포함한 계약상의 의무를 이행하는 공급업체의 능력을 나타내는 **신뢰성**(reliability)이다. 기업 간의 전략적 관계는 부분적으로 조직 간의 높은 신뢰를 기반으로 한다. 이러한 상황에서 공급업체들의 신뢰성은 최종 선택의 필수요인이 된다. 게다가 때때로 판매업체가 계약서에 명시된 것 이상을 이행할 의지가 있는지에 대해서도 판단한다. 모든 조건이 동일할 때, 가장 신뢰성이 높고 요구한 것보다 더 많은 것을 제공할 의지가 있는 판매업체들이 주문을 받게 된다.[49]

개인적 · 조직적 요인 몇몇의 추가 요인 역시 제품 및 공급업체 선택에 영향을 미친다. 공급업체는 이러한 요인들이 최종 결정에서 수행하는 역할을 이해하기 어렵지만, 그 영향은 매우 클 수 있다. 우선 구매 결정에 참여하는 사람들의 필요, 열망, 목적 등으로 언급되는 **개인적 요인**(personal factors)이 있다. 구매 센터의 모든 구성원들은 자신만의 필요와 목표를 가지고 있다. 누군가는 이를 승진 기회로 보고, 다른 사람은 성공적 구매를 통해 연봉이 인상될 것이라 믿으며, 또 다른 사람은 경영진에게 감명을 주기를 원할 수 있다. 구매 센터에 속한 사람들의 개인적인 관심사를 구매 결정과 분리시키는 것은 불가능하다. 또한 구매 센터의 구성원들은 결정에 대해 자신만의 관점을 갖고 구매 센터에 합류한다. 예를 들어, 엔지니어들은 제품 성과와 사양에 중점을 두는 경향이 있다. 회계사는 비용 및 기타 재무적인 고려 사항에 집중한다. 구매대리인들은 공급업체의 자질과 주문의 용이성에 주의를 기울인다. 구매 센터가 효과적인 이유 중 하나는 가능한 제품 대안들을 평가하기 위해 서로 다른 관점을 가진 개인들을 한데 모으는 능력에서 비롯된다.

조직적 요인은 제품 및 공급업체 선택에 영향을 미치는 다른 요소이다. 가장 중요한 **조직적 요인**(organizational factors)은 위험을 감수하는 정도이다. 개인과 기업 모두 어느 정도 위험을 감수한다. 그들의 위험 회피 또는 수용 성향이 제품 선택에 영향을 미친다.[50] 기업을 위해 새로운 네트워크를 구매하고자 하는 IT 관리자를 생각해보라. 2개의 공급업체들이 제품 사양을 충족시키는 제안서를 제출하였다. 하나는 우수한 평판을 지닌 지역 판매업체이다. 이 업체는 저렴한 가격과 더 나은 보증 서비스를 언급하고 있다. 또 다른 업체는 네트워크 장비와 소프트웨어 부문의 세계적인 선두업체인 시스코 시스템이다. 위험을 감수하는 수준이 낮은 관리자는 아마 시스코 시스템을 선택할 것이다. 이는 '안전한' 선택을 대표한다. 그의 상사는 시장 선두업체로부터의 구매를 문제 삼지 않을 것이다. 만약 동일한 사람이 위험을 감수하는 수준이 높은 조직에서 근무한다면, 더 나은 가격과 서비스를 제공하는 업체로 결정할 것이다. 실수로 인한 비용은 큰데 만약 공급업체의 성과가 나빠 네

존 디어는 건설업계의 오래된 공급업체이다.

트워크가 다운되고 기업이 사업 중단을 겪는다면 공급업체 선정에 대한 의문이 제기될 것이다. 위험 감수 정도는 구매 센터가 최종 결정에 더 가까워질수록 중요한 역할을 한다.

제품 및 공급업체에 대한 구매 후 평가

일단 구매 결정이 내려진 후에는 구매자들이 평가를 시작한다(도표 6.17). 먼저 그들은 제품 성능과 어떤 문제나 이슈에 대한 판매업체의 대응을 평가한다. 산업재 마케터 업무의 핵심은 고객이 제품을 적절하게 운영하고 유지와 보수를 제대로 하고 있는지를 확인하는 것이다. 동시에, 구매자들은 판매업체가 제공하는 지원 수준을 고려하고 판매 후 문제가 없다는 것이 확인된 후에도 후속조치를 기대

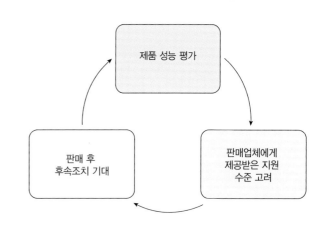

<table>
<tr><td>도표 6.17</td><td>구매 후 평가 기준</td></tr>
</table>

한다. 불평에 대한 대처, 고객 문제 해결, 그리고 회사가 고객의 기대를 충족시키고 있는지를 확인하는 것은 고객 만족을 보장하기 위해 매우 중요하다.

평가 과정은 부분적으로 고객이 미래에 더 나은 구매 결정을 하도록 돕기 위해 설계된다. 고객이 구매 결정을 긍정적으로 평가한다면 다음에 결정을 변경할 필요가 없기 때문에, 현재의 판매업체가 되는 것은 뚜렷한 이점을 가진다. 본질적으로 평가 과정을 적절하게 관리한다면, 이는 구매자가 다음 구매 결정을 내릴 때 판매업체에게 가장 좋은 판매 수단이 된다.

당연히 정반대 상황도 발생할 수 있다. 제품 성능이 좋지 않거나 판매업체가 고객의 기대를 충족시키기 못한다면, 경쟁업체는 이러한 실수를 자사의 성공 확률을 높일 수 있는 수정된 재구매 또는 신규 구매를 유도하기 위해 활용할 것이다. 고객을 잃는 것은 매우 실망스러운 일이다. 그러나 이 또한 기회가 될 수 있다. 잘 구축된 서비스 회복 전략을 통해 기업은 고객을 다시 확보할 수 있다(제10장에서 서비스 회복 전략을 다룬다).

산업재 시장에서 기술의 역할

기술은 기업의 구매결정과정을 변화시켰다. 인터넷에서부터 휴대용 광학 스캔 장치에 이르기까지, 기술은 구매 과정을 더욱 효율적이고 효과적으로 만들었다. 또한 현재는 최전선의 관리자가 직접 구매할 수 있기 때문에, 기술은 구매결정과정을 제품 사용자와 더욱 밀접하게 만들었다.[51]

정교화된 프로그램을 통해 재고목록을 관리하고 자동적으로 소모품을 채워 넣는다. **전자 문서 교환**(electronic data interchange, EDI)을 통해, 고객의 컴퓨터는 필요한 것을 공급업체의 컴퓨터로 바로 재주문한다. 지연된 배송, 제품 결함, 공급업체의 성과와 관련된 다른 이슈들이 중대한 문제가 되기 전에 확인하고 처리할 수 있게 되었다. 기술 연계로 인해 구매업체와 판매업체 사이의 협업이 크게 증가하였다.[52]

6-8

산업재 시장에서 기술의 역할을 이해한다.

전자 조달

B2B 거래는 1조 달러를 넘는 온라인 B2B 상업 거래와 함께 놀라운 속도로 증가하고 있으며, 이는 B2C 온라인 판매보다 더 큰 규모이다. 온라인을 통한 산업재 구매 과정은 **전자 조달**(e-procurement)이라 불린다.[53] 다양한 전자 조달 방법을 살펴보자.

산업 구매 사이트 : 여러 산업들은 전자 조달 과정을 간소화하고 표준화하기 위해 웹사이트를 구축하였다. 철강, 화학, 제지 및 자동차 제조업체는 온라인 구매 및 공급업체 선택에 대해 자체 구매 부서를 지원하는 통합 웹사이트를 만들었다.

사업 부문 사이트 : 특정 사업 부문에는 구매를 표준화하는 웹사이트가 있다. 예를 들어, 과거에는 개별적인 전력회사들이 서로 전기를 사고파는 협상을 할 때 전화를 이용하곤 했다. 그러나 오늘날 전력회사의 전기 구매는 에너지 관리 전용 웹사이트를 통해 이루어진다.

주요 공급업체의 엑스트라넷 : 많은 기업들이 구매를 보다 쉽게 하고 최전방의 의사결정자 가까이에서 구매 결정이 이루어지도록 하기 위해 승인된 공급업체와 직접적인 연결망을 구축하였다.[54] 예를 들어, 오피스 디포는 EDI를 사용해 수천 개의 회사와 직접적인 관계를 맺고 있다.

기업 구매 사이트 : 많은 대기업들이 공급업체를 지원하기 위해 자체 웹사이트를 만들고 있다. 검토를 위해 연락처 정보뿐 아니라 RFP 및 기타 공급업체 관련 정보 등을 이용할 수 있다.

요약

효과적인 가치 제안을 개발하기 위해서는 고객에 대해 철저하게 알고 이해하는 것이 필수요소이다. 이는 B2C 기업에게 소비자가 제품 및 서비스를 구매하는 방법과 이유에 대해 배우는 것을 의미한다. 이번 장은 소비자의 구매 의사결정과정에 대해 다루었다. 우리는 소비자 의사결정과정을 형성하는 복잡하고 핵심적인 두 가지 요인(내부, 외부)에 대해 논의하였다. 우리는 소비자가 구매 의사결정을 내릴 때 거치는 각 과정에 대한 심도 깊은 분석을 제공하였다. 소비자가 전체 구매 의사결정과정에 참여하는 정도에 상당한 영향을 미치는 관여도의 수준에 따른 고관여 결정과 저관여 결정 사이에는 뚜렷한 차이가 있다.

고객의 밀집도와 수를 포함한 산업재 시장에서만 발견되는 몇 가지 중요한 특징은 산업재 시장과 소비재 시장을 구별한다. 다양한 유형의 판매 상황에 따라 매우 상이한 고객 의사결정과정이 발생한다. 기업 고객은 단순 재구매에서 신규 구매에 이르는 매우 상이한 상황에서 공급업체와 상호작용한다. 구매 센터는 조직 내/외부로부터 합류한 개인들의 집합으로, 구매 의사결정과정에 참여하여 최종 제품을 선택하거나 의사결정자에게 대안을 추천한다. 구매결정과정에는 문제 인식에서부터 구매 결정, 제품 및 공급업체에 대한 구매 후 평가에 이르는 여섯 단계가 포함된다. 기술은 B2B 마케팅에서 중요한 역할을 수행한다. 전자 조달과 같은 온라인 구매의 성장은 기업 간 협업 양상을 변화시켰으며, 이는 구매 과정을 더 빠르고 정확하게 만들었다.

핵심용어

1차 집단(primary groups)
2차 집단(secondary groups)
B2B(기업 대 기업) 시장[B2B (business-to-business markets]
가속효과(acceleration effect)
가정생활주기(household life cycle, HLC)
가족(family)
가족생활주기(family life cycle)
감정적 선택(emotional choice)
개성(personality)
개시자(initiator)
개인적 요인(personal factors)
결정자(deciders)
고관여 학습(high-involvement learning)
고려 상표군[consideration (evoked) set]
공급사슬(supply chain)
공급업체 선택(supplier choice)
관여도(involvement)
광범위한 정보 탐색(extensive information search)
구매 결정(buying decisions)
구매 센터(buying center)
구매 후 부조화(post-purchase dissonance)
기관(institutions)
기억(memory)

내부 정보 원천(internal information sources)
다속성 모델(multiattribute model)
단기 기억(short-term memory)
단순 재구매(straight rebuy)
도구적 성과(instrumental performance)
동기(motivation)
라이프스타일(lifestyle)
문지기(gatekeepers)
문화(culture)
문화적 가치(cultural values)
북미산업분류체계(North American Industrial Classification System, NAICS)
비언어적 의사소통(nonverbal communication)
비탄력적 수요(inelastic demand)
사용자(users)
사회 계층(social class)
상징적 성과(symbolic performance)
선택적 기억(selective retention)
선택적 왜곡(selective distortion)
선택적 인식(selective awareness)
선호 상태(preferred state)
성 역할(gender roles)
소속감의 정도(degree of affiliation)
속성 기반 선택(attribute-based choice)
수정 재구매(modified rebuy)

시장 전문가(market mavens)
신규 구매(new purchase)
신뢰성(reliability)
실제 상태(real state)
언어(language)
열망(desirability)
열망적 구매(aspirational purchases)
영향력 행사자(influencers)
외부 공급자(out suppliers)
외부 정보 원천(external information sources)
원자재 수리 및 운영(materials, repairs, operational, MRO)
의견 선도자(opinion leaders)
인구통계(demographics)
인식 상표군(awareness set)
인지적 학습(cognitive learning)
자본설비(capital equipment)
장기 기억(long-term memory)
재판매업체(resellers)
저관여 학습(low-involvement learning)
전자 문서 교환(electronic data interchange, EDI)
전자 조달(e-procurement)
전체 상표군(complete set)
정부(government)

제안 요청서(request for proposal, RFP)
제품 선택(product choice)
제품 수요(product demand)
제한된 정보 탐색(limited information search)
조건화(conditioning)
조직적 요인(organizational factors)

주문자생산방식(original equipment manufacturer, OEM)
준거 집단(reference group)
지각(perception)
최소 정보 탐색(minimal information search)
최종 사용자 구매(end user purchases)

태도(attitude)
태도 기반 선택(attitude-based choices)
파생 수요(derived demand)
하위문화(subculture)
학습(learning)

응용 문제

1. 논의한 바와 같이 효과적인 가치 제안을 창출하기 위해 목표 시장의 소비자를 이해하는 것은 매우 중요하다. 당신이 리갈 시네마의 마케팅 담당 부사장이라고 가정해보자. 가장 큰 목표 시장의 인구통계적 프로파일(나이, 소득, 수명 주기 단계)은 무엇인가? 소형 시장 조사 프로젝트의 일환으로 주말에 영화관을 방문하여 방문객들을 추적하라. 그들은 몇 살인가? 그들은 가족인가 아니면 친구를 만나는 중인가?

2. 당신은 바우플렉스 레볼루션 홈 짐의 마케팅 담당자다. 당신은 그 제품이 남성과 여성 모두에게 소구할 수 있다고 믿는다. 마케팅 전략을 개발할 때, 남성 또는 여성이 구매하는지에 따라 제품에 대해 고려해야 할 사항이 달라진다고 생각하는가? 마케팅 커뮤니케이션에서는 어떠한가(메시지, 미디어 선택)?

3. 당신은 레노버의 마케팅 담당자다. 노트북에 대한 소비재 시장과 산업재 시장의 차이점을 확인하고 간략하게 논의하라. 그런 다음 대학생을 소비재 시장의 고객으로, 방위 관련 기업을 산업재 시장의 고객으로 정한 후 각 차이점에 대한 사례를 제시하라.

4. 당신은 지멘스에서 일하고 있으며 전력회사를 대상으로 크고 비싼(200~500만 달러) 터빈 발전기의 판매를 담당하고 있다. 당신은 미국 전역에 전기를 공급하는 에버 슈어 전력회사로부터 연락을 받았다. 그 회사 내부에서 찾을 수 있는 구매 센터를 확인하고, 구매 센터 집단에게 발전기를 판매할 방법을 제시하라.

경영 의사결정 사례

나이키 경험을 소비자에게 직접 전달하기

당신이 어떤 게임을 하는 중이며, 열심히 운동하기를 원한다고 가정해보자. 아침에 걷거나, 일을 마친 후 즉흥적인 게임을 하거나 마라톤에 참여하는 것이 그 예가 될 수 있다. 당신의 목표가 무엇이든 간에 새로운 신발이 필요하며, 나이키는 당신이 가장 선호하는 브랜드다. 당신이 대다수의 소비자와 유사하다면 한 켤레의 신발을 구매하기 위해 소매점을 방문할 것이다. 최근까지는 이것이 당신의 유일한 선택이었다. 방금 전 사례에서 만약 당신이 나이키와 직접 소통하기를 원한다면, B2B 마케팅 경로에 중점을 둔 시스템을 통해 곧바로 접촉할 수 있다. 나이키는 B2C 마케팅에 익숙한 브랜드로, 1990년에 처음 개점한 나이키 타운은 소매점보다는 박물관에 가까운 형태였고, 판매보다는 브랜드 홍보를 위한 목적으로 운영되었다.

2014년, 나이키와 계약을 맺은 700개 이상의 공장이 신발 및 의류를 57개의 유통센터를 통해 14만 개의 소매점으로 이동시키게 되면서, 나이키는 82%의 매출을 B2B 경로를 통해 얻게 된 반면, B2C를 통해서는 오직 18%의 매출만을 올리게 되었다.[55] 그러나 이러한 추세는 빠르게 변하고 있다. 언더아머와 같은 경쟁자들은 이미 소비자로부터 30%의 매출을 올리고 있다.[56] 나이키는 B2C와 B2B 양 시장에서 고객의 행동과 필요에 대한 추세를 파악하여, B2C 전자상거래 사업이 2020년까지 10억 달러에서 70억 달러로 일곱 배 이상 성장할 것이라고 발표하였다. 나이키가 직접 소유하고 있는 소매업체를 포함한 전체 B2C 사업은 6년 안에 거의 두 배인 160억 달러에 이를 것이며, 이 규모는 전체 글로벌 매출의 32%를 차지할 것이다.[57]

이번 장에서 논의한 바와 같이 인구통계학적 추세와 소비자의 동기 및 행동 변화는 모두 나이키가 목표 시장과 경로를 확대하도록 유도하고 있다. 예를 들어, 광범위한 소비자 추세에 따르면 B2C 전자상거래 판매 규모는 2016년 1.9조 달러(전 세계 소매 판매액의 8.7%)에서 2020년 4조 달러까지 지속적으로 증가할 것으로 예상된다.[58] 보다 구체적으로, 건강한 라이프스타일에 대한 소비자의 열망으로 인해 나이키의 전반적인 사업은 확장될 것이다. 그러나 쇼핑 시간이 부족한 직장인 여성의 지속적인 증가는 여성 고객 부문의 구매력 확

장을 의미하는 동시에 온라인을 통해 보다 쉽게 제품을 구매하고 싶어 하는 욕구가 증가하고 있음을 의미한다. 또한 인구통계학적 추세는 온라인 쇼핑에 매우 익숙한 젊은 집단이 현재 가장 큰 세분 시장임을 보여준다. 나이키는 고객의 요구를 충족시키기 위해 여성 운동화 및 의류 라인에 집중하고 전자상거래를 확대함으로써 이러한 추세에 대응하였다.

그러나 B2B 시장의 추세에 따르면, 나이키는 소비자에게 제품 및 서비스를 직접 판매하는 사업을 확대할 필요가 있다. 안경, 면도기, 신발 산업의 전통적인 B2B 유통 모델을 위협하는 와비파커, 달러셰이브클럽, 탐스슈즈와 같은 기업들은 도매 유통 경로를 이용하는 대신 소비자에게 직접 제품을 판매하고 있다.[59] 이로 인해 제품을 제조하지만 소비자에게 제품을 공급하기 위해 유통 경로에 의존했던 전통적인 제조업체들이 어려움을 겪고 있다.

인터넷이 상용화되기 전에는 제품을 제조업체로부터 직접 구매하는 것이 어려웠다. B2B 기업들에게는 개인 소비자로부터 소규모 주문을 받고 이를 이행할 수 있는 운영 시스템이 없었다. 그러나 인터넷을 통해 일대일 커뮤니케이션이 더욱 용이해졌으며, 손쉽게 사용할 수 있는 전자상거래 수단을 통해 주문을 훨씬 간단하게 처리할 수 있게 되었다. 작은 제조업체들도 이러한 수단을 통해 대형 제조업체와 경쟁할 수 있다. 오늘날에는 가장 작은 제조업체조차도 제품을 소비자에게 직접 판매할 수 있다. 제품을 만들기 전에 킥스타터 같이 '투자자-고객'을 직접 연결해주는 온라인 크라우드 펀딩 사이트에 자사 제품의 가치를 알린 다음, 유통 경로에서 시작하는 대신 소비자를 대상으로 지속적으로 제품을 판매한다.

소비자들 역시 때때로 직접적인 모델을 선호한다. 소매업체는 제한된 재고를 보유할 수밖에 없으며, 이로 인해 자신이 요구하는 크기, 색상의 제품이 없거나 원하는 수량만큼 구매할 수 없을 수도 있다. 이러한 소매점 쇼핑에서 소비자가 실망감을 경험할 수 있지만 제조업체에서 직접 쇼핑을 할 때는 전혀 문제가 되지 않는데, 제조업체는 엄청난 재고를 보유하고 있을 뿐 아니라 소비자들은 더 가까운 곳에서 신속하게 제품을 확보할 수 있기 때문이다. 마찬가지로 소비자들은 종종 제품 디자인에 대한 의견을 제시하고 제품 사용 경험에 대한

피드백을 공유하는 등 브랜드와의 직접적인 상호작용을 통해 즐거움을 느낀다. 제조업체 또한 제품에 대한 가장 믿을 수 있는 전문가로 인식되며 조언이나 도움을 얻을 수 있는 더 나은 장소가 된다.[60] 이러한 상호작용으로 인해 브랜드 충성도가 향상될 수 있다.

제조업체들은 시장에서 발생하고 있는 이러한 혼란에 대해 인지하고 있으며, 세계 최대 소비재 기업 중 하나인 유니레버는 최근 달러셰이브클럽을 10억 달러에 인수했다. 그 이유는 무엇일까? 그 이유는 달러셰이브클럽이 운영하는 우수한 전자상거래 사이트가 아니라 소비자와 직접적으로 관계를 구축할 수 있는 능력이다.[61] 고객과의 관계를 소유하고 중개업체 없이 자신의 브랜드를 정의할 수 있는 기회는 제조업체들이 소비자들에게 직접 다가가는 매력적인 이유가 된다. 또한 B2C 시장의 추세에 따라 세계에서 가장 가치 있는 20대 브랜드 중 하나인 나이키에게도 고객과의 관계를 직접 맺는 것이 중요해질 것이다.[62]

생각해볼 문제

1. 이번 장에서는 산업재 기업과 소비재 기업의 마케팅 노력이 어떻게 다른지 강조하고 있다. 나이키와 다른 제조업체들이 지속적으로 B2C 유통 경로로 확장해나감에 따라 이들 경로에 대한 나이키의 접근 방식에 영향을 줄 수 있는 B2B 및 B2C 시장의 행동 차이는 무엇인가?

2. B2C 사업을 확장하고자 하는 나이키가 어떤 어려움에 직면하게 될 것인가? 내부적으로는 나이키가 축적해야 할 새로운 기술을 고려해보고, 외부적으로는 B2B 경로 협력업체로부터 직면하게 될 새로운 문제점을 생각해보라.

3. 만약 모든 제조업체가 B2C를 통해서만 제품을 판매하고 소매업체에 제품을 공급하는 도매 유통업체를 제외시킨다면 소비자에게 발생할 수 있는 부정적인 결과는 무엇인가?

마케팅 계획 연습

활동 5 : 소비재 시장 정의

소비자를 대상으로 제품을 판매하는 경우(또는 소비자에게 직접 제품을 판매하는 유통 경로의 경우), 목표 시장의 구매 의사결정과정을 이해하는 것이 마케팅 계획의 필수 요소이다. 이 과제에는 다음의 활동이 포함된다.

1. 다음 사항들을 포함하여 소비자의 인구통계학적 프로파일을 개발하라.

   a. 연령   b. 소득

   c. 직업   d. 학력

   e. 라이프스타일(활동, 관심, 의견)

2. 목표 소비자의 동기를 설명하라. 왜 그 소비자가 제품을 구매하는가?

3. 목표 소비자인 남성 또는 여성이 구매를 고려할 때, 영향을 미치는 외부 요인은 무엇인가? 예를 들어, 소비자의 문화 또는 하위문화가 구매 결정에 영향을 미칠 것인가? 그렇다면 어떻게 미칠 것인가?

4. 전형적인 소비자 구매 의사결정과정을 설명하라. 소비자가 제품 구매 결정을 내릴 때 어떤 과정을 거치는가?

활동 6 : 산업재 시장의 관계를 결정

이 과제에는 다음 네 가지 주요 활동들이 포함된다.

1. 산업재 시장의 본질적인 특성을 평가하기 위해 핵심 시장 기회에 대한 분석을 수행하라. 분석에는 다음에 대한 설명들이 포함되어야 한다.

a. 이 시장의 주요 기업들은 무엇인가? 업계 선두주자들과 얼마나 많은 사업을 하고 있는가? 그들의 전체 사업 중 당신이 차지하고 있는 비중은 얼마인가?

b. 이들 기업들이 어디에 위치하고 있는가?

2. 주요 B2B 고객에게 제품을 판매할 때 예상되는 기업 구조와 당신이 만나게 될 경영 센터의 핵심 참여자를 파악하라.

3. B2B 핵심 고객의 구매결정과정을 예상하고, 이러한 고객에게 제품을 판매할 때 거치게 되는 내부 과정에 대해 논의하라.

4. 주요 B2B 시장에서 미래의 잠재고객을 대표하는 2차 고객들의 목록을 개발하라.

미주

1. S. Mark Young, James J. Gong, and Wim A. Van der Stede, "The Business of Selling Movies," *Strategic Finance* 89, no. 9 (2009), pp. 35–42; and Jon Silver and David Lieberman, "Movie Theater Stocks Hit after Analyst Warns of Slowing Growth," *Deadline,* February 1 2017, http://deadline.com/2017/02/movie-theater-stocks-hit-analyst-warns-slowing-growth-1201899794/.

2. P. Sullivan and J. Heitmeyer, "Looking at Gen Y Shopping Preferences and Intentions: Exploring the Role of Experience and Apparel Involvement," *International Journal of Consumer Studies* 32, no. 3 (2008), pp. 285–99.

3. Paul G. Patterson, "Demographic Correlates of Loyalty in a Service Context," *Journal of Services Marketing* 21, no. 2 (2007), pp. 112–21.

4. Lisa E. Bolton, Americus Reed II, Kevin G. Volpp, and Katrina Armstrong, "How Does Drug and Supplement Marketing Affect a Healthy Lifestyle?" *Journal of Consumer Research* 34, no. 5 (2008), pp. 713–26.

5. Maureen E. Hupfer and Brian Detlor, "Beyond Gender Differences: Self-Concept Orientation and Relationship-Building Orientation on the Internet," *Journal of Business Research* 60, no. 6 (2007), pp. 613–28; and J. Michael Pearson, Ann Pearson, and David Green, "Determining the Importance of Key Criteria in Web Usability," *Management Research News* 30, no. 11 (2007), pp. 816–29.

6. Parimal S. Bhagat and Jerome D. Williams, "Understanding Gender Differences in Professional Service Relationships," *Journal of Consumer Marketing* 25, no. 1 (2008), pp. 16–29.

7. M. Fishbein and I. Ajzen, *Belief, Attitude, Intention, and Behavior: An Introduction to Theory and Research* (Reading, MA: Addison-Wesley, 1975).

8. Maxwell Winchester and Jenni Romaniuk, "Positive and Negative Brand Beliefs and Brand Defection/Update," *European Journal of Marketing* 42, no. 5/6 (2008), pp. 553–68.

9. John Davis, "Did Seth Go to the Dark Side," *Inc.,* May 2008, pp. 21–24.

10. Pamela Miles Horner, "Perceived Quality and Image: When All Is Not 'Rosy,'" *Journal of Business Research* 61, no. 7 (2008), pp. 715–31.

11. E. J. Schultz, "Inside Allstate's Strategy to Start Mayhem on Twitter," *Ad Age,* October 15, 2013, http://adage.com/article/digital/inside-allstate-s-strategy-start-mayhem-twitter/244690/.

12. Joseph B. White, "Eyes on the Road: Good News, Bad News at Buick; Models Get Safer, Says J. D. Power, Then Get Dumped," *Wall Street Journal,* August 14, 2007, p. D5.

13. Elizabeth Cowley, "How Enjoyable Was It? Remembering an Affective Reaction to a Previous Consumption Experience," *Journal of Consumer Research* 34, no. 4 (2007), pp. 494–510; and Moonhee Yang and David R. Roskos-Ewoldsen, "The Effectiveness of Brand Placements in the Movies: Levels of Placements, Explicit and Implicit Memory, and Brand Choice Behavior," *Journal of Communication* 57, no. 3 (2007), pp. 469–82.

14. Ming-tiem Tsai, Wen-ko Liang, and Mei-Ling Liu, "The Effects of Subliminal Advertising on Consumer Attitudes and Buying Intentions," *International Journal of Management* 24, no. 1 (2007), pp. 3–15; and Sheri J. Broyles, "Subliminal Advertising and the Perpetual Popularity of Playing to People's Paranoia," *Journal of Consumer Affairs* 40, no. 2 (2006), pp. 392–407.

15. Brian D. Till and Sarah M. Stanley, "Classical Conditioning and Celebrity Endorsers: An Examination of Belongingness

16. Gordon R. Foxall, M. Mirella, and Yani de Soriano, "Situational Influences on Consumers' Attitudes and Behaviors," *Journal of Business Research* 58, no. 4 (2005), pp. 518–33.

17. Marcus Cunha Jr., Chris Janiszewski, and Juliano Laran, "Protection of Prior Learning in Complex Consumer Learning Environments," *Journal of Consumer Research* 34, no. 6 (2008), pp. 850–68.

18. Katja Magion-Muller and Malcolm Evans, "Culture, Communications, and Business: The Power of Advanced Semiotics," *International Journal of Marketing Research* 50, no. 2 (2008), pp. 169–82.

19. Mark W. Johnston and Greg W. Marshall, *Contemporary Selling,* 4th ed. (New York: Routledge, 2013), p. 180.

20. "Softsheen.Carson," *L'Oréal,* 2017, http://www.lorealusa.com/brand/consumer-products-division/softsheencarson.

21. Alexandra Montgomery, "U.S. Families 2025: In Search of Future Families," *Futures* 40, no. 4 (2008), pp. 377–89.

22. Julie Tinson, Clive Nancarrow, and Ian Brace, "Purchase Decision Making and the Increasing Significance of Family Types," *Journal of Consumer Marketing* 25, no. 1 (2008), pp. 45–56.

23. Rex Y. Du and Wagner A. Kamakura, "Household Life Cycles and Lifestyles in the United States," *Journal of Marketing Research* 43, no. 1 (2006), pp. 121–32.

24. Palaniappan Thiagarajan, Jason E. Lueg, Nicole Ponder, Sheri Lokken Worthy, and Ronald D. Taylor, "The Effect of Role Strain on the Consumer Decision Process of Single Parent Households," *American Marketing Association, Conference Proceedings* 17 (Summer 2006), p. 124.

25. Caroline Goode and Robert East, "Testing the Marketing Maven Concept," *Journal of Marketing Management* 24, no. 3/4 (2008), pp. 265–81; and Lawrence F. Feick and Linda L. Price, "The Market Maven: A Diffuser of Marketplace Information," *Journal of Marketing* 51, no. 1 (1987), pp. 83–98.

26. Katherine White and Darren W. Dahl, "Are All Out-Groups Created Equal? Consumer Identity and Dissociative Influence," *Journal of Consumer Research* 34, no. 4 (2007), pp. 525–40; Jennifer Edson Escalas and James R. Bettman, "Self-Construal, Reference Groups, and Brand Meaning," *Journal of Consumer Research* 32, no. 3 (2005), pp. 378–90; and Terry L. Childers and Akshay R. Rao, "The Influence of Familiar and Peer-Based Reference Groups on Consumer Decisions," *Journal of Consumer Research* 19, no. 2 (1992), pp. 198–212.

27. Hans H. Baurer, Nicola E. Sauer, and Christine Becker, "Investigating the Relationship between Product Involvement and Consumer Decision Making Styles," *Journal of Consumer Behavior* 5, no. 4 (2006), pp. 342–55; Salvador Miquel, Eva M. Capillure, and Joaquin Aldas-Maznazo, "The Effect of Personal Involvement on the Decision to Buy Store Brands," *Journal of Product and Brand Management* 11, no. 1 (2002), pp. 6–19; and Laurent Gilles and Jean-Noel Kapferer, "Measuring Consumer Involvement Profiles," *Journal of Marketing Research* 22, no. 1 (1985), pp. 41–54.

28. Zafar U. Ahmed, James P. Johnson, Xiz Yang, and Chen Kehng Fatt, "Does Country of Origin Matter for Low Involvement Products?" *International Marketing Review* 21, no. 1 (2004), pp. 102–15; and Wayne D. Hoyer, "An Examination of Consumer Decision Making for Common Repeat Purchase Product," *Journal of Consumer Research* 11, no. 3 (1984), pp. 822–30.

29. On Amir and Jonathan Levav, "Choice Construction versus Preference Construction: The Instability of Preferences Learned in Context," *Journal of Marketing Research* 45, no. 2 (2008), pp. 145–61.

30. Mohammed M. Nadeem, "Post-Purchase Dissonance: The Wisdom of 'Repeat' Purchase," *Journal of Global Business Issues* 1, no. 2 (2007), pp. 183–94.

31. Brian N. Rutherford, James S. Boles, Hiram C. Barksdale Jr., and Julie T. Johnson, "Buyer's Relational Desire and Numbers of Suppliers Used: The Relationship between Perceived Commitment and Continuance," *Journal of Marketing Theory and Practice* 16, no. 3 (2008), pp. 247–58.

32. Ruben Chumpitaz Caceres and Nicholas G. Paparoidamis, "Service Quality, Relationship Satisfaction, Trust, Commitment and Business-to-Business Loyalty," *European Journal of Marketing* 41, no. 7/8 (2007), pp. 836–48; and Papassapa Rauyruen and Kenneth E. Miller, "Relationship Quality as Predictor of B2B Customer Loyalty," *Journal of Business Research* 60, no. 1 (2007), pp. 21–35.

33. Avik Chakrabarti, Yi-Ting Hsieh and Yuanchen Chang, "Cross Border Mergers and Market Concentration in a Vertically Related Industry: Theory and Evidence," *Journal of International Trade and Economic Development* 26, no. 1 (2017), pp. 111–30.

34. Tao Gao, M. Joseph Sirgy, and Monroe M. Bird, "Reducing Buyer Decision Making Uncertainty in Organizational Purchasing: Can Supplier Trust, Commitment, and Dependency Help?" *Journal of Business Research* 58, no. 4 (2005), pp. 397–409.

35. Leonidas C. Leonidou, "Industrial Manufacturer-Customer Relationships: The Discriminating Role of the Buying Situation," *Industrial Marketing Management* 33, no. 8 (2004), pp. 731–45.

36. G. Tomas M. Hult, David J. Ketchen Jr., and Brian R. Chabowski, "Leadership, the Buying Center, and Supply Chain Performance: A Study of Linked Users, Buyers, and Suppliers," *Industrial Marketing Management* 36, no. 3 (2007), pp. 393–408.

37. Marcel Paulssen and Matthias M. Birk, "Satisfaction and Repurchase Behavior in a Business to Business Setting: Investigating the Moderating Effect of Manufacturer, Company and Demographic Characteristics," *Industrial Marketing Management* 36, no. 7 (2007), pp. 983–95.

38. Marydee Ojala, "SIC Those NAICS on Me: Industry Classification Codes for Business Research," *Online* 29, no. 1 (2005), pp. 42–45; and Robert P. Parker, "More U.S. Economic Data Series Incorporate the North American Industry Classification System," *Business Economics* 38, no. 2 (2003), pp. 57–60.

39. Kun Liao and Paul Hong, "Building Global Supplier Networks: A Supplier Portfolio Entry Model," *Journal of Enterprise Information Management* 20, no. 5 (2007), pp. 511–23; and Chiaho Chang, "Procurement Policy and Supplier Behavior—OEM vs. ODM," *Journal of Business and Management* 8, no. 2 (2002), pp. 181–98.

40. Masaaki Kotabe, Michael J. Mol, and Janet Y. Murray, "Outsourcing, Performance, and the Role of e-Commerce: A Dynamic Perspective," *Industrial Marketing Management* 37, no. 1 (2008), pp. 37–48; and Bruno Schilli and Fan Dai, "Collaborative Life Cycle Management between Suppliers and OEM," *Computers in Industry* 57, no. 8/9 (2006), pp. 725–29.

41. Kyle Mizokami, "First of Its Class, America's Newest Aircraft Carrier Is Underway at Sea," *Popular Mechanics,* April 10, 2017, http://www.popularmechanics.com/military/navy-ships /news/a26014/gerald-ford-carrier-is-underway-at-sea/.

42. Adventist Health System Website, April 2017, http://adventisthealth system.com/page.php?section=locations.

43. Jesus Cerquides, Maite Lopex-Sanchez, Antonio Reyes-Moro, and Juan A. Rodriguez-Aguilar, "Enabling Assisted Strategy Negotiations in Actual World Procurement Scenarios," *Electronic Commerce Research* 7, no. 3/4 (2007), pp. 189–221; and Mike Brewster, "Perfecting the RFP," *Inc.,* March 1, 2005, p. 38.

44. S. Y. Chou, C. Y. Shen, and Y. H. Chang, "Vendor Selection in a Modified Re-Buy Situation Using a Strategy Aligned Fuzzy Approach," *International Journal of Production Research* 45, no. 14 (2007), pp. 3113–24.

45. Alptekin Ulutas, Nagesh Shukla, Senevi Kiridena, and Peter Gibson, "A Utility-Driven Approach to Supplier Evaluation and Selection: Empirical Validation of an Integrated Solution Framework," *International Journal of Production Research* 54, no. 5 (2016), http://www.tandfonline.com/doi/abs/10.108 0/00207543.20.15.1098787.

46. Nicolas G. Paparoidamis, Constantine S. Katsikeas, and Ruben Chumpitaz, "The Role of Supplier Performance in Building Customer Trust and Loyalty: A Cross Country Examination," *Industrial Marketing Management,* February 2017, http://www .sciencedirect.com/science/article/pii/S0019850117301372.

47. Ruth N. Bolton, Katherine N. Lemon, and Peter C. Verhoef, "Expanding Business to Business Customer Relationships: Modeling the Customer's Upgrade Decision," *Journal of Marketing* 72, no. 1 (2008), pp. 46–60; and Paul Jeremy Williams, M. Sajid Khan, Rania Semaan, Earl R. Naumann, and Nicholas Jeremy Ashill, "Drivers of Contract Renewal in International B2B Services: A Firm-Level Analysis," *Marketing Intelligence & Planning* 35, no. 3 (2017), pp. 358–76, doi: 10.1108/MIP-05-2016-0079.

48. Maria Holmlund, "A Definition, Model and Empirical Analysis of Business to Business Relationship Quality," *International*

Journal of Service Industry Management 19, no. 1 (2008), pp. 32–46.

49. Havard Hansen, Bendik M. Samuelsen, and Pal R. Siseth, "Customer Perceived Value in B-to-B Service Relationships: Investigating the Importance of Corporate Reputation," *Industrial Marketing Management* 37, no. 2 (2008), pp. 206–20; and Jeffrey E. Lewin and Wesley J. Johnston, "The Impact of Supplier Downsizing on Performance, Satisfaction over Time, and Repurchase Decisions," *Journal of Business and Industrial Marketing* 23, no. 4 (2008), pp. 249–63.

50. Wayne A. Neu and Stephen W. Brown, "Manufacturers Forming Successful Complex Business Services: Designing an Organization to Fit the Market," *International Journal of Service Industry Management* 19, no. 2 (2008), pp. 232–39.

51. Blanca Hernandez Ortega, Julio Jimenez Martinez, and Ja Jose Martin De Hoyos, "The Role of Information Technology Knowledge in B2B Development," *International Journal of E-Business Research* 4, no. 1 (2008), pp. 40–55.

52. Christian Tanner, Ralf Wolffle, Petra Schubert, and Michael Quade, "Current Trends and Challenges in Electronic Procurement: An Empirical Study," *Electronic Markets* 18, no. 1 (2008), pp. 8–19.

53. Juha Mikka Nurmilaakso, "Adoption of e-Business Functions Migration from EDI Based on XML Based e-Business Frameworks in Supply Chain Integration," *International Journal of Production Economics* 113, no. 2 (2008), pp. 721–41.

54. T. Ravichandran, S. Pant, and D. Chatterjee, "Impact of Industry Structure and Product Characteristics on the Structure of Be2 Vertical Hubs," *IEEE Transactions on Engineering Management* 54, no. 3 (2007), p. 506.

55. Phalguni Soni, "An Overview of Nike's Supply Chain and Manufacturing Strategies," *Market Realist,* December 2, 2014, http://marketrealist.com/2014/12/overview-nikes-supply-chain-manufacturing-strategies/; and Phalguni Soni, "Why Is Nike Focusing on the Direct-to-Consumer Channel?" *Market Realist,* March 15, 2016, http://marketrealist.com/2016/03/nikes-focusing-higher-dtc-channel-growth/.

56. Soni, "An Overview of Nike's Supply Chain and Manufacturing Strategies"; and Soni, "Why Is Nike Focusing on the Direct-to-Consumer Channel?"

57. "Nike, Inc. Announces Target of $50 Billion in Revenues by End of FY20," October 14, 2015, http://s1.q4cdn.com/806093406/files/doc_events/NIKE-Inc-FY16-Investor-Day-Summary-Press-Release-FINAL.pdf.

58. "Worldwide Retail Ecommerce Sales Will Reach $1.915 Trillion This Year," *eMarketer,* August 22, 2016, https://www.emarketer.com/Article/Worldwide-Retail-Ecommerce-Sales-Will-Reach-1915-Trillion-This-Year/1014369.

59. Zachary Hanlon, "Why Direct-to-Consumer Is a Powerful Business Model for B2B Companies," *Oracle,* December 8, 2016, https://blogs.oracle.com/cx/commerce/why-direct-to-consumer-is-a-powerful-business-model-for-b2b-companies.

60. Jon MacDonald, "16 Powerful Benefits of Selling Direct-to-Consumer Online," *The Good,* November 22, 2016, https://thegood.com/insights/benefits-direct-to-consumer/.

61. Jing Cao, Melissa Mittelman, "Why Unilever Really Bought Dollar Shave Club," July 20, 2016, *Bloomberg Technology,* https://www.bloomberg.com/news/articles/2016-07-20/why-unilever-really-bought-dollar-shave-club.

62. "Best Global Brands," *Interbrand,* 2016, http://interbrand.com/best-brands/best-global-brands/2016/ranking/.

Chapter 7

시장 세분화, 목표 시장 선정 및 포지셔닝

학습목표

7-1 효과적인 세분화 기준을 설명한다.

7-2 시장 세분화에 대한 다양한 접근 방식을 확인한다.

7-3 목표 시장 선정 단계를 설명한다.

7-4 포지셔닝을 정의하고, 마케팅 믹스에 활용한다.

7-5 지각도를 활용하고 해석한다.

7-6 차별화 원천을 확인한다.

7-7 잠재적인 포지셔닝 오류를 방지한다.

소비자의 필요와 욕구 충족

시장 세분화
다양한 욕구를 가진 전체 시장 혹은 소비자를 일정한 기준에 따라 동질적인 집단으로 분류

↓

목표 시장 선정
세분 시장을 평가한 다음, 그중 어떤 시장이 투자 및 개발 가치가 있는지를 결정

↓

포지셔닝
제품의 하나 혹은 여러 가치 원천을 고객의 필요와 욕구를 연결시키는 방식으로 알리는 것. 포지셔닝 전략은 마케팅 믹스 요소들을 독특하게 조합함으로써 실행

도표 7.1에 제시된 세 가지 요소(시장 세분화, 목표 시장 선정, 포지셔닝)는 고객을 위한 가치를 창출하고, 이를 알리고 전달하여 고객의 필요(needs)와 욕구(want)를 성공적으로 충족시키는 마케팅의 핵심 능력이다. 이러한 역량은 제1장에서 소개되었고 제5장에서 광범위하게 다룬 CRM(고객관계관리)을 통해 구현된다. 현재의 마케팅 관리자들은 과거에 비해 고객을 보다 상세하게 세분화하고 있으며, 따라서 이들 특정 고객에 명확하고 매력적인 가치를 제안하는 제품이나 서비스를 제공한다.[1]

이를 위해, 우선 소비자들의 공통 특성에 따라 집단을 의미 있는 소집단이나 하위집단으로 구분하는 **시장 세분화**(market segmentation)가 필요하다. 시장 세분화가 이루어진 후, 마케팅 관리자는 각 세분 시장을 평가하고, 가장 발전 가능성이 높은 **목표 시장**(target marketing)을 선정해야 한다. 대부분의 경우, 목표 시장(시장 목표라고도 함)을 선택하는 것이 진정한 투자 결정이다. 따라서 기업은 제한된 자원을 미래 성장 가능성이 가장 높은 시장에 투자해야 한다. 이 외의 모든 조건이 동등하다면, 장기적인 관점에서 전체적으로 투자 대비 수익률이 가장 높을 것으로 예상되는 목표 시장에 투자해야 한다.[2]

끝으로, 기업의 궁극적인 가치 제안은 포지셔닝을 통해 목표 시장과 연결된다. **포지셔닝**은 소비자가 자신의 필요와 욕구를 제품이 제공하는 효용과 쉽게 연결할 수 있도록 하나 이상의 가치원천을 소비자에게 전달한다. 이러한 접근법을 기업의 **포지셔닝 전략**(positioning strategy)이라고 한다. 포지셔닝 전략은 제1장에서 4P[제품(더 광범위하게는 제공물), 가격, 장소(유통/공급시설), 촉진]로 소개된 마케팅 믹스 변수의 독특한 조합을 통해 실행된다.[3]

효과적인 시장 세분화, 목표 시장 선정 및 포지셔닝 과정은 마케팅 관리에서 가장 복잡하며 전략적으로도 중요한 부분 중 하나이다. 시장 세분화에 결함이 있거나 목표 시장이 정확하지 않거나, 혹은 포지셔닝이 불분명할 경우, 고객이 제품과 자신을 연결시키지 않기 때문에 고객을 위한 가치를 창출하고 이를 설득하고 전달하는 전체 과정의 가치가 상실된다. 가치 제안을 쉽게 알 수 없는 제품을 보유하는 것은 마케팅 측면에서 좋지 않다. 마케팅 관리자들은 적절한 고객들이 자사 제품이 보유한 부가적인 가치 창출 역량을 명확하게 인식하기를 원한다.[4]

우선 시장 세분화에 대해 살펴보도록 하자. 이후에는 목표 시장 선정에 대해 이해할 필요가 있다. 끝으로 가치 제안을 개발하고, 가격을 책정하고 이를 전달하는 데 중점을 두는 포지셔닝에 대해 학습할 것이다. 이 세 가지 개념은 소비재와 산업재 시장 양쪽에서 모두 중요하다. 두 시장 사이에 세분화 기준이 다소 다를 수 있지만, 전반적인 개념과 과정의 중요성 측면에서 유사하다.

시장 세분화란 무엇인가

마케팅 관리자의 관점에서 볼 때, 소비자 시장은 모든 사람이 근본적으로 동일한 필요와 욕구를 가지는 **비차별적인** 시장과 각 개인의 개별적인 **독특한** 필요와 욕구를 고려하는 맞춤화된 시장 사이의 연속선상에 위치한다. 이 양 극단 사이의 영역에서 시장 세분화가 적용된다.

7 - 1

효과적인 세분화 기준을 설명한다.

세분화는 이질적인 시장의 구성원들을 소규모의 보다 동질적인 하위그룹으로 나눌 수 있는 하나 이상의 요소를 찾는 것이며, 세분화의 목적은 각 세분 시장의 차별적인 필요와 욕구를 가장 잘 충족시킬 수 있는 각기 다른 마케팅 전략을 개발하는 것이다.[5] 요점은 서로 다른 고객 집단에게 각기 다른 방식으로 가치를 설득하고 전달한다는 **차별화**(differentiation)에 있다.[6] 세분화 이면의 기본 논리와 원칙은 세분화에 사용되는 기준과 무관하게 적용된다는 점을 유념해야 한다.

- 모든 고객이 동일한 것은 아니다.
- 고객의 하위집단은 유사성을 기준으로 분류될 수 있다.
- 하위집단은 전체 시장보다 더 작고 동질적이다.
- 하위집단의 필요와 욕구는 전체의 이질적인 시장의 필요와 욕구보다 더 효율적이고 효과적으로 충족시킬 수 있다.

효과적인 시장 세분화

시장 세분화를 실행하기에 앞서, 마케팅 관리자는 도표 7.2에 나타난 바와 같이 성공적인 세분화를 위한 몇 가지 기준이 충족되는지 확인해야 한다. 마케팅 관리자는 아래의 질문에 대해 만족스러운 답을 제시해야 한다.

1. 해당 세분 시장이 독특한 가치 창출 전략을 수립하기 위해 투자할 만큼 목표 시장으로서 충분한 규모인가? 궁극적으로 투자 대비 수익률이 낮다면 시장 세분화를 실행할 필요가 없다. 세분 시장의 규모가 반드시 고객의 수를 의미하는 것은 아니다(봄바디어가 자가용 소형 제트기를 판매할 때, 잠재적인 구매자의 수가 한정되어 있다는 것을 알고 있다). 그러나 고객 사이의 필요 및 욕구가 상이하고 거래 규모가 재무적으로 충분히 크기 때문에 세분화는 여전히 유효한 접근법이다.

2. 세분 시장을 쉽게 확인하고 측정할 수 있는가? 효과적인 세분화를 위해서는 전체 시장을 차별적으로 소구할 수 있는 하위 시장으로 분류하는 마케팅 관리자의 역량이 필요하다. 세분화를 위해서는 많은 자료가 필요하며, 관심 시장의 2차 자료를 이용할 수 없거나 1차 자료를 쉽게 수집하지

올드 스파이스는 남성 화장품 시장의 유명 브랜드이다. 사실, 남성 시장에서 워낙 강력한 이미지를 구축하고 있기 때문에 여성 시장에서 이 브랜드를 그대로 사용하여 성공할 수 있을지는 의심스럽다.

출처 : Procter & Gamble

도표 7.2	효과적인 세분화를 위한 기준

1. 해당 세분 시장이 독특한 가치 창출 전략을 수립하기 위해 투자할 만큼 목표 시장으로서 충분한 규모여야 한다.

2. 세분 시장을 쉽게 확인하고 측정할 수 있어야 한다.

3. 제품의 가치를 전달할 때 세분 시장이 하나 이상의 중요 차원에서 명확하게 차별화되어야 한다.

4. 제품의 가치를 전달하기 위해 세분 시장에 접근할 수 있으며(커뮤니케이션 및 물리적 제품 양 측면에서), 이후 효과적이며 효율적으로 관리할 수 있어야 한다.

못할 경우에는, 세분화가 가능하지 않을 수도 있다.

3. 제품의 가치를 전달할 때 세분 시장이 하나 이상의 중요 차원에서 명확하게 차별화되는가? 세분화가 제대로 구현되려면 확인된 여러 하위 시장에 대해 서로 다른 마케팅 전략을 수립하고 실행해야 한다. 세분 시장은 각기 다른 마케팅 전략과 프로그램에 차별적으로 반응할 것으로 예상되어야 한다. 그렇지 않으면 차별화할 이유가 없다.

4. 제품의 가치를 전달하기 위해 세분 시장에 접근할 수 있으며(커뮤니케이션과 물리적인 제품 양 측면에서), 이후 효과적이며 효율적으로 관리할 수 있는가? 세분 시장에 접근할 때 언어, 물리적인 거리 또는 일부 개발도상국의 경우와 마찬가지로 운송, 기술 및 인프라 부족 등이 문제가 될 수 있다. 기업들은 시간이 흘러도 목표 세분 시장을 관리할 수 있어야 한다. 이러한 활동이 문제가 되는 경우 자원 낭비로 이어지고, ROI가 낮아질 수 있다.

세분화를 고려할 때 마케팅의 핵심(전략 마케팅)은 이미 존재하고 있던 세분 시장을 확인하는 것뿐만 아니라 제품 개발 전략을 통해 새로운 세분 시장을 창출하는 것이다. 애플이 아이폰을 처음 선보였을 때, 단일 제품 기능으로는 충족할 수 없는 미지의 영역에서 소비자들의 필요와 욕구를 자극하였고, 가치를 증진시킬 수 있는 애플리케이션을 처음 도입하여 새로운 시장을 창출하였다.[7]

소비재 시장 세분화

7-2

시장 세분화에 대한 다양한 접근 방식을 확인한다.

소비재 시장의 경우, 마케팅 관리자가 시장 세분화를 위해 사용할 수 있는 변수는 도표 7.3에 제시된 바와 같이 대략적으로 지리적, 인구통계학적, 심리도식적(psychographic), 행동적 등의 네 가지 범주로 분류할 수 있다. 각 세분화 접근 방식을 차례로 살펴보자.

지리적 세분화

세분화에 대한 가장 명확한 접근법 중 하나인 지리적 세분화는 소비자가 어디에 살고 있는가에 따라 마케팅 전략 및 프로그램에 다르게 반응한다는 확신에 근거를 두고 있다. 따라서 **지리적 세분화**(geographic segmentation)는 물리적 위치를 바탕으로 소비자 집단을 분류한다. "지리적으로 분류된 하위 시장에 따라 소비 패턴이 달라질 것인가"가 핵심 질문이다. 만약 그렇다면 기업은 지역마다 다른 소비자들의 필요와 욕구를 충족시키기 위해 자사의 제품을 조정할 수 있다.[8]

미국 내에서 지리적 세분화는 일반적으로 다음의 내용을 바탕으로 실행된다.

- 지역 : 북동부, 남동부, 중서부 및 서부 지역 등
- 인구 밀도 : 도시, 교외, 준교외, 농촌 등

| 도표 7.3 | 소비재 시장 세분화 접근법 |

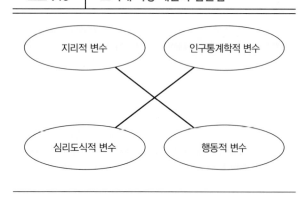

순위	SMSA	명(100만)	순위	SMSA	명(100만)
1	뉴욕	20.2	11	샌프란시스코	4.7
2	로스앤젤레스	13.3	12	피닉스	4.7
3	시카고	9.5	13	리버사이드	4.5
4	댈러스	7.2	14	디트로이트	4.3
5	휴스턴	6.8	15	시애틀	3.8
6	워싱턴	6.1	16	미니애폴리스	3.6
7	필라델피아	6.1	17	샌디에이고	3.3
8	마이애미	6.1	18	탬파	3.0
9	애틀란타	5.8	19	덴버	2.8
10	보스턴	4.8	20	세인트루이스	2.8

출처 : U.S. Census Bureau, population estimates. Largest city in each SMSA is listed.

- 인구 규모와 성장률 : 도표 7.4는 미국의 상위 20개 표준대도시통계지구(standard metropolitan statistical areas, SMSA)를 제시
- 기후 : 추운 북부 대 따뜻한 남부

다시 말해, 이러한 지리적 특성 중 하나 이상을 활용한 세분화가 효과적인 세분화 기준을 충족시키는지, 또한 궁극적으로 이러한 세분화를 통해 전체 시장을 대상으로 하는 것보다 각 하위 시장을 대상으로 가치를 설득하고 전달하는 것이 더욱 용이한지가 시장 세분화의 핵심 질문들이다. 예를 들어, 타깃은 자사의 목표 시장을 지리적 기후에 따라 세분화한다. 미니애폴리스 지역에서는 9월 초부터 겨울 코트를 판매하기 시작하지만, 섭씨 27~32도의 온도가 몇 달 더 유지될 것으로 예상되는 휴스턴에서는 더 시간이 지나야 겨울 코트를 판매할 것이다. 심지어 플로리나 남부에 있는 체인점은 여행자를 위한 소량이 재고 이외에는 추운 날씨에 필요한 의류를 보유하지 않을 수도 있다. 타깃은 기후에 따라 상이한 고객의 필요를 현명하게 인식하고 이에 따라 마케팅 계획을 수립한다.

지리적 세분화는 유용하지만, 대부분의 경우 그 자체만으로는 충분히 효과적이지 않은 기준이다. 미국 사람들은 유동성이 매우 높기 때문에 제품에 대한 수요가 그 사람의 거주지에 의해서만 결정되지는 않기 때문이다. 따라서 성공적인 목표 고객 선정을 위해서는 추가적인 세분화가 요구된다.

인구통계학적 세분화

세분화에 대한 또 다른 접근법은 인구통계학적 변수를 사용하는 것이다. 제6장에서는 인구

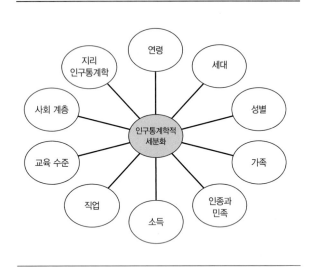

통계가 시장을 확인하는 데 사용되는 연령 또는 소득 등과 같은 인구에 대한 통계적 특성이라는 것을 학습하였다. **인구통계학적 세분화**(demographic segmentation)는 해당 집단을 쉽게 측정할 수 있는 다양한 설명 요인을 바탕으로 소비자 집단을 분류한다. 연령, 세대, 성별, 가족, 인종과 민족, 소득, 직업, 교육 수준 및 사회 계층을 포함한 매우 다양한 인구통계학적 변수를 사용할 수 있다. 인구통계학적 세분화는 가장 보편적인 세분화 접근법 중 하나인데, 고객의 필요와 욕구는 인구통계학적 차이에 따라 일정 정도의 규칙성을 가지고 달라지는 경향이 있으며, 사용되는 변수를 측정하기가 상대적으로 쉽기 때문이다.[9] 주요 인구통계학적 변수를 보다 자세히 살펴보자(도표 7.5 참조).

연령 연령 세분화는 생활 연령에 따라 소비자의 필요와 욕구가 어느 정도 규칙성을 가진다고 가정한다.[10] 생활 연령, 실제 연령, 심리적 또는 태도 연령을 구분하는 것이 중요하며, 이는 사람들이 자신을 어떻게 바라보는지를 반영한다.

맥도날드는 어린 아이들을 끌어들이기 위한 '해피밀'과 좀 더 나이 많은 소비자를 위해 친구와 함께 마시는 커피와 '에그맥머핀'을 제공하는 등, 연령 세분화를 통해 다양한 마케팅 전략을 시행하고 있다. 그러나 마케팅 관리자는 성공적인 세분화를 위한 변수로 연령 하나만으로는 충분하지 않다는 것을 이해해야 한다. 고령 소비자는 소득, 유동성 및 고용 상태 등에서 개인별로 큰 차이를 보인다. 실제로 여행, 보험, 건강 관리 등을 사업으로 하는 기업의 마케팅 관리자들은 고령 소비자를 한 집단으로 묶는 것이 효과적인 세분화 접근법이 아니라는 것을 깨닫게 되었는데, 이는 연령을 제외한 주요 변수에서 큰 차이가 나타났기 때문이다.

세대별 집단 연령 세분화에서 필요와 욕구의 핵심적 차이를 파악하는 데 도움이 되는 한 가지 접근법이 세대별 세분화이다. 세대별 집단 차이를 이해하기 위해 많은 연구가 이루어졌다. 무엇이 세대별 집단을 정의하며 새로운 세대 집단이 등장하는 시기를 어떻게 알 수 있는가? 사회학자들은 전쟁, 주요 경제 격변 또는 사회 문화적 혁명 등 세대 간 변화를 일으키는, 즉 세대를 정의하는 사건을 찾는다. 다른 세분화 접근법과 마찬가지로, 서로 다른 세대 집단에 대해 상이한 포지셔닝 전략을 개발하고 실행할 수 있다는 것은 세대 내의 구성원이 어느 정도 동질적이라는 것을 가정한다.[11] 가장 최근의 출생 연도에 따른 세대별 집단에 따르면, 나이가 많은 세대부터 어린 세대 순으로 GI세대(1901~1924), 침묵세대(1925~1945), 베이비부머 세대(1946~1964), X세대(1965~1977), Y 혹은 밀레니엄 세대(1978~1994), Z세대(1994년 이후) 등으로 분류된다. Z세대가 '진행 중'이라는 것을 인식하는 것이 중요한데, 밀레니엄 세대의 다음 세대가 궁극적으로 어떤 모습을 보일지를 알기에는 아직 너무 이르기 때문이다. 또한 출생 연도를 인식하는 것이 중요한데, 수많은 예측에도 불구하고 밀레니엄 세대의 다음 집단인 Z세대의 범위에 대한 보편적인 합의가 없으며, 특히 최근 세대일수록 분류에 대해 이견이 있음을 유념할 필요가 있다. 즉, 이 책에서는 일반적으로 사용되는 견해를 제시했으나 다른 책

GI(1,600만 명 출생, 1901~1924)

- 재정적 안정과 보수적 소비(1930년대 경제 불황에 의해 형성)
- 어떠한 문제 없이 오직 도전과 기회만 있음
- 시민의식
- 가족, 공동체, 국가에 대한 의무
- 통합 및 집단 지향

침묵(3,500만 명 출생, 1925~1945)

- 인간관계 기술에 강점
- 타인의 의견 존중
- 사람을 신뢰하는 순응주의자
- 건강, 안정성 그리고 지혜
- 시민생활 및 확대가족

베이비부머 세대(7,800만 명 출생, 1946~1964)

- 영원히 젊은
- 개인주의적
- 과시적 소비 : 재화와 서비스의 훌륭한 구매자
- 이상주의적 : 쾌락주의에도 불구하고 가치 및 명분 주도적
- 목적이 수단을 정당화

X세대(5,700만 명 출생, 1965~1977)

- 사회에 대한 신뢰 부족
- 냉소적이며 매체 전문가
- 기업가 정신
- 다양성 수용
- 높은 환경 의식
- 일하기 위해 사는 것이 아니라 살기 위해 일함

Y 혹은 밀레니엄 세대(6,000만 명 출생, 1978~1994)

- 실용적인
- 낙관적인
- 협력적인
- 전문적인 소비자
- 초조한
- 도시 스타일 중점
- X세대보다 이상적
- 자연스럽게 기술을 수용

Z세대(4,200만 명 출생, 1994년 이후)

- 다문화
- 높은 수준의 기술 전문가
- 많이 배운
- 풍요롭게 성장
- 막대한 구매력

에서는 몇 년의 기간에 따라 세대별 집단을 다르게 설명할 수도 있다. 도표 7.6은 Z세대에 이르기까지 각 세대의 핵심적인 대표 가치를 포함하여 세대별 집단에 대해 설명하고 있다.

수년간 마케팅 관리자들은 베이비부머 세대들에 주목했다. 왜냐하면 이 세대는 구성원의 수가 많고, 구매 자체를 순수하게 즐기는 전형적인 과시적 소비 행동을 보이기 때문이다. 베이비부머 세대가 이전 세대와 다른 흥미로운 점은 그들 중 다수가 은퇴할 계획이 없다는 것이다. 재정적 선호 및 개인적 선호, 아니면 이 두 가지 선호 모두 이러한 특성이 나타나는 이유가 될 수 있다. 또한 베이비부머 세대와 관련된 연구에 따르면, 이 세대의 사람들은 적어도 그들의 마음속에서는 늙지 않는 것으로 나타난다.[12] 마케팅 관리자는 생활 연령과 태도 연령 사이의 차이를 인식해야만 한다는 것을 상기해보라. 이 영원히 젊은 세대의 삶과 미래에 대한 인생관을 고려하지 않는다면 이 세대는 흔히 말하는 전통적인 '노년 소비자'로 분류될 것이다. 이러한 특성으로 인해 베이비부머 세대를 대상으로 마케팅 활동을 전개할 경우 기존 노년 소비자를 대상으로 한 진부한 접근 방식은 더 이상 통하지 않으며, 이는 마케팅 관리자들에게 중대한 시사점을 제시한다.[13] 다수의 베이비부머 세대들은 은퇴 후 직장 생활을 했을 때보다 더 적극적으로 활동하고, 더 많은 소비를 하며, 은퇴 후 더 새로운 것들을 경험하길 원할 것이다(만약 그들을 은퇴시킬 수 있다면 말이다). 따라서 X세대 또는 Y세대의 영리한 마

유니레버의 액스 제품 라인은 밀레니엄 세대의 남성들에게 소구한다.

출처 : Unilever

케터들은 늙지 않는 베이비부머 세대를 겨냥한 성공적인 마케팅 전략의 잠재적 영향력을 다시 잘 생각해볼 필요가 있다.

X세대는 흔히 과도기적 세대로 간주되기도 한다. X세대는 신기술에 익숙하긴 하지만, 어릴 적부터 신기술과 함께 자라난 Y세대와는 달리 신기술을 배우고 익혀야 했기 때문이다. X세대의 경우, 전통적 기업에서는 이미 높은 지위를 차지한 베이비부머 세대들이 많아 승진 기회가 좌절되었기 때문에 새로운 기회를 모색해야 했고, 이로 인해 가장 모험적인 기업가적 집단으로 분류된다. 미국의 신생 기업 창업자 중 70% 이상이 X세대로 추정되고 있다. X세대는 베이비부머 세대만큼 소비에 열광하지 않으며, 일과 가정 사이의 균형 잡힌 삶을 더욱 선호한다. X세대에 대한 지식은 마케팅 관리자들이 이 세대의 독립적인 정신과 실용적 특성에 소구하는 마케팅 전략을 수립할 수 있는 기회를 제공한다.

X세대에서는 자연적이며 주기적인 출산율의 하락이 나타나기 때문에 '출산율 급락 세대'로도 불린다. 이로 인해 X세대는 소비자 시장의 작은 부분을 차지하고 있으며, 마케팅 관리자들은 차세대 소비자로서 Y세대에 주목하고 있다. Y세대는 현재 인구가 가장 많은 세대 집단이며, 이들은 구매를 포함하여 그들의 삶을 향상시키기 위해 이용 가능한 모든 종류의 커뮤니케이션 매체를 사용하는 데 주저하지 않는다. Y세대는 특히 디지털 마케팅 및 소셜미디어를 통해 자신의 영역에서 마케팅 활동을 펼칠 수 있는 마케터에게 적합한 소비자로 볼 수 있다. 따라서 제13장에서는 이러한 유형의 매체를 통해 Y세대(및 타 세대)를 참여시키는 최선의 방법에 대한 다양한 아이디어를 제공한다.[14]

Y세대가 디지털에 능숙한 세대라면, 이후 등장한 Z세대는 스마트폰, 소셜미디어 및 클라우드 컴퓨팅 기술의 세상에서 출생한 최초의 세대로 볼 수 있다. 트위터 문자 제한, 소셜미디어 앱의 수직 스크롤/자동 새로 고침 형식, 기타 디지털 디자인 등이 젊은 세대가 주의를 지속하는 시간에 미치는 영향을 고려해보라. 뉴욕에 위치한 광고 컨설팅 회사인 밀레니얼 브랜딩은 기업들에게 '5개의 단어와 큰 그림'으로 밀레니엄 세대 및 Z세대와 소통할 것을 제안하였다. 이러한 간략하면서도 시각적인 매력을 강조하는 전략의 성공은 페이스북 광고의 인기를 통해 입증된다. 기업들은 페이스북을 통해 광고 형태를 독자적으로 디자인하고, 위치를 선택하며 목표 고객을 지정할 수 있다. 페이스북 광고는 노골적인 광고보다는 스토리텔링에 중점을 두며, 단어를 제한하고 동영상과 사진을 활용하여 젊은 청중들을 끌어들인다.[15]

성별 타킷 코퍼레이션은 매장 내 매출의 약 80%가 여성에게서 발생한다고 주장한다. 그리고 다수의 기업들은 남성이 온라인 구매의 대부분을 차시한다고 말하고 있다. 이는 남성과 여성의 필요와 욕구가 다르다는 점을 인식하는 성별 세분화의 필요성을 나타낸다. 물론 다양한 제품들이 두 성별을 모두 고려하는 것이 아니라 남성과 여성 중 한 성별을 주요 소비자로 선정하여 마케팅을 전개하고 있는데, 남성을 대상으로 하는 로게인, 시가, 그리고 국부 보호대와 여성을 대상으로 하는 임신 테스트기 , 립스틱 및 브래지어를 예로 들 수 있다. 이럴 경우, 마케팅 관리자는 제품의 가치 부가적 속성을 해당 성별 세분 시장과 연결시키는 데 집중할 수 있다. 남성과 여성 모두에게 소구하는 제품의 경우, 성별 사이에 미묘하게 다를 수 있는 필요와 욕구를 충족시키려면 어떻게 해야 할까?[16]

면도기를 예로 들어 보면 얼마 전 질레트는 여성의 경우, 성별 간 차이를 고려하지 않았기 때문에 수십 년간 사용해야만 했던 남성 전용 면도기의 사용을 꺼려한다는 것을 알게 되었다. 조사에 따르면, 대부분의 여성들은 남성용 면도기가 부피가 크고, 멋으로 덧붙이는 기능이 너무 많으며 색깔이나 디자인이 여성스럽지 않다고 보고 있었다. 질레트는 갑작스럽게 자사의 면도기 제품 라인의 세분화와 관련하여 충분한 서비스가 제공되지 않고 있는 새로운 하위 시장인 '여성 전용 면도기' 시장을 발견하였다! 질레트는 '질레트 비너스'라는 새로운 브랜드 및 제품 라인을 만들었으며, 최근 질레트 비너스 브랜드명으로 비너스 오리지널, 비너스 비키니, 심플리 비너스, 비너스 스월, 비너스 컴포트글라이드, 비너스 임브레이스 등을 포함한 수많은 제품들이 출시되고 있다. 그리고 만약 교체 면도날을 재주문하려는 경우 P&G, 아마존 등을 통해 신청할 수 있다.[17]

최근의 연구에 따르면 밀레니엄 세대의 구매 행동에서도 전통적인 성별 차이가 있음이 밝혀졌다. 예를 들어, 여성은 건강과 미용 용품에 더 많은 관심을 가지는 반면, 남성은 기술 및 전자 제품을 더욱 선호하는 경향이 있다.[18] 영국에 본사를 둔 바디/미용 화장품 브랜드인 러쉬는 여성 소비자의 취향에 따라 수공예로 만든 화장품을 생산한다. 이 기업은 천연재료, 채식주의, 동물 대상 실험 반대에 중점을 두고 수익금 전액을 풀뿌리 단체에 기부하는 자사의 '자선냄비'를 강조한다.[19] 러쉬의 계획들은 개인적 이야기를 담은 훌륭한 사진과 시, 블로그 스타일의 기사를 통해 구매자들에게 전달되고 있다. 그 결과 건강, 미와 예술 감상, 사회적 대의에 참여하려는 열망 등에 관심을 가지고 있는 밀레니엄 여성들에게 강하게 소구하고 있다.

가족과 가정 마케터들은 과거에 가족과 가정에 대한 개념을 결혼한 남성과 여성, 자녀의 유무, 그리고 조부모와의 동거 등으로 쉽게 정의하였다. 하지만 최근의 가족 및 가정의 세분화는 더욱 복잡할 수 있다. 마케팅 관리자들은 독신, 미혼의 동거 커플, 동성애자 커플, 집으로 다시 돌아온 30대 자식이 있는 부모, 한 가구에 모여 사는 대규모의 확대 가족 등, 다양한 가족이 형태를 인식해야 한다. 가족에 대한 개념들은 경제 상황, 사회적 규범 및 문화적/하위문화적 요인에 따라 변화되어 왔다. 이러한 변화는 마케팅 관리자들에게 새로운 기회로 다가왔다. 2015년 미국 대법원이 동성결혼을 합법화한 이후, 캠벨수프는 "진짜, 진짜 인생" 마케팅 캠페인을 시작했다. 한 광고에서는 동성애 커플이 그들의 아들에게 스타워즈 캠벨수프를 먹이는 장면을 보여주며 실제 미국 가정의 모습을 부각시켰다. 이 광고는 격렬한 찬사와 항의를 함께 불러일으키며 주류 미국 가정의 모습이 변화하고 있음을 알렸다.[20]

가족 및 가정 세분화를 원하는 마케팅 관리자는 전체적인 그림을 이해할 필요가 있다. 이를 위해 연령, 결혼 상태, 자녀 수 및 기타 요인 등으로 정의된 일련의 삶의 단계를 나타내는 **가족생활주기**(family life cycle)를 살펴보는 것도 한 가지 방법이다.[21] 1960년대 아마나는 전자레인지 오븐을 출시할 때, 전자레인지 오븐이 바쁜 주부의 음식 준비를 도와 집안일을 더욱 효율적으로 처리할 수 있다는 점을 부각시켰다(맞다. 이 제품의 마케팅 대상은 오로지 여성이었다). 하지만 현재 대부분의 새로운 전자레인지는 성별에 상관없이 독신 가구를 대상으로 판매되며, 많은 경우 독신자들은 전통적인 오븐을 쓰지 않거나 심지어 거의 소유하고 있지 않다.

인종과 민족 미국의 소수 민족 및 이민자 수가 증가함에 따라 인종과 민족 세분화는 가장 중요한 세분화 기준이 되었다.[22] 최근 들어, 대부분의 기업들이 인종과 민족에 따른 세분화를 하고 있는데, 부분적으로 이러한 하위 시장의 대부분이 규모와 구매력 면에서 매우 빠르게 성장하고 있기 때문이며, 또 다른 이유는 이러한 시장이 역사적으로 주류 마케터들에게 간과되었기 때문이다.[23] 아프리카계 미국인은 전체 미국 인구의 12% 이상을 차지하고 있으며, 이 수치는 안정적으로 유지되고 있다. 과거에는 오직 이 세분 시장에 특화된 기업이 아프리카계 미국인을 대상으로 매우 소수의 제품만을 판매하였다. 1954년에 설립된 헤어 및 미용 제품의 선구자인 존슨 프로덕트는 이 시장의 구매력을 믿고 울트라 쉰, 아프로 쉰, 클래시 컬 등과 같은 제품을 개발하였고, 이를 통해 1970년대와 1980년대에 걸쳐 지속적으로 두 자리 수의 매출 성장률을 유지하였다. 결국 이 제품 라인은 다른 세분 시장에도 매력적으로 인식되었고, 주류 미용제품 생산업체인 로레알에 인수되었다가 최종적으로 또 다른 대형 미용제품 판매업체인 웰라 코퍼레이션에 인수되었다. 현재 에이본에서 P&G에 이르는 대부분의 주요 화장품 및 미용제품 생산 기업은 아프리카계 미국인으로 구성된 세분 시장에 소구하기 위해 특별히 제작된 제품을 판매하고 있다.

안정적으로 유지되고 있는 아프리카계 미국인과는 대조적으로, 히스패닉/라틴계 및 아시아계 미국인으로 구성된 세분 시장은 급속도로 성장하고 있으며, 미국에서 히스패닉/라틴계의 인구 수는 아프리카계 미국인의 규모를 넘어섰다(거의 17%). 히스패닉/라틴계 세분 시장과 관련된 가장 큰 문제점은 적어도 최근 이민자의 관점에서 봤을 때, 언어 장벽이다.[24] 과거 마케팅 관리자들은 고객들과 소통할 때 사용된 스페인어 및 상징들을 유머를 위해 조잡하게 활용하였다. 유튜브로 가서 1990년대 타코벨의 "Yo quiero Taco Bell" 광고나 1970년대 프리토 반디토가 등장하는 프리토 레이 광고를 검색해보라. 하지만 오늘날 마케팅 관리자들은 스페인어를 사용하는 미국인들을 매우 진지하게 받아들이고 있다.[25] 다른 세분 집단과 비교했을 때, 이 세분 집단은 젊고 사람 및 브랜드와 보다 장기적인 관계 구축을 지향하며, 가족 및 가구당 구성원이 많고 가처분 소득이 급속도로 증가하고 있다.

몇몇의 인종 집단들은 커버걸이나 다른 화장품 제조사의 성장 중인 주요 세분 시장을 구성하고 있으며, 이들 기업은 해당 세분 시장에 속한 소비자의 미용 욕구를 충족시키기 위해 노력 중이다.

출처 : Procter & Gamble

소득 소득 세분화는 정량화 가능한 인구통계 변수를 바탕으로 하며, 대개 임금 인상 폭을 기준으로 분석된다. 2000년대 후반 경기 대침체가 시작되기 전까지, 미국 가정의 평균

소득은 과거 수십 년에 비해 증가세는 감소하였지만 서서히 증가하였다. 하지만 경기 대침체 기간 동안 평균 가계소득이 크게 감소하였으며, 언제 그리고 어느 정도 증가하기 시작할지를 예측하기 어렵다.[26]

마케팅 관리자들은 빈번하게 소득을 세분화 기준으로 사용하였다. 저소득층 사례로는 할인점들과 패스트푸드점의 달러 메뉴를 들 수 있다. 그리고 고소득층의 사례로는 고급차, 고급 레스토랑, 이국적인 여행 경험 등이 포함된다. 하지만 흥미롭게도, 소득과 가격 선호 사이에 직접적인 상관관계가 있는 것은 아니다. 예를 들어 사우스웨스트항공은 저가 항공사임에도 불구하고, 즐거운 스타일과 정신으로 인해 고소득층 고객들이 많이 애용하고 있다.[27]

소득 하나만을 세분화 기준으로 사용하기에는 몇 가지 문제가 있다. 첫째, 세분 시장을 확인하기 위한 자료를 수집하는 설문조사나 면접 과정에서 사람들은 자신의 소득에 대해 일부러 잘못 말하거나 소득을 드러내는 것 자체를 거부한다. 둘째, 미국 소비재 시장에서 널리 보급된 신용카드로 인해 실제 소득이 구매력을 좌우하는 것이 아니다. 많은 사람들이 굳이 제품을 구입할 수 있는 능력을 주도하는 것은 아니다.[28] 현재 수만 달러에 달하는 자동차도 6년 이상의 할부를 통해 거의 모든 사람들이 구매할 수 있다. 소득 세분화의 오래된 기준이었던 주택 소유 역시 명확한 지표가 될 수 없는데, 많은 사람들이 이자율이 낮거나 없는 40~50년의 장기 계약에 서명함으로써 자신들의 재정적인 안정성을 스스로 무너뜨렸기 때문이다. 우리가 지금 알게 된 것은 이러한 계약이 은행의 대출 산업을 붕괴시키는 의도치 않은 결과를 초래했다는 것이다.

국가 경제의 건전성은 시민들의 소비 습관과 구매 행동에 영향을 미치게 된다. 국제적으로 볼 때, 일본 밀레니엄 세대의 지출은 오랜 기간 정체된 경제에서 비롯된 절약과 검소함을 반영한다. 한 소비자 조사 보고서에 따르면 일본의 고등학생, 대학생, 20대 초반 성인 중 60% 이상이 후한 사람이 아니라 검소한 사람으로 인식되기를 선호한다고 밝혀졌다. 일본 밀레니엄 세대의 검소한 소비 행태는 명품 브랜드의 인기에 부정적인 영향을 미쳤지만, LVMH와 같은 고급 명품 브랜드들은 주로 일본을 방문하는 중국 관광객들의 소비로 인해 지속적으로 번성하고 있다.[29]

직업 직업 세분화는 소비자가 어떤 직업을 가지고 있는가에 따라 여러 일관된 필요와 욕구가 있을 수 있다는 것을 전제로 한다. 미국 인구조사국은 전문/관리직, 기술직, 정부, 무역업, 농업, 교육직, 학생, 실업자를 포함한 수많은 표준화된 직업 범주를 나열하고 있다.[30] 미국에서 직장 동료들은 가장 강력한 준거 집단 중 하나이며, 이러한 준거 집단은 소비자 행동에 매우 강력한 영향을 미칠 수 있다. 의류, 장비 및 기타 개인 보조 제품들을 포함한 모든 종류의 제품은 직업에 직접적인 영향을 받는다. 또한 경우에 따라 고용주는 학자금 지원, 헬스 케어 제공자 네트워크, 제품 및 서비스에 대한 직원 할인 등을 제공함으로써 구매 선택에 영향을 미친다. 세분화 변수로서 직업과 소득은 밀접하게 관련되어 있지만, 이 두 변수가 완벽하게 같이 움직이는 것은 아니다.[31] 즉, 전통적인 생산직 근로자들은 기업 및 산업 내 노조의 힘에 따라 사무직 근로자들보다 더 높은 임금을 받을 수도 있다. 직업은 또한 교육 수준과 뚜렷한 관계가 있는데, 이는 교육 수준에 따라 직업이 달라질 수 있기 때문이다.

교육 미국 사회에서 교육 수준은 직업 유형, 사회적 지위 상승, 장기적인 수입, 잠재력 측면에서 성공을 예측하는 가장 강력한 변수 중 하나이다. 다른 모든 것이 동일하다면 기업은 교육 수준에 따른 세분화를 통해 소비자의 예상되는 미래 소득을 바탕으로 제품을 판매할 수 있다. 신용카드를 예로 들어보자. 왜 신용카드 회사들은 대학교 3학년 학생들에게 자사의 카드를 홍보할까? 비록 현재 대학생들의 신용 등급이 낮을지라도, 학생들은 졸업 후 전문적인 직장을 가지고 더 많은 소득을 얻게 될 것이며, 이들 집단에게 자사의 카드를 일찍부터 사용하게 만들면 장기적으로 충성도가 높아질 것이라는 것을 알기 때문이다. 그러나 교육 세분화는 부정적인 방향으로 사용될 수 있다. 부도덕한 마케팅 담당자들은(언어 장벽과 결합된) 교육 세분화를 통해 교육 수준이 낮은 소비자에게 건강에 해롭거나 검증되지 않은 제품을 팔거나 불법적인 금융 투자를 장려하며, 가구나 자동차 수리 비용을 높여 착취하고 피라미드 방식과 같은 불법적인 판매 방식을 강요하는 등 다양한 방법으로 이들 집단을 의도적으로 이용한다는 비난을 받아왔다.[32]

사회 계층 사회 계층 세분화는 소비자를 하위 계층, 중간 계층, 상위 계층 등의 표준화된 사회적 위계의 조합으로 집단화하며, 각 계층에는 여러 하위 계층이 포함된다. 도표 7.7은 미국 사회에서 전통적으로 사용되는 사회 계층의 의한 세분화 접근법을 보여준다.

사회 계층은 소득, 직업, 교육 수준을 포함한 몇 가지 중요한 인구통계학적 변인들을 고려하여 구성된다.[33] 그러나 오늘날 개인의 계층별 소속은 다양한 완화 요인들의 영향을 받는다. 쉽게 이용할 수 있는 신용카드가 계층 간의 격차를 줄였고, 이로 인해 과거에는 사치품을 구매할 수 없었던 계층의 소비자들 역시 사치품을 구매할 수 있게 되었다. 뿐만 아니라 우리 중 대부분은 타깃에서 생활 필수품을 구매하는 상당히 부유한 누군가를 알고 있다.

최상위 계층과 최하위 계층의 세분화는 잠재적으로 여전히 유용하지만, 대규모 중간 계층 내에서의 세분화는 점점 어려워지고 있다. 이러한 이유로 오늘날 대부분의 마케팅 관리자들은 다른 인구통계학적 변수를 함께 고려하거나 사회 계층을 확인하는 데 자주 사용되는 심리도식적 및 행동적 세분화 접근법들을 선호한다.[34]

도표 7.7 | 미국의 전통적 사회 계층

상류층
• 최상위
• 중상위
• 하상위

중산층
• 중상위
• 중위
• 중하위

하류층
• 상하위
• 중하위
• 최하위

지리인구통계학 지리적 요인과 인구통계학적 요인을 모두 고려한 혼합 형태의 세분화를 지리인구통계학적 세분화라 한다. 일반적으로, 마케팅 관리자들은 중점을 둔 지역의 지속적인 구매 데이터와 같은 자료를 전문적인 자료 수집 기관에 의뢰한다.[35] 예를 들어, 당신이 편의점의 전형적인 분위기를 싫어하는 여성 고객을 목표로 하는 새로운 유형의 고급 편의점과 주유소가 올랜도의 대도시 지역에 생긴다는 것에 관심이 있다고 가정해보자. 실제로 최첨단 편의점 및 가스 소매업체인 와와의 최근 상황과 비슷하다. 당신의 조사에 따르면, 고급 상품과 쾌적한 환경으로 소구하기 쉬운 소비자들이 다니는 주변 지역에 점포를 입점시키는 것이 중요하다. 당신의 제품에 적합한 세분 시장에 대한 자료는 어디에서 얻을 수 있을까?

우편번호를 기반으로 한 '프리즘'이라는 대형 데이터베이스를 지속적으로 업데이트하는 클라리타스가 하나의 원천이 될 수 있다. 프리즘은 미국의 모든 우편번호를 인구통계학적 변수와 라이프스타일(심리도식적) 변수에 의해 분류한다. 프리즘은 모

위너스 서클(아이가 있는 부유한 중년층)	부유한 도시의 라이프스타일 중에서 위너스 서클은 가장 최근에 생긴 고급전원주택단지로서, 주로 35~54세의 커플로 구성되어 있다. 주택 주변에는 부유한 생활을 상징하는 공원, 골프장, 고급 쇼핑몰들이 있다. 위너스 서클 회원들의 중위 소득은 10만 달러 이상이며, 여행, 스키, 외식, 쇼핑에 많은 금액을 지출하는 거주자들이다.
머니 앤드 브레인(아이가 없는 중상층 이상의 노년층)	머니 앤드 브레인의 주민들은 모든 것을 가진 것처럼 보인다: 고소득, 고학력, 자격에 걸맞은 세련된 취향. 주민들 대다수는 결혼한 부부로 소수의 자녀를 가지는데, 이 자녀들은 고급 승용차를 보유하며 세련되고 아늑한 집에서 거주한다.
이그제큐티브 스위트(아이가 있는 중상층 이상의 중년층)	이그제큐티브 스위트의 주민들은 주로 평균 이상의 기술 사용 능력을 갖춘 전문직 종사자들로 구성되어 있으며, 가구당 여러 대의 컴퓨터, 대형 스크린 TV를 보유하고 있다. 이그제큐티브 스위트 주민들은 책을 읽는 것에서부터 극장에 가고 독립 영화를 감상하는 것까지 다양한 문화생활을 즐긴다.

출처 : www.claritas.com.

든 우편번호가 포함되는 68개의 '지역 유형'을 발견하였다. 원한다면, 당신은 클라리타스에 있는 'MyBestSegments'에서 자신의 우편번호를 검색해 지리인구통계를 확인할 수 있다. 'Segment Details'는 각 세분 지역에 대한 지리인구통계학적 설명을 제공한다. 도표 7.8은 새로운 고급 편의점과 주유소의 잠재 고객이 될 수 있는 프리즘의 몇 개 집단을 제시하고 있다.

제품 설명으로 미루어 볼 때, 이러한 프리즘 집단은 관심사로 나눈 세분 집단으로 보일 수 있다: 위너스 서클(Winner's Circle), 머니 앤드 브레인(Money and Brains), 이그제큐티브 스위트(Executive Suites). 도표 7.8에 나와 있지 않은 다른 집단들도 당신이 가정한 소비자의 필요 및 욕구에 부합하는 프로파일에 해당될 수 있다. 다음 단계는 당신의 편의점에 방문할 소비자들의 이동 경로상에 위치한 우편번호를 찾는 것이다. 우편번호에 해당하는 위치는 주택 증축 현장과 가깝거나 해당 집단 구성원들이 출퇴근을 할 때 지나는 핵심 경로에 포함될 수 있다.

심리도식적 세분화

소비자 시장을 세분화하는 또 다른 방법으로는 성격 및 AIOs[activities(활동), interests(관심), opinions(의견)]와 같은 소비자 변수들을 바탕으로 시장을 분할하는 심리도식적 세분화가 있다. **심리도식적 세분화**(psychographic segmentation)는 때때로 라이프스타일이나 가치에 의한 세분화라고도 불린다. 심리도식적 세분화는 단순히 지역 또는 인구통계학적 변수가 아닌 한 인간으로서의 소비자 프로파일을 구체화하는 데 도움이 된다는 점에서 온전히 인구통계학

PROVE YOU DID WHAT THEY SAID YOU COULDN'T.

GO PRO, OR GO HOME.

패러스키를 포함한 익스트림 스포츠 참여자들은 이들 스포츠에 사용되는 다양한 제품들을 판매하는 기업 입장에서 수익성이 높은 심리도식적 세분 집단이다.

출처 : GoPro, Inc.

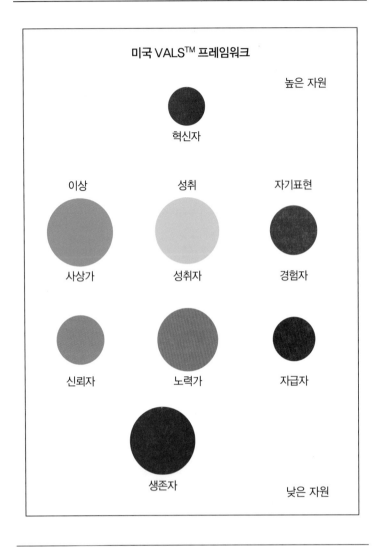

미국 VALS™ 프레임워크

높은 자원

혁신자

이상   성취   자기표현

사상가   성취자   경험자

신뢰자   노력가   자급자

생존자   낮은 자원

적 접근법을 기반으로 한다.[36] 심리도식적 세분화는 앞서 논의했던 측정 가능한 설명 변수들과 더불어 개인적 차이를 소비자 프로파일에 반영한다.

라이프스타일 브랜드들은 주로 소속감과 커뮤니티를 중시하는 젊은 소비자들 사이에서 특히 인기가 높다. 고프로는 모험적이며 야외 활동을 즐기는 라이프스타일을 추구하며, '인생에서 가장 의미 있는 경험을 포착하고 다른 사람들과 공유하는 사람들'을 돕는 브랜드이다. 이 기업은 동영상/사진 공유를 촉진하기 위해 2015년 '고프로 어워즈'를 개최했고, 가장 우수한 영상과 사진을 제작 및 공유한 소비자들에게 최고 500만 달러의 상금을 수여하였다.[37]

심리도식적 세분화 활용의 주요 문제점으로는 측정에 대한 신뢰성과 타당성이 있다. 상대적으로 객관적인 지리적 측정 및 인구통계학적 측정과 달리, 심리도식에 대한 측정을 위해서는 소비자의 '머릿속에 들어가기'를 시도해야 한다. 이러한 측정 방법에서 신뢰성과 타당성을 확보하기 위한 한 가지 방법은 장기간에 걸쳐 수많은 사용자의 경험을 반영한 표준화된 설문지를 사용하는 것이다. 널리 사용되는 심리도식 측정 수단 중 하나로 SBI(Strategic Business Insights)가 보유 및 운영하는 VALS™를 들 수 있다. 자신의 VALS™ 유형을 알고 싶다면, SBI 웹사이트에서 'VALS™ Survey'를 클릭하고 질문에 답하면 된다.

VALS™는 표준화된 설문지와 독점적인 알고리즘을 통해 18세 이상의 미국 성인들을 8개의 소비자 집단으로 분류한다. 도표 7.9는 VALS™의 기본 프레임워크를 보여준다. SBI에 따르면, "우리 모두는 한 명의 개인이다. 그러나 우리는 다른 사람들과 유사한 성격, 태도, 욕구를 가지고 있다"고 한다. VALS™는 소비자 집단이 공유하는 근본적인 심리적 동기와 자원을 측정하여 각 소비자 집단의 선택 가능성을 설명하고 예측한다. VALS™는 신뢰성과 타당성에 대한 강력한 증거를 일관되게 제시하고 있다.[38]

설문조사에 참여하여 자신이 성취자라는 걸 알게 되었다고 가정해보라. 활동적인 MBA 학생들과 경영학부 전공자들의 대다수가 성취자이다. VALS™ 웹사이트에 따르면, 일반적으로 이 집단의 구성원들은 다음과 같이 예상될 수 있다:

- "나와 내 가족이 먼저"라는 태도를 가진다.
- 돈이 권위의 원천이라고 믿는다.

- 가족과 직장에 헌신한다.
- 철저히 계획적이다.
- 목표 지향적이다.
- 열심히 일한다.
- 중도적이다.
- 현상 유지를 위해 노력한다.
- 동료를 의식한다.
- 개인적이다.
- 전문적이다.
- 생산성을 향상하는 기술에 가치를 둔다.

마케팅 관리자는 성공을 반영하는 제품을 통해 성취자 유형의 소비자들에게 소구할 수 있을 것이다. 이때, 성취자들은 성공적으로 보이고 싶어 하지만, 대중들로부터 눈에 띄는 것은 원하지 않는다는 점에 주목해야 한다. 이 유형의 소비자와 잘 연결되는 브랜드로는 나이키, 혼다, 아이폰, 삼성, 올드 네이비 등이 있다.

행동적 세분화

행동적 세분화(behavioral segmentation)는 추구하는 편익 또는 제품 사용 패턴의 유사성에 따라 고객을 집단으로 분할한다.

추구 편익 사람들은 왜 구매하는가? 즉, 제공물에 가치를 부가하는 결정적 속성은 무엇인가? 월마트 슈퍼센터는 많은 사람들이 각종 상품들을 한곳에서 모두 살 수 있도록 해준다. 만약 결정적인 추구 편익이 넓은 선택지, 낮은 가격, 드물게 방문하는 원거리 매장이라면, 한 점포 내에서 식자재에서부터 CD, 키티 리터 등을 모두 구매할 수 있다는 아이디어는 많은 소구점을 제시한다. 반면, 월그린 드러그스토어는 교통량이 많은 사거리 모퉁이마다 위치하고 있다. 월그린은 소비자들에게 매장 내에서 시간을 절약할 수 있고 번거로움을 줄여주는 색다른 편익들을 제공하여 성공을 거두었다. 이 체인은 집과 가깝거나 출퇴근 경로에 위치해 있기 때문에, 소비자들에게 선택 및 가격 측면의 이점보다는 편리성을 제공해주고 있다.[39]
추구하는 편익에 의한 세분화는 다수의 마케팅 관리자들이 시장 세분화 과정을 시작하는 최적의 기준점이다. 우선, 당신이 제공하는 특정 혜택들의 묶음에 관심이 있는 집단을 확인한 다음, 다른 세분화 변수들을 활용하여 제품 혜택에 매력을 느끼는 핵심 집단의 프로파일을 더욱 구체화시킬 수 있다.

사용 패턴 사용 패턴에 따른 세분화에는 사용 상황, 사용률, 사용자 상태 등이 포함된다. 이때 상황은 구체적으로 제품이 언제 사용되는지를 의미한다. 왜 당신은 연하장을 구매했는가? 당신이 연인과 함께 특별한 저녁식사를 하기 위해 외출하는 이유는 무엇인가? 무엇이 당신의 기분을 상하게 했으며, 당신이 턱시도를 빌리거나 정장을 구매한 이유는 무엇인가? 이러한 각각의 구매는 상황에 따라 이루어지며, 마케팅 담당자들은 상황을 구매 이유로 이용하는 소비자들의 욕구를 조종하는 데 매우 익숙하다.[40]

리스테린은 사용률에 기반을 둔 세분화를 잘 활용하는 브랜드다. 구강 세척제로 시판되었던 당시, 리스테린은 우연히 사용되거나 위생을 위해 보통 아침에 한 번만 사용되는 경향이 있었다. 그러나 이 제품이 치주염, 잇몸 질환과 같은 구강 문제를 해결한다고 알려지게 되자, 소비자들은 하루에 두 번 이상 정기적으로 리스테린을 사용하게 되었으며, 이로 인해 제품 사용률이 크게 향상되었다.[41] 마케팅 관리자는 소비자를 '소량 사용자, 중량 소비자, 다량 사용자'로 분류한다. 많은 기업들이 80%의 사업이 20%의 소비자들로 인해 수행된다는 80/20 법칙에 동의하고 있다.

고객 충성도 수준은 세분화의 또 다른 중요 부분이다. 앞 장에서 소개한 바와 같이, CRM은 마케팅 관리자들이 충성도가 높은 소비자를 확인하고 추적하며 그들과 소통할 수 있는 강력한 수단이며, 이를 통해 마케팅 관리자는 고객의 충성도를 유지하고 전환 의도를 줄일 수 있는 전략들을 실행할 수 있다. 실제로, 항공사와 호텔의 충성도 프로그램뿐만 아니라 슈퍼마켓, 기타 소매업체의 구매자 카드는 다량 사용자의 만족도를 유지시키고 제품을 계속 사용하게 하며, 소비자, 브랜드, 기업 간의 관계를 구축하기 위해 활용된다.[42]

마지막으로, 사용자를 예전 사용자, 현재 사용자, 잠재적 사용자, 최초 사용자, 정기적인 사용자 등의 집단으로 세분화하는 것도 매우 유용할 수 있다. 기업들은 종종 예전 사용자가 제품을 다시 사용하거나 잠재적인 사용자가 첫 구매를 하도록 추가 인센티브를 제시할 것이다. 최초 사용자 집단의 시용과 구매에 영향을 미치는 것은 매우 중요하다. 마케팅 관리자는 CRM 프로그램을 통해 고객에게 가치 제안을 맞춤화할 수 있으므로, 사용자 상태에 따른 각각의 세분 집단에 적합한 소구점을 극대화할 수 있다.

여러 세분화 접근법들을 동시에 이용하는 기업

우리는 앞서 소비재 시장을 세분화하는 지리적, 인구통계학적, 심리도식적, 행동적 접근법을 살펴보았고, 각 접근법이 모두 강한 잠재력을 가지고 있다는 것을 학습하였다. 그러나 실제로 이러한 접근법들이 한 번에 하나씩만 적용되는 것은 아니다. 기업들은 우리가 논의한 세분화 접근법의 일부 또는 모든 측면을 포함할 수 있는 세분 집단의 프로파일을 개발한다. 도표 7.10은 몇 가지 유형의 세분화 조합을 포함한 여러 세분화 접근법의 예시를 보여주고 있다.

올바른 세분화 전략을 개발하는 것은 마케팅 매니저의 가장 중요한 역할 중 하나이다. 시장 세분화의 전문 기술은 과정이 복잡할 뿐만 아니라, 효과적인 세분화가 시장 환경에서 기업의 성공에 주된 영향을 미칠 수 있기 때문에 많은 산업에 속한 기업들에 의해 높이 평가된다.[43]

산업재 시장 세분화

제6장은 산업재 시장의 중요한 특성들에 대해 광범위하게 다루었다. 산업재 시장 세분화와 관련된 변수들은 소비재 시장의 변수들과 겹치는 부분이 있으나, 특히 산업재 시장에서 강조되는 몇 가지 고유한 세분화 접근 방식이 있다. 도표 7.11은 산업재 시장 세분화에 대한 몇 가

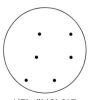

시장 세분화 없음

완전한 시장 세분화

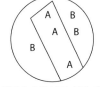

연령 집단 A, B에 따른 시장 세분화

심리도식적 범주 1, 2, 3에
따른 시장 세분화

심리도식과 연령에 따른
시장 세분화

도표 7.11 | 산업재 시장 세분화 주요 변수

- 인구통계학
  - 산업
  - 기업 규모
  - 위치
- 운영 변수
  - 기술
  - 사용자 상태
  - 고객 역량
- 구매 접근 방식
  - 구매 기능 조직
  - 권력 구조

  - 기존 관계의 특성
  - 일반적인 구매 정책
  - 구매 기준
- 상황 요인
  - 긴급성
  - 특정 용도
  - 주문 크기
- 개인 특성
  - 구매자-판매자 유사성
  - 위험에 대한 태도
  - 충성도

출처 : This listing is derived from an influential early book on business markets-출처 : Bonoma, Thomas V., and Shapiro, B. P. *Segmenting the Industrial Market* Lexington, MA: Lexington Books, 1983. The concepts are still fully valid today.

지 주요 접근법을 요약하고 있다.

레이먼드 제임스는 개인, 기업, 지방 자치 단체 등 다양한 세분 시장에 금융 서비스를 제공한다. 이 서비스는 각 세분 집단의 상이한 재무 목표를 달성하기 위해 맞춤화된다. 예를 들어, 재정난에 직면한 기업 고객은 레이먼드 제임스의 구조조정 투자 뱅킹팀을 고용하여 교환 오퍼, 사전조정제도, 사적 구조조정 등의 광범위한 구조조정 솔루션을 제공받을 수 있다.[44]

어느 면에서는 산업재 시장의 세분화가 소비재 시장의 세분화보다 더 간단하다. 이는 소비재 시장에서 정의될 수 있는 잠재 고객이 보다 다양하기 때문이다.[45] 예를 들어, 도표 7.11에 제시된 각 세트당 하나의 변수를 사용하여 기업은 하나의 산업, 현재 비사용자, 가격 중심, 대량구매, 강한 충성도 등을 포함하는 세분 시장 프로파일을 생성할 수 있다. B2B 시장의 특정 산업에서 이 세분 시장 프로파일은 세분 시장에 몇 개의 회사만 포함되도록 좁혀질 수도 있다. 이를 통해 프로파일에 속한 기업만을 대상으로 가치를 설득하고 전달하는 등 집중적인 접근이 가능하다. 물론 소비재 시장과 마찬가지로 세분 집단은 효과적인 세분화 기준을 충족해야 하며, 프로파일이 너무 좁아 보일 경우 하나 이상의 변수를 제거할 수도 있다.

목표 시장 선정

7 - 3

목표 시장 선정 단계를 설명한다.

목표 시장 선정은 여러 세분 시장을 평가하고 이들 중 가장 성공 가능성이 높은 세분 시장을 결정하는 과정이다. 목표 시장으로 선정된 세분 시장에 대한 투자 결정은 마케팅 계획 과정에서 중요한 전환점이 되는데, 이 시점에서부터 기업의 마케팅 전략 및 관련 프로그램의 방향이 설정되기 때문이다.[46] 목표 시장 선정을 위한 세 단계는 다음과 같다.

1. 세분 시장 분석
2. 각각의 잠재 목표 시장의 프로파일 개발
3. 목표 시장 선정 방식 결정

세분 시장 분석

한 세분 시장이 목표 시장으로서 투자하기 적합한 후보인지를 분석할 때 여러 전략적 요인들이 영향을 미친다. 분석에서는 여러 다른 요인들을 고려해야 한다. 세분 시장 분석은 ROI(투자 대비 수익) 접근법을 활용하여 다양한 세분 시장의 상대적인 매력도를 결정하는 것을 목표로 한다. 다른 모든 요인이 동일하다면 수익 실현이 가장 빠르며, ROI가 가장 높고 오래 지속될 것으로 예상되는 세분 시장의 매력도를 높게 평가하는 것이 가장 합리적이다.[47]

세분 시장의 매력도를 분석할 때 몇 가지 요인을 고려해야 한다. 이 요인들 중 가장 중요한 것들은 다음과 같다: (1) 세분 시장 규모와 잠재 성장률, (2) 세분 시장과 관련된 경쟁 세력, (3) 기업의 목표 및 가치 부가 역량과 세분 시장 사이의 전체적인 **전략적 적합성**.

세분 시장 규모와 잠재 성장률 레킷벤키저는 데톨(세계에서 가장 많이 판매되는 소독제), 비트(전 세계적으로 가장 많이 판매되는 제모 브랜드)와 같은 브랜드와 클리어라실, 라이솔 및 바니쉬와 같은 소규모 브랜드로 알려진 영국 소비재 기업이다. 그러나 그 기업의 가장 유명한 브랜드조차 미국에서는 잘 알려지지 않았기 때문에, 레킷벤키저는 뮤시넥스, 델심을 인수하였고, 결국 기침 및 감기약 시장에서 사업을 운영 중이던 세파콜을 인수하였다. 독감에 걸린 사람이 증가하고 특히 사람들이 스스로 약을 복용하는 것에 대해 관심을 더 가지게 되면서(스스로 병을 진단할 수 있는 WebMD 및 다른 사이트 덕분에) 빠른 치료약 시장이 자체적으로 성장하였고, 이 세분 시장은 특히 레킷벤키저의 다른 세척제 및 소독약 브랜드와 결부되어 잠재 성장률이 높은 매력적인 시장이 되었다.[48]

세분 시장과 관련된 경쟁 세력 제3장에서 새로운 목표 시장에 대한 투자를 고려할 때 기업들이 인식해야 하는 마이클 포터의 경쟁 세력에 대해 살펴보았다. 레킷벤키저의 기침 및 감기약 사업에서는 이러한 경쟁 세력 중 몇 가지가 지배적이었다. 첫째, 기존 기업 간의 경쟁이 치열하였다. 레킷벤키저는 존슨앤존슨이 지배하던 시장에 진출했지만 P&G와 같은 브랜드와도 치열한 경쟁을 벌였다. 둘째, 동종 요법의 치료부터 처방약, 비강 세척(네티팟과 다른 부비강 세척을 통해)과 같이 전통적으로 사용되지 않는 치료법까지 다양한 형태의 치료약이 있었기 때문에 대체제의 위협이 강했다고 볼 수 있다. 특허 및 연구 개발로 인해 진입 장벽이 높아 신규 진입자가 경쟁에 참여할 위험은 크지 않았고, 공급업체의 집중도도 낮아 큰 위협이 되지는 않았다.

세분 시장의 전략적 적합성 전략적 적합성이란 기업의 내부 구조, 문화, 목표 및 자원 역량이 목표 시장에 잘 부합되는 것을 의미한다. 레킷벤키저의 뮤시넥스 및 델심 인수는 장점 및 전략적 적합성이 명확했다. 이 기업은 이미 유사한 국제적인 브랜드가 있었기 때문에 조달, 생산, 마케팅에 대한 경험이 풍부했다. 또한 이 브랜드들은 레킷벤키저가 보유하고 있던 라이솔과 같은 세척제 및 소독약 라인과도 적합성이 높았는데, 소독약은 감기약과 함께 자주 구매되기 때문이다. 따라서 인수된 브랜드들의 특징은 레킷벤키저의 기존 사업과 전략적인 적합도가 높았다고 볼 수 있다.

잠재 목표 시장별 프로파일 개발

세분 시장을 분석한 후, 마케팅 관리자들은 목표 시장으로서 투자를 고려 중인 각 세분 시장에 대한 프로파일을 개발해야 한다. 특히 마케팅 계획의 맥락에서 각 세분 시장의 속성을 구체화시키고, 세분 시장에 속한 '전형적인' 소비자의 특성(지리적, 인구통계학적, 심리도식적 및 행동적 관점에서)을 설명하는 것은 기업이 각 세분 시장에 대한 매력도와 목표 시장의 ROI에 대해 설정한 기준을 충족시키는 정도를 파악하는 데 매우 유용하다. 그 후, 목표 시장으로 개발하려는 세분 시장의 투자에 대해 우선순위를 결정해야 한다.[49]

일반적으로 이 분석을 통해 각 세분 시장은 개발 우선순위에 따라 기본적으로 네 가지 수준으로 분류된다.

넓은 범위			좁은 범위
비차별화 마케팅	차별화 마케팅	집중화 마케팅	고객맞춤화 마케팅

1. **주요 목표 시장**(primary target markets) : ROI 목표 및 기타 매력적 요인을 충족시킬 가능성이 가장 높은 세분 시장
2. **2차 목표 시장**(secondary target markets) : 상당한 잠재력이 있지만 한 가지 이상의 이유로 인해 즉시 개발하기에는 적합하지 않은 세분 시장
3. **3차 목표 시장**(tertiary target markets) : 미래 투자 측면에서 새롭게 떠오르는 매력적인 요소가 있지만 현재 시점에서는 매력적이지 않은 세분 시장
4. **향후 개발을 위해 포기할 목표 시장**

목표 시장 접근 방식 선택

목표 시장 선정의 마지막 단계는 접근 방식을 선택하는 것이다. 도표 7.12는 좁은 범위에서 시작해 넓은 범위에 이르는 연속선상에 위치한 여러 목표 시장 접근법을 제시하고 있다. 목표 시장을 공략하는 전략적 접근 방식에는 비차별화, 차별화, 집중화(초점 또는 니치라고 함), 고객맞춤화(또는 일대일) 등의 네 가지 기본적인 방법이 있다.

기독교인들의 온라인 데이트 사이트인 크리스찬밍글은 성장세에 있는 매우 구체적인 목표 시장을 선정함으로써 대단한 성공을 거두고 있다. 온라인 미팅은 친구의 소개를 통해 만나는 방식 다음으로 활성화된 교제 방식이며, 미국인 커플들 중 25% 이상이 온라인 데이트 사이트를 통해 첫 만남을 가진다. 스파크네트워크에 소속된 크리스찬밍글은 매치닷컴, 이하모니, 오케이큐피드와 같은 소규모 업체와 경쟁하고 있지만, 틈새 시장을 집중적으로 공략해 이들과의 직접적인 경쟁은 피하고 있다. 800만 명 이상의 이용자를 보유한 크리스찬밍글은 스파크네트워크의 28개 사이트 중 최대 규모를 자랑하고 있으며, 제이데이트(유대인 만남 사이트) 및 실버싱글즈, 데프싱글즈커넥션 등의 소규모 네트워크들도 스파크네트워크에 소속되어 있다. 상대적으로 여전히 규모가 작음에도 불구하고, 스파크네트워크는 지금까지 괄목할만한 성공을 거두었으며 지속적인 성장이 기대된다.[50]

I make the crust by hand.
I make the filling by hand.
But to build my business,
I need a hand.

SMALL BUSINESS: YOU'RE NOT ALONE OUT THERE. Sandy, owner of The Right Slice, makes pies. Amazing pies. And when tourists asked to ship pies from her Hawaiian island shop in Kauai to the mainland, she went to The UPS Store® in her neighborhood. Because while Sandy knows all about flaky crust and fruit filling, The UPS Store experts know all about packing and shipping. And they can even put together professionally printed flyers, business cards and menus, easy as Mango Passion Fruit Pie.
Locally owned and ready to help. At The UPS Store, we love small businesses. We love logistics.

The UPS Store
WE ♥ LOGISTICS®

Bring this ad to life. Download Auxasma Lite from your app store. Then hover your device over the ad to see how The UPS Store helped Sandy. Make sure "Location Services" is enabled on your phone. Or simply visit theupsstore.com/smallbiz

POSTERS • FLYERS • MENUS • BUSINESS CARDS • CERTIFIED PACKING EXPERTS

최근 몇 년 동안, UPS는 중소기업을 대상으로 광범위한 물류 및 공급사슬에 대한 전문 지식을 제공하는 목표 마케팅을 활발하게 수행하였다.

출처 : United Parcel Service of America, Inc.

비차별화 마케팅 비차별화 마케팅(undifferentiated target marketing)은 가장 광범위한 접근방식으로 근본적으로 단일 시장을 목표로 하는 전략이며, 이 경우 단일 시장을 세분화되지 않은 대량 판매 시장(mass market)이라고도 한다. 포터의 경쟁적 저비용 전략으로 시장에 접근하는 기업들은 가격 우위에 중점을 둔 비차별화 마케팅 전략을 채택할 수 있다.[51] 사우스웨스트 항공과 월마트는 내부 비용상의 이점을 저렴한 가격으로 전환하여 대중 시장에 제공함으로써 자신만의 사업 영역을 구축하였다. 그러나 대부분의 기업들은 이와 같은 접근법을 채택할 수 있는 비용 효율적인 운영 방식을 가지고 있지 않으며, 가격 대신 다른 차별화 요소의 개발에 의존해야만 한다.

차별화 마케팅 이 장의 앞부분에서 언급된 바와 같이, 단순히 **차별화**라고도 하는 차별화 마케팅 접근법은 각각의 목표 시장에 적합한 마케팅 전략을 개별적으로 개발하는 것을 의미한다. 차별화가 가능한 요인들은 매우 많으며, 혁신/R&D, 제품 품질, 서비스 리더십, 직원, 편의 시설, 브랜드 이미지, 기술, 기업의 사회적 책임 등이 포함된다. 차별화를 핵심 시장 전략으로 선택했을 때의 문제점은 경쟁사들이 현재 자사가 보유하고 있는 경쟁 우위를 능가하는 새로운 차별화 요소를 가지고 끊임없이 시장에 뛰어든다는 것이다. 새로운 기술 혁신이나 경쟁사의 전략 변화는 현재 자사가 보유한 차별화 요인을 하룻밤 사이에 진부한 것으로 전락시킬 수 있다.[52]

페덱스는 배송 속도와 전체 서비스의 신뢰성을 바탕으로 성공적인 차별화 마케팅을 수행하고 있는데, 이 기업의 목표 시장은 배송 속도와 서비스 신뢰성에 대한 프리미엄 가격을 지불할 의도가 있는 고객들이다. 유피에스가 익일 배송 시장에 총력을 기울이고 있을 때, 페덱스의 차별화 메시지는 육로 배송, 익일 배송 및 심지어 중소기업을 위한 통합적인 공급사슬 솔루션을 포함한 뷔페식 서비스를 통해 이용자에게 완벽하게 통합된 서비스를 제공한다는 것이었다. 동시에 페덱스는 페덱스그라운드라는 자회사를 통해 유피에스가 높은 수익을 올리고 있던 육로 운송 시장에 진입하였다. 처음에는 이 시장을 유피에스가 지배하고 있었기 때문에 페덱스는 의미 있는 방식으로 자사를 차별화하는 데 어려움을 겪었으며, 최근에 이르러서야 페덱스그라운드의 점유율이 유피에스의 시장 지배력에 영향을 미치는 수준까지 성장하였다.

집중화 마케팅 마이클 포터가 집중화 전략이라고 언급하였으며, 일반적으로 니치 전략이라고도 불리는 **집중화 마케팅**(concentrated target marketing) 접근법은 소규모 시장에서 높은 점유율을 차지하는 것을 목표로 한다. 많은 신생 기업들이 집중화 전략을 바탕으로 시장에 진출한다. 이들 기업은 광범위한 시장에서 경쟁적 수요에 대응하지 못하기 때문에, 집중화 마케팅 전략을 사용하는 기업들은 처음에 차별화 마케터로 포지셔닝한 기업에 비해 비용 및 운영 효율성을 실현하고 마진율을 높일 수 있다.[53] 집중화 전략을 채택한 기업들이 직면하는 위험은 때때로 큰 성공을 거두고 특히 이들 기업이 점령한 니치(틈새) 시장이 큰 시장 내에서 성장 중일 경우, 더 이상 차별화 마케팅 전략을 수행 중인 대기업의 레이더망을 피할 수 없다는 것이다.

블랙보드는 MYOB와 퀵북과 같은 거물 기업들이 있는 소프트웨어 시장에서 경쟁했음에도 불구하고, 지난 10년 동안 매년 15% 이상의 매출 성장률을 유지해오고 있다. 이 기업의 성공 비결은 비영리 단체를 대상으로 한 집중화 마케팅이다. 블랙보드는 비영리 단체를 운영하고, 사회적 이익을 추구하는 데 필요한 여러 욕구를 충족시킬 수 있도록 모든 제품과 서비스를 조정하였다.[54]

고객맞춤화(일대일) 마케팅 CRM의 확산으로 인해 기업들이 목표 시장에 보다 맞춤화된 접근법을 개발하는 것이 가능해졌다. 제1장에서 기업은 자사의 에너지와 자원을 투입하여 각 소비자들에 대해 배울 수 있도록 관계를 구축한 다음, 여기에서 얻은 지식을 기업의 생산 및 서비스 역량과 연결하여 가능한 소비자의 기호에 따라 이들의 욕구를 충족시키는 **고객맞춤화 (일대일) 마케팅**[customized (one-to-one) marketing]을 수행해야 한다고 배웠다.[55] 이와 관련된 대량 맞춤화(mass customization) 접근법은 매우 효율적인 주문 및 공급사슬 시스템 기반의 유연한 제조공정을 통해 기본적으로 소비자가 제품을 처음부터 만들 수 있도록 한다. 오늘날 많은 온라인 의류 소매업체들은 주문과 관련하여 높은 수준의 고객맞춤서비스를 제공하고 있다. 소비자들은 스타일 및 색상 선택과 함께 모든 신체 치수를 포함한 주문서를 통해 '자신만의 옷을 만드는 것'을 즐기고 있으며, 이러한 맞춤 의류가 페덱스나 유피에스를 통해 며칠 내로 도착한다!

고객맞춤화 마케팅의 완벽한 전형인 넷플릭스는 개별 사용자의 취향에 따라 콘텐츠를 예측하고 추천하는 알고리즘 능력에 자부심을 갖고 있다. 그러나 여러 사용자가 넷플릭스 계정을 공유할 경우, 알고리즘은 계정 사용자의 관심 콘텐츠의 패턴을 찾는 데 어려움을 겪게 된다. 넷플릭스는 사용자가 하나의 계정으로 여러 프로파일을 만들 수 있는 기능을 제공하여 이 문제를 해결하였다. 이 기능은 넷플릭스가 개별 사용자들에게 적합한 콘텐츠를 지속적으로 추천하는 것을 가능하게 했다.[56]

포지셔닝

7-4

포지셔닝을 정의하고, 마케팅 믹스에 활용한다.

세분 시장을 정의하고 분석한 다음 개발할 목표 시장이 선정되면, 기업은 목표 시장에 가치가 있는 제공물을 만들고, 이를 설득하고 전달하며 교환하는 데 주의를 기울여야 한다. 이것이 곧 제품이 자신의 필요와 욕구를 충족시킬 수 있는 능력이 있다는 것을 고객에게 이해시키는 포지셔닝이다. 제품, 공급사슬, 가격 및 촉진 등의 마케팅 믹스는 포지셔닝의 중심에 있으며, 이러한 마케팅 믹스 요인의 고유한 조합과 개발을 통해 목표 시장에 대한 포지셔닝 전략이 실행된다.[57] 효과적인 포지셔닝은 매우 중요하므로, 이 책의 나머지 장에서는 다양한 마케팅 믹스 요소들에 대해 다룰 것이다.

포지셔닝은 아무것도 없는 상태에서 발생하지 않는다. 기업들은 경쟁사 제품에 대응하여 자사 제품을 위치시켜야 한다. 맥도날드가 고객들이 자사의 제품을 좋아하기 때문에 방문한다고 믿을 수 있으나, 패스트푸드 소비자들은 변덕스러울 수 있으며 맥도날드의 직접적인 경쟁자들인 버거킹이나 웬디스뿐만 아니라 다양한 퀵 서비스 레스토랑의 포지셔닝 전략에 끊임없이 시달림을 받고 있는 것이 사실이다.

제4장과 제5장에 기술된 시장 조사 및 마케팅 분석의 대부분은 성공적인 포지셔닝 전략을 실행하기 위해 설계되었다. 많은 포지셔닝 관련 연구들은 참여자가 제품에 대한 경험을 이야기하는 표적 집단 면접법에서 출발한다. 표적 집단 면접법에서부터 추가 분석을 위한 일련의 속성들이 개발된다. 제품의 속성들은 소비자가 제품을 평가할 때 고려하는 중요한 이슈들을 대표한다. 맥도날드와 같은 패스트푸드점의 경우, 식당의 청결함, 서비스 속도, 메뉴의 다양성, 건강한 음식 옵션, 직원의 친절함 등과 같은 다양한 특성들이 포함된다.

1922년에 설립된 스테이트팜은 조용하지만 믿을만한 브랜드로 알려져 있다. 스테이트팜의 기업 평판은 나쁘진 않았으나, 이러한 평판이 기업과 목표 시장을 연결하는 데에는 도움이 되지 않았다. 게다가 최근까지 대부분의 대형 보험 회사들은 전적으로 대리점 모델에 의존했으나, 가이코와 프로그레시브 같은 다른 기업들은 셀프 서비스 옵션을 적극적으로 밀어붙였다. 스테이트팜은 보다 현대적인 포지셔닝을 창출하기 위해서 행동해야만 하며, 또한 신속하게 움직여야 한다는 것을 알고 있었다. 스테이트팜은 현재 광범위한 서비스를 제공하고 있기 때문에 "Auto-Fire-Life"를 자사의 계란형 로고에서 삭제하고, 아론 로저스의 "Discount Double Check"와 현재 유명한 "Jake from State Farm" 및 "Internet and the French Model"과 같은 광고 캠페인에 집중하기 시작하였다. 이러한 대화형 미디어를 활용한 캠페인을 통해 고객과의 상호작용이 촉진되었으며, 그 결과 창립된 지 90년이 넘은 스테이트팜은 그 어느 때보다 고객들에게 민첩하게 대응하고 있다.[58]

일반적으로 포지셔닝 연구에서는 일련의 표적 집단 면접을 통해 관련 속성을 개발하고 확인한 후, 각 속성의 중요성 및 이 속성들에 대해 여러 경쟁사의 제품이 소비자들에게 어떻게 인식되는지를 평가하는 설문조사를 실행하게 된다.[59] 예를 들어, 맥도날드는 소비자들에게 식당의 청결함, 서비스 속도, 메뉴의 다양성, 건강한 음식 옵션, 직원의 친절함이 얼마나 중요한지를 조사한 다음, 맥도날드, 버거킹, 웬디스가 실제로 이러한 바람직한 속성을 얼마나 잘 전달하는지에 대해 응답하도록 요청할 것이다.

이와 같은 조사를 통해 속성 간 중요도 차이뿐 아니라 해당 속성에서 경쟁업체 간 차이를 분석할 수 있다. 아마도 분석 결과는 맥도날드가 건강한 음식 옵션과 식당의 청결함에 대해 탁월한 평가를 받은 반면, 버거킹은 메뉴의 다양성과 가격에서 좋은 평가를 받은 것으로 나타날 것이다. 만약 이러한 상황이라면, 각 기업은 포지셔닝 요소에 대한 투자를 기존과 동일하게 유지할 것인지, 아니면 다른 요소에 더 투자할 것인지를 결정해야 한다. 최근 버거킹은 맥도날드나 웬디스의 광고와 비교했을 때(두 기업 모두 실제로는 건강에 해로운 메뉴를 비슷하게 제공하고 있지만), 자사의 광고에서 지방과 칼로리가 더 높고 쾌락적인 제품임을 공공연하게 제시하여 의도적으로 스스로를 '건강하지 않은 메뉴'로 포지셔닝하기 위해 투자하고 있다.[60]

지각도

위에서 언급한 분석으로 생성된 데이터를 통해 **지각도**(perceptual map)라는 유용한 시각적 도구를 개발할 수 있으며, 이를 통해 짝을 이룬 속성과 관련하여 각 경쟁사에 대한 소비자의 인식을 비교할 수 있다.[61] 오늘날 지각도는 보통 해당 속성에 따라 각 경쟁사의 상대적 위치를

7 – 5

지각도를 활용하고 해석한다.

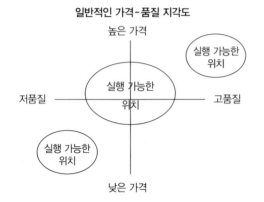

일반적인 가격-품질 지각도

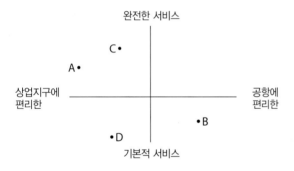

호텔에 대한 지각도

포지셔닝은 가격과 품질 같은 속성 관계뿐 아니라 다른 속성 간 상쇄관계도 포함한다.

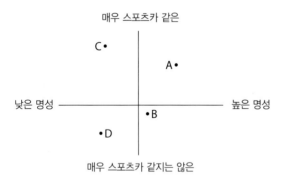

자동차에 대한 지각도

속성 모음의 다른 예시

표시해주는 컴퓨터 통계 소프트웨어 응용 프로그램을 통해 그릴 수 있다.

도표 7.13은 지각도상에서 짝을 이룬 속성들에 대한 각기 다른 세 가지 사례를 제시하고 있다. 첫 번째 지도는 가격 차원과 품질 차원의 일반적인 쌍을 보여주며, 고객이 긍정적 가치를 인식하는 가격-품질 쌍을 토대로 사분면상 가능한 위치를 확인할 수 있다. 이 논리는 다른 두 사분면이 왜 실현 가능성이 없는 위치인지를 설득력 있게 제시한다. 왼쪽 상단 사분면, 즉 비싼 가격으로 열등한 상품을 판매하는 것은 훌륭한 마케팅 관리에 배치된다고 볼 수 있다. 단기적으로는 돈을 벌 수 있는 기회가 존재할 수 있지만, 이 접근법은 우리가 지금까지 배운 모든 가치에 반하며, 장기적으로 성공할 수 있는 마케팅의 핵심이 고객 관계 구축이라는 것도 부정한다고 볼 수 있다. 낮은 가격에 높은 품질의 제품을 판매하는 우하향의 사분면에 위치하는 것은 매력적으로 보이지만, 포터의 저비용 전략을 합법적으로 유지할 수 있는 기업들만이 해당 위치를 고려할 수 있다. 또한 그러한 기업들조차도 비용 절감분 혹은 운영상의 효율성 향상으로 인한 비용의 절감분 전체를 가격 절감을 위해 사용하지 않는다. 포터는 저비용 전략으로 인한 절감분이 주로 마진을 높이고 제품 개발에 대한 재투자를 늘리는 데 사용되어야 하며, 가격에는 일부만 반영되어야 한다고 주장하였다. 제11장에서는 저가격에 기반을 둔 포지셔닝에 내재된 위험에 대해 살펴본다.

폭스바겐의 고급 브랜드인 아우디는 고급 자동차를 생산하고 있으며, 자동차와 관련된 거의 모든 부문에서 1위를 차지하고 있다. 아우디는 스타일리시하고, 힘이 넘치며, 신뢰할 수 있고 경쟁 제품보다 뛰어났기 때문에 프리미엄 가격 전략을 성공적으로 실행할 수 있었다. 예를 들어, 최근 아우디 R8의 권장소비자가격(Manufacturer's Suggested Retail Price, MSRP)은 경쟁 차종인 어큐라 NSX보다 약 7,000달러 더 비싸다.[62]

도표 7.13에 제시된 다른 두 지각도는 보고된 속성을 바탕으로 기존 경쟁자가 시장에서 어디에 위치하는지를 보여준다. 이는 제품을 주요 시장에 가깝게 이동시키거나(경쟁 집단) 반대로 경쟁적 집단으로부터 벗어나 보다 독특한 시장 위치에서 자사 제품을 차별화하는 것에 대한 전략적 변화를 시각화하는 데 매우 유용하다. 지각도는 제품을 **리포지셔닝**(repositioning)하는 데 도움이 되는데, 이는 지각도를 통해 제품에 대한 현재 소비자의 지각을

변화시키는 데 필수적인 마케팅 믹스를 이해할 수 있기 때문이다. 최근에 맥도날드는 건강을 의식하는 소비자로 구성된 중요 목표 시장에 소구하기 위해 보다 건강에 이로운 음식으로 리포지셔닝하기 위한 전략을 펼치고 있다.

실제로, 포지셔닝 결정 시 두 가지 속성만 고려하는 것은 너무 단순하다고 볼 수 있다. 앞에서 설명한 데이터는 실제로 동시에 여러 속성에 대한 지각을 해석할 수 있는 다차원척도법이라는 기법을 통해 분석된다.

차별화 원천

효과적인 차별화는 분명히 성공적인 포지셔닝 전략의 핵심이다. 마이클 포터는 그의 저서 마이클 포터의 경쟁 우위(*Competitive Advantage*)에서 다음과 같이 차별화를 설명하고 있다.

7-6

차별화 원천을 확인한다.

> 차별화 전략을 수립할 때, 기업은 고객이 가치 있게 여기고, 다르다고 지각하며, 추가 비용을 지불할 만한 특성을 가진 독특한 제품 및 서비스를 제공함으로써 경쟁한다.[63]

마케팅 관리자는 다양한 방법으로 자사가 제공하는 혜택을 차별화할 수 있다. 다음은 가장 자주 사용되는 차별화 원천이다.

- 혁신적 리더십 : '그다음 새로운 것'을 지속적으로 개발(예 : 애플)
- 제품 리더십 : 성능, 특성, 내구성, 신뢰성, 스타일 등(예 : BMW)
- 이미지 리더십 : 상징, 분위기, 독창적인 매체(예 : 할리데이비슨)
- 가격 리더십 : 가격 주도자가 가격을 절감할 수 있도록 하는 노동, 자재, 공급사슬 또는 기타 운영 비용에 대한 효율성(예 : 월마트)
- 편의 리더십 : 제품 또는 서비스를 매우 쉽게 얻을 수 있게 함(예 : 아마존)
- 서비스 리더십 : 고객에게 서비스를 제공하기 위해 색다르고 주목할만한 노력을 기울임(예 : 리츠칼튼)
- 직원 리더십 : 유능한 직원, 신뢰할 수 있는 직원, 공손한 직원, 열의가 높은 직원, 명확한 의사소통 능력을 갖춘 직원을 채용하는 것(예 : 칙필에이, 사우스웨스트항공)

때때로 기업과 브랜드는 여러 차별화 원천을 동시에 활용한다는 것을 유념해야 한다. 예를 들어, 칙필에이는 위에서 언급한 직원 리더십 측면에 덧붙여 서비스, 제품, 편의 리더십 등을 통한 차별화도 주장할 수 있다.

칙필에이의 인사 관련 리더십은 핵심적인 차별화 요소이다. 퀵서비스 레스토랑 업계에서 이 회사의 채용 기준과 훈련 실습은 최고 수준으로 인정받고 있으며, 이로 인해 칙필에이의 또 다른 차별화 요소인 서비스 리더십에서도 강점을 가지게 된다.

©Rob Wilson/Shutterstock

포지셔닝 오류

때때로 포지셔닝 전략이 계획대로 수행되지 않을 수 있다. 다음과 같은 포지셔닝 오류는 기업의 전반적인 마케팅 전략을 약화시킬 수 있다.[64]

- **애매한 포지셔닝** : 소비자가 기업과 제품에 대해 막연한 생각만 가지고 있고 실질적으로 차별화를 인식하지 못하는 경우를 말한다. 최근까지 아우디와 폭스 바겐은 애매한 포지셔닝으로 인해 어려움을 겪었는데, 소비자들이 두 브랜드 간 그리고 그들의 경쟁 브랜드 사이에서 현저한 차별점을 발견하는 것을 어려워했기 때문이다. 그러나 두 브랜드는 시장에서 각 브랜드가 정확히 무엇을 의미하는지를 명확하게 전달하기 위해 자사의 마케팅 커뮤니케이션을 강화하고 있다.

- **과잉 포지셔닝** : 소비자가 기업, 제품 또는 브랜드를 이해하는 폭이 너무 좁은 경우를 일컫는다. 델은 PC 브랜드로 견고하게 자리 잡았기 때문에 수익성이 높은 다른 제품군으로 확장하는 데 어려움을 겪었다. 이에 반해, 애플과 삼성은 같은 기간 동안 브랜드와 제품의 범위를 상당히 확장하였고, 과잉 포지셔닝을 피할 수 있었다.

- **혼란스러운 포지셔닝** : 빈번한 변화와 모순된 메시지로 인해 소비자가 해당 브랜드의 포지셔닝에 대해 혼란스러워하는 경우를 말한다. 맥도날드는 새로운 고객 집단에 소구하기 위해 노력하면서 스스로 혼란스러운 포지셔닝의 희생자라는 것을 깨달았다. 맥도날드는 다양한 신메뉴를 시도했으나 실패하였고, 이로 인해 소비자들은 브랜드의 핵심이 무엇인지 알지 못하게 되었다. 이후, 맥도날드는 새로 구성된 최고경영진의 지휘하에 신제품 개발보다는 제품의 일관성과 서비스의 신뢰성이라는 핵심 차별화 요소에 집중하였다.

- **의심스러운 포지셔닝** : 소비자가 제품 또는 브랜드에 대한 주장을 신뢰할만한 것으로 간주하지 않는 경우를 말한다. 안타깝게도, 비윤리적 사업 관행에 따라 운영되고 있는 기업들은 종종 그들의 브랜드가 입는 손실의 정도를 깨닫지 못한다. 또한 제품 및 브랜딩을 다루는 장에서 당신은 시용이 마케팅 커뮤니케이션의 초기 목표에 불과하다는 것을 배우게 될 것이다. 제품을 처음 사용한 후 소비자가 재구매하도록(그리고 충성하도록) 하기 위해, 기업은 제품이 제공하는 혜택이 고객의 기대치를 지속적으로 충족시키거나 능가할 것이라는 확신을 심어줘야 하는데, 이것이 고객 기대 관리의 과정이다. 예컨대 페덱스가 다음날 오전 8시까지 배송을 약속했다면, 실제로 시스템이 항상 해당 수준의 성과를 낼 수 있어야 한다. 2008년 금융위기의 여파로 보험회사 AIG는 미국 재무부로부터 긴급 구제를 받았는데, AIG를 '부도가 나게 하기에는 너무 큰 기업'이라고 판단했기 때문이다. 이러한 구제 금융은 AIG의 신용과 포지셔닝을 위태롭게 만들었다. AIG가 구제 금융에서 벗어나 다시 신뢰를 얻기 위해서는 많은 시간과 노력이 필요했다. AIG는 1,820억 달러의 긴급 구제를 오랫동안 상환했으며, 협력 및 박애적 리더십을 인정받아 2016년 IICF(Insurance Industry Charitable Foundation)로부터 'Double I'상을 받게 되었다.[65]

요약

효과적인 시장 세분화, 목표 시장 선정 및 포지셔닝은 마케팅 관리의 핵심인데, 이러한 결정이 마케팅 계획의 실행 방향을 결정하기 때문이다. 첫째, 적절한 시장 세분화 접근법을 확인해야 한다. 둘째, 세분 시장을 평가하여 ROI 측면에서 투자에 가장 적합한 시장(이러한 세분 시장이 목표 시장이 될 것이다)을 결정해야 한다. 마지막으로, 가치 제안을 바탕으로 소비자가 인식하고 있는 필요와 욕구를 충족시킬 수 있는 차별화 원천을 확인해야 한다.

핵심용어

2차 목표 시장(secondary target markets)
3차 목표 시장(tertiary target markets)
VALS™
가족생활주기(family life cycle)
고객맞춤화(일대일) 마케팅[customized (one-to-one) marketing]
리포지셔닝(repositioning)
목표 시장(target marketing)

비차별화 마케팅(undifferentiated target marketing)
시장 세분화(market segmentation)
심리도식적 세분화(psychographic segmentation)
인구통계학적 세분화(demographic segmentation)
주요 목표 시장(primary target markets)

지각도(perceptual map)
지리적 세분화(geographic segmentation)
집중화 마케팅(concentrated target marketing)
차별화(differentiation)
포지셔닝(positioning)
포지셔닝 전략(positioning strategy)
행동적 세분화(behavioral segmentation)

응용 문제

1. 클라리타스 웹사이트(www.claritas.com)로 이동하여 MyBestSegments를 클릭한 다음 Zip 코드 검색 기능을 찾아라. 거기에 당신이 선택한 우편번호를 입력할 수 있고, 그 지역에서 어떤 프리즘 집단이 지배적인지를 알 수 있는 예시를 찾을 수 있을 것이다.

   a. 이 조사 결과는 우편번호 내 잠재 고객의 전반적인 구성에 대해 무엇을 말해주는가?

   b. 대표되는 무리의 배열을 바탕으로, 그 지역 내에서 어떤 종류의 신생 기업이 번창할 수 있겠는가? 당신은 특히 그 사업들이 왜 성공할 것이라고 믿는가?

2. SBI 웹사이트로 이동하여 VALS™ 관련 섹션으로 이동하라. VALS™ 설문조사를 찾고 질문에 응답하라.

   a. 결과가 놀라운가? 놀라운 혹은 놀랍지 않은 이유는 무엇인가? 스스로를 확인된 VALS™ 세분 집단의 일부로 보고 있는가?

   b. 만약 이런 활동이 편하다면, 당신의 결과를 같은 수업을 듣는 몇몇 사람들과 공유하고 그들의 결과도 공유할 수 있는지 요청해보라. 설문조사가 실제로 당신 및 반 친구들과 관련된 프로파일을 포착했는지에 대한 해당 구성원들의 의견은 무엇인가?

   c. 아래의 각 브랜드들이 VALS™를 심리도식적 세분화의 도구로 사용함으로써 어떤 혜택을 얻을 수 있는가?

      i. 치폴레(미국의 멕시칸 푸드 레스토랑)
      ii. 월트디즈니 월드 테마 파크
      iii. 타깃(미국의 대형마트)
      iv. 삼성
      v. 포르쉐

3. 당신이 스테이플(사무용품 공급업체)의 마케팅을 담당하고 있으며, 책임지고 있는 고객들이 기업 사용자(최종 소비자가 아닌)라고 가정하라. ROI가 가장 높은 기업 목표 시장에 진입하고자 할 때, 산업재 시장 세분화에서 가장 유용할 것으로 생각되는 다섯 가지 변수는 무엇이라고 생각하는가? 선택한 각 변수가 타당함을 보여라.

4. 아래의 각 브랜드를 고려하라. 이 장에서 강조된 차별적 경쟁 우위(차별화)의 잠재적인 원천에 대한 목록을 검토하라. 각각에 대해 (a) 현재 그들에게 가장 중요하다고 생각되는 한 가지 차별화 원천을 제시하고, (b) 가까운 미래에 개발할 수 있을 것으로 믿는 다른 차별화 원천을 제시하고 그 이유를 설명하라.

   a. 노르웨지안 크루즈 라인(초호화 크루즈)
   b. 시어스 크라프트맨 툴(공구 판매점)
   c. 에이본(화장품 브랜드)
   d. 로우스 홈 임프루브먼트 스토어(미국의 주택 개량 용품 소매점)
   e. 구세군

5. 맥도날드는 지각도 내 편의성 및 제품 품질의 속성에서 자사와 경쟁사인 버거킹, 웬디스, 타코벨 및 칙필에이를 비교하는 당신의 의견에 관심이 있다. 편의성을 수직축으로 하고(제일 위에는 높음 아래에는 낮음), 제품 품질을 수평축으로 하여(왼쪽에는 낮음 오른쪽에는 높음) 지각도를 그려라. 그다음, 두 가지 속성에서 5개 브랜드에 대해 당신의 의견을 나타내는 위치에 점을 찍어 표시함으로써 각 브랜드에 대한 당신의 인식을 제시하라(도표 7.13 참조).

   a. 당신의 인식에 근거한 결과를 통해 해당 속성에서 맥도날드의 현재 위치에 대해 무엇을 알 수 있는가?
   b. 가능하다면, 당신의 지도를 반 친구들과 비교해보라. 일관성을 찾았는가?
   c. 일반적으로 어떤 브랜드에 대해 지각도에서 드러난 현재의 인식을 이용할 수 있는 리포지셔닝 기회가 있다고 보는가? 이러한 리포지셔닝에 성공하기 위해 그들은 무엇을 해야만 하는가?

경영 의사결정 사례

밀레니엄 세대의 지갑을 공유하기 위해 아멕스를 뒤쫓고 있는 교묘한 신용카드사 '체이스'

아메리칸 익스프레스(아멕스)는 모든 분야의 금융 서비스에서 가장 신망이 깊은 브랜드 중 하나이다. 불행히도, 최근 아멕스와 그 주주들은 신용카드 사업에서 거의 20%에 가까운 이익 감소를 겪었으며, 이와 관련된 수익은 20억 달러나 감소하였다.[66] 아멕스처럼 성공적인 기업이 어떻게 이런 어려운 상황에 처하게 되었을까? 이에 대한 주요 원인으로는 고객의 인구통계학적 추세 변화로 인해 아멕스의 브랜드 이미지가 노후화되고 격식을 차리는 거만한 이미지(새롭게 떠오르는 젊은 세분 시장의 고객이 접촉을 꺼리는)로 인식되게 된 것, 그리고 이 틈을 파고드는 체이스 은행 같은 교활한 경쟁사(이후 체이스로 칭함)의 약진을 들 수 있다.

1850년 특급 우편 서비스를 시작으로 설립된 아멕스는

1958년까지 지불용 카드 서비스(지불용 카드는 기술적으로 신용카드가 아닌데, 빚을 질 수 없고 전월 사용한 금액을 월별로 정해진 결제일에 모두 갚아야 하기 때문에)를 제공하지 않았다. 아멕스의 역사를 살펴보면, 한때 인기 있었던 '여행자 수표' 사업(1891~1990년대)을 시작했고, 투자은행을 설립한 후 리먼 브라더스(1981~1994년)로 분사시켰으며 워너 커뮤니케이션과 합작법인을 설립해 TV 채널인 MTV와 니켈로디언(1979~1984년)을 탄생시켰다. 오늘날, 아멕스는 전 세계적으로 1억 명 이상의 카드 사용자를 보유하고 있으며, 이들 중 일부는 극소수의 고객에게만 발급되는 센추리온 카드(블랙카드로도 알려진)가 가치가 높다고 생각하며 이를 얻기 위해 7,500달러의 가입비와 2,500달러의 연회비를 지불하고 있다.[67]

아멕스를 단순히 명망 있는 브랜드라고 부르는 것은 상당한 과소평가일 수 있는데, 아멕스는 세계 25대 브랜드 중 하나이며 인터브랜드가 그 가치를 180억 달러로 평가할 정도로 대단한 기업이기 때문이다.[68] 아멕스는 브랜딩 역량을 활용해 특히 X세대와 X세대보다 나이가 많은 고객들이 좋아하는 특성들을 제공하며, 전 세계 가맹점들에게 상당한 가격 결정권을 행사한다. 그러나 최근 아멕스는 코스트코 및 제트블루와의 독점 계약이 취소되는 등, 주요 고객과 가맹점이 지속적으로 이탈하여 막대한 매출 손실을 겪고 있다. 지주 회사인 버크셔해서웨이를 통해 아멕스 지분을 10% 이상 보유하고 있는 워런 버핏은 "브랜드가 공격받고 있다"고 말한 바 있다. 그런데 왜 하필 이 시점에서 공격받고 있을까? 최근 아멕스가 겪는 어려움에 가장 책임이 큰 브랜드는 체이스다. 체이스는 시장 세분화, 목표 시장 선정, 포지셔닝을 통해 매우 가치가 높으면서도 접근하기 어려운 밀레니엄 세대를 대상으로 공들여 만든 새로운 이미지를 제시하며 아멕스가 선점하던 시장의 기회를 과감하게 활용하였다.

체이스의 접근 방식을 설명하기 위해서는 우선 아멕스가 엘리트이면서 성공적 커리어를 쌓은, 연령대가 있는 전문가들을 위한 멋진 신용카드를 제공함으로써 스스로를 프리미엄 제품으로 포지셔닝했다는 것을 이해해야 한다. 그러나 체이스는 다른 접근법을 채택하기로 결정했다. 체이스는 인구통계학적인 추세에 따라 밀레니엄 세대(Y세대)의 시장 성장 잠재력이 다른 세대별 세분 집단과 비교하여 훨씬 더 크다고 판단했다. 미국 인구조사국에 따르면, 밀레니엄 세대의 수는 다른 모든 세대별 세분 집단의 수보다 많으며, 적어도 20년 동안 이 지위를 유지할 것이다.[69] 그리고 밀레니엄 소비자는 이전 세대와는 다르게 행동한다. 밀레니엄 세대는 전통적인 광고를 무시하며 결혼 및 주택 구매를 연기하는 것으로 알려져 있지만, 자동차 및 여행 상품 구매는 망설이지 않는다. 그들은 블로그와 소셜미디어를 통해 제품 리뷰를 확인하며, 다른 세대별 세분 집단보다 브랜드 충성도가 높은 경향이 있다. 밀레니엄 세대가 제품 생산 과정과 대화(통상적으로 가상의)에 참여하고자 하는 욕구뿐 아니라 사회적 대의와 관련된 브랜드 진정성과 브랜드 관여도에 가치를 두는 것은 마케팅 관리자에게 어떻게 이들을 설득할 것인지에 대한 강력한 실마리를 제공한다.[70] 아멕스는 이러한 단서들을 대부분 놓쳤으며, 체이스는 아멕스의 실수를 통해 돈을 벌 수 있어 행복할 따름이었다.

따라서 체이스는 밀레니엄 세대의 가치 추구 행동과 태도에 소구하도록 설계되고 보상이 많은 신용카드 상품을 개발하여 판매하기 시작하였다. 체이스는 사파이어 리저브카드를 "당신 아버지의 신용카드가 아니다"와 같이 아멕스의 포지셔닝과 정반대로 포지셔닝하였다. 체이스는 현명하게 눈에 띄는 소비(구매 능력을 과시하는 것)보다는 경험에 기반을 둔 브랜드 이미지를 통해 차별적인 가치 제안을 제시하였다. 기본적인 인구통계학적 세분화와 밀레니엄 세대를 목표 시장으로 한 심리도식적 통찰력을 결합하여, 체이스는 어떤 소비자의 표현처럼 아멕스 카드를 사용하면 '허세를 떠는(밀레니엄 세대와 대조되는 가치)' 느낌을 받기 때문에 젊은 소비자들이 아멕스 카드 사용을 꺼린다는 것을 발견했다. 반면, 젊은 소비자들은 검푸른 색상에 금속으로 만들어진 체이스 사파이어 카드에 대해 보다 정동적인 이미지를 느꼈다. 그들은 "이 카드를 가진다면 흥미로울 것"이라고 말한다.[71]

확실히, 사파이어 카드는 가입 시 10만 마일리지 증정, 사전보안수속 프로그램(TSA-Pre) 등록, 구매 보증기간 자동 연장, 여행 보험 및 공항 라운지 이용 등, 특히 여행자를 위한 다양한 혜택을 제공한다. 그러나 체이스의 주요 브랜드 메시지는 이러한 보상이 루아르 밸리에서 독점적인 고급 와인을 시음하는 것이 아니라 스노보드 슬로프나 가장 인기 있는 지역에서 열리는 파티 후의 사교모임에 가도록 설계되었다는 것이다. 체이스 사파이어 카드가 슬램덩크(확실한 성공)였다고 말하는 것은 너무 과소평가된 의견일 수도 있다. 판매 후 첫 7개월 동안 체이스는 100만 명 이상의 신규 고객을 유치했고, 이들 중 절반이 35세 미만이었다![72] 하지만 아멕스를 밀레니엄 세대의 놀이터에서 완전히 배제시키지는 마라. 그들은 복귀를 위해 열심히 노력하고 있으며, 그들이 얼마나 잘하는지는 '모두 카드 안'에 담길 것이다.

생각해볼 문제

1. 밀레니엄 세대는 아멕스에게 특히 왜 중요한가?

2. 이 사례는 주로 밀레니엄 소비자를 사이에 둔 체이스와 아멕스의 다툼에 중점을 두고 있다. 그러나 이 장에서 배웠듯이 모든 고령층 소비자를 일반화된 세분 집단으로 분류하면 몇 가지 중요한 변수를 간과하게 된다. 세대별 세분 집단 및 대표 가치(도표 7.6 참조)를 살펴본 후, 당신은 아멕스에게 어느 세대에 마케팅 노력을 집중하라고 제안할 것인가? 그리고 그 이유는?

3. 이 장에서 언급한 바와 같이, 외적인 포지셔닝 진술을 통해 단지 당신의 제품이 고객에게 어떤 혜택을 줄 수 있는지를 설명하는 것뿐만 아니라 당신의 제품이 경쟁 제품과 어떻게 다른지도 설명할 필요가 있다. 체이스의 "당신 아버지의 신용카드가 아니다"라는 외적인 포지셔닝 진술은 체이스가 젊은 반면, 경쟁자들은 늙었다는 것을 네 단어로 요약했다. 이 진술은 밀레니엄 소비자들에게 그들의 아버지의 카드가 해줄 수 있는 것을 넘어 이 카드가 그들을 위해 무엇을 해줄 수 있는지를 생각하도록 유도한다. 아멕스의 포지셔닝은 항상 자사의 카드가 성공적인 전문가를 위한다는 것이다. 아멕스가 이러한 포지셔닝을 변경하면 어떻게 될까(추가로, 아멕스가 밀레니엄 세대를 대상으로 사용할 수 있는 짧은 포지셔닝 문구를 만들어보라)?

마케팅 계획 연습

활동 7 : 목표 시장 확인하기

이 장을 통해 당신은 효과적인 세분화, 목표 시장 선정 및 포지셔닝이 마케팅 관리에 긍정적인 영향을 미친다는 것을 배웠다. 마케팅 계획의 목적에 따라, 전반적인 포지셔닝 전략을 개발하기 위한 세부 사항은 마케팅 믹스를 다루는 다음 장들에서 살펴볼 것이다. 이 시점에서는 다음 단계가 필요하다.

1. 시장을 세분화하는 다양한 접근법들을 고려해보라. 당신은 어떤 세분화 접근법을 추천하는가? 다른 접근법에 비해 그 접근법을 추천하는 이유는 무엇인가?

2. 당신이 제안한 세분 시장을 효과적인 세분화 기준에 따라 평가하라. 당신이 최선의 진행 방법으로 결론을 내리도록 유도한 평가 기준은 무엇인가?

3. 이 장에서 학습한 세 가지 단계를 사용하여 당신의 목록에 있는 각각의 잠재적 세분 시장을 체계적으로 분석하라: (1) 각 세분 시장을 규모 및 잠재 성장률, 세분 시장 경쟁 세력, 해당 세분 시장의 전략적 적합성의 관점에서 평가하라, (2) 개별 잠재 목표 시장의 프로파일을 개발한 다음, 각 목표 시장을 주요 목표 시장, 2차 목표 시장, 3차 목표 시장 또는 포기할 목표 시장으로 분류하라, (3) 주요 목표 시장에 속한 각 시장에 대한 목표 시장 접근 방식을 선택하라.

4. 차후 포지셔닝 전략을 수립할 때 중점을 둘 차별적 우위의 원천을 파악하라.

---

1. Nicole E. Coviello, Roderick J. Brodie, Peter J. Danaher, and Wesley J. Johnston, "How Firms Relate to Their Markets: An Empirical Examination of Contemporary Marketing Practices," *Journal of Marketing* 66, no. 3 (2002), pp. 33–57.

2. Jacquelyn S. Thomas and Ursula Y. Sullivan, "Managing Marketing Communications with Multichannel Customers," *Journal of Marketing* 69, no. 4 (October 2005), pp. 239–51; and Stephen L. Vargo and Robert F. Lusch, "Evolving to a New Dominant Logic for Marketing," *Journal of Marketing* 68, no. 1 (January 2004), pp. 1–17.

3. Javier Rodriguez-Pinto, Ana Isabel Rodriguez-Escudero, and Jesus Gutierrez-Cilian, "Order, Positioning, Scope, and Outcomes of Market Entry," *Industrial Marketing Management* 37, no. 2 (April 2008), pp. 154–66.

4. Anders Gustafsson, Michael D. Johnson, and Inger Roos, "The Effects of Customer Satisfaction, Relationship Commitment Dimensions, and Triggers on Customer Retention," *Journal of Marketing* 69, no. 4 (October 2005), pp. 210–18; and Ajay Kalra and Ronald C. Goodstein, "The Impact of Advertising Positioning Strategies on Consumer Price Sensitivity," *Journal of Marketing Research* 35, no. 2 (May 1998), pp. 210–25.

5. Cenk Koca and Jonathan D. Bohlmann, "Segmented Switchers and Retailer Pricing Strategies," *Journal of Marketing* 72, no. 3 (May 2008), pp. 124–42.

6. Allan D. Shocker, Barry L. Bayus, and Namwoon Kim, "Product Complements and Substitutes in the Real World: The Relevance of 'Other Products,'" *Journal of Marketing* 68, no. 1 (January 2004), pp. 28–40.

7. Arik Hesseldahl, "The iPhone Legacy: Pricier Smartphones?" *BusinessWeek,* November 1, 2007, www.businessweek .com/technology/content/oct2007/tc20071031_825744 .htm?chan=search.

8. Leonard M. Lodish, "Another Reason Academics and Practitioners Should Communicate More," *Journal of Marketing Research* 44, no. 1 (February 2007), pp. 23–25.

9. Tat Y. Chan, V. Padmanabhan, and P. B. Seetharaman, "An Econometric Model of Location and Pricing in the Gasoline Market," *Journal of Marketing Research* 44, no. 4 (November 2007), pp. 622–35; and Jeff Wang and Melanie Wallendorf, "Materialism, Status Signaling, and Product Satisfaction," *Journal of the Academy of Marketing Science* 34, no. 4 (Fall 2006), pp. 494–506.

10. Subim Im, Barry L. Bayus, and Charlotte H. Mason, "An Empirical Study of Innate Consumer Innovativeness, Personal Characteristics, and New-Product Adoption Behavior," *Journal of the Academy of Marketing Science* 31, no. 1 (Winter 2003), pp. 61–74; and Sudhir N. Kale and Peter Klugsberger, "Reaping Rewards," *Marketing Management* 16, no. 4 (July/August 2007), p. 14.

11. Charles D. Schewe and Geoffrey Meredith, "Segmenting Global Markets by Generational Cohorts: Determining Motivations by Age," *Journal of Consumer Behaviour* 4, no. 1 (October 2004), pp. 51–64.

12. Anne L. Balazs, "Expenditures of Older Americans," *Journal of the Academy of Marketing Science* 28, no. 4 (Fall 2000), pp. 543–46; and Christopher D. Hopkins, Catherine A. Roster, and Charles M. Wood, "Making the Transition to Retirement: Appraisals, Post-Transition Lifestyle, and Changes in Consumption Patterns," *Journal of Consumer Marketing* 23, no. 2 (2006), pp. 89–101.

13. Stuart Van Auken, Thomas E. Barry, and Richard P. Bagozzi, "A Cross-Country Construct Validation of Cognitive Age," *Journal of the Academy of Marketing Science* 34, no. 3 (Summer 2006), pp. 439–56.

14. Mark Andrew Mitchell, Piper McLean, and Gregory B. Turner, "Understanding Generation X . . . Boom or Bust Introduction," *Business Forum* 27, no. 1 (2005), pp. 26–31.

15. Alex Williams, "Move Over, Millennials, Here Comes Generation Z," *New York Times*, September 18, 2015, https://www .nytimes.com/2015/09/20/fashion/move-over-millennials -here-comes-generation-z.html?_r=0; "Get Started with Ads," *FacebookBusiness*,n.d.,https://www.facebook.com/business /learn/facebook-ads-basics; and "Ad Formats," *Facebook Business*, n.d., https://www.facebook.com/business/learn /facebook-create-ad-basics.

16. Qimei Chen, Shelly Rodgers, and William D. Wells, "Better Than Sex," *Marketing Research* 16, no. 4 (Winter 2004), pp. 16–22.

17. www.gillettevenus.com/en-us, accessed May 8, 2017.

18. Daniel Newman, "Research Shows Millennials Don't Respond to Ads," *Forbes*, April 28, 2015, https://www.forbes.com/sites /danielnewman/2015/04/28/research-shows-millennials -dont-respond-to-ads/#3568f89e5dcb.

19. "Charity Pot," *Lush Ltd.*, n.d. http://www.lushusa.com/on /demandware.store/Sites-Lush-Site/en_US/Stories -Show?tag=charity-pot.

20. "Campbell's New Portfolio Advertising Campaign Celebrates Real Life Moments," *Campbell's Newsroom*, October 5, 2015, https://www.campbellsoupcompany.com/newsroom/press -releases/?date=2015/10; Olivia Waxman, "Watch This Heartwarming Ad Showing Two Dads Impersonating Star Wars' Darth Vader," *Time*, October 9, 2015, http://time.com/4068363 /campbells-soup-star-wars-gay-dads-father-ad/; and Michael Tanenbaum, "Campbell's Defends 'Star Wars' Commercial with Gay Fathers," *Philly Voice*, October 9, 2015, http://www .phillyvoice.com/campbells-star-wars-commercial-gay-fathers/.

21. Rex Y. Du and Wagner A Kamakura, "Household Life Cycles and Lifestyles in the United States," *Journal of Marketing Research* 43, no. 1 (February 2006), pp. 121–32.

22. Andrew Lindridge and Sally Dibb, "Is 'Culture' a Justifiable Variable for Market Segmentation? A Cross-Cultural Example," *Journal of Consumer Behaviour* 2, no. 3 (March 2003), pp. 269–87.

23. Frederick A. Palumbo and Ira Teich, "Market Segmentation Based on Level of Acculturation," *Marketing Intelligence & Planning* 22, no. 4 (2004), pp. 472–84.

24. Frederick A. Palumbo and Ira Teich, "Segmenting the U.S. Hispanic Market Based on Level of Acculturation," *Journal of Promotion Management* 12, no. 1 (2005), pp. 151–73.

25. Mark R. Forehand and Rohit Deshpande, "What We See Makes Us Who We Are: Priming Ethnic Self-Awareness and Advertising Response," *Journal of Marketing Research* 38, no. 3 (August 2001), pp. 336–48.

26. Carmen DeNavas-Walt, Bernadette D. Proctor, and Jessica Smith, "Income, Poverty, and Health Insurance Coverage in the United States: 2006," *U.S. Census Bureau*, August 2007, www.census.gov/prod/2007pubs/p60-233.pdf.

27. C. B. Bhattacharya and Sankar Sen, "Consumer-Company Identification: A Framework for Understanding Consumers' Relationships with Companies," *Journal of Marketing* 67, no. 2 (April 2003), pp. 76–88.

28. Ben Levisohn and Brian Burnsed, "The Credit Rating in Your Shoe Box," *BusinessWeek,* April 10, 2008, www.businessweek

.com/magazine/content/08_16/b4080052299512 .htm?chan=search.

29. Reuters, "Why Japan's Thrifty Millennials Are a Bad Omen for Its Economy," *Fortune*, December 8, 2016, http://fortune.com /2016/12/09/japan-economy-millennials/; and Kate Abnett, "In Japan, Luxury Flourishes While Economy Flounders," *Business of Fashion*, February 11, 2016, https://www .businessoffashion.com/articles/global-currents/in-japan -luxury-flourishes-while-economy-flounders.

30. www.census.gov.

31. Paul G. Patterson, "Demographic Correlates of Loyalty in a Service Context," *Journal of Services Marketing* 21, no. 2 (2007), pp. 112–21.

32. Madhubalan Viswanathan, Jose Antonio Rosa, and James Edwin Harris, "Decision Making and Coping of Functionally Illiterate Consumers and Some Implications for Marketing Management," *Journal of Marketing* 69, no. 1 (January 2005), pp. 15–31.

33. Charles M. Schaninger and Sanjay Putrevu, "Dual Spousal Work Involvement: An Alternative Method to Classify Households/Families," *Academy of Marketing Science Review* (2006), pp. 1–21.

34. Rob Lawson and Sarah Todd, "Consumer Lifestyles: A Social Stratification Perspective," *Marketing Theory* 2, no. 3 (September 2002), pp. 295–308.

35. David J. Faulds and Stephan F. Gohmann, "Adapting Geodemographic Information to Army Recruiting: The Case of Identifying and Enlisting Private Ryan," *Journal of Services Marketing* 15, no. 3 (2001), pp. 186–211.

36. Geraldine Fennell, Greg M. Allenby, Sha Yang, and Yancy Edwards, "The Effectiveness of Demographic and Psychographic Variables for Explaining Brand and Product Category Use," *Quantitative Marketing and Economics* 1, no. 2 (June 2003), pp. 223–44.

37. "About Us," *GoPro Inc.*, n.d., https://gopro.com/about-us; and Tim Peterson, "How GoPro Will Use an Awards Campaign to Grow Its Media Biz," *Advertising Age*, October 14, 2015, http://adage.com/article/media/gopro-invests-media -biz-5-million-award-program/300876/.

38. "VALS Survey," *Strategic Business Insights*, www .strategicbusinessinsights.com/VALS.

39. James Frederick, "Walgreens Leaders Reaffirm Strategy, Outlook," *Drug Store News*, February 16, 2004.

40. Florian V. Wangenheim and Tomas Bayon, "Behavioral Consequences of Overbooking Service Capacity," *Journal of Marketing* 71, no. 4 (October 2007), pp. 36–47; and Ruth N. Bolton, Katherine N. Lemon, and Peter C. Verhoef, "The Theoretical Underpinnings of Customer Asset Management: A Framework and Propositions for Future Research," *Journal of the Academy of Marketing Science* 32, no. 3 (Summer 2004), pp. 271–93.

41. Sarah Plaskitt, "Listerine Boosts Sales by 20%," *B&T Magazine*, May 22, 2003, www.bandt.com.au/news/49/0c016749. asp.

42. Yuping Liu, "The Long-Term Impact of Loyalty Programs on Consumer Purchase Behavior and Loyalty," *Journal of Marketing* 71, no. 4 (October 2007), pp. 19–35.

43. V. Kumar and J. Andrew Petersen, "Using Customer-Level Marketing Strategy to Enhance Firm Performance: A Review of Theoretical and Empirical Evidence," *Journal of the Academy of Marketing Science* 33, no. 4 (Fall 2005), pp. 504–20; and David Feldman, "Segmentation Building Blocks," *Marketing Research* 18, no. 2 (Summer 2006), p. 23.

44. "About Us," *Raymond James*, https://www.raymondjames .com/about-us; and "Restructuring Investment Banking," *Raymond James*, https://www.raymondjames.com/corporations -and-institutions/investment-banking/capabilities-and -coverage-areas/restructuring.

45. Thomas L. Powers and Jay U. Sterling, "Segmenting Business-to-Business Markets: A Micro-Macro Linking Methodology," *Journal of Business & Industrial Marketing* 23, no. 3 (2008), pp. 170–77.

46. Peter R. Dickson, Paul W. Farris, and Willem J. M. I. Verbeke, "Dynamic Strategic Thinking," *Journal of the Academy of Marketing Science* 29, no. 3 (Summer 2001), pp. 216–38.

47. Eric Almquist and Gordon Wyner, "Boost Your Marketing ROI with Experimental Design," *Harvard Business Review* 79, no. 9 (October 2001), pp. 135–47.

48. Jack Neff, "Flu Gives Reckitt, Johnson & Johnson a Shot in the Arm," *Advertising Age* 14 (January 2013), http://adage.com /article/news/flu-reckitt-johnson-johnson-a-shot-arm/239156/.

49. Gary L. Frazier, "Organizing and Managing Channels of Distribution," *Journal of the Academy of Marketing Science* 27, no. 2 (Spring 1999), pp. 226–51; and Darren W. Dahl and Page Moreau, "The Influence and Value of Analogical Thinking during New Product Ideation," *Journal of Marketing Research* 39, no. 1 (February 2002), pp. 47–61.

50. Logan Hill, "At ChristianMingle and JDate, God's Your Wingman," *Bloomberg Businessweek*, February 28, 2013, www .businessweek.com/articles/2013-02-28/at-christianmingle -and-jdate-gods-your-wingman.

51. J. David Hunger and Thomas H. Wheelen, *Essentials of Strategic Management*, 4th ed. (Upper Saddle River, NJ: Prentice Hall, 2007).

52. Subin Im and John P. Workman Jr., "Market Orientation, Creativity, and New Product Performance in High-Technology Firms," *Journal of Marketing* 68, no. 2 (April 2004), pp. 114–32.

53. Bruce Buskirk, Stacy M. P. Schmidt, and David L. Ralph, "Patterns in High-Tech Firms Growth Strategies by Seeking Mass Mainstream Customer Adaptations," *Business Review, Cambridge* 8, no. 1 (Summer 2007), pp. 34–40.

54. Charles Gaudet, "Five Go-To Market Leaders That Dominate Their Niche," *Forbes*, March 25, 2014, https://www .forbes.com/sites/theyec/2014/03/25/five-go-to-market -leaders-that-dominate-their-niche/#51c232733650; and "Company Overview," *Blackbaud*, https://www.blackbaud .com/company/.

55. Don Peppers and Martha Rogers, *The One-to-One Manager: Real World Lessons in Customer Relationship Management* (New York: Doubleday Business, 2002).

56. Scott Yates, "6 Kick-Ass Examples of Marketing Personalization," *Hub Spot*, December 17, 2013, https://blog.hubspot .com/insiders/marketing-personalization-examples.

57. David A. Schweidel, Eric T. Bradlow, and Patti Williams, "A Feature-Based Approach to Assessing Advertisement Similarity," *Journal of Marketing Research* 43, no. 2 (May 2006), pp. 237–43.

58. E. J. Schultz, "Agent of Change: How State Farm Used New Logo, Tagline to Stay Relevant at 90," *Advertising Age*, November 26, 2012, http://adage.com/article/special-report -marketer-alist-2012/state-farm-reinvents-90-logo-tagline -digital/238419/.

59. Andrew Curry, Gill Ringland, and Laurie Young, "Using Scenarios to Improve Marketing," *Strategy & Leadership* 34, no. 6 (2006), pp. 30–39.

59. Andrew Curry, Gill Ringland, and Laurie Young, "Using Scenarios to Improve Marketing," *Strategy & Leadership* 34, no. 6 (2006), pp. 30–39.

60. "Burger King's Monster 923 Calorie Burger," *Metro News,* November 6, 2006, www.metro.co.uk/news/article.html?in_article_id=23982&in_page_id=34.

61. Detelina Marinova, "Actualizing Innovation Effort: The Impact of Market Knowledge Diffusion in a Dynamic System of Competition," *Journal of Marketing* 68, no. 3 (July 2004), pp. 1–20.

62. Cherise Threewitt, "14 Best Luxury Car Brands," *U.S. News & World Report*, November 22, 2016, https://cars.usnews.com/cars-trucks/best-luxury-car-brands; and "Compare 2017 Acura NSX vs 2017 Audi R8," *Car Connection*, http://www.thecarconnection.com/car-compare-results/acura_nsx_2017-vs-audi_r8_2017.

63. Michael E. Porter, *Competitive Advantage* (New York: Simon & Schuster, 1985).

64. David W. Cravens and Nigel F. Piercy, *Strategic Marketing,* 9th ed. (Boston: McGraw-Hill/Irwin, 2009).

65. Gregory Gethard, "Failing Giant: A Case Study of AIG," *Investopedia*, August 31, 2016, http://www.investopedia.com/articles/economics/09/american-investment-group-aig-bailout.asp; "AIG: America's Improved Giant," *Economist*, February 2, 2013, http://www.economist.com/news/finance-and-economics/21571139-insurer-has-done-good-job-rehabilitating-itself-can-it-stand-its-own; and "AIG Recognized for Corporate and Philanthropic Leadership." *AIG*, June 22, 2016, http://www.aig.com/about-us/awards-and-recognition/aig-recognized-for-corporate-and-philanthropic-leadership.

66. Charles Duhigg, "Amex, Challenged by Chase, Is Losing the Snob War," *New York Times*, April 14, 2017, https://www.nytimes.com/2017/04/14/business/american-express-chase-sapphire-reserve.html?_r=0.

67. Matthew Frankel, "5 Things You Didn't Know about American Express," *Motley Fool*, April 28, 2017, https://www.fool.com/investing/2017/04/28/5-things-you-didnt-know-about-american-express.aspx?yptr=yahoo.

68. "Best Global Brands," *Interbrand*, 2016, http://interbrand.com/best-brands/best-global-brands/2016/ranking/.

69. Richard Fry, "Millennials Overtake Baby Boomers as America's Largest Generation," *Pew Research*, April 25, 2016, http://www.pewresearch.org/fact-tank/2016/04/25/millennials-overtake-baby-boomers/.

70. Dan Schawbel, "10 New Findings about the Millennial Consumer," *Forbes*, January 20, 2015, https://www.forbes.com/sites/danschawbel/2015/01/20/10-new-findings-about-the-millennial-consumer/.

71. Duhigg, "Amex, Challenged by Chase, Is Losing the Snob War."

72. Duhigg, "Amex, Challenged by Chase, Is Losing the Snob War."

가치 제공 개발 : 제품 경험

Chapter 8

제품 전략 및 신제품 개발

학습목표

8-1 마케팅에서 제품 경험의 핵심적인 역할을 이해한다.

8-2 제품의 특징을 정의한다.

8-3 제품 전략이 한 제품에서 많은 제품들로 어떻게 진화되어 가는지에 대해 인식한다.

8-4 제품의 수명과 제품 전략이 시간에 따라 어떻게 변화하는지 이해한다.

8-5 장기적 성공을 위한 신제품 개발의 중요성을 인식한다.

8-6 신제품 개발 프로세스를 이해한다.

8-7 신제품이 시장에서 어떻게 확산되는지 파악한다.

제품 : 마케팅의 심장

제1장에서 논의했듯이, 마케팅의 기본 기능은 넓게 말해서 조직 전체가 고객에게 가치를 제공하는 것이다. 제품 경험은 가치를 제공함에 있어 핵심 요소이므로 마케팅의 심장으로 여겨진다. 최고급 에스프레소 메이커인 네스프레소는 네슬레에서 가장 빠르게 성장하는 브랜드 중 하나이다. 네슬레의 "완벽한 포션으로부터 완벽한 커피"를 공급하기 위한 노력은 글로벌 성장으로 이어졌으며, 이를 통해 고객이 가치를 제공하는 제품에 대해 기꺼이 돈을 지불한다는 것을 입증했다. 실제로 많은 네스프레소 고객들은 네스프레소의 커피 경험은 고급 레스토랑에서 제공하는 에스프레소에 견줄만하다고 주장한다.[1]

스타벅스는 제품인 커피에만 전념하지 않고 커피를 마시는 것 이상으로 생각했다. 마시는 커피와 함께 사회적으로 상호작용하며 라이프스타일을 공유하는 개념인 '스타벅스 경험'을 성공적으로 판매했다. 스타벅스는 '제품(커피)'과 커피를 마시는 경험을 매일 전 세계의 수백만 고객에게 가치를 제공하는 것으로 정의한다. 고객에게 가치를 제공할 때 제품 경험이 중요하다는 것을 고려하면 기업이 올바른 제품 경험을 전달하기 위해 노력하는 것은 놀라운 일이 아니다.

제품에 문제가 있다면, 어떠한 마케팅 커뮤니케이션과 물류 전문지식 그리고 정교한 가격 정책도 해당 제품을 성공시킬 수 없다. 애플은 아이폰, 애플워치, 아이패드, 아이맥 및 다른 제품들에 대해 혁신적인 제품을 출시하는 것으로 널리 알려져 있다. 그러나 애플 또한 제품의 실수를 경험했다. 가장 주목할만한 것 중 하나는 1990년대 초에 출시한 뉴턴으로, 이는 최초의 PDA였으나 팜이 더 작은 사용자 중심의 제품을 출시하면서 생산이 중단되었다. 애플이 팜보다 뛰어난 기술력을 보유하고 있었지만, 그 당시 애플은 제품의 핵심 가치를 제공하는 원동력을 이해하지 못했다. 실제로 사람들은 다른 기기와의 호환성, 유용한 기능들, 현실적인 가격을 가진 PDA를 원했다(초기 뉴턴의 가격은 1,000달러 이상이었음).[2] 뉴턴의 실패는 기술적으로 가장 좋은 제품이 항상 가장 성공적인 제품은 아니라는 점을 잘 보여준다. 사람들은 전반적으로 최고의 제품 경험을 제공하는 제품을 찾는다.

애플의 뉴턴은 다른 PDA와 비교했을 때 기술적으로는 우수하지만 팜과 같은 경쟁제품에 비해 더 나은 제품 경험을 제공하지 못했기 때문에 시장에서 실패했다.

©Chris Willson/Alamy Stock Photo

제품의 특징

제품의 정의 제품이라는 용어는 무엇을 의미하는가? 대부분의 사람들은 제품을 유형의 객체로 정의한다. 그러나 그것은 정확하지 않다. 제품 경험은 많은 것을 포함하는 개념으로, 다음 장에서 다루고자 한다. 고객이 스타벅스로 들어가는 경우 그들은 단지 커피만 구매하는가? 토요타에서 새롭게 출시한 프리우스를 구입한 사람은 단지 새로운 차량만을 구매한 것일까? 메이드웰 청바지를 구입한다는 것이 정말 청바지 하나를 구매하는 것일까? 이 질문들에 대한 대답은 고객이 커피 한 잔, 새 차, 청바지를 구매하면서도 제품 경험을 살 수 있다는 점이다. 마케팅 담당자가 고객 경험에 포함되는 것이 무엇인지 정확히 이해하는 것이 중요하다. 하지만 여러 다른 목표 시장의 고객들이 동일한 제품을 전혀 다른 방식으로 볼 것이기 때문에 고객 경험 요소를 이해하는 것은 특히 어려운 일이다. 딸에게 청바지를 사주는 부모는 아마도 메이드웰 청바지를 일반 청바지와 다르지 않다고 생각할 것이다. 하지만 위의 구매 상황과 관련해 10대들의 경우 그들의 선택을 중요하게 생각한다.[3]

제품(product)은 필요나 욕구를 충족시키기 위해 가치를 전달하는 활동으로 정의할 수 있으며, 이러한 활동에는 상품, 서비스, 이벤트, 사람, 장소, 조직, 정보, 심지어 아이디어도 포함된다. 대부분의 사람들이 컴퓨터나 자동차를 하나의 제품으로 고려하는 것은 문제가 없지만, 같은 사람들이 플로리다의 아멜리아 섬 리츠칼튼에서 보내는 주말 휴가를 하나의 제품으로 생각할까? 리츠칼튼은 그러할 것이라 판단하여, 리조트를 중심으로 한 특별한 마케팅 전략을 개발한다.

제품과 제품 항목을 구별하는 것은 중요하다. 제품은 포스트잇 혹은 타이드 세제와 같은 브랜드를 의미한다. 기업은 각 제품 내에서 고유한 사이즈, 특징 또는 가격을 나타내는 많은 제품 항목을 개발할 수 있다. 타이드 파우더 세제는 다양한 목표 시장을 공략하기 위해 다양한 사이즈로 무향을 포함한 열두 가지의 '향기'를 제공한다.[4] 향기와 사이즈의 조합은 타이드 제품 라인의 고유한 제품 항목을 나타내며, **재고관리단위**(stock keeping unit, SKU)를 통해 알 수 있다. 재고관리단위(SKU)는 유통 시스템, 재고 관리 및 가격 책정을 통해 제품을 추적하는 데 사용되는 고유한 식별 번호이다.

본질적 혜택 비행기 티켓을 구입하는 이유는 무엇일까? 분명히 한 곳에서 다른 곳으로 이동하기 위해 티켓을 구입한다고 대답할 것이다. 간단히 말해 비행기 티켓을 구매할 때의 본질적인 혜택은 다른 곳으로 이동하는 것이다. 따라서 항공사 제품 경험의 핵심은 사람들을 운송하는 것이다. 성공한 항공사를 비롯한 실제 모든 회사는 무엇보다도 본질적인 혜택을 제공해야 한다는 것을 알고 있다.

본질적 혜택(essential benefit)은 제품이 충족시켜야 하는 고객의 기본적인 니즈이다. 고객에게 다른 부가적인 제품 경험이 제공될지라도 본질적인 이점은 고객 접점의 한 부분이 되어야 한다. 예를 들어 항공사는 저렴한 요금, 간편하게 탐색할 수 있는 웹사이트 또는 기내 와이파이를 제공할 수 있지만, 본질적인 혜택(A지점에서 B지점으로 가는 경우)을 제공하시 못할 경우 고객들에게는 다른 항목들은 의미가 없다. 본질적인 이점이 없다면, 다른 혜택들은 실제로 고객의 경험에 대한 불만을 증가시킬 수 있다. 즉, 고객이 목적지에 도착하지 못했다면 저렴한 요금은 아무런 의미가 없다.

핵심 제품 항공기, 조종사, 승무원, 수화물 담당자, 예약 담당자, 관리자 및 IT 시스템은 사람과 수하물을 한 장소에서 다른 장소로 이동시키는 데 필요한 요소들이다. 항공사는 이러한 모든 요소들을 하나로 모아 사람들을 A지점에서 B지점으로 이동시키는 본질적인 혜택을 효율적이며 효과적으로 제공할 수 있는 제품을 개발한다.

기업은 본질적인 혜택을 물리적·유형적 요소로 변환하여 **핵심 제품**(core product)을 만든다. 몇몇 회사들은 이 변환을 다른 회사들보다 잘해서 경쟁자들과 구별할 수 있는 중요한 차별화 도구로 만든다.[5] 예를 들어 사우스웨스트항공은 항공 여행의 본질적 혜택 변환을 매우 잘한 사례를 보여준다. 한 종류의 항공기를 사용하여 예약에서부터 비행 경로에 이르기까지 모든 업무의 효율성을 높이고 직원들도 잘 관리해서 저가 항공 업계의 선두주자가 되었다. 이 과정에서 항공사 전체에 혁명을 가지고 왔다. 지난 15년 동안 항공사를 이용하는 많은 고객들이 불만족했던 핵심 제품 경험에 대한 정의에 대해 사우스웨스트사는 경쟁업체와 대조를 이루었다. 유나이티드, 아메리칸 및 델타 등의 기존 대형 항공사들은 재정적 문제를 겪었으며, 심지어 파산까지 경험했다. 그 이유 중 하나는 고객에게 긍정적인 핵심 제품 경험을 적절하게 제공하지 못했기 때문이다.

회사가 핵심 제품 경험을 창출할 때 고객의 기대를 정확하게 이해하는 것이 중요하다. 고객은 제품 경험의 모든 측면을 기대와 비교하여 평가한다. 항공사가 항공 일정을 정하면 고객은 지정된 시간에 항공편이 도착할 것으로 예상한다. 만약 항공편이 정시에 도착하지 않으면 승객은 이유들에 대해 평가하게 된다. 정시에 도착하지 못한 것은 항공사의 잘못일까 아니면 기상 악화 탓일까? 혹은 다른 원인이 있을까? 항공사는 정시 도착 비율과 경쟁업체 대비 순위에 민감한데, 이는 고객들이 이것을 중요한 핵심 제품 경험이라고 생각하는 것을 알기 때문이다. 고객 기대에 대비한 제품 경험 고객 평가는 제품 전반의 만족과 불만족을 결정하는 중요한 요소이다.[6]

향상 제품 핵심 제품은 제품 경험의 출발점이다. 모든 휴대 전화는 이동 통신의 본질적인 이점을 제공하지만 많은 서비스 제공업체가 제공하는 저가의 피처폰과 최신 아이폰 또는 안드로이드 간에는 큰 차이가 있다. 최첨단 디자인과 기능은 한 제품을 다른 제품과 기능적으로 차별화시킨다. 전 세계 소비자가 세련되어지고 수준이 높아짐에 따라 기업은 핵심 제품을 제공하는 것을 넘어 고객에게 향상감과 확장성을 제공하고 고객을 고무시키는 제품을 만들어야 한다.

향상 제품(enhanced product)은 핵심 기능을 확장하여 고객의 기대를 뛰어 넘는 추가 기능, 디자인과 혁신을 포함한다. 이러한 방식으로 기업은 핵심 제품을 기반으로 브랜드를 강화할 수 있는 기회를 창출한다. 앞선 사우스웨스트항공을 생각해본다면, 정시에 도착하며 저가 항공 여행에 대한 고객의 기대에 부응하고 있다. 또한 사우스웨스트는 마일리지 프로그램과 얼리버드 체크인, 좌석 업그레이드 등을 추가해 항공 여행 경험을 한층 강화했다. 도표 8.1은 사우스웨스트항공의 본질적인 혜택, 핵심 제품 및 향상 제품을 보여준다.

제품 분류

네 가지 방식으로 제품을 분류할 수 있다. 네 가지 방식 중 두 가지는 제품 특성에 따라 유형성과 내구성으로 구분하고, 다른 두 가지는 누가 제품을 사용하느냐에 따라 소비재와 비즈니스 제품으로 구분한다. 제품 분류에 따라 마케팅 전략이 다르므로 제품의 특성과 용도를 이해하는 것이 중요하다.

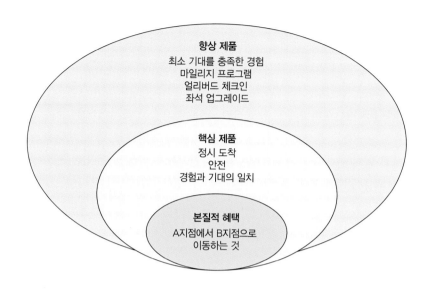

유형성 : 제품 경험의 물리적 측면 제품은 서비스와는 달리 **유형성**(tangibility)이라 불리는 물리적 측면을 갖고 있다. 유형 제품은 기회 요소(고객이 제품을 보고, 만지고, 경험할 수 있음)와 위험 요소(제품이 고객의 취향 및 선호도와 일치하지 않을 수 있음)를 가지고 있다. 반면, 서비스는 제품과 달리 만질 수 없는 무형적 특징을 갖고 있으며, 제10장에서 살펴보고자 한다. 오늘날 마케터가 직면한 중대한 도전은 많은 유형의 제품이 무형의 특징을 가지고 있다는 것이다.[7] 예를 들어 새 자동차에 대한 만족도에 영향을 미치는 중요한 요소는 구매 전후의 고객 서비스이다. 한편 서비스와 같은 무형의 제품은 유형의 특성을 가지기도 한다. 예를 들어, 항공사는 경쟁 우위를 창출하기 위해 비행기에 새로운 좌석을 도입한다.

내구성 : 제품의 용도 **내구성**(durability)은 제품 사용 기간을 나타낸다. **비내구재**(nondurable products)는 몇 가지 용도로 소비되며 일반적으로 내구성 제품보다 비용이 적게 든다. 소비자 측면에서 비내구성 제품은 치약, 비누, 샴푸와 같은 개인 미용 제품을 포함하지만, 기업 측면에서 비내구성 제품은 프린터 잉크, 종이 및 자주 구입하는 저렴한 사무용품 등을 포함한다. 이러한 제품은 자주 구입되며 비싸지 않기 때문에 기업들은 광범위한 유통망을 펼쳐 가능한 제품 이용 가능성을 증가시키고 제품 구매 동기를 높일 수 있는 매력적인 가격대를 설정한다. 또한 광고를 통해 적극적으로 홍보한다. **내구재**(durable products)는 제품 수명이 길고 상대적으로 비싸다. 소비자 측면에서 내구재는 전자레인지, 세탁기/건조기 및 TV와 같은 전자 제품이 포함된다. 기업 측면에서 내구재는 제조 과정에서 사용될 수 있는 IT 네트워크와 같은 제품은 물론 사무용 가구와 사업체 운영을 위한 컴퓨터 등의 장비가 포함된다.[8]

소비재 소비자는 수백만 개의 다양한 상품 중에서 수천 개의 제품을 구매한다. 표면적으로는 소비자가 구매하는 다양한 제품에 대한 분류 체계를 개발하는 것이 어려워 보일 수 있지만, 소비자 구매 습관을 편의, 선매, 전문, 비탐색과 같이 네 가지 범주로 분류할 수 있다.

새로운 정보를 찾거나 다른 옵션을 고려하지 않고 기존의 브랜드 경험과 구매 행동에 의존하여 자주 구매하는 비교적 낮은 가격의 제품을 **편의 제품**(convenience goods)이라고 한다. 이러한 편의 제품에는 세면도구, 휘발유와 종이로 만든 제품과 같이 정기적으로 구매하는 대부분의 항목이 포함되며 3개의 범주로 구분한다. 기본 식료품은 폴저스 커피 또는 보어스 헤드 햄처럼 매주 또는 적어도 한 달에 한번 구매하는 식품을 의미한다. 충동 제품은 이름에서 알 수 있듯이 계획 없이 구매한 제품을 의미한다. 자판기에서 이용할 수 있는 제품에 대해 생각해 보면 충동 제품에 대한 좋은 아이디어를 얻을 수 있다. 마지막으로 비상 상태에서 구매할 수 있는 많은 제품이 있다. 예를 들어, 허리케인이 발생한 지역에서는 사람들은 비상 상황을 대비하여 여분의 음식, 가스, 배터리 등의 제품들을 구매한다. 결과적으로 유통 경로상에서 이러한 제품들의 일시적 부족 현상을 흔하게 발견할 수 있다.

소비자에게 더 많은 탐색을 요구하고, 색상에서부터 크기, 특징 및 가격과 같은 제품 차원의 비교를 필요로 하는 제품을 **선매 제품**(shopping goods)이라고 한다. 선매 제품에 해당하는 소비재에는 의류, 가구 및 냉장고 및 식기 세척기와 같은 주요 가전 제품이 해당하며, 편의 제품과 비교했을 때 상대적으로 구매 시점이 멀고 가격도 비싸다. 소비자는 가격에 대한 고민, 가격 수준에 따른 다양한 선택, 잘못된 결정에 대한 두려움 때문에 구매 시 추가 정보를 탐색한다. 결과적으로 기업은 보다 많은 소비자들에게 다가가기 위해 특정 기능에 따라 가격을 달리하는 제품 전략을 개발한다. 예를 들어 브랜드 월풀은 가격 범위가 599~1,899달러에 이르는 다양한 가격대의 헤어드라이어를 만든다.

전문 제품(specialty goods)은 특정 소비자를 위한 제품 특성을 반영한 독특한 구매 경험을 제공하는 제품을 말한다. 전문품 제품의 특성에는 애플 아이폰의 사용하기 쉬운 인터페이스, 포르쉐의 스포츠카 명성과 같은 브랜드 동일시와 같이 실제거나 지각된 특성이 있다. 소비자들은 속성이 무엇이든 소비자들은 선택할 수 있는 제품 수를 최소화하고 가격에 구애받지 않는 의사결정 방식을 사용한다. 또한 소비자들은 원하는 제품을 찾기 위한 많은 노력을 한다. 하지만 이러한 과정에서 제품 서비스, 판매원의 전문 지식 및 고객 서비스에 대한 기대가 더 높아진다. 실제로 뱅앤올룹슨의 고가 전자기기 라인은 일반 소매점에서는 판매되지 않으며, 주요 도시에 개설할 수 있는 소매점 수가 제한되어 있다. 따라서 뱅앤올룹슨 제품을 구매하고자 하는 소비자는 구매 가능한 매장을 찾아야 한다.

마지막으로 **비탐색 제품**(unsought goods)은 소비자가 추구하지 않는 제품이며 실제로 전혀 구매하지 않는 제품이다. 특히 생명 보험은 사람들이 구매하고 싶어 하는 제품은 아니다. 일반적으로 고객은 질병, 사망 또는 비상 사태와 관련된 제품이나 서비스를 구매하기를 원하지 않는데, 이는 부분적으로는 구매를 둘러싼 상황이 즐겁지 않기 때문이다. 결과적으로 기업은 구매 과정에서 고객을 도와줄 수 있는 능숙한 판매원을 보유하고 있으며, 이러한 판매원들을 통한 지속적이며 적극적인 마케팅 커뮤니케이션이 필요하다.

비즈니스 제품 기업은 방대한 양의 제품을 구매하는데 (1) 제조 과정에서 사용되는지 여부와 (2) 비용이라는 두 차원을 기준으로 세 가지 영역으로 제품을 분류할 수 있다. 제조 과정의 결과로 완제품과 통합된 제품은 원료 혹은 부품이다. **원료**(materials)는 최종 제품의 일부가 되는 원재료(목재, 구리와 같은 물질) 또는 농산물(옥수수, 대두)이다. **부품**(parts)은 생산 과정에서 완전히 조립되거나 더 큰 부품으로 조립되기 위해 사용되는 용품을 의미한다.

생산 과정에서 직접적으로 사용되는 제품 외에도 기업은 운영을 지원하기 위해 다양한 제품과 서비스를 구매한다. 이는 저비용/구매 빈도가 높은 것에서부터 고비용/구매 빈도가 낮은 것에 이르기까지 다양하다. 소모성 자재인 MRO **공급품**[maintenance(유지 보수), repair(수리), operating(운영) supplies]은 회사 운영에 있어 필요한 일상 용품으로, 단위 비용은 낮지만 연간 총비용은 높을 수 있다.

원가/구매 연속선상에서 또 다른 끝에 위치한 **자본재**(capital goods)는 중요한 비즈니스 기능을 지원한다. 새로운 공장 또는 IT 네트워크를 구축하기 위해서는 수백만 달러가 들며 고객맞춤화가 필요한 대규모 장비를 구입해야 한다. 이러한 구매를 위한 협상은 수개월, 때로는 몇 년씩 걸린다. 애플이나 아마존과 같은 회사에서 새로운 데이터 센터를 구축하는 데 2~5년이라는 시간이 걸리며, 그 비용은 15~25억 달러까지 이른다. 기업에게 자본재를 판매하는 회사는 인적판매와 고객맞춤화를 동반한 높은 수준의 고객 서비스에 중점을 둔다.

제품 차별화 : 차별화 포인트 창출

제품 구매 의사결정과정의 근본적인 질문은 어떻게 제품을 차별화할 것인가이다. 결과적으로 마케팅 관리자는 고객의 마음속에서 경쟁제품과 비교했을 때 자신들의 제품을 성공적으로 차별화시킬 수 있는 중요한 특징을 파악해야 한다. 그런 다음 해당 제품이 그러한 특징들을 가질 수 있도록 해야 한다. 이때, 고객 선호도, 비용 그리고 회사의 자원을 포함한 많은 요인들의 균형을 맞춰야 한다.

형태 제품 차별화에 있어 가장 기본적인 방법은 제품의 **형태**(form), 즉 크기, 모양, 색상 그리고 다른 물리적 요소를 변화시키는 것이다. 기능적으로 매우 유사한 제품들은 패키징이나 배송을 통해 차별화할 수 있다. 지난 몇 년간 미국에서 기네스가 성장할 수 있었던 이유는 신제품을 통한 제품 변화와 패키징이었다(도표 8.2). 항공 업계에서 여객기 생산의 선두주자인 봄바디어는 최근 보잉과 에어버스에 대응하기 위해 첫 번째 제품인 C시리즈를 출시했다. C시리즈는 130석을 갖춘 CS300과 108명의 승객을 태울 수 있는 CS100으로 총 두 종류가 있다. C시리즈의 경량 알루미늄과 복합 소재는 높은 효율성을 제공하며, 터보 팬 엔진은 기존 여객기보다 연료 효율성이 뛰어나 운행 시 15%의 절감 효과를 가져온다. 델타항공은 봄바디어 사의 여객기 CS100을 75대 주문했으며, 이는 약 56억 달러의 가치를 지닌다.[9]

봄바디어는 전 세계적으로 이동수단에 대한 니즈를 충족시키기 위해 소형에서 중형에 이르기까지 다양한 크기의 항공기를 제조한다.

©Graham Hughes/Alamy Stock Photo

도표 8.2	기네스 제품의 형태와 제품 변형

©Editorial Image, LLC

특징 제품의 차별점을 물어본다면, 많은 사람들은 제품의 기능을 말할 것이다. **특징**(feature)이란 제품 속성 또는 성능을 말하며 경쟁 제품과 차별화하기 위해 제품에 추가되거나 제거되는 경우가 많다. 그러나 기업이 제품 관련 의사결정을 할 때 소비자 가치 제공이 기본적인 동인이 되지만 고객이 원하는 제품 기능과 주어진 품질 수준에서 기업이 지불해야 할 비용 사이의 균형을 맞추어야 한다.[10]

흥미롭게도 연구에 따르면, 경쟁업체들은 종종 매우 다른 특징을 가진 제품들을 만든다. 예를 들어 휴대 전화 제조업체는 제품 라인 전체에서 제품 특징 믹스를 지속적으로 평가한다. 삼성과 애플 모델을 비교한다면, 여러 가지 특징 차이를 쉽게 발견할 수 있다. 마케터가 직면하는 가장 큰 도전 중에 하나는 목표 고객들의 니즈와 욕구를 가장 잘 충족시킬 수 있는 제품 특징 믹스를 결정하는 것이다. 경쟁업체들은 동일한 기능을 조합하지 않기 때문에, 결국 어떤 기능을 포함시키고 제외시킬지 결정하는 것이 제품 성공에 있어 중요하다.

성능 품질 기업은 항상 최고 품질의 제품을 만들어야 할까? 몇몇 사람들은 '예'라고 말할 것이다. 그러나 질문에 대한 대답은 그보다 더 복잡하다. 기본적으로 기업은 목표 고객이 지불하고자 하는 성능 수준으로 제품을 만들어야 한다. 이는 기업이 다양한 가격대의 요구를 충족시키기 위해 여러 성능 수준에서 제품을 개발하는 것을 의미한다. 이때, 핵심은 고객에게 가치를 전달하는 것이다. 항공 산업을 생각해본다면 사우스웨스트와 같은 일부 항공사를 제외한 대부분의 항공사는 서로 다른 서비스 클래스를 제공한다. 국내선에서는 이코노미와 퍼스트를, 국제선 항공편의 경우 종종 이코노미, 프리미엄 이코노미, 비즈니스와 퍼스트 클래스 등의 세 가지 또는 네 가지 서비스 클래스를 제공하며 클래스별 가격이 다양하다. 예를 들어, 뉴욕에서 런던까지의 왕복 비행은 700달러 수준이라고 한다면, 같은 비행기의 일등석은 1만 6,000달러를 훌쩍 넘길 수 있다. 결과적으로 고객이 제공받은 가치에 대해 기꺼이 가격을 지불할 수 있도록 경험을 정의하는 것이 핵심이다.[11]

기업의 성능 품질에 대한 시장 인식은 시장 영역을 정의하는 데 중요하다. 기업은 일반적으로 제품의 성능 품질을 브랜드에 대한 인식과 일치시키려고 한다. 예를 들어, 타이멕스는 2만 5,000달러 시계를 개발하지 않을 것이다. 왜냐하면 시장에서 롤렉스에 대해서는 고급 시계를 기대하지만 타이멕스가 그 정도 생산 품질을 가진 시계를 만드는 것을 기대하지 않고 받아들이지도 않을 것이기 때문이다.[12] 또한 비용을 절감하거나 새로운 시장에 진출하기 위해 성능을 너무 낮춰서도 안 된다. 품질에 대한 이미지를 잃어버리게 되면 브랜드 이미지가 심각한 손상을 입는다. 예를 들어, 제품 안전은 소비자에게 여전히 중요한 관심사인데, 품질 기준에 맞지 않는 제품은 소비자의 신뢰를 잃을 수 있다.

일치성 품질 소비자는 마케팅 커뮤니케이션에서 약속한 기능 및 성능 특징을 제공하는 제품의 **일치성**(conformance)을 중요하게 고려한다. 즉, 마케터와 제조업체가 직면한 과제는 모든 제품이 이러한 약속을 지켜야 한다는 것이다. 제조업체를 통해 생산된 제품이 명시된 성능 기준을 높게 충족하면 해당 제품의 일치성 품질이 높다고 말할 수 있다.[13] 누군가가 콜라를 열었을 때 '쉬익' 하는 소리가 없다면 콜라가 아닐 것이다. 코카콜라와 제조업체가 겪는 어려움은 소비자가 세계 어디에서나 캔이나 병을 여는 경우 모든 코카콜라가 적절한 탄산 작용을 해야 한다는 것이다.

내구성 소비자 연구와 구매 패턴에 따르면 사람들은 특정 작동 조건에서 제품의 예상되는 수명인 **내구성**(durability)을 중요한 차별적 특성으로 생각하며, 내구성이 큰 제품에 대해 가격 프리미엄을 지불할 의사가 있다.[14] 키친에이드의 주방기구는 내구성이 좋은 것으로 명성이 높은데 이 내구성 덕분에 가격 프리미엄이 있다.

신뢰성 유사한 제품에 대한 차별적 판단 기준은 제품의 신뢰성이다. **신뢰성**(reliability)은 실패나 중단 없이 제품이 작동하는 시간의 비율을 의미한다. 기업과 소비자는 신뢰성이 구매 결정에 있어 중요한 차별화 요소라고 말한다. 그러나 지나치게 제품 신뢰성이 높은 것은 오히려 기업에게 독이 될 수 있다. 실제로 기업은 오랫동안 사용할 수 있는 고사양의 프리미엄 컴퓨터를 만들 수 있지만 대부분의 컴퓨터 제조업체는 그렇게 하지 않는다. 왜냐하면 컴퓨터 기술이 너무 빠르게 변화하고 제품 개선이 빨리 이루어지기 때문에 사람들이 컴퓨터를 구입할 때 오랫동안 사용할 수 있는 컴퓨터에 프리미엄을 지불하려고 하지 않기 때문이다.[15] 그들은 컴퓨터가 오작동을 일으키기 전에 더 싸고 좋은 기술을 사용할 수 있다는 것을 알고 있다.

유지보수성 점점 더 많은 소비자와 기업이 제품 평가과정의 일환으로 **유지보수성**(repairability), 즉 제품에 문제가 발생했을 때 이를 해결할 수 있는 용이성을 평가한다. 결과적으로 많은 기업들은 제품에 대한 더 나은 진단 프로그램을 구축했으며, 해당 프로그램을 통해 많은 비용을 지불하지 않고도 제품을 분리, 식별 및 수리할 수 있게 되었다.[16] 고급 승용차 제조업체를 포함한 많은 자동차 회사는 최근 타이어가 손상된 후에도 운전자가 운전을 계속할 수 있게 해주는 평평한 타이어인 런-플랫 타이어를 제공하고 있다. 동시에, 해당 제품은 적절한 장소에서 온라인 또는 전화로 수리 서비스를 요청하도록 설계되었다. 휴대 전화 제조업체와 서비스 제공 업체는 자가 진단 전화를 함께 구축했는데, 이를 통해 서비스 기술자가 현장의 상황을 평가할 수 있도록 했다. 실제로 기술자는 전화 통화 중 사소한 소프트웨어 업그레이드나 수리를 진행할 수 있다. 물론 유지보수성을 높이면 비용이 발생한다. 이러한 서비스에 대해 기업은 지속적으로 비용과 편익을 평가해야 한다. 예를 들어, 제너럴모터스는 온스타 가이드 플랜의 무료 시험 기간을 6개월에서 3개월로 축소했지만, 새로운 차량에는 해당 프로그램을 5년 동안 무료로 제공된다는 점을 소비자에게 강조한다. 온스타의 프로텍션 플랜은 가장 중요한 안전과 관련된 기능을 제공하며, 이는 연간 수백 달러의 새로운 수익을 발생시켰다. 포드와 기아도 유사한 서비스를 제공했는데 고객들에게 별도의 가입비를 받지 않았다. 이는 GM이 동력전달 장치에 대한 보증 기간을 5년 또는 6만 마일까지 줄인 직후에 나왔으며, 이러한 서비스의 변화는 GM 자동차에 대한 지각된 가치를 감소시키고 GM의 영업 마진을 악화시키는 결과를 초래했다.[17]

스타일 제품을 정확하게 평가하고 제품으로 만들기 가장 어려운 차별화 도구 중 하나는 제품의 외형과 느낌, 즉 **스타일**이다. 누군가가 특정 제품이 스타일이 있다고 말하는 것은 쉽지만, 하나의 제품으로 디자인하는 것은 어려울 수 있다. 이러한 점에서 스타일이 다른 차별화 도구보다 모방하기 어렵다는 것은 장점이다. 삼성, 핏비트, 그리고 마이크로소프트에 이르기까지 많은 기업들은 성공적인 웨어러블 기기를 개발하려 했지만 그중 누구도 애플워치와 경쟁할 수 있는 제품을 개발하지 못했다. 배터리 수명과 기능 누락 문제에도 불구하고 애플워치는 웨어러블 시장의 선두 주자가 되었다. 애플워치는 아이폰과 아이맥 등의 제품을 만들면서 구축한 애플의 강한 명성을 기반으로 성공할 수 있었다.

스타일의 일관성을 유지한다는 것은 어려울 수 있다. 시간이 지남에 따라 소비자의 취향은 변하고 그 당시 세련된 것으로 여겨졌던 것 또한 빠르게 그 매력을 잃을 수 있다. 기업은 트렌드를 파악하는 데 도움이 되는 정보시스템에 투자한다. 트렌드가 확인되면 제품 개발 팀은 이를 제품에 통합할 수 있는 디자인 요소로 변환할 수 있어야 한다.[18] 일부 산업에서는 이 과정이 매우 중요하다. 예를 들어, 의류 제조업체는 특정 스타일이 인기 있는 동안에도 향후 트렌드를 예상하고 효율적인 생산 과정을 통해 옷을 디자인하고 제작해 유통한다.

도표 8.3에서는 제품 차별화와 그 사례를 설명한다.

도표 8.3 | **제품 차별화**

형태		샤워 패널의 무수히 많은 스프레이 헤드를 통해 흘러내리는 물은 고급스러운 샤워 경험을 제공한다.
특징		런던의 새로운 택시 TX 5는 클래식한 런던 택시가 완전히 새롭게 디자인된 버전으로, 차량 내 엔터테인먼트와 같은 많은 새로운 기능을 통합했으며 까다로운 배기가스 기준을 충족시키기 위해 완전히 전기로만 운행된다.
성능 품질		석유 회사는 소비자의 요구를 충족시키기 위해 여러 등급의 휘발유를 생산한다.

일치성 품질

크레스트 화이트 스트립은 저렴한 가격의 치아 미백제로, 효과가 없을 경우 60일 내 환불을 보증해준다.

내구성

고객 만족을 위한 약속의 일환으로 팀버랜드는 부츠와 같은 최고 품질의 내구성이 높은 제품들을 만드는 것으로 유명하다.

신뢰성

캐리어는 캐리어에어컨은 믿을 수 있다는 점을 촉진한다. 또한 다양한 품질 보증을 통해 다른 품질 수준을 제공한다.

유지보수성

많은 자전거 제조업체는 그들의 자전거가 수리하기 쉽다는 점을 강조하며, 문제가 발생할 시 누구나 손쉽게 대부분의 문제를 해결할 수 있다는 점이 핵심이다.

스타일

애플워치는 색상과 다양한 시계 밴드를 선택할 수 있는 고객맞춤화뿐만 아니라 시계 디자인 스타일을 촉진하여 알린다.

제품 계획 : 한 제품에서 여러 제품으로

지금까지 단일 제품을 중심으로 살펴보았다. 그러나 기업은 일반적으로 다양한 제품을 생산한다. 이러한 제품들은 한 제품 또는 완전히 다른 여러 제품들을 변형하거나 확장한 것들이다. 대부분 사람들은 3M 하면 이 회사의 상징 브랜드인 자체 접착식 노트인 포스트잇 하나만 떠올리지만, 실제로 600개가 넘는 포스트잇 제품이 100개국 이상에서 판매되고 있다.[19] 3M의 다양한 포스트잇 제품과 40개 이상의 핵심 제품 라인의 수천 개 제품을 연결하려고 할 때 경영자가 한 제품을 기업 전체 제품 전략에 맞추는 방법을 이해해야 하는 이유를 분명히 알 수 있다. 계획 수립은 단일 제품뿐만 아니라 회사 카탈로그의 모든 제품에 대한 전략을 세우는 것이다.

제품 라인 제품 라인(product line)은 사용량, 고객 프로파일, 가격, 유통 경로 혹은 니즈 충족을 통해 연결되는 제품들의 그룹이다. 제품 라인 내에서 단일 제품에 대한 전략뿐만 아니라 라인의 모든 제품에 대한 전략도 개발된다. 예를 들어, 3M은 포스트잇 카드와 같은 각 포스트잇 제품에 대한 전략을 개발한다. 이 전략은 각 제품에 맞는 제품 용도, 목표 시장, 마케팅 메시지를 파악하는 것이다. 동시에, 3M은 특정 시장을 위해 개별 제품을 결합하여 소비자 중심 카탈로그를 만든다. 학생들은 자신들을 목표 시장으로 한 포스트잇 제품들을 찾을 수 있으며 교사들도 자신들을 위한 별도의 제품 목록을 발견할 수 있다.

기업은 하나의 제품 라인 내 품목 수의 균형을 맞춰야 한다. 너무 많은 품목과 고객은 제품 간의 차별화를 어렵게 하며, 또한 여러 제품을 생산하는 데 있어 비효율적인 비용이 발생해 전체 제품 라인의 마진이 낮아진다. 너무 적은 수의 제품을 보유한 기업은 중요한 시장 기회를 놓칠 위험을 감수해야 한다. 소비자들은 소규모 부티크 브랜드에 끌리며, 젊은 소비자들은 신선한 음식 소비를 23%까지 늘린다. 캠벨 수프의 경우 지난 겨울 시즌 메뉴를 실패했기 때문에 다가올 겨울에 대한 새로운 조리법이 필요했다. 따라서 회사는 세 가지 새로운 수프 라인인 웰 예스, 가든프레시고메 및 수플리시티를 개발했다. 가든프레시고메와 수플리시티는 기존의 통조림 캔 대신 플라스틱 용기에 판매되는 냉장 제품이다. 수플리시티는 완전한 유기농 제품으로 세 가지 중 최고급 라인이다. 가든프레시고메 수프는 가족 단위의 크기이며, 완전한 유기농은 아니지만 여전히 건강을 지향하는 브랜드이다. 웰 예스는 기존의 통조림 캔 형태로 출시되었으며 건강한 재료와 전통적인 조리법을 사용하였다. 저렴한 가격으로, 웰 예스는 건강을 위해 긍정적인 변화를 시도하지만 엄격한 규칙을 따르지 않으며, 기존의 통조림 수프를 구입하는 소비자를 대상으로 한다.[20]

제품 믹스 하나의 기업에서 제공하는 모든 제품을 결합한 것을 **제품 믹스**(product mix)라고 한다. 소규모 기업의 경우 제품 믹스가 상대적으로 제한되어 있지만 기업이 성장함에 따라 제품 목록도 다양해진다. 전체 제품 믹스를 위한 전략을 개발하는 것은 조직의 최고 수준에서 수행된다.[21] 3M이나 GE와 같은 대기업은 수백 가지 제품과 수천 가지 제품 품목을 포괄하는 광범위한 제품 라인을 보유하고 있다. 도표 8.4는 포스트잇 노트에서부터 통신 기술 시스템 및 다양한 산업 응용 프로그램에 이르는 3M의 5만 5,000개 이상의 제품 중 일부를 보여준다.

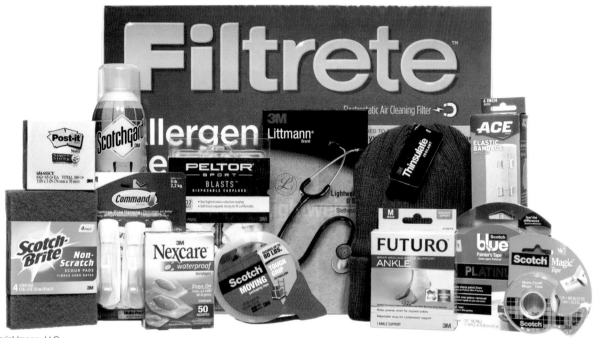

©Editorial Image, LLC

제품 의사결정은 다른 마케팅 믹스 요소에 영향을 미침

제품에 대한 결정은 마케팅 믹스의 다른 요소에 영향을 미친다. 다음에서는 제품 결정이 두 가지 주요 마케팅 믹스 요소인 가격 책정과 마케팅 커뮤니케이션에 미치는 영향에 대해 살펴보고자 한다.

가격 책정 가격 책정(pricing)은 주요 마케팅 믹스 구성 요소 중 하나이며 제11장에서 자세히 다룰 예정이다. 여기서는 제품 라인 가격 책정과 관련된 몇 가지 주요 쟁점을 다루고자 한다. 광범위한 제품 라인의 맥락에서 개별 제품 가격을 책정하려면 라인의 모든 제품에 대한 가격 포인트를 명확하게 이해해야 한다. 종종 GBB(Good-Better-Best), 즉 "좋은, 더 나은, 최고의" 제품 라인 전략에 따라 특정 시장들을 목표로 복수의 가격대가 제시된다. 이 전략에서는 여러 목표 시장의 관심을 끌기 위해 특정 가격대별로 뚜렷한 기능을 갖춘 제품을 보유한 다수의 제품 라인을 개발한다. 신제품이 출시되면 마케팅 담당자는 고객의 혼란을 피하기 위해 제품 기능 믹스 및 가격대에 대한 고객의 인식을 신중하게 고려한다.

  기술 기업들은 수년 동안 이전 모델보다 많은 기능을 갖추었지만 덜 비싼 신제품에 대한 가격 책정을 해야 하는 도전에 직면했다. 델과 HP는 저렴하면서도 더 강력한 신제품이 제품 믹스에 추가되면 기존 제품 수요가 떨어지는 경우가 있기 때문에 신제품 가격 책정에 민감하다. 델은 기존 제품 수요 감소가 최소화되도록 신제품 가격을 책정한다. 동시에 기존 제품의 가

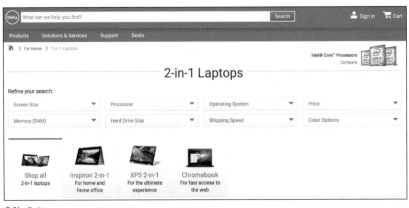

출처 : Dell

격을 낮춰 신제품과 기존 제품을 확실히 구분한다(도표 8.5 참조).

마케팅 커뮤니케이션 마케팅 담당자는 마케팅 커뮤니케이션의 초점을 한 제품 품목에 둘 것인지 제품 브랜드에 둘 것인지에 대한 전략적인 의사결정을 수행한다. 일반적으로 기업은 두 가지 모두를 수행하지만, 위의 두 가지 접근법은 커뮤니케이션 전략에서 큰 차이를 만든다. 예를 들어, 3M의 포스트잇 마케팅 커뮤니케이션은 대부분 포스트잇 제품 라인에 중점을 두고 브랜드를 강조한다. 반면, 하겐다즈는 특정 제품(아이스크림, 셔벗, 요구르트) 및 각 제품 (초콜릿, 아몬드 헤이즐넛 스월, 파인애플 코코넛) 내의 특정 제품 품목에 초점을 맞춘다.

두 번째 커뮤니케이션 문제는 제품 라인의 제품 품목에 대한 커뮤니케이션 비용 배분과 관련된다. 하겐다즈는 전체 제품 라인에서 서른 가지 이상의 아이스크림과 수십 개에 이르는 다른 제품을 보유하고 있다. 회사는 각 제품에 대한 예산을 할당한 다음 각 특정 제품 항목에 대한 결정을 내려야 한다. 이는 마케팅 담당자에게 몇 가지 과제를 제시한다. 초콜릿이나 바닐라 같은 대중적인 맛을 기반으로 커뮤니케이션 비용을 배분해야 할까? 혹은 마야 초콜릿과 같은 신제품을 활용해 경쟁업체가 제공하지 않는 제품을 제시함으로써 경쟁 우위를 확보하는 데 중점을 두어야 할까? 신제품은 도입기에 항상 추가적인 커뮤니케이션 예산을 발생시킨다. 일단 제품이 시장에서 자리를 잡게 되면, 신제품 커뮤니케이션 캠페인에 드는 막대한 비용을 줄이는 것이 가능할 것이라 가정한다(도표 8.6 참조).

제품의 수명 : 제품 경험 만들기

8-4

제품의 수명과 제품 전략이 시간에 따라 어떻게 변화하는지 이해한다.

시간이 흐름에 따라 시장 상황이 변화하기 때문에 회사는 제품들을 만들고, 출시하며 변형한다. 이러한 제품의 진화는 **제품수명주기**(product life cycle, PLC)라고 불리며 제품의 도입, 성장, 성숙, 쇠퇴라는 네 가지 기본 단계로 정의된다(도표 8.7 참조).[22]

출처 : HDIP, INC

하겐다즈는 꾸준히 사랑받는 맛을 통해 제품 라인을 성공적으로 구축했으며, 신제품 또한 지속적으로 소개한다.

도표 8.7	제품수명주기

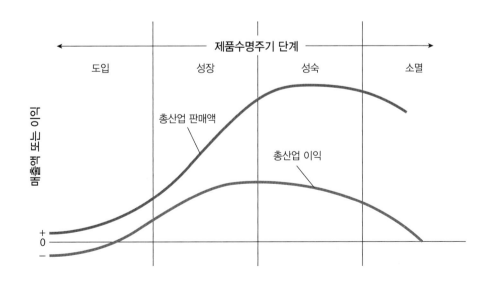

기업은 종종 산업 제품수명주기와 비교하여 자사 제품 품목을 추적 조사하지만 일반적으로 제품수명주기는 제품 품목(캐논데일 퀵 바이시클)이 아닌 제품 범주(피트니스 자전거)를 기준으로 작성된다. 제품수명주기는 (1) 시장 분석을 위한 전략적 프레임워크를 제공하고, (2) 역사적 트렌드를 추적하며, (3) 미래 시장 상황을 식별한다는 점에서 유용한 도구이다. 예를 들어 캐논데일 바이시클은 현재 피트니스 자전거 시장을 평가한 다음 제품수명주기에서 해당 제품의 위치를 기초로 퀵 브랜드의 성장 기회를 고려할 수 있다.

제품수명주기상 매출과 수익성

PLC 그래프에는 2개의 라인이 있다. 상단 라인은 시간 경과에 따른 제품의 산업 판매 수익을 나타낸다. 제품이 소비자 수용 단계를 지나면서 도입 및 성장 단계에서 판매 수익이 급격히 증가한다. 어느 시점에서 매출이 감소하기 시작한다. 그러나 매출 감소가 반드시 제품의 사망을 의미하는 것은 아니다. 기업은 새로운 제품을 만들거나 시장 상황이 바뀌면 제품을 다시 활성화하고 새로운 성장 단계를 시작할 수 있다. 에비앙, 다사니, 보스를 비롯한 다른 회사에서 새로운 패키징을 개발하고 새로운 맛을 추가하며 물이 가져다주는 건강 측면을 강조할 때까지 생수는 쇠퇴기에 있는 제품으로 간주되었다. 현재 이 제품 범주는 전 세계적으로 성장기를 경험하고 있다.

PLC 그래프의 두 번째 라인은 해당 업계에서 경쟁하고 있는 기업들의 총이익이다. 제품이 도입기에 있을 때, 제품을 출시하는 개척 기업은 제품 개발 비용을 부담해야 한다. 동시에 시장에 진입하는 새로운 기업은 제품 출시와 관련된 초기 개발 비용 및 초기 마케팅 비용을 감당해야 한다. 결과적으로, 해당 업계는 PLC를 '적자'로 (이익 없음) 시작한다. 제품 카테고리가 성장함에 따라 성공적인 기업은 초기 비용을 회수하고 투자 수익을 실현하기 시작한다. 제품수명주기에서 수익과 수익성을 둘러싼 도전의 좋은 예시는 엘론 머스크의 테슬라 자동차 회사이다. 이 전기 자동차 개척 기업의 주가는 솟구치고 충성스러운 추종자 집단이 있지만 동시에 회의적인 사람들의 집단도 커지고 있다. 테슬라는 계속해서 손실을 보고하고 있으며, 애널리스트들에 따르면 손실은 최소한 중단기적으로 지속될 것이며, 회사의 장기적인 생존 가능성에 의문을 제기했다. 모델 3과 같이 새로운 모델을 찾는 고객들이 증가하면서, 테슬라 모델 S와 모델 X에 대한 수요 또한 증가하고 있다. 게다가 테슬라는 주차 브레이크 문제로 5만 3,000대의 자동차를 리콜한 후에 품질 관리 문제를 경험했다. 매출 성장이 한 가지 측면이라면, 수익성 향상은 더 어려운 문제이며 특히 신제품인 경우 더욱 그러하다.[23]

제품수명주기의 타임라인

제품 범주 내의 제품들이 제품수명주기상에서 이동하는 속도는 일정하지 않으며 제품 범주에 따라 변동성이 있나. 경우에 따라 한 달 동안 전체 주기를 이동해 새로운 제품 디자인으로 대체될 수 있다. **단기 유행**(fads)은 빨리 왔다 지나가 버리는데 종종 제한된 숫자의 사람들에게만 전달되지만 시장에서 많은 입소문을 만들어낸다.[24] 여성복은 주로 시즌별로 변화하는데, 봄에는 제품 라인이 도입되고 여름과 가을에는 성장기를, 겨울이 되면 쇠퇴기로 접어든다. 이

주기가 한 판매 시즌인데, 이 경우 1년이다. 남성복과 같은 제품의 경우 도입부터 쇠퇴까지 수십 년이 걸릴 수 있다. 남성용 클래식 정장은 매 시즌 점진적인 변화를 경험하지만, 동일한 기본 디자인은 수년 동안 계속되어 왔다. 이 제품의 기능성 때문에 스타일이 오래 지속되었다.

제품수명주기의 주의사항

제품수명주기(PLC)에 대한 몇 가지 주의사항을 기억해야 한다. PLC는 제품 카테고리를 연구하기 위한 체제로 간주될 때 가장 잘 작동하고 유용한 개념적 도구이다. 특히 PLC의 전환점에서 제품이 어느 단계에 있는지를 확실히 아는 것은 어려울 수 있다. 오히려 PLC를 사용하면 마케팅 담당자가 카테고리의 과거 추세를 평가하고 시간 경과에 따라 제품이 어떻게 작동하는지 추적할 수 있다. 당연히 동일한 데이터에 대해 한 회사의 마케팅 담당자가 도출한 결론과 다른 회사의 담당자가 도출한 결론 간의 해석 차이가 발생할 수 있다.

PLC는 마케팅 담당자가 역사적 선례에 초점을 맞출 때 유용하다(제품이 어느 단계에 위치해 있는가? 미래에는 어디에 위치할 것인가? 다음 단계에서 성공하기 위해서 어떻게 계획해야 할까?). PLC를 신제품 개발을 위한 계획 도구로 사용함으로써 불안정한 시장 변동의 직접성에 빠지지 않도록 하는 것이 가능하다. 도표 8.8은 제품수명주기의 단계를 요약한 것이다.

도표 8.8 | 제품수명주기

	도입기	성장기	성숙기	쇠퇴기
목표	시험 구매를 유도하기 위한 시장 인지도를 구축해야 한다.	새로운 경쟁자의 제품과 차별화하여 빠르게 확장해야 한다.	높은 성장에서 안정적인 매출로 제품을 전환해야 한다.	향후 제품의 미래를 결정해야 한다.
수익성	매출이 낮으며, 일반적으로 많은 실패율을 보인다. 높은 마케팅 비용과 제품 비용이 발생한다.	빠른 속도로 매출이 증가한다. 운영이 간소화됨에 따라 이익이 증가된다.	매출은 계속 증가하기는 하지만 그 비율이 감소한다. 비용 최소화를 극대화했다.	장기적으로 매출은 감소한다. 이익 마진이 크게 감소한다.
시장 상황				
시장 세분화	존재하지 않는다.	새로운 시장 세분화가 수립된다.	시장이 포화 상태가 된다.	소비자의 취향 변화와 대체제가 시장 세분화를 침식시킨다.
목표 고객	혁신 소비자와 조기 수용자	조기 수용자와 조기 다수자	조기 다수자	최후 수용자
경쟁 환경	경쟁이 거의 없다.	많은 경쟁자들이 시장에 진입한다.	중요하지 않은 주변부의 경쟁자들이 떨어져나간다.	수요 감소로 인해 많은 수가 시장에서 사라진다.
경쟁자 반응	시장 추종자는 선두주자와 비슷한 제품을 출시할 것이다.	대기업은 소규모의 선두 기업을 인수할 수도 있다.	기능을 뛰어넘어 스타일을 강조한 제품 모델이 특징적이다.	전문 제품을 중점으로 하는 기업만 남아 있다.

(계속)

	도입기	성장기	성숙기	쇠퇴기
전략				
제품	높은 품질의 혁신적인 디자인으로 소비자들에게 새로운 혜택을 제공한다. 목표 고객에게 제품에 대한 특징들이 잘 전달되고 이해된다.	1세대에 비해 더 많은 기능과 더 나은 디자인을 갖춘다. 제품의 다양화 및 보완 제품/서비스가 출시된다.	제품 라인이 넓혀지거나 확장된다. 경쟁사 제품과 차별화된 제품 개발을 위해 힘쓴다.	투자자본수익률 관점에서 제품 비용을 고려하게 된다. 제품에 더 투자하거나 새로운 프로젝트에 자금을 할당할지 결정하게 된다.
가격	**시장 침투(market penetration) :** 매력적인 가격을 제시함으로써 시장 점유율을 확보하고 경쟁업체의 진입을 어렵게 한다. **시장 스키밍(market skimming) :** 경쟁업체가 시장에 진입하기 전에 R&D 비용을 회수하기 위해 가격에 덜 민감한 소비자들을 대상으로 초기에 높은 가격을 설정하는 것을 뜻한다.	새롭고 개선된 모델이 높은 가격대에서 판매된다. 기존 모델이나 초기 세대의 제품 가격이 낮아진다.	차별화된 제품과 높은 가격대로 고급 시장을 목표로 한다. 경쟁이 치열해짐에 따라 가격 압박이 더욱 심화되어 제품이 차별화되지 못하면 저가 전략이 강요된다.	남아 있는 수요를 끌어올리기 위해 낮은 가격으로 제품을 제공한다. 경쟁업체와 가격에 민감한 소비자 모두에게 상당한 가격 압박을 받게 된다.
마케팅 커뮤니케이션	목표 고객에게 제품의 기능 및 혜택을 알리고 교육한다. 제품 인지도를 높이고 초기 수요를 높이는 데 집중한다.	브랜드와 핵심 제품 기능들을 연결하고, 경쟁사 간의 차별화를 강조한다. 프로모션은 브랜드 광고와 비교 광고를 중심으로 한다.	단기 판매촉진을 하거나 해당 브랜드에 더 많은 투자를 한다.	마케팅 커뮤니케이션에 지속적으로 투자되는 비용이 시장 상황에 맞지 않는다.
유통	제한된 제품 가용성을 갖춘 넓은 유통망 : 제품에 대한 기대감과 희소성을 불러일으킨다. 제한된 유통망을 갖고 있지만 제품 가용성을 높여야 함 : 높은 가용성으로 제한된 수의 목표 시장에 출시해야 한다. 소매업자 및 도매업자에 대한 집중적인 인적 판매를 실시한다.	시장 수요 확대에 따라 유통망을 넓힌다. 높은 수준의 제품 품질을 유지하고 제품 수준에 뒤처지지 않게 고객 서비스 노력을 향상시킨다.	제품은 최대 유통망을 갖추게 된다. 경로 구성원들은 약한 제품들을 식별하고, 필요시 제거한다.	유통 경로가 줄어든다. 경로 구성원들은 제품 지원을 중단한다.

신제품 : 장기적 성공을 창출하기

기업의 현재 제품이 얼마나 좋은지 상관없이, 장기적인 성장은 신제품에 달려 있다. 이는 두 가지 기본적인 방법 중 하나를 통해 수행할 수 있다: 인수 혹은 내부 개발. 두 가지 방법 모두 장점과 단점이 있다.

새로움에 대한 정의

새로움(new)이라는 용어는 무엇을 의미할까? 매일 소비자는 '새롭고 향상된' 제품에 관한 마케팅 커뮤니케이션을 보거나 듣는다. 동시에 사람들은 새로운 차량(사실 중고차일 수도 있음)과 새로운 TV(실제로 작년 모델일 수 있음)를 구입하는 것에 대해 말한다. 제조업체와 고객이 해당 용어를 정의하는 방법에 대해 살펴보고자 한다.

8-5

장기적 성공을 위한 신제품 개발의 중요성을 인식한다.

기업의 관점 대부분의 사람들은 '새로운'을 기존 제품과 유사성이 거의 없거나 이용할 수 없었던 제품으로 정의하는데, 신제품의 한 유형은 이전에 이용 가능하지 않기 때문에 실제로 **세상에 처음 나온 제품**(new-to-the-world product)으로 언급된다. 때로는 세상에 처음 나온 제품이 너무 혁신적이어서 시장에서 근본적인 변화를 창출하며 파괴적 혁신으로 알려져 있다. 현재 존재하는 것보다 훨씬 더 간단하고 편리하며 일반적으로 덜 비싼 제품을 제공함으로써 사람들의 관점을 이동시키고 자주 행동을 변화시키기 때문에 파괴적이라고 불린다. 이 과정에서 신제품은 자주 기존의 제품들을 덜 바람직한 것으로 만든다. 구글에서 '세상에 처음 나온 제품'을 검색하면 나선형 야채 슬라이서, 코 세척 장치 및 에어 혼을 포함하여 구글 쇼핑이 선정한 '세상에 처음 나온 제품' 항목의 목록이 나타난다. 아이러니하게도 이러한 결과는 '새로운'이란 정의의 중요성을 입증하지만 구글 스스로가 획기적이며 혁신적인 제품을 개발하려는 의도로 보인다. 구글은 프로젝트 자카드를 통해 리바이스와 파트너십을 맺어 기술을 개발하고, 해당 기술을 직물에 삽입하여 커넥티드 의류와 인터랙티브 서페이스를 만들었다. 이 기술은 소비자가 주변 공간과 상호 작용하는 방식에 혁신을 가져 오는 것을 목표로 한다.[25]

세상에 처음 나온 제품의 두 번째 유형은 지속적 혁신으로, 기존 고객을 위해 기존 제품보다 더 새롭고 더 좋으며 더 빠른 버전이다. 지속적 혁신은 시장을 새로운 방향으로 이끌어 가면서 혁명적일 수 있다. 또한 **기존 제품의 업그레이드 또는 수정**(upgrades or modifications to existing products)이 가능하며 현재 제품의 점진적 향상을 나타낸다.[26]

일단 제품이 개발되어 시장에 출시되면, **기존 제품 라인에 추가**(additions to existing product lines)한 것으로 제품을 확장할 수 있다. 수년간 코카콜라는 콜라 제품 라인에 새로운 제품을 추가했다. 1980년대 초에 처음으로 다이어트 콜라를 출시했으며 지금은 콜라 라이프를 비롯한 다양한 콜라 브랜드 제품을 출시하고 있다. 또한 이 제품들의 크기와 포장은 다양해서 코카콜라는 서로 다른 다량의 제품 품목을 보유하게 되었다.

또 다른 '새로운' 제품 접근법은 새로운 시장을 목표로 **기존 제품의 리포지셔닝**(reposition existing products)을 하는 것이다. 휴대 전화 시장은 1990년대 중반에 이 전략을 사용하여 휴대 전화를 성공적으로 도입했다. 원래 휴대 전화 서비스 제공 업체는 휴대폰을 사업가를 위한 도구로 사용하거나 직장 여성 혹은 워킹 맘과 같은 개인을 대상으로 하는 안전 도구로 포지셔닝했다. 해당 제품이 널리 사용됨에 따라 제품의 포지셔닝이 업무에 있어 중요한 도구로 변경되었다. 휴대 전화 시장이 확대됨에 따라 젊은 사용자층을 포함하는 제품 포지셔닝으로 진화하였다. 10대들에게 휴대 전화는 주요한 통신 장치이며 일곱 살짜리 아이를 위한 휴대 전화도 출시되었다.

비용 절감(cost reduction)은 이름에서 알 수 있듯이 제품 믹스에서 가치 지향적인 제품 가격대에 집중하는 저비용 제품을 도입하는 구체적인 방법을 의미한다. 일반적으로 이 방법은 기능을 제거하거나 줄이는 것을 포함하며, 덜 비싼 재료를 사용하거나 시장에서 낮은 가격대로 제품을 제공하기 위해 서비스나 보증을 변경하는 것과 관련 있다.[27]

고객의 관점 기업은 구체적인 전략을 따라 신제품을 만들지만 현실에서 고객은 이 과정을 모르고 제품이 어떻게 시장에 나오게 되었는지 신경 쓰지 않는다. 고객 관점은 훨씬 더 좁고 자기 지향적이다. 고객은 근본적인 질문에 대한 답에 가장 관심이 있다(해당 제품은 나에게 새로운 제품인가?). 기업의 관점에서 볼 때 모든 고객이 신제품에 약간 다르게 접근한다는 사실을 깨닫는 것이 중요하다. 예를 들어, 자신의 첫 번째 차를 사러가는 사람은 그 과정이 겁나는 일이라고 생각한다. 결과적으로 자동차 판매점의 영업 사원은 이러한 고객들을 신중히 대하여 그들의 불안감을 줄여주며 낮은 압박감을 주는 판매 환경 그리고 친근한 서비스와 같은 기본적인 특징들에 집중해야 한다. 경험 많은 자동차 구매자는 최신 제품 업데이트, 신규 리스 옵션, 확장된 서비스 계획에 대해 이야기하는 데 관심이 있다. 기업이 직면한 한 가지 과제는 과거의 고객 지각을 다루는 것이다. 인피니티는 자사의 고급 자동차 라인을 업데이트했을 때 새롭고 더 현대적인 이미지뿐만 아니라 의미 있는 업데이트라는 것을 나타내기 위해 모델의 이름을 변경하기로 결정했다.

신제품의 성공 또는 실패의 이유

신제품 개발은 조직의 장기적인 성공에 중요한 요소이기 때문에 기업이 개발 과정에 능숙하다고 생각할 수 있다. 불행히도 이는 사실이 아니다. 전 세계적으로 모든 신제품 중 70~80%가 실패한다. 이러한 제품 중 상당수는 소규모 기업에서 개발한 것이 사실이지만, 어떠한 회사도 신제품 실패로부터 자유로운 회사는 없다. 리바이스의 사무복 또는 던킨의 시리얼에 대해 들어 본 적 있는가? 아마도 없을 것이다. 왜냐하면 이러한 신제품은 마케팅 성공의 실적을 가진 기업들이 도입했음에도 불구하고 실패했기 때문이다. 휴대 전화 폭발이나 반복되는 화재 때문에 삼성 갤럭시 노트 7이 겪은 처참한 실패를 생각해보자. 전화 오작동으로 인한

도표 8.9 | **왜 제품이 실패하는가?**

기업	고객	경쟁자	환경
적절하지 못한 가치 제안	구매 우선순위의 변화	적극적으로 새로운 경쟁에 대응함	정부 규제 또는 입법 변화
잘못된 마케팅 커뮤니케이션	더 높은 기대		사회적 요구의 변화
제품이 고객 기대를 충족시키지 못함			경제적 변화
제품을 완전히 개발하지 못함			

100건이 넘는 문제와 화재 위험이 보고된 후 미국 교통부에 의해 모든 항공기 비행 시 해당 휴대 전화가 금지되었다. 휴대 전화에 지속적인 문제가 발생함에 따라 유럽, 아시아, 오스트레일리아의 항공사들은 비슷한 금지 조치를 취했다. 결국 제품을 시장에서 철수했는데, 이는 적어도 단기간에 삼성의 시장 리더십에 심각한 영향을 미쳤다.[28] 이유는 변하지만 신제품의 성공 혹은 실패에 대한 기업, 고객, 경쟁사의 역할을 파악하는 것은 가능하다. 도표 8.9는 신제품 실패의 이유를 요약한 것이다.[29]

신제품 개발 프로세스

8-6

신제품 개발 프로세스를 이해한다.

신제품 개발 프로세스는 세 가지 주요 활동과 여덟 가지의 구체적인 작업으로 구성된다. 임의 단계의 실패도 장기적인 성공 확률을 현저히 떨어뜨린다. 신제품 개발의 세 가지 주요 활동은 (1) 제품 기회를 식별하고, (2) 제품 기회를 정의하며, (3) 제품 기회를 개발하는 것이다.

신제품 개발 타임라인에는 상당히 많은 변동성이 있다. 마케터는 제품 개발 과정과 끊임없이 변화하는 시장 요구 간의 균형을 맞추어야 한다. 제품 개발에 너무 오랜 시간을 투자하면 시장이 변할 수 있다. 프로세스를 서두르면 제품을 잘못 설계하거나 품질이 떨어질 수 있다.[30]

제품 기회 알아내기

잠재적인 제품 기회를 파악하는 신제품 개발 프로세스의 첫 번째 단계는 두 가지 구체적인 작업을 수행한다. 첫째, 기업은 충분한 신제품 아이디어를 창출해야 한다. 매우 적은 제품 아이디어가 전체 프로세스를 통해 성공하며, 이미 보았듯이 훨씬 더 적은 제품만이 실제로 성공한다. 결과적으로 새로운 아이디어를 꾸준히 개발 과정에 투입하는 것이 중요하다. 둘째, 자원을 개발에 투입하기 전에 아이디어를 평가해야 한다.

새로운 아이디어 발굴 제품 아이디어는 기업 내부 또는 외부의 두 가지 방법 중 하나를 통해 생성된다. 기업은 한 가지 접근법을 다른 접근법보다 선호하여 개발하지만, 실제로는 두 가지 내부 및 외부 원천 모두에서 좋은 신제품 아이디어를 산출한다. 혁신에 대한 회사의 헌신, 경쟁자들의 신제품 개발 평판, 고객 기대를 포함한 여러 요소가 기업이 선호하는 접근 방식에 영향을 미친다.[31]

내부 원천에는 R&D, 마케팅 및 제조와 관련된 직원들이 포함된다. 핵심 직원은 기업의 역량과 시장의 니즈 모두를 알고 있다. 따라서 내부 자원이 신제품 아이디어를 위한 최고의 자원이라는 사실은 놀랍지 않다. 제품 연구를 위해 많은 자금이 필요하다. 기업은 매년 제품 아이디어를 창출하기 위해 수십억 달러를 소비한다.

킴벌리 클라크의 하기스 일회용 기저귀 브랜드는 신생아와 유아를 위한 수십 가지 기저귀 제품을 비롯하여 밤늦게까지 편안하게 사용할 수 있는 특수 제품과 수영용 기저귀를 개발했다. 또한 여섯 가지 종류의 베이비 물티슈도 제조한디.

©McGraw-Hill Education/Jill Braaten, photographer

고객과 직접적으로 일하는 사람들은 또 다른 아이디어의 원천이다. 판매원, 고객 서비스 담당자 및 다른 사람들이 고객과 직접 상호 작용하면서 새로운 제품 아이디어를 파악할 수 있다. 종종 이러한 아이디어는 기존 제품에 대한 특정 문제를 해결하는 점진적인 변화이다. 그러나 경우에 따라 고객 요구는 혁신적인 해결책을 필요로 한다.

학계와의 협력은 많은 조직의 연구 활동을 지원하는 데 도움이 된다. 언더 아머는 존스 홉킨스 메디슨과의 파트너십을 통해 건강 및 피트니스 연구를 수행하고 UA의 연결된 피트니스 플랫폼을 개발했다. UA는 현재 1억 9,000만 명 이상의 등록 사용자를 보유한 세계 최대의 피트니스 커뮤니티이다. 이 협약을 통해 UA는 UA와 연결된 피트니스 커뮤니티를 개선하기 위해 존스 홉킨스의 전문가가 수면, 피트니스, 활동 및 영양에 관한 조사, 이해, 추천 서비스를 제공하면서 의료 연구를 기반으로 한 신제품 개발과 판매를 할 수 있게 되었다.[32]

외부 훌륭한 아이디어의 원천은 기업과 직접적으로 연결되어 있지 않은 개인과 조직에서 온다. 인터넷 응용 프로그램과 같은 일부 산업에서는 소규모 기업이 혁신을 주도한다. 인스타그램은 페이스북에서 소유하고 있는 인기 있는 인터넷 공간이다. 2010년 소셜미디어 플랫폼에서 파일을 공유하기 위해 시작한 이 회사는 12억 명이 넘는 등록 사용자를 보유하고 있다. 페이스북의 인스타그램 인수는 혁신적인 제품을 가진 소규모 회사를 인수함으로써 대기업이 계속 성장할 수 있는 방법을 보여준다. 구글, 마이크로소프트 및 애플은 모두 뛰어난 제품 아이디어를 가진 새로운 스타트업 조직을 파악하고 인수하는 전담 직원을 보유하고 있다.

고객 고객은 또한 훌륭한 제품 아이디어의 원천이다. 고객 문제를 해결하면 현재 고객을 능가하는 시장 잠재력을 지닌 혁신적인 솔루션이 나올 수 있다. 많은 기업들이 전자 메일 및 온라인 토론 그룹을 통해 직접 고객의 의견을 듣고자 한다. 포드, BMW, 메르세데스-벤츠 등의 기업은 기존 제품의 개선을 논의하는 사용자 그룹 게시판을 후원한다. 이를 통해 '세상에 처음 나온 제품'을 만들 수 없지만 기존 제품을 점진적 또는 실질적으로 향상시킬 수 있다.

유통업체 유통업체들이 고객과 기업 간의 주요 연결고리일 때 신제품 아이디어에 대한 좋은 원천이 된다. 소규모 조직은 일반적으로 전국 판매 인력 자원을 보유하지 않기 때문에 많은 시장에서 유통업체를 활용한다. 유통업체 네트워크는 기업을 위한 신제품 개발의 핵심 파트너이다. 실제로 조직 외부에 있는 거의 모든 사람이 새로운 제품 아이디어를 생성할 수 있다.

기업은 외부 자원으로부터 얻은 대부분의 아이디어가 심사 과정을 통과하지 못할지라도 사람들이 제품 콘셉트를 제안하도록 장려한다. HP는 매년 다양한 사람들로부터 수천 가지 제품 아이디어를 얻는다. 그러나 실제로 개발되는 것은 거의 없다.

아이디어 거르고 평가하기 아이디어는 가능한 한 빨리 심사 및 평가되어야 한다. 심사 과정에는 두 가지 주요 목표가 있다. 첫 번째 목표는 고려 사항에 부적합하다고 판단되는 제품 아이디어를 제거하는 것이다. 신제품 개발은 많은 비용이 들고 자원이 부족하기 때문에 아이디어의 생존 가능성을 확인하기 위해 아이디어는 일찍 평가되어야 한다. 아이디어는 여러 가지 이유로 거절될 수 있다. 제안한 아이디어가 그다지 좋지 않거나 합리적일지라도 기업의 전반적인 비즈니스 전략과 일치하지 않을 수 있다. 또한 때때로 관리자가 광범위한 사회 문제와 씨름할 때 평가를 통해 아이디어를 선택하는 것은 더 어려운 일이 된다.[33] 어린 자녀를 위한 '아이 친화적인' 텔레비전을 만드는 문제를 생각해보자. 넷플릭스는 다양한 연령층의 어린이에게 즐거운 교육 경험을 제공하기 위해 다양한 프로그램을 만들었다. '스토리봇에게 물어 보세요'와 같은 쇼는 친절하고 재미있는 봇 그룹과 함께 다양한 주제에 대한 질문에 대답해 준다.

두 가지 유형의 실수는 신제품 디자인을 거부하거나 통과시키는 것과 관련되는데 둘 다 기업에 잠재적으로 많은 비용을 초래할 수 있다. 첫 번째는 **나쁜 아이디어 통과 실수**(go-to-market mistake)로, 기업이 잘못된 제품 아이디어를 제품 개발로 옮기는 것을 멈추지 않을 때 생기는 시장 진입 실수이다. 이 실수 때문에 많은 비용을 초래하는 것(새로운 제품이 받아들 여지지 않고 기업이 초기 투자를 잃음)에서부터 목표 ROI 예측치(해당 제품이 수익성 또는 판매 대수 기준을 달성하지 못함)를 충족시키지 못하는 일련의 과정을 겪을 수 있다. 이처럼 비용이 많이 발생한 실수가 제품 개발 프로세스에서 어떻게 발생했는지 파악하기 위해 심사 과정을 검토하기로 한다. 제품이 성공을 위한 목표 달성에 실패할 경우 마케팅 전력 오류, 목표 시장 수정, 제품 출시에 대한 경쟁적 반응에 중점을 두고 검토할 수 있다.

좋은 아이디어 제거 실수(stop-to-market mistake)는 선별 과정에서 좋은 아이디어가 초기에 제거될 때 발생한다. 거의 모든 CEO는 사라진 제품 성공 사례를 이야기할 수 있다. 대부분의 기업들은 경영에 문제를 발생시킬 수 있고 경쟁업체에 제품 개발에 대한 추가 정보를 제공하기 때문에 시장 출시 전 실수에 대해 이야기하기를 꺼린다. 예를 들어, 아이폰과 아이패드 의 큰 성공을 통해 애플에 대해 많이 이야기한다. 그러나 이전에 논의한 뉴턴의 실패 외에도 애플은 결코 시장에 내놓지 않은 많은 제품들을 개발했다. 예를 들어, 매킨토시 파워북 듀오 태블릿은 첫 번째 태블릿 PC로 1990년대 초 뉴턴과 같은 시기에 만들어졌다. 애플은 뉴턴과 의 혼동을 피하기 위해 펜라이트라는 코드명으로 제품 개발을 중단했다. 펜라이 트의 많은 기능 중에는 모든 파워북 액세서리와 연결된 무선 기능의 컴퓨터가 있 었다.[34]

심사 과정의 두 번째 목표는 초기 심사와 평가를 통과한 아이디어들의 우선순 위를 정하는 것이다. 모든 신제품 콘셉트는 동일하지 않으며 성공 기준에 가장 부합하는 콘셉트에 자원을 집중시키는 것이 중요하다. 아이디어의 우선순위를 결정하는 데 사용되는 기준은 회사마다 다르지만 다음과 같은 내용을 포함한다.

- 시장 진입 시간(제품을 개발하여 시장에 출시하는 데 소요되는 시간)
- ROI(프로젝트에 투자된 금액에 대해 예상되는 수익)
- 기업 전반의 제품 포트폴리오와 신제품 간의 적합성

이 분석에는 회사 전체의 특정 부서(재무, 마케팅, R&D, 제조, 물류) 팀의 내부 평가가 포함된다.[35] 내부 부서 구성원들은 종종 신제품 개발에 직접 참여하는 데 성공 기준 및 회사 전체 제품 포트폴리오에 대해 잘 이해하고 있다. 또한 관련된 고위 경영진은 심사 과정에서 장기적인 전략 목표와 리더십을 지속적으로 제공한다. 이때 상당한 시간을 할애해야 하는 경우가 많고 평가 팀 구성원이 회사

뉴턴과 달리 애플의 아이패드는 큰 성공을 거두 었다.

에서 다른 책임을 맡고 있기 때문에 새로운 아이디어를 보장하고자 팀 구성원이 교대로 배치된다.[36]

제품 기회 정의

심사 과정을 거친 아이디어는 제품 잠재력과 시장 기회를 정의하는 개발 단계로 이동한다. 이 단계의 세 가지 구체적인 과업은 (1) 제품 아이디어를 정의 및 테스트하고, (2) 제품에 대한 마케팅 전략을 수립하고, (3) 제품의 비즈니스 사례를 분석하는 것이다.

제품 콘셉트 정의 및 테스트 이제 제품 아이디어를 명확하게 정의하고 테스트해야 한다. 이 단계의 아이디어는 흔히 완전히 개발되거나 운영되지 않는다. 이 시점에서 콘셉트에 따라 사람과 자원을 배분하여 제품 개발을 추진하고 제품 개발을 위한 예산을 수립한다.

제품 콘셉트에는 세 가지 목표가 있다. 첫째, 제품의 가치 제안을 정의한다. 즉, 무엇이 고객의 니즈인지 다뤄지며, 광범위한 측면에서 어떤 가격으로 제공할 것인지를 정의한다. 둘째, 정의는 목표 시장 및 구매 빈도를 간략하게 파악한다. 셋째, 정의는 제품의 특성(외향, 느낌, 물리적 요소 및 제품의 기능)을 기술한다. 제품이 개발됨에 따라 물리적 특성이 보다 명확하게 정의되고 특정 가격대의 특정 기능이 프로토타입에 포함된다.[37]

목표 고객은 제품 개념을 정의하는 데 유용하다. 기업은 고객과 핵심 집단에게 모델, 프로토타입, 제품 콘셉트에 대해 구두나 서면으로 설명한다. 컴퓨터 그래픽은 제품 요소와 기능을 기술하는 데 사용된다. 예를 들어, 새로운 여객기의 개발에서 보잉과 에어버스는 승객이 비행기 내의 가상의 좌석에 앉을 수 있는 정교한 시뮬레이션을 개발한다. 이러한 방식으로 고객은 전체 규모의 작업 프로토타입을 개발하는 데 드는 비용 중 일부만으로 훨씬 더 현실적인 관점을 갖게 된다.

이 단계에서 기업은 콘셉트를 개선하고 개발하기 위해 시장에 대한 정보를 얻기 시작한다. 고객에게 제품 아이디어에 대한 태도를 물어보고 시장에서 이러한 아이디어가 다른 제품들과 차별되는지 여부를 질문한다. 제품 개발자들은 해당 제품을 구매한다면 얼마를 지불할 의향이 있는지 알고자 한다. 기업은 제품이 목표 고객에게 호소력이 있는지를 알아야 한다. 테스트에 있어 두 번째 질문은 필수적이다. 제품 콘셉트에 대해 무엇을 바꾸고 싶은가? 만약 고객이 실현 불가능한 변화를 제안한다면(실행하는 데 있어 너무 많은 비용이 발생함, 기술적으로 불가능함) 프로젝트의 실행 가능성이 크게 떨어진다. 그러나 가능할 때마다 고객 피드백은 제품 개발에 반영된다. 출시 후까지 기다리지 않고 이 단계에서 수정함으로써 기업은 성공 확률을 높일 수 있다. 정보가 매우 중요하기 때문에 연구원은 목표 고객의 큰 표본을 사용하여 결과에 대한 확신을 얻는다.

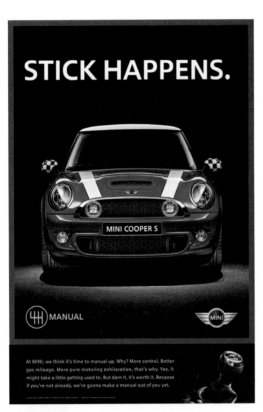

효과적인 신제품 마케팅 전략을 수립할 때 목표 고객에게 제품 혜택을 명확하게 인식시키는 것이 중요하다. 여기 미니가 제시하는 혜택이다. 미니를 구입하고 더 나은 연비와 재미를 얻으라.

출처 : MINI USA

마케팅 전략 만들기 제품 개발 프로세스는 독특한 물리적 특성과 기능의 조합으로 이어진다. 제품이 보다 잘 정의되어 구체화되면서 마케팅 전문가는 임시적이지만 상세한 마케팅 전략을 수립한다. 제품이 아직 개발 중이지만 마케팅 전략을 수립해야 하는 몇 가지 이유가 있다. 첫째, 목표 시장을 정의하는 것은 제품 개발자에게 도움이 된다. 기본적인 시장 정보(크기, 지리, 인구통계) 외에도 제품 개발자는 제품의 사용 방식(맥락, 환경)과 심리통계학적 분석(시장의 활동, 관심사 및 의견)에 대해 잘 알고 있다. 마케터는 또한 중요한 시점에서 시장 점유율을 평가한다(1년 후에 얼마나 많은 시장 점유율을 확보할 수 있을까?). 이 시점에서 제품이 출시될 경우 임시 가격, 유통, 마케팅 커뮤니케이션 전략이 수립된다.[38] 신제품에 대한 발표 자료와 기사가 초기 마케팅 커뮤니케이션의 일부로 포함되는 경우가 종종 있다. 마지막으로 마케팅 관리자는 제품 출시와 마케팅 커뮤니케이션 예산, 제조 능력 및 물류 수요에 대한 추정 예산을 개발하기 시작한다.

비즈니스 사례 분석 실시 제품이 정의되고 임시 마케팅 전략이 수립되면, 다음 제품 개발 단계 전에 다음 단계로 나갈 것인지 아닌지(go-no go)에 대한 결정이 내려진다. 이 시점에서는 전체 제품 개발, 시장 테스트 및 출시로 이동하는 데 드는 비용에 비해 적은 비용이 든다. 실수가 발생할 경우 비용이 많이 들기 때문에 올바른 의사결정을 위한 큰 압박이 있다. **비즈니스 사례 분석**(business case analysis)은 제품의 전반적인 평가이며 대개 제품의 성공 확률을 평가한다. 이것은 마케팅 커뮤니케이션 예산이 증가하는 등 기존 마케팅 계획이 변경되면 종종 수행된다. 비즈니스 사례는 커뮤니케이션 예산 증대의 실행 가능성을 평가할 것이다.[39] 신제품 개발에서 비즈니스 사례는 두 가지 주요 문제에 중점을 둔다. 먼저 특정 기간, 일반적으로 5년 동안 제품에 대한 총수요가 결정된다. 둘째, 현금 흐름, 수익성 및 투자 요구 사항을 명시한 현금 흐름표가 개발된다.

총수요 매출은 두 가지 방법으로 정의된다: 수익(단위 판매량 × 가격)과 단위 판매량. 각각은 중요한 정보를 제공한다. 수익은 수익성 분석에서 주요 수치이며, 전 세계적으로 상당한 가격 차이가 있는 글로벌 제품의 가격 변동이 영향을 미친다. 환율이 변동하기 때문에 매출 변동이 심할 수 있고 가격 상승도 총수익에 큰 영향을 미칠 수 있기 때문에 단위 판매량은 종종 제품 성장을 보다 현실적으로 나타낸다. 단위 판매량은 전 세계의 다양한 제품 구성에서 판매되는 단위 수를 의미한다.

총수요를 추정하는 것은 세 가지 구매 상황에 따라 달라진다.

- 신규 구매 : 최초 판매. 소비자가 이러한 구매를 하는 것을 시험 구매라고 한다. 이 수요는 시도 비율(특정 목표 시장에서 얼마나 많은 사람들이 제품을 사용해봤는지)로 계산된다.
- 재구매 : 동일한 구매자에 의해 구매된 제품의 수를 의미한다. 이는 반복 구매에 의존하는 편의 제품과 같은 경우에 중요하다.
- 교체 구매 : 노후되었거나 오작동을 일으킨 기존 제품을 교체하기 위해 구매된 제품 수를 의미한다. 예상되는 제품 수명을 기준으로 주어진 해의 제품 고장 횟수를 계산한다. 처음과 반복 구매를 통해 더 많은 제품이 시장에 판매됨에 따라 교체 판매량이 증가하게 될 것이다.

수익성 분석 이 지점에서, R&D와 시장 조사에 비용이 많이 들었다. 그러나 다음 단계에서 회사는 제품을 시장에 출시할 때 제조, 마케팅, 회계, 물류 비용이 발생할 것이다. 따라서 장단기 제품 수익성에 대한 철저한 분석이 진행된다.

제품 기회 개발

이전 분석의 결과가 '실행(go)' 결정인 경우 제품 개발에 할당되는 인원과 자원이 크게 증가한다. 20세기에 기업은 많은 신제품 개념에 대해 제품 개발 및 시장 테스트 단계에서 아이디어를 선별하고 제거했다. 1990년대에는 제품을 시장에 출시하는 데 드는 비용이 급격히 증가하면서 실패율은 계속 높아졌다. 그래서 이제 기업은 개발 프로세스의 초기 단계에서 제품 아이디어를 선별한다. 결과적으로 이 단계에서는 제품 아이디어가 훨씬 적어지고 개발 및 시장 테스트 대상 제품은 실제로 시장에서 출시될 확률이 훨씬 높아진다.[40] 하버드 비즈니스 리뷰의 제품 개발 신화에 관한 고전 기사에서 톰키와 라이너첸은 기능이 많아지면 더 좋은 제품이 된다는 신념의 오류를 제시한다. 제품이 갖고 있는 기능의 수를 늘리면 혼란이 생기고 고객을 좌절시킬 수 있다. 종종 고객은 간단하고 사용하기 쉬운 제품을 원한다. 예를 들어 아마존의 에코는 성공적인 첨단기술이면서 사용하기에도 쉬운 제품이다. 모든 연령층의 소비자는 간편하게 핸즈프리 블루투스 스피커를 사용하고 말하기만 하면 알렉사 음성 서비스에 접근할 수 있다.[41]

제품 개발 지금까지 제품은 주로 콘셉트, 많아야 작동하는 프로토타입으로 존재하지만 제품 아이디어가 다음 단계로 진행될 경우 제품 콘셉트에서 고객의 니즈를 충족시켜 수익을 창출하는 실제 제품으로 발전해야 한다. 개발 팀이 직면한 과제는 고객이 구매하고자 하는 제품을 설계 및 구축하면서 판매 가격, 수익, 수익 마진, 단위 판매량, 구축 비용 등 회사의 성공 측정 기준에 도달하는 것이다.[42]

콘셉트 테스트를 하는 동안에 먼저 실시된 조사는 고객이 제품에서 찾고 있는 것에 대한 실질적인 정보를 제공한다. 엔지니어, 디자이너 및 마케팅 전문가의 의견을 참고하여 개발된 제품 콘셉트를 구체화하여 실행할 수 있게 한다. 이 과정에서는 초점이 고객의 기본적인 요구사항에 대한 전략적 이해에서 제품 특성에 대한 구체적인 운영으로 이동한다. 그리고 고객을 위한 핵심 이점을 만드는 것을 목표로 제품의 물리적 특성을 설계한다.[43]

두 가지 제품 개발 모델이 있다. 첫 번째는 더 많은 계획을 통합하고 프로세스를 진행하기 전에 각 단계에서 주요 프로세스 측정 기준을 충족시키는 순차적인 일정표를 따른다. 이 시나리오에서 제품 개발은 고객에게 출시될 최종 제품에 가까운 제품을 만드는 데 많은 시간을 사용한다. 따라서 제품 테스트는 주로 초기 단계에서 상당히 개발된 제품을 검증하는 것이 된다.

다음 접근 방식은 전체 프로세스를 통해 제품을 단계적으로 개발하여 더 많은 프로토타입을 만드는 것이다. 여기서 제품은 테스트 전에 '완벽'할 필요는 없다. 오히려 제품을 지속적으로 테스트하고 테스트 과정을 통해 제품을 향상시키고 고객 피드백을 얻는 것이 아이디어이다. 이러한 프로세스를 통해 시장은 제품을 인식하게 되고 제대로 관리된다면 개발 과정에서 제품에 대한 관심이 증가하게 된다.

두 번째 방법의 목표는 가능한 빨리 개발에서 테스트로 이동하여 개발에 소요되는 시간을 단축하여 잠재적인 사용자가 비용을 최소화하고 제품을 얻을 수 있게 하는 것이다. 이 단계에서 회사가 오랜 시간이 걸린다면, 경쟁자가 해당 제품에 대해 알게 될 확률이 높아지고 고객 선호도가 바뀌거나 외부 환경 조건에 따라 추가적인 제품 수정이 요구될 수 있다.

제품 테스트 일반적으로 제품은 두 가지 유형의 테스트를 거친다. 제품의 기능이 확정되면서 대부분의 테스트는 엔지니어, 제품 전문가 및 기타 직원이 내부적으로 수행한다. 알파 테스트로 불리는 이 유형의 테스트는 물리적 특성 및 기능과 같은 기본적인 작동 사항을 명확하게 점검한다.

어떤 시점이 되면 기업은 잠재 고객에게 제품 테스트를 수행하길 원한다. 베타 테스트를 통해 고객은 프로토 타입을 평가하고 피드백을 제공할 수 있다. 이 단계의 제품은 최종 구성에 가깝지만 베타 테스트는 추가 제품 테스트 및 개선을 고려한다.[44]

시장 테스트 제품 개발 팀이 제품 성과, 물리적 특성, 기능에 만족하는 시점에 도달하면 출시 시장에서 테스트할 준비가 된다. 보안을 유지하고 제품 정보 유출을 최소화하며 경쟁업체 정보 획득을 방해하기 위해 제품에 코드 이름이 종종 부여되기도 한다. 제품이 시장 테스트 단계로 이동하면 제품의 시장 이름을 사용하여 테스트를 위한 마케팅 전략이 수립된다. 브랜드 이름과 패키징과 같은 일부 전략 구성 요소들은 제품 개발 동안 소비자의 테스트를 거칠 것이다.[45] 예를 들어, 엔지니어는 패키지 디자인 전문가와 협력하여 먼저 제품을 보호하고 두 번째로 마케팅 커뮤니케이션 기회를 극대화한다.

시장 테스트의 양은 서로 충돌하는 몇 가지 중요한 요소의 함수이다. 첫째, 회사는 잘못된 비용을 평가해야 한다. 이 시점까지 많은 돈이 지출되었지만 실패한 제품을 출시하는 비용은 훨씬 더 크다. 실패 위험이 커질수록 기업은 제품을 출시하기 전에 더 많은 시장 테스트를 하기 원한다.

동시에 시장 테스트에는 시간이 걸리며, 경쟁업체는 그들의 제품 믹스를 향상시키거나 성공적인 제품 출시를 막기 위한 마케팅 전략을 개발할 수 있다. 또한 제품 출시까지의 대기 시간이 너무 길면 그에 따른 비용이 발생할 수 있기 때문에 판매 시즌을 위해 제품 출시를 빨리 해야 할 수도 있다. 궁극적으로 경영진은 이러한 요소들의 균형을 맞추고 최적의 시장 테스트 전략을 선택해야 한다.[46]

소비자 제품 시장 테스트 수행 시장 테스트를 수행하는 과정에서 경영진은 네 가지 주요 결정을 내려야 한다.

트레이더 조는 매장에서 새로운 제품을 소개하기 전에 많은 분석을 수행한다. 이 회사는 매년 수백 개의 신제품을 고려하지만 일부 제품만 매장 진열대에서 판매하고 있다.
ⓒJ. Emilio Flores/The New York Times/Redux

- 장소 : 시장 테스트 장소는 해당 장소가 잠재적 목표 시장을 얼마나 잘 반영하는지에 따라 결정된다. 대부분의 시장 테스

트는 구매 패턴의 지역 차이를 완화하기 위해 2~5개의 도시에서 실시된다(지역적 차이가 존재하는 경우).

- 기간 : 대부분의 테스트 기간은 1년 미만이다. 테스트의 길이는 여러 구매주기를 포함할 만큼이면 된다. 많은 소비자 제품의 구매주기가 상대적으로 짧기 때문에(며칠 또는 몇 주) 시장 테스트를 길게 할 필요성은 적다.
- 데이터 : 의사결정을 내리는 데 필요한 중요 정보를 파악해야 한다. 경영자는 제품이 유통 시스템을 통해 이동하는 데 걸리는 시간을 알고, 제조 공장에서 판매 시점(공장을 출발해 판매 매장에 도착한 것이 재고와 일치해야 함)까지 제품을 추적한다. 또한 구매자의 제품 경험에 대해 인터뷰를 한다.
- 의사결정 기준 : 추가 조치를 위한 평가 기준이 파악되어야 한다. 이 단계에서 제품을 뽑아내서 개발을 중단하기는 어렵지만, 제품이 시장 테스트에서 실패하면 경영진은 어려운 결정을 해야만 한다(제품을 퇴출시키거나 재설계를 위해 다시 수거한다). 만약 제품이 성공할 경우, 제품 출시 결정이 훨씬 쉬워진다. 도표 8.10은 시장 테스트에서 사용된 의사결정 기준을 요약한 것이다.

소비재 제품 시장 테스트는 두 가지 목표를 가지고 있다. 첫 번째는 신규(시험 구매), 반복, 초기 교체 구매를 포함한 비즈니스 사례 추정치에 대한 구체적인 수치를 파악하는 것이다. 또한 구매자 인구통계에 대한 정보를 확보하여 초기 단계에서 마련된 목표 시장 시나리오와 비교하여 평가한다. 그리고 기존 비즈니스 사례 모델 및 과거 데이터와 비교된다. 기업은 시장 테스트를 통해 데이터를 확보하고 미래를 계획한다.

시장 테스트의 두 번째 목적은 제품 출시 전에 마케팅 계획을 조정하기 위한 피드백을 얻는 것이다. 기업은 보안상의 이유로 전체 마케팅 계획 시행을 미루는 경우가 많지만 고객, 유통

도표 8.10 | **시장 테스트에서 의사결정 기준 요약**

카테고리	답변할 질문
재무	매출 총이익 단위 선반 공간당 수익 새 항목을 얻기 위해 필요한 자본의 기회비용
경쟁	거래 지역에서의 기업 수 경쟁 브랜드 수
마케팅 전략	제품 독창성 공급업체 노력 마케팅 지원 거래 조건 : 입점 지원비, 송장 차감 보조금, 무료 사례, 청구서 반환 충당금
기타	가격 카테고리 성장 기존 항목과의 시너지

출처 : www.emeraldinsight.com.

업체 및 소매업체의 의견은 최종 마케팅 계획을 조정하는 데 도움이 된다.

비즈니스 제품 시장 테스트 비즈니스 시장을 위해 설계된 제품은 해당 소비자 제품과 다르게 테스트된다. 본질적으로 해당 테스트는 범위가 작고 개인 및 회사의 수가 적다. 그러나 그들은 신제품 개발 프로세스에서 그다지 중요하지 않다. 비즈니스 시장 규모가 작기 때문에 베타 테스트에는 종종 오랜 기간 동안 회사와 관계를 맺은 소수의 핵심 고객만 포함된다. 반면에 회사가 독립적인 유통업체를 보유하고 있다면 시장 테스트를 위한 제한된 수의 고객만 파악하고 제품 테스트가 수행되는 동안 추가 지원을 제공한다.[47]

종종 베타 테스트와 병행하여 회사는 고객 피드백을 얻기 위해 무역 박람회를 활용할 것이다. 무역 박람회는 신제품을 소개하거나 신제품 아이디어를 테스트할 수 있는 효율적이고 편리한 장소이기 때문에 고객 의견을 구하기 위한 효과적인 비용 절감 방법이다.

제품 출시 이 단계는 신제품 개발 프로세스에서 마케팅 계획을 실행해야 할 때이다. 지금까지 제품 개발에 상당한 시간과 돈, 인적 자본이 소비되었으며, 경영진은 제품을 출시하기로 결정했다. 이제는 제품의 목표(수익, 목표 시장, 성공 측정 기준)를 정의하고, 가치 제안을 구체화하며, 마케팅 전술을 계획하고, 마케팅 계획을 시행할 때이다. 앞서 언급했듯이 모든 작업은 이미 완료되었지만 시장 테스트 후에 필요한 수정이 이루어진다.

제품 출시는 제품의 장기적인 성공에 중요하다. 시작이 잘못된 제품을 회복하기는 좀처럼 쉽지 않다. 기업이 특히 소비재 제품에서 수백만 달러를 쓰는 주된 이유는 시험 구매로 이어지는 흥미를 창출해야 한다는 압박감 때문이다. 넷기어는 네트워킹 장치 분야의 선두 업체로, 세계 최초의 트라이 밴드 메쉬 네트워크를 통해 좋은 평판과 많은 고객의 인정을 받았다. 다른 회사들이 메시 네트워크 시스템으로 더 일찍 시장에 나섰지만 넷기어는 경쟁사보다 우수하며 독특한 트라이 밴드 시스템을 통해 다른 방식으로 접근했다.[48]

많은 마케팅 커뮤니케이션 비용은 제품에 대한 관심을 통해 소비자의 재구매와 교체 구매를 유도하기 위해 제품 출시 시점에 사용되고 있다. 제품이 일찍 성공하지 못한다면, 관리자는 제품을 널리 유통시키기 위해 추가적인 비용을 쓰지 않을 것이다. 최종적으로 제품에 대한 관심이 낮아지며 판매량이 감소하고 이는 마케팅 지원 삭감으로 이어진다.[49]

소비자 수용 및 확산 프로세스

목표 시장은 상품을 구매할 각기 다른 특징들을 가진 많은 사람들로 구성된다. 일부는 초기에 제품을 수용하고자 하며, 다른 사람들은 훨씬 뒤까지 기다릴 것이다. 제품이 수용되는 비율을 수용 과정이라고 한다. 마케팅 담당자는 제품이 시장에 수용되는 속도와 타임라인(제품이 프로세스를 통과하는 데 걸리는 시간)을 파악하는 데 관심이 있다. 특히 신제품 출시에 관심 있는 것은 수용 과정의 초기 그룹인 혁신자와 초기 수용자이다.[50]

8-7

신제품이 시장에서 어떻게 확산되는지 파악한다.

소비자 제품 수용 프로세스

우리가 논의한 것처럼, 신제품은 세상에 처음 나온 제품에서부터 기존 제품의 점진적 변화에 이르기까지 다양한 형태로 나타나지만 소비자 수용 프로세스는 제품 정의와 개발보다 개별 소비자의 제품 인지와 좀 더 관련이 있다. 제품은 오랫동안 시장에 출시될 수 있으며 여전히 개별 소비자에게 계속 혁신으로 간주될 수 있다. **혁신 확산 프로세스**(innovation diffusion process)는 제품을 처음 인지하는 것에서부터 마지막 구매로 이어지는 데 걸리는 시간(제품을 수용할 사용자들의 마지막 집단)을 의미한다. 개인은 제품을 선택하기 전에 다음과 같이 5단계를 거친다.

1. 인지 : 제품에 대해 알고 있지만 수용 프로세스를 통해 나아갈 수 있는 정보가 부족하다.
2. 관심 : 추가 정보(광고, 구전)를 제공받으며 향후 평가를 위해 추가 정보를 찾도록 동기를 부여한다.
3. 평가 : 모든 정보(구전, 리뷰, 광고)를 통합하며 시험 구매를 위해 제품을 평가한다.
4. 시험 구매 : 가치 결정의 목적으로 제품을 구입한다.
5. 수용 : 신뢰할 수 있는 사용자가 될 수 있도록 제품을 구입한다.

마케터, 특히 신제품 출시와 관련된 사람들은 가능한 빨리 소비자들이 혁신 확산 프로세스를 통과하기를 원한다. 제품 출시 단계에 많은 시간을 할애하는 이유 중 하나는 인식, 관심, 평가를 통해 사람들을 이동시켜 제품을 신속하게 사용해볼 수 있게 하는 것이다. 판매촉진 도구(쿠폰, 제품 샘플링), 보증서, 제3자 리뷰, 기타 마케팅 커뮤니케이션 방법은 모두 사람들을 시험 구매로 이동시키는 전략의 일부이다. 일단 제품을 사용하게 되면 소비자들에게 제품의 우수한 디자인, 기능 및 가치를 제공할 수 있기 때문에 시험 구매는 제품 출시 마케팅 계획의 중요한 부분이다.[51]

혁신 확산 이론

목표 시장에 있는 모든 사람들은 혁신을 시도하려는 의지에 따라 다섯 그룹 중 하나에 속하게 된다(도표 8.11 참조). 사람은 한 제품 범주에서는 혁신자 또는 조기 수용자가 될 수 있으며 다른 제품 범주에서는 최후 수용자가 될 수 있다. 그러나 마케터는 특정 제품 또는 제품군의 혁신 곡선에서 개인이 어디에 해당하는지 파악하려고 한다. 흥미롭게도, 제품이 시장에서 확산되는 프로세스는 현저하게 일정하다. 미국에서 인터넷의 수용에 대한 연구는 1960년대 미국에서 컬러 텔레비전을 수용한 것과 매우 유사하다는 것을 발견했다.

이 프로세스는 마케팅 목표 고객군(예 : 사람들에게 시험 제품이 제공됨)이나 해당 제품에 대해 높은 관여도 때문에 제품을 수용한 작은 그룹에서 시작된다. 여기에서 다른 그룹의 더 큰 숫자가 수용 프로세스로 들어오게 된다. 특정 제품에 대한 모든 수용자의 3분의 2는 조기 및 후기 다수자에 해당한다. 최종 그룹인 최후 수용자는 제품수명주기의 후반에서야 신제품을 수용한다.[52]

- **혁신자**(2.5%) : 제품에 열광적인 소비자는 처음으로 신제품을 시도하고 익숙하게 다루는

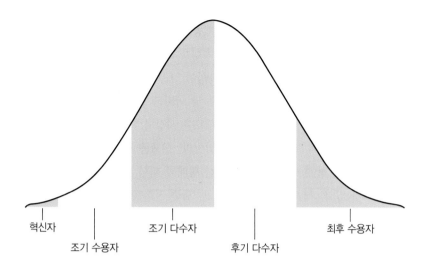

혁신자   조기 수용자   조기 다수자   후기 다수자   최후 수용자

출처 : Rubicon Consulting, www.rubiconconsulting.com.

것을 즐긴다. 이러한 그룹에 속하는 개인은 베타 테스트의 중요한 후보들이며 제품 개발 프로세스의 후반 또는 제품 출시 단계 초기에 좋은 피드백을 제공한다.

- **조기 수용자(13%)** : 제품 오피니언 리더는 자신의 이미지와 일치하는 신제품을 찾는다. 이 그룹은 가격에 민감하지 않으며 제품 가격 프리미엄에 대해 지불 의사를 갖고 있다. 동시에 조기 수용자는 높은 수준의 개인화된 서비스와 제품 기능을 요구한다.

- **조기 다수자(34.5%)** : 제품을 관찰하는 사람들인데 제품을 구매하여 몰입하기 전에 제품의 핵심 주장과 가치 제안을 확신하고 싶어 한다. 이 그룹의 사람들은 해당 제품을 주로 사용하기 때문에 장기적인 성공에 매우 중요하다.

- **후기 다수자(34%)** : 제품 추종자는 가격에 민감하고 위험을 회피한다. 이들은 가격이 낮고 제품 기능이 적은 구세대 혹은 단종 모델을 구입한다.

- **최후 수용자(16%)** : 제품을 회피하고자 하는 사람들은 가능한 한 오랫동안 제품 수용을 피하고자 한다. 변화에 저항하며 다른 옵션이 없을 때까지 제품 구매를 미룬다.

제품 경험은 고객에게 가치를 전달하는 데 필수적인 요소이다. 조직은 고객 경험에서 어떤 일이 일어나더라도 고객에게 제품의 가치 제안을 제공해야 한다는 것을 이해한다. 제품에는 정의된 고객 혜택은 물론 핵심 제품 및 향상된 제품 속성을 포함하는 세부적인 일련의 특성이 있다. 기업은 광범위한 제품 라인 및 범주 전략과 일관성이 있는 개별 제품 전략을 개발하여 기업 목표와 목적을 달성한다. 제품은 도입, 성장, 성숙 및 쇠퇴를 포함하는 제품수명주기를 따른다. 제품이 주기를 따라 이동하면서 마케팅 전략은 새로운 시장 상황에 맞게 변화한다.

한 회사의 장기적인 성공의 열쇠는 신제품 개발이다. 신제품 개발은 '세상에 처음 나온 제품'에서부터 기존 제품의 변형에 이르기까지 다양한 형태를 취할 수 있다. 신제품 개발 프로세스에는 세 가지 요소가 있다. 제품 기회를 파악하고, 제품 기회를 정의하며, 제품 기회를 개발하는 것이다. 신제품은 다양한 사람들이 다른 시간대에 제품을 구매함에 따라 시장에서 확산 프로세스를 거친다.

핵심용어

MRO 공급품[MRO(maintenance, repair, operating) supplies]

기존 제품 라인에 추가(additions to existing product line)

기존 제품의 리포지셔닝(reposition existing products)

기존 제품의 업그레이드 또는 수정(upgrades or modifications to existing products)

나쁜 아이디어 통과 실수(go-to-market mistake)

내구성(durability)

내구재(durable product)

단기 유행(fads)

본질적 혜택(essential benefit)

부품(parts)

비내구재(nondurable product)

비용 절감(cost reduction)

비즈니스 사례 분석(business case analysis)

비탐색 제품(unsought goods)

선매 제품(shopping goods)

세상에 처음 나온 제품(new-to-the-world product)

스타일(style)

시장 스키밍(market skimming)

시장 침투(market penetration)

신뢰성(reliability)

원료(materials)

유지보수성(repairability)

유형성(tangibility)

일치성(conformance)

자본재(capital goods)

재고관리단위(stock-keeping unit, SKU)

전문 제품(specialty goods)

제품(product)

제품 라인(product line)

제품 믹스(product mix)

제품수명주기(product life cycle, PLC)

좋은 아이디어 제지 실수(stop-to-market mistake)

특징(feature)

편의 제품(convenience goods)

핵심 제품(core product)

향상 제품(enhanced product)

혁신 확산 프로세스(innovation diffusion process)

형태(form)

응용 문제

1. 당신은 스타벅스의 마케팅 담당자이다. 스타벅스의 제품 경험과 관련해 다음을 설명하라: 필수적 혜택, 핵심 제품, 향상 제품. 이제 아쿠아프레쉬 익스트림 치약의 마케팅 담당자라고 상상해보자. 해당 제품의 본질적 혜택, 핵심 제품, 그리고 향상 제품 측면에서 제품 경험을 설명해보자.

2. 삼성과 마이크로소프트/노키아의 비교 가능한 두 가지 휴대 전화를 선택하고 각 제품을 살펴보자. 두 제품 간의 제품 형태는 어떻게 다른가? 그들이 어떻게 비슷한가? 이제 두 제품의 기능을 고려해보자. 각 휴대 전화마다 독특한 특징은 무엇인가? 전반적으로 어느 휴대전

화가 가장 매력적인가? 그 이유는 무엇인가?

3. 제품을 정의하는 데 있어 가장 어려운 특성 중 하나는 스타일이다. 당신은 캐딜락의 마케팅 담당자로, 에스컬레이드의 제품 스타일을 정의해보자. 쉐보레 타보(에스컬레이드와 같은 플랫폼에서 제작된 또 다른 대형 SUV)의 제품 스타일과 비교 및 대조해보자.

4. 당신은 미국의 코카콜라 제품의 마케팅 담당자이다. 코카콜라 제품의 제품 라인을 설명하고 각 제품이 코카콜라 제품 라인의 다른 제품과 어떻게 다른지 간략히 설명해보자.

5. 모토로라는 LTE 기술, GPS 프로그램, 기타 새로운 기능을 사용한 인터넷 서핑 역량을 통합한 새로운 핸드폰을 출시하려고 한다. 이 핸드폰의 새로운 특징은 기존 핸드폰에서 사용 가능한 기능을 크게 확장한 것이다. 신제품 출시를 위한 마케팅 전략을 개발해보자.

경영 의사결정 사례

캠벨 수프, 신제품 혁신을 통해 밀레니얼 세대에 도달하다

전체 제품 카테고리가 축소될 때 마케팅 담당자는 무엇을 해야 할까? 캠벨 수프는 소비자들에게 더 이상 좋은 반응을 얻지 못하는 것을 알게 된 상황이었다.[53]

캠벨 수프는 대규모 식품 제조업체의 선구자로서 미국 식료품 저장실에서 '선반에 보관할 수 있는 (통조림)제품'을 만들었다. 그러나 오늘날 많은 소비자들은 다른 식습관을 선호하는데 이는 제철의, 신선한 유기농을 선호하는 것을 의미한다. 이것은 특히 미국의 8,000만의 밀레니얼 세대에 해당하는데, 이 중요한 세대는 캠벨과 다른 수프 제조사들의 전통적인 통조림 수프 제품에 매력을 느끼지 못했다. 이러한 시장 세분화를 다시 연결하기 위해, 새로운 CEO 데니스 모리슨은 125년 된 회사를 내부 주도적 제품 혁신과 식품 업계의 선두자 인수를 통해 대담하게 새로운 방향으로 이끌었다.[54]

하나의 과제는 음식에 있어 밀레니엄 세대가 원하는 것을 이해하는 것이었다. 이 연구를 위해 모리슨은 이 조사에서 잠재 고객의 선호를 파악하기 위해 캠벨의 직원을 힙스터 허브로 알려진 다음의 도시들로 보냈다: 텍사스 오스틴, 오리건 포틀랜드, 런던, 파리. 그들은 이 세대는 문화적으로 다양하고 전 세계적으로 연결되어 있다는 것을 알게 되었다. 이러한 세대는 대학 학위가 있음에도 불안전한 고용 상태에 있는 경향이 있었다. 주로 밖에서 식사를 하는 이 세대는 한때 이국

적인 것으로 여겨졌던 멕시코, 인도 및 아시아 요리를 좋아한다. 캠벨의 소비자 인사이트를 담당했던 부사장은 다음과 같이 요약했다. "그들은 직접 찾아다니며 인생을 체험하고 다양한 경험들을 쌓는다. 캠벨 팀은 고객에게 그들이 원하는 것을 직접 물어 보지 않았다. 대신에 그들은 임원이 고객의 가정에 방문해 함께 식사하며 그들의 식료품 저장실을 들여다 봤으며 슈퍼마켓을 함께 방문하는 등의 깊은 몰입 과정을 사용했다.[55]

캠벨은 앞으로 음식의 맛이 어디로 향할지 예측하고 싶었다. 이 작업을 위해, 회사는 요리사, 영양사 및 학자뿐만 아니라 디자이너, 인류학자, 미래학자를 인터뷰했다. 캠벨은 소비자가 먹게 될 음식뿐만 아니라 어떻게 음식을 구매하고 싶은지를 알게 되었다. 증강/가상현실, 인공 지능, 새로운 종류의 통화와 같은 기술은 모바일 장치와 오프라인 거래를 통해 식품을 구입하는 방식에 영향을 미친다.[56]

인수는 캠벨이 자사 제품 라인을 추가하기 위한 하나의 방법이었다. 가든프레시고메는 살사 소스와 후머스 소스에 대한 충성도가 높은 건강 중심 브랜드이다. 이제 캠벨 브랜드는 고객에게 온 가족이 먹을 수 있는 크기의 고급 수프를 제공한다. 신선한 당근과 냉장 음료를 판매하는 볼트하우스 팜스를 통해 추가적인 전문 지식과 고객을 확보했다. 밀레니얼

부모에게 다가가기 위해 플럼 오가닉이 추가되어 아기와 유아를 위한 식품 라인을 갖추게 되었다.[57]

이러한 인수는 또 다른 발견을 하는 데 도움이 되었다: 건강하고 신선한 음식에 우선순위를 둠. 소비자들은 캠벨의 전통적인 수프에 함유된 나트륨 수준과 과당이 높은 옥수수 시럽을 우려했다.[58] 유기농 식품에 대한 선호는 회사의 혁신적 선택에 영향을 미쳤다. 캠벨은 내부에서 개발한 제품인 '고수프'를 출시했는데, 신선함에 초점을 맞췄으며 신선함을 전달하기 위해 캔이 아닌 플라스틱 파우치에 담겨져 나왔다.[59] 그러나 캠벨은 캔을 사용했지만 인공 성분이 포함되어 있지 않은 웰 예스!를 통해 캔에 담긴 제품을 제공했다. 그리고 캠벨의 수플리시티 라인은 고압 처리를 사용하여 방부제를 사용하지 않고도 제품의 맛과 색상을 유지할 수 있다.[60]

건강에 중점을 두는 것은 제품을 넘어서 교육과 독특한 서비스 제공으로 확대된다. 캠벨은 이제 소비자들이 재료에 대한 세부 사항, 식품 원산지 및 제조 방법을 볼 수 있는 웹사이트와 앱, 왓츠인마이푸드닷컴을 제공한다.[61] 더욱 혁신적인 것은 개인화된 식단을 추천해주는 서비스를 시작한 스타트업 기업 '해빗'의 인수이다. 고객은 가정용 영양 테스트 키트를 인증된 실험실로 보낸 다음, 소비자의 라이프스타일, 생리학 및 건강 목표에 근거한 영양사의 코칭과 함께 개인화된 식단을 제공한다.[62]

매년 혁신에 익숙한 회사의 경우 신제품의 개발 속도는 놀랍다(그들은 연간 200개의 신제품을 도입하고자 계획한다).[63] 모두가 성공하는 것은 아니다. 큐리그 커피메이커의 수프를 만드는 키트는 감소하는 매출로 인해 중단되었다.[64] 그러나 밀레니얼 세대와 모든 고객의 변화하는 우선순위에 발 맞춰 캠벨은 추가적인 인수 및 지속적인 R&D를 통해 더 많은 제품과 서비스를 출시하면서 공격적인 혁신 속도를 유지해야 할 것이다.

생각해볼 문제

1. 캠벨의 수프 제품은 제품수명주기의 어떤 카테고리에 속하는가? 한 회사의 제품이 PLC상의 특정 단계에 위치해 있으면서도 산업 부문에서는 다른 PLC 단계에 있을 수 있는가?

2. 제품 혁신 이외에도, 캠벨의 다른 마케팅 믹스는 밀레니얼 세대들이 캠벨 수프를 선택하도록 할 수 있는가?

3. 캠벨은 자체 R&D와 다른 회사와 제품을 인수하여 제품을 확대했다. 이 두 가지 옵션의 장단점은 무엇인가? 캠벨의 초점은 어느 쪽으로 향하고 있는가?

4. 수프 이외의 다른 음식에 대한 소비자 연구 결과가 밀레니얼 세대 사이에 분명한 선호도를 보이고 있는 상황에서 캠벨은 서서히 수프 생산을 중단해야 할까? 혹은 수프 제품 라인을 활성화시키기 위해 계속 노력해야 할까?

마케팅 계획 연습

활동 8 : 제품 전략 정의하기

이 장에서는 마케팅 믹스에서 필수 요소인 제품을 살펴보았다. 효과적인 마케팅 계획 수립은 제품에 대한 이해, 회사의 전반적인 비즈니스 전략에서의 역할, 좀 더 구체적으로 회사의 제품 믹스에 맞추는 것으로 시작한다. 또한 성공 가능성 있는 신제품 배출 파이프라인 역할을 하는 신제품 개발 프로세스를 수립하는 것이 중요하다. 이 장의 과제에는 다음 활동이 있다.

1. 다음을 포함하도록 제품을 정의하라.

    a. 가치 제안

    b. 특징

    c. 제품의 특성(소비자 대 비즈니스 제품, 그리고 제품이 나타내는 유형)

2. 제품 라인(다른 유사 제품과 함께 제공되는 경우)에서 해당 제품의 위치를 파악하고, 보다 광범위하게 회사 전반의 제품 믹스를 파악하라. 다음의 항목을 포함하라.

    a. 해당 제품은 제품 라인에 속한 다른 제품과 어떻게 다른가(적절한 경우)?

    b. 해당 제품은 어떤 가격대를 목표로 삼고 있으며, 기존 제품과의 갈등을 유발하는가?

    c. 해당 제품은 제품 라인에 속한 다른 제품과 비교했을 때 마케팅 메시지가 어떻게 다른가?

활동 9 : 신제품 개발

이 장에서는 마케팅 믹스에서 필수 요소인 제품을 살펴보았다. 효과적인 마케팅 계획 수립은 제품에 대한 이해, 회사의 전반적인 비즈니스 전략에서의 역할, 좀 더 구체적으로 회사의 제품 믹스에 맞추는 것으로 시작한다. 또한 성공 가능성 있는 신제품 배출 파이프라인 역할을 하는 신제품 개발 프로세스를 수립하는 것이 중요하다. 이 주제와 관련된 마케팅 계획 활동은 다음과 같다.

1. 차세대 제품을 위한 새로운 제품 개발 프로세스를 정의하라. 제품이 새로울지라도 차세대 모델을 위한 계획을 수립하는 것이 중요하다.

    a. 기존 제품을 새로운 시장으로 확대하고 싶은가?

    b. 향후 36개월 동안 추가할 것으로 예상되는 특징들과 도입기의 타임라인을 정의하라.

2. 회사는 신제품 개발과 관련하여 혁신적인 기업으로 알려지길 원하는가?

3. 시장에서 회사의 제품 확산을 그래프로 나타내라. 확산의 각 집단을 정의하라.

미주

1. Kupluthai Pungkanon, "Nothing Like a Nespresso," *Sunday Nation,* April 30, 2017, http://www.nationmultimedia.com/news/life/living_health/30313686.

2. Albert M. Muniz Jr. and Hope Jensen Schau, "Religiosity in the Abandoned Apple Newton Brand Community," *Journal of Consumer Research* 31, no. 4 (2005), pp. 737–48; and Hope Jensen Schau and Albert Muniz, "A Tale of Tales: The Apple Newton Narratives," *Journal of Strategic Marketing* 14, no. 1 (2006), pp. 19–28.

3. Hollister Jeans, www.hollisterco.com, January 2014.

4. Jack Neff, "Tide's Washday Miracle: Not Doing Laundry," *Advertising Age* 78, no. 45 (2007), p. 12.

5. Andreas B. Eisingerich and Tobias Kretschmer, "In E-Commerce, More Is More," *Harvard Business Review* 86, no. 3 (2008), pp. 20–35.

6. Lance A. Bettencourt and Anthony W. Ulwick, "The Customer-Centered Innovation Map," *Harvard Business Review* 86, no. 5 (2008), p. 109.

7. Stephen L. Vargo and Robert F. Lusch, "From Goods Go Service(s): Divergences and Convergences of Logics," *Industrial Marketing Management* 37, no. 3 (2008), pp. 254–68.

8. Preyas S. Desai, Oded Koenigsberg, and Devarat Purohit, "The Role of Production Lead Time and Demand Uncertainty in Marketing Durable Goods," *Management Science* 53, no. 1 (2007), pp. 150–59.

9. Benjamin Zhang, "Check Out Delta's New Canadian Airliner That's Trying to Challenge Boeing and Airbus," *Business Insider,* January 2, 2017, http://www.businessinsider.com/delta-bombardier-series-cs100-2016-12/#bombardier-offers-two-version-of-the-c-series-a-130-seat-cs300-and-a-smaller-108-seat-cs100-1.

10. Marc Abrahams, "A Pointed Lesson about Product Features," *Harvard Business Review* 84, no. 3 (2006), pp. 21–23.

11. Priceline, priceline.com, May 2017.

12. Ben Levisohn, "Keep That Rolex Ticking," *BusinessWeek,* March 24, 2008, no. 4076, p. 21; and Stacy Meichtry, "How Timex Plans to Upgrade Its Image," *Wall Street Journal,* June 21, 2007, p. B6.

13. Djoko Setijono and Jens J. Dahlgaard, "The Value of Quality Improvements," *International Journal of Quality and Reliability Management* 25, no. 3 (2008), pp. 292–306; and Gavriel Melirovich, "Quality of Design and Quality of Conformance: Contingency and Synergistic Approaches," *Total Quality Management and Business Excellence* 17, no. 2 (2008), pp. 205–20.

14. Rajeev K. Goel, "Uncertain Innovation with Uncertain Product Durability," *Applied Economics Letters* 13, no. 13 (2006), pp. 829–42.

15. Kamalini Ramdas and Taylor Randall, "Does Component Sharing Help or Hurt Reliability? An Empirical Study in the Automotive Industry," *Management Science* 54, no. 5 (2008), pp. 922–39; and Niranjan Pati and Dayr Reis, "The Quality Learning Curve: An Approach to Predicting Quality Improvement in Manufacturing and Services," *Journal of Global Business Issues* 1, no. 2 (2007), pp. 129–41.

16. Emily Matchar, "The Fight for the "Right to Repair," *Smithsonian.com,* July 13, 2016, http://www.smithsonianmag.com/innovation/fight-right-repair-180959764/.

17. Christian Wardlaw, "Exclusive Report: GM Slices Free OnStar Trial Period in 2017 Buick, Chevrolet, and GMC Models," *New York Daily News,* February 13, 2017, http://www.nydailynews.com/autos/news/gm-reduces-free-onstar-trial-period-article-1.2970954.

18. Ravinda Chitturi, Rajagopal Raghunathan, and Vijar Mahajan, "Delight by Design: The Role of Hedonic versus Utilitarian Benefits," *Journal of Marketing* 72, no. 3 (2008), pp. 48–61.

19. Penelope Green, "While You Were Out, the Post-it Went Home," *New York Times,* June 28, 2007, p. F1.

20. Sarah Halzack, "The Soup Business Has Grown Cold. Inside Campbell's Plan to Turn Up the Heat," *Washington Post,* February 3, 2017, https://www.washingtonpost.com/news/business/wp/2017/02/03/the-soup-business-has-grown-cold-inside-campbells-plan-to-turn-up-the-heat/?utm_term=.3a246cbe5abc.

21. Muhammad A. Noor, Rick Rabiser, and Paul Grunbacher, "Agile Product Line Planning: A Collaborative Approach and a Case Study," *Journal of Systems and Software* 81, no. 6 (2008), pp. 868–81.

22. Peter N. Golder and Gerald J. Tellis, "Growing, Growing, Gone: Cascades, Diffusion, and Turning Points in the Product Life Cycle," *Marketing Science* 23, no. 2 (2004), pp. 207–21.

23. Jack Stewart, "With the Model 3 Coming, Tesla Grapples with Quality Control," *Wired,* May 4, 2017, https://www.wired.com/2017/05/tesla-quality/.

24. Kate Niederhoffer, Rob Mooth, David Wiesenfeld, and Jonathon Gordon, "The Origin and Impact of CPG New Product Buzz: Emerging Trends and Implications," *Journal of Advertising* 47, no. 4 (2007), pp. 420–36.

25. "New-to-the-World-Products." *Google Shopping,* n.d., https://www.google.com/search?q=new-to-the-world+products&rlz=1C1EJFA_enUS726US726&source=univ&tbm=shop&tbo=u&sa=X&ved=0ahUKEwiUIr_OoNrTAhWJeSYKHbXFAKIQsxglJw; and "Project Jacquard," *Google ATAP,* n.d., https://atap.google.com/jacquard/, May 2017.

26. "New-to-the-World-Products," *Google Shopping,* n.d., https://www.google.com/search?q=new-to-the-world+products&rlz=1C1EJFA_enUS726US726&source=univ&tbm=shop&tbo=u&sa=X&ved=0ahUKEwiUIr_OoNrTAhWJeSYKHbXFAKIQsxglJw; and "Project Jacquard," *Google ATAP,* n.d., https://atap.google.com/jacquard/, May 2017.

27. Kenneth J. Petersen, Robert B. Handfield, and Gary L. Ragatz, "Supplier Integration into New Product Development: Coordinating Product, Process and Supply Chain Design," *Journal of Operations Management* 23, no. 3/4 (2003), pp. 371–89.

28. Anjali Athavaley and Se Young Lee, "Samsung Launches Galaxy S8 and Dreams of Recovery from Note 7," *Reuters,* March 30, 2017, http://www.reuters.com/article/us-samsung-elec-smartphones-idUSKBN17027R.

29. Cornelia Droge, Roger Calantone, and Nukhet Harmancioglu, "New Product Success: Is It Really Controllable by Managers in Highly Turbulent Environments?" *Journal of Production Innovation Management* 25, no. 3 (2008), pp. 272–90.

30. "Eclipse 500 Wins Export Approvals," *Flight International* 173, no. 5137 (2008), p. 12; and Bruce Nussbaum, "The Best Product Design of 2007," *BusinessWeek,* no. 4044 (2007), p. 52.

31. Rajesh Sethi and Zafar Iqbal, "State Gate Controls, Learning Failure, and Adverse Effect on Novel New Products," *Journal of Marketing* 72, no. 1 (2008), pp. 118–32.

32. "Johns Hopkins, Under Armour Announce Personal Fitness Partnership," *Johns Hopkins University Hub,* January 5, 2017, https://hub.jhu.edu/2017/01/05/hopkins-under-armour-personal-fitness/.

33. John Saunders, Veronica Wong, Chris Stagg, and Mariadel Mar Souza Fontana, "How Screening Criteria Change during Brand Management," *Journal of Product and Brand Management* 14, no. 4/5 (2005), pp. 239–50.

34. "Apple Prototypes: 5 Products We Never Saw," *Applegazette,* June 20, 2008, www.applegazette.com/mac.

35. Raul O. Chao and Stylianon Kavadias, "A Theoretical Framework for Managing the New Product Development Portfolio: When and How to Use Strategic Buckets," *Management Science* 54, no. 5 (2008), pp. 907–22.

36. Dean Richard Prebble, Gerritt Anton De Waal, and Cristiaan de Groot, "Applying Multiple Perspectives to the Design of a Commercialization Process," *R&D Management* 38, no. 3 (2008), pp. 311–27.

37. Karan Girotra, Christian Terwiesch, and Karl T. Ulrich, "Valuing R&D Projects in a Portfolio: Evidence from the Pharmaceutical Industry," *Management Science* 53, no. 9 (2007), pp. 1452–66.

38. Lenny H. Pattikawa, Ernst Verwaal, and Harry R. Commandeur, "Understanding New Product Project Performance," *European Journal of Marketing* 40, no. 11/12 (2006), pp. 1178–93.

39. Nukhel Armancioglu, Regina C. McNally, Roger J. Calantone, and Serdar S. Durmusoglu, "Your New Product Development (NPD) Is Only as Good as Your Process: An Exploratory Analysis of New NPD Process Design and Implementation," *R&D Management* 37, no. 95 (2007), pp. 399–415.

40. Glen L. Urban and John R. Hauser, "Listening In to Find and Explore New Combinations of Customer Needs," *Journal of Marketing* 68, no. 2 (2004), pp. 72–90.

41. Stefan Thomke and Donald Reinertsen, "Six Myths of Product Development," *Harvard Business Review,* May 2012, https://hbr.org/2012/05/six-myths-of-product-development.

42. B. Sorescu and Jelena Spanjol, "Innovation's Effect on Firm Value and Risk: Insights from Consumer Packaged Goods," *Journal of Marketing* 72, no. 2 (2008), pp. 114–31.

43. J. Brock Smith and Mark Colgate, "Customer Value Creation: A Practical Framework," *Journal of Marketing Theory and Practice* 15, no. 1 (2007), pp. 7–24.

44. Sanjiv Erat and Stylianos Kavadias, "Sequential Testing of Product Designs: Implications for Learning," *Management Science* 54, no. 5 (2008), pp. 956–69.

45. Wei-Lun Chang, "A Typology of Co-Branding Strategy: Position and Classification," *Journal of the Academy of Business* 12, no. 92 (2008), pp. 220–27.

46. Sharan Jagpal, Kamel Jedidi, and M. Jamil, "A Multibrand

Concept Testing Methodology for New Product Strategy," *Journal of Product Innovation Management* 24, no. 1 (2007), pp. 34–51.

47. Destan Kandemir, Roger Calantone, and Rosanna Garcia, "An Exploration of Organizational Factors in New Product Development Success," *Journal of Business and Industrial Marketing* 21, no. 5 (2006), pp. 300–18.

48. Keith Shaw, "Netgear Doubles Down on Orbi Wireless Gear," *Network World,* March 28, 2017, http://www.networkworld.com/article/3185444/mobile-wireless/netgear-doubles-down-on-orbi-wireless-gear.html.

49. Henrik Sjodin, "Upsetting Brand Extensions: An Enquiry into Current Customer Inclination to Spread Negative Word of Mouth," *Journal of Brand Management* 15, no. 4 (2008), pp. 258–62; and Niederhoffer et al., "The Origin and Impact of CPG New Product Buzz."

50. Christophe Van Den Butte and Yogesh V. Joshi, "New Product Diffusion with Influentials and Imitators," *Marketing Science* 26, no. 3 (2007), pp. 400–24.

51. Kapil Bawa and Robert Shoemaker, "The Effects of Free Sample Promotions on Incremental Brand Sales," *Marketing Science* 23, no. 3 (2004), pp. 345–64.

52. Morris Kalliny and Angela Hausman, "The Impact of Cultural and Religious Values on Consumer's Adoption of Innovation," *Journal of the Academy of Marketing Studies* 11, no. 1 (2007), pp. 125–37; and Stacy L. Wood and C. Page Moreau, "From Fear to Loathing? How Emotion Influences the Evaluation and Early Use of Innovations," *Journal of Marketing* 70, no. 3 (July 2006), pp. 44–60.

53. Sarah Halzack, "The Soup Business Has Grown Cold. Inside Campbell's Plan to Turn Up the Heat," *Washington Post,* February 3, 2017, https://www.washingtonpost.com/news/business/wp/2017/02/03/the-soup-business-has-grown-cold-inside-campbells-plan-to-turn-up-the-heat/?utm_term=.6401befc68d7.

54. Halzack, "The Soup Business Has Grown Cold"; and Avi Dan, "Soup's On at Campbell's as It Reinvents Itself with Innovations and Acquisitions," *Forbes.com,* June 3, 2013, https://www.forbes.com/sites/avidan/2013/06/03/soups-on-at-campbells-as-it-reinvents-itself-with-innovations-and-acquisitions/#7c7db77740bf.

55. J. Goudreau, "Kicking the Can," *Forbes* 190, no. 11 (2012), pp. 46–51, 2012; Dan, "Soup's On at Campbell's."

56. Don Seiffert, "Campbell Soup CEO Makes Three Predictions about the Future of Food," *Boston Business Journal,* April 12, 2017, http://www.bizjournals.com/boston/news/2017/04/12/campbell-soup-ceo-makes-three-predictions-about.html.

57. Halzack, "The Soup Business Has Grown Cold"; and Aaron Hurst, "How Denise Morrison Took Processed Food Icon Campbell's on a Fresh Food Buying Spree," *FastCompany.com,* March 2, 2017, https://www.fastcompany.com/3068634/the-purposeful-ceo/how-denise-morrison-took-processed-food-icon-campbells-on-a-fresh-food-bu.

58. Jennifer Bissell, "Campbell Soup Aims to Recapture Wholesome Image," *Financial Times,* February 22, 2017, https://www.ft.com/content/92a108c2-e95c-11e6-967b-c88452263daf.

59. Goudreau, "Kicking the Can."

60. Halzack, "The Soup Business Has Grown Cold."

61. "How Campbell Soup and Panera See Shifting Consumer Tastes." *Wall Street Journal,* October 16, 2016, https://www.wsj.com/articles/how-campbell-soup-and-panera-see-shifting-consumer-tastes-1476670500.

62. Seiffert, "Campbell Soup CEO Makes Three Predictions"; Bissell, "Campbell Soup Aims to Recapture Wholesome Image."

63. Dan, "Soup's On at Campbell's"; Campbell's Soup Company, "Campbell to Launch More Than 200 New Products in Fiscal 2015 to Meet Evolving Consumer Preferences," *Campbell's Soup Company,* July 21, 2014, https://www.campbellsoupcompany.com/newsroom/press-releases/campbell-to-launch-more-than-200-new-products-in-fiscal-2015-to-meet-evolving-consumer-preferences/.

64. Carolyn Heneghan, "Why Campbell Discontinued Its K-Cup Soups Line," *FoodDive.com,* May 18, 2016, http://www.fooddive.com/news/why-campbell-discontinued-its-k-cup-soups-line/419401/.

Chapter 9

브랜드 구축

학습목표

9-1 브랜드의 필수적인 요소에 대해 알아본다.

9-2 제품 전략 내에서 브랜드 자산의 중요성을 배운다.

9-3 결정적인 브랜드 요소로서 패키징과 라벨링의 역할을 설명한다.

9-4 소비자 신뢰를 구축하는 데 있어서 보증과 서비스 계약의 책임성을 정의한다.

브랜드 : 제품의 근본적인 특징

9-1

브랜드의 필수적인 요소에 대해 알아본다.

왜 사람들은 월마트에서 판매하는 12달러짜리 풀오버 폴로 셔츠 대신 89달러의 타미힐피거 폴로 셔츠를 구매하는가? 품질이 더 좋은 것이 이유 중에 하나이지만 다른 어떤 것이 구매를 동기부여 하고 있다. 그것은 셔츠를 구매하는 개인과 타미힐피거 브랜드 간의 복잡한 관계이다. 타미힐피거, 라코스테, 언더아머와 같은 제조업체는 왜 상품에 자사의 로고를 드러내는가? 그 제품을 구입하는 사람들은 다른 사람들이 셔츠, 재킷, 바지를 누가 제조했는지 알기를 원하기 때문이다. 마찬가지로 제조업체는 모든 사람이 로고를 보길 원한다. 고객과 제조업체 모두 브랜드의 중요성을 잘 알고 있다.

누가 당신에게 타미힐피거에 대해 물어본다면 로고를 식별해서 구분할 수 있을 것이다. 그러나 이 브랜드를 어떻게 정의하겠는가? 도표 9.1은 타미힐피거가 자사 브랜드를 제품과 서비스로 변환하여 표현하는 여러 가지 방법 중 일부를 보여준다. 미국마케팅협회에서 정의한 **브랜드**는 '이름, 용어, 디자인, 상징 또는 자사의 제품과 서비스를 다른 판매자의 상품이나 서비스와 구분하는 다른 모든 특징'을 의미한다. 힐피거 플래그가 타미힐피거 제품을 식별할 수 있는 상징이지만, 고객과 비고객 모두 브랜드에 대해 훨씬 더 깊은 의미를 부여한다.[1] 이와 같은 본질적 제품 구축 블록을 학습하기 위해 브랜딩과 브랜딩 프로세스의 중요 요소에 초점을 맞출 것이다. 첫째 브랜드를 위한 잠재적인 문제뿐만 아니라 고객, 기업, 경쟁자가 브랜드에 기대하는 것을 포함하여 브랜드의 많은 역할에 대해 토의할 것이다. 다음으로 브랜드와 고객의 관계를 구성하는 데 사용되는 중요한 개념인 브랜드 자산을 살펴보고자 한다. 또한 네 가지 브랜딩 전략을 검토한다. 마지막으로 브랜드에 대한 고객의 전반적인 인식에 대한 두 가지 핵심 요소인 보증과 서비스 협약 및 패키징과 라벨링에 대해 알아보고자 한다.

브랜딩의 중요성은 소비재에만 국한되지 않는다. B2B 고객은 또한 구매 결정을 내릴 때 브랜드를 고려한다. 이 장에서 볼 수 있듯이 브랜드는 고객과 회사에게 중요하다. 따라서 마케팅 담당자는 효과적인 브랜딩 전략을 수립할 때 고객의 브랜드 지각에 대해 가능한 한 많이 알아야 한다.

브랜드는 다양한 역할을 수행한다

브랜드는 고객과 제조업체뿐만 아니라 경쟁사를 위해서도 역할 수행을 하는데 그 역할은 서로 다르다. 브랜드보다 기업에 대해 더 많은 정보를 전달하는 제품 요소는 없다. 기업은 잘 구상된 브랜드 전략으로부터 성공적인 신제품이 나온다는 것을 알고 있기 때문에 **브랜드 전략**(brand strategy)은 제품 개발 프로세스에서 필수적인 부분이다. 동시에 구축된 제품들은 꽤 많이 브랜드에 의해 정의되며 기업은 이 중요한 자산을 보호하기 위해 열심히 노력한다. 지금부터 브랜드 역할을 살펴보고자 한다.

고객 브랜드 역할 고객이 소비자이든 다른 비즈니스 고객이든 관계없이 브랜드는 세 가지 주요 역할을 한다. 첫째, 브랜드는 제품에 대한 정보를 전달한다. 추가적인 정보가 없다면 고객은 품질, 서비스, 심지어 브랜드를 기반으로 한 특징에 대한 기대를 구축한다. 넷플릭스는

출처 : Tommy Hilfiger Licensing, LLC

온라인 디지털 미디어 콘텐츠의 선두 주자로, 사용 편의성과 다양한 선택으로 전 세계적으로 인정받고 있다. 최근에는 '하우스 오브 카드'와 같은 프로그램을 통해 독창적인 콘텐츠로 유명해졌다. 비싼 서비스 중 하나임에도 불구하고 브랜드로 고품질 이미지를 많은 고객에게 전달했다.

두 번째 브랜드는 고객에게 제품에 대해 교육한다. 사람들은 브랜드를 통해 제품 경험에 의미를 부여하고, 시간이 지남에 따라 자신의 욕구를 충족시키는 데 가장 적합한 브랜드와 그렇지 않은 브랜드를 판단한다. 결과적으로 고객은 구매 과정을 간소화하기 위해서 누적된 브랜드 경험에 의존하기 때문에 제품 평가와 구매 결정에 많은 시간과 에너지를 쓰지 않는다.[2] 사고 프로세스는 다음과 같이 작동한다: "과거에 브랜드 X에 대한 훌륭한 제품 경험이 있었다. 나는 브랜드 X를 다시 구매할 것이므로 구매 결정을 보다 쉽고 빠르게 할 수 있나" 본질적으로 고객의 '브랜드 교육'은 고객이 적은 노력으로 구매 결정을 내리는 데 도움이 된다. 많은 사람들이 가정에서 직접 수리하는 하는 것을 어려워하기 때문에 로우스와 같은 하드웨어 소매업체는 프로세스에 대한 불안을 줄이기 위해 최대한 많은 정보를 제공한다. 실제로 우스는 모든 사람들이 가정에서 쉽게 수리할 수 있도록 열심히 노력했다.

세 번째 브랜드 역할은 구매 결정에서 고객을 안심시키는 데 도움을 주는 것이다.[3] 수년 동안 IT 부서에는 다음과 같은 구절이 있었다: "IBM을 구매한다면 아무도 해고당하지 않는다" 이는 대형 컴퓨터와 네트워크 서버 시장에서의 IBM의 명성과 시장 지배력은 제품이 성능 기대를 충족시키지 못하더라도 고객들은 IBM 장비를 선택한 것에 대해 안도감을 느끼고 덜 불안해한다는 것을 의미한다. 라이솔과 같은 브랜드는 제품 품질에 대한 안도감을 주고 우려를 줄여준다(도표 9.2 참조).

기업 브랜드 역할 브랜드는 또한 브랜드 스폰서(제조업체, 유통업체, 소매업체)를 위해서 중요한 역할을 수행한다. 그들은 브랜드를 통해 제품에 대한 법적 보호를 받는다. 기업은 브랜드를 보호함으로써 제품 특징, 제조나 제품 디자인에서의 특허 가능한 아이디어, 그리고 패키징과 같은 필수적인 제품 요소를 보호할 수 있다.[4] 두 번째 중요한 역할은 브랜드가 제품을 범주화하는 데 효과적이고 효율적인 방법을 제공한다는 것이다.[5] 삼성은 많은 제품 범주에 걸쳐 수천 개의 제품을 보유하고 있으며 브랜딩은 해당 제품을 파악하는 데 도움이 된다.

경쟁자 브랜드 역할 시장을 선도하는 브랜드는 경쟁업체가 경쟁할 수 있는 벤치마크를 제공한다. 시장을 선도하는 강력한 브랜드가 있는 업계에서는 경쟁업체가 시장 리더를 대상으로 제품을 설계하고 제작한다. 이러한 상황에서 경쟁업체는 시장을 선도하는 브랜드의 지각된 약점에 대응하여 자사의 제품 강점을 활용한다. 경쟁이 치열한 스마트폰 시장에서 우리는 삼성이나 애플 같은 글로벌 브랜드에 익숙하다. 그러나 시장에서 주목받기 위해 노력하는 수많은 경쟁업체가 있다. 화웨이와 LG 같은 회사는 삼성과 같은 시장 리더와 자사의 휴대전화를 비교해서 추가 기능을 낮은 가격으로 제공한다는 것을 강조한다.

그림 전달과 정보 : 넷플릭스

고객을 교육하다 : 로우스

고객이 안심하도록 돕다 : 라이솔

브랜딩의 경계

브랜딩은 제품 경험에 큰 영향을 미치지만 전능한 것은 아니다. 좋은 브랜딩 전략일지라도 제품이 잘못 설계되어 가치 제안을 제공하지 못하는 문제는 극복하지는 못할 것이다.[6] 기업은 자주 브랜드 가치를 떨어뜨리는 나쁜 제품에 좋은 브랜드를 부여하는 경우가 있는데 이는 브랜드 가치를 낮춘다. 2000년대 초반에 아이폰이 나오기 몇 해 전부터 스마트폰의 리더인 블랙베리가 있었다. 불행히도 이 기업은 스마트폰 시장에서 터치스크린 기술과 같은 혁신을 따라잡지 못했다 (블랙베리는 버튼을 가지고 있었음). 그 당시 매우 높게 평가되었지만 제품, 기업, 브랜드 모두 경쟁자와 변화하는 소비자 선호에 의해 압도되었다. 따라서 브랜드는 반드시 보호되어야 한다. 다른 회사의 브랜드 이름으로 만들어진 위조 제품과 불법 행위는 브랜드에 심각한 해를 끼칠 수 있다.[7]

마지막으로, 제품 간에는 실제적이며, 식별 가능하고 의미 있는 차이가 있어야 한다. 모든 제품이 동등한 것으로 지각되면 브랜드에 부여된 독특한 특성인 **브랜드 아이덴티티**를 창출하는 것이 더 어렵다.[8] 고객은 종종 제품 간 차이를 알아차리지 못하기 때문에 상품을 브랜드화하는 것은 어렵다. 엑손모빌, 쉘, BP와 같은 주요 석유 회사들은 경쟁사와의 차별화를 원하지만 대부분의 사람들이 차이를 느끼지 않기 때문에 어려움을 겪고 있다. 모든 노력에도 불구하고 기업들이 브랜드에 대한 지각을 극복하기는 여전히 어렵다.

브랜드 자산 : 브랜드의 소유

자산은 소유권과 가치에 관한 것이다. 예를 들어, 사람들은 종종 자산이라는 용어를 생각한다면 그들의 집을 떠올린다. 주택 자산은 주택 가격(자산)과 대출(부채) 간의 차이이다. 부동산 가치와 주택 담보 대출 가치의 차이가 클수록 주택 소유자에게 더 많은 자산이 발생한다.

진정한 의미에서 브랜드 자산도 마찬가지이다. 모든 브랜드는 긍정적인 요소와 부정적인 요소를 갖고 있다. 예를 들어, 메르세데스 벤츠는 고품질 자동차라는 긍정적인 명성을 갖고 있지만 또한 가격이 비싸다는 부정적 이미지를 갖고 있다. 긍정적인 요소와 부정적인 요소 간의 지각된 차이가 크면 클수록 고객이 지각하는 브랜드 자산은 발전한다. 고객들은 브랜드의 '소유권'을 가지면 금전적인 것을 넘어 감정적·심리적 애착을 포함한 '투자'를 한다. 그러면 기업은 다음 장에서 논의될 많은 이점을 누릴 수 있다. 그러나 기업이 제품 품질을 낮추는 것처럼 브랜드 관리를 소홀히 할 경우 감정적 애착을 보이던 고객들 역시 부정적으로 변하게 될 것이다. 마케팅 관리자로서 제품의 목표 시장에 대한 관계를 보다 잘 이해하고 효과적인 마케팅 전략을 수립하기 위해 제품의 브랜드 자산을 학습해보길 바란다.[9]

브랜드 자산의 정의

브랜드 자산(brand equity)은 '제품이나 서비스가 기업이나 기업의 고객에게 제공하는 가치를 높이는(낮추는) 브랜드명, 심벌과 연결된 일련의 자산(부채)'으로 정의할 수 있다. 데이비드 아커가 개발한 이 정의는 다섯 가지 차원으로 구성되어 있다.[10]

- **브랜드 인지도**(brand awareness) : 브랜드 자산의 가장 기본적인 형태는 단순히 브랜드를 인지하고 있는 것이다. 인지도는 다른 모든 브랜드 관계의 기초이다. 이것은 브랜드에 대한 친숙함과 잠재적인 몰입을 나타낸다.

- **브랜드 충성도**(brand loyalty) : 이는 브랜드 자산의 가장 강력한 형태이며, 재구매에 대한 몰입을 나타낸다. 충성 고객들은 브랜드를 확신하고 종종 신규 고객에게 브랜드를 위한 대사 역할을 한다. 또한 충성 고객들은 기업의 마케팅 비용을 절감시켜준다. 기업은 충성 고객과의 거래 관계를 활용할 수 있고 경쟁 위협에서도 더 큰 성공을 이룰 수 있다.

- **지각된 품질**(perceived quality) : 브랜드는 긍정적 또는 부정적인 품질에 대한 지각을 전달한다. 회사는 제품을 차별화하여 가격을 높일 수 있는 긍정적인 지각된 품질을 사용한다. 롤렉스 시계는 제품의 디자인과 성능에 대한 지각된 품질 때문에 제품수명주기 내내 오랫동안 가격 프리미엄을 유지할 수 있었다.

- **브랜드 연상**(brand association) : 고객은 브랜드와 함께 수많은 정서적·심리적·성능 연상을 개발한다. 대부분 이러한 연상은 특히 브랜드 충성도가 높은 사용자에게 주요 구매 동인으로 작용한다. 델은 대중 시장에서 합리적인 우수한 수준의 제품을 갖추고 있지만 형편없는 고객 서비스로 알려져 있다. 결과적으로 휴렛팩커드와 같은 경쟁업체는 자신의 브랜드를 높은 수준의 제품 지원 및 고객 서비스와 연결하여 시장 기회를 창출해왔다.

- **브랜드 자산**(brand assets) : 브랜드는 상당한 경쟁 우위를 나타내는 상표 및 특허와 같은

기타 자산을 보유한다. 구글은 검색 알고리즘 지적 재산권을 보호하는데, 다른 검색 엔진과 비교했을 때 회사의 관점에서 이러한 지적 재산은 다른 검색 엔진보다 의미 있는 이점을 제공한다.

이러한 차원들이 마케팅 관리자에게 주는 시사점을 생각해보자. 첫째, 브랜드 인지도에서 충성도로 고객을 이동시키려면 목표 시장과 성공적인 마케팅 전략에 대한 철저한 이해가 필요하다. 이는 강력한 가치를 제공하고 이를 목표 시장에 전달함으로써 달성된다.[11] 이것은 마케팅 관리자의 일 중에 필수적인 요소이다. 둘째, 제6장에서 논의했듯이 고객은 제품에 대한 지각을 발전시켜 이를 제품 태도와 제품의 브랜드 자산에 포함되어 있는 감정에 연관시킨다. 마케팅 관리자는 고객이 자사 브랜드뿐만 아니라 경쟁사의 브랜드를 바라보는 방식을 학습함으로써 제품에 대한 사람들의 지각과 태도에 영향을 미치려 한다.[12] 마지막으로 마케팅 관리자는 브랜드가 기업의 중요한 자산이기 때문에 자사 브랜드를 보호한다. 그리고 자사 브랜드가 시장에서 경쟁자에 의해 어떻게 묘사되는지 주의 깊게 지켜본다.

고객과 기업 모두 브랜드 성공에 지분을 가지고 있다. 소비자들은 품질, 성능 또는 제품 경험의 다른 차원에 대한 의문이 있는 경우 브랜드를 구매하는 것을 원하지 않는다. 구매 이익을 극대화하고 단점을 최소화하려고 노력한다. 동시에, 기업이 보유한 모든 브랜드에는 고객의 지각된 자산을 높이기 위해 극복해야 할 부정적 요소가 있음을 알고 있어야 한다. 결과적으로 마케팅 관리자는 브랜드 자산, 즉 제품의 긍정적인 요소가 부정적인 요소보다 더 크다는 인식을 제공하기 위해 끊임없이 노력한다. 브랜드는 진정한 가치를 지니고 있으며 중요한 회사 자산을 대표한다.[13] 도표 9.3은 브랜드 Z에 의해 측정된 세계에서 가장 가치 있는 브랜드를 보여준다. 해당 브랜드의 가치는 수십억 달러에 달하며 순위 변화는 회사 전략, 브랜드 성공과 실패, 경쟁 압박, 고객 수용 변화에 기초한 것이다.

코카콜라는 인도의 콜라 트럭에 표기된 가장 강력한 글로벌 브랜드와 로고 중 하나를 만들었으며, 전 세계적으로 인정받고 있다.

©Erica Simone Leeds

브랜드 자산의 혜택

브랜드 자산을 구축하기 위해서 시간과 돈이 필요하다. 브랜드 자산을 구축하기 위해서 자원이 필요하다는 점을 고려할 때, 특정 브랜드가 자원을 투자할만한 가치를 지니는지에 대해 의문을 가지는 것은 매우 합리적인 일이다. 높은 브랜드 자산은 고객과 제조업체, 소매업체와 유통업체, 브랜드를 통제하는 브랜드 스폰서에게 다양한 혜택을 제공한다. 지각된 품질, 브랜드 연결, 브랜드 충성도라는 세 가지 혜택이 있다. 두 가지 관점에서 각 혜택을 생각해보자. 첫째는 고객과 브랜드를 관리하는 기업 관점이고 둘째는 브랜드 스폰서 관점이다. 브랜드의 많은 혜택은 수치화하기 어렵지만 브랜드 성공이나 실패에 큰 영향을 미친다.

	카테고리	브랜드	2016 브랜드 가치(100만 달러)	브랜드 신뢰	브랜드 가치 변화율(%) (2016 vs. 2015)	순위 변화
1	기술	Google	229,198	4	32%	1
2	기술	Apple	228,460	4	−8%	−1
3	기술	Microsoft	121,824	3	5%	0
4	이동통신사	at&t	107,387	3	20%	2
5	기술	Facebook	102,551	4	44%	7
6	결제	VISA	100,800	4	10%	−1
7	리테일	amazon	98,988	3	−59%	7
8	이동통신사	verizon	93,220	3	8%	−1
9	패스트푸드	McDonald's	88,654	4	9%	0
10	기술	IBM	86,206	4	−8%	−6

출처 : Brand Z, *Top 100 Most Valuable Global Brands 2016*, April 29, 2017. Photos : (Google, Microsoft, Facebook, VISA, Amazon, Verizon, and IBM) : ⓒrvlsoft/Shutterstock ; (Apple) : ⓒtanuha2001/Shutterstock ; (AT&T) : ⓒPeter Probst/Alamy Stock Photo ; and (McDonald's) : ⓒRose Carson/Shutterstock.

지각된 품질

고객 모든 것이 동등하다면(가치 제안, 제품 특징), 브랜드 제품은 고객에게 구매할 이유를 제공한다. 이는 소비자들은 구매 결정을 촉진하는 브랜드 제품으로부터 품질 수준을 유추하기 때문에 브랜드가 없는 제품과 비교했을 때 큰 장점을 갖는다.[14]

브랜드 스폰서 브랜드의 지각된 품질은 기업에게 세 가지 뚜렷한 혜택을 제공한다. 첫째, 브랜드의 품질에 대한 지각은 기업 입장에서 제품 범위를 확장할 수 있게 한다. 하이브리드 시장에서 프리우스의 우세에 맞서 포드자동차는 퓨전 하이브리드를 통해 브랜드의 중요 요소인 소비자 관심과 제품 신뢰를 구축하여 강력한 브랜드를 계속 유지하고 있다. 둘째, 브랜드 품질에 대한 지각은 가격 프리미엄 기회로 이어질 수 있다.[15] 예를 들어, P&G를 비롯한 다른 소비재 제품 기업들은 동일 범주 내의 일반 또는 기타 지역 브랜드 제품보다 지속적으로 높은 가격(그리고 마진)을 받고 있다. 마지막으로, 브랜드 품질에 대한 인식은 시장에서 뛰어난 차별화 요소이다. 예를 들어 레이밴은 최초의 성공적인 선글라스 브랜드이다. 이 기업의 브랜딩 전략은 자사 선글라스를 시장에서 고품질 프리미엄으로 포지셔닝하는 것이었으며 이는 65년 이상 성공을 거두었다.

혜택과 전략의 연계 성공적인 마케팅 전략은 품질을 제품, 서비스, 회사와의 모든 상호작용인 고객 경험으로 만든다. 기업은 제품 라인을 확장하면서 고객의 브랜드 경험이 긍정적인지 확인할 필요가 있다. 간단히 말하면, 새로운 제품과 서비스를 도입하기 전에 확인해야 한다.[16] 품질은 가격 프리미엄을 창출할 수 있지만 담당자는 가격 프리미엄을 증명하기 위해 고객을 위한 가치 제안을 지속적으로 검증하고 "무엇이 이 제품을 차별화시키는가?"라는 질문에 대답할 수 있어야 한다.[17]

브랜드 연결

고객 두 가지 주요 고객 이점은 브랜드 연상에서 비롯된다. 첫째, 고객은 브랜드별로 제품 정보를 처리하고, 저장하며 인출하기 때문에 강력한 브랜드는 큰 장점을 갖는다. 사람들은 익숙하지 않은 브랜드의 정보를 분류하기보다는 자신이 알고 있는 브랜드와 정보를 연결하는 경향이 있다. 예를 들어, 소비자는 일반적으로 모든 은행의 예금 계좌를 고려하지 않는다. 오히려 그들은 뱅크 오브 아메리카 혹은 그들이 알고 있는 브랜드의 예금계좌를 떠올린다. 둘째, 강력한 브랜드가 제품에 대해 보다 긍정적인 태도를 발생시킨다.[18] 고객은 일반적으로 약한 브랜드나 일반적인 제품보다 강력한 브랜드에 대해 더 긍정적인 생각을 갖고 있다. 시스코 네트워크 서버는 IT 전문가들에 의해 지원되는 훌륭한 명성을 갖춘 업계 선두주자로, 많은 제조업체들이 활용하고 있다.

브랜드 스폰서 고객이 브랜드와 동일시하여 제품 충성도를 갖게 되면 이러한 상황은 신규 브랜드에 대한 추가적인 진입 장벽이 된다.[19] 특히 브랜드 인지도가 낮은 소규모 기업의 경우 더욱 그렇다. 경영진들이 시스코 제품 자체는 익숙하지 않더라도 시스코에 대해 들어봤기 때문에 많은 기업의 IT 부서에서는 네트워크 서버로 처음 선택한 것이 시스코이다. 이는 다른 서버들이 시장에 진입하는 것을 더 어렵게 한다.

혜택과 전략의 연계 고객 브랜드와의 연결 때문에 일반적으로 마케팅 관리자는 브랜드를 신제품에 확장하길 원한다. 그러나 브랜드를 확장하기 위해서는 목표 시장이 브랜드에 대해 인지하고 있어야 한다. 토요타, 혼다, 닛산이 고급 자동차를 출시했을 때 목표 시장이 해당 브랜드의 고급 자동차를 받아들일 의향이 적었기 때문에 새로운 브랜드를 만들어야 할 필요성을 느꼈다. 또한 강력한 브랜드는 진입 장벽을 유지하는 데 도움이 되기 때문에 시장 입지를 강화하는 것도 중요하다.

브랜드 충성도

고객 브랜드 충성도가 높은 고객은 새로운 정보를 검색하는 데 많은 시간을 할애하지 않기 때문에 일반적으로 구매 의사결정과정에서 시간을 덜 소비한다.[20] 오토바이 시장의 소비자들은 각각 BMW, 혼다, 할리데이비슨과 같은 기업에 대해 상당한 수준의 브랜드 충성도를 지니고 있다. 따라서 위 세 가지 브랜드를 모두 소유하고 있으면서도 또다른 네 번째 오토바이 브랜드를 운전하는 소비자를 만나기란 매우 어려운 일이다.

브랜드 스폰서 브랜드 스폰서는 브랜드 충성도를 통해 시장에서 실질적인 이점을 주는 네 가지 뚜렷한 혜택을 얻을 수 있다. 잘 수행된 브랜딩 전략은 장기적인 마케팅 비용을 줄임으로써 브랜드 스폰서가 마케팅 예산을 보다 유연하게 사용할 수 있게 한다. 스타벅스는 매년 전 세계 광고에 수억 달러를 지출하지만 광고 예산은 경쟁자에 비해 훨씬 적다. 스타벅스 브랜드는 많은 사람들에게 잘 알려져 있기 때문에 브랜드 인지도를 높이기 위해 많은 돈을 사용할 필요가 없다. 브랜드 제품은 스폰서에게 추가적인 유통 경로 레버리지를 제공한다.[21] 공급업체로부터 낮은 가격으로 제품을 제공받는 월마트의 능력은 전설적이다. 그러나 공급업체들은 세계 최대 소매업체에서 자사 제품을 사용하고 있다는 사실이 자신들에게도 중요하다는 것을 알고 있다. 브랜드 충성도가 높은 고객들은 자신들의 목소리로 제품 경험을 소개하고 신규 고객을 유치한다. 디즈니는 매년 놀이공원을 방문하고 회사의 우수한 홍보대사 역할을 하는 높은 충성 고객 기반을 가지고 있다. 기업들은 충성도 높은 사용자들에게 구체적인 혜택을 제공해서 지속적인 충성을 고양하고 신규 고객을 데려올 수 있도록 장려한다. 마지막으로 브랜드 충성도가 높은 고객들은 용서하는 성향을 나타내는데, 이는 기업이 고객의 부정적인 경험에 대해 적절히 대응할 수 있게 해준다. 디즈니 놀이공원을 자주 방문하는 사람들은 놀이기구에서부터 공원의 청결에 이르기까지 모든 것에 대한 의견을 제시하는 것을 주저하지 않는다. 이를 통해 소유 의식(자산)과 충성도가 형성된다.

혜택과 전략의 연계 고객 충성도 덕분에 강력한 브랜드의 마케팅 관리자는 마케팅 예산을 유연하게 사용할 수 있다. 예를 들어 롤스로이스는 고객이 이미 브랜드 자산을 보유하고 있기 때문에 광고에 거의 투자하지 않는다. 동시에 대부분의 사람들이 볼 수 없는 제품을 만드는 인텔은 브랜드를 구축하는 데 많은 돈을 투자하고 있으며, 이제 사람들은 '인텔 인사이드'를 요구한다. 마케팅 관리자는 충성도가 높은 고객이 브랜드를 대변하고 있음을 알고 있다. 그 결과 블로그나 기타 온라인 커뮤니티는 마케팅 관리자가 브랜드 메시지를 강화할 수 있는 훌륭한 도구가 되었다.[22]

브랜딩 의사결정

브랜딩은 제품의 모든 요소를 하나의 집중된 고객 아이디어로 모으는 복잡한 개념이다. 결과적으로 브랜딩 결정은 마케팅에서 가장 중요한 결정 중 하나이다. 브랜드 관리에서 기본적인 네 가지 전략 결정은 (1) 독립 브랜드 또는 패밀리 브랜딩, (2) 제조업자 브랜드 또는 유통업자 브랜드, (3) 라이선싱, (4) 공동 브랜딩이다.

독립 브랜드 또는 패밀리 브랜딩

브랜드가 단독으로 존재하거나 브랜드 패밀리의 일원으로 존재하는가? 각 선택에는 장단점이 있다. **독립 브랜드**(stand-alone brands)는 브랜드와 회사를 분리하며, 브랜드에 문제가 있는 경우 회사를 보호할 수 있다. 그러나 독립 브랜드는 기업 브랜드와의 시너지가 전혀 혹은 거의 없기 때문에 만들고 유지하는 데 많은 비용이 든다. **패밀리 브랜딩**(family branding)의 장점과 단점은 정반대이다. 브랜드 패밀리 구성원 간에 시너지 효과는 있지만, 한 제품에 대한 부정적인 사건이 발생한 경우 전체 브랜드 패밀리에 대한 부정적인 평판으로 이어질 수 있다.[23]

유니레버는 소비재 분야의 세계적인 선두 주자로서 독립적으로 운영되는 브랜드(AXE, 도브, 라이프부이, 럭스, 폰즈, 렉소나, 선실크, 시그널, 바셀린)를 통해 퍼스널 케어 부문의 독립 브랜드 전략을 사용하고 있다(도표 9.4 참조). 반면 크래프트 하인즈는 패밀리 브랜딩 전략을 사용하여 모든 제품(케첩 및 기타 조미료)을 하인즈 브랜드로 출시한다.

기업은 또한 브랜딩을 사용하여 라인을 확장한다. 예를 들어 마이크로소프트는 윈도우 운영체제 플랫폼을 모바일 장치, 노트북, 데스크톱 등의 다양한 컴퓨터 기기로 확장한다. 윈도우 운영체제가 추가될 때마다 고객은 다시 브랜드와 연결하고, 마이크로소프트는 장치 전반에 걸쳐 원활한 경험을 제공한다.[24] 또한 기업은 브랜드를 사용하여 **카테고리 확장**(category extension)을 통해 새로운 제품 범주로 확장할 수 있다.[25] 파타고니아는 강력한 브랜드를 사용하여 식품과 주류와 같은 새로운 제품 카테고리로 확장한다. 도표 9.5는 브랜드, 라인, 카테고리를 통한 제품 확장을 보여준다.

또 다른 옵션은 패밀리 브랜드를 독특한 개별 제품 브랜드와 결합하는 것이다. 많은 기업들이 이 전략을 변형하여 활용한다. 아메리칸 익스프레스는 아메리칸 익스프레스 브랜드와 자체적인 독립 브랜드 원을 통합하여 원 카드를 출시했다.

제조업자 브랜드 또는 유통업자 브랜드

이 의사결정은 제품이 제조업자 브랜드와 유통업자 브랜드 중에 어떤 전략을 채택해야 하는 것과 관련 있다. 프록터앤갬블과 같은 대형 소비재 회사는 전 세계에서 동일한 브랜드를 활용한 **제조업자 브랜드**(national brands)를 만든다. 질레트 퓨전, 크레스트 치약을 비롯한 여러 제품들은 어느 곳에서나 볼 수 있는 제조업자 브랜드이다. 제조업자 브랜드는 제조업체들이 마케팅 커뮤니케이션과 유통의 효율성을 제고함으로써 마케팅 자원을 활용할 수 있도록 한

유니레버

크래프트 하인즈

출처 : Unilever; and The Kraft Heinz Company.

브랜드 확장 : 도브 맨＋케어의 추가된 비누와 데오드란트

라인 확장 : 다양한 기기에서 활용 가능한 윈도우 운영체제

카테고리 확장 : 파타고니아

출처 : (Dove Men＋ Care and Patagonia): Editorial Image, LLC; and (Windows OS): Microsoft.

다.[26] 또한 일반적으로 제조업자 브랜드는 지각된 품질이 높기 때문에 가격 프리미엄을 얻는다. 그러나 제조업자 브랜드를 개발하는 데 비용이 많이 들고 많은 제품 범주에서 낮은 가격의 유통업자 브랜드는 강력한 경쟁자가 되고 있다.[27]

제조업자 브랜드의 대안으로 **유통업자 브랜드**(store brand)가 있다. 많은 대형 소매업체는 자사 제품을 판매할 수 있는 유통업자 브랜드를 만든다. 예를 들어, 타깃은 다양한 가정용품(렌즈 세정액에서부터 세탁 세제, 종이 접시에 이르는 모든 제품)이 포함된 '업앤업'을 비롯한 많은 유통업자 브랜드를 가지고 있다. 프록터앤갬블과 같은 대형 제조업체와 종종 계약을 맺는 소매업체는 저렴한 가격으로 제조업자 브랜드와 직접적으로 경쟁할 수 있다.

라이선싱

또한 기업은 **라이선싱**을 통해 브랜드를 확장하는 것을 선택할 수 있다. 라이선싱은 다른 제조업체에게 브랜드를 사용할 수 있는 권리를 주는 대가로 수수료나 판매액의 일정 비율을 받는 것이다. 브랜드 스폰서에게는 위험이 거의 없으며 라이선싱으로 인해 매출이 점차 증가할 수 있다. 또한 브랜드를 신규 사용자들에게 확장하고 더 많은 브랜드 연상을 구축함으로써 추가적인 이점을 얻을 수 있다.[28] 브랜드 스폰서는 제품 품질과 브랜드의 올바른 사용을 보장하기 위해 라이선스 사용자들을 모니터링해야 한다. 마지막으로 라이선스 파트너는 회사의 전반적인 마케팅 전략을 브랜드에 일치시켜야 한다.[29] 라이선스 전략의 가장 훌륭한 예시는 영화로, 브랜드(영화)를 다양한 산업에 속한 기업(레스토랑, 장난감 제조업체 등)들이 라이선스한다. '로그 원 : 스타워즈' 스토리는 스타워즈 스토리의 주요 라인은 아니지만, 당시 10억 달러가 넘는 전 세계 흥행 수입을 통해 성공을 거두었으며, 라이선스 계약은 여전히 프랜차이즈에 대한 수익을 창출하고 있다. 디즈니는 상품을 판매할 뿐만 아니라 닛산, 제너럴 밀스, 질레트, 듀라셀, 버라이즌과 라이선스 계약을 맺어 영화 출시 이후에도 계속해서 수익을 창출했다.

공동 브랜딩

종종 회사의 제품을 회사 내부의 다른 제품과 연결하거나 외부의 다른 회사 제품과 연결하는 전략을 통해 이점을 발견하는데, 이를 **공동 브랜딩**(co branding)이라고 한다. 공동 브랜딩은 공통된 제품에서 2개 이상의 잘 알려진 브랜드를 합치거나 두 브랜드를 파트너십으로 판매한다. 공동 브랜딩의 한 가지 장점은 각 브랜드의 강점을 활용하여 독립적으로 발생시킬 수 있는 것 이상의 매출을 창출할 수 있는 기회이다. 또한 각 제품을 새로운 시장에 출시할 수 있으며 마케팅 커뮤니케이션 비용을 공유함으로써 비용을 절감할 수 있다.[30]

하지만 몇 가지 잠재적인 단점도 있다. 첫째, 외부의 다른 회사와 공동 브랜딩을 하는 경우 브랜드에 대한 통제권을 포기해야 한다. 브랜드를 통합함으로써 각 회사는 공동 브랜드 제품을 판매하기 위해 일부 통제권을 희생한다. 만약 브랜드 중 하나에서 품질 문제와 같은 문제가 발생하는 경우 브랜드가 공동 브랜드 제품에 부정적인 영향을 줄 수 있다. 또 다른 잠재적인 단점은 과도한 노출이다. 브랜드의 이미지를 희석시킬 수 있기 때문에 성공적인 제품은 과도한 공동 브랜드 관계를 원하지 않는다.[31]

성공적인 공동 브랜딩 관계는 두 브랜드가 시장에서 동등한 가치를 가진 경우에 가장 효과적이다. 코스트코와 비자가 결합하여 코스트코 비자카드를 제공할 경우 사용자는 코스트코에서 구매할 때 리베이트를 받고 비자를 코스트코 멤버십으로 확장할 수 있다. 이 과정에서의 중요한 결정은 자원 투입에 대한 것이다. "어떤 기업이 무엇을 지불해야 하는가?", "각 기업에게 요구되는 다른 자원 투입은 무엇인가?"와 같은 내용이다. 또한 관계에서 각 회사의 성과 목표와 각 파트너의 기대 혜택을 이해하는 것이 중요하다.

일반적으로, 공동 브랜딩은 네 가지 관계 중 하나를 포함한다. 첫 번째는 두 회사 간의 합작 투자이다. 예를 들어, 아메리칸 익스프레스는 아멕스 카드를 발행하며 고객 서비스 및 청구를 담당하는 다양한 제3자 금융 기관과 협력하는 모델을 자주 사용한다. 신용카드 회사는 거래 처리와 판매 네트워크를 제공한다. 두 번째 유형의 공동 브랜딩 제휴는 회사가 자체 제품 두 가지를 결합할 때 발생한다. 프록터앤갬블은 크레스트 치약과 스코프 구강 청결제를 결합하여 크레스트 + 스코프 아웃라스트 치약을 만들었으며, '신선하게 숨쉬는 느낌'이라는 특성을 갖고 있다. 공동 브랜딩의 세 번째 유형은 다수의 회사가 모여 새로운 브랜드를 출시하는 것이다. 예를 들어, 목시 호텔은 메리어트 호텔에서부터 스웨덴의 가구 회사 이케아의 모기업인 인터 이케아의 합작투자의 결과물이다. 이러한 합작투자는 유럽에서 메리어트의 최초의 저가 라인의 호텔이 될 것이며, 특히 밀레니얼 세대를 위해 마련되었다.

패키징과 라벨링 : 필수적인 브랜드 요소

9 - 3

결정적인 브랜드 요소로서 패키징과 라벨링의 역할을 설명한다.

제품 패키지와 라벨은 브랜드를 지원하기 위한 몇 가지 중요한 역할을 수행해야 한다. 결과적으로 마케터, 제품 개발자, 패키지 디자인 전문가는 제품 개발 초기에 패키지 디자인에 참여한다. 그런 다음 제품 업데이트가 발생하면 제품 수정 사항을 수용하여 패키지가 재구성된다.

패키지의 목표

보호 무엇보다도 패키지는 제품을 보호해야 한다. 문제는 얼마나 많은 보호가 필요하고 효과적인 비용인지를 정의하는 것이다. 경우에 따라 콜라 캔과 같이 패키지는 제품 전체 비용의 중요한 구성 요소이기 때문에 패키지 비용 증가에 대한 우려가 있다. 그러나 콜라 캔은 온도와 기타 사용 조건 변화에도 탄산음료를 담을 만큼 강해야 한다. 따라서 코카콜라는 다양한 패키지 재료(플라스틱, 금속), 크기와 모양(일반 캔, 콜라의 클래식한 곡선의 '컨투어' 디자인)을 고려해야 하며, 다양한 조건하에서 적절하게 작동하도록 각 제품을 설계해야 한다(도표 9.6 참조).

불법적인 사업자들로부터 소비자를 보호하는 것도 패키지 디자인 기능의 한 부분이다. 처방받은 약과 처방 없이 구입할 수 있는 의약품은 소비자를 보호하기 위해 변조 방지 및 아동 보호가 필요하다. 안전을 위한 패키지 밀봉은 소비자에게 구매 전에 제품이 변경되지 않았음을 입증하고 안도감을 준다. 마지막으로, 특히 소매점에서 제품 도난에 대한 우려가 커지고

306 제 3 부 가치 제공 개발 : 제품 경험

출처 : The Coca-Cola
Company

있다.[32] 결과적으로 도난을 방지하기 위해 패키지 디자인에 바코드나 마그네틱 선과 같은 도난 방지 수단이 포함되어야 한다.

커뮤니케이션 패키지는 제품에 대한 많은 정보를 전달한다. 일부 정보는 마케팅 커뮤니케이션 활동으로 설계되었다. 판매 시점에서 패키지는 고객이 구매 전에 보게 될 마지막 마케팅 커뮤니케이션이다. 결과적으로, 패키징은 특히 소비자 제품에 대한 회사의 전반적인 마케팅 커뮤니케이션 전략에서 중요한 역할을 한다. 코카콜라의 독특한 컨투어 병 디자인(도표 9.6)은 유일무이해서 어둠 속에서도 패키지를 식별하는 것이 가능하다. 또한 패키지는 브랜드 스폰서가 상표, 로고 및 기타 관련 정보를 매력적이고 설득력 있는 방식으로 제시할 수 있는 기회를 제공한다. 고객이 매장의 제품으로 가득 찬 선반 앞에 섰을 때 마케팅 관리자는 자사 브랜드가 구매자에게 명확하게 보이길 원한다. 이는 패키징이 색상과 디자인 단서를 통해 중요한 브랜드 메시지를 신속하게 전달할 수 있도록 디자인되어야 함을 의미한다.[33] 코카콜라의 친숙한 소용돌이 로고는 세계에서 가장 잘 알려진 브랜드 심벌 중 하나이며 매장 선반이나 자판기에서 쉽게 식별할 수 있다.

독특한 패키지 디자인은 차별적 경쟁 우위를 창출할 수 있다. 콜라의 컨투어 병은 콜라의 전체 브랜드 이미지의 중요한 구성 요소이다. 독특한 패키지 디자인은 고객이 최종 구매 결정을 내리는 판매 시점에서 브랜드 인지도를 높인다(도표 9.7 참조).

제품 사용 촉진 패키지 디자인은 여러 가지 방법으로 제품 사용을 촉진시킬 수 있다. 첫째, 패키지는 행복한 고객이 제품을 사용하고 있는 모습을 자주 보여줌으로써 (너프는 여러 상자 패키지를 통해 아이들이 제품을 사용하고 즐기는 것을 보여준다), 전반적인 마케팅 메시지를 지원한다(도표 9.8 참조). 이는 제품과 목표 고객을 연결시켜준다. 둘째, 많은 경우 패키지가 제품을 시각적으로 보여준다. 도표 9.8에서, 너프 알파 호크를 사용하여 소년을 보여주며 제품 자체가 패키지에 명확하게 표시되어 있다. 셋째, 마케터와 패키지 디자이너는 비싼 블리스터 팩(투명 플라스틱으로 포장된 제품)과 기타 패키지 디자인을 사용하여 제품을 시각적으로 제시하고 보호한다. 샌디스크 크루저 플래시 드라이브를 구입할 때 패키지에서 강조한 핵심

출처 : Water in a Box

워터인어박스는 환경에 적합한 패키징을 사용하고자 하는 생수 제품이다. 종이 포장은 제품의 순도를 강조한다. 그것은 100% 재사용이 가능하며 지속 가능한 재료로 만들어졌다.

출처 : Festina

페스티나 시계는 가격이 비싸다. 약속했던 방수 기능을 증명하기 위해, 해당 시계는 판매 시점에 증류수가 담긴 가방에 포장된다.

출처 : Nike, Inc.

나이키 에어 패키징은 일반적으로 신발에 사용되는 전통적인 종이 상자의 변화에서부터 출발했다. 이는 브랜드의 완충 효과를 입증하는 데 도움이 되었으며, 떠다니는 환상을 전달했다.

도표 9.8 | 너프는 웃고 있는 아이들 모습을 패키징에 삽입한다

기능들을 살펴보면 제품을 시각화하는 것이 훨씬 더 쉽다.

©Editorial Image, LLC

효과적인 패키징

효과적인 패키징은 목표 시장의 기대와 일관성 있으면서 설득력 있고 흥미롭고 시각적으로 소구하는 방식으로 앞에서 제시한 목표를 달성한다. 재료, 모양, 색상, 그래픽 등의 모든 디자인 요소는 심미적으로 고객을 위한 매력적인 패키지를 만드는 데 사용된다.

심미성 색상은 패키지 디자인뿐만 아니라 실제 전체 브랜드 전략에서 중요한 역할을 한다.[34] 코카콜라는 패키징의 지배적인 색상으로 빨간색(빨간색은 적극적이며 활동적인 것을 암시한다)을 사용하는 반면, 펩시는 파란색(신선하고 편안한)을 사

용하는 것은 우연의 결과가 아니다. 색상은 브랜드를 반영하며 패키지 디자인을 통해 전달된다. 도표 9.9는 패키지 디자인의 색상이 가지는 심미성에 대해 말한다.

그러나 시각적으로 매력적인 패키지만으로는 충분하지 않다. 성공하기 위해서 패키지는 목표 고객을 지향해야 한다. 대부분 소매 환경의 구매 시점에서 패키지가 고객과 연결될 수 있는 시간은 매우 적다. 결과적으로, 목표 시장에 적절하고 흥미롭고 설득력 있는 디자인이 중요하다.

모든 마케팅 믹스 요소와의 조화 성공적인 제품 패키지는 다른 모든 마케팅 믹스 요소와 조화를 이루고, 제품의 마케팅 전략을 확대한 것이다. 구매 시점에서 패키지는 광고 이미지(로고, 패키지 사진)와 고객을 연결하여 마케팅 커뮤니케이션을 강화한다. 결과적으로 패키지 디자이너는 광고 및 기타 마케팅 커뮤니케이션 전문가와 긴밀하게 협력하며, 마케팅 커뮤니

도표 9.9 | 패키지 디자인에서 색상의 의미

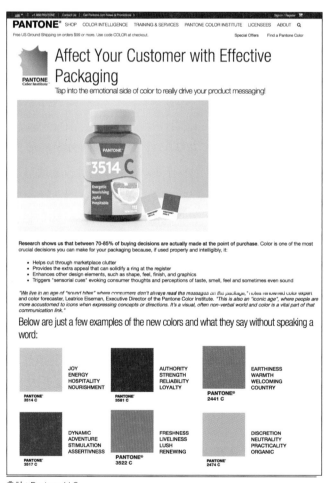

출처 : Pantone LLC

색상은 패키지 디자인에서 중요한 역할을 한다. 각 색상들은 다른 분위기를 전달한다.

케이션 프로세스 전반에 걸쳐 통합 메시지를 조율하고 살펴본다. 캐논 프로페셔널 디지털 카메라라는 카메라 사진으로 이루어진 패키지 상자에 포장되어 있다. 이 상자에 포함된 로고, 카메라 모델 번호와 사진이 홍보 도구로 사용된다. 또한 패키지 디자인과 로고는 웹사이트뿐 아니라 다른 부수적인 마케팅 자료와도 조화를 이룬다.

라벨링

패키지 라벨은 중요하고 가치 있는 곳에 위치한다. 종종 관련 당사자가 라벨에 포함하고자 하는 모든 정보를 담을 만큼 충분한 공간이 없는 경우가 있다. 예를 들어, 정부는 거의 모든 라벨에 대해 특정 정보를 요구하며, 기업의 변호사는 면책 조항으로 제품 책임을 제한하고자 한다. 또한 마케팅 관리자는 촉진 메시지와 브랜드 정보를 원하며, 제품 담당자는 제품 설명서를 원한다.

법적 요건 라벨은 연방, 주, 지역의 규칙과 규정을 충족해야 한다. 미국 식품의약청(FDA)은 모든 가공 식품 회사가 칼로리, 지방, 탄수화물 등의 내용을 명확하게 알 수 있는 영양 정보를 제공하도록 요구한다. 어떤 제품에는 고객이 쉽게 읽고 이해할 수 있는 특정 크기의 경고문이 포함되어야 한다.[35] 청소 제품, 살충제와 같이 유해 물질이 포함된 제품의 라벨에는 14가지 정보가 포함되어야 한다. 이와 같은 예를 볼 때 충분한 라벨 공간이 필요한 이유를 쉽게 이해할 수 있다.

소비자 보호 단체와 정부 기관은 내용을 오도하거나 잘못된 라벨이 부착된 제품을 식별하기 위해 라벨을 평가하며, 부적절하고 비윤리적이며 불법적인 제품 라벨링에 대해 긴 법적 소송이 진행된 역사도 있다. 1914년 연방 정부는 연방 거래 위원회를 통해 최초로 오해의 소지가 있거나 뻔뻔스럽게 허위 라벨을 부착한 사례를 불법이고 불공정 경쟁에 해당한다고 규정했다. 그 이후로 공정 패키징 및 라벨링 법(1967)과 같은 연방 정부의 추가 법안이 통과되었다. 각 주들은 법안을 통과시켰으며, 대부분의 경우 연방 입법을 지지하고 특정 규정과 정책을 확장시켰다.

| 도표 9.10 | 바운스 섬유 유연제 패키징 |

©Editorial Image, LLC

소비자 요건 소비자는 상자에서 제품을 꺼내서 사용하기 때문에, 패키지 라벨링은 초기 사용 지침을 게시하기 위한 가장 편리한 장소이다. 또한 제품 주의 사항, 간단한 조립 정보, 그리고 제품 사용을 위한 적정 연령도 패키지에 포함될 수 있다. 본질적으로 소비자가 특히 구매 시점에서 제품 선택을 하기 위해 필요한 모든 정보는 패키지에 있어야 한다.

마케팅 요건 패키지 라벨링은 구매 의사결정 이전의 마지막 마케팅 기회이기 때문에 가능한 한 많은 라벨 공간이 마케팅 커뮤니케이션에 할당된다. 브랜드, 로고, 제품 이미지 및 기타 마케팅 관련 메시지가 라벨의 많은 공간을 차지한다. 프록터앤갬블의 바운스 섬유 유연제

시트의 상자의 경우, 브랜드 이름인 '바운스'는 전면 패널의 공간의 약 50%를 차지하며 나머지 공간은 밝은 색상(오렌지색)으로 빨랫줄에 널린 깨끗하고 신선한 옷과 푸른 들판으로 구성되었다. P&G는 브랜드의 마케팅 노력을 지원하기 위해 상자 전면 패널 전체를 사용한다(도표 9.10 참조).

보증 및 서비스 계약 : 고객 신뢰 구축하기

브랜드에 대한 고객이 가지는 전반적인 지각의 일부는 제품에 대한 판매자의 헌신이다. 이러한 헌신은 제품의 보증과 서비스 계약에서 가장 명확하게 나타난다.[36] 제조업체는 고객과의 구매 계약의 일부로 제품 성능에 대한 합리적인 기대치를 명시해야 한다. 제품이 합당한 성능 기대치를 충족시키지 못하면 고객은 수리, 교체, 환불을 위해 적절한 장소에 제품을 반품할 법적 권리가 있다.

9-4

소비자 신뢰를 구축하는 데 있어서 보증과 서비스 계약의 책임성을 정의한다.

두 종류의 보증은 포괄적인 보증과 특화된 보증이다. **포괄적인 보증**(general warranties)은 제품 성능과 고객 만족에 대해 폭넓은 약속을 한다. 이러한 보증은 일반적으로 특정 제품 성능 문제 이외의 다양한 이유로 제품을 반품하는 고객에게 적용된다. 많은 기업들이 고객에게 이유를 묻지 않고 제품을 반품할 수 있는 권리를 주는 관대한 정책을 채택했다. 어떤 기업들은 이유를 요구하는데, 이 경우에도 반품을 정당화할 수 있는 넓은 허용 범위가 있다. 반면 **특화된 보증**(specific warranties)은 제품 구성 요소와 관련된 명시적 제품 성능 약속이다. 자동차 보증은 보증을 가진 다양한 제품 구성 요소를 포함하고 있는 특화된 보증이다. 타이어에 대한 보증은 타이어 제조업체가 하며, 동력 장치(엔진, 드라이브 시스템)에 대한 보증은 일반적으로 나머지 자동차 부품에 대한 보증과 다르다.

보증은 브랜드를 정의하는 것을 돕는다

제조업체의 성능 약속은 고객을 위한 브랜드를 정의하는 데 도움이 된다. 유명한 스위스 아미 나이프의 제조업체인 빅토리녹스는 다음과 같이 보증했다. "스위스 아미 나이프는 자사의 빅토리녹스 오리지널 스위스 아미 나이프가 나이프의 전체 수명 동안 재료 및 제조상의 결함이 없음을 보증한다" 스위스 아미 나이프는 전 세계적으로 최고의 나이프 중 하나라는 명성을 가지고 있으며 제품 보증은 그러한 지각을 뒷받침한다. 제품수명주기 동안 기꺼이 자사 제품 뒤에서 지원하는 기업은 고객에게 확신을 준다. 또한 평생 보증 제품에 대해서는 암시된 품질 지각이 있다.

비용 대 혜택 보증을 지키고 이행하면 비용이 발생한다. 기업은 경쟁을 해야 하므로 속한 산업에서 제공하는 보증과 일치하는 보증을 제공해야 한다. 그러나 기업은 보증 혜택이 비용을 초과하는지 여부를 고려해서 보증(기간, 반품/교체/환불 정책, 제품 성능의 특성)을 지속적으로 평가한다.[37] 이는 기업이 업계 평균보다 높은 보증을 제공할 때 더욱 그렇다. 수년 동안 렉서스, 메르세데스 벤츠, BMW, 아우디 등과 같은 고급 자동차 제조업체들은 다른 제조업체(3년 또는 3만 6,000마일을 제공한 GM, 포드, 크라이슬러)가 제공한 것 이상의 보증(4년 또는 5만 마일 범퍼투범퍼)을 제공했다. 더 긴 보증을 제공하는 것은 고품질의 자동차 제조업체에 대한 인식을 검증하는 데 도움이 되었다. 그러나 최근에는 너무 많은 비용이 발생하여 BMW의 경우 무료 정기 검수를 없앰으로써 보증 범위를 줄였다. 하지만 이와 동시에 현대자동차를 비롯한 여러 자동차 제조업체들은 자사의 자동차에 대한 소비자 신뢰를 구축하기 위해 보증을 확대했다. 이 기업들은 보증 기간을 확대하는 것이 더 좋은 자동차를 만들고 있다는 것을 보여주는 분명한 방법이라는 것을 깨닫고 있다.

고객에게 메시지 전달하기 보증은 고객에게 지각된 제품 품질과 제조업체의 고객 만족을 위한 헌신에 관한 강력한 메시지를 전달한다. 특히 고가 제품이나 고객이 염려하는 구매 의사 결정을 하는 경우, 보증이 최종 제품 선택을 위해 의미 있는 역할을 할 수 있다. 결과적으로 기업은 보증을 만드는 것뿐만 아니라 고객과 가장 잘 의사소통할 수 있는 방법을 생각하는데 많은 시간을 투자한다. 전 세계를 이끄는 농기계 제조사 중 하나인 존 디어는 오랜 세월이 지나도 한 슬로건을 계속 사용하고 있다. 그 이유는 이 슬로건이 제품과 회사에 대해 많은 이야기를 고객에게 전달하기 때문이다. 고객들은 디어 제품들의 약속을 "어떤 것도 디어와 같이 운영되는 것은 없다"와 같은 단순한 문구로 이해한다. 그러나 대부분 제품의 경우에 기업은 수동적인 자세를 취하고 보증문을 전체적인 마케팅 커뮤니케이션 전략과 제품 정보의 일부로 포함시킨다.[38]

요약

모든 제품의 필수 요소는 브랜드이다. 브랜드는 제품과 고객 경험에 관한 많은 정보를 전달한다. 강력한 브랜드는 다른 제품이 시장에서 경험할 수 없는 혜택을 누린다. 결과적으로 기업은 전반적인 마케팅 계획을 수립할 때 제품의 브랜드 전략을 신중하게 고려한다. 또한 패키징과 라벨링은 고객에게 제품에 관한 많은 정보를 전달하는 중요한 브랜드 요소이다. 마지막으로 고객은 제품 보증과 서비스 계약에 명시된 대로 판매자가 헌신하는 것을 중요하게 생각한다.

핵심용어

공동 브랜딩(co-branding)
독립 브랜드(stand-alone brands)
라이선싱(licensing)
브랜드(brand)
브랜드 아이덴티티(brand identity)
브랜드 연상(brand association)

브랜드 인지도(brand awareness)
브랜드 자산(brand assets)
브랜드 자산(brand equity)
브랜드 전략(brand strategy)
브랜드 충성도(brand loyalty)
유통업자 브랜드(store brand)

제조업자 브랜드(national brands)
지각된 품질(perceived quality)
카테고리 확장(category extension)
특화된 보증(specific warranties)
패밀리 브랜딩(family branding)
포괄적인 보증(general warranties)

1. 랄프 로렌 폴로 셔츠의 제품 관리자라고 가정해보자. 브랜드의 상징인 폴로 포니 로고를 통해 전달하고자 하는 구체적인 정보는 무엇인가? 예를 들어, 타미힐피거 및 라코스테 브랜드와 비교하여 폴로 브랜드가 품질, 특징, 스타일에 관해 말하고자 하는 것은 무엇인가?

2. 존슨앤존슨은 자사의 베이비 제품 라인을 통해 강력한 브랜드 자산을 구축할 수 있었다. 존슨앤존슨은 이 제품들의 브랜드 자산 덕분에 어떤 혜택을 얻을 수 있는가?

3. 코카콜라의 제품 관리자는 콜라 브랜드를 새로운 콜라 음료로 확장하는 것에 대한 찬성과 반대의 의견을 제출하도록 요청받았다. 콜라 브랜드를 새로운 콜라 음료로 확장하는 것에 대한 찬성과 반대 의견은 무엇인가?

4. 샌디스크는 기존 제품을 보완할 수 있는 새로운 플래시 드라이브 제품군을 선보이고 있으며 패키지 디자인을 제작해야 한다고 가정해보자. 패키지에 포함시킬 주요 정보 및 창의적 요소는 무엇인가?

경영 의사결정 사례

버진 그룹의 브랜드 확장 : 큰 성공과 몇 가지 실수들

강력한 브랜드의 가장 중요한 측면 중 하나는 같은 제품 범주 내에서 새로운 제품으로 확장될 수 있는 능력과 완전히 새로운 제품 범주로 확장할 수 있다는 것이다. 이러한 브랜드의 확장 능력 때문에 기업은 브랜드 자산을 활용할 수 있다. 그리고 브랜드 자산은 제품에 대한 좋은 고객 경험과 브랜드 이미지를 만들어주는 많은 마케팅 활동을 통해 구축된다. 대부분의 기업은 신제품과 새로운 제품 범주에 신중하게 발을 들여 놓지만 버진 그룹은 전 세계에서 판매되는 신규 회사와 신제품으로 자사 브랜드를 용감하게 확장하는 회사로 유명하다. 브랜드 자산과 회사 수익을 증가시키기 위해 브랜드 확장 전략을 사용하는 이 회사 마케팅 관리자들은 성공과 실패를 통해 통찰력을 얻었다.

버진의 화려한 창업자, 리처드 브랜슨 경은 모험가, 플레이보이, 브랜드의 중요한 치어리더로 알려져 있다. 그는 자신의 초기 사업 경험 부족을 표현하기 위해 새로운 기업을 '버진'이라고 불렀다.[39] 그의 첫 번째 주요 사업은 1972년 독립 레코드 레이블, 버진 레코드였다. 음악계의 슈퍼스타인 필 콜린스, 자넷 잭슨, 롤링스톤스는 회사 성장을 촉진시켰고, 그 결과 1976년 런던의 버진 레코드 메가스토어를 오픈했으며, 이후에는 전 세계의 주요 도시에서 버진 레코드 메가 스토어 점포가 개설되었다.[40]

사업이 기록적으로 성장하는 동안, 버진은 문자 그대로 더 높게 날아오르기로 결심했다. 버진 애틀랜틱은 대서양을 횡단하는 승객들을 위해 보다 편안한 항공 여행을 제공하는 데 중점을 두었다. 채널을 선택할 수 있는 개인별 TV 스크린을 제공한 최초의 항공사였으며, 심지어 이코노미 클래스에서도 가능했다. 이 우수한 서비스는 고객들의 관심뿐만 아니라 주요 경쟁사인 영국 항공의 눈길을 끌었는데, 영국 항공의 직원들은 버진 애틀랜틱 고객들을 포섭하기 위해 공정하지 않은 기술들을 사용했다.[41] 버진 항공사 비즈니스는 곧 버진 오스트레일리아와 버진 아메리카가 있는 다른 지역으로 확대되었다.[42]

다음으로 브랜슨은 많은 젊은이들이 그들의 예산에 비해 매월 비싼 휴대전화 요금을 지불하고 있는 것을 발견했다. 선불 방식을 사용한 버진 모바일이 태어났으며, 이를 통해 10대들은 연간 계약을 할 필요가 없어졌다. 청소년을 대상으로 한 마케팅은 레스큐 링(스스로를 나쁜 블라인드 데이트로부터 구해주는 특징을 가짐), 그리고 최신 히트송을 활용한 모닝콜과 벨소리 등을 통해 휴대 전화를 더 즐겁고 재미있게 만들어주는 기능을 제공했다.[43]

버진 미디어, 버진 액티브(헬스 클럽), 버진 북, 버진 화장품, 버진 게임, 버진 라디오, 버진 와인, 버진 보드카, 버진 호텔, 버진 배케이션, 버진 트레인 이외에도 다른 몇 가지 사업들이 있으며, 이는 약 400개의 회사가 있다.[44] 하늘이 버진의 야망을 제한하고 있는 것 같다면 다시 생각해보라. 버진 은하계는 현재 승객을 우주로 데려 갈 우주선을 시험 중이다. 유명한 물리학자인 스티븐 호킹을 포함하여 지금까지 700명의 사람들이 25만 달러를 완전히 지불했거나 2만 달러의 보증금을 지불했다.[45]

그러나 이렇게 많은 수의 브랜드 확장이 있는 경우 모두가 성공할 수 있는 것은 아니다. 버진 콜라는 코카콜라와 전혀 다른 점이 없었기 때문에 실패했다. 자동차 매매 사이트인 버진 카는 실패했으며 이에 대해 브랜슨은 '잘못된 시각'과 비즈니스가 지속가능성에 초점을 맞추지 않았기 때문이라고 말했다. 버진스튜던트닷컴은 마이스페이스와 페이스북을 소셜 미디어 게임으로 이기려고 했지만, 추진력을 발휘하지 못했다. 버진 펄스는 애플 아이팟을 뒤쫓아 갔지만, 훨씬 더 큰 휴대용 뮤직 플레이어를 가진 버진 펄스는 성공하지 못했다. 창립자 브랜슨이 웨딩드레스를 입고 출시했음에도 불구하고(아마도 이것 때문에), 버진 브라이드 또한 실패했다.[46] 그러나 이러한 실패조차도 버진 브랜드를 구축하는 데 역할을 했다. 버진이 주요 브랜드(코카콜라와 같은)를 취할 때마다 엄청난 양의 언론 보도가 있었으며, 위험을 감수하는 브랜슨의 이미지가 강화되었다.[47]

버진 비즈니스의 목록은 다양한 산업 집단을 대표하지만, 마케팅에 대한 전례가 없는 접근 방식과 일반적인 고객 서비스에 반하는 비행이라는 두 가지 공통적인 속성이 있다.[48] 아마도 가장 중요한 공통분모는 리처드 브랜슨 경 자신이다. 많은 현대 경영자들은 고객들이 볼 수 있는 자사 마케팅 메시지의 한 부분이지만, 브랜슨이 발휘하는 촉진 에너지에 필적할 수 있는 인물은 거의 없다. 그는 버진 브라이드 이외에도 그는 또한 여성 승무원 복장과 새로운 남아프리카 비행경로를 홍보하기 위해 줄루족 전사의 복장을 입었다. 코카콜라를 겨냥하기 위해, 그는 뉴욕 타임스퀘어의 유명한 코카콜라 표지판에서 뉴욕시의 5번가로 탱크를 몰고 가서 '미사일 발사'를 했다. 위험을 추구하는 모험가로서의 자신의 이미지를 강화하기 위해 그는 열기구를 타고 전 세계를 일주하려고 했다.[49] 영원히 존속할 수 없는 브랜드를 의인화하는 것에는 위험이 따른다. 브랜드 컨설팅 임원에 따르면 "리처드가 나이를 들 때마다 버진 브랜드의 상당 부분이 그와 연결되어 있기 때문에 버진 브랜드의 문제가 점점 더 커진다고 한다"[50]

현재 버진 그룹 브랜드는 영국에서 99%, 미국에서 9%, 호주 및 남아프리카에서 97%의 브랜드 인지도를 갖고 있으며 연간 매출액이 240억 달러에 이를 정도로 강하다.[51] 기업이 시작된 지 50년 그리고 400년이 지난 후에(그리고 많은 기업이 문을 닫음), '버진'이라는 이름은 더 이상 창립자에게 적합하지 않을 수 있다. 이 놀라운 브랜드 확장의 속도가 계속될지 여부는 브랜드 전략가, 버진 그룹의 팬, 화려한 창립자가 면밀히 관찰할 것이다.

생각해볼 문제

1. 창업자인 리처드 브랜슨이 더 이상 주도권을 잡을 수 없을 때(그리고 뉴스에서 보도될 때), 버진은 근본적으로 다른 브랜드 확장에 계속해서 진출할 수 있을 것인가? 버진 그룹이 브랜슨 없이 계속 브랜드 성공을 달성하려면 어떤 전략을 채택할 수 있을까? 이러한 전략들은 지금 실시되어야 할까? 혹은 창립자가 떠난 후에 실시되어야 할까?

2. 이 장에서는 아커의 다섯 가지 브랜드 자산에 대해 배웠다. 이러한 차원을 기반으로 버진 브랜드를 평가하라. 이러한 차원을 염두에 둘 때 버진 그룹은 브랜드 자산을 더 많이 늘리기 위해 어떤 단계를 밟을 수 있을까?

3. 브랜드 확장을 활용한 버진의 경험은 이례적인가? 혹은 이러한 방식으로 확장하길 원하는 모든 브랜드에 적용할 수 있는 교훈은 무엇인가?

활동 10 : 브랜드 전략을 정의하기

이 장에서 배운 것처럼 강력한 브랜드를 구축하는 것이 제품의 장기적인 성공에 중요하다. 동시에 제품수명주기에서 제품의 위치가 마케팅 믹스 결정에 어떻게 영향을 미치는지 이해하는 것이 중요하다. 구체적인 활동은 다음과 같다.

1. 제품의 패키지 디자인을 작성하라. 특히, 디자인은 법적 요건, 마케팅 커뮤니케이션 및 패키지에 중요하게 고려되어야 하는 다른 정보가 포함되어야 한다.

2. 제품에 대한 보증 프로그램을 개발하라. 보증에서 특별히 포함되어야 하는 요소는 무엇인가? 보증은 동일하게 충족시켰는가? 혹은 시장 기대와 경쟁자 보증을 충족하는 데 실패했는가?

3. 다음을 포함하여 브랜딩 전략을 만들라.

   a. 제조업자/유통업자 브랜딩

   b. 독립/패밀리 브랜딩

   c. 가능한 라이선싱 고려사항

   d. 공동 브랜딩 기회

미주

1. "Tommy Hilfiger: A Culture of Innovation," *Business of Fashion,* April 25, 2017, https://www.businessoffashion.com/articles/news-analysis/tommy-hilfiger-a-culture-of-innovation.

2. Arch G. Woodside, Suresh Sood, and Kenneth E. Miller, "When Consumers and Brands Talk: Storytelling Theory and Research in Psychology and Marketing," *Psychology & Marketing* 25, no. 2 (2008), pp. 97–111.

3. Sebastian Molinillo, Arnold Japutra, Bang Nguyen, and Cheng-Hao Steve Chen, "Responsible Brands vs. Active Brands? An Examination of Brand Personality on Brand Awareness, Brand Trust, and Brand Loyalty," *Marketing Intelligence & Planning,* 35, no. 2 (2017), pp. 166–79, doi: 10.1108/MIP-04-2016-0064.

4. William Kingston, "Trademark Registration Is Not a Right," *Journal of Macromarketing* 26, no. 1 (2006), pp. 17–26.

5. Vasileios Davvetas and Adamantios Diamantopoulos, "How Product Category Shapes Preferences Toward Global and Local Brands: A Schema Theory Perspective." *Journal of International Marketing* 24, no. 4 (2016), pp. 61–81.

6. Pamela Miles Homer, "Perceived Quality and Image: When All Is Not 'Rosy,' " *Journal of Business Research* 61, no. 6 (2008), pp. 715–30.

7. Davidson Heath and Chris Mace, "What's a Brand Worth? Trademark Protection, Profits and Product Quality," *SSRN,* March 17, 2017, https://ssrn.com/abstract=2798473.

8. Bing Jing, "Product Differentiation Under Imperfect Information: When Does Offering a Lower Quality Pay?" *Quantitative Marketing and Economics* 5, no. 1 (2007), pp. 35–62.

9. Zeynep Gürhan-Canli, Ceren Hayran, and Gulen Sarial-Abi, "Customer-Based Brand Equity in a Technologically Fast-Paced, Connected and Constrained Environment," *AMS Review* 6, no. 1 (2016), pp. 23–32. doi: 10.1007/s13162-016-0079-y.

10. David Aaker, *Managing Brand Equity* (New York: Free Press, 1991).

11. Saikat Banerjee, "Strategic Brand-Culture Fit: A Conceptual Framework for Brand Management," *Journal of Brand Management* 15, no. 5 (2008), pp. 312–22.

12. "The New Brand Landscape," *Marketing Health Services* 28, no. 1 (2008), p. 14; and Helen Stride and Stephen Lee, "No Logo? No Way, Branding in the Non-Profit Sector," *Journal of Marketing Management* 23, no. 1/2 (2007), pp. 107–22.

13. Hui-Ming Deanna Wang and Sanjit Sengupta, "Stakeholder Relationships, Brand Equity, Firm Performance: A Resource-Based Perspective," *Journal of Business Research* 69, no. 12 (December 2016), pp. 5561–68.

14. B. Ramaseshan and Hsiu-Yuan Tsao, "Moderating Effects of the Brand Concept on the Relationship Between Brand Personality and Perceived Quality," *Journal of Brand Management* 14, no. 6 (2007), pp. 458–67; and Joel Espejel, Carmina Fandos, and Carlos Flavian, "The Role of Intrinsic and Extrinsic Quality Attributes on Consumer Behavior for Traditional Food Products," *Managing Service Quality* 17, no. 6 (2007), pp. 681–99.

15. Rob Beintema, "Plugged in with the Ford C-Max Energi," *Wheels.ca,* April 7, 2017, http://www.wheels.ca/car-reviews/plugged-in-with-the-ford-c-max-energi/.

16. Wai Jin (Thomas) Lee, Aron O'Cass, and Phyra Sok, "Unpacking Brand Management Superiority: Examining the Interplay of Brand Management Capability, Brand Orientation and Formalisation," *European Journal of Marketing* 51, no. 1 (2017), pp. 177–99, doi: 10.1108/EJM-09-2015-0698.

17. Marc Fisher and Alexander Himme, "The Financial Brand Value Chain: How Brand Investments Contribute to the Financial Health of Firms," *International Journal of Research in Marketing* 34, no. 1 (March 2017), pp. 137–53.

18. Eric Viardot, "Branding in B2B: The Value of Consumer Goods Brands in Industrial Markets," *Journal of Business & Industrial Marketing* 32, no. 3 (2017), pp. 337–46, doi: 10.1108/JBIM-11-2014-0225.

19. Sungwook Min, Namwoon Kim, and Ge Zhan, "The Impact of Market Size on New Market Entry: A Contingency Approach," *European Journal of Marketing* 51, no. 1 (2017), pp. 2–22, doi: 10.1108/EJM-12-2013-0696

20. Rong Huang and Emine Sarigollu, "Assessing Satisfaction with Core and Secondary Attributes," *Journal of Business Research* 61, no. 9 (2008), pp. 942–59.

21. Suraksah Gupta, Susan Grant, and T. C. Melewar, "The Expanding Role of Intangible Assets of the Brand," *Management Decision* 46, no. 6 (2008), pp. 948–61.

22. Brad D. Carlson, Tracy A. Suter, and Tom J. Brown, "Social versus Psychological Brand Community: The Role of Psychological Sense of Brand Community," *Journal of Business Research* 61, no. 4 (2008), pp. 284–301.

23. Jing Lei, Niraj Dawar, and Jos Lemmink, "Negative Spillover in Brand Portfolios: Exploring the Antecedents of Asymmetric Effects," *Journal of Marketing* 72, no. 3 (May 2008), pp. 111–29.

24. Satish Nambisan and Priya Nambisan, "How to Profit from a Better 'Virtual Customer Environment,'" *MIT Sloan Management Review* 49, no. 3 (2008), pp. 53–70.

25. Graham Ferguson, Kong Cheen Lau, and Ian Phau, "Brand Personality as a Direct Cause of Brand Extension Success: Does Self-Monitoring Matter?" *Journal of Consumer Marketing* 33, no. 5 (2016), pp. 343–53, doi: 10.1108/JCM-04-2014-0954.

26. N. Amrouche, G. Martin-Herran, and G. Zaccour, "Pricing and Advertising of Private and National Brands in a Dynamic Marketing Channel," *Journal of Optimization Theory and Applications* 137, no. 3 (2008), pp. 465–84.

27. Tsung-Chi Liu and Chung-Yu Want, "Factors Affecting Attitudes toward Private Labels and Promoted Brands," *Journal of Marketing Management* 24, no. 3/4 (2008), pp. 283–99; and Kyong-Nan Kwon, Mi-Hee Lee, and Yoo Jin Kin, "The Effect of Perceived Product Characteristics on Private Brand Purchases," *Journal of Consumer Marketing* 25, no. 2 (2008), pp. 105–22.

28. Najam Saqib and Rajesh V. Manchanda, "Consumers' Evaluations of Co-Branded Products; The Licensing Effect," *Journal of Product and Brand Management* 17, no. 2 (2008), pp. 73–89.

29. Klaus-Peter Wiedmann and Dirk Ludewig, "How Risky Are Brand Licensing Strategies in View of Customer Perceptions and Reactions?" *Journal of General Management* 33, no. 3 (2008), pp. 31–50.

30. Alokparna Basu Monga and Loraine Lau-Gesk, "Blending Co-Brand Personalities: An Examination of the Complex Self," *Journal of Marketing Research* 44, no. 3 (2007), pp. 389–402.

31. Wei-Lun Chang, "A Typology of Co-Branding Strategy: Position and Classification," *Journal of the American Academy of Business* 12, no. 2 (March 2008), pp. 220–27.

32. Bo Rundh, "The Role of Packaging within Marketing and Value Creation," *British Food Journal* 118, no. 10 (2016), pp. 2491–2511, doi: 10.1108/BFJ-10-2015-0390.

33. Ulrich R. Orth and Keven Malkewitz, "Holistic Package Design and Consumer Brand Impressions," *Journal of Marketing* 72, no. 3 (2008), pp. 64–81.

34. Marina Puzakova, Hyokjin Kwak, Suresh Ramanathan, and Joseph F. Rocereto, "Painting Your Point: The Role of Color in Firms' Strategic Responses to Product Failures via Advertising and Marketing Communications," *Journal of Advertising* 45, no. 4 (2016), pp. 365–76.

35. Eric F. Shaver and Curt C. Braun, "Caution: How to Develop an Effective Product Warning," *Risk Management* 55, no. 6 (2008), pp. 46–52.

36. Yu Ying, Fengjie Jing, Bang Nguyen, and Junsong Chen, "As Time Goes By . . . Maintaining Longitudinal Satisfaction: A Perspective of Hedonic Adaptation," *Journal of Services Marketing* 30, no. 1 (2016), pp. 63–74, doi: 10.1108/JSM-05-2014-0160.

37. D. N. P. Murthy, O. Solem, and T. Roren, "Product Warranty Logistics: Issues and Challenges," *European Journal of Operational Research* 156, no. 1 (2004), pp. 110–25.

38. Shallendra Pratap Jain, Rebecca J. Slotegraaf, and Charles D. Lindsey, "Towards Dimensionalizing Warranty Information: The Role of Consumer Costs of Warranty Information," *Journal of Consumer Psychology* 17, no. 1 (2007), pp. 70–88.

39. Alan Deutschman, "The Gonzo Way of Branding," *FastCompany.com,* October 1, 2004, https://www.fastcompany.com/51052/gonzo-way-branding.

40. Judy Mottl, "Virgin's Branson Talks Retail Fails, Retail Success and What Makes for a Rewarding Customer Experience," *CustomerExperience.com,* February 7, 2017, https://www.retailcustomerexperience.com/articles/virgins-branson-talks-retail-fails-retail-success-and-what-makes-for-a-rewarding-customer-experience/; Fastco Studios, "Virgin Group's Brand Evolution: A Rookie in Business No More," *FastCompany.com,* August 12, 2016, https://www.fastcompany.com/3062766/virgin-groups-brand-evolution-a-rookie-in-business-no-more; and "Virgin Megastore. Seriously Fun," *Virgin Group,* https://www.virgin.com/company/virgin-megastore, accessed April 24, 2017.

41. "Why Did Richard Branson Start an Airline?" *Virgin Group,* https://www.virgin.com/travel/why-did-richard-branson-start-an-airline, accessed April 24, 2017; Catherine Clifford, "Why Richard Branson Had Tears Streaming Down His Face When He Sold Virgin Records for a Billion Dollars," *CNBC.com,* February 6, 2017, http://www.cnbc.com/2017/02/06/richard-branson-wept-when-he-sold-virgin-records-for-a-billion-dollars.html.

42. Fastco, "Virgin Group's Brand Evolution: A Rookie in Business No More."

43. Deutschman, "The Gonzo Way of Branding."

44. "Find a Virgin Company," *Virgin Group,* https://www.virgin.com/virgingroup/content/about-us, accessed May 6, 2017; Mottl, "Virgin's Branson Talks Retail Fails."

45. Elizabeth Howell, "Stephen Hawking to Visit Space Aboard Virgin Galactic," *Seeker.com,* March 20, 2017, https://www.seeker.com/stephen-hawking-to-visit-space-aboard-virgin-galactic-2322034945.html.

46. Anna Hensel, "7 Failures That Helped Richard Branson Become a Multibillionaire," *Inc.com,* https://www.inc.com/anna-hensel/ss/failures-that-turned-richard-branson-into-billionaire.html, accessed April 24, 2017.

47. Deutschman, "The Gonzo Way of Branding."

48. "Smart Brand Extension Allows Virgin to Keep Up Appearances," *The Guardian,* https://www.theguardian.com/media-network/media-network-blog/2014/oct/23/virgin-success-brand-extension-easygroup, accessed April 24, 2017.

49. "This Is Why Richard Branson's Best Publicity Stunts Smash It," *DealWithTheMedia.com,* http://dealwiththemedia.com/case-study/richard-bransons-best-publicity-stunts/, accessed April 24, 2017.

50. Sarah Gordon, "Virgin Group: Brand It Like Branson," *Financial Times,* November 5, 2014, https://www.ft.com/content/4d4fb05e-64cd-11e4-bb43-00144feabdc0.

51. "About Us," *Virgin Group,* https://www.virgin.com/virgingroup/content/about-us, accessed April 24, 2017.

Chapter 10

핵심 제공물로서의 서비스

학습목표

10-1 왜 서비스가 잠재적 차별화의 핵심적 원천인가를 이해한다.

10-2 물리적 제품과 구별되는 서비스의 특징에 대해 설명한다.

10-3 서비스-수익 체인과, 그것이 서비스와 관련된 마케팅 관리 의사결정을 어떻게 안내하는지 설명한다.

10-4 순수 제품에서 순수 서비스까지 이어지는 연속체에 대해 설명한다.

10-5 서비스 품질과 서비스 갭 분석의 요소들에 대해 설명한다.

10-6 서브퀄 모델을 사용하여 서비스 품질을 측정한다.

10-7 서비스 블루프린팅과 그것이 마케팅 매니저를 어떻게 도와주는지에 대해 이해한다.

서비스는 왜 중요한가

오늘날 물리적 제품이 아닌 무형의 제공물인 서비스에 점점 더 초점을 맞춘 경제에서 우리가 살아가고 있다는 점은 논란의 여지가 없다. **서비스**는 고객의 필요와 욕구를 충족시킬 수 있는 일련의 혜택을 나타낸다는 점에서 제품이긴 하지만 물리적인 형태가 없다. 따라서 고객이 서비스를 구매함으로써 실현하는 가치는 물리적 특성에 기반을 둔 것이 아니라 필요와 욕구를 충족시키기 위해 서비스가 제공하는 다른 효과에 기반한다. 서비스 품질의 차이는 클 수 있다. 레스토랑에서 제공받았던 것과 관련해 가장 좋은 경험과 최악의 경험에 대해 생각해보자. 음식 그 자체가 좋았다 할지라도 모두가 기억하는 것 대부분은 서비스 측면이다. 모든 데이터는 현재 우리가 주로 **서비스 경제**에 살고 있음을 시사한다. 1970년도의 55%인 것과 비교했을 때 미국 내 일자리의 80% 이상이 서비스와 관련되어 있다. 미국 노동 통계국은 서비스 분야 외의 일자리가 실제로 감소하고 있기 때문에 서비스와 관련된 직업이 가까운 장래에 새로운 모든 국내 일자리 증가를 설명할 것으로 기대하고 있다. 경제의 **서비스 영역**에서 대표되는 직업은 지적 재산권, 컨설팅, 호텔경영, 여행, 법률, 건강관리, 교육, 기술, 통신 및 엔터테인먼트와 같이 중요한 모든 고성장 직종을 포함한다. 미국 국내 총생산(GDP) 측면에서 서비스는 75% 이상을 차지하며 그 수가 증가하고 있다. 재화 생산에서 서비스 생산고용으로 이어지는 장기적인 변화가 계속될 것으로 예상된다. 향후 10년간 서비스 제공 산업은 지속적으로 성장할 것으로 예상되는 반면, 제품 생산 산업은 전반적인 일자리 손실을 볼 것으로 예상된다. 오늘날의 직장에서는 모든 사람들이 어떤 방식으로든 서비스 활동에 참여한다. 모든 사람은 회사 외부 또는 내부의 고객을 보유하고 있다.

변화하는 미국 인구통계는 왜 서비스 분야가 번성하고 있는지에 대한 주요 동인을 나타낸다. 예를 들어, 베이비붐 세대가 은퇴하고 그들의 가처분 소득을 여행 및 엔터테인먼트에 소비함에 따라 해당 산업의 기업이 번성할 것이다. 베이비붐 세대가 노령화됨에 따라 의료 서비스가 그들의 지출의 대부분을 차지하게 될 것이다. 그동안 Y세대와 밀레니얼 세대가 기술적인 것에 소비하는 한 게임, 음악, 컴퓨팅, 휴대 전화 및 기타 기술 산업에서 인상적인 성장을 계속 이어나갈 것이다.

차별화 요인으로서의 서비스

제7장에서, 우리는 서비스 리더십과 퍼스널 리더십이 기업의 중요한 차별화 요소라고 언급했다. 차별화란 서로 다른 고객 그룹에 서로 다른 방식으로 의사소통하고 가치를 전달하는 것을 의미한다. 아마도 이러한 그룹은 마케팅 투자 수익에 대한 가장 큰 가능성을 보여주는 부분일 것이다. 마케팅 담당자로서 차별화를 핵심 시장 전략으로 사용하는 데 있어 중요한 과제는 경쟁자가 현재 제품의 효율성을 넘어서는 새로운 차별화 요소를 가지고 지속적으로 시장에 출시한다는 점이다.

서비스 마케팅 분야의 선도적인 전문가인 레너드 베리는 그의 책 온 그레이트 서비스(*On Great Service*)를 통해 서비스 그리고 직원들이 효과적으로 서비스를 제공하는 데 초점을 두는 것은 경쟁자들이 복제하기 어려운 차별화 요소 중 하나가 될 수 있다고 주장한다. 많은 기업들은 투자 대비 수익률이 나타나기 전까지는 많은 시간과 인내가 필요하기 때문에 주로 훌륭한 서비스에 투자하는 것을 꺼린다. 그러나 베리의 요점은 비록 투자금 회수가 시간이 걸릴지라도 일단 기업이 핵심 차별화 요소로서 훌륭한 서비스를 제공할 수 있다면 다른 대부분의 차별화 요소보다 지속 가능한 경쟁 우위를 제공할 가능성이 훨씬 높다는 것이다.[1]

서비스는 마케팅을 지배하는 로직이다

100년 이상 동안 기업의 목적은 고객에 의해 구매될 제품을 제조하고 유통하는 것이었다. 조직의 가치와 경쟁 우위는 제품에 내포되어 있고 제품 표준화를 통해 최대한의 통제와 효율성을 달성했으며, 제품은 시장 밖에서도 만들어질 수 있으며 이후 재고로 보관되다가 시장의 필요에 따라 시장에 유통될 수 있다.

그러나 오늘날의 글로벌 경제는 서비스와 고객 경험을 마케팅의 중요한 합리성으로 여기는 새로운 논리에 의해 주도된다. 이는 10년이 넘는 **서비스 지배적 로직**(service-dominant logic)으로 명확히 밝혀졌으며 그 이후로 광범위하게 연구되었다. 이를 통해 새로운 마케팅 관점의 개발을 설명하는 몇 가지 원칙들이 생겨났다.[2] 이러한 새로운 논리를 지지하는 세 가지 기본 원칙을 살펴보자.

1. 서비스는 교환의 기초이다. 역사적으로 상품이나 제품이 교환의 기초임을 기억해야 한다. 새로운 로직에서는 서비스(회사가 제공하는 고유한 기술 및 역량으로 정의됨)는 교환의 기초이다. 간단히 말해서, 고객은 자동차(제품)를 구매하지 않는다(그들은 정의된 일련의 혜택들을 통해 가치를 추가할 수 있는 회사의 능력을 구입한다). 예를 들어, 안전에 대해 걱정하는 고객은 해당 자동차가 안전함을 제공하는가를 중점으로 놓고 회사를 평가할 것이다. 회사가 안전에 대해 알고 있고 고객의 자동차 경험 안으로 안전성을 집어넣을수록 고객은 회사를 더욱 디 우호적으로 평가하게 된다.

2. 가치는 기업과 고객을 포함한 여러 당사자에 의해 공동으로 만들어진다. 경험에서 가치를 창출하는 데 고객은 필수적인 요소이다. 자동차 예시를 계속 사용해보면 모든 고객이 다른 방식으로 자동차와 상호 작용하며 각 개인마다 독특한 가치 경험을 창출한다. 그들의 상호작용은 회사의 마케팅 노력(예 : 웹사이트는 핵심 특징들을 강조할 수 있음)에 의해 시작될 수 있으며 판매원이 자동차의 특정 기능이나 심미적 요소를 지적하거나 자동차의 레이아웃 및 물리적 특성에 따라 영향을 받을 수 있다. 그러나

싱가포르항공은 비행기 여행의 프리미엄 제공업체로서 차별화된 방법으로 세심한 승무원이 함께하는 넓은 좌석을 제공한다.

출처 : Singapore Airlines

결국 고객은 기업의 마케팅 노력 및 제품과의 직접적인 상호작용을 통해 고유한 경험을 창출한다.

3. **가치는 고객에 의해 정의된다.** 고객은 기업이 아닌 자신의 경험을 통해 가치를 얻는다. 가치를 창출하는 혜택의 '번들'은 고객마다 다르기 때문에 다양한 고객 행동 외에도 특정 고객의 독특한 구매 행동을 이해하는 것이 중요하다. 따라서 목표 시장은 운전 경험 혹은 신기술을 기반으로 BMW 제품 경험을 정의할 수 있지만, 개별 고객은 BMW가 제공하는 가치에 대해 매우 다양한 정의를 가질 수 있다. 따라서 서비스 지배적 로직은 데이터 분석과 넓은 범위의 시장뿐만 아니라 개별 고객에 대해 학습하는 능력에 더욱 중점을 둔다.[3]

마케팅의 서비스 지배적 로직은 마케팅 담당자의 관점을 근본적으로 변화시켰으며, 이들은 다음의 질문을 해야 한다. "우리가 마케팅하고 있는 것은 무엇인가?" 달리 말하면, 마케팅 관리자는 제품이 무엇인지, 가치가 어디에서 오는지 파악해야 한다. 고객은 이제 가치 창출의 중심이기 때문에 성공적인 마케팅 전략을 위해서는 사람들, 프로세스, 시스템 및 기타 자원들이 고객에게 최상의 서비스를 제공할 수 있도록 조정하는 '고객 중심적' 접근 방식이 필요하다.

이 장의 나머지 부분에서는 회사의 가치 제공과 관련된 서비스 기회를 효과적으로 활용하기 위한 통찰력을 제공한다. 첫째, 마케팅 담당자를 위해 물리적 상품과 별도로 서비스를 결정하는 서비스의 고유한 특징을 설명한다. 둘째, 서비스 수익 체인의 개념에 대해 논의한다. 셋째, 서비스 속성은 순수 제품에서 순수 서비스에 이르기까지 연속적인 제품과 함께 논의된다. 넷째, 서비스 품질의 개념이 경영진에 의해 측정되고 사용되는 방법에 대해 제시한다. 마지막으로, 마케팅 담당자가 비즈니스를 위한 전반적인 전달 시스템을 계획하는 방식으로서의 블루프린팅에 대해 논의하고자 한다.

서비스의 특징

10-2

물리적 제품과 구별되는 서비스의 특징에 대해 설명한다.

서비스는 물리적 상품과는 다른 몇 가지 독특한 특징을 가지고 있다. 도표 10.1에 묘사된 바와 같이, 이러한 특징들에는 무형성, 비분리성, 변동성, 소멸성이 있다. 지금부터 각 특징들이 고객과 마케팅에 미치는 영향에 대해 논의해보고자 한다.

무형성

서비스는 신체적인 감각을 통해 경험할 수 없다. 즉 고객은 보고, 듣고, 맛보고, 느끼고 냄새를 맡을 수 없다. 이 속성은 감각을 통해 쉽게 경험될 수 있는 상품과 대비되는 서비스의 **무형성**(intangibility)을 나타낸다. 스테이트팜보험 에이전트는 자동차 보험을 발행하며 고객은 서면으로 된 보험 서류를 받게 된다. 이때 보험 그 자체는 시리얼 상자나 샴푸와 같이 물리적 상품의 관점에서 제품이 아니다. 대신, 이 제품은 보험이 고객에게 제공하는 재정적 안정감이다. 자동차에 무언가 심각한 일이 생기면 스테이트팜이 그것을 고치거나 대체할 것이라는 확신이 있다.

그렇다면 스테이트팜과 같은 브랜드에 대해 고객이 구매 전에 실제로 제품을 사용해볼 수 없다면 어떻게 결론을 내릴 수 있을까? 이 것은 무형성이 갖고 있는 문제 중 하나이다. 강력한 브랜딩은 서비스를 가시적으로 보이게 하는 중요한 방법이 될 수 있다. 스테이트팜과 같은 서비스 회사는 제품에 대한 신호를 보내고 신뢰를 높이며 구입 대상에 대한 고객의 불확실성을 완화하기 위해 강력한 이미지를 사용한다. "좋은 이웃처럼, 스테이팜이 있습니다"와 같은 광고를 본 적 있는가? 이 문구와 함께 제공되는 시각적 이미지는 고객이 구매 전에 실제 제품을 사용해보는 것을 대체할만한 서비스의 신뢰

성에 대한 단서를 제공한다. 서비스에 대한 구매 결정을 내릴 때 고객은 회사의 인력, 웹사이트, 마케팅 커뮤니케이션, 사무실 분위기 및 가격처럼 그들이 경험하는 유형의 것으로부터 결론을 도출한다. 많은 경우에 고객이 구매하기 전에 경험할 수 있는 유형성이 거의 없기 때문에 서비스 환경에서 마케팅의 중요성과 영향은 상당히 높아진다.[4]

때로는 고객 체험을 통해 서비스의 유형성을 향상시킬 수 있다. 예를 들어, MBA 프로그램은 예비 학생들에게 학교의 수업 방식을 몸소 느끼고 체험할 수 있도록 종종 그들을 공개 수업이나 교실을 방문하도록 장려한다. 힐튼 그랜드 베케이션 클럽과 메리어트 베케이션 클럽과 같은 회사들은 해당 지역을 방문하는 동안 유명한 여행지를 경험할 수 있도록 고객들에게 적극적으로 투어를 제안한다. 그리고 광고 회사는 과거 업무를 정리한 포트폴리오를 회사의 창의적인 능력을 보여줄 수 있는 샘플로 제공한다.[5]

비분리성

서비스의 유형성을 높이기 위한 최선의 노력을 하더라도 고객이 실제로 소비하기 전까지는 경험할 수 없다. 동시에 생산되고 소비되며 공급자와 분리될 수 없는 이러한 특징은 서비스의 **비분리성**(inseparability)을 나타낸다. 물리적인 제품인 경우, 이러한 과정은 생산, 저장, 판매, 그리고 소비이다. 그러나 서비스의 경우, 먼저 서비스가 판매되면 동시에 생산되고 소비된다. 아마도 서비스를 생산되기보다는 수행되는 것으로 간주하는 것이 좀 더 정확할 것이다.[6] 연극이나 오케스트라 콘서트에서 많은 개인이 공연에 참여한다. 마찬가지로, 서비스 접점에서 발생하는 품질은 부분적으로 참가자들의 상호작용에 의해 결정된다. 일류 레스토랑들은 그들의 고객 접점에서 보다 정교한 작품을 생산하기 위해 디너 테이블을 비롯해 웨이터, 와인 스튜어드, 식당 지배인과 셰프를 준비한다. 베니하나 레스토랑은 서비스에 대한 개념을 고객의 참여와 흥분이 만들어내는 하나의 드라마로 간주하며, 이에 따라 회사의 태그 라인은 '모든 테이블에서의 경험'이다.

비분리성과 서비스 소비는 고객 경험에 대한 인적 서비스 제공자의 역할을 강조한다. 또한 서비스를 제공할 때 상당한 고객맞춤화의 기회로 이어진다. 헤어 스타일리스트의 의자에 앉은 까다로운 고객은 딱 맞는 컷으로 달랠 수 있다. 애플 타르트 대신에 시나몬 아이스크림 두

스푼을 원하는가? 그렇다면 서비스 제공자에게 물어보라.

예를 들어, 금융 서비스 업계에서는 서비스의 고객맞춤화가 중요하다. 온라인 뱅킹의 성장으로 물리적인 은행지점의 필요성이 감소함에 따라, 은행은 강력한 고객 관계를 유지하고 우수한 서비스를 제공해야 하는 어려움에 직면해 있다. 더 많은 고객맞춤화 옵션을 제공하기 위해, 고객들은 니즈에 맞는 정보를 사용하여 자신만의 은행 웹 페이지를 '생성'할 수 있다. 동시에, 온라인 채팅 지원은 실시간으로 특정 도움말을 제공할 준비가 되어 있다.[7]

변동성

비분리성의 파생물인 서비스의 **변동성**(variability)은 서비스가 서비스 제공자와 분리될 수 없기 때문에 서비스의 품질은 서비스 제공자의 품질만큼 좋아질 수 있음을 의미한다.[8] 리츠칼튼, 노드스트롬, 디즈니 그리고 사우스웨스트항공은 인재 채용, 교육, 유지 및 최상의 인재를 홍보하는 데 주력함으로써 해당 업계의 상징적인 기업이 되었다. 전설적인 사우스웨스트 회장인 허브 켈러허는 그의 직원들이 전형적인 항공사 직원들과는 다른 방식으로 회사에 좀 더 몰두하며 즐겁고 더욱 더 회사에 충성할 수 있도록 비즈니스를 구축했다.[9] 위의 다른 회사들도 마찬가지이다. 마케팅에서 핵심 차별화 요소로서 직원에 집중하는 것은 현명한 조치로, 많은 회사들은 이 문제를 잘 해결하지 못하고 있다. 요점은 고객의 서비스 경험에 변동성을 제거하고 보다 신뢰할 수 있는 수준의 품질을 제공하는 것이다. 노드스트롬에 가서 노드스트롬의 영업 사원과 함께 일한다면 서비스에 대한 높은 수준의 만족도를 경험하게 될 것이다. 리츠칼튼을 비롯한 다른 훌륭한 서비스 조직에 대해서도 마찬가지이다.[10]

일단 회사가 제품의 제조 과정에서 지속적인 개선과 품질 관리에 투자할 경우 제품은 품질의 변동성이 줄어들기 때문에 일반적으로 제품은 서비스보다 훨씬 표준화되는 경향이 있다. 서비스의 경우 지속적으로 낮은 변동성을 유지하기 위해서는 훈련, 재교육 및 직원 관리에 대한 끊임없는 투자가 필요하다. 이는 마케팅, 운영, 리더십 및 인적 자원 관리 분야에서 가장 가까운 교차점이 있는 분야이다. 리츠칼튼의 장점은 무엇인가? 바로 직원들이다. 그렇다면 직원들을 위대하게 만드는 것은 무엇인가? 세계적 수준의 운영, 리더십 및 인사 관리이다. 그리고 리츠칼튼의 순 효과는 브랜딩과 시장 포지셔닝이 훌륭한 직원들과 개별 고객을 소중한 손님으로 대우하는 방식에 의해 크게 정의된다는 점이다. 서비스 기업의 경우 직원을 소중히 여기는 강력한 문화가 없으면 훌륭한 마케팅을 수행할 수 없다.

소멸성

주치의와 정기적인 신체검사 약속을 잡은 다음 단지 나타나지 않는 것만으로도 의사는 그 시간대의 수익을 잃게 된다. 즉 서비스는 나중에 사용할 수 있도록 저장하거나 비축할 수 없다는 사실을 의미하는 **소멸성**(perishability)이다.[11] 소멸성은 서비스 제공자의 주요 잠재적인 문제며, 위의 상황은 왜 많은 의사가 약속을 지키지 않은 환자에게 요금을 부과하는 정책을 만들게 되었는지를 설명한다. 문이 닫히고 비행기가 탑승객을 싣지 않고 출발한 경우 항공사가 환불해주지 않거나 최저가 티켓으로 변경하지 못하게 하는 이유에 대해 궁금해한 적 있는가? 그것은 빈 좌석의 가치 때문으로, 문이 닫히고 비행기가 게이트로부터 멀어질 때 항공사의 수익 증대를 발생시키는 능력은 제로로 떨어진다.

변동 심한 수요(fluctuating demand)는 서비스의 소멸성과 관련 있다.[12] 관광객과 컨벤션 모두를 수용하는 올란도와 같은 도시의 허츠, 에이비스와 같은 렌터카 회사를 생각해보자. 수요가 상대적으로 일정하다면 렌트카 회사는 항상 동일한 기본 재고를 보유할 수 있다. 그러나 개별 여행객과 컨벤션 참가자의 경우 자동차 수요는 계절에 따라 크게 다르며 후자의 경우 컨벤션의 규모에 의해 결정된다. 최악의 시나리오는 해당 도시가 거대한 컨벤션을 유치하고 렌터카 회사가 충분한 차량을 확보하지 못하는 것이다. 이 경우 추가할 차량이 없는 만큼 허츠와 에이비스의 추가 수익도 없다. 물론 컨벤션 주최 측은 다음에 올랜도에서의 행사 일정을 잡기 전에 보다 신중히 생각할 것이다.

대부분의 상품에 대한 수요가 보다 안정적이며 일반적으로 구매 이후에도 사용을 위해 저장할 수 있기 때문에 서비스보다는 제품이 수요와 공급을 동기화하는 중요한 문제를 다루기 쉽다. 허츠와 에이비스는 비수기에 자동차의 막대한 추가 재고를 유지하기를 원하지 않는다. 따라서 그 기간 동안 더 많은 렌탈을 촉진하기 위해 가격 인센티브를 사용할 수 있다. 또는 문자 그대로 자동차를 움직일 수도 있다. 즉, 수요가 많은 기간에 대응하기 위해 마이애미 또는 탬파와 같은 다른 가까운 시장으로부터 차량을 추가로 끌어 올 수 있다. 그들이 확실히 알고 있는 한 가지는 많은 수의 차량을 보유하지 않으면 수익을 얻을 수 있는 기회가 사라진다는 것이다.

서비스-수익 체인

하버드 비즈니스 리뷰와 뒤따른 도서에 따르면, 제임스 헤스켓과 그의 동료들은 **서비스-수익 체인**(service-profit chain)이라고 불리는 서비스 전달 측면에서의 직원과 고객 사이의 연결 공식을 제안했다. 서비스의 비분리성과 변동성 때문에 직원은 그들의 성공에 중요한 역할을 한다. 도표 10.2는 담당자가 서비스 전달 시스템상에서 고객 충성도, 수익 증가 그리고 더 높은 수익성을 이끄는 핵심 연결고리를 더 잘 이해하도록 설계되었다.

10-3

서비스-수익 체인과, 그것이 서비스와 관련된 마케팅 관리 의사결정을 어떻게 안내하는지 설명한다.

내부 서비스 품질

서비스-수익 체인의 이러한 측면에는 작업장 설계, 업무 설계, 직원 선발 및 개발 프로세스, 직원 보상과 인정 및 고객들에게 서비스를 제공함에 있어 직원이 사용하기에 효과적인 도구의 이용 가능성이 포함된다. 직원을 고객으로 대우하며 그들의 요구를 충족시키는 시스템과 혜택을 개발하는 **내부 마케팅**(internal marketing)은 내부 서비스 품질의 필수 요소이다. 내부 서비스 품질을 실천하는 회사는 **고객 중심**(customer-centric)적이다. 즉, 회사의 내부와 외부 모두에서 고객을 중심으로 한다. 고객 중심의 회사는 높은 수준의 고객 지향성을 보여주며 다음을 수행한다.

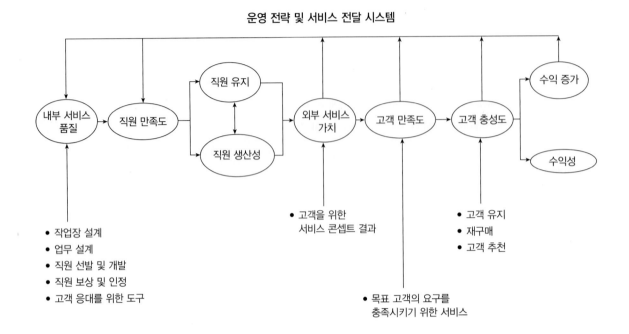

출처 : Heskett, James L., Thomas O. Jones, Gary W. Loveman, W. Earl Sasser Jr, Leonard A. Schlesinger, "Putting the Service-Profit Chain to Work," *Harvard Business Review*, March/April 1994.

1. 고객의 요구 사항을 이해하기 위해 전사적 차원에서 집중한다.
2. 시장에 대해 이해하고 해당 지식을 회사의 모든 사람에게 전달한다.
3. 조직이 혁신적이고 경쟁적으로 차별화된 만족을 창출하는 상품 및 서비스를 가지고 효과적으로 대응할 수 있도록 내부적으로 시스템 역량을 조정한다.

내부 서비스 품질이라는 맥락에서, 기업의 문화, 비즈니스 철학, 전략, 구조 및 프로세스가 고객에게 가치를 창출하고 의사소통하며 가치를 제공하기 위해 조정되어야 한다고 가정한다. 마지막으로, 내부 서비스 품질에 집중하는 것은 직원들이 **고객 마인드셋**을 유지할 수 있음을 의미하며, 이는 회사의 내·외부에 관계없이 그들의 일을 잘 수행하는 데 핵심적인 역할을 한다.[13]

만족하고, 생산적이며, 충성스러운 직원

훌륭한 사람들 없이 훌륭한 서비스는 발생하지 않는다. 서비스-수익 체인을 만드는 데 있어 중요한 부분은 모든 직원이 성공할 수 있는 환경을 조성하는 것이다. 내부 마케팅은 이것의 필수 요소이며 시저스 엔터테인먼트는 그들의 지위에 상관없이 특히 고객과의 직접적인 접점에 위치하는 사람들의 성공을 장려한 회사의 좋은 예시이다. 시저스는 내부 마케팅 및 직원 성공의 실현에 대한 열정을 가지고 있다. 서비스-수익 체인 개념의 원작자 중 한 사람인 게리 러브먼은 이사회장을 거쳐 CEO 그리고 회장이 되었다. 재임 기간 동안, 회사는 라스베이거스에서 가장 성공적인 호텔리어/카지노가 되었으며 또한 다른 곳에서도 계속 확장되었다. 시저스의 안정된 브랜드로는 시저스 팰리스, 발리스, 패리스, 리오, 플라밍고, 하라스 등이 있다.[14] 현재 CEO의 지도하에서 시저스는 지속적으로 직원과 훌륭한 고객 서비스에 초점을 맞추고 있다. 이 회사는 직원 충성도와 손님 서비스 모두에 대해 상을 받았는데, 심지어 손님이 게임에서 졌을 경우에도 고객 경험이 만족스럽도록 노력하는 많은 직원들이 있다.

언더아머의 상징인 마이클 펠프스는 회사와 제품에 대한 강한 자부심을 더한다. 또한 잠재 고객의 관심을 끌 수 있다.
출처 : Under Armour®, Inc.

내부 마케팅이 효율적으로 실행되기 위해서는 인재 육성, 전반적인 비전 제시, 직원 교육 및 개발, 팀워크 강조, 담당자로서 바람직한 행동 모델, 직원 스스로의 의사결정, 훌륭한 서비스 성과 측정 및 보상, 직원의 요구 사항 파악 및 대응과 같은 중요한 요소들이 포함되어야 한다. 무엇보다도 가장 중요한 것은 직원들이 브랜드에 대해 깊게 이해하고 있어야 하며 회사의 서비스 전략 및 브랜딩을 반영하여 명확하고 간결한 메시지를 고객에게 일관되게 전달할 수 있어야 한다.[15] 시저스의 CEO는 회사의 모든 직원이 회사의 브랜딩과 가치를 이해하고 표현할 수 있다는 사실에 자부심을 갖고 있다.

외부 고객을 위한 더 큰 서비스 가치

내부 서비스 품질 및 직원 만족도, 생산성 및 고객 유지에 대한 관심이 외부 고객에 대한 서비스 가치를 높여준다는 강력한 증거가 있다. 제1장에서 가치에 대한 개념을 설명했을 때, 이것을 고객이 제공한 것과 구매의 대가로 얻을 수 있는 것의 비율로 논의했던 것을 기억해보자. 중요하게도, 고객의 투입은 단지 재정적인 것만이 아니다. 즉, 고객은 구매 선택을 하는 데 시간, 편의 및 기타 기회를 포기한다. 고객은 구매 전에 마케팅 담당자가 제공한 증거를 바탕으로 서비스에서 파생되기를 희망하는 가치에 대한 기대를 설정한다. 일관성 있고 효과적으로 기대를 충족시키기 위한 마케팅의 기본 규칙은 고객 기대를 너무 높게 설정하지 않는 것이다.[16] 이는 기대를 낮추고 기대보다 더 높은 가치를 전달하는 것이 그 반대보다 항상 바람직하기 때문이다. 이러한 개념을 종종 **고객 기대 관리**(customer expectations management)라 한다.

오클라호마시티 썬더가 창립되었을 때, 구단주는 팬들을 개인화하는 것이 중요하다는 것을 이해했다. 그래서 그들은 CRM 시스템에 투자했다. CRM 시스템은 지속적으로 업데이트되고 개선되었다. 썬더는 NBA뿐만 아니라 모든 스포츠에서 팬 중심의 팀이 되기를 원했고 지출 패턴과 팬들의 관심도 분석을 기반으로 한 특별 프로모션을 통해 특정 팬들을 타깃팅할 수 있었다. NBA는 관중들에게 훌륭한 경험을 제공하는 것과 관련해 탁월한 성과를 거둔 팀에게 상을 수여했으며, 오클라호마시티 썬더 팀의 고객 관계부서의 수석 부사장의 이름을 따서 상의 이름을 불렀다.[17]

고객 만족과 로열티

서비스-수익 체인에서 고객의 기대를 충족시키거나 초과하는 것은 서비스가 가치 있는 방식으로 설계되고 제공되었기 때문에 고객 만족으로 이어진다. 만족도가 높은 고객과 충성도가 높은 고객 간에 강한 상관 관계가 존재한다. 충성도가 높으면 **고객 유지**(customer retention)가 높아지는데, 이는 다른 제공자로 전환하려는 경향이 낮아진다는 것을 의미하며 재구매, 추천 및 **고객 옹호**(customer advocacy)를 반복한다. 이때 고객 옹호는 고객 영향력 범위 내에서 다른 사람들에게 브랜드 메시지를 전달하는 데 참여할 의사가 있는 소비자들의 의지와 능력을 뜻한다.[18] 그렇다면, 왜 고객은 하나의 서비스 제공자에서 다른 서비스 제공자로 전환하는 것을 고려할까? 이유는 낮은 효용성에서부터 다양한 형태의 서비스 실패까지로 다양하다. 전환 행동의 원인에 대한 요약은 도표 10.3에 제시된다.

도표 10.3	전환 행동의 원인

가격 책정	서비스 실패에 대한 반응
• 높은 가격 • 가격 인상 • 불공평한 가격 책정 • 기만적인 가격 책정	• 부정적 반응 • 무응답 • 반응을 꺼려함
불편함	**경쟁**
• 위치/시간 • 예약 대기 • 서비스 대기	• 더 좋은 서비스를 발견
핵심 서비스 실패	**윤리적 문제**
• 서비스 실수 • 청구서 오류 • 서비스 재앙	• 속임 • 강매 • 안전 우려 • 이해관계 상충
서비스 접점 실패	**비자발적 전환**
• 관심이 없는 • 무례한 • 묵묵부답의 • 제품에 대한 지식이 없는	• 고객의 이동 • 제공자의 폐업

출처 : Keaveney, Susan M., "Customer Switching Behavior in Service Industries: An Exploratory Study," *Journal of Marketing*, pp. 71–82, April 1995.

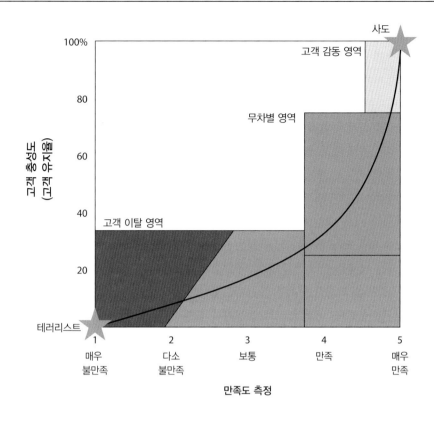

출처 : Heskett, James L., Thomas O. Jones, Gary W. Loveman, W. Earl Sasser Jr, Leonard A. Schlesinger, "Putting the Service-Profit Chain to Work," *Harvard Business Review*, March/April 1994.

　시저스 엔터테인먼트는 높은 고객 만족도와 충성도 간의 강력한 연결고리를 이해하고 충성도와 옹호를 확보하기 위해 가장 만족스러운 고객을 대상으로 많은 투자를 한다. 도표 10.4는 이러한 관계를 설명한다.

　CRM 및 데이터베이스 마케팅은 시저스 엔터테인먼트뿐만 아니라 만족도와 충성도를 높이고 고객 유지율을 향상시키는 데 관심이 있는 기업들이 도표 10.4의 개념을 사용하여 가장 수익성 있는 고객에게 서비스를 제공할 수 있게 해주는 핵심 도구이다. 다양한 시저스 카지노 브랜드의 경우, 이러한 접근은 토털 리워즈라는 로열티 프로그램을 통해 자체적으로 나타난다. 시저스는 '고객 감동 영역'에 있는 고객의 ROI가 다른 영역('무차별' 및 '이탈')의 ROI보다 훨씬 높다는 것을 발견했다. 매우 만족한 고객을 뜻하는 '사도'의 경우, 시저스는 이들이 자신들의 호텔과 카지노에서 늘 재방문하고 최대한의 돈을 소비하도록 만들기를 원한다. 연구 결과에 따르면 고객 만족도를 높이기 위해 무관심한 고객에게 투자를 하더라도 수익을 얻을 수는 있지만 고객이 '고객 감동 영역'에 도달한 경우 브랜드에 대한 수익성이 극대화된다고 한다.

매출과 수익 성장

도표 10.4에서 설명했던 바와 같이 시저스는 호텔 체크인, 슬롯머신 및 모든 도박 게임에서 사용되는 토탈 리워드 로열티 프로그램 카드를 통해 '만족'과 '매우 만족' 영역의 고객을 식별해낸다. 시저스의 직원들은 이러한 고객들에게 특히 신경을 쓰며, 시저스는 이들에게 가장 중요한 총체적인 마케팅인 맞춤형 서비스를 제공한다. 만일 시저스의 고개들 중 슬롯머신을 좋아하는 고객이 있다면 이들은 시저스로부터 슬롯 토너먼트 초대장을 받게 될 것이다. 시저스가 이들 이외의 고객들에게 관심이 없거나 다른 고객들의 돈을 원하지 않는 것은 아니지만, 연구에 따르면 '고객 감동 영역'에 속한 고객들은 다른 고객보다 상당히 많은 돈을 소비하며 다른 고객들보다 더 큰 투자 수익을 제공해주는 것으로 알려져 있다.[19]

시저스는 고객만족도 측정을 잘하고 있으며, 만족도 점수, 그룹 점수를 기반으로 시장을 구분한다. 궁극적인 시저스의 고객은 '사도'로 이들은 매우 만족하고, 강력한충성도를 보이며 자주 시저스를 방문하는 손님이다. 이들은 친구와 주변 사람들에게 시저스에서의 경험을 강력하게 옹호하는 역할을 한다. 시저스의 마케팅 담당자들이 서비스 전략을 개발하고 실행하는 데 있어 통찰력을 제공하는 서비스–수익 체인은 앞으로도 지속적으로 새롭고 다양한 메트릭스를 제공할 것이다. 내부 서비스 품질에서 직원 문제, 만족할 가치와 재무성과에 이르기까지 체인의 모든 측면을 계량화하여 마케팅 의사결정에 사용할 수 있도록 해야 한다. 제5장에서는 마케팅 메트릭스에 대해 자세히 다루고 있으며, 이 장에서 개발되고 예시된 많은 측정 지표는 서비스–수익 체인을 실행하는 것과 직접적인 관련이 있다.

서비스 속성

지금까지 왜 서비스가 성공의 핵심에 있으며, 서비스의 특성을 확인하고 서비스–수익 체인의 연결고리를 이해해야 했던 이유들에 대해 살펴보았다. 이제는 제공물의 다양한 유형의 광범위한 맥락에서 서비스가 어떻게 적용되는지 더 잘 이해할 준비가 되었다. 이러한 질문에 대답하기 위한 유용한 방법은 어떤 제공물과 관련된 세 가지 주요한 속성 유형인 탐색 속성, 경험 속성 및 신뢰 속성을 기반으로 하여 평가하기 쉬운 것에서 어려운 것까지 이르는 제품과 서비스의 연속성을 고려하는 것이다. 도표 10.5는 이러한 속성의 연속체에 있는 상품 및 서비스의 예를 보여준다.

탐색 속성

제공물의 유형에 따라 소비자는 다양한 대체 상품을 탐색하여 구매 결정 기준에 가장 부합하는 제품을 찾을 수 있다. 물리적인 상품의 경우, 소비되기 전에 물리적으로 관찰 가능한 제공물 측면에서 많은 **탐색 속성**(search attributes)이 있기 때문에 그러한 비교는 상대적으로 간단하다. 예를 들어, 구매자는 베스트바이 쇼룸 매장에서 여러 고화질 TV의 화질, 가격 및 보증을 비교할 수 있다. 그러나 서비스의 무형성 측면은 탐색 프로세스 중에 이러한 직접 비교를

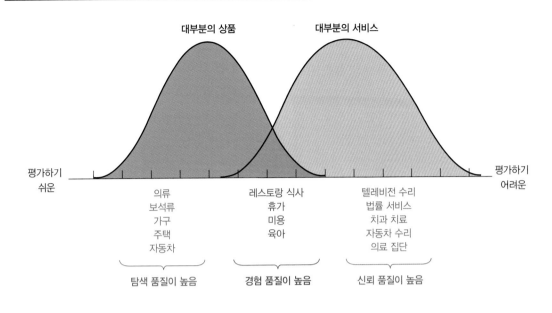

출처 : Zeithami, Valarie A., "How Consumer Evaluation Processes Differ between Goods and Services," in Marketing of Services, James H. Donnelly and William R. George, eds., American Marketing Association, 1991.

수행하는 것을 훨씬 더 어렵게 한다. 하나의 뮤추얼 펀드의 성과를 다른 뮤추얼 펀드의 성과와 비교해보라. 이는 "사과와 오렌지를 비교하기"라는 오래된 격언에 새로운 의미를 부여한다. 구매하기 전에 서비스의 여러 측면을 평가하는 것이 어렵기 때문에 결과적으로 서비스는 탐색 품질이 낮다. 서비스의 비분리성 측면에서, 일반적으로 소비자들은 판매 이후까지도 서비스가 어떻게 수행되는지 알지 못한다.[20]

경험 속성

경험 속성(experience attributes)은 소비하는 동안 혹은 소비한 후에만 평가할 수 있는 제공물의 측면이다. 레스토랑, 휴가, 미용, 육아를 포함한 많은 서비스들이 해당 카테고리에 해당된다. 그들은 유형성과 무형성의 측면 모두를 가지며, 예를 들어 외식 경험은 서비스 측면뿐만 아니라 음식이라는 물리적 상품을 포함한다. 고객 기대가 충족되는 수준에 따라 다음번 재구매 여부가 결정된다.[21]

신뢰 속성

많은 경우 고객은 사용 후에도 서비스 품질을 합리적으로 평가할 수 없다. 텔레비전 수리, 법률 서비스, 치과, 자동차 수리 및 의료 서비스와 같은 서비스는 전문적인 교육이 필요하다. 고객은 달리는 자동차 혹은 꽤 새로워진 급니와 같은 최종 상태만 알 수 있다. 이러한 **신뢰 속성**(credence attributes)을 평가하기 위해서 고객은 전문 지식을 알고 있어야 한다. 따라

리츠칼튼은 경험 속성에서 서비스의 중요성을 명확하게 반영하는 이미지와 태그 라인을 제공한다.

출처 : The Ritz-Carlton Hotel Company, L.L.C.

서 이 카테고리에 속하는 많은 서비스 제공자는 구매자에게 신뢰 수준을 전달하기 위해 전문 자격증이나 학위에 의존한다. 따라서 연속체의 끝부분에 있는 서비스는 의사, 변호사, 회계사, 심지어는 배관공과 같은 **전문 서비스**(professional services)로서 종종 언급된다. 이들은 일반적으로 서비스 품질을 스스로 조절하며 정보 및 추천을 위한 정보 센터 역할을 수행한다.

고려해야 할 흥미로운 전문 서비스 중 하나는 고등 교육이다. 대학의 경영학 교육과정은 학생이 배운 지식이나 기술들을 훨씬 뒤에 특정한 직무 상황에 적용할 때까지 그들의 실제 영향력을 평가하는 데 어려움이 있기 때문에 신뢰 속성이 매우 높다. 경영학 교육의 반복되는 질문은 "누가 고객인가?"이다. 한 가지 접근 방식은 비즈니스 스쿨의 학생을 초기 고객으로 고용하는 회사를 가정하는 것인데, 이는 학생들이 고객이 아닌 비즈니스 스쿨의 제품이라는 것을 암시하는 것처럼 보인다. 마케팅 은유법을 사용하는 이 접근법은 교수가 제품 개발 및 브랜딩의 역할을 하게 하여 학생들이 시장에서 성공할 수 있도록 한다. 이러한 전반적인 접근 방식은 비즈니스 교육이 신뢰 속성이 높기 때문에 적절할 수 있다. 그러나 이해할 수 있듯이 모든 학생들 또한 '고객'으로 대우받길 바란다.

서비스 속성 이해의 중요성

서비스는 높은 경험과 신뢰 속성을 나타내는 경향이 있으므로, 이러한 특성의 시사점을 고려한 마케팅 전략을 개발해야 한다. 앞서 언급했듯이 서비스 고객은 사전에 서비스를 이용해볼 수 없다는 점을 보완하기 위해 수집할 수 있는 증거가 무엇이든 구매할 대상에 대한 단서를 얻는 경향이 있다. 입소문, 물리적 위치의 분위기, 웹사이트의 기능 및 직원의 전문성과 같은 물리적 단서는 서비스를 시도하는 데 단서로 작용한다. 서비스 구매와 관련된 위험이 높기 때문에 고객이 서비스 제공업체에서 긍정적인 경험을 하고 기업과 관계를 형성하기 시작하면 서비스에 대한 고객 충성도가 상품에 대한 충성도보다 커진다. 물론, 마케팅 담당자의 입장에서 볼 때 경쟁자가 훌륭한 서비스와 사람들을 핵심 차별화 요소로 제공하고 당신 기업이 이러한 상황에 맞설 수 없다면, 고객을 전환시키거나 새로운 제공자가 되는 것이 어려울 수 있다.[22]

서비스 품질

앞서 우리는 고객 기대 관리의 중요성에 대해 언급했다(고객 기대 관리란 덜 약속하고 더 해주는 것이 높은 고객 만족에 기여하기 때문에 더 강력하다는 것을 나타내는 개념이다). 고객의 기대를 뛰어 넘는 것은 종종 **고객 감동**(customer delight)이라고 언급되며, 이는 충성도와 고객 투자에 대한 높은 수익과의 높은 상관관계로 입증된 바 있다.[23] 훌륭한 서비스를 제공하는 기업은 서비스 경험의 일환으로 고객에게 **감동적 충격**(delightful surprises)을 구축한다. 더블트리에 머무를 때마다 제공받는 따뜻한 초콜릿칩 쿠키는 애초에 지친 여행자에게 비싸지 않은 방법으로 기억에 남을만한, 감동적 충격으로 구상되었다. 비록 더블트리를 방문하는 고객들은 이제 쿠키를 기대하며 오지만, 이 작은 제공물은 기업의 브랜딩 및 이미지의 일부가 되었으며, 이는 고객 설문조사를 통해 더블트리의 경험 중 가장 사랑받는 측면 중 하나임을 꾸준히 나타낸다.

서비스 품질은 무엇인가? 여러 측면에서 **서비스 품질**(service quality)은 실제 서비스 성능에 대한 인식과 비교한 서비스에 대한 고객 기대를 측정한 공식을 나타낸다. 서비스 품질을 위한 실제적인 영역(기간)은 고객이 서비스 제공자와 어떤 방식으로든 상호 작용하는 기간인 **서비스 만남**(service encounter)이다. 이것은 직접, 전화 또는 기타 전자 수단을 통해 이루어질 수 있다. 미국 국세청으로부터 세금 반환을 위해 일하는 세무 대리인 혹은 레이캬비크로의 익스트림 스포츠 여행을 위해 많은 시간 동안 함께 일하는 여행사를 고려해본다면 실질적인 서비스 제공이 커튼 뒤에서 일어날 수도 있지만, 이러한 서비스의 고객 평가는 서비스 제공자 자체의 행동 및 서비스 만남 그 자체의 물리적 환경을 기반으로 하는 경향이 있다. 이것이 고객과 서비스 제공자의 직접적인 대면 시간을 종종 **진실의 순간**(moment of truth)이라고 부르는 이유이다. 대부분의 고객 판단은 그 순간에 일어난다.[24]

아메리칸 하트 및 미국 뇌졸중 협회와 같은 점점 더 많은 전문 협회가 마케팅을 통해 최종 사용자에게 중요한 정보를 제공하고 있다.

출처 : American Heart Association, Inc.

갭 분석

도표 10.6에 제시된 서비스 품질의 갭 모델을 검토해보자. **갭 모델**(gap model)의 기본은 서비스 제공 프로세스의 다섯 가지 주요 영역에서 차이점을 파악하고 측정하는 것이다. 모델을 수평선으로 나누는 방법에 주목해보면, 서비스의 공급자 쪽을 나타내는 선 아래 영역과 고객 쪽을 나타내는 선 위의 영역이 있다. 마케팅 관리자의 경우, 갭 모델을 지속적으로 사용하여 서비스 제공의 새로운 문제를 파악하는 것이 서비스 품질을 보장하는 중요한 방법이다.

각각의 갭을 면밀하게 살펴보자. 갭 분석의 강력함을 증명하기 위해 플로리다의 탬파에 있는 블루밍 브랜즈가 소유하고 운영하는 레스토랑 브랜드 중 하나인 아웃백 스테이크하우스

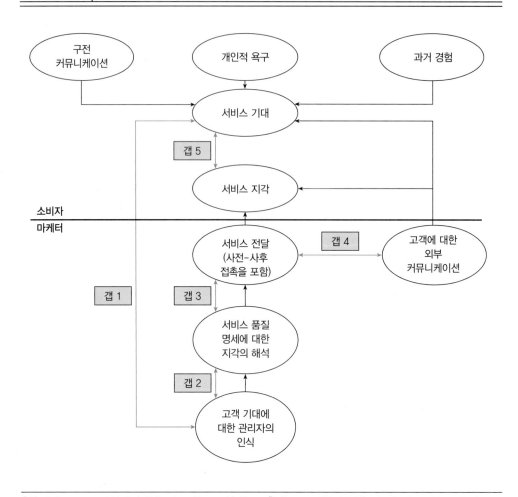

출처 : A. Parasuraman, Valarie A. Zeithaml, and Leonard L. Berry, "A Conceptual Model of Service Quality and Its Implications for Future Research," *Journal of Marketing*, Fall 1985, pp. 41-50.

와 관련된 예제를 자세히 살펴볼 것이다. 그들의 다른 브랜드로는 캐러바스의 이탈리안 그릴, 본 피시그릴 및 플레밍의 프라임 스테이크하우스 앤 와인바가 있다. 표면적으로 볼 때, 대부분의 사람들은 아웃백의 창시자가(물론 첫 레스토랑은 플로리다의 탬파에 있다) 기본적으로는 호주 테마와 적절한 가격의 진심 어린 마음으로 차별화를 구축했다고 생각한다. 그러나 이는 원래의 성공 공식의 일부일 뿐이다. 아웃백의 설립자는 처음부터 서비스 제공 시스템을 중심으로 중간 가격대의 다른 패밀리 스타일 레스토랑과 아웃백을 차별화시켰다. 아웃백 사업부는 테이블당 고객 회전율, 평방피트당 매출 및 수익, 그리고 고객 만족의 중요한 지표들을 지속적으로 선도함으로써 성공하였다. 아웃백의 설립자는 비즈니스에 대한 서비스-수익 체인 접근 방식을 사용하여 모든 매장 매니저가 비즈니스이 지주이자 소유주인 것을 보징함으로써 그들의 직원을 더욱 집중시켰다. 음식을 제공하는 사람들은, 비록 대학생이라 할지라도 빠른 테이블 회전으로 인해 발생한 높은 팁으로 업계 평균보다 훨씬 오래 근무하는 경향이 있다.[25]

갭 1 : 고객 서비스 기대에 대한 경영진의 지각 vs. 서비스에 대한 실제 고객 기대 제4장에서는 마케팅 관리 의사결정을 위한 정보를 제공하기 위해 지속적이고 잘 수행된 시장 조사가 중요하다는 사실에 대해 학습하였다. 갭 1은 적절한 고객 데이터가 부족하여 서비스 제공에 혼란을 일으킬 수 있는 곳이다. 불행히도 기업들은 고객의 요구와 필요에 대한 근거 없는 가정을 너무 자주 만들고 이를 바탕으로 제공물을 만들어버린다. 그리고는 신제품이 실패하거나 고객이 다른 제공자로 전환하기 시작하면 경영진은 놀라게 된다.

아웃백 스테이크하우스는 고객 픽업을 위한 편리한 전화 사전 주문 서비스를 제공함으로써 초기 선두주자가 되었다. 매장 위치에 따라 다르지만, 일부 매장은 고객 테이크아웃이 매출의 15~20%를 담당한다. 특히 이러한 픽업 주문은 손님 접대 작업을 거의 필요로 하지 않기 때문에 수익성이 좋다. 어떻게 아웃백이 이러한 새로운 서비스를 추가하게 되었는지 알고 있는가? 놀랍지 않게도, 고객은 전통적인 패스트푸드 드라이브 스루에 점점 실망하고 있었으며, 가정에서 즐길 수 있는 우수한 품질의 편리한 식사에 더 많이 지불할 의사가 있음을 보여주는 시장 조사를 통해서였다. 편리함과 시간 효용은 오늘날 바쁘고 젊은 전문직 가정의 주요한 원동력이며, 이는 아웃백의 주요 목표 고객이다.[26]

갭 2 : 고객 서비스 기대에 대한 경영진의 지각 vs. 실제 개발된 서비스 품질 명세서 갭 2에서 경영진은 실제 고객의 서비스 기대를 정확하게 인식할 수도 있고 혹은 못할 수도 있지만, 이와는 상관없이 고객의 필요와 욕구를 충족시키지 못하는 서비스 제공 시스템의 측면을 구축한다. 아웃백이 식당 앞 픽업 시스템을 다르게 설계한 것이 완벽한 예시이다. 퇴근 후 테이크아웃을 하는 고객은 주차하지 않고 차에서 나와 식당으로 가서 음식을 찾아오길 원한다. 거의 모든 아웃백의 경쟁자들은 원래 테이크아웃을 그러한 방식으로 설계했다. 하지만 아웃백은 식당 앞 픽업 시스템을 설계함으로써 고객 기대치를 정확하게 충족시킬 뿐만 아니라 이를 일치시킬 수 있는 서비스 제공 명세서를 제공했다.

갭 3 : 실제 서비스 품질 명세서 vs. 실제 서비스 제공 흥미롭게도 이전의 두 갭과는 달리, 여기에는 인식의 요소가 없다. 이 갭은 서비스가 의도한 방식으로 제공되는지 여부를 엄격하게 묻는다. 따라서 갭 3에서 마이너스 갭이 있을 때, 이는 항상 경영진과 직원들이 일을 제대로 하지 못했음을 나타낸다. 이는 막연한 실적 기준, 열악한 교육 또는 경영진의 비효율적인 모니터링 때문일 수 있다.

아웃백은 많은 기업과 마찬가지로 팀워크를 통해 서비스 제공 시스템을 향상시킨다. 한 명 이상의 직원이 식탁에서 당신과 소통하고, 어떻게 하고 있는지 물어보고, 음식이나 음료를 가져오는 등의 일을 하는 것을 경험한 적이 있는가? 식당 앞 픽업 시스템을 시계처럼 작동하게 하려면 전화 주문받는 직원에서 요리사, 자동차 담당까지 모든 직원이 동기화되어 있어야 한다. 차량이 정체되면, 직원들은 줄을 따라가며 손님들과 대화하며, 예상되는 남은 대기 시간을 알려주고, 심지어 음식이 나올 때 고객이 즉시 출발할 수 있도록 결제 처리 훈련을 받는다. 당신은 피크인 저녁시간에 아웃백 레스토랑에서 테이블을 잡기 위해 기다려야 할지도 모른다(날씨가 좋은 저녁이면 야외에 앉아 음료를 마실 수 있다). 하지만 일단 자리에 앉으면, 테이블에서 식사하기 위한 대기 시간에 대한 적극적인 기준이 있다. 이러한 대기 시간이 현저하게 초과되면 직원은 변명 대신 사과하도록 훈련받으며, 다음 방문 시 무료로 사용할 수 있는 디저트 쿠폰 또는 블루밍 어니언 쿠폰을 제공한다.

　이러한 프로세스를 **서비스 회복**(service recovery)이라고 하며 실제로 마케팅 관리의 매우 전략적인 측면이다. 서비스 마케팅 분야의 많은 연구에 따르면 **서비스 실패**(service failure)가 서비스 회복을 통해 적절하게 다뤄질 때 서비스 실패가 습관적으로 발생하지 않는 한 고객 만족도, 충성도 또는 유지율에 반드시 영향을 미치는 것은 아니라고 한다.[27] 마케팅 전략으로 서비스를 사용하는 모든 기업은 서비스 실패의 최후에 발생할 수 있는 것에 대해 사전에 대비해야 하며, 적절하게 서비스 회복을 수행하기 위해서 직원들을 교육해야 한다.

　때로는 서비스 실패가 꽤 심각할 수 있다. 2017년 4월 유나이티드항공 3411편 운항 승무원과 지상 근무자들이 지역 경찰로 하여금 강제로 한 승객을 비행기에서 내리게 하고 끌고 가도록 한 사례가 있다. 사건의 영상은 곧 유튜브에 게시되었으며 인터넷은 비난으로 가득했다. 초기에 해당 사건을 '비자발적인 탑승 취소 상황'이라고 비난하면서, CEO 오스카 무노즈는 승객을 '공격적'이며 비협조적이라고 비난하면서 유나이티드는 이 문제를 더욱 복잡하게 만들었다. 이 사건에 대한 반응은 크게 부정적으로 확산되었고, 사건이 보고된 이후 유나이티드의 주식은 하루에 6% 이상 떨어졌으며, 많은 사람들은 유나이티드항공을 다시는 타지 않을 것이라고 말했다.

　유나이티드항공이 해당 항공편에서 겪었던 서비스 실패의 규모를 고려한다면 서비스 회복이 가능할까? 초기 반응이 부적절하다는 것을 알게 된 후, 회사(더 구체적으로 CEO)는 유나이티드 마일리지 프로그램의 회원들에게 편지를 보냈다(도표 10.7 참조). 이 편지에서 무노즈는 사건에 대해 사과했고 "우리의 기업 정책은 우리의 공유 가치보다 앞서왔다"고 인정했다. 또한 회사는 초과 예약(사고의 주요 문제)을 줄이고 자발적인 탑승 거부 수당을 1만 달러로 인상하는 등, 비즈니스 수행 방식에 대해 열 가지 변경 사항을 발표했다. 유감스럽게도 정시 도착 및 분실 수하물 측면에서 유나이트항공은 정점에 위치해 있었기 때문에 이 사건은 여러 가지 서비스 실패 중 하나였다. 유나이티드항공의 비즈니스 모델이 어려움을 겪지는 않았지만, 그 결과로 명성은 확실히 손상되었다.

갭 4 : 실제 서비스 제공 vs. 기업의 커뮤니케이션　이 갭은 마케팅 커뮤니케이션을 통한 고객 기대 관리를 근본적으로 나타낸다. 이 책의 제5부에서는 고객에게 가치 제안을 전달하는 다양한 방법에 대해 배울 것이다. 마케팅 담당자가 다양한 커뮤니케이션 수단을 통해 제공하는 메시지는 고객에게 기대를 설정하는 요소이다. 따라서 사기성 광고나 지나치게 탐욕적인 판매 홍보 및 수요를 처리하기에 너무 적은 재고로 뒷받침된 쿠폰 프로모션과 같은 커뮤니케이션 수단 모두가 갭 4에서 부정적인 갭을 만든다. 아웃백의 식당 앞 픽업 시스템의 경우 몇 년 동안 광고는 좀 해왔지만, 아웃백의 매체 광고 대부분은 특별한 이벤트와 레스토랑의 재미있는 테마에 더 중점을 둔다. 아웃백의 제품 중 상당수가 레스토랑 내부에서 식사로 제공된 경험이 있기 때문에, 구전과 매장 내 간판을 통해 픽업 비즈니스가 더 많이 성장할 수 있었다. 아웃백은 마케팅 커뮤니케이션을 통해 자사의 식당 앞 픽업 시스템에 대한 비현실적인 기대를 설정하지 않았다.

UNITED

Mr. Honig에게

귀하가 우리와 함께 떠나는 각 항공편은 우리가 고객에게 제공할 중요한 약속을 나타냅니다. 그것은 단순히 귀하의 목적지에 안전하고 제시간에 도착하는 것을 확실히 하는 것뿐만 아니라 귀하가 최고 수준의 서비스 그리고 가장 깊은 위엄과 존경을 받는 것입니다.

이달 초, 한 승객이 우리의 비행기로부터 강제로 퇴출되었을 때 우리는 신뢰를 깨뜨렸습니다. 우리는 무슨 일이 일어났는지에 대해 아무리 사과를 해도 충분하지 않고, 또한 의미 있는 행동들이 말보다 더 중요하다는 것을 알고 있습니다.

지난 몇 주 동안, 우리는 두 가지 질문에 대해 답하기 위해 긴급하게 일했고 그 두 가지 질문은 어떻게 이런 일이 발생했고, 어떻게 하면 이러한 일이 다시는 발생하지 않도록 우리가 할 수 있는 최선의 방법은 무엇일까였습니다.

이번 일은 우리의 기업 정책이 우리의 공유된 가치보다 앞서 있었기 때문에 발생했습니다. 우리의 절차들은 우리의 직원들이 '옳은' 일을 하는 방식으로 이루어져 있습니다.

문제 해결은 이제 우리가 어떻게 비행하고, 봉사하고, 고객을 존중하는지를 바꾸는 것부터 시작됩니다. 이번 일은 우리 유나이티드의 모든 직원들과 CEO에게 전환점이며, 이번 경험을 통해 배우고 고객을 우리가 하는 모든 일의 중심에 두는 노력이 배가 되게 하는 것이 저의 책임입니다.

이는 우리가 안전과 보안의 문제를 제외하고 더 이상 비행기로부터 고객을 퇴출하는 법 집행을 요청하지 않을 것이며 고객들이 한 번 탑승하면 그들의 좌석을 포기할 필요가 없다고 발표한 이유입니다.

우리는 또한 최선의 노력에도 불구하고, 일이 제대로 돌아가지 않을 때, 우리는 당신이 일을 제대로 하기 위해 거기에 있어야 할 필요가 있음을 알고 있습니다.

우리는 1만 달러까지 자발적인 재예약을 위한 인센티브 증가와 새로운 '질문이 요구되지 않는' 1,500달러의 상환 정책으로 관료주의를 제거할 것입니다. 우리는 또한 귀하가 우리와의 경험을 그리워할 때 우리의 직원들이 즉석에서 친절한 제스처와, 여행 크레딧 및 기타 편의 시설을 제공하기 위해 새로운 앱을 출시할 것입니다. 귀하는 hub.united.com에서 이러한 더 많은 약속들과 변화들을 학습할 수 있을 것입니다.

이러한 행동들이 중요함과 동시에, 저는 귀하와 지역 사회에 대한 저의 책임과 역할이 더욱 넓게 영향을 미치고 있다는 것을 깨달았습니다.

저는 우리가 더 나아가 우리의 사회에서 유나이티드의 기업 시민의식이 어떻게 생겼는지 다시 정의해야 한다고 믿습니다. 만약 우리 회사의 최고경영자가 당신의 목적지로만 갈 수 있다면, 우리 파트에서 도덕적인 상상력의 부족을 보일 것입니다. 당신은 우리로부터 더 많은 것을 기대할 수 있고 또 그래야만 하며, 우리가 활동하는 모든 곳에서 사회적 책임과 시민 리더십을 구현하는 방식으로 높은 기대감들을 충족시킬 것입니다. 저는 귀하께서 그 서약이 우리의 향후 행동에 대한 표현임을 알아주길 바라고, 그중 이러한 초기의 변화는 단지 첫 번째 단계일 뿐입니다.

우리의 목표는 다름 아닌 바로 "나는 유나이티드로 비행한다"는 것을 진정으로 자랑스럽게 만드는 것입니다.

궁극적으로, 우리 성공의 지표는 귀하의 만족이고 지난 몇 주 동안은 당신이 우리와 함께한 경험을 증가시키기 위해 그 어느 때보다 더 멀리 나아갈 수 있었습니다. 나는 8만 7,000명의 직원들이 이 메시지를 마음에 새겼다는 것을 알고 있으며, 그들은 매 비행마다 귀하를 더 잘 섬기고 우리에게 준 신뢰를 얻겠다는 우리의 약속을 이행하기 위해 누구 못지않게 에너지가 넘칩니다.

우리는 귀하를 위해 그 어느 때보다 더 열심히 일하고 있고, 우리가 더 강하고, 더 좋은 고객 중심적인 항공사가 될 것이라고 믿습니다.

대단히 감사합니다.

오스카 무노즈
CEO
유나이티드항공

갭 5 : 고객에 의해 지각된 서비스 vs. 서비스에 대한 실제 고객 기대 마지막으로, 갭 5는 기대와 지각의 핵심 쟁점을 나타내며, 고객 공간에서만 발생하는 유일한 갭이다. 이것은 고객이 기대하는 서비스와 실제 제공받은 서비스 수준에 대한 고객의 지각 사이의 갭이다. 이 갭에 대한 점수는 긍정적이거나 부정적일 수 있으며, 회사의 고객 기대 관리 전략의 증명 및 서비스 제공 시스템의 효율성을 나타낸다.[28] 대부분의 다른 회사뿐만 아니라 아웃백 스테이크하우스의 경우, 이러한 점수는 고객 만족도 관리로 직접적으로 이어진다. 때때로 아웃백에서 식사를 한 후 아웃백의 서비스 접점에 관한 간단한 전화 설문에 응답하기 위해 수신자 부담 번호가 있는 특별 영수증을 받을 수 있다. 아웃백은 특정 번호를 제공함으로써 설문조사를 완료할 경우 몇 가지 무료 음식을 제공할 수 있다. 거의 항상 이러한 설문조사 연구 노력은 중요도 점수(서비스의 다양한 측면이 고객에게 얼마나 중요한지) 대비 실제 만족도 점수(마지막 서비스 접점까지 이러한 서비스들의 측면이 얼마나 잘 전달되었는지)를 측정하는 것을 목표로 한다.

실제 갭 5의 예를 제시하기 위해 도표 10.8은 아웃백과 같은 레스토랑이 고객의 중요성에 대한 고객의 지각 측면에서 고려할 수 있는 가상의 14가지 속성을 제시한다. 그런 다음, 도표 10.9는 14가지 속성에 대한 중요도 지각 대비 만족도 지각의 가상 분석을 기반으로 한 매트릭스를 나타내며, 매트릭스를 통해 레스토랑이 서비스 향상을 위해 투자할 수 있는 영역, 단순히 현재 서비스를 유지할 필요가 있는 영역, 우선 순위가 낮은 영역, 그리고 서비스 측면에서 너무 많은 강조를 하고 있는 영역을 보여준다. 아웃백의 가장 근접한 경쟁자를 위한 비교 매트릭스를 쉽게 추가할 수 있으므로 경쟁사가 동일한 속성에 대해 얼마나 잘 전달하고 있는지 쉽게 확인할 수 있다. 이러한 분석 접근법은 마케팅 담당자가 서비스 품질에 최선의 투자를 하는 방법을 알 수 있게 하는 데 매우 중요하다.

도표 10.8 | 예시 속성

1	건강한 음식 옵션	8	재미있는 분위기
2	편리한 위치	9	정확한 주문 처리
3	빠른 투-고 픽업 장소	10	서비스 속도
4	깨끗한 화장실	11	시니어 할인
5	메뉴 항목의 다양성	12	운영 시간
6	친절하고 예의 바른 직원	13	아이들의 놀이공간
7	아이들의 음식 선택	14	혁신적인 신메뉴 항목

적절한 평가 척도를 사용하여 고객은 다음과 같은 질문을 통해 포함된 속성들에 대해 설문조사를 받게 된다.
_____ 레스토랑에서 식사를 하기로 결정했을 때 각 속성의 중요도를 평가하세요.
_____ 레스토랑이 각 속성을 얼마나 잘 제공하는지 평가하세요.

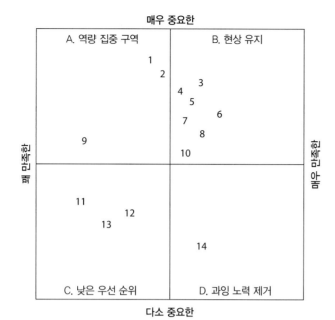

매우 중요한

A. 역량 집중 구역	B. 현상 유지
1 2	3 4 5 6 7 8 10
9	
11 12 13	14
C. 낮은 우선 순위	D. 과잉 노력 제거

(좌: 꽤 만족한 / 우: 아주 만족한)

다소 중요한

서브퀄 : 서비스 품질을 측정하기 위한 다항목 척도

10-6
서브퀄 모델을 사용하여 서비스 품질을 측정한다.

마케팅 담당자는 1980년대 초반까지 독립적인 연구를 위해 제품에서 서비스를 분리하지 않았다. 핵심 차별화 요소인 서비스 중심으로의 이동은 베리, 자이서믈, 파라슈만 교수 팀이 부분적으로 주도했다. 그들의 연구 중 많은 부분이 결과적으로 이전 절에서 설명된 갭 분석 접근법을 낳았다.[29] 그러나 연구의 또 다른 중요한 측면은 고객의 관점에서 실제로 어떤 서비스 품질이 중요한지를 결정하는 것이었다. 그들의 연구는 도표 10.10에서 설명한 다섯 가지 **서비스 품질 차원**(dimensions of service quality)을 밝혀냈다.

유형성 유형성(tangibles)은 서비스가 일반적으로 무형성이라는 점에도 불구하고 고객들이 서비스에 대한 사전 의견을 형성하는 데 도움이 되는 관찰 가능한 측면 또는 서비스의 물리적 증거이다. 유형성의 예시는 서비스 제공자, 웹사이트, 마케팅 커뮤니케이션 자료, 사무실 또는 소매점의 외형과 분위기가 포함된다. 이러한 유형성은 고객들에게 서비스 품질에 관한 단서를 제공한다.

신뢰성 신뢰성(reliability)은 신뢰할 수 있고 정확하게 서비스를 제공하여 약속된 것을 제공할 수 있는 능력이다. 신뢰성은 처음 그리고 매번

도표 10.10 | 서비스 품질 차원

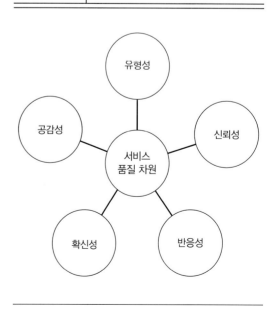

서비스를 정확하게 수행하는 것을 의미한다. 연구를 통해 신뢰성은 서비스의 가장 중요한 측면 중 하나라는 점이 지속적으로 증명되었다.

반응성 반응성(responsiveness)은 즉각적인 서비스를 제공하고 고객 요청에 신속하게 대응할 의지와 능력이다. 고객은 종종 서비스 제공자의 반응성에 대한 불만을 제기한다. 서비스 제공자가 연락하기가 어려우며 후속 조치가 불량하고 빈약한 서비스에 대해 변명하면서도 일반적으로 고객에게 호의적인 행동을 하는 것처럼 보일 때, 서비스 제공자는 낮은 반응성을 드러내는 것으로 볼 수 있다.

확신성 확신성(assurance)은 직원의 지식과 예의이며 신뢰를 전달하고 서비스의 품질에 대한 고객의 신뢰를 구축할 수 있는 능력이다. 서비스 제공자는 주로 자신의 직무 능력을 통해 확신성을 제공한다.

공감성 공감성(empathy)은 서비스 제공자가 고객에게 제공하는 돌봄과 개인적 관심이다. 공감이란 고객의 관점에서 상황을 고려하는 것을 의미한다.

서브퀄 측정 도구

파라슈만, 자이서믈, 베리는 이러한 다섯 가지 특성을 반영하여 **서브퀄**(SERVQUAL)이라는 측정 도구를 개발했다.[30] 이 측정 도구는 모든 유형의 산업에서 수만 가지 서비스 측정에 적용되었다. 마케팅 담당자는 다섯 가지 차원의 서비스 품질에 대한 회사의 중요도와 만족도에 대한 고객의 의견을 얻고자 하는 모든 곳에 적용할 수 있다. 회사는 서비스 품질이 변화되는 방식을 이해하기 위해 시간 흐름에 따라 서브퀄 점수를 추적하여 마케팅 담당자가 필요에 따라 영역을 개선할 수 있는 접근법을 만들 수 있다.[31] 도표 10.11은 일반적인 서브퀄 측정 버전을 제공한다.

도표 10.11 | XYZ 회사에 대한 일반적인 서브퀄 측정 도구

XYZ에 대한 당신의 견해와 가장 일치하는 번호에 동그라미 해주세요.

매우 동의하지 않음			동의하지도 부동의 하지도 않음			매우 동의함
1	2	3	4	5	6	7

1. XYZ는 현대적인 설비를 갖추고 있다.

1	2	3	4	5	6	7

2. XYZ의 물리적 시설은 시각적으로 매력적이다.

1	2	3	4	5	6	7

3. XYZ의 직원들은 전문적으로 잘 갖춰 입고 있다.

1	2	3	4	5	6	7

---

4. XYZ와 관련된 자료(웹사이트, 판촉 브로셔, 서비스 추적 문서, 인보이스 등)는 시각적으로 매력적이다.

    1   2   3   4   5   6   7

5. XYZ의 직원이 특정 시간까지 무언가를 하겠다고 약속하면 그렇게 한다.

    1   2   3   4   5   6   7

6. 고객에게 문제가 발생하면 XYZ의 직원은 고객의 문제 해결에 성실한 자세로 임한다.

    1   2   3   4   5   6   7

7. XYZ 직원은 한 번에 정확한 서비스를 수행한다.

    1   2   3   4   5   6   7

8. XYZ 직원은 약속한 시점에 서비스를 제공한다.

    1   2   3   4   5   6   7

9. XYZ는 오류가 없는 기록 업무를 강조한다.

    1   2   3   4   5   6   7

10. XYZ의 직원은 고객들에게 업무 처리 시한을 알려준다.

    1   2   3   4   5   6   7

11. XYZ 직원은 고객들에게 즉각적인 서비스를 제공한다.

    1   2   3   4   5   6   7

12. XYZ의 직원들은 고객들을 돕고자 하는 자세를 항상 유지한다.

    1   2   3   4   5   6   7

13. XYZ 직원은 고객들의 요구에 즉각 응답해준다.

    1   2   3   4   5   6   7

14. XYZ 직원의 행동은 고객들에게 신뢰감을 심어준다.

    1   2   3   4   5   6   7

15. XYZ와의 거래에 안전감을 느낀다.

    1   2   3   4   5   6   7

16. XYZ 직원은 고객들에게 늘 정중하다.

    1   2   3   4   5   6   7

17. XYZ 직원은 고객들의 질문에 대답할 수 있는 지식을 갖추고 있다.

    1   2   3   4   5   6   7

18. XYZ 직원은 고객에게 개별적인 관심을 제공한다.

    1   2   3   4   5   6   7

19. XYZ는 모든 고객에게 편리한 시간대에 영업을 하고 있다.

    1   2   3   4   5   6   7

20. XYZ에는 고객에게 개인적인 관심을 기울이는 직원이 있다.

    1   2   3   4   5   6   7

21. XYZ 직원은 고객들의 이익을 최대한으로 추구한다.

    1   2   3   4   5   6   7

22. XYZ 직원은 고객들의 필요를 이해한다.

    1   2   3   4   5   6   7

서브퀄 측정의 주요 차원 : 유형성 = 질문 1~4, 신뢰성 = 질문 5~9, 반응성 = 질문 10~13, 확신성 = 질문 14~17, 공간성 = 질문 18~22.

서비스 블루프린팅

이 장의 앞부분에서 언급한 아웃백 스테이크 하우스는 서비스 제공 시스템을 다른 중저가 패밀리 레스토랑과 차별화되는 중요한 원천으로 생각했다. 회사의 모든 사람들이 시스템에 따라 그들의 역할을 수행하기 위해 마케팅 매니저는 어떻게 그러한 시스템을 생각하고, 배치하며, 실행할 수 있었을까? 정답은 바로 **서비스 블루프린트**(service blueprints)다. 서비스 블루프린트는 제조 및 운영 관리의 개념을 빌려 컴퓨터 소프트웨어를 통해 첫 번째 고객 담당자에서 실제 서비스 제공에 이르기까지 모든 활동의 전체적인 그림의 설계 및 흐름도를 실제로 보여준다.

꽃 배달 서비스를 위한 서비스 블루프린트의 간단한 예가 도표 10.12에 있다.

꽃 배달 서비스 블루프린트를 통해 추적 활동이 **가시선**(line of visibility) 위의 부분(또는 고객이 직접 보는 고객과 관련된 활동)과 고객에 대한 가시선 아래의 활동(이 경우에는 무대 뒤 작업 및 처리 활동)으로 구분되어 있다는 점에 주목하자. 앞에서 언급한 '진실의 순간'은 가시선 위에 있다.

서비스 블루프린트는, 특히 꽃 배달, 레스토랑 등 보다 더 복잡한 서비스 접점을 다루는 마케팅 매니저들에게 매우 중요한 도구다. 그 이유는 첫째, 단순한 문서 작성만으로 서비스 제공 시스템이 작동하기 전에 잠재적인 병목 현상을 발견할 수 있다. 둘째, 서비스 제공과 관련된 직원을 위한 엄청난 교육 장치이다. 특히 아웃백 스테이크 하우스와 같이 서버, 요리사 및 바텐더가 고객의 전반적인 경험을 극대화하기 위해 서로의 성과에 크게 의존하는 서비스 환경에서는 각자의 역할이 전체 시스템에 어떻게 적용되는지 정확하게 파악해야 한다. 일반적으로 요리사와 같은 외부 고객과 직접 인터페이스하지 않는 직원조차도 고객의 마음을 사로잡을 수 있다.[32] 마지막으로 서비스 블루프린트를 사용하면 관리자가 서비스 주제를 모든 직원들에 대한 성과 평가 프로세스에 통합하는 중요한 방법을 제공한다. 아웃백, 리츠칼튼 및

도표 10.12 | **꽃 배달을 위한 서비스 블루프린트**

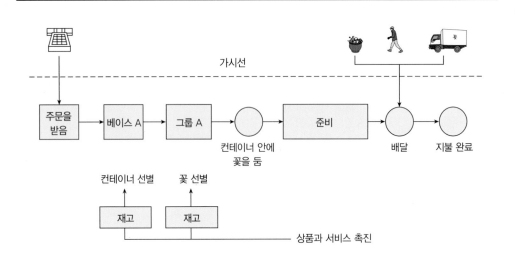

사우스웨스트항공과 같이 차별화된 서비스를 사용하는 똑똑한 회사들은 훌륭한 서비스를 지속적으로 제공하는 직원들에게 인센티브를 제공한다.

요약

오늘날 경쟁이 치열한 시장에서 서비스는 차별화의 중요한 원천이다. 그러나 서비스에는 제품과 완전히 다른, 서비스를 만드는 속성뿐만 아니라 이해해야 하는 고유한 특성이 있다. 마케팅 담당자가 완벽히 마스터하기 위한 중요한 개념은 서비스-수익 체인으로, 이는 고객 충성도, 매출 증가 및 높은 수익을 창출하는 서비스 제공 시스템 요소를 연결하기 위한 프레임워크를 제공한다. 효과적인 서비스를 수립하고 측정하기 위한 핵심 도구로는 갭 분석, 서브퀄 및 서비스 블루프린트가 있다.

핵심용어

가시선(line of visibility)
감동적 충격(delightful surprises)
갭 모델(gap model)
경험 속성(experience attributes)
고객 감동(customer delight)
고객 기대 관리(customer expectations management)
고객 마인드셋(customer mind-set)
고객 옹호(customer advocacy)
고객 유지(customer retention)
고객 중심(customer-centric)
공감성(empathy)
내부 마케팅(internal marketing)

무형성(intangibility)
반응성(responsiveness)
변동성(variability)
변동 심한 수요(fluctuating demand)
비분리성(inseparability)
서브퀄(SERVQUAL)
서비스(service)
서비스 경제(service economy)
서비스 만남(service encounter)
서비스 블루프린트(service blueprints)
서비스 실패(service failure)
서비스 영역(service sector)
서비스 지배적 로직(service dominant logic)

서비스 품질(service quality)
서비스 품질 차원(dimensions of service quality)
서비스 회복(service recovery)
서비스-수익 체인(service-profit chain)
소멸성(perishability)
신뢰성(reliability)
신뢰 속성(credence attributes)
유형성(tangibles)
전문 서비스(professional services)
진실의 순간(moment of truth)
탐색 속성(search attributes)
확신성(assurance)

응용 문제

1. 마케팅 관리자는 서비스의 고유한 특성(무형성, 비분리성, 변동성, 소멸성)을 인지하고 있어야 한다.
   a. 이러한 각 특성은 잠재적으로 마케팅 계획의 개발 및 실행에 어떤 영향을 미치는가?
   b. 관리자가 회사의 서비스 제공에 대한 각 특성의 부정적인 결과를 완화하기 위해 할 수 있는 것은 무엇인가?
   c. 고객이 (B2C 또는 B2B 시장에서) 서비스의 전달 방식에 있어 이러한 특성의 각각이 작용한 서비스 접점의 예를 생각해보라.
2. 서비스-수익 체인은 관리자가 충성도, 수익 증대 및 높은 수익을 창출하기 위해 서비스 제공 시스템의 성공적인 연계를 이해하고 촉진하도록 안내한다.

a. 마케팅 관리자가 효과적으로 서비스-수익 체인 접근 방식을 구현하기 위해 상호작용해야 하는 기업의 기능적 영역은 무엇인가?

b. 조직에서 서비스-수익 체인을 구현할 때 예상되는 잠재적인 장애 요인은 무엇인가? 이러한 장애물을 어떻게 극복해야 하는가?

c. 서비스-수익 체인 접근 방식을 실현할 때 얻을 수 있는 주요 이점은 무엇이라고 생각하는가?

3. 도표 10.5를 검토하고 제공물의 탐색, 경험, 신뢰 속성에 대해 토의하라.

a. 고객이 연속체의 맨 오른쪽에 있는 제공물(전문적인 서비스)의 유형을 평가하기 어려운 이유는 무엇인가?

b. 이러한 어려움으로 인해 전문적인 서비스 회사의 마케팅 관리자는 어떤 어려움을 겪게 될까? 그 이유는?

4. 서비스 품질의 갭 모델을 복습해보자(도표 10.6). 고객 기대를 충족시키지 못하는 다섯 가지 갭을 고려해보자. 기업 하나를 선정하고, 각 갭별로 고객이 기대하는 바를 정기적으로 충족시킬 수 있는 가능성을 높이기 위한 구체적인 행동을 나열하라.

5. 서비스 품질의 다섯 가지 측면, 유형성, 신뢰성, 반응성, 확신성, 공감성을 고려해보라.

a. 일반적으로 고객(B2C 또는 B2B)으로서 당신이 경험한 최근 서비스 만남 중에서 나쁜 경험으로 분류할 것들을 떠올려보자. 다섯 가지 서비스 품질 차원은 각각 어떤 방식으로 불량 서비스에 대한 인식에 기여했는가? 가능한 한 구체적으로 당신의 사례를 작성하라. 서비스 제공자가 관련 차원을 개선하여 경험을 향상시키기 위해 수행한 작업은 무엇인가?

b. 위의 과정을 반복하되 이번에는 좋지 않은 서비스 경험 대신에 좋은 서비스 경험을 떠올려 보자. 각 관련 차원에 대해 서비스 제공자는 무엇을 실제로 잘 수행하였는가? 감동적 충격을 경험하였는가? 그렇다면 무엇이었는가?

경영 의사결정 사례

아마존 대시 : 서비스를 위한 단순한 대시 버튼 그 이상의 것

당신이 거주하고 있는 지역의 유통업체인 타깃 매장에 들어섰다고 가정해보자. 무엇을 볼 수 있는가? 우리는 당신이 물건 판매를 위한 통로를 상상하고 있을 것이라 확신한다. 이것은 소매업체 대부분이 제품을 제공하는 사업에 있다고 당신은 믿고 있을 것이다. 그러나 소매업체들은 그들이 판매하는 제품을 거의 제조하지 않고 실제로 서비스 업무를 수행한다.

대부분의 소매업체는 반복적인 비즈니스 및 추천을 통해 수익을 얻기 때문에 높은 수준의 서비스를 유지해야 한다. 미국 고객만족도지수(American Consumer Satisfaction Index, ACSI)는 1990년대 이후 여러 소매 부문에서 미국 소비자 만족도를 추적해왔다. ACSI의 소비자 만속도 섬수를 빠르게 섬토해보면 은행이나 케이블 회사와 같은 다른 산업보다 슈퍼마켓, 전문 소매점 및 백화점을 포함한 모든 유형의 소매점에 대한 만족도가 더 높음을 알 수 있다. 그러나 소매 고객 만족을 선도하는 곳에는 인터넷 소매가 있으며, 그중 스타는 아마존닷컴이다.[33]

1994년 제프 베조스가 설립한 아마존닷컴은 2016년 전 세계 온라인 상거래의 거의 4분의 3을 차지하는 세계 최대의 인터넷 소매업체로 성장했다. 아마존 프라임의 고객은 약 1억 2,500만 명에 이르며, 그중 절반은 스트리밍 음악, 영화 및 TV 프로그램의 대규모 카탈로그에 대한 접근과 함께 이틀간 무료 배송 서비스를 제공하는 아마존 프라임을 구독한다.[34] 많은 회사는 최고 수준의 서비스 제공 비용을 정당화하는 데 어려움을 겪었지만 실제로 베조스는 이를 계획하고 아마존의 첫 5년간의 손실에 대한 예산을 세웠다. 아마존이 첫 번째 수익을 내는 데까지는 7년이 걸렸다! 그러나 레너드 베리가 말한 것처럼, 회사가 핵심 차별화 요소로서 훌륭한 서비스를 제공할 수 있다면 지속 가능한 경쟁 우위를 창출할 수 있으며 아마존은 이를 완성했다. 아마존의 투자와 끊임없는 고객 중심은 탐색, 신뢰 및 경험의 핵심 서비스 속성에 부합하는 혁신을 창출했다.

아마존이 판매하는 많은 수의 제품으로 인해 아마존에 적용되는 탐색 속성에서, 아마존은 각 고객에 대한 제품을 권장하고 제안하는 알고리즘에 많은 투자를 했다. 아마존은 고객을 정확하게 이해하는 데 중점을 뒀으며, 이를 통해 베조스는 아마존 홈페이지를 방문하는 고객이 '하나의 제품, 구입하고자 하는 제품'을 발견하는 미래를 바라보았다.[35]

신뢰 속성은 일반적으로 특별한 기술이 요구되는 서비스에 적용되지만 고객이 제품 품질에 대한 일반적인 단서에 의지할 수 없는 제품을 온라인으로 판매하기 때문에 아마존에게도 적용된다. 이 문제를 해결하기 위해 아마존은 고객들의 아마존의 서비스와 판매하는 제품에 대한 긍정적이거나 부정적인 의견을 나눌 수 있도록 하였다. 이것은 잠재적인 구매자에게 다른 고객의 구매 후 평가에 대한 대체적인 총평을 제공한다(사실, 아마존은 이러한 유형의 리뷰 시스템을 구축한 최초의 인터넷 소매업체 중 하나였다!).

마지막으로 경험 속성에서 아마존은 고객에게 가능한 한 많은 통제 기능을 제공하여 고객이 특정 요구에 맞는 경험을 할 수 있도록 한다. 개인화된 설정 및 기능을 통해 고객은 주문할 때 그들이 원하는 것을 아마존에게 정확하게 '말해줄 수'있다. 예를 들어, 아마존 고객은 배송 속도, 목적지 및 지불 방법을 미리 선택한 다음 아마존에서 특허를 얻은 기술인 '원-클릭'을 통해 간단히 주문할 수 있다. 고객은 단일 주문에 대해서는 이 세팅이 작동하지 않도록 쉽게 설정할 수 있다. 또한 아마존에서 설치가 필요한 제품을 주문할 때는 고객은 제품을 주문함과 동시에 전문적인 설치 전문가를 요청할 수 있다. 그리고 주문은 단순히 아마존 웹사이트를 통해 가능하다.

아마존은 업계 선두를 지키기에 충분했음에도 불구하고 웹 기반 주문 이외의 방식으로 혁신을 계속하고 있다. 최근의 서비스 혁신인 아마존 대시를 사용하면 고객은 버튼 하나만 누르면 즉시 집 안의 특정 위치에서 특정 제품을 주문할 수 있다. 대시는 대시 버튼 및 대시 완드라는 두 가지 물리적 장치를 결합하여 보충 서비스를 제공하는 소비재 제품이다. 기본 장치인 대시 버튼은 특정 제품에 대해 미리 정의된 작은 용도의 단추로, 해당 제품을 사용하는 곳에 배치할 수 있다. 예를 들어, 타이드 세제를 위한 대시 버튼은 세탁실에 걸어두거나 장착할 수 있으며, 대시 버튼을 누르면 자동으로 타이드를 재주문할 수 있다. 대시를 설정하기 위해 고객은 아마존에서 원하는 제품 유형에 대한 버튼을 주문하고 자신의 아마존 계정과 페어링한다.

대시 버튼은 물리적 장치, 장치와 연결된 소프트웨어 및 아마존의 물류배송 기능을 결합한 완벽한 플랫폼의 일부이다. 다른 제품을 위해 수백 가지 대시 버튼을 사용할 수 있다. 아마존 대시 구독 서비스를 통해 수천 개의 제품에 접근할 수 있다. 또한 아마존은 대시 완드를 제공하여 고객이 상품 이름을 말하거나 바코드를 스캔하여 신속하게 쇼핑 목록을 만들 수 있다. 또한 대시는 소비재용으로 설계된 제품이지만 아마존의 음성 인식이 되는 에코닷은 고객이 수십만 개의 아마존 프라임 제품 목록에서 주문할 수 있도록 도와준다.

아마존의 고객 중심적 행동은 최정상에서부터 시작된다. 베조스는 "경쟁자 중심이라면 어떠한 일을 하는 경쟁자가 있을 때까지 기다려야 한다. 고객 중심이 되는 것은 당신이 더 많은 개척적인 행동을 하는 것을 가능하게 한다"라고 말했다.[36] 그리고 이 점을 강조하기 위해 베조스는 주기적으로 빈 의자를 회의에 가져와 그 의자가 그 방에서 가장 중요한 인물인 고객을 대표한다고 직원들에게 이야기한다.[37]

1. 레너드 베리는 훌륭한 서비스를 차별화 요소로 제공하는 회사가 지속 가능한 경쟁 우위를 창출할 수 있다고 말한다. 아마존을 예로 들자면, 일부 기업은 이러한 경쟁 우위를 창출하기 위해 어떤 문제에 직면할 수 있는가?

2. 아마존은 고객이 관심을 가질만한 제품을 찾는 데 도움이 되는 예측 알고리즘에 투자한다. 아마존이 탐색 및 추천 도구를 향상시킬 때 주의해야 할 사항은 무엇인가?

3. 사례에서 간략하게 언급한 아마존 프라임은 회원들에게 음악, 영화, TV쇼, 도서 공유 등에 대한 접근과 같이 수십만 개의 제품에 대해 2일간 무료 배송 서비스를 제공하는 구독 서비스이다. 미국에서 프라임 멤버십은 연간 100달러이다. 프라임 멤버십이 고객 충성도와 전환 비용에 어떤 영향을 미쳤는가?

마케팅 계획 연습

활동 11 : 서비스 품질을 통한 차별화

마케팅 계획에서 서비스를 차별화의 원천으로서 효과적으로 활용하는 방법을 고려해보자. 이 장에서 배운 바와 같이 이 과업을 성공적으로 수행하려면 서비스 대 상품의 차이에 민감하게 반응해야 하며 기업의 사람과 프로세스가 제대로 서비스를 지원할 수 있는지 확인해야 한다.

1. 서비스를 중요한 차별화 요소로 활용할 수 있는 기회를 평가하라.

2. 서비스 차별화를 지지하기 위한 당신 기업의 인력 및 운영 계획 측면을 파악하기 위해 서비스-수익 체인 접근 방식을 활용하라.

3. 서비스 차별화 접근법을 지지하기 위한 구체적인 실천 계획 및 메트릭스를 개발하라.

1. Leonard L. Berry, *On Great Service: A Framework for Action* (New York: The Free Press, 1995).

2. Stephen L. Vargo and Robert F. Lusch, "Evolving to a New Dominant Login for Marketing," *Journal of Marketing,* 68, no. 1 (January 2004), pp. 1–17; Stephen L. Vargo and Robert F. Lusch, "Service-Dominant Logic: Continuing the Evolution," *Academy of Marketing Science Journal,* 36, no. 1 (2008), pp. 1–10; and Stephen L. Vargo and Robert F. Lusch, "Institutions and Axioms: An Extension and Update of Service Dominant Logic," *Journal of the Academy of Marketing Science,* 44 no. 1, (2016), pp. 5–23.

3. Brian A. Zinser and Gary J. Brunswick, "The Evolution of Service-Dominant Logic and Its Impact on Marketing Theory and Practice: A Review," *Academy of Marketing Studies Journal,* 20 no. 2, (2016), pp 120–36.

4. Michael K. Brady, Brian L. Bourdeau, and Julia Heskel, "The Importance of Brand Cues in Intangible Service Industries: An Application to Investment Services," *Journal of Services Marketing* 19, no. 6/7 (2005), pp. 401–11.

5. Harvir S. Bansal, Shirley F. Taylor, and Yannik St. James, "'Migrating' to New Service Providers: Toward a Unifying Framework of Customers' Switching Behaviors," *Journal of the Academy of Marketing Science* 33, no. 1 (Winter 2005), pp. 96–116.

6. Jeremy J. Sierra and Shaun McQuitty, "Service Providers and Customers: Social Exchange Theory and Service Loyalty," *Journal of Services Marketing* 19, no. 6/7 (2005), pp. 392–401.

7. Dylan Baddour, "Branches Dwindle as Bank Customers Spend More Time Online," *Houston Chronicle,* May 4, 2017, http://www.houstonchronicle.com/business/article/Branches-dwindle-as-bank-customers-spend-more-11121129.php.

8. Christian Homburg, Wayne D. Hoyer, and Martin Fassnacht, "Service Orientation of a Retailer's Business Strategy: Dimensions, Antecedents, and Performance Outcomes," *Journal of Marketing* 66, no. 4 (October 2002), pp. 86–102; and Medhi Mourali, Michael Laroche, and Frank Pons, "Individualistic Orientation and Customer Susceptibility to Interpersonal Influence," *Journal of Services Marketing* 19, no. 3 (2005), pp. 164–74.

9. Conor Shine, "New Southwest President, Ready for Airline's Takeoff, Says Your Bags Will Still Fly Free," *Dallas News,* May 3, 2017, https://www.dallasnews.com/business/southwest-airlines/2017/05/03/new-southwest-president-plotting-next-chapter-airlines-growth-bags-will-still-fly-free.

10. Ram Sharma, "Top 10 Companies with the Best Customer Service," *Trendintopmost.com,* February 2017, http://www.trendingtopmost.com/worlds-popular-list-top-10/2017-2018-2019-2020-2021/highest-selling-brands-products-companies-reviews/companies-with-the-best-customer-service/.

11. Rajshekhar G. Javalgi, Thomas W. Whipple, Amit K. Ghosh, and Robert B. Young, "Market Orientation, Strategic Flexibility, and Performance: Implications for Services Providers," *Journal of Services Marketing* 19, no. 4 (2005), pp. 212–22.

12. Kenneth J. Klassen and Thomas R. Rohleder, "Combining Operations and Marketing to Manage Capacity and Demand in Services," *Service Industries Journal* 21, no. 2 (April 2001), pp. 1–30.

13. D. Todd Donovan, Tom J. Brown, and John C. Mowen, "Internal Benefits of Service-Worker Customer Orientation: Job Satisfaction, Commitment, and Organizational Citizenship Behaviors," *Journal of Marketing* 68, no. 1 (January 2004), pp. 128–46.

14. Jim Tierney, "Caesars Entertainment Hits Jackpot at Loyalty 360 Awards," Loyalty360, May 4, 2017, https://www.loyalty360.org/content-gallery/daily-news/caesars-entertainment-hits-jackpot-at-loyalty360-a.

15. Ceridwyn King and Debra Grace, "Exploring the Role of Employees in the Delivery of the Brand: A Case Study Approach," *Qualitative Market Research* 8, no. 3 (2005), pp. 277–96.

16. Deepak Sirdeshmukh, Jagdip Singh, and Barry Sabol, "Customer Trust, Value, and Loyalty in Relational Exchanges," *Journal of Marketing* 66, no. 1 (January 2002), pp. 15–38.

17. Jason Gumpert, "NBA Team Reboots Customer Engagement with Microsoft Dynamics CRM Upgrade, Data Management Refresh," *MSDynamicsWorld,* April 25, 2016, https://msdynamicsworld.com/story/nba-team-rethinks-customer-engagement-microsoft-dynamics-crm-upgrade-data-management-refresh; "NBA Announces Pete Winemiller Guest Experience Innovation Award," *ABS-CBN Sports,* March 24, 2017, http://sports.abs-cbn.com/nba/news/2017/03/24/nba-announces-guest-experience-innovation-award-23692.

18. Lawrence A. Crosby and Brian Lunde, "Loyalty Linkage," *Marketing Management* 16, no. 3 (May/June 2007), p. 12; and James H. McAlexander, John W. Schouten, and Harold F. Koening, "Building Brand Community," *Journal of Marketing* 66, no. 1 (January 2002), pp. 38–55.

19. Sudhir N. Kale and Peter Klugsberger, "Reaping Rewards," *Marketing Management* 16, no. 4 (July/August 2007), p. 14.

20. Anita Goyal, "Consumer Perceptions towards the Purchase of Credit Cards," *Journal of Service Research* 6 (July 2006), pp. 179–91.

21. Minakshi Trivedi, Michael S. Morgan, and Kalpesh Kaushik Desai, "Consumer's Value for Informational Role of Agent in Service Industry," *Journal of Services Marketing* 22, no. 2 (2008), pp. 149–59.

22. Frances X. Frei, "The Four Things a Service Business Must Get Right," *Harvard Business Review* 86, no. 4 (April 2008), pp. 70–80.

23. Kevin M. McNeilly and Terri Feldman Barr, "I Love My Accountants—They're Wonderful: Understanding Customer Delight in the Professional Services Arena," *Journal of Services Marketing* 20, no. 3 (2006), pp. 152–59.

24. Kenneth R. Evans, Simona Stan, and Lynn Murray, "The Customer Socialization Paradox: The Mixed Effects of Communicating Customer Role Expectations," *Journal of Services Marketing* 22, no. 3 (2008), pp. 213–23; and Amy K. Smith and Ruth N. Bolton, "The Effect of Customers' Emotional Responses to Service Failures on Their Recovery Effort Evaluations and Satisfaction Judgments," *Journal of the Academy of Marketing Science* 30, no. 1 (Winter 2002), pp. 5–23.

25. Chris T. Sullivan, "A Stake in the Business," *Harvard Business Review* 83, no. 9 (September 2005), p. 57.

26. "Takeout Trend," *BusinessWeek,* August 24, 2007, www.businessweek.com/mediacenter/video/businessweektv/f3dcbeb754a244fb3ad7082bfe62af0362e7d167.html?chan=search.

27. "Is Customer Delight a Viable Goal?" *Businessline,* March 23, 2007, p. 1.

28. Teck H. Ho and Yu-Sheng Zheng, "Setting Customer Expectation in Service Delivery: An Integrated Marketing-Operations Perspective," *Management Science* 50, no. 4 (April 2004), pp. 479–89.

29. A. Parasuraman, Valarie A. Zeithaml, and Leonard L. Berry, "A Conceptual Model of Service Quality and Its Implications for Future Research," *Journal of Marketing, Fall* 1985, pp. 41–50.

30. A. Parasuraman, Leonard L. Barry, and Valarie A. Zeithaml, "SERVQUAL: A Multiple-Item Scale for Measuring Consumer Perceptions of Service Quality," *Journal of Retailing* 64, no. 1 (1988), pp. 12–40; and A. Parasuraman, Leonard L. Barry, and Valarie A. Zeithaml, "Refinement and Reassessment of the SERVQUAL Scale," *Journal of Retailing* 67, no. 4 (1991), pp. 420–50.

31. A. Parasuraman, Leonard L. Berry, and Valarie A. Zeithaml, "Perceived Service Quality as a Customer-Based Performance Measure: An Empirical Examination of Organizational Barriers Using an Extended Service Quality Model," *Human Resource Management* 30, no. 3 (Fall 1991), pp. 335–42.

32. Pao-Tiao Chuang, "Combining Service Blueprint and FMEA for Service Design," *Service Industries Journal* 27, no. 2 (March 2007), pp. 91–105.

33. Alice Fornell, "ACSI: Retailers Improve Customer Satisfaction amid Store Closings," *ACSI,* February 28, 2017, http://www.theacsi.org/news-and-resources/press-releases/press-2017/press-release-retail-2016.

34. Arthur Zaczkiewicz, "Amazon, Wal-Mart Lead Top 25 e-Commerce Retail List," *Women's Wear Daily,* March 7, 2016, http://wwd.com/business-news/financial/amazon-walmart-top-ecommerce-retailers-10383750; and Eugene Kim, "Amazon Just Shared New Numbers That Give a Clue about How Many Prime Members It Has," *Business Insider,* February 13, 2017, http://www.businessinsider.com/amazon-gives-clue-number-of-prime-users-2017-2.

35. Tomasz Karwatka, "Omnichannel Customer Experience," *SlideShare,* February 4, 2016, https://www.slideshare.net/divanteltd/omnichannel-customer-experience.

36. David LaGesse, "America's Best Leaders: Jeff Bezos, Amazon.com CEO," *U.S. News & World Report,* November 19, 2008, https://www.usnews.com/news/best-leaders/articles/2008/11/19/americas-best-leaders-jeff-bezos-amazoncom-ceo.

37. George Anders, "Inside Amazon's Idea Machine: How Bezos Decodes Customers," *Forbes,* April 4, 2012, https://www.forbes.com/sites/georgeanders/2012/04/04/inside-amazon/#d0ee24d61998.

가격과 가치 제안 제공

Chapter 11

가격 책정 의사결정 관리

학습목표

11-1 가치의 핵심 요소로서 가격의 중요한 역할을 이해한다.

11-2 가격 책정의 목표와 관련된 다양한 전략을 탐구한다.

11-3 가격 책정 전술을 이해한다.

11-4 정밀한 가격을 설정하는 방법을 설명한다.

11-5 유통 경로 구성원들에게 제공할 할인과 공제를 결정한다.

11-6 가격 변경을 실행하는 방법을 이해한다.

11-7 가격 책정 시 법적인 고려사항들을 알아본다.

가격은 가치의 핵심 요소이다

11 - 1

가치의 핵심 요소로서 가격의 중요한 역할을 이해한다.

여러분은 제공물로부터 소비자가 얻는 혜택과 그러한 혜택을 얻는 데 필요한 비용 간의 비율이 가치라는 것을 배웠다. 고객 관점에서, 수많은 종류의 비용이 제공물을 위해 지불되는 가격에 반영되어 있다. 구매 과정에서 투자되는 시간 또는 하나의 제안을 선택함으로써 다른 선택을 포기하여 발생하는 기회비용과 같은 여러 유형의 비용이 있다. 그러나 B2C나 B2B에서 구매자들의 비용에서 가장 많은 부분을 차지하는 것은 구매 가격이다. 그래서 제공물의 가격에 대하여 고객이 어떻게 생각하느냐가 인지된 가치의 주요 결정요인이다. 기업의 제공물이 높은 가치를 제공한다고 강하게 믿을 때, 고객은 기업과 그 기업의 브랜드에 충성할 것이며 다른 사람들에게 그들이 겪은 우호적인 경험을 적극적으로 이야기할 것이다. 그러므로 마케팅 관리자들은 가격 의사결정을 상당히 신중하게 해야 한다.[1]

마케팅 계획 수립과 전략 관점에서, 마이클 포터는 내부 프로세스에서 탁월한 효율성을 바탕으로 경쟁할 수 있는 기업들은 **비용 리더십**(cost leadership)으로 시장에서 경쟁적 우위를 얻을 수 있을 것이라고 지속적으로 주장하였다. 그리고 비용 리더십을 통해 경쟁하고 있는 기업들은 포터의 다른 경쟁적 전략(차별화 또는 집중/틈새 전략)에 참여할 가능성 역시 높지만, 그들의 핵심 비용 우위는 다른 경쟁자들에 대한 직접적인 우위가 될 수 있는데, 그것은 그들이 상당히 높은 유연성을 가지고 가격을 책정할 수 있으며 비용 절감의 일부를 재무적 이익으로 전환할 수 있기 때문이다.[2]

예를 들어, 사우스웨스트항공은 항공 산업에서 비용 리더십이 있는 것으로 알려져 있는데, 비용 우위는 제트 연료 가격이 상승할 때 결정적 요소가 된다. 사우스웨스트의 내부 프로세스 효율성은 몇 가지 중요한 원천으로부터 나온다. 첫째, 사우스웨스트는 대부분 보잉 737이라는 같은 종류의 비행기를 운항한다. 그로 인해 여러 유형의 항공기를 보유하고 있는 다른 항공사들보다 유지 관리 프로세스가 훨씬 효율적이다. 둘째, 사우스웨스트는 승객 예약 절차가 매우 간단하며, 지정된 좌석을 제공하지 않는다. 마지막으로, 사우스웨스트는 승무원 서비스를 한 번만 제공하고 식사를 제공하지 않으며, 대신 대부분의 경우 견과류와 프레즐을 옵션으로 제공하고 있다. 그러한 내부 효율성으로 인해 사우스웨스트는 업계에서 가장 낮은 비용 구조를 갖추고 있다.

사우스웨스트가 가격 책정을 할 때, 비용 리더십은 무엇을 의미하는가? 단지 비용 우위의 수준에 맞게 운임을 낮춘다고 하는 것은 너무 단순한 답변이다. 가격을 낮춤으로써 판매량은 증가할 수 있지만 비용 우위가 있는 다른 항공사(예 : 제트블루)와의 가격 전쟁이 시작될 수도 있다. 사우스웨스트가 실제로 사용하는 보다 전략적인 방법은 비용 우위의 일부를 고객에게 투명한 마일리지 중심의 가격 책정 구조로 돌려주고, 비용 우위의 나머지 부분으로는 회사의 이익을 높여 주주들에게 보상을 제공하고, 회사의 성장을 위해 재투자할 수 있다.

사우스웨스트의 가격 책정 모델은 재무 성과에 기여할 뿐만 아니라 전반적인 가치 제안의 필수적인 부분이며, 마케팅 관리자가 가격 의사결정에 접근하는 방식에 대한 중요한 교훈을 제공한다. 즉, 가격 의사결정은 1차원적으로 이루어지는 것이 아니라 기업의 제공물, 브랜드 구축 활동, 제품 및 서비스, 공급망 및 마케팅 커뮤니케이션 등의 요소들을 함께 고려해야 한다. 마케팅 관리자에게 가격 책정은 경제적 손익분기점 또는 비용에 추가되는 회계적 계산 이상의 의미가 있다. 가격은 기업의 제공물이 기여하는 가치를 고객이 평가할 때 중요한 요소이다. 따라서 가격 책정을 위한 체계적인 경영 의사결정이 필요하며, 가격이 고객이 인식하는 가치, 즉 비용 대비 혜택 집합에 어떤 영향을 미치는가에 초점을 두어야 한다.[3]

이 장의 나머지 부분에서는 마케팅 관리자의 관점에서 중요한 이슈인 가격 책정 의사결정과정인 가격 책정 목표 및 관련 전략 수립, 가격 책정 전술 선택, 정밀한 가격 설정, 경로 할인 및 공제 결정, 가격 변경 실행, 가격 책정 시 법적 고려 사항 이해 등에 대해 상술할 것이다. 도표 11.1은 이러한 가격 책정 의사결정의 요소를 나타낸다.

가격 책정 목표 및 관련 전략 수립

사우스웨스트항공의 예에서 나타났듯이, 가격 책정 목표는 전반적인 가치 제안을 이끌어내는 하나의 구성 요소에 지나지 않는다. 그러나 상품의 가격은 매우 가시적이며 결정적인 경향이 있어 상품이 제공하는 다른 중요한 이점 때문에 소비자가 가격을 고려하지 않기는 어렵다. 그런 점 때문에 마케팅 관리자는 회사의 재무 목표를 달성하는 동시에 가치 제안을 가장 잘 반영하고 강화할 수 있는 가격 책정 목표를 수립해야 한다. 이 두 가지 힘의 균형을 맞추는 것 때문에 가격 책정이 마케팅에서 특히 어려운 부분이다.[4]

가격 책정 목표(pricing objectives)는 가격 책정 전략을 통해 달성하고자 하는 결과이다. 가격 책정 목표는 비즈니스 실행을 위한 회사의 전반적인 목표(재무 목표 포함)뿐만 아니라 다른 마케팅 관련 목표(포지셔닝, 브랜딩 등)와 일관성이 있어야 된다.[5] 도표 11.2는 가장 일반적인 가격 책정 목표 중 몇 가지를 그와 관련된 전략과 함께 제시하고 있다.

가격 책정 목표를 결정하는 것은 다양한 상호 관련 요인에 의해 영향을 받는다. 각 접근법에 대해 배울 때, 대부분의 기업이 내부 조직 수준 목표, 내부 역량과 다수의 외부 시장 및 경쟁 요소를 포함한 가격 목표를 통해 일련의 문제를 균형 있게 조성하려 한다는 것을 명심하라. 던킨도너츠의 가격 책정 목표는 경쟁사 기반 접근 방식이며(자세한 내용은 후에 다룰 것이다), 가격 전략은 아침 식사 시장에서 경쟁 업체인 맥도날드 및 스타벅스와 대비되는 포지셔닝 전략에 근거하고 있다. 던킨도너츠는 맥도날드와 가격 전쟁을 하기보다는 스타벅스와의 격차를 줄이려고 노력하고 있다. 던킨도너츠는 스타벅스보다 아침 식사 판매에서 더 많은 매출을 올리지만 평균 고객 단가는 훨씬 저렴하다. 또한 파네라 브레드와 스타벅스는 일정 금액의 돈을 소비한 후 고객에게 혜택을 제공하는 고객 충성도 프로그램 덕분에 매출이 크게 증가한 것으로 나타났다. 그러나 던킨도너츠에는 DD 퍼크스라는 훌륭한 충성도 프로그램이 있다. DD 퍼크스는 가입일과 생일, 그리고 매 200포인트가 쌓일 때마다 무료 음료를 제공한다. 회원은 연결된 앱을 사용하여 미리 전화를 걸 수 있기 때문에 줄을 서서 오래 기다리지 않아도 된다. 그리고 DD 퍼크스는 흥미를 제공하기 위해 매월 회원들에게 인기 있는 상

도표 11.1 | 가격 책정 의사결정 요소

가격 책정 목표 및
관련 전략을 수립하라

↓

가격 책정 전술을
선택하라

↓

정밀한 가격을
설정하라

↓

경로 할인 및 공제를
결정하라

↓

가격 변경을
실행하라

↓

가격 책정 시
법적 고려 사항을
이해하라

11-2

가격 책정의 목표와 관련된 다양한 전략을 탐구한다.

목표 : 시장 점유율 극대화
전략 : 침투 가격 책정

목표 : 가장 높은 초기 가격으로 시장 진입
전략 : 초기 고가격

목표 : 이익 극대화
전략 : 목표 ROI

목표 : 경쟁자 벤치마킹
전략 : 경쟁자 기반 가격 책정

목표 : 가격을 통한 포지셔닝 커뮤니케이션
전략 : 가치 기반 가격 책정

품에 대한 무료 제공 및 할인, 모든 구매 시점의 포인트 부여 및 기타 추가 혜택 등 놀라움을 제공한다. 다행스럽게도 던킨도너츠에 대응하여, 맥도날드는 소비자 충성도 프로그램을 제공하지 않는다.[6]

침투 가격 전략

시장 점유율(market share)은 상품 범주에서 특정 기업이 차지하는 총상품 판매의 비율이다. 기업이 가능한 한 높은 시장 점유율을 얻으려고 할 때, 고려 가능한 가격 전략은 **침투 가격 전략**(penetration pricing)이며, 때로는 최대한의 마케팅 점유율을 위한 가격 전략이라고 할 수 있다. 고객이 가격에 민감하고, 내부 효율로 인해 공격적인 가격 책정을 하고도 기업에서 수용할 수 있는 이익을 얻을 수 있는, 비용 상의 장점을 가질 수 있는 시장에서, 침투 목적은 다른 기업들의 시장진입에 강력한 장벽 구축을 가능하게 하며, 결국 시장 점유율을 보호할 수 있게 해준다.

때로는 침투 가격 전략이 신제품을 소개하기 위한 방법으로 활용되기도 한다. B2C와 B2B 시장 모두 경쟁을 피하기 위해 가격을 낮게 책정한 다음 시간이 지남에 따라 가격을 올리는 것이 일반적이다.[7] 이러한 가격 전략은 상품의 수명주기 동안 예산 내에 반영된다. 제8장에서 다룬 상품 수명주기 동안 이익 마진이 성숙기 단계에서 최고 수준인 경향이 있음을 상기해보라. 이는 부분적으로 약한 경쟁자가 주기의 초기(도입 및 성장 단계)에 침투 가격 정책으로 인해 이탈하는 경향이 있기 때문에 남아있는 기업들이 성숙기에 지출을 줄이고 가격을 인상할 수 있는 잠재력을 가지기 때문이다.

침투 가격 전략에 대해 주의해야 한다. 가격은 제품 품질에 대한 고객의 인식을 형성하는 단서이기 때문에, 낮은 가격으로 인해 고객이 제품의 실제 품질 속성을 착각하게 되면 가치 제안이 감소될 수 있다.[8] 기업이 가격을 올릴 때보다 가격을 내릴 때 고객이 보다 좋아하고, 일단 가격이 변화되면(높이든 낮추든), 즉 가격을 다시 바꾸면 포지셔닝과 브랜드 이미지에 혼란을 일으킨다는 것은 마케팅에서 확실한 이치이다.

P&G에서 프링글스를 출시하였을 때, 진공 포장된 튜브와 기름기가 덜한 제품이 돌풍을 일으켰다(프링글스는 현재 켈로그에서 판매된다). 신제품에 시장을 빼앗기지 않기 위해서, 스낵 전문 제조업체인 프리토레이는 프링글스의 곡선 칩과 거의 유사한 레이 스택스를 출시했다. 사람들이 제품을 시험 삼아 먹어볼 수 있도록 초기 제품 출시 당시 스택스 캔은 침투 가격 전략으로 69센트라는 상당히 낮은 가격이 설정되었다. 점차적으로 캔은 1달러 이상으로 상승했다. 스택스의 가격 전략을 보다 명확하게 살펴보면, 오늘날 레이 스택스는 온스(약 28.35그램-편집자 주)당 약 22센트, 프링글스는 온스당 약 29센트에 판매되고 있는데, 침투 이후 프리토레이는 스택스가 가장 근접한 경쟁자보다 더 낮은 가격의 상품으로 포지셔닝되기를 원하였다.[9]

초기 고가격

초기 고가격(price skimming) 전략은 상대적으로 높은 가격대에 시장에 진입하려는 목표를 제시한다. 초기 고가격을 제안할 때 마케팅 관리자는 일반적으로 제품에 대한 가격과 품질 간의 관계가 강하게 존재한다고 확신한다. 브랜드에 대한 명성을 부여하기 위해 초기 고가격 전략을 수행할 수도 있고, 또는 상품이 시장에서 강하고 독점적인 위치에 있을 동안, 초기 판매에 대한 선도자 우위를 가진 기업이 신제품을 출시할 때 고가격 전략을 활용한다.[10]

게이머들은 새로운 세대의 게임 콘솔을 도입할 때 높은 가격으로 판매가 시작되고 시간이 지남에 따라 가격이 하락한다는 사실을 알고 있다. 바로 초기 고가격이다!

©Joseph Branston/T3 Magazine via Getty Images

닌텐도, 마이크로소프트, 소니 등 게임 콘솔의 주요 개발자들은 항상 고가격을 목적으로 하는 새로운 플랫폼을 도입한다. 평면 TV는 모두 매우 높은 가격대에서 시작하여 점점 더 많은 고객이 구매하기 시작하면서 점차 가격이 하락했다. 제약 회사는 산업과 관련된 엄청난 연구 개발 비용을 회수할 필요가 있기 때문에, 새로운 약품에 대해 매우 높은 출시 가격을 정당하게 생각한다. 경쟁이 치열해지면서 가격이 꾸준히 하락하고, 특허 보호가 해제되면 일반 의약품이 시장에 넘치면서 가격이 급격히 하락한다.

침투 가격과 마찬가지로 고가격 전략의 동기에 관계없이, 수년간의 예산을 설정할 때 마케팅 관리자는 경쟁자 진입 가능성을 고려하고 그에 따라 가격 책정 예상치를 조정해야 한다. 초기 고가격 책정 목표는 소비자의 채택 수준 및 보급률에 따라 수정이 필요하다.

일반적으로 고가격은 집중(틈새) 전략의 맥락에서 적절한 가격 책정 목표가 될 수 있다. 고가격 접근 방식은 제한된(좁은) 고객 그룹 또는 대형 시장의 하위 시장에 소구하기 위해 상품을 위치시킨다. 틈새 시장 참여자는 일반적으로 대형 시장 내에서 차별화 전략을 사용하는 경쟁자보다 덜 공격적이면서 소수의 경쟁자들을 끌어 들이기 때문에, 집중 전략을 통해 일반적으로 높은 가격을 유지할 수 있으며 고가격 전략의 잠재력을 확장할 수 있다. 그러나 제품이 틈새 시장의 위치에서 더 큰 시장 내의 차별화된 상품의 위치로 이동하는 경우, 초기 고가격을 활용할 수 있는 능력은 급격히 하락한다.[11]

이익 극대화와 목표 ROI

가격 책정 목표는 주로 이익 극대화를 위해 계획되고 있으며, 그 때문에 **목표 투자 수익률**(target return on investment, ROI)에 기반을 둔 가격 책정 전략이 필요하다. 여기서는 목표 수익을 먼저 설정한 다음 그 목표를 달성하기 위해 가격을 책정한다. 이 방법은 간단하지만, 기업 내에서 회계사 또는 재무 관리자가 가격 목표를 독점적으로 통제하는 것보다는 오히려 마케팅 부서가 가격을 가장 잘 설정할 수 있는 중요한 이유를 제시할 수 있다. 다른 중요한 시장 및 고객 관련 성공 요소들에 대한 가격 전략의 장단기 영향을 고려하지 않고 총마진, 최종 이익 또는 ROI를 강화하기 위해 특정 상품에 대한 가격 책정 의사결정을 엄격하게 수행하는 경우, 상품이 전략적으로 취약해질 수 있다. 마케팅 관리자는 가격 책정 방법 수행 시에 경쟁자, 고객 및 브랜드 이미지 영향을 고려할 수 있는 최적의 위치에 있다.[12]

그러나 여전히 상품의 예산 및 판매 예측을 수립할 때, 마케팅 관리자는 조직의 재무 목표에 세심한 주의를 기울일 것으로 기대된다. 신제품을 도입하거나 기존 제품을 수정하기로 결정하는 연구를 하는 동안, 핵심적인 관심 변수는 시장이 기업의 전반적인 재무 성과를 향상시키는 가격점을 수용할 것인지 여부이다. 종종 **수요의 가격 탄력성**(price elasticity of demand), 즉 가격의 상대적인 변화에 따른 판매량의 상대적인 변화를 나누어 추정한 고객의 가격 민감도 측정은 기업의 재무 목표를 기준으로 출시된 제품이 생존할 수 있는지를 알 수 있는 핵심 요소이다.[13] 기본 가격 탄력성 (e) 방정식은 다음과 같다.

$$e = \frac{\text{수요량 변화율(\%)}}{\text{가격 변화율(\%)}}$$

불행히도 가격 민감도는 시장 조사를 통해 결정하기가 가장 어려운 문제 중 하나이다. 과거 기록 또는 2차 데이터가 가격이 판매량에 미치는 영향을 입증할 수도 있다. 설문, 표적 집단, 실험 또는 다른 방법론을 통해, 고객들에게 가격 책정에 관해 물어보기 위해 사용하는 기본 조사 방법들이 사용될 때, 그러한 방법들은 응답자들을 가정적인 "만약 …면 어쩌지" 사고 상황으로 밀어 넣어서, 그들에게 다양한 가격 책정이 구매 의사결정에 어떻게 영향을 미치는지를 예상하도록 요청할 수 있다. 이는 응답자가 작성하기에 매우 어려운 내용이므로 좋지 않은 데이터를 수집하게 되어, 결국 그릇된 가격 의사결정으로 이끌 수 있다. 중요한 것은 많은 경우에 가격 책정에 대한 고객 반응의 상당 부분이 합리적이고 논리적이라기보다 심리적 또는 감정적이라는 것이다.[14]

마지막으로 순전히 경제적 모델을 바탕으로 단지 이윤 극대화만을 위해 하는 가격 책정의 개념은 특히 필수품 공급이 부족한 경우에 윤리적인 우려를 불러일으킬 수 있다. 최신의 특효약, 주요 재난 발생 이후 건축 자재 및 신흥 시장에 필요한 신기술은 순전히 이익을 위해 가격을 책정하는 것이 기업의 이미지와 궁극적으로 고객과의 관계를 손상시킬 수 있다는 것을 나타내는 세 가지 사례이다. 제약 회사인 밀란은 에피 펜에 대한 가격 전략으로 인해 많은 사람들의 관심을 받았으며, 소비자와 소비자 보호자들이 이를 비윤리적인 가격 전략으로 생각하였다. 에피 펜은 잠재적으로 생명을 구하는 알레르기 반응 주입기로, 2009년에는 두 팩이 100달러에 판매되었다. 그러나 2016년까지 두 팩 가격이 여섯 배가 넘는 무려 608달러로 급상승하였는데, 이는 밀란이 보급형 버전을 출시할 때까지 높은 가격을 요구할 수 있다고 판단했다는 인상을 준다. 최근 CVS(consumer value stores)는 약 110달러에 새 보급형 버전 두 팩을 판매할 것이라고 발표했다.[15]

경쟁자 기반 가격 책정

경쟁 업체의 마케팅 실행을 철저하게 이해하는 것은 성공적으로 마케팅을 계획하고 실행하는 핵심 요소이다. 경쟁자 가격은 마케팅 전략에서 가장 눈에 띄는 요소 중 하나이며, 과거 및 현재의 가격 패턴을 주의 깊게 분석하여 경쟁자의 가격 목표를 추론할 수 있다. 그러한 분석을 바탕으로 기업은 **경쟁자 기반 가격 책정**(competitor-based pricing) 전략을 수립할 수 있다. 그러한 접근 방식을 통해 마케팅 관리자는 시장 평균 가격으로 가격을 책정하거나 침투 가격 또는 고가격 목표의 맥락에서 평균 이상 또는 그 이하로 가격을 책정할 수 있다.

경쟁자 기반으로 가격 책정을 하는 논리는 (1) 경쟁자 기반 가격 책정이 궁극적인 가격 의사결정을 내릴 때 고려되는 유일한 접근법이 아니거나, (2) 상위 시장에서 기업의 상품이 고객 가치를 반영하지 못하거나, 하위 시장에서 가격 전쟁을 부추길 정도로 경쟁자 기반 가격 책정이 가격 책정에서 극단으로 흐르게 하지 않는다면, 상당히 합리적이다. **가격 전쟁**(price war)은 기업이 경쟁자보다 가격을 낮게 책정하여 매출과 순시장 점유율을 높이고자 의도적으로 가격 의사결정을 할 때 발생한다.[16] 시어스가 월마트와 경쟁하기 위해 1990년대 초반 고사양 제품에 대해 짧은 기간 동안 '저가' 전략을 실행하여, 가격 전쟁을 일으켰던 것이 그러한 사례이다. 월마트를 비롯한 할인점에 X세대 고객을 잃을 것을 우려했던 시어스 경영층은 원래라면 저렴한 가격에 팔지 않았을 것이나 할인을 하기로 결정한 상품 리스트를 공개적으로 발표함으로써 첫 번째 공격을 실시했다. 시어스는 전국적인 광고에서 그러한 상품들 중 팸퍼스, 루브스와 같은 일회용 기저귀 브랜드들에 대해 비용보다 훨씬 낮은 가격을 제시하여 공격을 이끌었다.

불행히도 시어스의 경영진은 그러한 경쟁적 위협을 저지하는 월마트의 힘을 과소평가하였다. 첫째, 월마트의 회장은 월마트가 소매업계에서 저가 시장의 진정한 왕이라는 것을 재확인하며 이를 언론에 공개했다(이 회사의 태그 라인은 '항상 낮은 가격'이었다). 그리고 월마트는 고객들에게 월마트는 광고된 시어스에서의 가격과 견주어 가격 경쟁력이 있을 것이라는 확신을 주었다. 그런 다음 며칠 만에 월마트는 유례없이 엄청난 수준으로 기저귀를 할인한다는 전면 신문 광고를 단행하였고, 결과적으로 시어스를 무력화시켰다. 이 가격 전쟁은 오래 가지 않았으며, 시어스는 즉시 가격 전략을 재고하였다.

안정화 가격 책정 경쟁자 기반 가격 책정과 관련하여 잠재적으로 보다 생산적인 전략은 **안정화 가격 책정**(stability pricing)인데, 이 전략에서 기업은 경쟁을 더욱 부추길 수 있도록 하는 너무 낮지 않은 가격과 대고객 가치 제안을 위험에 빠뜨릴 만큼 너무 높지 않은 가격 사이에서 중립적인 설정점을 찾으려 시도한다. 특정 제품의 안정화 가격점을 선택하는 데는 여러 가지 요인이 있다. 고객이 일반적으로 빠르게 변화하는 가격을 목격하는 시장에서는 안정화 가격이 경쟁 우위의 원천이 될 수 있다.[17] 사우스웨스트항공은 티켓 구매 시점과 고객이 여행할 요일 등에 따라 특정 목적지에 대해 5~6개 요금만 표시하는 안정화 가격 책정을 활용한다. 대부분의 국내 항공사와 달리 사우스웨스트는 실제 여행 거리에 따라 가격을 정하기 때문에, 티켓 판매량에

메트로 PCS는 30달러로 데이터 무제한, 음성, 문자 서비스를 제공하는 강력한 가치 기반 가격 책정에 대한 신호를 보낸다.

출처 : T-Mobile USA, Inc.

따라 요금이 시시각각 변화할 수 있는 방식에 덜 얽매일 수 있다. 사우스웨스트항공의 안정화 가격 책정 방식은 고객에게 높은 인기를 얻었으며, 좌석 점유율이 업계 최고 수준을 유지한 것으로 보아 성공적이라 판단할 수 있다.

가치 기반 가격 책정

포지셔닝 전략을 알리기 위해 가격 책정을 활용한다는 목표를 가지고 있는 기업은 **가치 기반 가격 책정**(value pricing) 전략을 사용한다. 가치 기반 가격 정책은 고객이 추구하는 여러 혜택을 반영할 때, 가격의 역할을 고려하려고 한다. 가치는 필요와 욕구에 부합하는 제공물에 대한 개인의 인식에 영향을 받아 주관적이기 때문에, 가격 의사결정은 제품이 현실적으로 제공할 수 있는 차별적 우위의 원천에 의해 크게 영향을 받는다. 제품의 차별화된 장점을 효과적으로 전달하는 것은 포지셔닝 전략의 핵심이며, 이러한 요소에 노출되면 고객은 가치를 인식하고, 가치 제안에 대해 후속적으로 더 잘 이해할 수 있게 된다.[18]

가치 기반 가격 책정은 복잡하고 지금까지 논의된 다른 가격 책정 목표를 뛰어넘는다. 가치 기반 가격 책정을 통해 마케팅 관리자는 제공물이 고객의 기대를 충족시키거나 또는 그 이상인지, 즉 고객이 제공물에 투자한 것이 투입 비용을 정당화하기에 충분한 이익을 제공할지 여부를 측정하는 정신적 계산을 수행할 것인지를 확인한다. 다른 말로 하면, 가치 기반 가격 책정 시에는 이미지, 서비스, 제품 품질, 인력, 혁신 및 기타 많은 이점(고객 혜택을 창출하는 모든 요소) 등과 같은 모든 제시 가능한 차별적 우위점들을 고려한다. 예를 들어, 토요타와 혼다는 다른 유사 차량에 비해 처음 구매할 때 더 많은 비용이 들지만, 수명이 길고, 수리 횟수가 적으며, 연비가 뛰어나며 재판매 가치가 훨씬 더 높다. 즉, 전반적으로 토요타와 혼다자동차는 경쟁 자동차에 비해 생애 소유 비용이 낮다.

이러한 평가에서 마케팅 관리자는 고객에게 훌륭한 가치로 인식될 상품의 역량을 가장 잘 반영하는 가격 의사결정을 내린다. 이 영향력 높은 의사결정을 통해 상품 및 기업에 대한 고객의 반응을 이끌어내고 기업과 고객 간에 관계 형성이 촉진된다. 당연히 토요타와 혼다 운전자는 브랜드 충성도가 매우 높고 반복 구매율이 높으며 가정에 여러 대의 자동차를 소유한 경우가 많다.

기업이 가치에 대한 고려 없이 가격 책정으로부터 이점을 누릴 수 있을까? 이것은 제7장에서 다룬 지각도의 예제를 통해 가장 잘 나타낼 수 있는 흥미로운 질문이다. 도표 11.3은 수직축이 가격이고 수평 축이 품질인 지각도를 나타낸다. 이 경우 우리는 인식된 제공물에 대한 여러 혜택을 구성하는 다양한 차별적 이점을 단순히 제시하기보다는 **품질**이라는 용어를 사용한다.

도표 11.3에서 혜택에 부합되는 가격 의사결정에 근거하여 실행 가능한 포지셔닝 옵션들이 대각선에 제시되어 있다는 점에 주목하라. 대부분의 상품의 경우, 고객이 가격과 혜택의 비율을 적어도 균형 상태에서 인식하는 한, 가치에 대한 인식은 우호적일 것이다. 따라서 초저가로 인해 품질이 떨어지는 상품은 높은 가격의 고품질 상품과 마찬가지로 긍정적으로 인식될 수 있다.

마케팅 관리자가 가치에 대해 도출해야 할 핵심은 제10장의 고객 기대 관리에 대한 요점과

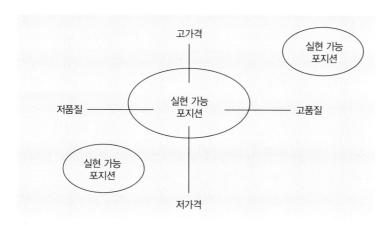

관련되어 있다. 고객에게 과도하게 약속하고 이를 모두 지키지 못하면, 고객이 가치를 부정적으로 인식하게 하고 결국 이탈하게 만드는 가장 빠른 지름길이다. 마케터는 혜택을 과도하게 약속하지 말고 오히려 의사소통을 통해 가격을 고려한 현실적인 수준의 이익을 제공해야 한다.[19]

그러나 가격 대비 이익의 조화가 우호적인 대각선을 벗어나면 어떻게 되는가? 오른쪽 아래 사분면-고품질/저가격-침투 가격 전략이 실행될 수 있다. 즉 기업이 비용 우위의 이점을 활용하여 다소 낮은 가격을 제시할 수 있다. 그러나 장기적으로 이러한 가격 책정 전략에 따라 가격을 너무 낮추면 이익의 폭을 감소시키고, 브랜드 이미지가 불필요하게 손상될 수 있다. 침투 전략은 대개 일시적인 전략으로, 한동안 경쟁에서 벗어나 시장 점유율 측면에서 강력한 발판을 얻을 수 있는 기회를 제공한다. 마이클 포터는 오랫동안 가치사슬의 효율성을 통한 비용 리더십이 낮은 가격으로 모두 전환되어서는 안 된다고 하였는데, 이는 가격 리더십이 아닌 비용 리더십으로 불리는 이유를 생각해보면 잘 알 수 있다. 성공적인 비용 리더는 시장에서 나소 낮은 가격을 제시하는 경향이 있지만, 가치사슬의 효율성을 통해 얻은 비용 리더십의 일부를 이익으로 전환하여 기업의 장기적인 성장과 성과를 강화시킨다. 결론적으로, 침투 전략을 활용할 경우, 일시적으로는 오른쪽 아래 사분면에서 활동하는 것이 적합하며, 장기적으로는 적절하게 실행된 비용 리더십 방법을 활용하여 장기간에 걸쳐 왼쪽 아래 사분면으로 천천히 들어가는 것이 적합하다.

분명히, 왼쪽 상단(고가격/저품질) 사분면에 위치하는 것은 문제가 될 수 있다. 일부 기업들은 특히 상품을 출시할 때, 아직 상품의 모든 문제가 해결되지 않은 경우에도 고가격 전략을 사용한다. 신기술이 적용된 제품은 출시 직후에 품질, 기능 및 신뢰에서 갑작스러운 문제점이 발생할 가능성이 높다. 문제점이 발생하면 가치 제안과 브랜드에 상당한 타격을 받을 수 있다. 그러한 경우 윤리적 관점에서 기업의 의도에 의문을 제기할 수 있다. 기업은 심각한 품질 문제가 존재한다는 것을 알고는 있지만, 시장에 먼저 진입하여 경쟁사의 진입을 막기 위해 선도자 우위를 노리는 고가격 전략을 수행하면서 시장에 성급하게 상품을 출시하였는가? 고가격/저품질 사분면에서 지속적으로 영업을 하려는 기업과 브랜드는 고객 신뢰가 악화되어 장기적으로 살아남지 못한다. 불행히도 일부 나쁜 기업들은 기업명, 기업의 위치 및 브랜드 이름을 지속적으로 변경하면서 고가격/저품질 사분면에서 영업을 지속한다. 서비스 분야에서 제공물은 공급자와 불가분의 관계로 연결되어 있으며 서비스가 제공될 때까지 품질을 평가하기가 어려우므로, 고객에게 바가지를 씌우는 사례는(건설에서 금융 서비스, 의료 서비스에 이르기까지) 서비스 부문에서 특히 많이 발생한다.

판매 할당량을 충족시키고 가짜 계정 서비스 수수료를 부과하기 위해 소매 사업 부문에서 200만 개의 허가받지 않은 계정을 개설하는 것은 엄청나게 부적절한 행동이었으며 그로 인해 웰스 파고의 평판에 엄청난 오점이 발생했다. 웰스 파고는 무단 계좌로 인한 손실을 갚기 위해 고객들에게 1억 1,000만 달러의 합의금을 써야 했다. 큰 문제가 발생한 이후, 신용카드 사용은 43%가 줄었고 새로운 계좌 개설은 전년도보다 40% 감소했다. 이러한 거대 고객 갈취가 오랜 기간에 걸쳐 웰스 파고의 고객과 생존 능력에 어떤 영향을 줄 것인지에 대해서는 오직 시간만이 말해줄 수 있다.[20]

가격 책정 전술 선택

11 - 3

가격 책정 전술을 이해한다.

경영진이 전반적인 가격 책정 목표 및 전략을 수립하면 전략을 운영할 수 있는 시장에서 가격 책정을 위한 전술을 개발하고 실행할 때이다. 도표 11.4는 전술적 가격 책정 방법을 요약한 것이다.

가격 전략을 수립할 때, 다양한 이유로 인해 기업은 단일 전술에 의존하기보다는, 여러 가격 책정 전술 조합에 의존하는 경우가 많다. 여러분은 각 전술 방법에 대해 읽으면서, 독립된 전술로 생각하지 말고, 다른 방법과 함께 어떻게 활용할 수 있는가를 고려하라.

도표 11.4 | **전술적 가격 책정 접근법**

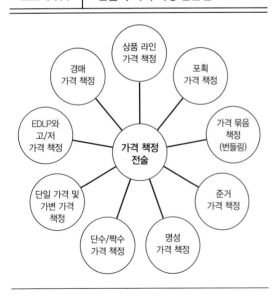

상품 라인 가격 책정

기업이 단일 상품을 시장에 출시하는 경우는 거의 없다. 대부분의 상품은 전반적인 상품 라인의 일부이며, 이는 상품이 B2C 또는 B2B 시장에 있는지 또는 재화 또는 서비스의 영역에 있는지에 상관없이 적용된다. **상품 라인 가격 책정**(product line pricing, 또는 price lining)을 통해 마케팅 관리자는 관련 품목의 전체 라인에서 합리적인 가격 책정 전략을 개발할 수 있는 기회를 얻을 수 있다. 고객이 기업의 상품 라인에서 활용 가능한 대안들을 평가할 때, 라인의 다양한 상품들에 대해 설정된 **가격대**(price points)는 합리적이면서, 고객이 상품 라인의 상위에서 하위로 이동할 때 제공되는 혜택의 차이를 반영할 필요가 있다.

룸 유형	전망 설명	가격
페어몬트	주변 거리 및 조경	$ 669
페어몬트 마운틴사이드	장엄한 할레아칼라와 일출	$ 719
페어몬트 가든 뷰	열대정원과 조경	$ 759
파셜 오션 뷰	베란다의 스위트룸 바깥쪽에서 일부 또는 각이 있는 뷰	$ 839
풀사이드	상층 라군풀과 정원	$ 839
오션 뷰	베란다에서 멋진 바다와 일몰 뷰	$ 909
디럭스 오션 뷰	최고의 바다와 일몰 뷰	$ 999
킬로하나 시그니처	장엄하게 탁 트인 바다와 일몰 뷰	$ 1,269

출처 : Fairmont Kea Lani, www.fairmont.com/kea-lani-maui, accessed May 22, 2017, for reservation dates in August 2017.

마우이의 리조트 호텔에서 제공하는 다양한 유형의 객실을 고려하라. 와일레아의 페어몬트 케아 라니와 같은 최고급 호텔의 경우, 낮은 층에 있는 제한된 전망의 객실조차도 성수기에는 1박당 600달러 이상을 쉽게 받을 수 있다. 도표 11.5는 상품 라인, 즉 여러 등급의 객실에 따른 방의 유형과 그에 따른 가격의 배열을 보여준다.

상품 라인에서 가격을 높이기 위해서는 제공되는 여러 기능 간에 실질적인 비용 차이, 혜택 수준의 증가로 인해 부가된 가치에 대한 고객 평가, 경쟁자가 유사한 상품에 대해 부과하는 가격 등과 같은 여러 요인을 고려해야 한다. 다양한 혜택을 기반으로 서로 다른 가격에 대한 여러 제안을 명확하게 정의함으로써, 가격 라인 결정은 고객의 구매 의사결정을 크게 단순화할 수 있다. 상품 범주에 관계없이 고객은 보통 사전에 가격 수용 범위를 염두에 두고 구매를 고려하기 때문에, 상품 라인 가격 책정은 제안 간의 비교를 수월하게 하고 고객의 요구에 가장 적합한 구매로 유도한다.[21]

포드 머스탱은 50년 넘게 인기 있는 문화의 아이콘이었다. 머스탱은 여전히 비교적 저렴한 가격에 근육질의 선을 갖춘 멋진 조랑말이 연상되는 차이나. 자동차 세소업사들은 보통 가격 라인 의사결정을 사용하며, 머스탱도 예외는 아니다. 예를 들어, 2017 포드 머스탱 패스트백은 프리미엄 버전과 에코 버전으로 업그레이드 할 수 있는 기본 모델부터 시작했으며, V6 엔진은 V8(머스탱 GT의 필수 요소임)로 업그레이드할 수 있다. 당신이 요구할 수 있는 기본 MSRP(manufacturer's suggested retail price, 권장소비자가격)는 무엇인가? 기본 사양은 매우 합리적인 25,185달러였다. 그러나 포드는 당신이 추가적인 옵션을 더하는 것을 훨씬 좋아할 것이다(최상위 라인인 2017 셸비 GT350R 머스탱은 최고 63,645달러의 높은 MSRP였다!). 그러나 머스탱 패밀리의 '비밀스러운 비법'은 모델에 따라 상이한 가격이 매겨질지라도 각 자동차는 여전히 독특한 '머스탱 스타일'을 가지고 있다는 것이다.[22]

가격 라인 전략은 개별 상품보다 훨씬 넓은 범위에서 발생할 수 있다. 예를 들어, 메리어트는 명확하게 기술된 가격 전략에 의해 지지되는 다양한 가치 제안에 근거하여 숙박 시설 전체

Buy 2 ink cartridges,
get 1 black ink free.

Buy a set of HP Original Black and Tri-Color Ink Cartridges
and get another HP Original Black Ink Cartridge for free*

HP는 프린터 소유자가 정품 HP 잉크 카트리지를 사용하도록 권장하고자 한다.
이 특별 가격 책정은 한 번에 여러 카트리지를 구입하도록 권하고 있다.

출처 : HP Development Company, L.P.

를 브랜드화하였다. 메리어트는 최상위 고객에게 리츠칼튼과 JW 메리어트를, 차상위 서비스에 메리어트와 르네상스를, 그리고 차별적으로 포지셔닝되어 있는 일련의 브랜드인 코트야드, 레지던스 인, 스프링힐 스위트, 페어필드 인 및 타운플레이스 스위트 등을 고객들에게 제공하고 있다. 메리어트는 스타우드 호텔을 인수하여 다양한 가격 전략을 갖춘 훨씬 다양한 브랜드들을 제안하고 있다. 메리어트는 부분적으로 다른 브랜드들과 비교하여 개별 브랜드의 가격을 책정하는 방식을 통해, 브랜드 각각의 차이점과 가치를 명확하게 전달한다. 이제 여러분은 고객 가치에 대한 인식의 단서로서 가격이 마케팅 믹스 내에서 얼마나 전략적으로 중요한지 잘 알고 있어야 한다.[23]

포획 가격 책정

때때로 **보완 가격 책정**(complementary pricing)이라고도 불리는 **포획 가격 책정**(captive pricing)은 고객이 주변 장치를 계속 구매해야 사용할 수 있는 기본 제품이나 시스템에 충성하는 것과 관련이 있다.[24] HP의 사무용 제품 사업에서 프린터와 잉크 카트리지 중 어느 분야가 수익성이 높을까? 답은 카트리지 부문이다. HP의 카트리지를 대체할 수 있는 다른 카트리지들도 있지만, HP는 정품 HP 카트리지를 사용해야만 고사양 성능을 발휘할 수 있다고 고객을 확신시키는 일을 잘 수행하고 있다.

프린터 사업에서의 HP와 같이, 질레트는 슈퍼볼 광고에서부터 무료 샘플 제공에 이르기까지 모든 가능한 유형의 촉진을 통해 최신의 가장 거대한 다중 면도날 시스템에 고객을 끌어들이는 방식으로 면도기 분야에서 사업을 구축하였다. 질레트는 소비자가 반복적으로 대체 면도날을 재구매하여 자사가 추구하는 이익을 실현시켜줄 것이라 믿고 있다. 그러나 포획 가격 전략은 성공을 항상 보장할 수 없다! 질레트는 달러 쉐이브 클럽 및 기타 저가형의 편의를 추구하는 직배송 서비스를 제공하는 대체재들과의 경쟁에서 벗어나려고 노력하고 있으며, HP는 경쟁 공급 업체 및 재활용 업체로 인해 심각한 문제에 직면해 있다.

포획 가격 책정은 이원 가격제가 적용되는 서비스 부문에서 흔히 볼 수 있다. 월 접속비, 회비, 유지비 또는 서비스 요금 부과와 특정 서비스에 대한 청구서를 발행하는 모든 기업들이 이러한 가격 책정 방법을 활용할 수 있다.

가격 묶음 책정

고객이 상품 패키지의 개별 구성 상품에 별도로 비용을 지불하는 것과 비교하여 할인된 가격으로 패키지를 구매할 수 있는 기회를 얻을 수 있을 경우, 기업은 **가격 묶음**(price bundling) 전략을 사용하고 있는 것이다.[25] 케이블 TV 제공 업체는 고객이 전체 엔터테인먼트 영역에서 상품을 구매하기를 원하며, 디지털 TV, 프리미엄 채널, 다운로드 가능한 영화, 지역 및 장거리 전화 서비스, 셀룰러폰 서비스, 게임, 초고속 인터넷 등을 묶음에 더 많이 추가할수록 개별 상품에 각각의 가격을 설정하는 경우의 총가격과 비교해 고객이 더 나은 거래를 할 수 있다.

가격 묶음은 일반적으로 케이블 구독을 판매하기 위해 텔레비전 공급자가 주로 활용한다. 그러나 스트리밍 서비스와 소규모 묶음 옵션은 기존 대규모 구독 묶음 사업을 위협하고 있다. 아마존, 구글의 유튜브 및 훌루는 저렴한 비용의 소형 묶음 옵션으로 소비자의 요구에 즉각적으로 TV를 제공하는 혁신적인 방법으로 인터넷을 통해 생방송 TV를 스트리밍할 수 있는 권리를 계속 판매하고자 한다. 이러한 작은 묶음은 시청자에게 보다 제한적이고 전문화된 채널 옵션을 저렴한 가격에 제공한다. 예를 들어, 유튜브의 '언플러그드' 스트리밍 TV 서비스는 TV에서 가장 인기 있는 채널을 한 달에 30~40달러에 판매하는 '스키니 번들'을 제공한다. 미국인들이 지속적으로 높은 케이블 구독료를 내고 있는 시대에 이 소형 스트리밍 묶음을 통해 매월 케이블 요금을 거의 반으로 줄일 수 있기 때문에 밀레니얼 세대의 소비자들이 특히 환영하는 혜택이다.[26]

일부 산업에서 가격 묶음의 잠재적인 단점은 묶음의 개별 구성 요소에 대해 정상 가격, 즉 묶기 전의 가격이 얼마인지 분명하지 않을 수 있다는 것이다. 케이블/통신 산업은 이 문제가 거의 이슈가 되지 않을 정도로 규제되고 있지만, 규제되지 않은 산업에서는 부도덕한 회사가 고객을 패키지 구매로 밀어 넣기 위해 인위적으로 높은 가격을 책정한다. 이 장의 뒷부분에서 가격 책정과 관련된 가장 중요한 법적 고려 사항 몇 가지를 검토할 것이다.

법적 문제 외에, 가격 묶음과 관련하여 때때로 윤리적 문제가 발생한다. 예를 들어, 자동차 구매자들은 주어진 모델 내의 모든 차량이 추가 옵션으로서 여러 동일한 기능들을 포함하고 있다는 것을 종종 발견한다. 선택권이 있다면 얼마나 많은 기능을 구매할 것인가? 묶음으로 제공되는 추가 기능을 통해 기업은 일반적으로 핵심 차량 자체로부터 얻는 이익보다 훨씬 큰 이익을 얻을 수 있다. 옵션이 없는 차량을 특별 주문하는 경우, 고객은 배송이 될 때까지 여러 달을 기다릴 수 있다.

준거 가격 책정

묶음 가격과 마찬가지로 제품 구매를 고려할 때 고객에게 비교할 수 있는 가격이 있는 것이 유용할 수 있다. 그러한 비교를 **준거 가격 책정**(reference pricing)이라고 하며, 가격 묶음의 경우 준거 가격은 묶음 가격 대 별도로 구매한 경우 묶음 구성 요소의 총가격이다. 비용이 절약되어 묶음 가격에 의해 실현된 가치가 충분하다고 고객이 판단하면, 고객의 묶음 상품 구입이 촉진될 것이다.

준거 가격 책정은 여러 가지 방법으로 실현된다. 상품 카탈로그에는 상품의 실제 가격 옆에 제조업체의 권장 목록 가격을 표시할 수 있다. 소매점에서는 어떤 특정 상품 범주에서 프라이빗 라벨 상품(예: 월그린 브랜드)을 전국 브랜드가 진열되어 있는 선반 옆에 의도적으로 전시하는 경우가 있다. 소매업체는 월그린의 미립 구강 세정제 병과 그 옆에 있는 스코프 병의 직접적인 가격 비교를 통해 절감액이 구매를 자극하는 데 충분할 것으로 기대하고 있다. 준거 가격 책정은 B2B 가격 리스트에서 빈번하게 활용되며, 종종 구매되는 상품 수에 따라 가격 수준 차이를 반영하거나, '비계약 비율'일 때와 비교해서 유통업체와 기업이 특별 '계약 비율'을 따를 때 받을 수 있는 절감액을 반영한다.

분명히 준거 가격 책정은 비교에 의해 실현된(실제 또는 상상) 비용 감소 때문에 고객에게 강력한 심리적 영향을 미칠 수 있다. 영업 사원이 가격 인상이 임박했거나, 오늘 구매하지 않으면 내일 가격을 더 지불해야 된다고 말한 적이 있는가? 가격 불확실성에 대한 고객의 위험 회피 행동은 향후 예상 가격을 참조하여 결정된다. 그리고 할인이나 촉진 가격은 강력한 기준점을 제공하며, 비교 차이가 충분히 크면 구매자가 가격 인하 효과가 있는 동안 일시적인 가격 인하를 활용하기 위해 마치 전투에 참여하듯 상점에 모인다.[27]

명성 가격 책정

앞서 언급했듯이 고가격 목표를 설정하는 한 가지 이유는 **명성 가격 책정**(prestige pricing)인데, 경쟁사보다 상대적으로 높은 가격으로 제품 또는 브랜드에 대한 명성을 활용하는 것이다. 명성 가격 책정에 대해 전통적인 가격/수요 곡선으로는 판매량이나 시장 반응을 적절히 예측할 수 없다. 가격 상승으로 인해 수요가 감소한다는 일반적인 가정을 위반하기 때문이다. 재무적 수익을 고려할 때 명성 가격 책정은 놀랄만한 방법인데, 이는 다른 모든 조건이 동일하다면 프리미엄 가격을 요구하는 것이 마진 및 수익에 직접적으로 영향을 미치기 때문이다.[28]

명성 가격 책정은 고가의 상품에 좋은 품질이라는 속성을 가미하려는 심리적 원리에 기반하고 있다. 고가 상품은 경쟁 상품보다 우수해야 한다는 것이 일반적인 반응이다. 그렇지 않으면 상품의 가격이 하락할 것이다. 2000년대 노르웨이의 빙하로 만든 물인 보스가 미국 시장에 진입했을 때, 초프리미엄 생수라는 완전히 새로운 카테고리의 상품이 되도록 명성 가격 전략을 채택했다. 세련된 레스토랑에서 보스를 주문하면 병당 10 달러가 넘는 가격을 지불할 것으로 예상된다. 그렇게 높은 가격을 정당화할 수 있는 가치 제안은 무엇인가? 전속적 유통, 독특한 실린더 모양의 병과 이국적인 빙하 이미지가 모두 결합되어 프리미엄 가격이 실제로 특별한 것을 경험하고 있다는 고객의 감정을 고양시킬 수 있다(물은 경험재 구매일 수 있다). 보스 워터 촉진 프로그램에는 유명인과 부유층을 나타내는 여러 상품 배치가 포함되어 있으며, 유명한 브랜드 참여 행사가 있다. 명성 가격 책정 전략을 고려하지 않고 시장에 진입했다면 보스가 입소문을 얻고, 때 이른 사랑을 받았을 가능성은 매우 낮다.

명성 가격은 고객에게 소구하는 핵심 요소인 상당히 높은 가격과 제한된 가용성을 특징으로 하는 명품 시장에서 중요하다. 핸드백과 액세서리 기업인 코치와 마이클 코어스는 백화점에서 할인된 가격으로 핸드백을 판매할 때, 브랜드 이미지에 미치는 영향을 실제로 경험했다. 여러 아울렛 매장에서 가격이 할인된 코치 및 MK 핸드백을 구입하는 것이 더 쉽고 덜 비싸서, 많은 부유층 고객이 그러한 브랜드와 관계를 끊고 다른 세련된 핸

코치는 명성 가격 책정을 성공적으로 활용하는 데 필요한 브랜드 독점 수준을 유지하기 위해 열심히 노력하고 있다.

출처 : Coach, Inc.

드백을 들고 다니기 시작했다. 일부 고급 소매업체는 목표 시장에서의 변화에 대응하기 시작했다. 노드스트롬은 품질이 낮다는 인식을 주는 일부 MK 라인을 줄였다. 코치와 MK는 이러한 문제를 인식해 많은 상품 라인을 백화점에서 철수하고 백화점 쿠폰 행사에서 제외해달라고 요청했으며, 진정한 럭셔리 브랜드로 재탄생하기 위해 재고를 줄여 다시 한 번 진정한 명성 가격 정책으로 돌아왔다.[29]

단수/짝수 가격 책정

단수 가격 책정(odd pricing)은 단순히 가격이 전체 달러로 표시되지 않는다는 것을, **짝수 가격 책정**(even pricing)은 온전한 달러로 표시되는 것을 의미한다(예 : 1.99달러 대 2.00달러). 판매세가 도입되고 신용카드 사용이 널리 보급되기 전에 현금 등록기 보안을 강화하고 도난을 줄이기 위해 단수 가격 책정이 등장하였다. 이 시기에는 고객이 점원에게 5달러의 물품에 대해 5달러 지폐를 제시하면, 점원이 지폐를 주머니에 넣고 판매 기록을 하지 않을 유혹이 클 것이라 생각했다. 만약 상품이 4.95달러에 가격이 책정되어 점원이 거스름돈, 즉 5센트를 주어야 한다면 실제로 금전 등록기에 판매 금액이 들어갈 가능성이 높아진다.[30]

단수 가격 책정의 이유는 매우 다양하며, 보통 **심리적 가격 책정**(psychological pricing)의 핵심 요소로 간주되거나 단순히 가격이라는 숫자가 고객에게 제공하는 이미지로부터 가격에 대한 인식을 창출하는 것으로 본다. 연구에 따르면 주요 자리수가 감소하는 경우(예 : 9.99달러 대 10.00달러, 99.95달러 대 100.00달러) 줄어든 자릿수 때문에 고객이 머릿속에서 가격이 상당히 낮아진 것으로 인식한다고 알려져 있다.[31] 그러나 단수 가격이 잘못 적용될 경우 역효과를 낼 수 있다. 예를 들어 보스 한 병이 13.00달러 대신 12.95달러로 변화되는 것은 용납될 수 있지만 의사, 경영 컨설턴트 또는 회계사는 제공된 서비스에 대해 고객에게 200달러 대신 195달러를 부과하고 싶어 하지 않는다.

단일 가격 전략과 가변 가격 책정

마케터가 최종 소비자에게 **단일 가격 전략**(one-price strategy)을 취하는 것은 미국 시장의 자기중심적인 단면을 나타낸다. 즉, 판매촉진이나 청산을 목적으로 하여 일시적으로 가격을 인하하는 것을 제외하고, 상품에 표시된 가격이 일반적으로 판매되는 가격이다. 편의점의 스니커 바의 가격은 학생 또는 기업 CEO 모두에게 1.25달러이며, 점원은 가격 협상을 원하지 않는다. 단일 가격 전략은 다른 대안인 가변 가격 책정 방식보다 계획과 예측이 훨씬 수월한데, **가변 가격 책정**(variable pricing) 방식은 다른 국가 및 문화에서보다 미국에서 상대적으로 드물게 볼 수 있다. 가변 가격 책정에서는 고객이 가격을 흥정하는 것이 가능하며 때로는 장려되기도 한다. 궁극적으로 가격은 구매자와 판매자가 동의한 것이어야 하며, 표시된 가격은 협상의 출발점일 뿐이다. 미국에서 자동차, 보트, 주택 등 몇 가지 소비재 분야에서 가변 가격 책정은 전통이다. 그러나 가변 가격 책정은 전 세계의 많은 지역에서 다양한 상품에 대해 사업을 수행하는 보편적인 방법이다.

미국의 서비스 분야에서는 가변 가격 책정이 훨씬 더 일반적이다. 또한 B2C와 비교할 때

B2B에서의 가변 가격 책정이 더 일반적이다. 미국에서 가변 가격 책정 방식이 적용되는 경우, 법적 제한이 발생하는 경우가 있다. 유통 사업자와 최종 소비자를 다양한 불공정 가격 책정 관행으로부터 보호하기 위해 가변 가격 책정 관련 법률이 시행되고 있다.

매일 저렴한 가격과 고/저 가격 책정

세계 최대 기업 중 하나인 월마트의 부상은 전 세계 소비자의 의식 속에 '**매일 저렴한 가격 책정**(everyday low pricing, EDLP)'이라는 개념을 뿌리내렸다. EDLP는 소매업체만을 위한 옵션이 아니며, 거의 모든 기업에서 중요한 전략적 선택이 될 수 있다. EDLP의 기본 철학은 촉진에 대한 투자를 줄여 얻은 절감된 비용으로 저렴한 가격을 책정하는 것이다. 따라서 EDLP 전략을 실행하는 기업은 일반적으로 재무 제표상 판매촉진 비용이 크게 줄어든다. 대신 고객 트래픽과 판매량을 늘리고 유지하기 위해 시장에서 EDLP에 관한 입소문을 내고 있다. EDLP가 성공적으로 실행되면, 고객 트래픽의 기복을 감소시키는 강한 이점을 누릴 수 있다.

EDLP에 대비되는 전략으로는 **고/저 가격 책정**(high/low pricing) 전략이 있는데, 주로 광고 및 판매촉진을 통해 전달되는 주기적이고 강력한(heavy) 촉진 가격 책정을 바탕으로 트래픽 및 판매량을 구축한다. 촉진 투자는 다소 높은 일일 가격으로 상쇄된다. 왜 기업이 EDLP 대신 고/저 가격 책정을 선택할까? 일반적으로 기업에게는 경쟁업체로 인해 선택의 여지가 거의 없다. 제품 또는 서비스 제공업체가 EDLP 전략을 취하고 있다는 것은 오랜 시간이 지나야 시장에서 인정받을 수 있다. 대부분의 경우 기업은 신제품 판매를 촉진하거나 쇠퇴하는 제품 판매를 강화하거나, 동일한 시장에서 경쟁사의 판촉 활동에 대응하기 위해 다양한 촉진 요소를 활용한다. 항공사, 자동차 판매점 및 개인용 컴퓨터 등 일부 산업에서는 고/저 가격 책정 전략이 빈번히 채택되고, 상당한 가격 촉진이 실행되므로 고객들은 가격 촉진을 기다리고자 하고 좀처럼 제값을 주고 상품을 구매하려 하지 않는다. 산업계에서 그러한 경향이 정점에 이르면 고/저 가격 책정은 기업의 수익성을 떨어뜨린다.[32]

월마트는 오랫동안 EDLP 전략을 활용하여 비즈니스를 성장시키고 시장을 확장시켰다. 최근 월마트는 거대 슈퍼 센터에서 소규모 공간의 매장으로 사업의 중심을 이동하고 있다. 이와 같이 월마트 네이버후드 마켓의 출시와 성장은 크로거, 퍼블릭스 및 H-E-B와 같은 전통 슈퍼마켓 경쟁업체에게 지속적이고 실질적인 위협이 되고 있으며, 홀푸드 및 트레이더 조와 같은 틈새 시장까지도 위협한다. 월마트 네이버후드 마켓은 월마트의 전통적 슈퍼 센터보다 지역 사회 내에 매장 수가 많고 커뮤니티 내의 중앙에 위치한 소규모 상점이다. 이 매장은 특히 편리성에 중점을 둔 고객 경험에 초점을 두고 있으며, 특화된 식품 경쟁자보다 훨씬 더 매력적인 가격으로 현지에서 재배된 농산물과 유기농 식품을 제공하고 있을 뿐 아니라 특수하고 신선한 식품을 다양하게 제공한다. EDLP와 구매자 편의를 결합한 새로운 월마트의 사업 공식은 세계 최대 유통업체에게 강력한 경쟁 우위를 제공한다.[33]

경매 가격 책정

경매는 수세기 동안 이루어져 왔다. (일부 최소 입찰 금액은 종종 판매자에 의해 형성되지만)

개인이 경쟁적으로 입찰하여 높은 가격을 제시한 입찰자에게 구매가 결정되는 상황이므로, 실제로 시장이 가격을 설정한다. 인터넷 상거래가 발달하면서 **경매 가격 책정**(auction pricing)이 두드러지게 나타나고 있다. 경매 가격 책정의 사례에는 가장 유명한 이베이를 비롯하여 여러 가지가 있다. 과거 경매 가격은 경매 장소에 물리적으로 모여든 사람들이나 전통적인 통신 수단을 통해 연결되어 있는 소규모의 사람들의 수요 수준에 전적으로 의존했지만, 오늘날 인터넷은 고객이 참여할 수 있는 거대한 전자상거래 공간을 실시간으로 제공한다.

그러한 현상은 경매 가격이 다른 고정 가격 구매 환경에 비해 제공물의 실제 가치를 보다 잘 반영할 수 있는 시장을 형성하였다. 표준 경매 방법(판매자의 제안에 대한 구매자 입찰) 외의 온라인 **역경매**(reverse auctions)는 구매자에 대한 사업 기회를 포착하기 위해 판매자가 입찰가를 제시하는 방식으로 상당히 일반화되어 있다. 프라이스라인닷컴은 호텔 및 렌터카 기업의 역량을 키워주는 역경매 기업의 대표적인 예이다.[34]

정밀한 가격 책정

제품인지 서비스인지에 상관없이 제공물의 정밀한 가격을 설정하려면 마케팅 관리자는 최적의 가격에 이르기까지 다양한 계산을 고려해야 한다. 여기에 자주 사용되는 네 가지 방법, 즉 비용 가산 가격 책정/비용 기반 가격 할증, 판매 가격 기반 할증, 평균 비용 가격 책정 및 목표 수익 가격 책정 등에 대해 설명한다.

11 - 4

정밀한 가격을 설정하는 방법을 설명한다.

비용 가산 가격 책정/비용 기반 할증

비용 가산 가격 책정(cost-plus pricing)은 실제로 제공물에 대한 비용에 표준화된 가격 할증을 추가하여 가격을 책정하는 일반적이고 경험적인 접근 방식이며, **비용 기반 할증**(markup on cost)이라는 용어로 불린다.[35] 우선, 관련된 비용을 추정하는 방법을 개발해야 한다. 회계 과정에서는 비용을 결정하는 것이 결코 쉬운 일이 아니라는 것을 알게 된다. 예를 들어 고정비 및 변동비, 직접비 및 간접비, 공유비 또는 간접비를 비롯한 여러 유형의 비용을 고려할 수 있으며 그러한 비용은 비례 배분 방식으로 제공물에 할당될 수 있다. 일단 비용이 정해지면 비용 가산 가격 책정을 할 때, 기업 지침에 따라 적용되는 표준화된 가격 할증 비율을 사전에 결정할 필요가 있다. 관리자는 제품 라인별로 표준 가격 할증 금액 목록을 받게 된다. 가격 책정이 수월하다는 점이 비용 가산 가격 책정의 장점이지만 대부분의 기업에게 비용 가산 가격 책정 방식은 상당히 단순하다. 다음 예제를 고려해보자. 기업은 비용보다 50%의 표준 가격 할증을 원한다고 가정한다. 그러므로

$$
\begin{aligned}
\text{비용} &= \$7.00 \\
\text{비용 기반 할증}(.50 \times \$7.00) &= +\$3.50 \\
\text{가격} &= \$10.50
\end{aligned}
$$

판매 가격 기반 할증

판매가를 기초로 하여 가격 할증을 결정할 수 있다. 다음 예제를 고려해보자.

$$판매\ 가격\ =\ \$12.00$$
$$비용\ =\ \$7.00$$
$$할증\ =\ \$5.00$$

가격 할증 비율은 $\$5.00 \div \$12.00 = 41.7\%$이다. 즉, 5.00달러의 가격 할증은 판매 가격의 41.7%이다. 마케팅 관리자가 단순히 '가격'을 언급하는 경우, 이 계산(할증 비율을 계산할 때 기준으로 판매 가격을 사용하는)은 **판매 가격 기반 할증**(markup on sales price)을 나타낸다. 이는 재무 보고서(총매출, 수익 등)의 가장 중요한 항목이 비용이 아닌 판매이기 때문이다.[36]

다른 모든 요소가 동일하면 달러 표시 숫자는 동일하더라도 비용에 대한 가격 할증을 계산하는 것이 가격에 대한 할증보다 더 크게 보인다. 위의 예에서 비용에 대한 할증은 $\$5.00 \div \$7.00 = 71.4\%$로 위에 계산된 41.7%보다 매력적이다. 때로는 마케팅 담당자가 '100% 할증'이라고 말하면 대개 단순히 비용의 두 배로 가격을 설정한다는 것이다.

평균 비용 가격 책정

가격 책정 의사결정은 제공물과 관련된 모든 비용을 식별하여 한 단위의 평균 비용이 얼마인지를 생각해냄으로써 이루어진다.[37] **평균 비용 가격 책정**(average-cost pricing)은 다음과 같다.

$$총비용 \div 총단위\ 수 = 단일\ 단위의\ 평균\ 비용$$

위 식을 계산하기 위해서는 제공물에 대한 수요 예측이 필요하다. 총비용이 10만 달러이고, 총단위 수가 250이라고 가정하면, 한 단위의 평균 비용은 다음과 같다.

$$\$100,000 \div 250 = \$400$$

그런 다음 한 단위 제공물의 예상 가격을 계산하기 위해 총비용에 이익 마진을 추가할 수 있다.

$$\$100,000\ 총비용 + \$25,000\ 이익\ 마진 = \$125,000$$

따라서 상기 이익 마진에 근거한 한 단위 평균 가격은 다음과 같다.

$$\$125,000 \div 250\ 단위 = \$500$$

수요량이 마케팅 관리자의 예측과 일치하지 않을 가능성이 항상 있기 때문에 평균 비용 가격 책정을 적용할 때 주의해야 한다. 250 대신에 위의 예에서 실제 단위 수가 200인 것으로 가정해보자. 수익은 10만 달러로 떨어지겠지만 비용의 상당 부분이 판매량에 관계없이 발생하기 때문에 총비용은 비례하여 감소하지 않는다. 위의 예는 이 장의 앞부분에서 언급했듯이 비용만을 고려하여 가격 책정을 내리는 것이 현명하지 않다는 것을 생생하게 보여준다. 시장 및 고객 요인도 가격 책정 시 신중하게 고려해야 한다.

목표 수익 가격 책정

고정비와 변동비의 차별적 영향을 보다 잘 고려하기 위해, 마케팅 관리자는 **목표 수익 가격 책정**(target return pricing)을 사용할 수 있다. 첫째, 몇 가지 정의가 순서대로 제시된다. 매출량에 관계없이 고정비는 시간에 따라 부과된다. 변동비는 매출액에 따라 변동한다. 총비용은 간단히 고정비와 변동비의 합이다.[38] 목표 수익 가격 책정을 사용하려면 먼저 총고정 비용을 계산해야 한다. 둘째, 목표 수익을 설정해야 한다. 고정 비용이 25만 달러이고 목표 수익이 총 30만 달러 중 5만 달러라고 가정해보자.

다음으로 수요 예측을 해야 한다. 수요가 1,500 단위로 예상되는 경우

$$(\text{고정비} + \text{목표 수익}) \div \text{단위 수} = (\$250{,}000 + \$50{,}000) \div 1{,}500 = \text{단위당 } \$200$$

단위당 변동비가 50달러라고 가정해보자. 단위당 가격은 다음과 같다.

$$\$200 + \$50 = \$250$$

평균 원가와 마찬가지로 목표 수익 가격 책정의 효과는 예측의 정확성에 크게 좌우된다. 위의 예에서 고객 수요가 250달러의 가격에서 1,500이 아닌 1,000단위인 경우, 마케팅 관리자는 단위당 50달러의 손실을 보게 된다.

경로 할인 및 공제 결정

할인(discounts)은 구매자에게 제공되는 직접적이고 즉각적인 가격 감소를 나타낸다. **공제**(allowances)는 거래 이후 구매자에게 거래 금액의 일부를 돌려주는 것이다. 일반적으로 B2B 거래에서 마케팅 관리자는 기본적으로 경로 구매자의 가격 조정에 해당하는 여러 유형의 할인 및 공제 방법을 알고 있어야 한다. 이 절에서 언급한 가격 할인 및 구매 공제는 주로 B2B와 관련이 있지만, 경우에 따라 최종 소비자에게 동일한 가격 조정을 제공할 수도 있다.

판매자는 다양한 이유로 할인 및 공제를 제공한다. 대금 지급을 일찍 하고, 특정 양을 구매하고, 비수기에 계절 상품을 구매하고, 특정 상품을 다량 구매하는 것 등이 다양한 할인 및 공제를 제공하는 일반적인 이유이다. 본질적으로 이 방법은 구매 조직의 구입 조건을 완화함으로써 판매 회사에 도움이 되는 방향으로 구매자 행동에 영향을 미치기를 희망하는 것이다.

> **11-5**
> 유통 경로 구성원들에게 제공할 할인과 공제를 결정한다.

월마트는 모든 유형의 경로 할인 및 공제 활용의 장인이다. 그렇게 하면 비용이 절감되고 소비자의 소매가가 낮아진다.
©Patrick T. Fallon/Bloomberg via Getty Images

현금 할인

판매자는 구매자가 청구서 지급을 보다 신속하게

하기 위해 **현금 할인**(cash discounts)을 제공한다. 합리적인 구매자는 조기 지불에 대해 제안된 할인과 만기 때까지 지급하지 않고 돈을 가지고 있는 경우 두 가지 사이의 가치를 비교한다. 현금 할인이 양 당사자에게 재정적 이익을 불러오는 상황은 이상적이다. 현금 할인은 일반적으로 2%/10, Net/40과 같은 형식으로 표시된다. 이는 구매자가 청구서 발행일로부터 10일 이내에 지불한 경우 구매자가 총청구액의 2%를 돌려받지만, 그 이후에 지불하면 할인이 되지 않으며 발행일로부터 40일 이내에 청구가 만기된다는 것으로 해석된다.

거래 할인

기능적 할인이라고도 하는 **거래 할인**(trade discounts)은 경로에서 판매자에게 이익이 되는 일부 기능을 수행하는 경로 회원에게 인센티브를 제공한다. 예를 들어 판매자의 상품을 보관하거나, 설치나 수리와 같은 해당 상품과 관련된 서비스를 수행하는 것이다. 거래 할인은 일반적으로 청구서 가격 대비 할인율로 표시된다.

수량 할인

구매한 상품량의 수준에 따라 청구서 가격에서 **수량 할인**(quantity discounts)이 실행된다. 수량 할인은 비누적적 방식으로 주문 단위로 제공되거나 고객 충성도를 높이기 위한 인센티브로 누적적으로 제공될 수도 있다. 수량 할인은 모든 고객에게 동등한 비율로 제공되어야 합법적이며, 대량 구매자는 물론 소량 구매자도 동일한 규정을 따르게 된다. 가격 책정의 법적인 고려 사항을 다루는 다음 절에서 가격 책정 관행의 공정성에 대한 논의를 지속할 것이다.[39]

계절 할인

유통업체들은 계절이 시작되기 수개월 전에 계절 상품을 구매한다. 예를 들어, 소매업자는 시즌 1년 전에 무역 박람회에서 겨울 의류 라인을 구매하고, 8월에 운송을 받고, 9월에 상품 전시를 시작하지만, 11월 또는 12월이 되어야 날씨가 추워진다. 이러한 장기간의 판매 프로세스를 조정하기 위해 제조업체는 재고 부담을 덜어주는 것에 대해 구매자인 유통업체에게 주는 보상으로 **계절 할인**(seasonal discounts)을 제공한다.[40] 상당히 연장된 송장 만기일이 계절 할인을 통해 표시된다. 겨울 의류 라인 예에서 2%/120, Net 145의 조건은 크게 특별하지 않다.

촉진 공제

특정 경로에서 판매자는 구매자의 촉진 전략 실행을 돕고자 한다. 예를 들어, P&G와 같은 소비재 마케팅 담당자는 브랜드 촉진을 위해 도매업체, 소매업체 등 유통업체에 크게 의존한다. 소매업체가 크레스트 치약과 같은 P&G 브랜드의 광고를 실행한다면 그것은 거의 제조업체가 제공하는 **촉진 공제**(promotional allowances)에 따르는 것이다. 일반적으로 촉진의 성과를 입증하면 소매업체는 촉진 비용의 일부를 보상받기 위해 제조업체로부터 수표를 돌려받는다. 공제는 P&G로부터 구입한 크레스트의 청구액에 대한 백분율로 계산되거나 다스 또는 케이스당 고정된 달러 수치일 수 있다.[41]

가격 책정의 지리적 측면

유통에서는 지역별로 다양한 가격 옵션을 책정하는 것이 일반적이다. FOB 가격 책정, 균일 납품 가격 책정 및 지역 가격 책정이 가장 많이 활용된다.

FOB 가격 책정 FOB는 'free on board'의 앞글자를 따온 것이며 선적되는 상품의 소유권 이전 및 선적되는 상품에 지급되는 화물 요금은 FOB 위치를 기준으로 한다. 예를 들어, FOB 원산지 또는 FOB 공장 가격 책정은 상품이 트럭이나 기타 운송 수단에 선적된 순간 구매자가 화물 요금을 지불하고 소유권을 얻는다는 것을 나타낸다. 운송업체와 고객 간의 거리가 멀수록 고객에게 더 높은 운임이 부과된다. 반면 FOB-도달은 물품이 구매자의 위치에 도착할 때까지는 소유권이 변경되지 않으며 화물 운임은 판매자의 책임임을 나타낸다.[42]

단일 운송 가격 책정 아마존 및 랜즈 엔드와 같은 소비자를 대상으로 직접적으로 마케팅 활동을 수행하는 관리자는 **단일 운송 가격 책정**(uniform delivered pricing)을 실행하는데, 단일 운송 가격 책정에서는 48개 인접 주 내에서 지리적 위치와 관계없이 소비자에게 동일한 운송비가 부과된다.[43] 가격률은 다른 지역에 동일하게 적용되며, 신속 배송은 일반적으로 더 높은 수수료로 이용할 수 있다.

지역 가격 책정 지역 가격 책정(zone pricing) 방법에서, 운송자는 선적 위치로부터의 거리를 기반으로 지리적 가격 책정 지역을 설정한다. 미국 우편 서비스의 소포 시스템이 이러한 방식으로 설정된다.[44] 요금은 송수신 지역의 다양한 조합을 통해 계산된다.

가격 변경 실행

시간이 지남에 따라 가격 변경은 필수불가결하다. 마케팅 관리자는 경쟁이나 여타의 이유로 가격을 올리거나 낮추고자 할 수도 있고 경쟁업체가 가격을 변경하여 자사로부터 고려되는 가격 책정 반응을 필요로 할 수도 있다. 마케팅 믹스 변수 중에서 가격을 가장 쉽고 빠르게 변화시킬 수 있기 때문에 때로는 기업이 추가 매출을 늘리거나 시장 점유율을 높이기 위해 가격 변경에 과도하게 의존할 수 있다. 여러분은 이미 가격 책정 목표와 전략을 수립하고 가격 책정 전술을 실행하는 것이 복잡하고 중요한 경영 의사결정을 필요로 한다는 것을 알고 있다. 전체적인 마케팅 계획과 전략에서 가격 책정이 다른 부분에 영향을 준다는 것을 상기하는 것이 중요하다. 즉, 제공물의 가격을 올리거나 내릴 경우, 고객의 입장에서 제공물의 포지

11-6

가격 변경을 실행하는 방법을 이해한다.

셔닝을 반영할 때 전체 마케팅 믹스 변수의 효과성에 큰 영향을 미칠 수 있다.

마케팅 관리자는 주요 가격 변경에 앞서 적절한 시장 조사를 실시하여 가격 변화가 고객의 상품 인지도 및 구매 가능성에 미치는 영향을 판단하는 것이 중요하다. 표적 집단과 같은 질적 연구 방법과 설문조사 및 실험과 같은 정량적 방법을 설계하여 예상 가격 변경이 고객 대응에 어떤 영향을 주는지를 알 수 있다. 고객 수요에 영향을 미치지 않고 취할 수 있는 가격 상승분인 **차이식역**(just noticeable difference, JND) 이하의 금액을 가격 상승에 반영하는 것이 이상적이다.

마진에 대한 압박이 잠재적인 가격 상승 변화를 이끌 경우, 창조적인 마케팅 담당자는 가격 상승 없이 마진을 유지할 수 있는 방법을 모색하기도 한다. 수년에 걸쳐 사탕 제조업체는 설탕 가격의 변동에 심하게 영향을 받아왔다. 설탕 가격 상승에 따라 막대의 크기를 줄임으로써 캔디바 이익 마진의 상당 부분이 보존되었다. 오늘날 초콜릿 애호가들은 1970년대의 스니커즈 바 크기가 최근의 스니커즈 바의 크기와 비교하여 얼마나 큰지를 알게 되면 놀랄 것이다. 동시에, 기본 막대 크기는 2013년 초반 10% 감소(동시에 30칼로리 감소)된 것을 포함하여 여러 번 감소하였다. 막대 가격이 같은 기간 동안 급격히 상승했지만(1970년 가격의 평균 네 배) 무게(온스)가 줄어들지 않았다면, 가격 인상은 훨씬 더 컸을 것이다.

제공물의 크기나 수량을 줄이는 것 외에도 마진을 유지하고자 하는 압력을 완화하기 위한 비가격 방법에는 할인 및 공제 변경 또는 축소, 기존 서비스에서 일부 서비스 또는 기능의 묶음 해체, 최소 주문 수량 증가 또는 단순히 상품 품질을 낮추는 것 등이 있다. 그러나 마케팅 관리자는 마진을 유지하기 위해 상품 자체를 변경하는 것을 고려할 때 주의해야 한다. 그러한 미봉책에 대한 고객의 반응은 부정적일 수 있다.

기업이 매출을 늘리고 점유율을 높이기 위해 제공물에 대한 가격 인하를 취할 경우, 경쟁업체들이 그러한 가격 하락에 대응하거나 혹은 무력화시키기 위해 즉각적이고 적극적으로 뛰어들어 결과적으로 가격 전쟁이 일어나는 최악의 시나리오가 발생할 수 있다. 가격 전쟁은 마진과 재무 이익을 파괴시키는 지름길이다. 경쟁 가격 압박으로 인해 원가 이하로 가격을 내려야 하는 압박이 발생하면, 오랜 마케팅 격언인 "우리는 상품 가격을 낮추지만 매출 증가로 보완할 것이다"는 효과가 없다.

마케팅 관리자로서 여러분이 경쟁자가 가격을 인상 또는 감소시켰다는 것을 알게 되었다고 가정해보자. 여러분은 변경 사항을 평가하고 상품 라인에 대한 적절한 반응을 선택해야 한다. 당신의 기업 또는 경쟁자 중 누가 먼저 가격 변경 전쟁에 불을 붙였는지 여부와 상관없이, 가격 경쟁에 관한 기본 원칙 및 주의 사항은 동일하다. 당신의 기업이 시장 선두 기업이라면, 경쟁업체들은 당신 기업을 리더의 자리에서 물러나도록 하기 위해 유사하지만 다소 열등한 제품을 매력적인 가격에 만드는 경향이 있음을 알 수 있다.

공식적으로 경쟁업체의 가격 인하에 대응할 때에는 고객에게 제공하는 전반적인 가치 제안을 반영한 제공물을 고려해야 하며, 가격 인하에 성급하게 대응하지 않도록 주의해야 한다. 경쟁사가 가격 인상을 하는 것이 비용 상승이나 마진 압박 때문일 때, 특히 당신의 기업이 비용 리더이고 현재 가격에서 원하는 마진을 유지할 수 있다면, 경쟁사가 가격을 올리면 당신의 기업이 그로 인해 가격 이점을 얻고 매출과 점유율을 올릴 기회라는 것이 분석을 통해 밝혀질 수도 있다. 아니면 단순히 동시에 가격을 인상하고 마진이 향상되는 것을 즐길 수도 있다. 비용 리더 전략이 반드시 가격 리더십을 의미하지는 않는다는 것을 기억하라. 오히려 최고의 비용 리더 기업은 비용 리더십의 일부를 마진으로, 일부는 가격 이점으로 돌린다.

가격 책정 시 법적 고려 사항의 이해

가격 책정 목표를 설정하고 가격 전략 및 전술을 개발하고 실행하는 과정에서 마케팅 관리자는 가격 의사결정의 몇 가지 측면에서 법적으로 매우 민감한 사항이 발생할 수 있음을 인식해야 한다. 국가, 주 및 지방 정부가 제정한 법률이 기업의 가격 책정에 영향을 미칠 수 있다. 연방법에는 셔먼 트러스트 금지법(1890), 클레이튼 법(1914), 로빈슨-패트먼 법(1936) 및 소비재 가격 책정법(1975)이 포함된다. 연방 거래위원회(FTC)는 연방 정부의 가격 책정 법률을 적극적으로 모니터링하고 시행한다. 가격 책정 및 관련 규제와 관련하여 보다 중요한 법적 고려 사항들은 아래에서 논의된다.

11 - 7

가격 책정 시 법적인 고려사항들을 알아본다.

가격 담합

가격 담합(price-fixing)은 서로 혜택이 있는 높은 수준에서 가격을 설정하기 위해 여러 기업들이 공모하는 경우에 발생한다. 경쟁자가 공모에 가담하고 있을 때, 수평적 가격 담합이 발생한다.[45] 셔먼 법은 경쟁자들이 모두 이익을 극대화하기 위해 가격을 동일하게 책정하여 전체적으로 소비자 가격 상승을 초래할 수 있는 수평적 가격 담합을 금지하고 있다.

경로의 독립적 구성원들(예 : 제조업체, 도매업체 및 소매업체)이 일명 소매 가격 유지라고 불리는 최소 소매 가격을 책정하기 위해 공모할 때, 수직적 가격 담합이 발생한다. 수직적 가격 담합은 소비재 가격 책정법하에서 불법이며 그럴만한 정당한 이유가 있다. 수직적 가격 담합은 경로 내의 모든 구성원이 이익의 '감소'에 만족하도록 하지만, 이익 증가는 증가된 소비자 가격으로만 달성할 수 있다.

가격 차별화

가격 차별화(price discrimination)는 판매자가 실질적인 기준 없이 여러 고객층에게 다양한 가격을 제공하여 경쟁이 감소할 때 발생한다. 로빈슨-패트먼 법은 한 고객에게 판매하는 비용이 다른 고객보다 높다는 증거가 있는 상황(예 : 원거리 배송) 또는 특정 지역의 경쟁에 대응하기 위해 임시적이고 방어적인 가격 인하가 필요할 때와 같은 특정 조건하에서의 경우를 제외하고는 차별적 가격을 제공, 유도 또는 수신하는 것을 명시적으로 금지한다.[46]

기만적인 가격 책정

고객에게 잘못된 인상을 주는 방식으로 고의로 가격을 알리는 것이 **기만적인 가격 책정**(deceptive pricing)이다. 기만적인 가격 책정은 공정거래위원회(FTC)가 모니터링하고 감시한다. 기만적인 가격 책정에는 여러 가지 형태가 있다. 때로 기업들은 촉진 직전에 상품에 대해 인위적으로 높은 준거 가격을 책정하여 광고된 판매 가격이 고객에게 훨씬 매력적으로 보일 수 있게 설정할 수 있다.[47] 또한 판매자는 고객을 매장으로 유인하기 위해 믿을 수 없을 정도로 저렴한 가격으로 상품을 광고할 수 있으며, 일단 고객이 도착하면 광고된 품목을 판매하지 않고 훨씬 높은 가격과 높은 마진을 보이는 유사한 상품 구매를 강요하기도 한다. 그러한 일이 발생하고 판매자가 실제로 저렴한 가격의 상품을 판매하려는 진정한 의도가 없다는 것을 입증할 수 있다면, 그 행위는 **유인상술**(bait and switch)이라고 불리며 불법이다. 결국, 소매업체가 스캐너 기반 가격 책정에 광범위하게 의존함으로써, 스캐너 데이터베이스에 실제로 책정된 것보다 훨씬 저렴한 가격을 선반의 품목을 표시하는 표지에 적어 놓는 방식으로, 부정직한 소매업체가 저지른 수많은 은밀한 가격 책정 사기가 발생하였다. 스캐너 오류의 일부는 실수로 인한 것이고 사기에 의한 것은 아니지만 스캐너 가격 책정의 불투명성으로 인해 고객은 "구매자가 주의하세요"의 과거로 돌아가는 부담을 지게 된다.

약탈 가격 책정

경쟁자를 시장에서 밀어 내기 위해 의도적으로 비용에 못 미치는 가격으로 판매한 다음, 가격을 새로운 고가격으로 끌어 올리는 전략을 약탈적 가격 책정이라고 부른다. 약탈적 가격 책정은 불법이지만 그 의도를 입증해야 하기 때문에 기소는 매우 까다로울 수 있다. 과감한 가격 인하에 대하여 재고 과다를 비롯한 여러 가지 이유를 그럴 듯하게 설명할 수 있기 때문에 약탈적인 가격 책정이 발생했다는 것을 증명하는 것은 어렵다.

공정 거래와 최소 할증법

공정 거래법(fair trade laws)은 가격을 줄이거나 할인하여 제공하는 도매업체와 소매업체의 능력을 제한함으로써 제조업자들이 인위적으로 높은 가격을 책정할 수 있게 해주었기 때문에 과거에 인기가 있었다. 공정거래법은 독립 소매업자 및 도매업자 로비 정도가 특정 지역에서 얼마나 강한지에 따라 주마다 상당히 다양하게 나타난다. 이 법률은 체인점들이 가격 할인을 하지 못하게 함으로써 소규모 영세업자들을 보호했다.[48]

최소 할증법(minimum markup laws)은 공정 거래법과 밀접하게 관련되어 있는데, 상품에 특정 비율로 가격 할증을 적용해야 한다. 1970년대 하나의 극단적 사례로, 오클라호마주는 6% 미만의 이익이 날 경우 다양한 상업 광고를 금지한 오클라호마의 최소 할증법을 타깃이 따르도록 하기 위해 법적 조치를 취했다. 이로 인해 구매자를 매장에 끌어들이기 위해 비용보다 저렴한 가격으로 설정된 **미끼 상품**(loss leader products)(일반적으로 종이 타월, 화장지, 치약 등)을 광고하는 타깃의 능력을 효과적으로 차단하였다.[49] 타깃은 오클라호마 소비자를 위하여, '오클라호마주 안에서' 훨씬 높은 가격을 명확하게 나타내고 있는 사항과 함께 전국적으로 광고된 판매 가격을 매우 크게 보여주는 완전 컬러 일요 광고 삽입물 특별판을 만들어 반격하였다. 사실상, 광고는 오클라호마 주민들이 다른 주의 소비자들과 같은 가격의 혜택을 볼 수 없다고 말하고 있었으며, 머지않아 오클라호마 소비자들은 오클라호마주의 공정한 가격법이 소규모 소매업체를 보호할 수 있지만 일상적 쇼핑객에게 피해를 줄 수 있다는 점을 깨닫게 되었다. 1975년 연방 소비재 가격법은 모든 주의 공정 거래법과 최소 할증법을 폐지했다.

요약

분명히 가격은 제공물의 인식된 가치를 이루는 중요한 요소이다. 마케팅 관리자는 명확한 가격 책정 목표 및 관련 전략을 수립해야 하며, 잘 수행된 가격 책정 전술에 의해 이를 지원해야 한다. 정밀한 가격 설정을 위해, 의사결정을 내리기 전에 몇 가지 방법을 비교하는 것이 가장 좋다. 판매 기업에 도움이 되는 방식으로 구매자 행동에 영향을 줄 수 있는 여러 경로 할인 및 공제가 가능하다. 가격 변경은 필연적이며 마케팅 관리자는 고객 및 경쟁업체의 반응을 예상해야 한다. 마지막으로, 마케팅 관리자는 특정 가격 책정 방식을 실행할 때 법적인 파급 효과를 보다 민감하게 고려해야 한다.

핵심용어

FOB(free on board)
가격 담합(price-fixing)
가격대(price points)
가격 묶음(price bundling)
가격 전쟁(price war)
가격 차별화(price discrimination)
가격 책정 목표(pricing objectives)
가변 가격 책정(variable pricing)
가치 기반 가격 책정(value pricing)
거래 할인(trade discounts)
경매 가격 책정(auction pricing)
경쟁자 기반 가격 책정(competitor-based pricing)
계절 할인(seasonal discounts)
고/저 가격 책정(high/low pricing)
공정 거래법(fair trade laws)
공제(allowances)
기만적인 가격 책정(deceptive pricing)

단수 가격 책정(odd pricing)
단일 가격 전략(one-price strategy)
단일 운송 가격 책정(uniform delivered pricing)
매일 저렴한 가격 책정(everyday low pricing, EDLP)
명성 가격 책정(prestige pricing)
목표 수익 가격 책정(target return pricing)
목표 투자 수익률(target return on investment, ROI)
미끼 상품(loss leader products)
비용 가산 가격 책정(cost-plus pricing)
비용 기반 할증(markup on cost)
비용 리더십(cost leadership)
상품 라인 가격 책정(price lining)
수량 할인(quantity discounts)
수요의 가격 탄력성(price elasticity of demand)
시장 점유율(market share)
심리적 가격 책정(psychological pricing)

안정화 가격 책정(stability pricing)
역경매(reverse auctions)
유인 상술(bait and switch)
준거 가격 책정(reference pricing)
지역 가격 책정(zone pricing)
짝수 가격 책정(even pricing)
차이식역(just noticeable difference, JND)
초기 고가격(price skimming)
촉진 공제(promotional allowances)
최소 할증법(minimum markup laws)
침투 가격 전략(penetration pricing)
판매 가격 기반 할증(markup on sales price)
평균 비용 가격 책정(average-cost pricing)
포획 가격 책정(보완 가격 책정)[captive pricing (complementary pricing)]
할인(discounts)
현금 할인(cash discounts)

1. 침투 가격 책정이 장기적으로 브랜드 이미지와 상품 포지셔닝에 부정적인 영향을 줄 수 있을까? 그러한 위험이 있다면, 마케팅 관리자는 왜 침투 가격을 사용하려 할까? 침투 가격에 관련된다고 생각되는 브랜드(이 장의 예를 제외하고)를 하나 들어보라.

2. 경쟁을 고려한 가격 책정은 흔히 있는 일이다. 그러나 그 방법은 몇 가지 중대한 문제를 안고 있다.

   a. 경쟁자 기반 가격 책정의 장점은 무엇인가?

   b. 다른 방법을 배제하고 경쟁자 기반 가격 책정을 사용할 때의 위험은 무엇인가?

   c. 경쟁자 기반 가격 책정을 고려하는 것이 전반적인 가격 책정 전략을 개발할 때 특히 유용할 수 있는 몇 가지 산업을 예로 들어보라. 당신이 그러한 산업들을 선택하게 된 이유는 무엇인가?

3. 다음 논의와 함께 가격 품질 포지셔닝에 대한 도표 11.3을 함께 검토해보라.

   a. 저품질/고가격의 사분면을 고려해보라. 현재 이 사분면에 있다고 생각하는 브랜드(이 장의 예를 제외하고)를 하나 들어보라. 어떻게 고가격이 될 수 있는가? 해당 브랜드의 가격 전략이 지속 가능하다고 생각하는가? 그렇게 생각할 때의 이유와 그렇지 않다고 생각할 때의 이유는 무엇인가?

   b. 고품질/저가격 사분면을 고려하라. 현재 이 사분면에 있다고 생각하는 브랜드(이 장의 예를 제외하고)를 하나 들어보라. 당신의 의견으로는 왜 그 브랜드가 이러한 가격 책정 전략을 수행하고 있다고 생각하는가? 그 사분면에서 상당히 오래 머물러 있는 브랜드에 대한 위험이 있다고 생각하는가? 그렇게 생각할 때의 이유와 그렇지 않다고 생각할 때의 이유는 무엇인가?

4. 이 장에서 식별된 가격 책정 전술 중 세 가지를 선택하라. 각 전술에 대해:

   a. 현재 그 전술을 사용하고 있다고 생각하는 브랜드(이 장의 예를 제외하고)를 하나 들어보라.

   b. 그 전술의 사용을 뒷받침하는 증거를 제시하라.

   c. 전술 활용이 효과적인가? 그렇게 생각할 때의 이유와 그렇지 않다고 생각할 때의 이유는?

   d. 선택한 전술을 포기하고 다른 전술을 선택하게 만드는 요인들은 무엇인가?

5. 당신이 P&G의 스타 제품 중 두 가지인 팬틴 샴푸 및 컨디셔너의 마케팅 매니저이며 여러 경쟁 업체들이 판매 및 시장 점유율을 높이기 위해 최근 소매업체에게 가격 인하를 제시하고 보다 적극적인 경로 공제를 제공하기 시작했다고 가정해보자.

   a. 경쟁자의 가격 하락에 대해 어떤 대안이 있는가?

   b. 각 대안과 관련된 위험은 무엇인가?

   c. 팬틴이 해당 제품 범주에서 시장 선두 주자라고 가정할 때, 가격 인하에 대한 어떤 대응책을 추천할 것인가?

유연 가격 책정 : 고객 가치를 반영하는가?

높은 수요 때문에 재화나 서비스에 대해 더 높은 가격을 기꺼이 지불하겠는가? 실제로, 당신은 생각 이상으로 자주 그렇게 하고 있을 것이다. 수요가 증가하면 소비자는 항공 좌석, 호텔 객실, 전기(일부 도시), 극장 티켓, 새로 제조된(표면적으로 희소한) 아이폰에 대해서 더 높은 가격을 지불한다. 항공 좌석 가격은 예약이 발생한 후 잠깐 사이에도 변경되는 수요 변화에 신속하게 반응한다. 이 장에서 읽은 초기 고가 전략 및 침투 가격 책정 전략에서처럼 다른 가격은 변화에 더 오랜 시간이 걸린다. 언론과 소셜미디어에서 자주 언급되며 주목받는, 실시간 수요에 따라 유연하게 가격을 책정하는 '유연 가격 책정'이라고 하는 수요 기반 가격 책정 전략이 있다. 유연 가격 정책을 시행하여 많은 관심을 받은 회사 중 하나가 자동차 공유기업인 우버이다.

현재 우버는 매달 세계적으로 약 4,000만 건의 운행을 한다(시간당 약 5만 4,000건).[50] 운전자가 우버의 직원이 아니라 독립적인 계약자로 간주된다는 것이 비즈니스 모델의 핵심이다. 그런 이유로 우버가 운전자에게 특정 시간 동안 운행을 명령할 수 없기 때문에 탑승을 원하는 승객을 수용할 수 있는 능력이 부족할 수도 있다. 그러한 문제에 대응하기 위해 우버는 두 가지 가격 책정 방식을 사용한다. 첫째, 보다 전통적인 접근 방식은 경로, 교통 상황 및 운전자 수와 같은 변수를 활용하여 요금을 설정하는 것이다. 대부분의 전통적인 택시는 이 방법을 사용한다. 공항까지 40마일 주행은 3마일 떨어진 슈퍼마켓까지 가는 주행 비용보다 높은 것은 나름 합리적이나, 이 두 시나리오(공항까지 40마일 주행 대 슈퍼마켓까지 3마일 주행)에서 고객에 대한 가치 제안은 분명하다. 그러나 유연 가격 책정하에서 고객 가치 제안은 그다지 분명하지 않다!

우버는 수요가 많은 시기에 가격이 급상승한다(기록을 위해, 디즈니는 테마파크에서 똑같은 일을 한다. 유연 가격 책정이 잘못되었다는 생각을 하지 마시라). 우버는 "승차가 필요한 사람들이 승차권을 얻을 수 있도록 운임이 인상될 것이다. 상승률은 X의 배율로 부과된다. 예를 들어, 수요 급상승 지역의 운전자는 1.3배 또는 2.1배의 상승 승수를 보고 운행을 받아들일 수 있다"라고 설명하였다.[51] 수리적으로 간단히

요약하면 일반적으로 10달러 요금에 부여된 두 배의 상승 승수가 의미하는 것은 새로운 요금이 현재 20달러, 즉 두 배가 된다는 것을 의미한다.

고객이 완벽한 경제 전문가라고 하면 운전자의 공급이 줄었을 때, 고객이 희소 자원을 놓고 경쟁하면서 가격이 올라가는 것이 합리적이라는 것을 이해하고 받아들일 것이다. 그러나 상당수의 승객들은 우버의 유연 가격 책정이 바가지를 씌우는 것이라고 느낄 것이다.[52] 우버의 유연 가격 책정은 갑작스럽고 빈번하게(한 시간에 최대 20회까지) 실행할 수 있는 불확실성과 예측 불가능성을 특징으로 하고 있으며, 승수에는 알려진 상한선이 없다(요금이 300달러 이상인 지역도 있었다).[53] 이러한 가격 변동성 때문에 어느 정도의 유연성을 가진 고객은 몇 분을 기다리는 것이 가격을 낮추거나 높일지 불확실하기 때문에, 승차를 요청할 시기를 결정하는 것이 어렵다.[54] 이 문제를 더욱 악화시키는 것은 우버가 운전자에게만 배타적으로 유연 가격 책정의 가치를 전달하고 승객에게는 이를 전달하지 않는다는 점이다. 라이스대학교의 가격 전문가인 우트팔 도라키아 교수는 우버가 고객에게 유연 가격 책정의 장점을 설명해야 한다고 보고 있으며, '유연 가격'이라는 이름조차도 승객이 아닌 운전자 측면에만 초점을 맞추고 있다고 보고 있다.[55] 다른 말로 하면, 우버 입장에서 공급 수요 관계의 장점에만 초점을 두게 되면, 고객들이 유연 가격을 그들의 가치를 증가시키는 것으로 간주하기가 어려워진다는 것이다.

결국, 마케팅 관리자에게 유연 가격 책정의 개념은 실제로 새로운 것은 아니며 우버에 국한되지 않는다(디즈니에서도 유연 가격 책정을 사용하는 것으로 이미 언급한 바 있음). 사실, 자동화된 유연 가격 책정도 과거에 테스트된 바가 있는데, 온도 상승에 따라 음료 가격 인상 가능성을 조사하기 위해 가격 표시기에 온도계가 특별히 설치된 자동 판매기를 배치한 코카콜라가 그러한 사례이다.[56] 재고와 수요를 바탕으로 소매점이 자동적으로 가격을 변화시키도록 하는 자동 선반 라벨은 널리 사용되진 않지만 이미 활용 가능하다.[57] 일부 고급 레스토랑들은 가장 손님들로 붐비는 저녁 식사 시간 동안 높은 가격으로 선불 식사 티켓을 판매하기 시작했다. 시

카고시에서도 경기 중 더 많은 수익을 얻기 위해 리글리 필드 근처에 유연 가격 주차 계기판을 설치하고 있기 때문에 유연 가격 책정을 실행한다고 볼 수 있다. 따라서 우버가 유연 가격 책정에 대해 부정적 관심을 받았음에도 불구하고(부정적 관심은 우리가 이해하고 있듯이 유연 가격 책정 그 자체의 실행보다는 우버의 유연 가격 실행과 고객과의 소통에 더 많이 기인하고 있다) 그것은 명백히 우리 모두가 소비자로서 미래에 보다 일상적으로 경험할 가능성이 높은 유효한 가격 책정 전략이다.

생각해볼 문제

1. 많은 소비자들이 우버의 유연 가격 책정이 맘에 들지 않지만 가격 담합이라 주장할 수 없고(리프트와 같은 경쟁사와 가격을 조정하지 않기 때문에), 가격 차별이라고도 말할 수 없으며(유연 가격 대상 지역의 모든 고객이 동일한 가격 인상에 영향을 받으므로) 또는 기만적인 가격 책정이라 할 수도 없다. 따라서 부정적인 반응에도 불구하고 유연 가격 책정은 합법적이다. 유연 가격 책정이 합법적이어야 한다는 데 동의하는가? 유연 가격에 대한 당신의 생각에 따라 동의하든 반대하든 간에 그것을 뒷받침할 강력한 사례를 들어보라.

2. 고객이 가치 제안을 더 잘 이해하고 잘 받아들이게 하기 위하여 우버의 유연 가격 책정 전략에 대한 실행 및 고객과의 커뮤니케이션에 대해 어떠한 조정 및 개선 사항을 제안하는가? 유연 가격 책정으로부터 고객이 얻는 혜택을 잘 이해할 수 있도록 소비자에게 유연 가격 책정을 어떻게 설명할 수 있는가?

3. 유연 가격이 불법으로 판명되면 우버의 서비스 가격이 일반적으로 상승할 것이라고 생각하는가? 그 이유는 무엇인가 또는 그렇지 않다면 그 이유는 무엇인가?

마케팅 계획 연습

활동 12 : 당신의 제안에 가격을 책정하라

여러분이 이 장에서 배운 것처럼, 가격 책정 방식은 제공물을 포지셔닝할 때 필수적인 요소이다. 가격은 고객에게 제공물의 품질 및 기타 특성에 대해 신호를 보낸다. 동시에 효과적인 가격 책정은 지속적인 성공에 필요한 마진과 이익을 보장한다.

1. 가격 책정 목적 및 전략에 대한 다양한 옵션을 검토하고 제공물에 적합하도록 가격을 설정해보라.

2. 여러 활용 가능한 가격 전술을 검토하고 당신의 제안에 가장 적합한 것으로 여겨지는 전술 집합을 선택하라.

3. 이 장에서 제시된 정밀한 가격 설정 방법을 고려하라. 이러한 접근법을 활용하여 검토할 비교 세트를 개발하라. 제공물의 최종 가격을 선택하라.

4. 당신이 상품에 대해 제공하는 경로 할인 및 공제는 무엇인가?

1. Richard G. Netemeyer, Balaji Krishnan, Chris Pullig, and Guangping Wang, "Developing and Validating Measures of Facets of Customer-Based Brand Equity," *Journal of Business Research* 57, no. 2 (February 2004), pp. 209–24.

2. Richard J. Speed, "Oh Mr. Porter! A Re-Appraisal of Competitive Strategy," *Marketing Intelligence & Planning* 7, no. 5/6 (1989), pp. 8–11.

3. Roy W. Ralston, "The Effects of Customer Service, Branding, and Price on the Perceived Value of Local Telephone Service," *Journal of Business Research* 56, no. 3 (March 2003), pp. 201–13.

4. Kent B. Monroe, "Pricing Practices That Endanger Profits," *Marketing Management* 10, no. 3 (September/October 2001), pp. 42–46.

5. George J. Avlonitis and Kostis A. Indounas, "Pricing Objectives and Pricing Methods in the Services Sector," *Journal of Services Marketing* 19, no. 1 (2005), pp. 47–57.

6. T. Gara, "Your Donut Loyalty Will Soon Be Rewarded," *The Wall Street Journal,* January 31, 2013, http://blogs.wsj.com /corporate-intelligence/2013/01/31/your-donut-loyalty-will -soon-be-rewarded/; and https://www.dunkindonuts.com/en /dd-perks.

7. Yikuan Lee and Gina Colarelli O'Connor, "New Product Launch Strategy for Network Effects Products," *Journal of the Academy of Marketing Science* 31, no. 3 (Summer 2003), pp. 241–55.

8. Angel F. Villarejo-Ramos and Manuel J. Sanchez-Franco, "The Impact of Marketing Communication and Price Promotion on Brand Equity," *Journal of Brand Management* 12, no. 6 (August 2005), pp. 431–44.

9. Neil Kokemuller, "Penetration Pricing Examples," *Azcentral*, http://yourbusiness.azcentral.com/penetration-pricing -examples-13162.html; "Lay's Stax," *Walmart*, https://www .walmart.com/search/searchng.do?search_query=lay%27s+ stax&ic=16_0&Find=Find&search_constraint=0;and"Pringles Original Potato Crisps," Walmart, https://www.walmart.com /ip/PRINGLES-CRISPS-ORIGINAL-6.8OZ/136119600 ?wmlspartner=wlpa&selectedSellerId=0&adid=22222 222227075684943&wmlspartner=wmtlabs&wl0=&wl1 =g&wl2=c&wl3=188286056570&wl4=pla-291896542270&wl5 =9011778&wl6=&wl7=&wl8=&wl9=pla&wl10=8175035&wl11 =online&wl12=136119600&wl13=&veh=sem.

10. Ana Garrido-Rubio and Yolanda Polo-Redondo, "Tactical Launch Decisions: Influence on Innovation Success/Failure," *Journal of Product and Brand Management* 14, no. 1 (2005), pp. 29–38.

11. Ioana Popescu and Yaozhong Wu, "Dynamic Pricing Strategies with Reference Effects," *Operations Research* 55, no. 3 (May/June 2007), pp. 413–32.

12. Mark Burton and Steve Haggett, "Rocket PLAN," *Marketing Management* 16, no. 5 (September/October 2007), p. 32.

13. Tulin Erdem, Michael P. Keane, and Baohong Sun, "The Impact of Advertising on Consumer Price Sensitivity in Experience Goods Markets," *Quantitative Marketing and Economics* 6, no. 2 (June 2008), pp. 139–76.

14. Harun Ahmet Kuyumcu, "Emerging Trends in Scientific Pricing," *Journal of Revenue and Pricing Management* 6, no. 4 (December 2007), pp. 293–99.

15. Daniel Kozarich, "Mylan's EpiPen Pricing Crossed Ethical Boundaries," *Fortune*, September 27, 2016, http://fortune .com/2016/09/27/mylan-epipen-heather-bresch/; Nathan Bomey, "CVS Targets EpiPen with Cheaper Generic Version," *USAToday*, January 12, 2017, https://www.usatoday .com/story/money/2017/01/12/cvs-health-mylan-epipen-injector -impax-adrenaclick-donald-trump/96479776/.

16. Tridib Mazumdar, S. P. Raj, and Indrajit Sinha, "Reference Price Research: Review and Propositions," *Journal of Marketing* 69, no. 4 (October 2005), pp. 84–102; and Xueming Luo, Aric Rindfleisch, and David K. Tse, "Working with Rivals: The Impact of Competitor Alliances on Financial Performance," *Journal of Marketing Research* 44, no. 1 (February 2007), pp. 73–83.

17. Marc Vanhuele and Xavier Dreze, "Measuring the Price Knowledge Shoppers Bring to the Store," *Journal of Marketing* 66, no. 4 (October 2002), pp. 72–85.

18. Kusum Ailawadi, Donald R. Lehmann, and Scott A. Neslin, "Market Response to a Major Policy Change in the Marketing Mix: Learning from Procter & Gamble's Value Pricing Strategy," *Journal of Marketing* 65, no. 1 (January 2001), pp. 44–61.

19. Stephan Zielke and Thomas Dobbelstein, "Customers' Willingness to Purchase New Store Brands," *Journal of Product and Brand Management* 16, no. 2 (2007), pp. 112–21.

20. Matt Egan, "Wells Fargo Customers in $110 Million Settlement over Fake Accounts," *CNN Money*, March 29, 2017, http://money.cnn.com/2017/03/29/investing/wells-fargo -settles-fake-account-lawsuit-110-million/; and Michael Corkery, "Wells Fargo Struggling in Aftermath of Fraud Scandal," *New York Times*, January 13, 2017, https://www.nytimes .com/2017/01/13/business/dealbook/wells-fargo-earnings -report.html?_r=0.

21. Michaela Draganska and Dipak C. Jain, "Consumer Preferences and Product-Line Pricing Strategies: An Empirical Analysis," *Marketing Science* 25, no. 2 (March/April 2006), pp. 164–75.

22. Jordan Golson, "The Mustang at 50: Inside the Evolution of an American Icon," *Wired*, April 17, 2014, https://www.wired .com/2014/04/ford-mustang-50th-anniversary/; and "2017 Mustang," *Ford*, http://shop.ford.com/build/mustang/?gnav =vhpnav#/chooseyourpath/Config%5B%7Cford%7C Mustang%7C2017%7C1%7C1.%7C900A.P8J...COU.SLB.~YZKAA .SHB.LESS.%5D.

23. Baba Shiv, Ziv Carmon, and Dan Ariely, "Placebo Effects of Marketing Actions: Consumers May Get What They Pay For," *Journal of Marketing Research* 42, no. 4 (November 2005), pp. 383–93.

24. Michael Levy, Dhruv Grewal, Praveen K. Kopalle, and James D. Hess, "Emerging Trends in Retail Pricing Practice: Implications for Research," *Journal of Retailing* 80, no. 3 (2004), pp. 13–21.

25. Chris Janiszewski and Marcus Cunha Jr., "The Influence of Price Discount Framing on the Evaluation of a Product Bundle," *Journal of Consumer Research* 30, no. 4 (March 2004), pp. 534–46.

26. "The Future of Television: Cutting the Cord," *Economist*, June 16, 2016, http://www.economist.com/news /business/21702177-television-last-having-its-digital-revolution -moment-cutting-cord; Steve Kovach, and "YouTube's Cable-Killing Live-TV Streaming Service Is Coming This Week," *Business Insider*, February 28, 2017, http://www .businessinsider.com/youtube-unplugged-streaming-tv -service-tuesday-2017-2.

27. Daniel J. Howard and Roger A. Kerin, "Broadening the Scope of Reference Price Advertising Research: A Field Study of Consumer Shopping Involvement," *Journal of Marketing* 70, no. 4 (October 2006), pp. 185–204.

28. James McClure and Erdogan Kumcu, "Promotions and Product Pricing: Parsimony versus Veblenesque Demand," *Journal of Economic Behavior & Organization* 65, no. 1 (January 2008), pp. 105–17.

29. "Michael Kors Has a Coach Problem," *Investopedia*, May 26, 2016, http://www.investopedia.com/stock-analysis/052616/michael-kors-has-coach-problem-coh-kors-jwn-m.aspx?ad=dirN&qo=serpSearchTopBox&qsrc=1&o=40186; and Sarah Halzack, "It's About to Get a Lot Harder to Get a Discounted Coach or Michael Kors Handbag," *Washington Post*, August 10, 2016, https://www.washingtonpost.com/news/business/wp/2016/08/10/its-about-to-get-a-lot-harder-to-get-a-discounted-coach-or-michael-kors-handbag/?utm_term=.66f809d1cff5.

30. Robert M. Schindler and Alan R. Wiman, "Effects of Odd Pricing on Price Recall," *Journal of Business Research* 19, no. 3 (November 1989), pp. 165–77.

31. John Huston and Nipoli Kamdar, "$9.99: Can 'Just-Below' Pricing Be Reconciled with Rationality?" *Eastern Economic Journal* 22, no. 2 (Spring 1996), pp. 137–45.

32. Kathleen Seiders and Glenn B. Voss, "From Price to Purchase," *Marketing Management* 13, no. 6 (November/December 2004), pp. 38–43.

33. Hayley Peterson, "What It's Like inside Wal-Mart's New Marketplace That's a Threat to Whole Foods and Trader Joe's," *Business Insider*, July 4, 2015, http://www.businessinsider.com/inside-walmarts-neighborhood-markets-2015-7; and Doug McMillon, "Why Walmart Is Positioned to Win the Future of Retail," *Walmart Blog*, October 14, 2015, http://blog.walmart.com/business/20160115/doug-mcmillon-answers-questions-about-sharpened-focus-on-stores.

34. Christian Terwiesch, Sergei Savin, and Il-Horn Hann, "Online Haggling at a Name-Your-Own-Price Retailer: Theory and Application," *Management Science* 51, no. 3 (March 2005), pp. 339–52.

35. Chris Guilding, Colin Drury, and Mike Tayles, "An Empirical Investigation of the Importance of Cost-Plus Pricing," *Managerial Auditing Journal* 20, no. 2 (2005), pp. 125–37.

36. J. Isaac Brannon, "The Effects of Resale Price Maintenance Laws on Petrol Prices and Station Attrition: Empirical Evidence from Wisconsin," *Applied Economics* 35, no. 3 (February 2003), pp. 343–49.

37. Chuan He and Yuxin Chen, "Managing e-Marketplace: A Strategic Analysis of Nonprice Advertising," *Management Science* 25, no. 2 (March/April 2006), pp. 175–87.

38. Ben Vinod, "Retail Revenue Management and the New Paradigm of Merchandise Optimisation," *Journal of Revenue and Pricing Management* 3, no. 4 (January 2005), pp. 358–68.

39. George J. Avlonitis and Kostis A. Indounas, "Pricing Practices of Service Organizations," *Journal of Services Marketing* 20, no. 5 (2006), pp. 346–57.

40. Keith S. Coulter, "Decreasing Price Sensitivity Involving Physical Product Inventory: A Yield Management Application," *Journal of Product and Brand Management* 10, no. 4/5 (2001), pp. 301–17.

41. Kusum L. Ailawadi and Bari Harlam, "An Empirical Analysis of the Determinants of Retail Margins: The Role of Store-Brand Share," *Journal of Marketing* 68, no. 1 (January 2004), pp. 147–65.

42. Fred S. McChesney and William F. Shughart II, "Delivered Pricing in Theory and Policy Practice," *Antitrust Bulletin* 52, no. 2 (Summer 2007), pp. 205–28.

43. Hiroshi Ohta, Yan-Shu Lin, and Masa K. Naito, "Spatial Perfect Competition: A Uniform Delivered Pricing Model," *Pacific Economic Review* 10, no. 4 (December 2005), pp. 407–20.

44. Pradeep K. Chintagunta, Jean-Pierre Dube, and Vishal Singh, "Balancing Profitability and Customer Welfare in a Supermarket Chain," *Quantitative Marketing and Economics* 1, no. 1 (March 2003), pp. 111–46.

45. John M. Connor, "Forensic Economics: An Introduction with Special Emphasis on Price Fixing," *Journal of Competition Law & Economics* 4, no. 1 (March 2008), pp. 21–59.

46. Siva Viswanathan, Jason Kuruzovich, Sanjay Gosain, and Ritu Agarwal, "Online Infomediaries and Price Discrimination: Evidence from the Automotive Retailing Sector," *Journal of Marketing* 71, no. 3 (July 2007), pp. 89–107.

47. Allan J. Kimmel, "Deception in Marketing Research and Practice: An Introduction," *Psychology & Marketing* 18, no. 7 (July 2001), pp. 657–61.

48. Jules Stuyck, Evelyne Terryn, and Tom van Dyck, "Confidence through Fairness? The New Directive on Unfair Business-to-Consumer Commercial Practices in the Internal Market," *Common Market Law Review* 43, no. 1 (February 2006), pp. 107–52.

49. Patrick DeGraba, "The Loss Leader Is a Turkey: Targeted Discounts from Multi-Product Competitors," *International Journal of Industrial Organization* 24, no. 3 (May 2006), pp. 613–28.

50. "Uber Cities," *Uber*, May 9, 2017, https://uberestimator.com/cities; and Kia Kokalitcheva, "Uber Now Has 40 Million Monthly Riders Worldwide," *Fortune*, October 19, 2016, http://fortune.com/2016/10/20/uber-app-riders/.

51. "What Is Surge?" *Uber*, 2016, https://help.uber.com/h/e9375d5e-917b-4bc5-8142-23b89a440eec.

52. Annie Lowrey, "Is Uber's Surge-Pricing an Example of High-Tech Gouging?" *New York Times*, January 10, 2014, https://www.nytimes.com/2014/01/12/magazine/is-ubers-surge-pricing-an-example-of-high-tech-gouging.html?_r=0.

53. Steve Kovach, "Uber Did Its Best to Warn You about New Year's Eve Surge Pricing, but Everyone Complained Anyway," *Business Insider*, January 1, 2014, http://www.businessinsider.com/uber-new-years-eve-surge-pricing-2014-1.

54. Nicholas Diakopoulos, "How Uber Surge Pricing Really Works," *Washington Post*, April 17, 2015, https://www.washingtonpost.com/news/wonk/wp/2015/04/17/how-uber-surge-pricing-really-works/?utm_term=.896a547414e5.

55. Utpal M. Dholakia, "Everyone Hates Uber's Surge Pricing—Here's How to Fix It," *Harvard Business Review*, December 21, 2015, https://hbr.org/2015/12/everyone-hates-ubers-surge-pricing-heres-how-to-fix-it.

56. Constance L. Hays, "Variable-Price Coke Machine Being Tested," *New York Times*, October 28, 1999, http://www.nytimes.com/1999/10/28/business/variable-price-coke-machine-being-tested.html.

57. John Byrne, "Emanuel's Wrigleyville 'Surge Pricing' for Parking Could Be Just the Beginning," *Chicago Tribune*, March 24, 2017, http://www.chicagotribune.com/news/local/politics/ct-wrigley-field-surge-pricing-emanuel-met-20170323-story.html; and Robins Kaplan, "Dynamic Pricing: Is 'Surge' Pricing Coming to Retail?" *JD Supra*, April 13, 2017, https://www.jdsupra.com/legalnews/dynamic-pricing-is-surge-pricing-coming-60868/.

Chapter 12

유통, 물류, 공급사슬관리

학습목표

12-1 가치 네트워크를 정의하고 조직이 이러한 가치 네트워크 안에서 어떻게 작동하는가를 알아본다.

12-2 다양한 유형의 중간상과 유통 경로를 식별한다.

12-3 물리적 유통, 거래 및 커뮤니케이션, 촉진 기능 등 중간상 기여가 어떤 영향을 미치는가를 이해한다.

12-4 여러 유형의 수직적 마케팅 시스템을 설명한다.

12-5 적합한 유통 경로 방법을 선택하기 위해 적절한 기준을 활용한다.

12-6 공급사슬관리의 물류적 특성을 식별한다.

12-7 고객에게 가치 제안을 할 때, 소매와 전자상거래의 역할을 이해한다.

가치사슬과 가치 네트워크

12 - 1

가치 네트워크를 정의하고 조직이 이러한 가치 네트워크 안에서 어떻게 작동하는가를 알아본다.

제3장에서 소개했던 가치사슬의 개념을 이 시점에 다시 상기할 필요가 있다. 가치사슬은 상품을 디자인, 생산, 출시, 전달 및 지원하기 위해 기업이 활용하는 주요 활동과 지원 활동의 결합이다(도표 12.1 참조).

도표 12.1 │ **포터의 본원적 가치사슬**

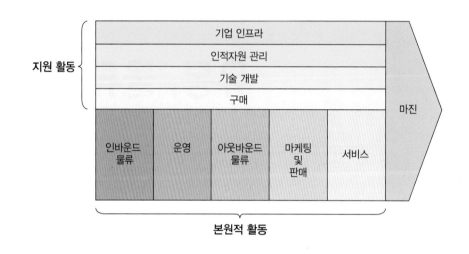

출처 : Porter, Michael, E., *Competitive Advantage: Creating and Sustaining Superior Performance*. New York, NY: Simon & Schuster, 1998.

다양한 가치사슬 활동들은 여러분이 이 장에서 읽을 내용과 직접적으로 관련되며, 인바운드와 아웃바운드 물류, 운영 문제와 조달 등이 가치사슬 활동에 포함된다. **공급사슬**(supply chain)은 기업과 유통 경로 구성원, 최종 소비자와 기업 사용자들에게 원료, 반제품, 완제품 등을 공급하는 일과 관련되어 있는 모든 조직들을 나타낸다. 공급사슬의 목적은 개체들 사이에서 전달된 모든 가치와 이익 실현을 극대화하기 위해 부가 가치의 흐름을 조정하는 것이다.[1] 이러한 과정 관리를 **공급사슬관리**(supply chain management)라고 한다. 유통 경로 및 공급사슬 문제가 현대 기업의 가치 제안을 형성하는 데 중요한 역할을 한다는 점 때문에, 최근 마케팅 관리자들은 차별적인 경쟁 우위의 원천으로서 마케팅 믹스의 4P 내에서 '장소 P'의 요소에 주목하고 있다.[2] 기업의 유통 경로와 공급사슬을 성공적으로 관리하여 부가가치를 어떻게 발생시키는가 하는 점이 이 장의 핵심 주제이다.

거시적 수준에서, 기업은 자신을 **가치 네트워크**(value network)의 핵심 부분으로 볼 수 있다. 가치 네트워크는 기업이 원료 조달, 변형 및 개선에 참여하여 결국 상품을 최종 형태로 시장 내에 공급하는 포괄적인 공식/비공식 관계 시스템으로 볼 수 있다. 가치 네트워크는 유동적이고 복잡하다. 가치 네트워크는 기업이 유통 경로 내에서 다른 경로 구성 기업들과 수직적으로 상호작용하고, 적합한 고객에게 맞춤 상품을 제공하는 데 핵심적인 기여를 하는 기업들과 수평적으로 상호작용할 수 있는 등, 잠재적으로 수많은 기업들로 구성된다. 시장에 진출하는 모든 단계에서 비용을 줄이고, 프로세스 효율성을 극대화하기 위한 경쟁이 치열하기 때문에 가치 네트워크는 많은 기업들이 채택하고 있는 거시적 수준의 전략적 접근 방식이다. 가치 네트워크 방식은 기업 내에서 마케팅을 설명할 수 있다는 전통적 사고를 벗어날 수 있도록 하며, 제휴, 전략적 파트너십, 비전통적 경로 접근 방식, 일시적인 협력 및 독특한 경쟁 우위 원천을 제공할 수 있는 아웃소싱 기회 등을 제안한다.[3]

가치를 공동 창출하기 위해 가치 네트워크가 존재한다는 것이 핵심이다. 가치 네트워크의 목적은 상황이 요구하는 전문성과 능력에 따라 네트워크 구성원들이 역량을 결합하여 참여 공급자, 고객, 그리고 여타의 이해관계자들의 **가치 공동 창출**(value co-creation)이다.[4] 가치 네트워크의 주요 요소는 도표 12.2에 제시되어 있다.

가치 네트워크의 개념을 바탕으로 **네트워크 조직**(network organization) 또는 **가상 조직**(virtual organization)이라고 하는 완전히 새로운 유형의 조직이 생겼는데, 가상 조직은 가치 증가를 위해 가장 잘 준비된 측면에 집중하기 위해 기업 내부 비즈니스 기능과 활동들을 제거한다.[5] 신속하게 시장에 대응하고 회사의 핵심 결과물에 집중할 수 있도록 자원을 활용하기 위해 그러한 방법을 자주 활용한다. 네트워크 기업은 일반적으로 공급업체, 유통업체 및 기타 중요한 파트너들과 계약을 맺어 그들이 최선을 다할 수 있도록 가치사슬의 다양한 측면들을 지원하며, 내부 역량을 활용하여 내부의 핵심적인 가치 원천에 집중한다. 일부 네트워크 조직은 껍질과 같이 작동을 하여, 그 안에서 대부분의 제조, 유통, 운영, R&D 및 마케팅 실행이 효율적인 전문가에게 아웃소싱 되고 있다.[6]

수년 전, 치폴레 멕시칸 그릴 음식점에서 발생한 악명 높았던 식중독 사건은 공급사슬관리가 기업의 성공에 중요한 역할을 한다는 것을 보여준다. 2015년, 미국 전역에 있는 치폴레 레

3.5 million packages daily
Federal Express

whatever it takes
no matter what
ontime delivery
safe packaging

FedEx® Express

그렇다. 페덱스는 패키지를 배송한다. 그러나 페덱스는 모든 종류의 비즈니스에 통합된 공급사슬 솔루션 제공자로서도 자부심을 갖고 있다.

출처 : FedEx

도표 12.2 | 가치 네트워크의 요소

- 포괄적인 프로세스는 가치를 공동으로 창출하는 데 초점을 둔다.
- 가치 공동 창출을 촉진한다는 공동의 목표를 가지고 네트워크 내에 공유된 비전이 존재한다.
- 가치 공동 창출은 네트워크 내 모든 당사자의 전문 지식과 역량에서 나온 것으로 본다.

- 네트워크와 팀 관계는 가치 공동 창출의 핵심 요소이다.
- 이러한 가치는 네트워크 가치로 간주한다.
- 관계 갈등은 네트워크 가치 창출의 잠재적 장벽으로 간주되며, 갈등의 공동 관리 프로세스가 필수적이다.

출처 : Stephen L. Vargo and Robert F. Lusch, "Evolving to a New Dominant Logic for Marketing," *Journal of Marketing* 68 (January 2004), pp. 1-17.

스토랑에서 많은 고객이 살모넬라, 대장균 및 노로 바이러스에 감염되는 등 여러 차례 식중독 사건이 발생했다. 치폴레는 "자신만의 메뉴를 만들어보세요"라는 메뉴 설정과 윤리적인 식품 기준을 준수하겠다는 약속을 하여 밀레니엄 세대에게 거대한 브랜드 충성도를 형성하였다. 그러나 식중독이 발생한 이후로 치폴레를 성공으로 이끈 식품 기준이 오히려 치폴레의 공급사슬 실패로 이끌었다는 주장이 제기되었으며, 그로 인해 치폴레가 얻은 완결무결한 음식이라는 명성에 손상을 입었다. 호르몬 없이 농장에서 육류를 길러야 한다는 정책 때문에, 치폴레는 해당 기준을 충족시키는 공급업체를 지속적으로 충분히 확보하는 데 어려움을 겪고 있다. 그러한 이유로 음식점 체인에서 육류 부족 사태가 종종 발생했다. 오랜 시간 동안 여러 소규모 지역 공급업체가 치폴레의 공급사슬을 구성하였다. 그 방법은 지속가능성 측면에서는 유리했지만 식품 안전을 보장하고 공급망 내에서 나타날 수 있는 식중독의 원인을 추적하는 것을 상당히 어렵게 만들었다.[7]

미래에 더 많은 기업, 특히 창업 기업과 핵심 상품이 도입 및 성장 단계에 있는 기업은 가치 네트워크라는 개념을 활용하기 위해 네트워크 조직 방법을 채택할 것이다. 기업이 모든 업무 운영에서 **민첩**(nimble)해야만 한다는 경쟁적 요구 때문에 그러한 예측이 가능하다. 즉, 기업은 최근 빠르게 변화하는 기술, 불연속적 혁신, 변화하는 소비자 시장 및 끊임없는 시장 글로벌화 등 비즈니스에 영향을 미치는 여러 핵심적인 변화를 이끄는 요인에 대응하기 위하여 최대한 유연하고 적응 가능하며 신속하게 대응할 수 있는 위치에 있어야 한다.[8] 기업이 가치 네트워크 방식을 활용하면 내부 자원을 풀어서, 제어할 수 없는 외부의 기회와 위협에 대처할 때 더욱 민첩하게 반응할 수 있으므로, 가치사슬 기능을 수행할 때 고비용이 드는 기업보다 잠재적인 경쟁 우위를 얻을 수 있다. 네트워크 조직은 고유한 역량에 집중하는 한편, 가치 네트워크 내에서 전문 분야에 집중할 수 있는 외부 기업으로부터 효율적으로 가치를 획득할 수 있다.

많은 조직에서 고객(최종 소비자와 경로)을 가치 네트워크의 중요한 구성원으로 고려하기 시작했다. 즉, 기업은 상품 및 시장을 개발하는 다양한 측면에서 고객을 참여시켜 고객의 옹호를 얻을 수 있다. 고객 옹호란 자신의 영향력 범위 내에서 고객이 브랜드 메시지를 다른 사람에게 전달하는 역할을 하고자 하는 의지와 능력을 나타낸다. 지속적으로 조사에 참여하고 고객 자문 패널에 참여하도록 하거나, 고차원적으로 기업과의 관계에 참여하는 고객에게 인정, 보상 및 즐거운 놀라움을 제공하는 등 B2B 및 B2C 환경에서 고객 참여를 통해 가치를 부가할 수 있는 여러 방법이 있다.

전반적으로 다양한 방식을 통해 회사의 상품과 서비스의 가치를 향상시킬 수 있는 가능성 때문에 마케팅 경로와 공급사슬관리는 마케팅 관리자가 집중하는 유익한 분야이다. 마케팅 믹스에서 '장소 P'의 여러 구성 요소에 대한 학습을 통해 최근 비즈니스 환경에서, 가치 네트워크 내의 부가가치 활동이 어떻게, 누구에 의해 전달되는지의 경계에 기회가 열려 있음을 명심하라. 이미 학습했듯이, 가치사슬 내의 주요 활동과 지원 활동에 현명하게 투자하면 효율적이고 효과적인 기업 성과로 이어지고, 이를 통해 이익 마진이 커진다는 지식을 바탕으로 그러한 의사결정들('어떻게', '누구에 의해')이 이루어진다.

경로와 중간상

유통 경로(channel of distribution)는 상품의 소유권을 생산자에서 소비자 또는 기업 사용자로 이전할 목적으로 존재하는 상호 의존적 개체들로 구성된다. 바꾸어 말하면, 유통 경로는 교환 프로세스를 촉진하고자 하는 조직들 사이의 상호의존 관계 시스템이다.[9] 대부분의 경로에서 생산자와 소비자는 직접 연결되지 않는다. 대신 유통 경로는 생산자와 소비자 간에 교환 과정에서 역할을 하고 있는, 공식적으로 중개자라고 불리는 다양한 **중간상**(intermediaries)을 포함하고 있다.[10] 다양한 유형의 중간상이 존재하며 이를 두 종류로 나눌 수 있다. 상품 소유권을 가지고 있는 **상인 중간상**(merchant intermediaries)과 상품 소유권을 갖지 않는 **대리 중간상**(agent intermediaries)이다.[11] 대리 중간상은 다양한 물리적 유통과 거래, 그리고 커뮤니케이션을 수행하고 교환 기능을 촉진시킨다. 도표 12.3을 통해 주요 중간상 유형에 대하여 깊은 통찰력을 얻을 수 있다.

표면적으로 중간상은 불필요한 것처럼 보일 수 있다. 모든 유통 경로에서 생산자와 소비자가 직접 연결되는 것이 훨씬 효율적이지 않을까? 달리 말하자면, 왜 제조업체가 아마존처럼 중간상을 통하지 않고 소비자에게 유통하지 않는가? 그 답은 제3장에서 배운 형식, 시간, 장소 및 소유권 등 다양한 유형의 효용과 관련이 있다. "중개자를 없애면 돈을 절약할 수 있다!"와 같은 말을 들을 수 있다. 그러나 중간상을 없앤다고 해서 소비자의 돈을 절약할 수 있는 것은 아니다. 장기적으로 중간상들은 가치를 증가시킬 수 있어야만 유통 경로에 계속 참여할 수 있다. 만약 도표 12.3에 제시된 유형의 중간상이 제 역할을 못하면, 경로 구조는 결국 전체의 효율성을 극대화하기 위해 변경될 것이다. 따라서 생산자와 소비자 사이에 자연스럽게 존재하는 제품의 형태, 시간, 장소 및 소유권 간에 발생하는 차이(gap)를 유통 경

12 - 2

다양한 유형의 중간상과 유통 경로를 식별한다.

LL. 빈의 판매는 주로 온라인과 카탈로그 등과 같은 직접 경로를 통해 이루어진다. 그러나 그들은 또한 소매점과 아울렛의 형태로 경로 중간상을 보유하고 있다.
ⓒ Andre Jenny/Alamy Stock Photo

도표 12.3 | **주요 중간상 유형**

중개자 : 생산자와 최종 소비자 또는 조직 구매자를 연결하는 독립 사업체

상인 중개자 : 물품을 구매하여 소유권을 얻는 중개자

대행사 : 구매와 판매에 대해 협상하지만 상품에 대한 소유권을 갖지 않는 사업체

제조업자 대행사 : 일반적으로 연장 계약을 체결하여 대부분 전속적 영역 내에서 판매하며, 비경쟁적이지만 관련 상품 라인을 취급하고, 가격 책정 및 판매 조건 수립에 제한적 권한이 있는 대행기관

배급업자 : 특히 선택적 또는 전속적 유통이 일반적이고, 강력한 촉진 지원이 필요할 때 활동하는 도매 중개인. 간혹 도매업자와 동의어로 사용된다.

도매상 : 주로 물건을 대량 구매하고, 소유권을 획득하고, (통상적으로) 저장하고, 물리적으로 취급하는 사업체. 도매업자는 소매상이나 조직 구매자에게 상품을 (보통 소량으로) 재판매한다.

판매 중개자 : 제조업체로부터 상품을 구입하여 소매점에 판매하는 중개자. 이 중간상은 상품을 선반에 쌓는 서비스 또는 상품이 놓여 있는 선반이라는 뜻을 내포하기 위해 '선반 중개자'라고도 한다.

촉진 대행사 : 소유권을 매매, 양도하는 것 외의 유통 업무 수행을 돕는 사업체(예 : 운송 회사, 창고, 수입업자 등)

소매업체 : 주로 최종 소비자에게 상품을 판매하는 사업체

출처 : Bennett, Peter D., ed. *Dictionary of Marketing Terms*. Chicago, IL: American Marketing Association, 1995.

로 구성원들이 연결해줌으로써 가치를 부가한다.

도표 12.4와 12.5는 두 가지 다른 경로 상황을 보여주는데, 하나는 경로의 마지막 구성원이 최종 소비자인 경우이고 다른 하나는 기업 내에서 상품 소비가 이루어지는 조직 구매자가 경로의 끝에 있는 경우이다. 위 그림들은 중간상의 수에 따라 경로가 구분될 수 있다는 것을 나타낸다. 중간상이 많아질수록 경로가 길어진다. 각 그림에서 첫 번째 사례인 **직접 경로**(direct channel)는 중간상이 없으며 생산자에서 최종 소비자 또는 기업 소비자까지 직접 거래가 이루어진다. **간접 경로**(indirect channel)에는 각 그림에서 첫 번째 사례를 제외한 모든 예에서 나타나듯이, 하나 이상의 중간상이 포함된다.[12]

도표 12.4 │ 최종 소비자 경로

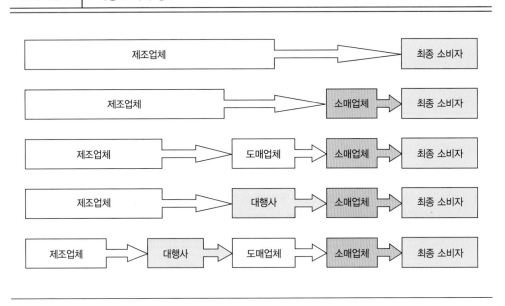

도표 12.5 │ 조직 구매자 경로

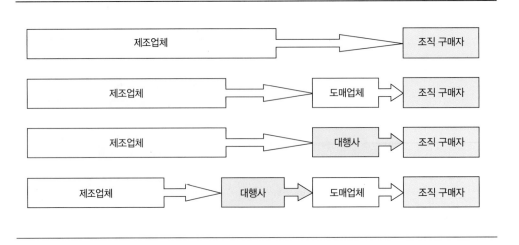

경로 중간상의 기능

경로 중간상은 다양한 세부 기능을 제공하여 효용을 강화시킨다. 중간상의 역할에는 물리적 분배 기능, 거래와 통신 기능, 기능 촉진 등이 있다.

12 – 3

물리적 유통, 거래 및 커뮤니케이션, 촉진 기능 등 중간상 기여가 어떤 영향을 미치는가를 이해한다.

물리적 분배 기능

첫 번째 경로 중간상의 기능은 **물리적 분배**(physical distribution) 또는 물류이다. **물류**(logistics)는 분배 경로를 통해 생산자에게 투입 재료를 이동시키고, 제조 과정의 재고와 기업의 완제품을 이동시키는 통합 프로세스이다. 경로의 중간상들이 대용량 상품 분할, 대용량 상품 축적과 정렬, 분류 생성, 거래 축소, 운송과 저장 등과 같은 다섯 가지 주요 방법으로 물리적 유통 기능에 어떻게 기여하는지 알아보자.

대용량 상품 분할 건강식품 산업과 같은 다양한 산업에서, 기업의 생산 라인으로부터 완제품이 나오면 제조업체는 낱개의 상품들을 묶어 큰 상자로 포장하여 경로로 운송한다. 그런 방식으로 제조업체는 상품을 편리하게 출하한다. 물리적 유통 과정에서 상품 1 그로스를 선적하는 것은 12다스(144)를 나타낸다. 그러나 월그린과 같은 전국적인 체인이든 동네에 있는 독립적인 약국이든 간에, 약국에서 쇼핑하는 소비자는 상점 선반에서 144단위의 샴푸 또는 탈취제를 볼 이유가 없다. 공간 제약과 재고 회전율 요구 사항에 대한 수량을 제대로 충족하기 위해 **대용량 상품 분할**(breaking bulk) 기능이 경로 내에서 발생한다.[13] 대부분의 경로 기능과 마찬가지로 대용량 상품 분할은 다른 형태의 중간상에 의해서도 수행될 수 있다는 것이 중요한데, 월그린의 경우 소매상의 창고에서도 대용량 상품 분할을 할 수 있으며 지역 약국의 경우에는 매케슨과 같은 약국 도매상이 대용량 상품 분할을 할 수 있다.

대용량 상품 축적과 정렬 일부 산업에서는 중간상이 대용량 상품 분할보다는 **대용량 상품 축적**(accumulating bulk) 과정을 수행한다. 즉, 여러 원천에서 상품을 받아서 그것을 변형하고, 때로는 경로를 통한 판매를 위해 상품을 **정렬**(sorting)하여 다른 형태로 분류하기도 한다.[14] 예를 들어, 개별적인 달걀 농장 운영자의 처리장에 들어가서 달걀을 등급과 크기별로 분류한 후 포장하여 소매점으로 보낼 수 있다.

분류 생성 중간상은 다양한 원천으로부터 상품을 모은 후 소비자를 위해 편리한 상품 모음으로 만들어 사용할 수 있게 하여 **분류 생성**(creating assortments)에 참여한다.[15] 새로운 HD 스마트 TV를 찾고 있는 순간을 가정해보자. 경로 중간상이 없으면 개별 제조업체로부터 HD 스마트 TV의 전체 라인을 검토하여 제품군 전반에 걸쳐 제공되는 다양한 제품 기능을 이해해야 한다. 그러나 베스트 바이 매장을 방문하거나 베스트 바이의 웹사이트를 방문하면 베스트 바이의 구매 전문가가 사양과 가치를 고려하여 선택한 여러 제조사들로부터 온 상품들이 있으며, 이들은 소비자 평가를 기다리고 있다. 대부분의 소비자는 다양한 선택을 할 수 있도록 여러 상품 모음이 있는 것이 상품을 검토하는 데 얼마나 편리한지를 알고 있다. 쇼핑객은 코스트코를 좋아하는데, 이 기업이 저비용으로 재고를 대량 구매하여 다양한 상품 구색을 만들어서 저렴한 가격에 작은 단위로 고객에게 재판매하기 때문이다. 코스트코의 사업 모델은 대단히 성공적이며, 거대 소매업자이자 관련 산업을 와해시키고 있는 아마존에 대해서도 경쟁력이 있음이 증명되었다. 코스트코는 창고 멤버십 모델을 활용해 수십억 달러 규모의 글로벌 소매업체가 되었고, 현재 8개국에서 영업하고 있다.[16]

거래 축소 여러분은 이미 하나의 중간상을 경로에 도입함으로써 어떻게 교환을 완성하는 데 필요한 **거래 축소**(reducing transactions)에 상당히 기여할 수 있는지를 알고 있다. 마케팅 관리를 배우지 않는 사람들에게는 상식에 반하는 것처럼 보일 수 있지만, 동일한 상품에 대해 중간상이 있는 경로의 대부분의 경우, 생산자와 소비자가 직접 거래할 때보다 최종 사용자 비용이 실제로 절감되는 경향이 있다.[17] 제조업체의 비용은 최종 소비자를 개별적으로 만나 직접적으로 상품을 전달할 경우 급상승한다. 접근이 편리한 곳에 위치한 매장은 소비자들의 이동 비용을 줄여 소비자가 제조업체에서 직접 구매하는 것보다 많은 돈을 절약하게 해준다. 앞서 언급했듯이 결국, 경로의 중간상들은 효율성을 높이고 비용을 줄이며 경로 내에서 가치를 부가하는 역할을 수행하는 한 경로에 계속 존재한다.

운송과 저장 생산자가 자체 운송망을 운영하거나 창고 시설을 제공하는 경우는 거의 없다. 생산자는 완제품을 경로에 맡겨서 매출을 일으킨다. **운송과 저장**(transportation and storage) 기능은 가장 일반적으로 제공되는 경로 중간상 활동 중 하나이다. 출판 업계에서 아마존 및 기타 온라인 서점은 주문의 긴급성에 따라, UPS의 지상 서비스부터 익일 항공 서비스까지 다양한 운송 옵션을 통해 적절한 도서의 충분한 재고 선적을 가능하게 하여 출판사와 소비자 모두에게 매우 가치 있는 역할을 한다.

거래와 통신 기능

거래 및 통신 기능은 경로 내 중간상들이 수행하는 또 다른 범주의 역할이다. 해당 기능은 다음과 같다.

- 판매 : 중간상은 제조업체의 제품 라인을 대표하는 영업 인력을 제공한다. 중간상은 경로에서 제품 라인을 맡고 있는 제조업체 대표 또는 브로커의 형태를 취할 수 있다. 또는 판매원이 도매업자나 소매업자를 위해 일할 수도 있다.[18]
- 구매 : 도매업자와 소매업자 모두 제품을 평가하고 궁극적으로 구색을 만들어 구매 의사 결정을 단순화하는 중요한 기능을 수행한다.[19]
- 마케팅 커뮤니케이션 : 중간상들은 경로에서 제품 홍보를 통해 제조업체로부터 인센티브를 받는 경우가 많다.[20] 타이드 세탁 세제의 특성을 광고하는 경우, 타깃이 P&G의 브랜드를 알리기 위해 판촉 공제를 받는 것이 안전하다. 마찬가지로, 글락소스미스클라인이 실행하는 촉진의 일환으로 도매업자가 이웃 약국의 선반 꼬리표에 텀스의 특별 가격을 게시할 경우, 그 도매업자는 글락소스미스클라인으로부터 공제를 받을 수 있다.

기능 촉진

경로에서 중간상들이 수행하는 **기능 촉진**(facilitating functions)에는 완료된 거래를 수행하고 경로 관계의 실행 가능성을 유지하는 데 도움이 되는 다양한 활동이 포함된다. 여기에는 아래 내용들이 포함된다.

- **금융** : 유통 과정의 여러 단계에서 쉽게 사용할 수 있는 신용이 없으면 많은 경로가 작동하지 않는다. 특정 경로에서 한 경로 구성원이 신용 보증을 요구할 때 상황에 따라 생산자, 도매업자 또는 소매업자와 같은 다른 경로 구성원이 신용을 보증할 수 있다. 그 외에, 신용은 은행 및 신용카드 제공 공급자와 같은 외부 원천에 의해 촉진될 수 있다.[21]

- **시장 조사** : 중간상들은 제조업체보다 최종 소비자 및 비즈니스 사용자에 더 가깝기 때문에 시장 및 소비자 동향에 대한 정보를 수집하는 데 이상적인 위치에 있다. 시장 및 경쟁자 정보를 수집하고 공유함으로써 경로 구성원들이 올바른 제품 믹스를 적절한 가격에 계속 제공할 수 있도록 한다.[22] 인터넷 추적과 스마트폰 기술 덕분에 소비자 관련 데이터가 항상 수집된다. 스마트폰은 버라이즌 및 AT&T와 같은 이동 통신 서비스 제공업체뿐만 아니라 언제든 접속할 수 있는 구글, 페이스북 등과 같은 기업들에게 지리 정보, 인터넷 검색 기록, 건강 정보, 상품 선호도 등에 대한 유용한 통찰력을 도출할 수 있게 해준다. 제5장에서 읽은 것처럼, 소비자 데이터를 꾸준하면서도 실시간으로 수집할 수 있게 되어 빅데이터의 등장을 앞당겼으며, 마케팅 관리자에게 데이터 분석의 중요성을 크게 높였다. 이러한 추세로 인해 보안 문제가 제기되었지만 핏빗과 같은 일부 기업들은 개인 데이터 수집 및 분석에 대한 소비자의 관심을 유도할 수 있는 기회를 전략적으로 활용했다. 웨어러블 기술을 통해 핏빗은 걸은 걸음 수, 칼로리 소모량 등과 같은 다수의 핏빗 착용자가 발생시키는 일상 활동에 대한 데이터를 수집한다. 핏빗은 데이터를 사용하여 제품을 개선하고 개인 훈련 서비스의 일환으로 정보를 제공한다.[23]

- **위험 감수** : 경로에서 다른 구성원의 위험을 줄이는 것도 중간상이 가치를 증가시킬 수 있는 주요 기능이다. 상기에서 설명한 주요 물리적 분배 기능은 잠재적 위험 및 책임을 수반한다.[24] 예를 들어, 고객 수요가 높을 것이라고 부정확하게 예측하여 부패할 수 있는 제품을 대량으로 쌓아놓으면 부패가 발생할 위험이 크다. 또한 제조물 책임 소송이 제기될 때, 피고인은 항상 제품을 시장에 내놓는 데 참여한 경로 내부에 있다.

- **기타 서비스** : 중간상이 수행하는 서비스에는 경로에서 제품을 전시하거나 판매하는 방법을 다른 사람에게 교육시키거나 판매 후 제품 수리, 유지 관리, 재고 관리, 회계 및 청구 그리고 기타 운영 프로세스 등을 위한 고객 맞춤화된 소프트웨어를 제공하는 것과 같은 다양한 영역의 활동들이 있다. ADP는 비즈니스 프로세스 및 클라우드 기반 인적 자본 관리 솔루션을 제공하는 세계 최대의 공급업체 중 하나이다. 110여개국 65만 명의 고객에게 서비스를 제공하는 ADP는 급여 처리, 인적자원 관리 및 복리후생 관리와 같은 서비스를 제공하여 고객이 내부의 특정 업무에 시간을 투자하는 대신 핵심 비즈니스에 집중할 수 있도록 시간과 자원을 할당할 수 있도록 한다.[25]

탈중개화와 전자 유통 경로

전자상거래 및 온라인 마케팅의 출현에 의한 **탈중개화**(disintermediation), 즉 하나 이상의 중개자를 제거함으로써 마케팅 경로가 축소되거나 붕괴되는 것은 전자상거래에서 흔한 현상이다. 전자상거래 초기에는 많은 창업기업들이 자신이 좋아하는 상품을 판매하기 위해 웹사이트를 구축하여 시장에 뛰어 들었다. 그러나 이 새로운 닷컴 시대의 마케팅 담당자 중 상당수가 유통 경로의 기본을 이해하지 못한 것이 부분적인 원인이 되어 닷컴 붐은 빠르게 붕괴되었다. 단순히 상품을 나타내는 웹사이트를 여는 것과 적시에 정확하게 주문을 수행하는 데 필요한 인프라와 역량에 투자하는 것은 전적으로 다른 이야기이다. 닷컴 붕괴의 원인에 대한 대부분의 사후 분석에서 수많은 초기 전자상거래 업체들이 유통 경로와 공급사슬의 부실화를 실패한 첫 번째 이유로 꼽는다. 즉, 온라인 구매의 참신함과 편리함에 의해 한껏 고양된 고객 기대는 판매 이후에 제품 배송이 지연되고 다양한 오류가 발생하는 등의 이유 때문에 결국 무너졌다.[26]

최근 전자상거래는 마케팅 관리 내에서 재화와 서비스를 유통시키고 촉진시키기 위한 여러 방법 중 하나로 보다 합리적인 위치를 구축하였다. 전자상거래 마케팅 담당자는 경로를 설정하고 관리하는 방법에 대해 훨씬 더 현명하며, 탈중개화가 전체 경로 실적을 개선하지 못할 수도 있음을 알고 있다. UPS 및 페덱스와 같은 기업들이 광범위한 통합 공급사슬 솔루션을 제공하는 시장에 진입함에 따라 온라인 쇼핑의 안정성이 크게 향상되었다.

최근 많은 전자상거래 (및 기타) 기업들이 공급사슬 활동과 같은 핵심 내부 기능 중 일부를 해당 분야의 전문가인 다른 (제3자) 기업에 위탁함으로써 핵심 사업에 더욱 집중할 수 있다는 사실을 알고 있다. **아웃소싱**(outsourcing) 또는 **제3자 물류**(third party logistics, 3PL)라고 하는 이러한 방법은 아웃소싱하려는 요소들이 핵심역량이 아닌 기업들에게 매력적이다. 이러한 추세를 통해 UPS, 페덱스 및 보다 규모가 작은 다수의 기업들은 사업의 초점을 단순 선적에서 고객의 모든 공급사슬 기능을 다루는 광범위한 물류 컨설팅으로 전환할 수 있는 기회를 얻었다.[27]

아마존은 FBA(Fulfilled by Amazon) 서비스를 통해 열정적인 기업가와 비즈니스 창업자에게 중개 서비스를 제공한다. 중소기업은 FBA 비즈니스 모델을 활용하여 아마존을 통해 상품을 광고 및 판매할 수 있으며 아마존은 재고를 저장 및 배송하고 유통과 물류를 처리한다. 또한 아마존은 FBA 제품에 대한 고객 지원 및 프라임 운송 자격을 제공한다. FBA 비즈니스 모델을 통해 개인 판매자와 중소기업은 대기업의 인프라, 기능 및 소비자 기반을 활용할 수 있다.[28]

수직적 마케팅 시스템

12-4

여러 유형의 수직적 마케팅 시스템을 설명한다.

표준 마케팅 유통 경로는 독립적인 개체들로 구성되지만 **수직적 마케팅 시스템**(vertical marketing system, VMS)은 통일된 체계로 행동하고 업무를 수행하는 수직적으로 정렬된 네트워크로 구성된다.[29] VMS는 기업 시스템, 계약 시스템 및 관리 시스템 등 세 가지 방법으로 설정할 수 있다. 본질적으로, VMS에서 경로 구성원은 (1) 다른 경로 구성원들을 소유하거나, (2) 다른 경로 구성원들과 계약을 맺거나, (3) 경로 내에서 완전한 영향력을 행사하여 협력을 강화한다.

기업 시스템

기업 VMS(corporate VMS)에서 경로 구성원은 다른 중간상들의 통제 지분을 획득하여 전방 또는 후방 **수직 통합**(vertical integration)에 투자해왔다. 브라움 체인을 예로 들어보자. 브라움 체인은 1930년대 중서부 지역의 캔자스에서 가족이 운영하는 낙농업을 시작했다. 브라움 가족 기업은 우유 유통, 기타 제품 제조, 운송, 창고 보관 및 브라움의 매장과 같은 경로의 거의 모든 기능을 수행했다. 브라움의 VMS와 같은 소유 또는 기업 VMS는 경로를 하나의 구성원이 엄격히 제어할 때 비용 및 프로세스에서의 효율성이 실현되어 시장에서 강력한 경쟁 우위를 창출한다.

계약 시스템

계약 VMS(contractual VMS)는 계약적 합의를 통해 합법적으로 법적 구속력을 갖는 독립 사업체들로 구성된다. 이 계약의 가장 유명한 예는 가맹점 영업권을 부여하는 가맹 사업 본부와 가맹 사업 본부가 요구하는 표준을 수행하기로 동의하는 독립 개체인 가맹점 간에 계약 관계를 만들기 위해 고안된 **가맹점 사업 조직**(franchise organization)이다.[30] 안트러프러너(*Entrepreneur*)에 의하면, 가맹점 사업은 소상공인들에게 전도유망한 사업 모델이고, 가장 높은 잠재력이 있는 성장 구조를 형성시켜줄 수 있으며, 유통 경로를 신속하고 효율적으로 확장시킬 수 있도록 도와주는 효과적인 방법이다. 세계 최대의 프랜차이즈 시스템인 서브웨이는 100여 개가 넘는 국가에 4만 4,000개 이상의 매장을 두고 있다.

또 다른 일반적인 계약 VMS는 **소매 협동조합**(retailer cooperative)이다. 체인 스토어 시대에 다양한 제품 범주의 독립적인 소매업체들이 협력하여 경로 내에서 비용 및 운영에서 규모의 경제를 확보했다. 연합 도매 식료 잡화상(Associated Wholesale Grocers, AWG)은 35개 주에 3,500개 이상의 점포가 있는 미국의 독립적 소유 슈퍼마켓 중 최대 규모의 협동 식료품 도매업체이다. 구매와 유통에서의 강화된 힘을 통해 AWG에 속한 점포들은 개별 점포들이 개별적으로 구매가 이루어지던 상황에서보다 슈퍼마켓 체인과 더 잘 경쟁할 수 있다.[31] 이런 개념의 변형이 에이스 하드웨어와 같은 **도매 협동조합**(wholesaler cooperative)인데, 그 안에서 소매업체들은 특정 도매업체와 다양한 수준의 독점적 거래를 계약한다.[32]

관리시스템

관리 VMS(administered VMS)에서 경로 구성원들은 규모와 힘으로 경로를 통제할 수 있는 위치를 차지할 수 있다. 그러한 규모와 힘을 갖고 있는 선도자를 경로 운영에서 여러 측면을 통제할 수 있는 능력을 나타내는 **경로 캡틴** 또는 **경로 리더**라고 부를 수 있다.[33] P&G는 다양하고 안정적인 1등 브랜드들의 영향력을 바탕으로 수십 년 동안 모든 유통 경로에서 경로 캡틴이었다. P&G는 판촉 상품 수량을 제한적으로 중간상들에게 제공하고 비협조적인 도매업자와 소매업자를 강제적으로 굴복시키면서 독재적으로 판매 조건을 정하는 것으로 악명 높았다. 그러나 거대 소매상인 월마트의 부상으로 경로 권력이 이동하였고 P&G는 보다 고객 순응적이 되었다.

관리 VMS는 상호 협력에 동의하는 경로 구성원들 간에 전략적 제휴 및 파트너십 계약을 통해 공식적으로 구성될 수 있다. P&G와 월마트는 재고 연결, 청구 시스템 및 시장 조사 등의 분야에서 전략적 제휴 관계를 오랜 시간 유지하고 있다. 그 결과 향상된 재고 관리, 효율적인 송장 처리 및 소비자 시장에 더 잘 맞는 상품 개발이 가능해졌다. 이와 같은 방법을 **파트너 관계 관리 전략**[partner relationship management(PRM) strategies]이라고 한다. PRM의 목표는 자원, 특히 지식 기반 자원을 공유하여 두 경로 구성원 간에 최적의 수익성을 얻을 수 있는 관계를 형성하는 것이다.[34]

경로 행동 : 갈등과 권력

경로, 특히 독립적인 사업체들로 구성된 전통적인 경로의 기본 성격으로 인해 구성원 사이의 권력 차이가 심화된다. **경로 권력**(channel power)은 마케팅 경로의 한 구성원이 다른 구성원들에게 영향력을 행사할 수 있는 정도를 나타낸다. 관리형 VMS에서 살펴보았듯이, 권력은 경로 내의 관계에 직접적으로 영향을 줄 수 있다. 궁극적으로 경로 구성원이 의견 불일치를 경험하고 그 관계가 긴장되거나 붕괴될 수 있는 **경로 갈등**(channel conflict)이 발생할 수 있다. 해결되지 않은 경로 갈등으로 인해 비협조적이고 비효율적인 경로가 형성될 수 있을 뿐만 아니라 열등한 상품, 불규칙한 재고 및 고가격으로 인해 결국 최종 소비자에게 악영향을 줄 수 있다.

단스킨은 수천 개의 소매 아울렛을 통해 스포츠 의류를 판매하고 있지만, 아마존과 단스킨 자체의 온라인 매장에서 스포츠 의류를 전혀 취급하지 않았다. 그러나 단스킨이 처음 웹사이트를 런칭하기로 결정했을 때, 잠재적으로 발생할 수 있는 경로 갈등에 대해 매우 염려하였다. 따라서 단스킨은 처음에 소매점과 직접 경쟁하지 않기 위해 웹상에서 큰 사이즈의 제품만을 제공했다. 단스킨의 소매점 고객들이 웹사이트에 대해 거부감을 나타내지 않자, 점차 정상 사이즈 의류 및 패션 스타일을 추가로 제공하면서 온라인에서의 입지를 확장했다. 소매점과의 가격 경쟁을 피하기 위해 단스킨의 온라인 상품은 제조업체의 권장 소비자 가격으로 제공되었다. 그러나 최근에는 다양한 온라인 채널이 우후죽순처럼 생기면서, 웹사이트에서 보다 공격적인 영업이 전개되었다. 2017년 메모리얼 위켄드에서 25% 할인된 가격으로 모든 제품을 판매한 것이 예가 될 수 있다.[35]

프렌치와 레이븐은 경로 설정에서 다섯 가지 중요한 권력의 원천을 식별하였다. 이러한 권력의 원천은 도표 12.6에 제시되어 있고, 다음에 설명되어 있다.

- **강압적 권력 : 강압적 권력**(coercive power)은 경로 구성원이 경로 리더의 요구나 기대에 따르지 않을 경우, 경로 캡틴이 경로 구성원에게 부정적인 결과를 부과할 것이라는 명

백하거나 암묵적인 위협과 관련이 있다. 월마트는 선적 업체가 월마트 유통 센터에서 배송 일정을 예약해야 하는 방식에 대해 엄격한 기준을 적용하고 있다. 트럭이 단 몇 분이라도 일정을 어기면 문제가 발생하여 공급업체(vendor)는 재정적으로 가혹한 결과를 얻게 된다. 문제가 반복적으로 발생하면 공급업체는 승인된 업체로서의 지위를 일시적으로 상실하게 된다.

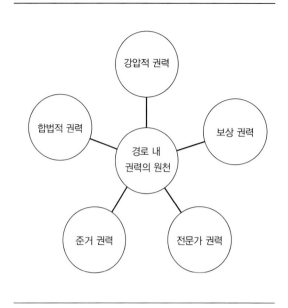

- 보상 권력 : 월마트가 강압적 권력이 있어서 함께 일하기 어렵다는 이유로 소매업계 거인(월마트)으로부터 잠재적인 비즈니스를 거절할 수 있는 중간상들은 거의 없을 것이다. 당연히 월마트와 함께 일하려고 하는 동기 부여의 힘은 월마트로부터 거대 주문을 받을 수 있을 것이라는 **보상 권력**(reward power)이다.
- 전문가 권력 : 경로 구성원들은 고유한 역량을 활용하여 경로의 다른 구성원들에게 영향을 미치는 방식을 채택한다. **전문가 권력**(expert power)은 중요한 제품 지식을 공유하는 형태를 취할 수 있는데, 크리니크의 대표가 노드스트롬 매장의 화장품 컨설턴트들에게 판매에 관한 전문성을 전수하기 시연을 해보이는

것을 예로 들 수 있다. 또는 특정 지역에서만 판매되는 칩의 특별한 맛을 내기 위해 프리토레이에 소비자 선호도 데이터를 제공하는 크로거 슈퍼마켓과 같은 정보 공유 형태도 전문가 권력의 예가 될 수 있다.

- 준거 권력 : 경로 구성원이 여러 속성들을 근거로 존경받을 경우, 해당 구성원은 경로 내에서 **준거 권력**(referent power)을 얻는다. 최고의 브랜드가 준거 권력에 의존할 수 있다. 냉동 식품에서 스타우퍼스(네슬레의 계열사)는 탁월한 품질 기준, 성공적인 마케팅, 브랜딩 전략 및 소매업체와의 협력 등으로 인해 경쟁 브랜드보다 훨씬 높은 수준의 존경을 얻고 있다. 슈퍼마켓의 냉동 식품 칸들에 신상품들을 채우고, 단종된 품목들을 제거할 때, 스타우퍼스 담당자에게 점원들이 선반을 재조정하도록 하는 역할을 부여하며, 많은 경우 스타우퍼스는 냉동실 케이스에서 주요 진열 공간을 부여받는다.
- 합법적 권력 : **합법적 권력**(legitimate power)은 가맹점 사업에서의 합의나 기타 공식적인 합의 등과 같은 계약의 결과로부터 비롯된다. 맥도널드는 유명한 최신판 독점 스그레치 게임에 참여하기를 원하는 가맹점들에게 상점에서 게임을 촉진하고 관리하는 방법에 대한 합의에 서명할 것을 요구하면, 촉진 활동이 잘못 활용되는 것을 통제할 수 있도록, 합법적인 권한을 행사한다.[36]

유통 경로 방식 선택

우리가 검토한 어떤 경로 중간상들을 선택하고, 경로 구조를 어떻게 만들 것인가 등에 대한 여러 선택지들을 생각해보면, 마케팅 관리자는 자신의 요구를 가장 잘 충족시켜줄 수 있는 경로 방식을 설계하거나 선택할 때 고려해야 할 사항이 많다는 것을 알 수 있다. 마케팅 계획

12 - 5
적합한 유통 경로 방법을 선택하기 위해 적절한 기준을 활용한다.

을 수립할 때 좋은 유통 경로를 결정하는 것이 전체 계획 과정 프로세스 내에서 가장 중요한 사항 중 하나일 수 있으며, 그로 인해 경쟁업체보다 시장에서 우위를 점할 수 있다. 고려해야 할 이슈는 다음과 같다.

1. 경로 내에서 요구되는 유통 강도의 수준은 어느 정도인가?
2. 경로와 그 활동에 대해 어느 정도의 통제와 적응력이 요구되는가?
3. 우선적으로 투자가 필요한 경로 기능은 무엇인가?

유통 강도

유통 강도(distribution intensity)는 상품 유통과 관련되어 있는 중간상들의 수를 나타낸다. 유통 전략은 집중적, 선택적 또는 전속적일 수 있다.

집중적 유통 유통 경로 전반에서 최대로 상품을 노출하고자 하는 것이 목적일 때, 모든 가능한 중간상들, 특히 소매업체에 상품을 공급하기 위해 **집중적 유통**(intensive distribution) 전략이 고안되었다. 집중적인 유통은 일반적으로 저렴한 비용의 **편의재**(convenience goods)와 관련이 있다. **충동재**(impulse goods) 역시 소비자가 제품을 보고 즉시 욕구를 느끼며 바로 구매할 수 있기 때문에 집중적 유통에 적합하다.

초바니는 미국, 호주, 아시아 및 라틴아메리카 전역에 요구르트를 판매하기 위해 집중적인 유통 방식을 활용하고 있다.[37] 초바니의 창업자인 함디 울루카야 회장은 기업이 걸었던 여정을 다음과 같이 묘사한다. "2005년에 센트럴 뉴욕(주)에 위치하고 있으며, 100년 된 낡은 제조 공장에서, 우리는 540일이 넘는 동안 밤낮으로 쉬지 않고 일한 결과, 진품 정제 그리스 요구르트 레시피를 완성하였다."[38] 초바니 최초의 유통업체는 2007년 뉴욕 롱아일랜드의 작은 식료품 가게였다.[39] 3년도 안 되어 초바니는 미국에서 가장 많이 팔리는 그리스 요구르트가 되었다. 초바니 상품은 미국 전역의 거의 모든 주요 식료품 업체들과 와와, 세븐일레븐과 같은 편의점 및 아마존 프레시, 프레시 다이렉트, 그리고 인스타카트와 같은 온라인 플랫폼을 통해 유통된다.[40] 초바니는 2017년에 식품 업계의 창업가들을 대상으로 식품 창업 보육 프로그램을 시작했는데, 선발된 스타트업들은 잠재 투자자, 유통업체 그리고 소비자들에게 상품을 선보일 수 있는 기회를 얻는다.[41]

선택적 유통 쇼핑 상품(shopping goods)과 같이 소비자가 제한된 탐색에 참여할 가능성이 있는 상품은 **선택적 유통**(exclusive distribution)의 후보가 될 수 있다. 이러한 방식에 적합한 상품의 예로는 대부분의 가전제품, 중형 패션 의류 및 가정용 가구가 있다. 선택적인 유통 전략은 중간상들이 판매 중에 고객 서비스의 일부를 제공하고, 제품 유형에 따라 판매 후 후속 서비스를 제공하도록 요구할 수 있다. 특히

티파니 앤드 컴퍼니는 자사 상품의 고급스러운 혜택을 나타낼 수 있도록 전속적 유통을 활용하고 있다.

출처 : T&CO

소매업체들이 얻은 중간상으로서의 평판은 선택적 유통에서 큰 자산이 될 수 있다. 예를 들어 브랜드 간에 관련성이 높고, 상품과 적합성이 강한 소매업체를 선택하는 것이 필수적이기 때문이다. 월그린이나 티파니 앤드 컴퍼니에서 케네스 콜 시계나 액세서리를 유통시키는 것은 적합하지 않지만 딜라드와 메이시를 통해 유통시키는 것은 상당히 합리적이다.

전속적 유통 제조업체가 경로에서 **전속적 유통**(exclusive distribution)을 선택할 때, 이는 명성, 희소성 및 프리미엄 가격 책정을 기반으로 구축된 전체 포지셔닝 전략의 일부이다. 여러분은 제11장에서 보스워터가 상당히 고가의 생수 시장에 매우 성공적으로 진입하였다는 내용을 읽었을 것이다. 보스가 목표로 삼고 있는 전속적인 음식점과 호텔들 사이에 이미 관계가 구축된 (음료, 와인, 양주를 취급하는) 도매상을 주(state)별로 단 하나만 취급하는 유통 전략 때문에 보스의 명성이 상당히 높아졌다. 제품을 구매하기 전에 소비자에게 상당한 개인적인 구매 노력이 요구되기 때문에 전속적 유통이 발생하기도 한다. 고객과의 일대일 대면 상호작용으로만 설명할 수 있는 복잡하거나 독특한 특성을 지닌 제품의 경우 전문적 판매 능력을 갖춘 중간상이 가장 잘 설명할 수 있다.[42]

경로 통제와 적응

도표 12.3의 중간상 유형과 도표 12.4와 12.5의 경로 사례를 검토하면, 경로를 통해 다소간의 통제와 적응으로 이끌 수 있는 다양한 옵션이 있음을 알 수 있다. 사내 영업 인력 채용, 트럭에 대한 투자, 창고 시설 구축, 수직적 통합으로 기업 VMS를 추구하거나, 다른 중간상들과의 계약 VMS에 참여하는 등 각각의 방법을 활용하여, 기업이 경로 통제를 강화시킬 수 있지만 그와 동시에 경쟁과 다른 외부 세력으로 인해 유연한 대응이 필요할 경우 변화에 대한 유연성이 제한받을 수 있다. 중개업자, 제조업체 대행사 및 일반 운송회사 등 다른 옵션들을 선택하면 경로에서 기업의 영향력과 통제력이 최소화된다는 점에서 역효과를 얻을 수 있지만, 필요에 따라 경로의 국면을 극적으로 신속하게 바꾸는 데 상당한 유연성을 얻을 수 있다.

경로에서 통제와 유연성 사이에서 적합한 균형을 어디에 둘지 결정할 때, 마케팅 관리자는 상품의 유형, 다양한 옵션에서의 비용 문제, 판매 예측의 정확성에 대한 믿음의 강도 및 고객이나 경쟁 시장에서 큰 변화가 발생할 가능성을 고려해야 하는데, 그런 일들이 발생할 경우 경로를 재구성하는 것이 필요하다. 유연성을 선택하는가 또는 통제를 선택하는가에 따라, 고객별 가치 제안이 차별적으로 영향을 미치기 때문에, 마케팅 관리자는 고객을 염두에 둔 상태에서 경로에 대한 궁극적인 의사결정을 해야 한다.

경로 기능의 우선 순위 정하기 : 밀기와 당기기 전략

마케팅 관리자가 하는 세 번째 경로 의사결정은 어떤 경로 기능들이 특정 상품을 성공시키는 데 가장 중요한가와 관련이 있다. 큰 틀에서, 이러한 결정은 일반적인 방식이 밀기 전략인지 또는 당기기 전략인지에 따라 형성된다. **밀기 전략**(push strategy)은 경로를 통해 상당 부분의 집중적 판촉 활동이 제조업체에서부터 아래로 수행됨을 의미한다. 중간상들이 상품을 저장하고, 촉진하고, 판매하고, 선적하고자 하도록 만드는 최대의 인센티브를 얻을 수 있게, 제조업체가 중간상에게 투자하는 것으로 밀기 전략을 생각해보자. 밀기 전략은 일반적으로 제조업체의 목표 달성을 돕기 위해 중간상들에게 상당액의 공제 지불을 하는 것으로 지원된다. 예를 들면, 특정 약품을 독립적인 약국에 밀어 넣거나 중간상의 재고 목록과 창고 또는 소매점 선반에 진열하기 위해 **입점 공제**(slotting allowance) 또는 **선반비**(shelf fee)를 지불할 수 있도록 도매 의약품 판매원에게 추가 인센티브를 제공하는 것이 일종의 밀기 전략이다.[43]

반면, **당기기 전략**(pull strategy)을 채택한 제조업자는 촉진 투자의 상당 부분을 최종 소비자에게 집중한다. 이 경우 대중 매체 광고, 다이렉트 마케팅, 쿠폰 및 기타 직접적인 소비자 촉진은 경로의 하단에서부터 중간상들에 대한 수요를 창출할 것으로 기대된다. 당기기 전략은 제조업체가 경로 내 중간상들에 대한 인센티브에 관여하지 않는 것을 의미하는 것이 아니라, 그러한 인센티브가 밀기 전략에서보다 크게 감소할 수 있다는 것을 의미한다.[44]

경로 구조 및 중간상 유형에 대한 여러 가지 중요한 마케팅 관리 의사결정은 수요 창출 및 지원을 위해 경로 중간상들에게 얼마만큼 의존하는가에 의해 영향을 받는다. 상품의 성공을 극대화할 수 있는 경로 구조와 관계를 형성하는 데 있어서, 밀기와 당기기를 어느 정도 수준으로 할 것인가를 결정하는 것이 기본이다.

공급사슬관리의 물류 측면

12-6

공급사슬관리의 물류적 특성을 식별한다.

물리적 유통, 즉 물류는 생산자에게 투입 재료를 이동시키고 기업 내부에서 공정 중인 재고를 운반하며, 유통 경로를 통하여 기업 외부로 완성품을 운반하는 통합 과정이다. 전통적으로 물류는 내부의 흐름이 한 방향으로 진행되는 **아웃바운드 물류**(outbound logistics)로 간주되어 왔다. 즉, 물류는 생산과 함께 시작되고 최종 소비자 또는 기업 고객이 완제품을 수령하며 끝나는 것으로 생각되었다. 최근 공급사슬 관점에서 물류 전문가들은 물리적 분배에 대하여 전체론적 관점을 취하는 경향이 있다. 그러므로 아웃바운드 물류와 함께 외부 공급자들로부터 자재와 지식 투입물을 생산이 시작되는 지점에 조달하는 **인바운드 물류**(inbound logistic)를 함께 고려하는 것이 중요하다.

오늘날에는 **역물류**(reverse logistics)의 개념도 고려되어야 한다. 역물류는 구매 이후 제조업체 또는 중개인에게 물품을 돌려보내는 방법을 다룬다. 부패와 파손, 초과 재고, 고객 불만족, 과잉 축적 등 여러 가지 이유로 인해 제품 반송이 발생한다.[45] 특히 B2C 및 B2B 시장의 온라인 판매자는 전자상거래의 고유한 특성 때문에 제품 반송 가능성이 높다는 것을 인식한다. 구매하기 전에 상품을 물리적으로 검사할 수 없다는 주된 이유 때문에 온라인 경로에서 반송이 많이 일어난다. 현명한 온라인 판매자는 무료, 선적 수수료 또는 재매입 수수료 포함 등의 반송 공제를 가격 책정 모형에 반영한다. 그렇게 하기 위해 판매자는 상품 반품 방법에 대하여 효율적이고 고객 친화적인 절차를 마련해야 한다. 많은 경우, 판매 기업은 물류 회사와 협력하여 역물류를 처리한다. 예를 들어, 자포스는 UPS 및 USPS와 파트너 관계를 맺고 고객에게 자포스 웹사이트에서 무료 반품 라벨을 온라인으로 인쇄할 수 있는 편리성을 제공한다.

마케팅 관리자는 공급망 관리에서 여러 물류 특성에 대해 면밀하게 주의를 기울여야 한다. 그러한 물류 특성은 주문 처리, 창고 및 자재 처리, 재고 관리와 운송 등이다.

주문 처리

고객의 주문을 접수하고 적절하게 처리하는 것은 공급사슬을 통해 상품을 이전할 때 중요한 단계이다. 또한 주문 처리 단계에서 실수가 쉽게 발생할 수 있으며, 실수가 발생하면 일반적으로 전체 이행 시스템에 영향을 준다. 주문한 품목의 재고가 있는 경우 재고로부터 아웃바운드 처리가 발생한다. **재고 소진**(stock-out)이라고 말할 수 있는 품목 재고가 없을 경우 인바운드 보충 프로세스가 실행된다.

다행히도 많은 현대 조직에서 주문 처리가 상당한 수준으로 기계화되었다. 정교하고 통합된 **전사적 자원 관리 시스템**[enterprise resource planning(ERP) systems]은 현재 많은 기업에서 물류 및 기타 프로세스의 상당 부분을 관리한다. ERP는 조직 전체에 물류 프로세스와 관련된 정보를 통합하도록 설계된 응용 소프트웨어 프로그램이다. 일단 데이터가 입력되면 내부 시스템을 통해 자동으로 연결되고 ERP 정보에 의존하는 모든 관련 의사결정에 활용할 수 있게 된다. ERP를 통해 매출, 청구서 발송, 고객 서비스 등에서 직원들은 공급사슬의 각 부분에 대하여 자세히 알게 되어, 고객과 자사 직원들에게 주문 상태를 정확히 알릴 수 있다.[46]

물류 문제는 농산물과 같은 식품을 운송하는 데 중요하다. 고열이나 냉기에 노출되면 운송 중인 재고가 파손될 수 있다.
ⓒ Cultura Limited/SuperStock

창고 저장 및 자재 처리

이상적인 공급사슬에서는 모든 종류의 자재 처리 횟수를 가급적 줄이려고 한다. 모든 창고는 물품을 수령하고 체크인한 후 지정된 보관 장소로 직접 이동하도록 설계될 필요가 있다. 효율적이고 질서 정연하며 깨끗하고 표시가 잘되어 있는 창고에서는 재화의 흐름이 상당히 원활하게 이루어진다.

창고의 최적 크기와 보관할 창고의 수, 운송 비용을 최소화하기 위한 위치 등에 대해 의사결정을 해야 한다. 운송비 최소화를 위한 위치 선정은 창고가 고객에게 재선적을 위해 대용량 물품을 분해하고 축적하는 기능을 실행하는 유통 센터 역할을 하는 경우 특히 중요하다.

재고 관리

과도하게 시간을 지체하지 않고, 고객의 요구를 충족시킬 수 있게 원자재 및 완제품 재고를 충분히 확보할 목적으로, 기업은 정교한 **적시 생산 방식 재고 통제 시스템**[just-in-time(JIT)

저비용	속도	운송 신뢰성	운송 유연성	미손상 제품 운송 명성
1. 관로	1. 항공	1. 관로	1. 자동차	1. 관로
2. 수상	2. 자동차	2. 항공	2. 철도	2. 수상
3. 철도	3. 철도	3. 자동차	3. 항공	3. 항공
4. 자동차	4. 관로	4. 기차	4. 수상	4. 자동차
5. 항공	5. 수상	5. 수상	5. 관로	5. 철도

주 : 숫자는 각 운송 수단에서 비용과 다른 특성들 사이에서 발생하는 일반적인 상쇄 관계를 고려한 상대적인 순위를 나타낸다.

inventory control systems]을 활용한다. 빠른 생산과 신속한 배송을 요하는 JIT 시스템의 목표는 잠재적으로 과도한 상품을 보유하여 불필요한 창고 비용이 발생하는 상황과 재고가 거의 없어 재고 소진이 발생할 수 있는 상황이라는 두 양날의 검 사이에서 균형을 맞추는 것이다.[47]

파트너 관계 관리(PRM)에서의 합의를 통해 신뢰성 있는 JIT 재고 관리를 가능하게 하는 데이터 공유 목적의 집합적 IT 시스템의 장이 열렸다. 월마트는 뛰어난 실시간 분석 능력과 상점이나 유통 센터 위치의 재고 데이터를 공급업체(vendor)에 전송하는 능력 때문에, 다른 소매업체들에 비해 상당한 경쟁 우위가 있다. 어떤 산업 분야에서든 고객은 보유 중인 제품 재고를 얻을 수 있을 것이라 기대하며, 그렇지 않은 경우 신속하게 경쟁 업체로 전환하려고 한다. **자재 소요 계획**(materials requirement planning, MRP)은 ERP 시스템의 한 구성 요소이다. MRP는 생산 지연을 최소화하기 위해 공급업체의 전반적인 인바운드 자재 관리를 유도한다.[48]

운송

연료 비용으로 인해, 운송 비용은 제품 원가의 10% 수준인 것이 일반적이다. 효과적인 운송 관리는 많은 기업들이 비용을 줄이고 고객을 위한 배송 옵션을 최적화하는 하나의 방법이다. 도표 12.7은 의존성, 비용, 속도 및 적합한 제품과 같은 다양한 기준을 바탕으로 여러 운송 옵션을 비교하고 있다. 운송 옵션 중 어느 것을 혼합할지에 대한 결정은 기업의 수익에 중요한 영향을 미친다.

공급망 관리에서 법적 문제

가격 책정과 함께 유통 경로 및 물류에 대한 의사결정 역시 법의 영향을 받는다. 셔먼 독점 금지법(1890), 클레이튼 법(1914), 연방 거래위원회 법(1914)은 공급사슬에 영향을 미치는 법률적인 기초의 상당 부분을 제공한다. 유통과 관련한 세 가지 주요 법적 문제는 전속적 거래, 전속적 영역 및 묶음 계약이다.

전속적 거래

공급자가 자신의 제품을 취급하는 중간상이 경쟁 기업의 제품을 판매하지 못하게 하는 제한적인 협약을 할 경우 **전속적 거래**(exclusive dealing)가 발생한다. 특정 약정이 합법적인지의 여부는 중간상이 독자적으로 행동할 권리나 경쟁자가 성공할 권리를 방해하는지, 즉 약정에 의해 경쟁이 완화되는지 여부에 달려 있다. 전속적 거래를 통해 (1) 상당한 시장 점유율을 차지하게 되고, (2) 상당한 거래 금액이 관련되며, (3) 강압적인 상황이 설정될 수 있는 거대 공급자와 소규모 중간상이 관련되어 있을 경우, 경쟁이 감소한다.

예를 들어 연방무역위원회(Federal Trade Commission, FTC)는 광변색 렌즈 유통 경로에 대한 전속적 거래에 참여하여 불법적으로 독점을 유지하려 한다는 혐의가 트랜지션스 옵티컬에 있다고 결론지었다. 광변색 치료는 안경 렌즈에 적용되며, 자외선에 노출되면 치료 렌즈가 어두워진다. 트랜지션스 옵티컬이 거의 모든 단계의 광변색 렌즈 유통 경로에서 배타적 거래에 참여함으로써 불법적으로 독점을 유지했고, 배타적 전술을 활용하여 렌즈 주물 시장의 약 85%에서 경쟁자를 몰아내었으며, 소매 및 도매 실험실 시장의 40% 이상에서 경쟁자를 몰아냈다는 주장이 제기되었다. 즉 트랜지션스 옵티컬은 소매 및 도매업체의 경쟁업체 렌즈 판매를 제한하는 전속적 계약을 활용하여 독점적 지위를 얻었다. FTC의 합의 명령에 따라 트랜지션스 옵티컬은 경쟁에 위협이 되는 독점적인 거래를 모두 중단하기로 합의함으로써 경쟁자의 시장 진입이 보다 수월해졌다.[49]

전속적 거래와 관련 있는 당사자들이 전속적 거래가 상품 이미지 유지와 같은 전략적인 이유로 불가피하다는 것을 보인다면 전속 거래는 합법화될 수 있다. 고급 패션 브랜드는 저가 브랜드 주변에서 상품을 판매하여 이미지가 손상되지 않도록 소매점과 보통 전속적 계약을 체결한다. 또한 공급업체의 제한된 생산 능력 때문에 판매 역량이 합리적으로 제한받는 경우 전속적 거래는 합법적일 수 있다. 이 경우, 전속적인 거래는 제한된 수량의 제품이 최종 소비자에게 '판매될' 가능성이 가장 높도록 보장하려는 목적에서 실행된다.[50]

전속적 영역

전속적 영역(exclusive territory)에서는 같은 생산자의 상품을 판매하는 다른 중간상들과 경쟁하지 않을 수 있도록 특정 중간상이 보호를 받을 수 있다. 생산자는 매출을 목적으로 중개자에게 전속적 영역을 항상 부여할 수 있는가? 꼭 그런 것은 아니다. 전속적 영역 부여가 합법적이기 위해서는 전속권이 경쟁 위반에 관한 법규를 위반하지 않는다는 것을 입증해야 한다. 이 문제는 보통 공급업체가 특정 지역 내에서 소매점 수를 제한하고자 하는 상황에서 나타난다. 시장에 진입하려는 새로운 상점(식당, 소매점, 딜러 등)의 비용이 상당히 크고, 관련 시장의 특성과 위험성으로 인해 전속성이 필요하다는 것이 하나의 가능한 방어 논리가 될 수 있다.[51]

수년 전, 건강 및 영양 제품을 취급하는 소매점인 GNC(General Nutrition Centers)는 가맹점 지역 근처에 낮은 가격에 상품을 판매하는 직영점들을 오픈하여, 유명하면서도 대중에게 널리 알려진 집단 소송에 휘말렸다. 불가피하게 가맹점들은 고객을 잃었고 일부는 폐업하였다. 영역 위반과 불공정 경쟁 혐의로 인해, 눈에 잘 띄면서 브랜드를 손상시키는 소송이 진행되었다. 결국 GNC의 가맹점 시스템과 고객 서비스 강화를 목적으로 하는 수백만 달러의 합의가 이루어졌다.[52]

묶음 계약

중간상이 구입하고자 하는 주요 상품을 구매할 수 있는 자격 조건으로, 판매자가 중간상에게 보완재를 함께 구매하도록 요구하는 경우 **묶음 계약**(tying contracts)이 체결된다. 예를 들면, "귀하는 우리 회사의 프린터를 구입할 수는 있습니다. 그러나 프린터를 구입하기 위해서 우리 회사 잉크의 구매 계약서에 서명해야 합니다." 즉, 상품은 판매 조항으로 '묶여' 있다. 묶음 계약은 불법이지만 법원에서 계약 자체가 묶음 계약인지의 여부를 증명하는 것이 어려웠다.[53] 잘 알려진 예로, 폐업 전에 코닥은 코닥 복사기의 서비스 판매를 부품 판매와 불법적으로 묶은 후에 법적 분쟁에 휘말렸다. 독립 서비스 기업들은 코닥이 코닥 상품의 교체 부품 사업 참여를 제한하기 때문에, 자신들을 서비스 비즈니스에서 효과적으로 퇴출시키려 한다고 주장하였다. 결국 고객들은 코닥에서 직접 서비스를 구매하거나 스스로 기계를 수리해야 했다.[54]

소매와 전자상거래

12-7

고객에게 가치 제안을 할 때, 소매와 전자상거래의 역할을 이해한다.

당신은 소매상들이 경로 중간상의 유형 중 하나라는 것을 배웠다. 소매상이 수많은 사람들이 가장 자주 접하게 되는 중간상 유형이기 때문에, 이 절에서는 소매업에 대해 좀 더 중점적으로 다룰 것이다. **소매**(retailing)는 개인의 비사업적인 소비를 위해 상품 및 서비스를 제공하여 가치를 창출하는 비즈니스 활동이며 공급사슬의 필수 구성 요소이다. 이 장의 앞부분에서 논의했듯이 효율적이고 효과적인 공급사슬은 제조업체에서 소비자로 원료와 상품을 이동시킨다. 소매는 어떤 형태이건 간에 공급사슬에서 상품 소비자와 대면하는 지점이다. 달리 말하자면, 다양한 형태의 소매업은 고객 접점이 발생하는 매우 중요한 지점이다.

고객이 제조업체와 직접적으로 접촉하고 소셜미디어를 통해 만나는 고도로 상호연결된 세계에서, 제조업체의 웹사이트를 통하거나 아마존 및 그와 유사한 광역 온라인 공급업체를 통해, 상당 부분의 전통적인 오프라인 소매 기능이 온라인으로 이동하고 있다. 확실히 많은 경우에 온라인 쇼핑은 오프라인 매장 내 구매에 심각한 영향을 미친다. **전자상거래**(e-commerce)는 고객과 소통(상품의 재고, 교환, 유통을 촉진)하거나 지불을 위해 전자 매체를 활용하는 활동을 의미한다. 전자상거래는 가장 빠르게 성장하는 고객 접점이며, 기업과 고객이 상호 작용하는 방식을 근본적으로 변화시켰다.

전자상거래는 새로운 비즈니스 기회를 창출하고 기존 비즈니스 모델의 효율성을 높였다. 불과 10년 미만의 시간 전만 해도, 많은 소매업체들에게 전자상거래는 기본적으로 기존 매장 운영에 대한 보조 경로로서의 역할을 하였다. 최근 그러한 상황은 변화하였으며, 효과적인 전자상거래 전략은 대부분의 기업에서 마케팅 전략의 핵심이 되었다. 전자상거래는 B2B와 B2C 모두와 관련이 있다.

B2C 전자상거래

전자 소매(e-retailing 또는 e-tailing)는 인터넷을 통해 소비자에게 제품 또는 서비스를 알리고 판매하는 것을 나타낸다.[55] 전자 소매는 상당히 빠르게 성장하는 소매 유형으로, 연간 10% 이상의 성장률을 보이고 있다. 퓨리서치의 최근 연구에 따르면, 미국인의 약 80%가 인터넷 쇼핑을 하고 43%는 매주 또는 한 달에 두세 차례 쇼핑을 하는 것으로 나타났다. 퓨리서치가 같은 질문을 2000년에 처음 제시하였을 때, 응답자의 22%만이 온라인으로 구매해본 적이 있다고 답하였다![56]

대부분의 사람들은 월마트가 세계 최대의 소매업체임을 알고 있다. 그러나 프랑스에 본사를 둔 세계에서 두 번째로 큰 소매점인 까르푸 역시 전 세계적으로 다양한 소매 형태를 갖춘 매우 강력한 기업이다.
ⓒKevin Foy/Alamy Stock Photo

전자 소매업은 가장 작은 창업 기업조차도 인터넷에서 상점을 열 수 있는 기회를 제공한다. 많은 중소기업들이 전자 소매를 활용하고 있지만 제품 또는 서비스 판매를 오프라인 소매 유통업에서 시작한 유명 기업들이 여전히 소매 판매 및 인터넷 트래픽의 대부분을 담당하고 있다. 월마트, 베스트 바이 및 메릴린치 등의 기업들은 온라인을 통해 광범위한 고객 지원과 제품 및 서비스를 제공한다. 최근 그러한 기업들은 정교한 벽돌(상점, 물리적 위치)과 클릭(온라인) 전략을 조화롭게 조정하여 소매 유형들을 연결하고 있다. 고객은 **옴니채널**(omnichannel) 소매를 통해 구매 전 조사를 포함한 쇼핑 경험을 얻기 위해 다양한 경로를 활용한다. 이러한 경로에는 물리적 매장, 온라인 상점, 모바일 매장, 모바일 앱스토어, 전화 판매 및 기타 고객과의 거래 방법이 포함된다.

전자 소매업에서 가장 큰 성공은 구매 의사결정과정에서 상품의 편리성과 저렴한 가격이 핵심 동인으로서 역할을 하는가에 달려 있다. 사람들은 반스앤노블에서 쇼핑을 즐기지만, 온라인 쇼핑을 통해 책을 구매할 수 있는 편리함도 역시 높이 평가한다. 이트레이드와 같은 기업들과 메릴린치와 같은 전통적인 금융 기관들은 저렴한 거래 옵션과 기타 서비스를 온라인을 통해 성공적으로 제공한다. 소비자가 온라인에서 더욱 편리하게 상품을 평가하고 구매 결정을 내릴 때, 전자 쇼핑 경험이 확장된다. 전자 소매 업계의 강력한 고릴라인 아마존은 고객 접점에서 다양성과 편리함을 지속적으로 높여준다.

전자 소매의 장점

광범위한 선택 다른 어떤 경로도 전자 소매만큼 선택의 폭과 깊이를 제공할 수 없다. 정보 탐색에서 구매에 이르기까지 인터넷을 통해 소비자는 많은 선택권을 가지고 다양한 상품 옵션에 쉽게 접근하고 있다. 누군가가 반스앤노블로 운전해 가서 책을 찾을 때, 어떤 이는 반스앤노블 웹사이트를 방문하여 (아마 더 저렴한 가격으로) 책을 주문할 수 있으며, 다음날 배송을 받을 수 있다(또는 아마존을 방문하여 당일 배송 혜택을 얻을 수 있다!).[57]

이베이와 같은 온라인 소매업체는 고객에게 보다 쉽게 접근하기 위해 모바일 앱을 출시하였다.

ⓒdennizn/Shutterstock

상품 탐색과 평가를 위해 활용할 수 있는 거대 정보 인터넷은 소비자의 지식을 극적으로 확장하여 제품 및 서비스를 연구하고, 평가하며 추천할 수 있는, 거의 무제한의 웹사이트를 제공한다. 소매업체(예 : 전자 제품의 베스트 바이)에서 독립적인 시험 기관(예 : 기술 분야의 CNet)에 이르기까지 소비자는 무엇이든 정보를 찾을 수 있다.[58] 예를 들어, 소비자가 1958 존 디어 420T 트랙터에 대해 좀 더 알고 싶다면, www.antiquetractors.com을 방문하기만 하면 된다. 소비자가 1935 화이트 버드 오브 패러다이스 깔개를 원한다면, 이베이를 통해 간단히 알아볼 수 있다. 또한 많은 사이트에서 일대일 상품 비교, 비디오 상품 검토 또는 3차원 대화형 상품 전시와 같은 추가 도구를 제공하여 즐거우면서도 시각적으로 유익한 방법으로 소비자를 교육하고 있다.

상품 커뮤니티 구축 인터넷은 가상 공동체를 창출하기 위해 공동 관심사를 가진 개인들로 구성된 집단들을 모으고 있다. 그러한 커뮤니티는 정보, 아이디어 및 상품 특성 등을 공유한다. Babycenter.com은 부모들에게 아기, 유아 및 육아에 관한 정보를 원스톱으로 제공한다. 그러한 사이트들은 목표 시장에 상품을 마케팅하는 기업들을 위한 훌륭한 커뮤니케이션 채널이다. 한 예로 존슨앤존슨 계열사인 Babycenter.com이 있으며, 그 사이트에서는 학부모들이 다양한 주제로 연결되어 있는 인기 있는 온라인 커뮤니티 서비스를 제공한다.[59]

개별화된 고객 경험 인터넷은 소비자와 기업 모두에게 상당한 수준의 개인화를 가능하게 한다. 소비자들은 고객 서비스 담당자와 일대일 상호작용을 하고, 개인 취향에 따라 자체 웹 콘텐츠를 만들 수 있다. 동시에 기업들은 소비자의 웹 기록을 분석하여 메시지와 웹 콘텐츠를 맞춤 설정할 수 있다. 결국 보다 맞춤화된 개인용 경험이 제공된다.

전자 소매의 단점 전자 소매가 갖고 있는 분명한 장점들에도 불구하고 몇 가지 단점 역시 존재한다.

- 고객 이탈의 수월함 : 고객은 웹 경험을 완전히 통제할 수 있으며, 언제든 이탈할 기회가 있다. 인적 판매 상황이나 소매점과는 대조적으로, 고객은 단순히 다른 사이트로 클릭하기만 하면 이동할 수 있다. 그러한 이유로 웹사이트에서 방문객을 끌어들이고 오래도록 머물게 할 추가적인 부담이 발생한다. 웹사이트 평가 시 주요 척도 중 하나는 방문자가 사이트에 머문 시간의 양을 나타내는 '고착성'이다. 좋은 웹사이트는 많은 방문자들을 유인할 뿐만 아니라, 사이트 내에 지속적으로 머무르면서 탐색할 수 있게 한다. 제13장에서는 고객의 고착성을 증대시킬 수 있는, 마케팅 활동에서 디지털 및 소셜미디어 활용에 대한 아이디어를 제공한다.
- 기능 및 혜택 판매 능력 부족 : 웹사이트에는 중요한 사양과 장점들을 게시하고 강조할 수

있는 정교한 도구가 통합되어 있다. 그러나 고객이 웹 라이브 챗, 전화 또는 이메일을 통해 추가적으로 연락을 하지 않으면, 질문에 답변하거나 이의를 제기한 문제를 처리할 때 고객의 참여가 어렵다.

- 개인 데이터의 보안 : 지난 몇 년 동안 소매점은 물론 전자상거래 업체들과 관련하여 널리 알려진 데이터 보안 침해가 여러 차례 발생했다. 기업들이 웹사이트의 보안을 유지하고 신용카드 번호와 같은 개인 정보를 비공개로 유지하기 위해 열심히 노력하지만 데이터 보안을 우려하는 소비자들은 여전히 많다. 이러한 우려로 인해 일부 소비자들은 전자상거래를 통한 구매를 꺼려한다.[60]

B2B 전자상거래

인터넷은 비즈니스와 소비자가 상호작용하는 방식을 재편성했는데 B2B의 고객 접점에서도 역시 중요한 역할을 수행한다. 포레스터는 2020년까지 미국 내에서 B2B 전자상거래의 규모가 1조 1,000억 달러를 돌파하고, 전체 B2B 매출의 12% 이상을 차지할 것으로 예측하고 있다. B2C 전자상거래 시장은 2020년까지 약 4,800억 달러에 이를 것으로 전망된다(즉, B2B 전자상거래의 가치는 B2C의 두 배 이상으로 평가될 것이다). B2C 기업들과 마찬가지로 B2B 공급업체들은 훌륭한 옴니채널 고객 경험을 제공하기 위해 많은 투자를 하고 있다.[61]

많은 기업들이 이제 공급업자들에게 온라인으로 사업을 할 것을 요구한다. 디즈니의 공급업체들은 디즈니의 EDI(전자 데이터 교환) 네트워크의 일부로 활동하며, 인터넷을 통해 주문을 처리한다. 디즈니와 연결하기 위한 (하드웨어 및 소프트웨어) 인프라를 확보하려면 수천 달러의 초기 투자가 필요하다. 이 장의 앞부분에서 언급했듯이, 비즈니스 프로세스에 기술을 적용하는 데 선구자인 월마트는 P&G와 같은 대규모 공급업체를 IT 네트워크를 통해 직접 연결하여 재고 보충이 신속하고 빈틈없이 정확하게 이루어지도록 노력한다.

인터넷은 또한 제품과 서비스의 교환을 촉진하는 전용 B2B 사이트를 통해 B2B 관계의 효율성을 높여 왔다. 이로 인해 구매자와 판매자가 빠르게 연결되어, 전자 도매 유통과 같은 시장이 보다 효율화되었다. **시장 창출자**(market makers)로 알려진 이 사이트들은 구매자와 판매자를 하나로 연결한다.[62]

고객 커뮤니티(customer communities)는 이름이 내뽀하듯, 아이디어를 공유하고 서로 관심 있는 주제에 대해 협력하기 위해 고객이 생태계 내의 다른 고객, 후원 기업, 기타 구성원들과 함께 참여하는 웹사이트이다. 어도비, 시스코, 오라클 및 스파이스웍스(IT 전문가 및 기술 공급업체를 위한) 등이 고객 커뮤니티의 예라고 할 수 있다. 이 장의 주제였던 것처럼, 그러한 커뮤니티들의 핵심 목표는 고객의 경험을 향상시키는 것이다.[63]

유통 경로 및 공급사슬에 대한 의사결정은 기업의 가치 제안을 창출하는 데 중요하다. 기업은 효과적이고 효율적인 경로 관리, 물리적 분배(물류) 등을 통해 경쟁 우위를 확보할 수 있다. 수직적인 마케팅 시스템과 파트너 관계 관리 전략으로 인해 경로 구성원들 간에 통합 수준이 매력적으로 증가한다. 이러한 가치 네트워크의 목표는 참여 공급업체, 고객 및 주주에 의한 가치 공동 창출인데, 가치 네트워크에서 네트워크 구성원들은 그들의 전문성과 상황이 요구하는 역량을 활용하여 자신들의 능력을 결합한다.

소매업체는 대부분의 사람들이 가장 자주 접하는 경로 중간상 유형이다. 기술 발전으로 소비자가 소매점과 상호 작용하는 방법과 장소 및 시간이 획기적으로 변화하였다. B2C 전자 소매업의 성장이 확실히 인상적이지만 B2B 전자상거래 역시 상당히 빠르게 성장하고 있으며 B2C 전자상거래보다 더 큰 수익을 창출한다.

핵심용어

가맹점 사업 조직(franchise organization)
가치 공동 창출(value co-creation)
가치 네트워크(value network)
간접 경로(indirect channel)
강압적 권력(coercive power)
거래 축소(reducing transactions)
경로 갈등(channel conflict)
경로 권력(channel power)
경로 캡틴(경로 리더)[channel captain(channel leader)]
계약 VMS(contractual VMS)
고객 커뮤니티(customer communities)
공급사슬(supply chain)
공급사슬관리(supply chain management)
관리 VMS(administered VMS)
기능 촉진(facilitating functions)
기업 VMS(corporate VMS)
네트워크 조직(가상 조직)[network organization(virtual organization)]
당기기 전략(pull strategy)
대리 중간상(agent intermediaries)
대용량 상품 분할(breaking bulk)
대용량 상품 축적(accumulating bulk)
도매 협동조합(wholesaler cooperative)
묶음 계약(tying contract)
물리적 분배(물류)[physical distribution(logistics)]
민첩(nimble)

밀기 전략(push strategy)
보상 권력(reward power)
분류 생성(creating assortments)
상인 중간상(merchant intermediaries)
선택적 유통(selective distribution)
소매(retailing)
소매 협동조합(retailer cooperative, co-op)
쇼핑 상품(shopping goods)
수직적 마케팅 시스템(vertical marketing system, VMS)
수직 통합(vertical integration)
시장 창출자(market makers)
아웃바운드 물류(outbound logistics)
아웃소싱(제3자 물류, 3PL)[outsourcing(third party logistics)]
역물류(reverse logistics)
옴니채널(omnichannel)
운송과 저장(transportation and storage)
유통 강도(distribution intensity)
유통 경로(channel of distribution)
인바운드 물류(inbound logistics)
입점 공제(선반비)[slotting allowance(shelf fee)]
자재 소요 계획(materials requirement planning, MRP)
재고 소진(stock-out)
적시 생산 방식 재고 통제 시스템(just-in-time inventory control system, JIT)
진문가 권력(expert power)

전사적 자원 관리 시스템(enterprise resource planning systems, ERP)
전속적 거래(exclusive dealing)
전속적 영역(exclusive territory)
전속적 유통(exclusive distribution)
전자상거래(electronic commerce, e-commerce)
전자 소매(electronic retailing, e-retailing 또는 e-tailing)
정렬(sorting)
준거 권력(referent power)
중간상(intermediaries)
직접 경로(direct channel)
집중적 유통(intensive distribution)
충동재(impulse goods)
탈중개화(disintermediation)
파트너 관계 관리 전략(partner relationship management, PRM)
편의재(convenience goods)
합법적 권력(legitimate power)

응용 문제

1. 가치 공동 창출의 개념을 고려하라.

    a. 가치 공동 창출의 개념을 자신의 언어로 설명해보라.

    b. 가치가 공동으로 창출될 수 있는 몇 가지 구체적인 방법은 무엇인가?

    c. 높은 수준의 가치 공동 창출이 가져올 것으로 판단되는 구체적인 가치 네트워크의 예를 들어보라.

    d. 가치 네트워크를 수립하고 가치 공동 창출 참여를 통해 이익을 얻을 수 있는 특정 기업의 사례를 들어보라. 이 접근 방식은 어떤 면에서 기존 비즈니스 접근 방식보다 개선된 것으로 볼 수 있는가?

2. 이 장에서는 회사 운영의 모든 측면에서 '민첩'해지는 것, 즉 변화에 대응하여 최대한 유연하고 적응 가능하며 신속하게 움직일 수 있는 위치에 있어야 한다는 것의 중요성에 대해 논의하였다.

    a. 사업 운영에 민첩함을 보이고 있는 두 기업을 파악해보라(서로 다른 두 산업에서 각각 하나씩의 기업을 선택하라).

    b. 어떤 구체적인 증거에 근거하여 위 두 기업들이 경로 및 공급사슬 활동에서 민첩하다고 생각하는가?

3. 전자상거래 경로에서 탈중개화 문제를 고려하라.

    a. 시간이 지남에 따라 모든 경로가 간단한 직접 경로로 전환될 것이라고 생각하는가? 그렇다고 생각하거나 그렇지 않다고 생각할 때 그 이유는 무엇인가?

    b. a 질문을 B2C 경로에 국한해서만 질문한다면 당신의 의견이 달라지는가? B2B 경로에만 적용한다면 의견이 달라지는가? 이유도 함께 설명하라.

4. 다음 진술을 고려하라. "최근 모든 기업들은 중간상들을 없애는 것이 중요하다. 중간상들은 그들을 시스템 밖으로 나가게 하는 방법을 찾을 수 있을 경우 절감될 수 있는 비용이라고 볼 수 있다. 축소된 경로에서의 구매자들은 탈중개화(중간상 제거)가 발생할 때 항상 혜택을 얻는다." 이 진술에 동의하는가? 그렇다고 생각하거나 그렇지 않다고 생각할 때 그 이유는 무엇인가? 이 장에서 배운 내용을 토대로 당신의 주장에 대한 논의를 구체화하라.

5. 기업들이 가치 공동 창출을 위해 네트워크를 개발하고 제휴를 하도록 권장하는 것은 좋은 생각처럼 보인다. 그러나 그런 방법이 (a) 법적 관점에서, (b) 윤리적 관점에서, (c) 전략적 관점에서 상당히 지나칠 수 있다고 받아들여질 수 있는 점이 있는가? 당신의 견해를 설명하라.

6. 여러분의 학교에서의 전자상거래 기능을 고려하라.

    a. 학생의 관점에서 캠퍼스 웹사이트에서 사용할 수 있는 전자상거래 기능(예 : 수업 등록, 지불, 수업 교재 제공)은 무엇인가?

    b. 당신이 확인한 기능에 대해 캠퍼스 웹사이트의 사용 편의성을 어떻게 평가하겠는가?

    c. 캠퍼스 웹사이트는 어떤 기능을 훌륭하게 수행하고 어떤 기능이 제대로 수행되고 있지 않은지를 설명하라.

    d. 당신이 생각하기에 현재 제공되지 않는 웹사이트의 기능에 추가해야 하는 전자상거래 기능들은 무엇인가?

복원 하드웨어 : 전통 상점을 '3D 카탈로그'로 활용하기

현대 소매업에서 인터넷의 강한 파괴적 힘 때문에, 더 리미티드, 어메리칸 어패럴, 웨트실, 에어로포스데일, 퍼시픽 선웨어 등 지역에 위치하고 있는 여러 오래된 상점들이 몰락하고 있다.[64] 군건한 메이시조차 적어도 100개 이상의 점포를 폐쇄하였다.[65] 대부분의 소매상들이 서둘러 온라인 소매를 미래 산업으로 육성하고자 하지만, 흥미롭게도 레스토레이션 하드웨어(RH)는 오프라인 매장을 포기할 생각이 없다. 오히려, RH는 소매업에서 과거의 유물처럼 보일 수 있는 '전통적인' 소매 마케팅 방법들을 활용하고 있다.[66]

RH는 고소득 고객을 대상으로 가정 용품, 조명, 실내 장식, 목욕 용품 및 기타 다양한 제품을 제공하는 고급 브랜드이다.[67] RH 매장 방문 시 7,000달러로 멋진 리넨 소파를 구입하거나 9,000달러로 크리스털 샹들리에를 살 수 있다.[68] 장식용 서랍 풀, 인조 모피 담요, 일부 저렴한 봉제 인형도 50달러 이하로 구매할 수 있다.[69] RH는 총매장 수를 줄였지만, 남은 매장들을 개조된 역사적인 건물에 위치한 크고 아름다운 갤러리로 개조하여 그 크기를 두 배로 만들었다. 4만 5,000평방피트 규모의 상점에는 자연 채광이 가득하며, 고객이 어떤 종류의 프랑스제 스티머 트렁크를 구매하고 싶은지 고민하는 동안 라떼나 벨리니 칵테일을 즐길 수 있는 카페가 있다.[70] 한 가게에는 와인 셀러도 있다![71] 물론, 보육 시설도 제공될 것이다(우리가 진귀한 소매 환경에서 딱 바라던 것이다).[72]

특히 RH의 매혹적인 점은 소매점 공간을 단순히 상점으로 보는 것이 아니라 고객이 영감을 얻고 스타일에 대한 안내를 받을 수 있는 갤러리나 쇼룸으로 보는 것이다.[73] CEO 게리 프리드먼의 비전은 공들인 신규 매장과 다양한 서비스로 '물리적인 소매를 재창조'하는 것이다. RH가 서비스 경험에 대해 강조하면서, 제품을 보고 터치하고 모든 최신 애플 상품들을 시용해볼 수 있는 애플 매장과 같은 소매업체들과 어깨를 나란히 하고 있다.[74] 한 소매 컨설턴트에 따르면 새로운 RH 쇼룸은 '거대한 3차원의 실시간 카탈로그'로서 역할을 한다.[75]

RH는 카탈로그에 대해 한두 가지를 알고 있다. RH는 소스북이라고 하는 연간 발행되는 카탈로그 때문에 유명하다(어떤 이는 악명 높다고 말할 것이다). 1년 동안, RH는 17파운드 무게를 가진 3,000페이지로 구성된 13권의 책을 수축

포장한 도서 한 세트를 보냈다.[76] 이들은 할아버지 세대에 있던 시어스 카탈로그가 아니라 높은 수준의 사진이 있는 패션 매거진에 가깝다. RH는 계절에 맞춰 카탈로그를 보내지 않고, 고객에게 전체 내용이 들어 있는 서적을 한 번에 제공하여 1년 내내 참조할 수 있게 하였다.[77]

전통에서 벗어난 다른 것을 설명하자면, 체인은 회원들에게 담요 할인을 제공하고 정기적인 촉진 판매는 제공하지 않는 로열티 카드 프로그램을 실행하고 있다. RH 그레이 카드는 100달러의 연회비를 부과하지만, 회원들에게는 정가 대비 25% 할인을 제공해준다(염가 판매가 여전히 있다).[78] RH 수입의 90%는 그레이 카드 회원들로부터 나오며, 로열티 카드 프로그램을 실행한 이래로 RH의 평균 주문 금액이 증가했다. 이 기업은 또한 현재 회원들의 멤버십 연장과 갱신을 통해 이익이 증가할 것으로 예상한다. 또한 새로운 회원들이 매년 가입할 것으로 기대하고 있다.[79]

그러나 현재 '주류(mainstream)' 소매 유통의 전략적 사고에서 RH가 가장 뚜렷하게 벗어난 점은 인터넷 판매에 우선순위를 두지 않는다는 것인데, 전자상거래가 지배하는 최근 시장에서 이는 이단에 가까운 것이다. RH 비즈니스의 약 37%가 웹을 통해 발생하지만, 프리드먼 CEO는 RH의 사업은 "인터넷과 관련이 없다"라고 주장한다.[80] RH는 웹사이트를 통해 다른 소매업체와 경쟁하기보다는(웹사이트에서는 규모와 품질에 따라 차별화하기가 어렵다), 시장에서 자신의 브랜드를 전략적으로 차별화하기 위해 화려한 물리적 소매 공간과 세련된 소스북을 활용하고 있다. 프리드먼은 인터넷에 사로잡힌 소매상들에 대한 자신의 감정을 다음과 같이 요약했다. "실수하지 말라. 많은 소매상들이 바닥으로 떨어지는 경주에 참여하고 있음을 깨닫고 있으며 우리는 그러한 경주에 참여하지 않는다." 최근 RH 판매 수치는 '동일 점포 매출'에서 증가세를 보였지만, 지난 수년간만큼 증가세가 크지는 않았다.[81] 따라서 RH의 역발상적인 접근 방식이 장기간으로 이익에 긍정적인 영향을 미칠 것인지, 다른 소매상들이 RH와 유사하게 관습에서 벗어나 소비자들을 노트북과 스마트폰으로부터 벗어나도록 하여 전통적인 오프라인 매장으로 돌아오게 할 수 있을 것인지 좀 더 두고 봐야 할 것이다.

1. RH의 CEO는 인터넷이 소매업체 간의 차별화를 촉진하는 능력에 한계가 있다고 생각한다. 동의하는가? 어떤 소매업체가 특히 웹사이트를 통해 효과적으로 상품을 제시하는가?

2. RH의 전략은 상위의/고급 제품에 대해서만 효과가 있는가? 또는 모든 가격 수준에서 소매업체들에게 적용할만한 RH의 전략적 요소들이 있는가? 좋아하는 소매점 하나를 선택하여 그 소매점이 어떻게 하면 RH가 사용하는 방식을 가장 잘 적용할 수 있을지에 대해 논의하라.

3. RH가 상당히 큰 종이 카탈로그를 생산하고 유통하는 데 환경적으로 책임이 있는가? 이 프로그램의 환경적 영향을 완화할 수 있는 방법이 있는가? '친환경' 고객으로부터 발생할 수 있는 부정적인 반응을 어떻게 하면 가장 잘 처리할 수 있을 것인가?

4. 소매업체들이 기업 수익과 이익 증가 효과를 극대화하기 위해 전통적인 오프라인 매장의 역할을 정의할 수 있는 새로운 방법들에는 어떤 것이 있는가?

마케팅 계획 연습

활동 13 : 당신의 제공물을 위한 유통 경로 구축

당신의 제공물에 가장 적합한 유통 경로를 선택한 다음, 공급사슬을 수립하고 운영하기 위해 최선의 방법을 연구하는 것은 마케팅 계획의 중요한 요소이다.

1. 당신이 운영할 가치 네트워크를 정의하고 설명하라. 가능한 민첩하게 공급사슬 운영을 할 수 있는 방법을 개발하라.

2. 어떤 유형의 경로 환경이 가장 적합한지, 그리고 어떤 중간상들이 경로에 속해야 하는지 결정하라.

3. 사내에서의 물리적 유통 기능들을 선택하고 그러한 기능들을 구축할 방법을 정하라. 그런 다음 외주에 맡길 물리적 유통 기능들을 선택하고 누구에게 외주를 요청할지를 선택하라.

4. 당신이 고려해야 할 전자 유통 경로의 특성들을 식별하라.

5. 다음 사항에 대해 의사결정하라.

   a. 당신은 각 경로 내에서 어느 수준의 유통 강도를 추구하는가?

   b. 경로 및 경로 활동에 대해 어느 정도의 제어 및 적응성이 필요한가?

   c. 투자가 우선적으로 필요한 경로의 기능들은 무엇인가?

6. 다음 물류 기능들에 대한 계획을 수립하라.

   a. 주문 처리   b. 창고 관리 및 자재 취급

   c. 재고 관리   d. 운송

1. Aksel I. Rokkan, Jan B. Heide, and Kenneth H. Wathne, "Specific Investments in Marketing Relationships: Expropriation and Bonding Effects," *Journal of Marketing Research* 40, no. 2 (May 2003), pp. 210–24.

2. Sjoerd Schaafsma and Joerg Hofstetter, "Raising the Game to a New Level," *ECR Journal: International Commerce Review* 5, no. 1 (Summer 2005), pp. 66–69.

3. Lee G. Cooper, "Strategic Marketing Planning for Radically New Products," *Journal of Marketing* 64, no. 1 (January 2000), pp. 1–16.

4. Bernard Cova and Robert Salle, "Marketing Solutions in Accordance with the S-D Logic: Co-Creating Value with Customer Network Actors," *Industrial Marketing Management* 37, no. 3 (May 2008), pp. 270–77.

5. Jennifer Rowley, "Synergy and Strategy in E-Business," *Marketing Intelligence & Planning* 20, no. 4/5 (2002), pp. 215–22.

6. Ravi S. Achrol and Michael J. Etzel, "The Structure of Reseller Goals and Performance in Marketing Channels," *Journal of the Academy of Marketing Science* 31, no. 2 (Spring 2003), pp. 146–63.

7. Craig Giammona and Leslie Patton, "Chipotle's Biggest Strength Is Suddenly Its Biggest Weakness," *Bloomberg*, December 8, 2015, https://www.bloomberg.com/news/articles/2015-12-08/chipotle-s-greatest-strength-is-now-its-greatest-weakness-too; Mindy Weinstein, "A Trillion-Dollar Demographic: 10 Brands That Got Millennial Marketing Right," *Search Engine Journal*, July 23, 2015, https://www.searchenginejournal.com/trillion-dollar-demographic-10-brands-got-millennial-marketing-right/135969/; Kevin O'Marah, "Chipotle Lessons: Supply Chain Visibility and Higher Prices," *Forbes*, December 16, 2015, https://www.forbes.com/sites/kevinomarah/2015/12/16/chipotle-lessons-supply-chain-visibility-and-higher-prices/#2f842cd3332b; Hayley Peterson, "Chipotle Has 4 Problems That Are Threatening Its Growth," *Business Insider*, October 20, 2015, http://www.businessinsider.com/chipotle-has-4-challenges-threatening-business-2015-10; and James Surowiecki, "Can Chipotle Recover from Food Poisoning?" *New Yorker*, December 10, 2015, http://www.newyorker.com/business/currency/can-chipotle-recover-from-food-poisoning.

8. "Tie Your Own Bow Tie: How to Make Smart Product Management Decisions," *Strategic Direction* 23, no. 5 (2007), pp. 5–8.

9. Stephen Keysuk Kim, "Relational Behaviors in Marketing Channel Relationships: Transaction Cost Implications," *Journal of Business Research* 60, no. 11 (November 2007), pp. 1125–34.

10. Junhong Chu, Pradeep K. Chintagunta, and Naufel J. Vilcassim, "Assessing the Economic Value of Distribution Channels: An Application to the Personal Computer Industry," *Journal of Marketing Research* 44, no. 1 (February 2007), pp. 29–41.

11. Daniel C. Bello and Nicholas C. Williamson, "The American Export Trading Company: Designing a New International Marketing Institution," *Journal of Marketing* 49, no. 4 (Fall 1985), pp. 60–69.

12. Alberto Sa Vinhas and Erin Anderson, "How Potential Conflict Drives Channel Structure (Direct and Indirect) Channels," *Journal of Marketing Research* 42, no. 4 (November 2005), pp. 507–15.

13. Michael Ketzenberg, Richard Metters, and Vicente Vargas, "Quantifying the Benefits of Breaking Bulk in Retail Operations," *International Journal of Production Economics* 80, no. 3 (December 2002), pp. 249–63.

14. E. Bashkansky, S. Dror, R. Ravid, and P. Grabov, "Effectiveness of Product Quality Classifier," *Quality Engineering* 19, no. 3 (July 2007), p. 235.

15. Jason M. Carpenter, "Demographics and Patronage Motives of Supercenter Shoppers in the United States," *International Journal of Retail & Distribution Management* 36, no. 1 (2008), pp. 5–16.

16. Kate Taylor, "Costco Is Beating Walmart and Amazon with the 'Best Business Model' in Retail," *Business Insider*, February 22, 2016, http://www.businessinsider.com/why-costcos-business-model-is-so-great-2016-2; and "About Us." *Cosco*, n.d., https://www.costco.com/about.html.

17. Devon S. Johnson and Sundar Bharadwaj, "Digitization of Selling Activity and Sales Force Performance: An Empirical Investigation," *Journal of the Academy of Marketing Science* 33, no. 1 (Winter 2005), pp. 3–18; and Xueming Luo and Naveen Donthu, "The Role of Cyber-Intermediaries: A Framework Based on Transaction Cost Analysis, Agency, Relationship Marketing, and Social Exchange Theories," *Journal of Business & Industrial Marketing* 22, no. 7 (2007), pp. 452–58.

18. Joseph Pancras and K. Sudhir, "Optimal Marketing Strategies for a Customer Data Intermediary," *Journal of Marketing Research* 44, no. 4 (November 2007), pp. 452–58.

19. Virpi Havila, Jan Johanson, and Peter Thilenius, "International Business-Relationship Triads," *International Marketing Review* 21, no. 2 (2004), pp. 172–86.

20. Kevin Lane Keller, "Building Customer-Based Brand Equity," *Marketing Management* 10, no. 2 (July/ August 2001), pp. 14–19.

21. Phillip Bond, "Bank and Nonbank Financial Intermediation," *Journal of Finance* 59, no. 6 (December 2004), pp. 2489–530.

22. Pancras and Sudhir, "Optimal Marketing Strategies for a Customer Data Intermediary."

23. Jason Kint, "Facebook, Google and Now Verizon Are Accelerating Their Tracking Efforts Despite Consumers' Privacy Concerns," *Recode*, November 21, 2016, https://www.recode.net/2016/11/21/13692250/verizon-competing-facebook-google-isp-tracking-consumers-personal-data; FB, "Fitbit—Leveraging Consumers' Obsession with Data," *Harvard Business School Digital Initiative*, November 21, 2015, https://digit.hbs.org/submission/fitbit-leveraging-consumers-obsession-with-data/; and "Our Technology," *Fitbit*, n.d., https://www.fitbit.com/technology.

24. Amal R. Karunaratna and Lester W. Johnson, "Initiating and Maintaining Export Channel Intermediary Relationships," *Journal of International Marketing* 5, no. 2 (1997), pp. 11–32.

25. "Who We Are," *ADP*, n.d., https://www.adp.com/who-we-are.aspx; and "Working with ADP," *ADP*, n.d., https://www.adp.com/who-we-are/corporate-social-responsibility/working-with-adp.aspx.

26. Bert Rosenbloom, "The Wholesaler's Role in the Marketing Channel: Disintermediation vs. Reintermediation," *International Review of Retail, Distribution, and Consumer Research* 17, no. 4 (September 2007), pp. 327–39.

27. Kenneth K. Boyer and G. Tomas M. Hult, "Extending the Supply Chain: Integrating Operations and Marketing in the Online Grocery Industry," *Journal of Operations Management* 23, no. 6 (September 2005), pp. 642–61; and Thomas L. Friedman, *The World Is Flat 3.0: A Brief History of the Twenty-First Century* (New York: Picador, 2007).

28. "Help Boost Your Sales with Amazon's World-Class Fulfillment," *Amazon*, n.d., https://services.amazon.com/fulfillment-by-amazon

/how-it-works.htm; and Thomas Smale, "Guide to Starting a Fulfillment by Amazon Business," *Entrepreneur*, September 14, 2016, https://www.entrepreneur.com/article/282277.

29. Achrol and Etzel, "The Structure of Reseller Goals and Performance in Marketing Channels."

30. Gilles Corriveau and Robert D. Tamilla, "Comparing Transactional Forms in Administered, Contractual, and Corporate Systems in Grocery Distribution," *Journal of Business Research* 55, no. 9 (September 2002), pp. 771–73.

31. L. Lynn Judd and Bobby C. Vaught, "Three Differential Variables and Their Relation to Retail Strategy and Profitability," *Journal of the Academy of Marketing Science* 16, no. 3/4 (Fall 1988), pp. 30–37.

32. Tim Burkink, "Cooperative and Voluntary Wholesale Groups: Channel Coordination and Interim Knowledge Transfer," *Supply Chain Management* 7, no. 2 (2002), pp. 60–70.

33. Corriveau and Tamilla, "Comparing Transactional Forms in Administered, Contractual, and Corporate Systems in Grocery Distribution."

34. Nancy Nix, Robert Lusch, Zach Zacharia, and Wesley Bridges, "Competent Collaborations," *Marketing Management* 17, no. 2 (March/April 2008), p. 18.

35. www.Danskin.com, accessed May 29, 2017.

36. John R. P. French and Bertram Raven, *The Bases of Social Power* (Ann Arbor: University of Michigan Press, 1959).

37. Michael Gonda, "Chobani Announces Major Expansion of World's Largest Yogurt Manufacturing Plant in Twin Falls, Idaho," *PR Newswire*, March 17, 2016, http://www.prnewswire.com/news-releases/chobani-announces-major-expansion-of-worlds-largest-yogurt-manufacturing-plant-in-twin-falls-idaho-300237539.html.

38. Hamdi Ulukaya, "Founder's Note," *Chobani*, 2013, http://www.chobani.com/core/wp-content/uploads/2013/04/Chobani-Media-Kit-2013.pdf.

39. "The Chobani Story," *Chobani*, 2013, http://www.chobani.com/core/wp-content/uploads/2013/04/Chobani-Media-Kit-2013.pdf.

40. "Chobani Product Locator," *Chobani*, n.d., http://www.chobani.com/core/wp-content/uploads/2013/04/Chobani-Media-Kit-2013.pdf.

41. Emily Rella, "Chobani Mentors Six Startups to Nearly $3M in Revenue, Showcases in 'Expo West,'" *AOL*, March 28, 2017, https://www.aol.com/article/finance/2017/03/28/chobani-mentors-six-startups-to-nearly-3m-in-revenue-showcases/22016030/.

42. Boonghee Yoo, Naveen Donthu, and Sungho Lee, "An Examination of Selected Marketing Mix Elements and Brand Equity," *Journal of the Academy of Marketing Science* 28, no. 2 (Spring 2000), pp. 195–211.

43. P. Rajan Varadarajan, Satish Jayachandran, and J. Chris White, "Strategic Interdependence in Organizations: Deconglomeration and Marketing Strategy," *Journal of Marketing* 65, no. 1 (January 2001), pp. 15–28.

44. Frederick E. Webster Jr., "Understanding the Relationships among Brands, Consumers, and Resellers," *Journal of the Academy of Marketing Science* 28, no. 1 (Winter 2000), pp. 17–23.

45. Vaidyanathan Jayaraman and Yadong Luo, "Creating Competitive Advantages through New Value Creation: A Reverse Logistics Perspective," *Academy of Management Perspectives* 21, no. 2 (May 2007), pp. 56–73.

46. Stanley C. Gardiner, Joe B. Hanna, and Michael S. LaTour, "ERP and the Reengineering of Industrial Marketing Processes: A Prescriptive Overview for the New-Age Marketing Manager," *Industrial Marketing Management* 31, no. 4 (July 2002), pp. 357–65.

47. Dale G. Sauers, "Evaluating Just-In-Time Projects from a More Focused Framework," *Quality Process* 34, no. 1 (January 2001), p. 160.

48. Alan D. Smith, "Effective Supplier Selection and Management Issues in Modern Manufacturing and Marketing Service Environments," *Services Marketing Quarterly* 29, no. 2 (2007), pp. 45–65.

49. "FTC Reaches Settlement with Transitions on Alleged Antitrust Violations," *Review of Optometry*, March 4, 2010, https://www.reviewofoptometry.com/article/ftc-reaches-settlement-with-transitions-on-alleged-antitrust-violations.

50. Richard J. Gilbert, "Exclusive Dealing, Preferential Dealing, and Dynamic Efficiency," *Review of Industrial Organization* 16, no. 2 (2000), pp. 167–84.

51. Howard P. Marvel and Stephen McCafferty, "Comparing Vertical Restraints," *Journal of Economics and Business* 48, no. 5 (December 1996), pp. 473–86.

52. Devlin Smith, "Exclusively Yours: Having a Protected Territory Is a Good Thing, Right?" *Entrepreneur*, October 22, 2001, https://www.entrepreneur.com/article/45520.

53. Alan J. Meese, "Tying Meets the New Institutional Economics: Farewell to the Chimera of Forcing," *University of Pennsylvania Law Review* 146, no. 1 (November 1997), pp. 1–98.

54. Linda Greenhouse, "Kodak Dealt a Setback in Antitrust Case Ruling," *New York Times*, June 9, 1992, http://www.nytimes.com/1992/06/09/business/kodak-dealt-a-setback-in-antitrust-case-ruling.html.

55. Andrew Soergel, "As Online Sales Boom, Is Brick-and-Mortar on the Way Out?" *U.S. News & World Report*, December 20, 2016, https://www.usnews.com/news/articles/2016-12-20/with-online-sales-booming-is-brick-and-mortar-on-the-way-out.

56. Aaron Smith and Monica Anderson, "Online Shopping and E-Commerce," *Pew Research Center: Internet and Technology*, December 19, 2016, http://www.pewinternet.org/2016/12/19/online-shopping-and-e-commerce/.

57. Pearl Pu, Li Chen, and Pratyush Kumar, "Evaluating Product Search and Recommender Systems for E-Commerce Environments," *Electronic Commerce Research* 8, no. 1/2 (2008), pp. 1–28.

58. Andreas B. Eisingerich and Tobia Kretschmer, "In E-Commerce, More Is More," *Harvard Business Review* 86, no. 3 (2008), pp. 20–38; and Amanda Spink and Bernard J. Jansen, "Trends in Searching for Commerce Related Information on Web-Search Engines," *Journal of Electronic Commerce Research* 9, no. 2 (2008), pp. 154–60.

59. Christy M. K. Cheung, Matthew K. O. Lee, and Neil Rabjohn, "The Impact of Electronic Word-of-Mouth: The Adoption of Online Opinions in Online Customer Communities," *Internet Research* 18, no. 3 (2008), pp. 229–41; and Dina Mayzlin, "Promotional Chat on the Internet," *Marketing Science* 25, no. 2 (2006), pp. 155–65.

60. Kyosti Pennanen, Tarja Tiainen, and Harri T. Luomala, "A Qualitative Exploration of a Consumer's Value Based e-Trust Building Process: A Framework Development," *Qualitative Market Research* 10, no. 1 (2007), pp. 28–42.

61. Louis Columbus, "Predicting the Future of B2B E-Commerce," *Forbes*, September 12, 2016, https://www.forbes.com/sites/louiscolumbus/2016/09/12/predicting-the-future-of-b2b-e-commerce/#24ea39de1eb9.

62. Myonung Soo Kim and Jae Hyeon Ahn, "Comparison of Trust Sources of an Online Market Maker in the E-Marketplace: Buyer's and Seller's Perspectives," *Journal of Computer Information Systems* 47, no. 1 (2006), pp. 84–95.

63. Vanessa DiMauro, "Big List 2.0: The Top Online Customer Communities 2014," *Leader Networks*, September 8, 2014, http://www.leadernetworks.com/2014/09/big-list-of-b2b-communities.html.

64. Deloitte, "Retail Industry Undergoing Massive Disruption," *Sponsored Content from Deloitte appearing in Wall Street Journal/*

CIO Journal, http://deloitte.wsj.com/cio/2015/11/04/retail-industry -undergoing-massive-disruption/, accessed May 9, 2017.

65. Marcia Layton Turner, "Is Brick-And-Mortar Obsolete?" *Forbes*, January 31, 2017, https://www.forbes.com/sites/marciaturner /2017/01/31/is-brick-and-mortar-obsolete/#3bf5f83d37ce.

66. Turner, "Is Brick-and-Mortar Obsolete?"

67. "About Us," *Restoration Hardware*, https://www.restorationhard ware.com/company-info/about-us.jsp, accessed May 9, 2017.

68. Sarah Halzack, "Restoration Hardware Is Betting That Americans Want Even More $7,000 Couches," *Washington Post*, June 16, 2015, https://www.washingtonpost.com/news/business/wp/2015 /06/16/restoration-hardware-is-betting-that-americans-want -even-more-7000-couches/?utm_term=.ddf9c9b30831.

69. "Search Results," *Restoration Hardware*, https://www.restoration hardware.com/search/results.jsp?N=1012606503&Ntt=Pulls, accessed May 9, 2017; "Search Results," *Restoration Hard-ware*, https://www.restorationhardware.com/catalog/category /products.jsp?categoryId=cat2850001, accessed May 9, 2017; and "Search Results," *Restoration Hardware*, https://www.rhba byandchild.com/search/results.jsp?N=3931888126&Ntt=Plush +Toys, accessed May 9, 2017.

70. Maxwell Ryan, "Why The Huge Catalog? And How Restoration Hardware Is Becoming the Ikea of Luxury Furnishings," *Apart-ment Therapy*, May 19, 2014, http://www.apartmenttherapy .com/why-the-huge-catalog-and-how-restoration-hardware -is-becoming-the-ikea-of-luxury-furnishings-203731.

71. Kathleen Kusek, "Does Restoration Hardware Deserve More Credit?" *Forbes*, June 14, 2016, https://www.forbes.com/sites /kathleenkusek/2016/06/14/does-restoration-hardware-deserve -more-credit/#2e812715e0f6.

72. Ryan, "Why The Huge Catalog?"

73. Turner, "Is Brick-And-Mortar Obsolete?"

74. Kusek, "Does Restoration Hardware Deserve More Credit?"; and Turner, "Is Brick-And-Mortar Obsolete?"

75. Turner, "Is Brick-And-Mortar Obsolete?"

76. Will Burns, "Restoration Hardware Direct-Mail Piece Sounds an Environmental Thud," *Forbes*, June 19, 2014, https://www .forbes.com/sites/willburns/2014/06/19/restoration-hardware -direct-mail-piece-sounds-an-environmental-thud/#7f85eb82f4f8.

77. Maxwell Ryan, "Why The Huge Catalog?"

78. "Membership," *Restoration Hardware*, https://www.restoration hardware.com/membership.jsp, accessed May 9, 2017.

79. Tom Ryan, "Is Restoration Hardware's Membership Pro-gram Flawed?" *Retail Wire*, December 16, 2016, http:// www.retailwire.com/discussion/is-restoration-hardwares -membership-program-flawed/.

80. Sarah Halzack, "Restoration Hardware Is Having a Bad Week," *Chicago Tribune*, June 10, 2016, http://www.chicagotribune.com /business/ct-restoration-hardware-problems-20160610-story .html.

81. Halzack, "Restoration Hardware Is Having a Bad Week."

가치 제공물의 전달

Chapter 13

프로모션의 핵심 :
디지털과 소셜미디어 마케팅

학습목표

13-1 프로모션을 이해하고 프로모션 믹스의 요소를 확인한다.

13-2 위계효과모형(AIDA)을 설명하고 프로모션 전략에서의 유용성을 설명한다.

13-3 고객에게 가치를 전달할 때의 디지털 마케팅의 역할과 주요 유형을 토의한다.

13-4 소셜미디어의 주요 유형 및 고객에게 가치 전달 시 마케터에게 주어지는 소셜미디어의 혜택을 파악한다.

프로모션의 기초

13 - 1

프로모션을 이해하고 프로모션 믹스의 요소를 확인한다.

마케팅 매니저는 프로모션을 통해 고객과 소통한다. **프로모션**은 고객이나 잠재 고객과 소통해서 정보를 전달, 설득 또는 상기시키는 일이다. 도표 13.1은 다섯 가지 프로모션 요소를 확인하고 정의한다. 이 요소들은 마케팅 매니저들에 의해 사용되는 **프로모션 믹스**를 구성한다. **디지털과 소셜미디어 마케팅, 광고, 세일즈프로모션, PR** 그리고 **인적판매**가 이에 포함된다.

프로모션 믹스는 마케팅 계획에 있어 핵심적 사항이다. **프로모션 믹스 전략**(또는 짧게 해서 **프로모션 전략**)의 개발은 프로모션 믹스의 어떤 요소의 조합이 시장에 제품을 가장 잘 전달할 수 있는지 결정하는 과정이다. 믹스는 상품과 관련 목표 시장을 제시했을 때 적절한 ROI(투자 수익률)에 도달하도록 설계되어 있다. 진행 중인 계획 목적을 위해 마케팅 커뮤니케이션은 캠페인 단위로 운영된다. 특정한 제품이나 제품군을 위한 **프로모션 캠페인**은 주어진 기간에,

태양의 서커스 같은 엔터테인먼트 기업은 확실한 프로모션 믹스 전략의 중요성을 알고 있다. 제시된 사진에는 몰입형 투어 쇼 'OVO'를 보여주는 아름답고 매력적인 웹사이트를 소개하고 있다.

출처 : Cirque du Soleil

도표 13.1	프로모션 믹스 요소의 정의

프로모션 믹스 요소	정의
디지털과 소셜미디어 마케팅	판매원이 필요 없는 데스크톱, 노트북, 태블릿, 스마트폰과 같은 전자 기술을 이용한 프로모션. 흔히 '인터랙티브 마케팅'이라고 불리며 이러한 접근 방법은 고객이 양방향 교환으로 기업과의 직접적인 연결을 가능하게 한다.
광고	상대적으로 덜 개인화된 마케팅 커뮤니케이션의 유료화된 형태로, 주로 대중 매체를 통해 하나 또는 많은 시장을 목표로 한다. 미디어의 예로는 텔레비전, 라디오, 잡지, 신문, 옥외광고 등이 있다.
세일즈프로모션	최종 소비자가 상품을 구매하거나 판매원이나 유통업자가 상품을 팔도록 유인책을 제공한다. 다른 프로모션 기법들을 증폭시키기 위해 설계되어 있으며 단독으로는 거의 사용되지 않는다. 세일즈프로모션 도구의 예로는 쿠폰, 리베이트, 경품 행사이다. 판매원이나 유통업자를 위해서는 특정한 제품을 추천한 대가로 특별한 금전적 보상이나 상품을 주는 방법이 있다.
PR	고객이나 다른 사람들의 태도, 의견, 행동에 영향을 주기 위한 체계적인 시스템이다. 일반적으로 퍼블리시티를 통해 이행되는데 이는 마케팅 커뮤니케이션에 있어서 상대적으로 덜 개인화된 무료 형태이다. 주로 신문 기사나 공공행사에서의 언급을 통해 이뤄진다.
인적판매	판매원을 통해 이루어진 고객과의 일대일 개인적 소통이다. 대면을 통해 이루어지거나 혹은 다른 방법을 통해 이루어질 수도 있다.

목표 1 : 정보 제공
- 신제품을 소개하거나 기존 제품을 개선했을 시 특징 설명
- 제품 기능에 대한 설명 제공
- 뚜렷한 이미지 형성을 위해 기업과 기업의 브랜드가 가지는 가치 설명
- 제품의 다양한 사용법과 활용법 설명

목표 2 : 설득
- 특히 경쟁사 제품과 비교해서 고객에게 제품에 대한 인상을 남기기
- 고객이 제품을 시험해보도록 유인해 경쟁사 제품에서 영구적으로 자사 제품으로 갈아타게 만들기
- 강력한 혜택이나 욕구로 인해 고객이 지금 당장 제품을 사도록 영향을 미치기
- 온라인이나 판매원을 통해 고객이 더 많은 정보를 찾도록 하기

목표 3 : 상기
- 고객과 브랜드의 관계 유지
- 임박한 이벤트를 바탕으로 구매를 위한 자극 제공

또는 특정 광고 실행에 예산을 할당하므로 프로모션 전략의 효과와 효율성을 측정한다.

가끔은 한 캠페인 안에서 여러 매체 수단을 사용하기도 한다. 나이키 플러스는 아이폰, 아이팟, 아이팟 나노에 내장된 앱으로 운동량을 추적하는 나이키 센서와 페어링할 수 있게 한다. 제품을 홍보하기 위해 기업은 더 많은 사용 정보를 종합적으로 제공하고 고객 커뮤니티 느낌을 조성하고 당연히 더 많은 관련된 제품을 사도록 하는 다양한 프로모션 믹스 요소를 결합한다. 텔레비전 광고의 목적은 웹사이트로의 유입을 늘리기 위함이다.[1]

앞서 프로모션을 다양한 커뮤니케이션 형태를 사용해 잠재 고객에게 정보 제공, 설득, 상기를 위한 수단이라고 소개했다. 도표 13.2는 이러한 프로모션의 기초적인 기능을 요약하고 마케팅 매니저가 각각을 어떻게 사용할 수 있는지 예시를 보여준다.

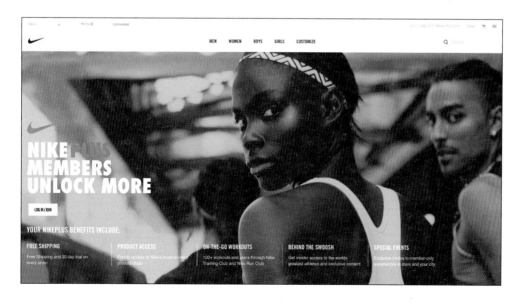

나이키 플러스 회원은 본인의 경험의 가치를 더욱 높일 수 있는 다양한 프로모션으로부터 혜택을 누린다.

출처 : Nike, Inc.

프로모션의
대상 고객 지정

↓

프로모션의
목표 세우기

↓

프로모션 믹스 선택

↓

메시지 개발

↓

프로모션에서 사용할
매체 선택

↓

프로모션 예산 준비

↓

결과를 측정할
척도 지정

프로모션 전략에서 마케팅 매니저의 역할

프로모션 분야는 매우 폭넓어서 효과적으로 실행하기 위해서는 많은 세부 분야에 대한 충분한 이해를 요구한다. 마케팅 분야의 한 부분으로서 프로모션 분야는 다른 분야보다 훨씬 많이 아웃소싱된다. 광고와 PR 업체와 같은 대행사는 마케터의 프로모션 계획을 실행하는 데 상당한 가치를 부여할 수 있는 집중력과 전문 지식을 가지기 때문이다. 그리고 인적 판매의 독특한 특성 때문에 많은 기업이 영업 조직을 마케팅과 다른 독립체로 만들거나, 또는 유통 경로 내의 고객에게 회사의 제품을 대표하는 외부 배급체나 브로커 형태로 이를 아웃소싱한다. 하지만 마케팅 커뮤니케이션의 아웃소싱과 영업을 마케팅과 분리하는 것은 마케팅 매니저가 프로모션의 기초를 이해해야 하는 책임으로부터 벗어나게 해주지 않는다. 왜냐하면 이를 이해해야만 대행업체뿐만 아니라 영업 인력의 기여를 마케팅 계획 과정에 제대로 포함시킬 수 있기 때문이다.

프로모션 관리에 있어 마케팅 매니저 역할의 주된 7개 요소가 도표 13.3에 제시되어 있다. 이는 프로모션의 목표 고객 선정, 프로모션의 목표 세우기, 프로모션 믹스 선택, 메시지 개발, 프로모션에서 사용될 매체 선택, 프로모션 예산 준비, 결과를 측정할 척도 확보이다.

프로모션 믹스 전략을 개발하고 실행할 때 어떤 종류의 결정이 관련되어 있을까? 도표 13.4는 광고/세일즈프로모션 중심 접근 방식과 인적 판매 중심 접근 방식 간에서 마케팅 매니지먼트 요인들의 영향을 비교한다. 보다시피 구매자의 정보 욕구부터 구매 규모와 마케팅 믹스 요소의 구성까지, 모든 핵심적인 이슈가 프로모션 예산의 투자 영역 결정에 영향을 준다. 실은, 마케팅 계획에서 많은 경우 프로모션 예산은 전체 마케팅 예산에서 큰 부분을 차지한다. 예를 들면 일반적으로 포장, 유통, 그리고 다른 마케팅 요소들의 예산을 큰 차이로 능가한다.

도표 13.4 | 프로모션 믹스 전략에 영향을 미치는 설명적 요소

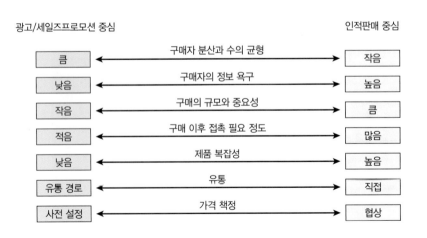

출처 : Cravens, David R., and Piercy, Nigel F. *Strategic Marketing*, New York, NY: McGraw-Hill Education, 2013.

프로모션 믹스 요소	장점	단점
디지털과 소셜미디어 마케팅	• 인적판매의 높은 비용 없이 맞춤 메시지 가능 • 강력한 관계 형성 가능. 특히 고객이 상호작용을 통제할 수 있을 때	• 고객 타깃팅이 잘 이루어지지 않았을 때 스팸 및 기타 원치 않는 서신으로 취급 • CRM과 데이터베이스 마케팅에의 의존은 지속적인 업데이트를 필요로 함
광고	• 많은 매체 선택권 • 효율적으로 많은 고객에게 도달 • 많은 창의적인 유연성을 가짐	• 산탄적 접근 방법으로 대상 고객이 아닌 사람에게도 도달 • 광고 포화 상태로 인해 영향력 감소 • 높은 생산 비용
세일즈프로모션	• 구매 인센티브를 통해 직접적인 구매 자극 • 다른 프로모션 도구들을 보완하는 효과적인 수단	• 고객이 다음번 쿠폰, 리베이트 등을 계속해서 기다리도록 유도 • 가격 인하 이미지로 인해 브랜드 가치가 악영향을 받을 수 있음
PR	• 유료 형태 커뮤니케이션보다 더 신뢰를 받는 무료 형태 커뮤니케이션 • 양질의 언론 매체와 겹합해서 제공 시 브랜드 향상	• 메시지가 어떻게 나타날지에 대한 통제력이 적음 • PR 캠페인에 선발되기 위해서는 높은 인건비 발생
인적판매	• 아이디어의 강력한 양방향 의사소통 • 직접적으로 고객의 혼란을 해소하고 구매를 설득	• 고객 접촉당 매우 비싼 비용 • 판매원이 판매를 확보하기 위해 브랜드의 메시지를 정확히 전달하지 않을 가능성

다양한 프로모션 믹스 요소에 걸쳐 프로모션의 마케팅 예산을 분배하는 일은 복잡한 결정이다. 도표 13.5에 제시된 것처럼 각 프로모션 형태는 고유의 장단점을 가진다. 프로모션 믹스의 개념 안에는 개별 요소들 각각이 아닌 요소의 통합적 측면과 결과적으로 고객에게 지속적인 영향을 주는 브랜딩 메시지의 시너지 효과가 모두 포함된다.

푸쉬 앤 풀 전략

마케팅 매니저가 사용하는 프로모션 전략에 대한 두 가지 기본적인 접근 방식에는 푸쉬 앤 풀 전략이 있다. 이 두 전략은 도표 13.6에서 볼 수 있다. 투자를 위해 선택된 특정 프로모션 믹스 요소는 원하는 푸쉬 앤 풀 전략의 상대적 정도에 따라 달라질 수 있다.

푸쉬 전략에서의 초점은 유통망과 제품을 유통망에 투입하는 데 있다. 유통업자는 프로모션의 대상 고객이 되는 동시에 제품이 최종 소비자의 손에 도달하도록 의존하는 대상이기도 하다. 푸쉬 전략은 일반적으로 유통업자를 대상으로 하는 인적판매와 세일즈프로모션의 조합에 의존한다.[2] **풀 전략**에서는 직접적으로 최종 소비자로부터 제품에 대한 수요를 자극하는 데 초점을 둔다. 광고, 소비자 대상 세일즈프로모션, PR, 다이렉트 또는 인터랙티브 마케팅을 최종 소비자를 대상으로 다양하게 조합할 수 있다. 이를 통해 수요를 만들어 유통에서 상품을 구입 가능하게 만든다. 실질적으로 푸쉬 앤 풀 전략이 상호 배타적으로 사용되는 경우는 거의 없다.[3] 오히려 푸쉬 앤 풀 전략 모두에서 가장 균형 잡힌 프로모션 전략이 개발됨으로써 제품과 시장에 적합하도록 사용된다.

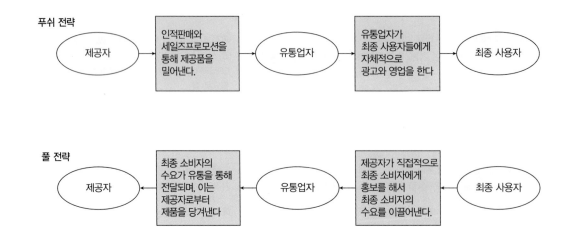

내부 마케팅

마지막으로 중요한 측면은 **내부 마케팅**(internal marketing)이다. 이는 조직 내에서 마케팅 개념과 전략을 적용함을 뜻한다. 기업의 구성원이 자사 제품에 대한 지식이 없고 고객이 누구인지 이해하지 못하고 브랜딩 메시지를 명확히 효과적으로 전달하지 못한다면 성공적인 마케팅 매니지먼트는 어렵다는 것을 많은 연구가 보여주었다. 기업의 직원들이야말로 잠재적으로 가장 신뢰받는 브랜드와 메시지의 홍보 대사인 것이다. 완벽하게 숙지하고 있는 직원들은 그 어떤 다른 사람도 할 수 없는 방식으로 회사와 제품의 가치를 전달할 수 있다.[4]

오늘날의 훌륭한 브랜드 마케터는 기업 내 모든 사람들이 자사의 브랜드, 제품, 서비스에 대한 자부심을 갖도록 많은 주의를 기울인다. 사우스웨스트항공부터 스타벅스, 노드스트롬, 리츠칼튼까지 훌륭한 마케팅을 하는 기업들은 모든 직원들이 각각 브랜드 메시지를 전달할 수 있도록 하는 데 최우선 순위를 두고 있다. 내부 마케팅을 성공적으로 하는 대부분의 기업은 인사 부서에 도움을 요청해 모든 직원에게 브랜드 메시지가 전달되도록 한다. 직원 오리엔테이션 프로그램부터 시작해서 신제품을 소개하거나 새로운 시장에 진입할 때 계속해서 브랜드 메시지를 전달한다.

위계효과모형

13-2

위계효과모형(AIDA)을 설명하고 프로모션 전략에서의 유용성을 설명한다.

프로모션 전략을 기획하고 실행할 때에 마케팅 매니저는 고객들이 세 단계의 구매 의사결정 과정을 밟는다는 점을 유의해야 한다. 그 과정은 바로 인지, 정서, 행동이다. 마케팅 커뮤니케이션에 대한 소비자의 반응을 위계효과의 맥락으로 해석한 다양한 마케팅 모형이 이를 뒷받침한다는 것을 알 수 있다. 그중 하나가 **AIDA 모형**이다. 소비자의 반응에 대한 과정인,

Attention 또는 Awareness(인지), Interest(흥미), Desire(욕구), 그리고 Action(행동)의 앞 글자를 따서 만든 것이다. 인지 단계는 구매자의 의사결정에 있어 인식 과정에 해당되고, 흥미, 욕구 단계는 정서 과정에 해당되며, 행동 단계는 행위 과정에 해당한다.[5] 도표 13.7이 AIDA 모형을 나타낸다.

프로모션 믹스를 효과적으로 선택하고 실행하기 위해서는 대상 고객이 AIDA 모형의 어디에 위치하는지 파악하는 것이 대단히 중요하다. 일반적인 모형과 마찬가지로, 대상 고객이 기업의 커뮤니케이션 메시지를 성공적으로 해석하고 받아들이기 위해서는 다양한 메시지와 미디어의 조합이 가능해야 한다. 다음에는 AIDA 모형의 모든 단계에서 프로모션의 성공률을 극대화하기 위한 팁들이 설명되어 있다. 도표 13.8은 각각의 위계효과 모형의 단계에서 프로모션 믹스 요소의 적절한 구성을 추천하고 있다.

인지

목표 고객이 근본적으로 제공된 상품을 인지하고 있지 않다면, 커뮤니케이션 투자의 상당 부분은 인지도를 올리고 대상 고객의 주목을 이끄는 것에 이뤄져야 한다. 상황에 따라서 아예 새로운 고객 필요(need)와 욕구(want)를 발굴하고 동시에 그 새로운 필요와 욕구를 충족시킬 수 있는 자사 제품이 존재한다는 것을 알려야 한다. 프리우스를 처음 공개했을 때, 토요타는 하이브리드 자동차의 필요성에 대한 인지도를 높이고 잠재적인 고객들에게 하이브리드 자동차의 정확한 정의가 무엇인지에 대해 설명하는 것에 상당한 노력을 기울였다. 간단하게 말하자면 토요타는 기존에는 없던 새로운 상품 카테고리를 만든 것이었고, 초반에 한동안은 이러한 프로모션에도 불구하고 투자 대비 성과는 좋지 않았다. 하지만 석유 가격이 급등하고 환경 문제가 더 중요해짐에 따라, 프리우스는 이 새로운 자동차 카테고리의 리더가 되기 위한 최적의 위치에 있었으며, 선두주자로서의 이점을 독점했고 다른 경쟁사들은 이러한 프리우스를 따라잡기 힘들게 됐다. 이제는 모든 자동차 제조사들이 하이브리드 자동차라는 새로운 카테고리에 뛰어들고 있다.

도표 13.8 | 위계효과모형 각 단계별에서 프로모션 믹스 요소의 적절한 구성 추천

프로모션 믹스 요소	인지 단계	흥미 단계	욕구 단계	행동 단계
디지털과 소셜미디어 마케팅	↑↑↑	↑↑↑	↑↑↑	↑↑↑
광고	↑↑↑	↑↑↑	↑↑	↑↑
세일즈프로모션	↑↑	↑↑	↑↑↑	↑↑↑
PR	↑↑↑	↑↑↑	↑↑	↑
인적판매	↑	↑	↑↑↑	↑↑↑

↑ = 일반적으로 사용하기에 가장 부적합
↑↑↑ = 일반적으로 사용하기에 가장 적합

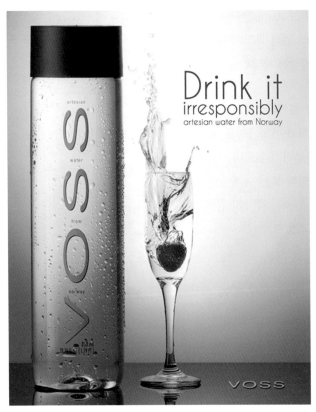

노르웨이의 프리미엄 브랜드 보스워터가 처음으로 미국에 수출되었을 때, 인지도를 높이기 위해 상당 부분 PR에 의존했다.

출처 : Voss

상품에 대한 주의를 이끌고 초기에 인지도를 높이는 일은 마케터에게는 벅찬 과제로 다가올 수 있다. 또한 브랜드가 잘 알려지지 않았거나 새로운 카테고리를 개척하는 상황이라면 고객층을 확보하는 확실한 기반을 닦기 위해서는 상당한 지출이 필요할 수도 있다. 제6장에서는 잠재적인 고객들이 새로운 상품을 시도하거나 구매하는 정도나 방식에 따른 다양한 부류의 어답터(고객군)에 대해서 알아봤다. AIDA 모형의 첫 단계인 인지 단계에서 마케터들은 혁신적 성향가와 얼리 어답터들에게 프로모션을 통해 상품에 대한 인지도를 높이고자 한다. 마케터가 효과적으로 이 부류의 고객들에게 영향을 주어 상품 구매까지 이루어진다면, 다른 일반적인 고객 또한 이들을 따라 상품 구매를 할 것이다.

많은 경우, 고객의 관심을 끌기 위해서는 광고와 PR과 같은 대중적 영향력이 큰 프로모션에의 투자가 필요하다. 노르웨이의 프리미엄 브랜드 보스워터가 처음으로 미국에 판매되었을 때, 마케터는 인지도를 높이기 위해 상당 부분 PR에 의존했다. 이를 위해 제품을 연예인과 연관시키고 영화 속 간접광고(PPL)를 사용했으며, 또 대상 고객들이 자주 방문하는 매장들에서 판매되는 잡지에 광고를 실기도 했다.

흥미

고객의 관심을 흥미로 전환하기 위해서는 설득력 있는 커뮤니케이션이 필요하다. 더욱 기술적이고 복잡한 상품에 대해서는 상품이 정확히 고객들을 위해 무엇을 제공하고 있는지에 대한 정보를 전달하고 그들의 필요와 욕구를 어떻게 충족시키는지 더 자세히 알려야 한다. 흥미를 유발시키기 위해서는 프로모션이 고객을 더 자극해야 한다.

예를 들어, 애플이 다음 세대 아이폰에 대한 관심을 유발하는 것은 어렵지 않다. 제품을 공개하기 수개월 전부터 미디어에서 이미 이를 상당하게 다루기 때문이다. 하지만 이런 필수적인 관심을 넘어 구매에 대한 관심으로 이끌기 위해서는 무엇을 어떻게 해야 하는가? 애플은 능수능란하게 초기 프로모션에 새로운 특징이나 기능 등을 알리며 고객들에게 아이폰이 아니면 만족할 수 없을 것이라는 메시지를 담는다. 이러한 새롭고 화려한 기능들을 통해 기존의 구형 아이폰은 '한물간' 기기이며 새로운 아이폰은 완전히 다른 상품이라고 인식하게 되면서 흥미는 극대화된다.

욕구

고객이 흥미에서 욕구로 이동한다는 것은 고객이 특정 상품에 대해 **필요하다** 이상으로 정말로 그 제품을 가지고 싶은 욕구를 가지게 됨을 의미한다. 프로모션은 강렬한 설득력 있는 커뮤니케이션을 통해 이러한 욕구를 키운다. 이 단계에서 판매원, 맞춤식 다이렉트 마케팅 그리고 인터랙티브 마케팅이 프로모션 믹스에 포함된다. 이 단계의 프로모션은 이 제품 없이는 살 수 없다는 메시지를 전달하게 된다. 제품 혁신 성향가와 얼리 어답터들이 자신들이 이미 구입한 상품을 구매 보류를 하고 있는 고객들에게 보여주기 시작하면 가속도가 붙는다.

다음 세대 아이폰이 이러한 형태로 첫 주 판매를 시작한다. 많은 사람들이 의심할 여지없이 새로 구입한 아이폰을 친구들과 동료들에게 보여주며 새로운 기능에 대한 의견과 경험을 나눌 것이다. 애플은 현명하게도 각종 타깃 프로모션을 통해 가속도를 잘 활용하는데, 잠재 고객들을 애플 매장에 초청하여 판매원들이 새로운 아이폰의 기능과 장점을 충분히 설명하기도 한다. 위계효과모형에서 흥미 단계는 고객의 구매 의사결정에 있어 정서적인 부분이 정점에 달하는 단계이기 때문에 이 단계의 프로모션 메시지의 상당 부분은 브랜드와 제품에 대한 긍정적인 느낌을 조성하기 위해 노력한다.

행동

행동 단계는 구매 그 자체를 말한다. 궁극적으로 구매에 이르게 하기 위해서 마케터들은 종종 판매원에 의존하게 되며, 판매를 종결하기 위해서는 동시에 세일즈프로모션 기법들도 수반된다. 회사들이 판매원을 훈련하는 데 있어 많은 노력을 기울이는 이유는 구매 의사결정을 내리게 하는 마지막 자극이라고 생각하기 때문이다. 심지어 가끔은 세일즈프로모션만으로도 구매가 이뤄지는 경우가 있다. 고객은 쿠폰이나 리베이트 또는 특별한 추가적 자극으로 구매를 결정하게 된다.

최근 연구에 따르면 프로모션 전략에 대한 밀레니얼 세대의 반응이, 그 이전 세대들과는 다르다고 한다. 이 차이는 밀레니얼 세대가 구매 의사결정에 있어 밟는 위계효과 단계 때문이라고 생각된다. 수년 동안 마케팅의 주 목표 대상이었던 세대는(X세대를 포함한 이전의 세대) 요즘 젊은 세대와 달리 정보에 대한 접근성이 크지 않았다. 따라서 마케터들은 전통적으로 상품에 대한 정보를 고객에게 전달하는 역할을 해왔고, 이는 전통적인 프로모션 요소를 통해 이행해왔다. 이는 B2C뿐만 아니라, 시장과 제품에 대한 정보를 얻기 위해 판매원에 많은 의존을 할 수밖에 없는 B2B 시장에서도 마찬가지였다. 하지만 오늘날의 밀레니얼 세대는 정보에 있어서 매우 다른 환경을 경험하고 있다. 오늘날의 인터넷 커뮤니케이션을 통해 소비사는 스스로 제품에 대해 조사하는 것이 익숙하고, 이에 따라 제품에 대한 의견을 스스로 만들어내며 전통적인 프로모션(판매원을 포함해서)에 영향을 덜 받으며 결정을 내린다.

그렇다고 해서 젊은 세대를 대상으로 할 때 프로모션 전략 기획에 있어 마케팅 매니저의 역할이 덜 중요해졌다는 것은 아니다. 단, 젊은 세대의 프로모션에 대한 반응이 이전 세대들과는 다르다는 것은 확실히 인지해야 한다. 일반적으로 젊은 세대는 제품이 자신에게 판매되길 원하지 않고 대중 광고에 대한 관심도 역시 떨어진다. 오히려 구매 결정에 있어 객관적인 정보를 더 가치 있게 판단하며 일반적으로 전통적인 프로모션과는 다른 곳에서 정보를 얻는다. 예를 들어 SNS, 블로그, 메시지보드, 챗룸 등 가상 커뮤니티가 제공하는 정보를 다른 소통 채널 정보보다 더 중요하게 생각한다. 비록 이전 세대와 다른 젊은 세대의 특징들이 마케팅의 변화를 필수적으로 만들지만, 바로 이 경향들이 또한 마케터에게 중요한 기회를 제공하기도 한다. 예를 들어 밀레니얼 세대는 브랜드를 중요하게 생각하기 때문에 마케팅 매니저들은 프로모션에 브랜드 이미지를 통합시킬 기회를 가지게 된다.

21세기에 마케팅 전략을 세울 때, 중요한 젊은 세대 시장의 경향을 정확히 파악하는 마케팅 매니저가 전통적인 프로모션을 통해 고객을 유치하고자 하는 마케터보다 보다 우위에 설 것이다.

가치 전달에서 디지털 마케팅의 역할

13 - 3

고객에게 가치를 전달할 때의 디지털 마케팅의 역할과 주요 유형을 토의한다.

인터넷은 기업과 고객 사이의 관계를 재정의했다. 인터넷에 대한 접근이 증가하고 다양한 인터넷 접근 포인트가 확산됨에 따라 디지털 마케팅은 프로모션 전략의 중요한 구성 요소가 됐다. 오늘날 어떤 사람들은 가장 중요한 구성 요소라고 하기도 한다. **디지털 마케팅**은 데스크탑, 노트북, 태블릿, 스마트폰과 같은 디지털 기술을 이용한 가치 제안의 마케팅을 의미한다. 디지털 기술은 개인이 거의 즉각적으로 방대한 양의 정보에 접근하는 것을 가능하게 했고 기업이 고객과 연결하고 소통하는 방식에 혁명을 일으켰다. 중요한 점은 이제는 고객이 제품과 서비스에 대한 정보 수집에 있어 디지털 매체를 통해 언제, 어디서, 어떻게 마케터들과 상호작용하고 싶은지에 대한 많은 통제력을 가지고 있다는 것이다. 이 변화는 기업에게 어려움으로 다가온다. 이제 가장 효과적인 방법으로 제품과 서비스 정보에 대한 디지털 접근을 확장하는 방법을 찾아야 하기 때문이다. B2C와 B2B 시장 모두에서 디지털 마케팅은 전반적인 프로모션 전략에 있어 핵심적인 요소이며, 가치 제안을 전달하기 위해 마케팅 매니저가 사용하는 프로모션 믹스의 핵심 요소가 되고 있다.

디지털 기술로 인해 용이해진 데이터 수집 능력으로 인해 마케팅 매니저는 이전과는 비교할 수 없을 정도로 폭넓고 깊게 고객에 대한 정보에 보다 합리적인 비용만 지불하고 접근할 수 있게 됐다. 이 데이터는 기업이 고객과의 상호작용을 통해서 수집하거나, 또는 기업의 직접적인 개입 없이 고객 간 상호작용을 통해서도 수집할 수 있다. 고객이 점점 더 정보를 얻으려 하고, 거래를 하고, 디지털 채널을 통해 소통을 할 때, 더욱 더 많은 양의 데이터가 이용 가능할 것이며, 이는 마케팅 관리자로 하여금 더욱 전체적인 시각으로 개인을 볼 수 있게 할 것이다(제5장에서 빅데이터에 관한 논의를 기억해보라). 따라서 마케팅 매니저에게 디지털 존재의 중요한 한 측면은 보다 향상된 정보 수집과 피드백을 제공할 수 있다는 혜택이다.[6] 이를 통해 특정 마케팅 활동의 효과를 측정하는 주요 메트릭스를 적용할 수 있는 능력이 향상된다. 예를 들어, 이메일을 통해 제공되는 온라인 구매 할인 코드를 사용한 고객의 비율이나 이를 통한 온라인 구매 결과에 포함된 추가적으로 구매된 상품의 평균 비율을 측정할 수 있다.

디지털 기술의 발전은 마케팅 담당자가 온라인으로 고객과 상호작용할 수 있는 광범위한 방법을 제공한다. 이를 도표 13.9에서 볼 수 있다. 바람직한 마케팅 결과를 극대화하기 위해 올바른

도표 13.9 | 마케팅 정보 공유의 디지털 옵션 예시

인포그래픽스	웹 세미나	비디오
블로그	온라인 목록	FAQs
추천 글	사례 연구	백서

정보를 올바른 시간에 올바른 사람에게 전달하는 것은 중요한 목표이다. 정보 유포를 위해 마케팅 관리자가 사용할 수 있는 옵션은 페이드 미디어, 온드 미디어, 언드 미디어이다.[7] 도표 13.10은 이 세 종류의 디지털 미디어의 예시와 특징을 제시한다. **페이드 미디어**(paid media)는 마케터가 고객에게 접근하기 위해 다른 사람에게 비용을 지불해야 하는 마케팅 커뮤니케이션 채널을 의미한다. 디지털 마케팅에서 페이드 미디어에 대한 접근성은 일반적으로 단위당 구매가 가능하다. 흔한 가격 책정 모델로는 **노출당 비용**(cost per impression)이 있으며, 이는 고객이 프로모션에 노출될 때마다 마케팅 매니저가 고정 비용을 지불하는 형태이다. 또 클릭당 비용 모델은 고객이 링크를 클릭할 때마다 마케팅 매니저가 고정 비용을 지불하는 형태이다. **온드 미디어**(owned media)는 마케터의 회사가 완전한 통제를 가지고 있는 마케팅 커뮤니케이션 채널을 의미한다. 온드 미디어의 예시로는 기업의 자체 웹사이트에서 만들어지는 콘텐츠가 있다.

언드 미디어(earned media)는 고객 또는 상업 단체(언론매체 기업과 같은)가 무료로 마케터의 회사와 관련된 정보를 유포하는 마케팅 커뮤니케이션 채널이 되기를 자처하는 경우를 의미하기 때문에 약간은 다르다. 예시로는 고객이 신제품에 대한 흥분과 기대로 인해 스스로 신제품 런칭에 대한 블로그 포스트 링크를 소셜네트워크에 공유하는 경우가 있다. 이 장 후반부에 소셜미디어를 다루는 절이 있으며 거기서 언드 미디어를 부추기는 요소와 마케터에게 가져다주는 혜택에 대해 이야기할 것이다. 지금은 다양한 페이드 미디어와 온드 미디어 옵션에 대해 논의하도록 하자.

도표 13.10 | 페이드 미디어, 온드 미디어, 언드 미디어의 예시와 특징

	예시	장점	발생할 수 있는 문제
페이드 미디어	• 디스플레이 광고 • 검색 광고 • 네이티브 광고 • 소셜미디어 광고	• 속도 • 유연성 • 타깃팅 가능성 • 확장성 • 통제 • 측정 가능함	• 눈에 띄기 어려움 • 응답률 감소 • 신뢰성 문제 발생 가능
온드 미디어	• 회사 웹사이트(모바일과 비모바일) • 이메일 • 회사 블로그 • 회사 소셜미디어 계정	• 오래 지속됨 • 유연성 • 틈새 고객에게 깊은 이야기가 가능	• 신뢰성 문제 발생 가능 • 상당한 개발 노력이 필요할 수 있음 • 원하는 결과에 도달하기까지 긴 시간이 걸릴 수 있음
언드 미디어	• 소셜미디어 공유 수 • 사용자의 상품 리뷰 • 제3자의 웹사이트나 블로그에서 회사에 대한 언급	• 신뢰 • 비용 효율성이 좋을 수 있음 • 투명함	• 통제가 부족함 • 발생하는 커뮤니케이션 및 대화가 부정적일 수 있음 • 가치를 측정하기 어려움

디지털 광고

디지털 광고는 모든 형태의 디지털 미디어를 통해 만들어지고 실행되는 광고를 의미한다. 다른 디지털 마케팅 노력과 마찬가지로 디지털 광고는 고객이 광고에 노출될 때 생성되는 풍부한 데이터로부터 혜택을 누리며, 이는 광고의 효과를 보다 세분화하여 검토할 수 있게 한다. 이 측정 기능은 디지털 광고가 웹사이트에서 명확한 금전적 가치가 있는 특정 행동을 하도록 고객을 유도할 때 특히 명확해진다. 예를 들어 광고는 할인된 가격으로 제품을 구매할 수 있는 프로모션을 제안하고 이를 클릭하면 그 제안을 받아들여 상품을 구매할 수 있는 페이지로 연결된다. 광고의 판매 창출 가치는 광고에 노출된 고객 수와 그리고 그중에서 제안을 받아들인 고객의 수로 직접적으로 측정 가능하다. 대부분의 비디지털 형식의 광고와 달리 이 접근 방법을 사용해서 데이터가 현재 광고 메시지가 제대로 작동하지 않다는 것을 나타내는 경우 프로모션 전략을 신속하게 조정할 수 있다.

디지털 광고의 또 다른 장점은 다양한 정보를 다양한 규모의 다양한 고객층에 보다 유연하게 배포할 수 있다는 것이다. 일부 디지털 커뮤니케이션 채널(소셜 네트워킹 플랫폼이나 검색 엔진과 같은)은 상대적으로 최소한의 비용으로 페이지에 표시되는 내용이 특정 사용자에 맞춤 조정할 수 있게 설계됐기 때문에 마케터는 커뮤니케이션에 있어 큰 유연성을 가지게 된다. 마케팅 매니저가 몇 명의 고객에게 메시지를 전달하고자 하는지 또는 고객이 가진 구체적인 특성(예 : 고객 인구통계나 특정 검색어의 사용)과 같은 사전에 설정된 요소에 따라 광고 메시지는 조정될 수 있다. 결과적으로 마케팅 매니저는 광고 예산이 원하는 고객 타깃팅에 사용되고 있다는 더 큰 확신을 가지게 된다. 이런 확신 정도를 목표 시장에 관련 있는 상당한 독자 수를 자랑하는 종이 잡지에 광고를 게재한 마케팅 매니저의 확신 정도와 비교해보라. 당연히 이 독자층에는 광고 메시지를 받아들이기에 그다지 적합하지 않는 상당히 많은(아마도 대다수일 것이다) 독자를 포함하기도 한다. 잡지의 광고 비용은 일반적으로 전체 독자층을 기반으로 하지만 마케팅 매니저는 메시지에서 가치를 찾지 못하는 많은 사람들과 소통할 수밖에 없다. 엎친 데 덮친 격으로 마케팅 통계를 통해 인쇄된 광고의 영향력을 측정하는 것은 디지털 미디어 광고보다 훨씬 어렵다.

위 예시는 인쇄 광고를 폄하하는 것은 아니다. 단지 마케팅 매니저는 어떤 프로모션 예산의 투자가 한 상품에 대해서 최상의 ROI인지를 신중히 생각할 필요가 있음을 상기시켜준다. 전통적인 광고보다 디지털 광고가 훨씬 적합한 선택인 상황도 있으며 그 반대인 상황도 있다. 마케터가 도달하고자 하는 고객, 주어진 매체를 통해 고객에게 도달하는 비용, 그리고 그 매체를 통해 사용 가능한 세부적인 커뮤니케이션 형태는 일반적으로 디지털 또는 다른 종류의 광고 중 어느 것이 더 적합한 선택인지를 정해주고 각각의 경우에 가능한 옵션 중 어느 것이 가장 바람직한 결과를 만들어낼지를 결정해준다.

디스플레이 광고 어떤 웹사이트의 특정 페이지에 표시되는 디지털 광고이며 웹페이지의 기본 콘텐츠(고객이 페이지를 방문한 이유)와 명확히 구분되는 광고를 **디스플레이 광고**라고 부른다. 디스플레이 광고는 배너 광고나 삽입형 광고 등 여러 형태로 나타날 수 있다. **배너 광고**는 웹사이트에 삽입된 박스 광고로 그래픽, 텍스트, 비디오 요소와 함께 연결된 하이퍼링크를 통해 사용자를 특정한 웹페이지로 유도한 이후에 광고자와 사용자 사이 상호작용을 용이

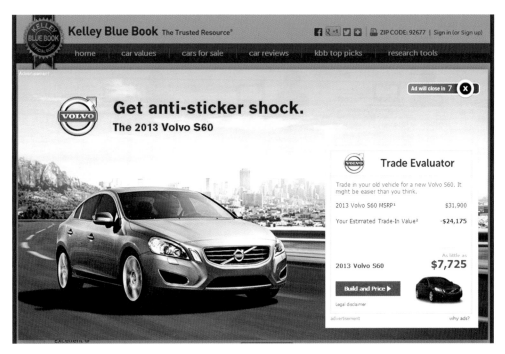

이 볼보 광고는 켈리 블루 북 웹사이트에 게재되는 삽입형 광고이다.

출처 : Kelley Blue Book Co.®, Inc./Volvo Car Corporation

하게 만든다. 시간이 지남에 따라 인터랙티브 기능이 확대되고 미디어 경험이 풍부해지면서 배너 광고도 점점 정교해졌다. 흥미로운 역사적 이야기를 해보자면 첫 배너 광고는 1994년에 등장했고 일부 그래픽 및 텍스트 요소를 포함한 간단한 이미지였다. 광고를 배포시킨 첫 4개월 동안 광고에 노출된 44%가 유혹을 이기지 못하고 배너를 클릭했다. 하지만 오늘날의 인터넷 사용자는 더 경계심을 가진다. 오늘날은 오직 광고에 노출된 1만 명 중 4명밖에 안 된다.[8] **삽입형 광고**(interstitials)은 사용자가 방문하고자 하는 웹페이지에 연결되기 전에 제시하는 전체 페이지를 차지하는 광고이다. 삽입형 광고는 일반적으로 본질적으로 보유하고 있는 실질적인 부동산을 활용하는 그래픽 요소와 함께 매우 시각적인 호소력을 가진다.

디스플레이 광고는 특정 웹사이트의 방문자가 기대하는 흥미, 특성, 기호에 보다 관련성이 있을 것으로 기대되는 광고를 그 웹사이트에 게재할 수 있다. 배너 광고는 또한 고객의 과거 온라인 행동에 근거하여 배포될 수 있다. 예를 들어, 리타깃팅이라 불리는 방법은 고객이 관련된 상품을 보기 위해 웹사이트를 방문한 후에 (상품과 관계가 없는) 다양한 웹사이트에 광고를 게재한다. 여기서 가정되는 사안은 이 고객이 상품에 대한 높은 정도의 관심을 가졌기 때문에 디스플레이 광고를 **리타깃팅**하면 제품 광고주에게 긍정적인 결과(문의 또는 판매)를 가져온 것이라는 점이다. 도표 13.11은 리타깃팅 과정의 작동 방식에 대한 예시를 보여준다.

검색 광고 또 다른 효과적인 디지털 광고 기법은 검색 엔진을 사용할 때 나타나는 검색 결과와 함께 뜨는 **검색 광고**(search ads)이다. 주로 웹페이지의 검색창 위나 측면에 세로로 표시된다. 예를 들어, 구글에 '올랜도 호텔'를 검색하면 그 지역의 특정 호텔 웹사이트를 보기 전에 가장 위에 익스피디아, 호텔스닷컴, 트립어드바이저 그리고 카약(구글에 의해 모두 광고라는

1단계 : 사용자가 당신의 웹사이트를 방문해 특정한 제품의 페이지를 본다.

2단계 : 사용자가 당신의 웹사이트를 떠난다.

3단계 : 미래에 언젠가 사용자가 다른 웹사이트를 방문하면서 당신의 웹사이트에서 본 제품에 대한 광고를 접한다.

4단계 : 사용자가 광고에 반응해 다시 당신의 웹사이트를 방문하고(이상적으로) 해당 상품을 구매한다.

사실이 표시된다)을 보여줄 것이다.

대부분의 디지털 광고와 마찬가지로 검색 광고의 주요 요소는 광고주 웹페이지로 이어지는 하이퍼링크의 포함이다. 표시되는 결과에 대한 접근성을 통해 인구의 상당 부분에 도달할 수 있는 능력을 마케터에게 부여해주는 검색 엔진의 광범위한 사용 말고도, 검색 광고는 마케터가 고객을 타깃팅할 수 있는 능력을 제공해준다. 이는 고객이 검색을 통해 원하는 특정 정보와 함께 나타나는 광고에 의해 얻을 수 있는 정보와의 잠재적 관련성에 기반하는 광고를 통해 이루어진다. 이 과정이 진행되는 방법은 마케터가 단어나 구절의 조합인 특정한 키워드에 입찰을 하는 것이다. 이는 마케터가 성공적으로 입찰한 키워드와 일치하는 검색 결과에 텍스트 광고를 배치하기 위한 것이다. 검색 광고는 클릭당 비용이 매겨질 수도 있고 다른 방법으로는 노출당 또는 전환(구매)당 비용이 매겨질 수도 있으며, 후자는 판매와 같이 바람직하고 추적 가능한 행위로 볼 수 있다. 또한 광고 회사가 예산 및 관련 요소를 바탕으로 클릭 연결 수 또는 관련 상호작용에 대해 지불할 용의가 있는지를 결정하는 것이 매우 유용하다.[9]

위에 제시된 사진의 우측에 위치한 소셜네트워크 광고를 보라. 이러한 광고는 제품에 대한 더 자세한 정보를 제공하기 위해 클릭 연결을 유도할 가능성이 큰 고객들이 활용한다.

출처 : LinkedIn

더욱 중요한 것은, 고객의 키워드 검색의 내용은 고객이 찾는 정보가 무엇인지 그리고 구매 과정에 있어 고객이 어떤 단계에 있는지에 대한 중요한 통찰력을 제공한다.[10] 예를 들어, 마케팅 관리자는 구매 의사결정과정에서 고객이 특정 단계에 있다고 암시하는 키워드와 관련된 검색 광고를 구매하는 데 더 많은 관심을 가질 수 있다. 그래야 상품에 대한 메시지를 구매 과정에서 고객이 위치한 특정한 단계에 적절하게 맞추어 제작할 수 있다. 자동차의 경우에 '신차 할인'이라는 키워드를 사용하는 고객은 '포드 F-150 특별 행사'라는 키워드를 검색하는 고객보다 지역의 아무 자동차 판매원의 검색 광고에 훨씬 더 수용적일 것이다. 후자 고객의 경우 지역의 포드 자동차 판매원의 광고에 더 수용적일 것이며, 또는 일반 검색 결과에 표시되는 특정 판매원의 웹사이트에 곧바로 방문할 것이다. 이 예시의 경우에 '신차 거래'라는 키워드에 대한 비용이 '포드 F-150 특별 행사'라는 키워드보다 비쌀 것이다. 이는 후자보다 전자 키워드 입찰에 있어 더 많은 경쟁이 있을 것으로 기대되기 때문이다.

소셜네트워크 광고 다양한 소셜미디어에 게재되는 디지털 광고를 **소셜네트워크 광고**라 부른다. 이러한 광고는 페이스북, 트위터, 링크드인과 같은 다양한 종류의 소셜네트워킹 플랫폼에 유포되어 기본 형식, 게재 위치, 스타일 등이 상당히 다양할 수 있다. 어떤 종류의 소셜네트워킹 광고는 사용자가 특정한 플랫폼을 사용해 서로 소통하는 다양한 방식과 비슷하게 기능하고 닮도록 만들어지고, 또 다른 종류는 앞서 언급된 디스플레이 광고와 비슷하게 기능하고 닮도록 만들어진다.

이 장 후반부에서 소셜미디어(단순 소셜네트워크를 넘어서)와 소셜미디어의 마케팅 매니저와의 관련성에 대해서는 더 자세히 알아볼 것이다. 현재로서는 소셜네트워킹 플랫폼이 다른 디지털 또는 더 전통적인 프로모션 채널을 통해서는 쉽게 이룰 수 없는 기준에 근거해서 매우 특정한 고객층에 마케터가 도달할 수 있게 도와준다는 점을 알아야 한다. 사용자는 소셜네트워킹 플랫폼에서 광범위한 정보를 공유하고 광범위한 상호작용에 참여한다. 다양한 소셜네트워킹 플랫폼을 통해 마케터들이 손쉽게 접근할 수 있는 고객 정보에 대한 예시로는 현재와 영구적 위치, 인구통계적 특성, 구매 행동, 일반적인 관심사, 사람/브랜드/기업과의 관계가 있다. 당연히 이러한 정보를 수집해서 특정 고객층에 도달하고 더욱 개인화된 마케팅 커뮤니케이션을 개발하기 위해 사용될 수 있다.

네이티브 광고 광고가 게재되는 웹사이트에 제공된 콘텐츠의 스타일과 형식에 맞도록 디자인된 디지털 광고를 네이티브 광고라 불린다. 온라인 간행물의 경우에 **네이티브 광고**(native ads)는 독자층의 관심사에 대해서 다루는 기사나 포스트 형태로 나타난다. 일반적으로 네이티브 광고에는 마케터가 광고하는 상품을 구매하도록 강하게 유도하지는 않는 대신에, 일반적으로 마케터의 회사(또는 특정 제품이나 서비스일 수도 있다)와 논리적인 연결을 가진 주제를 다룬다. 네이티브 광고 옵션을 회사 웹사이트나 플랫폼에서 제공하는 대부분의 기업은 해당 광고가 다른 회사가 제공하고 지불한 콘텐츠라는 것을 사용자에게 이해시키기 위해 구체적인 조치를 취한다. 콘텐츠가 네이티브 광고라는 인식이 증가하면 사용자의 콘텐츠 평가에 있어 부정적인 영향을 미칠 수 있지만, 네이티브 광고 옵션의 호스트 제공자가 사용자를 속이고 있다고 느끼는 위험은 피할 수 있다.[11]

이메일

이메일은 비록 우리와 20년 동안 함께 했지만 아직도 프로모션 툴로서 마케터에게 많은 장점을 선사한다. 첫 번째로, 이메일은 온드 미디어이기 때문에 마케터가 통제를 갖는 커뮤니케이션 채널이다. 두 번째로, 개인에게 타깃팅되고 맞춤화될 수 있다. 세 번째로, 즉각적이기 때문에 기업은 쿠폰이나 다른 세일즈프로모션을 즉각 제공하고 결과를 예상하고 모니터링할 수 있다. 네 번째로, 개인이 특정 메시지를 선택하여 읽을 확률을 높일 수 있으므로 추가적으로 맞춤화가 가능하다. 다섯 번째로, 개인이 이메일과 어떻게 상호작용하는지에 대한 풍부한 데이터를 제공한다. 예시로는 이메일을 열어봤는지(열어봤다면 언제), 이메일 속 특정 링크를 클릭했는지, 클릭 이후 기업의 웹사이트에서 고객의 행동, 그리고 이메일이 다른 사람에게 전달되는지 (전달된다면 언제 전달되는지) 같은 정보가 있다.

이러한 잠재적인 장점에도 불구하고 이메일은 디지털 마케팅 도구로서 상당한 단점을 가지기도 한다. 우체국이 전달하는 원치 않는 우편과 마찬가지로 이메일 역시 메시지를 열어보지 않고 삭제될 수 있다는 점이 가장 큰 단점이다. 오늘날 대부분의 사람들이 수신하는 이메일이 넘쳐나고 수신되는 이메일을 제한하기 위해 스팸 필터나 다른 방법을 활용한다. 밀레니얼과 포스트 밀레니얼 세대는 이메일을 시대에 뒤쳐진 것으로 보고 소셜미디어 플랫폼이나 문자로 소통하는 것을 선호한다. 중요한 점은 이메일이 양질의 대상 고객과 소통하기 위해 양질의 다양한 믹스를 포함한 광범위한 마케팅 커뮤니케이션 전략의 한 부분일 때 가장 효과적이라는 것이다. 오늘날의 멀티미디어 시대에서 프로모션 메시징을 위해 이메일에 지나치게 (또는 이메일에만) 의존하는 기업과 고객은 결과가 좋지 않을 가능성이 크다.

킹슬리 저드 와인 인베스트먼트의 웹사이트는 리드 생성을 위한 효과적인 랜딩 페이지를 가진 웹사이트의 예시이다.

출처 : Kingsley Judd

기업(조직) 웹사이트

기업의 웹사이트는 온라인 고객과 연결하는 주요한 접촉점이며 기업에게는 가장 중요한 언드 미디어 형태 중 하나이다. 고객은 정보를 얻고, 문의를 하고, 불만을 신고하고, 다른 사용자와 커뮤니티 의식을 형성하고, 궁극적으로는 구매를 하기 위해 웹사이트에 방문한다. 따라서 웹사이트는 여러 기능을 수행해야 한다. 소매점의 전통적인 역할을 하면서도 기업의 웹사이트는 방문하는 모든 이들에게 가치 제안을 전달해야 한다. 효과적인 웹사이트는 새로운 잠재고객을 유도하여 웹사이트 내에서 제품과 서비스를 확인하도록 한다. 동시에 웹사이트는 고객 서비스와 정보에 쉽게 접근할 수 있게 만들어 기존 고객에게도 서비스를 제공해야 한다.

기술적인 면에서 랜딩 페이지는 사용자가 하이퍼링크를 클릭했을 때 연결되는 페이지를 의미한다. 하지만 현재 이야기하고 있는 디지털 마케팅에서의 **랜딩 페이지**는 조직에 대한 고객의 기대 가치를 높이는 행동을 유도하겠다는 유일한 목적으로 디자인된 기업의 웹페이지에서도 아주 고유한 페이지를 뜻한다. 지금까지 언급된 모든 마케팅 커뮤니케이션 옵션은 일반적으로 위의 아주 특별한 목적을 수행하기 위해 만들어진 랜딩 페이지로 이어지는 하이퍼링크를 포함했다. 이러한 목적에는 마케터가 이후의 커뮤니케이션에 있어 더욱 맞춤화할 수 있도록, 즉각적인 거래를 성사시키거나 제품에 대해 추가적인 정보를 제공하거나 고객으로부터 개인 정보(연락처를 포함한)를 모으는 일 등이 있다. 예를 들어, MBA 학위를 온라인으로 취득할 수 있는지에 관심이 있는 고객은 대학에서 제공하는 흥미로운 디지털 광고를 클릭하여 탐색 과정을 시작할 수 있다. 이 광고는 고객을 랜딩 페이지로 연결해 프로그램에 대한 기초적인 정보를 제공하는 동시에 온라인 양식을 통해 개인 정보를 제출하도록 유도하며 대학 입시 담당자가 더 많은 정보를 가지고 신속하게 연락을 할 것이라는 약속을 한다.

웹사이트 인터페이스의 차원 고객 웹사이트 인터페이스는 일반적으로 7개 C로 정의된다. 맥락(context), 콘텐츠(content), 커뮤니티(community), 맞춤화(customization), 소통(communication), 연결(connection), 상거래(commerce)이다. 도표 13.12는 인기 많고 매우 성공적인 자포스 웹사이트의 7개 C를 제시한다.

맥락 맥락은 웹사이트의 전반적인 레이아웃, 디자인, 미적 매력을 의미한다. 광대역 및 초고속 인터넷은 웹사이트를 더 매력적으로 만드는 더 많은 그래픽, 비디오, 그리고 흥미로운 디자인을 가능하게 했다. 웹 디자이너에게 항상 있는 어려움은 높은 그래픽 콘텐츠의 미적 매력과 그래픽과 다른 복잡한 시각적 요소의 로딩 타임 사이의 균형을 찾는 것이다. 웹사이트의 분위기와 느낌은 회사 또는 상품의 전반적인 브랜드 이미지와 일관되어야 한다. 예를 들어, 자포스의 웹사이트를 방문한 후에 럭키 브랜드 웹사이트를 방문해보면 각 기업이 웹사이트 레이아웃과 디자인에 접근하는 방법에 어떤 차이가 있는지 알 수 있다.

콘텐츠 과거에는 기업들이 기존에 가지고 있던 인쇄 자료(예 : 카탈로그 같은)를 웹사이트에 게재하곤 했다. 그래서 웹사이트 콘텐츠에 독창성은 거의 없었다. 하지만 오늘날의 기업의 웹사이트는 상당한 양의 웹 특화된 콘텐츠를 사용한다. 코스트코나 타깃 같은 기업은 매장에서는 제공하지 않는 제품을 게재하는 구체적인 웹 전략을 가지고 있다. 그리고 갭과 같은 많은 기업들은 웹사이트에 한정된 상품 할인 이벤트를 연다. 텍스트, 사진, 비디오, 차트, 그래픽 모두 웹 콘텐츠의 한 부분이다.

커뮤니티 웹을 기반으로 하는 소통의 주요 장점은 사용자나 웹사이트 방문자들의 커뮤니티를 형성할 수 있는 기회가 있다는 것이다. 블로그와 기업의 게시판은 판매 기업과 제품에 대한 고객의 경험을 향상시키는 공동체 의식을 고양한다. 많은 경우에 가장 강력한 온라인 커뮤니티를 운영하는 것은 직접적인 판매 기업보다는 켈리 블루 북(자동차 산업 사이트) 같은 제3자이다. 이러한 커뮤니티는 다양한 주제에 대해 대화하도록 사용자들을 끌어 모은다(켈리 블루 북의 경우에는 자동차 소유자들이 되겠다). 문제에 대한 해결책(커뮤니티 회원들에 의해 생성된다)을 제공하기도 하며 제품 기능에 대한 장단점을 논하고 상품에 관심을 가진 사

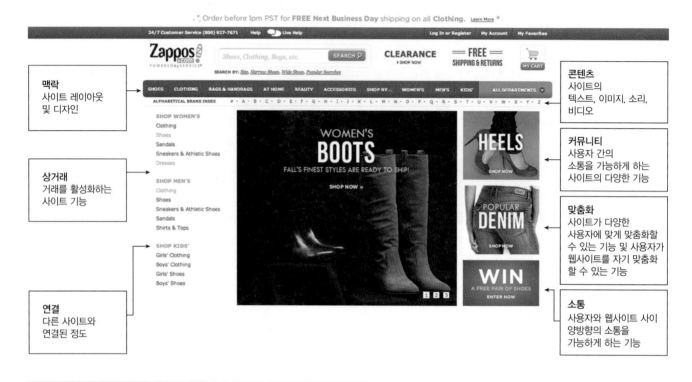

맥락
사이트 레이아웃
및 디자인

상거래
거래를 활성화하는
사이트 기능

연결
다른 사이트와
연결된 정도

콘텐츠
사이트의
텍스트, 이미지, 소리,
비디오

커뮤니티
사용자 간의
소통을 가능하게 하는
사이트의 다양한 기능

맞춤화
사이트가 다양한
사용자에 맞게 맞춤화할
수 있는 기능 및 사용자가
웹사이트를 자기 맞춤화
할 수 있는 기능

소통
사용자와 웹사이트 사이
양방향의 소통을
가능하게 하는 기능

출처 : Zappos.com, Inc

람들끼리 또는 판매 기업과 소통하도록 격려한다.

맞춤화 오늘날의 온라인 고객은 그들의 웹사이트 경험이 맞춤화되길 기대하고 고마워하기 때문에 기업이 웹사이트에서 독특한 개인화된 경험을 만들어 제공할 수 있다면 고객 인터페이스에 큰 가치를 더할 수 있다. 간단한 맞춤화 방법으로는 사이트의 소리를 끄거나 그래픽 인터페이스를 줄이는 기능을 제공하는 것이다(html vs. flash 사이트의 차이). 더욱 맞춤화된 사이트는 사용자가 콘텐츠와 맥락을 선택할 수 있게 한다. 예를 들어 ESPN은 사이트의 각 사용자가 홈페이지를 맞춤화하여 다가오는 게임, 스코어, 이야기를 포함하여 해당 사용자가 좋아하는 팀에 관한 다양한 정보를 옆에 표시할 수 있게 한다.

소통 웹사이트를 통해 기업은 세 가지 주요 방법으로 고객과 소통할 수 있다. 첫째, 기업은 연락처 기능이나 이메일을 통해 고객이나 사이트 방문자와 일대일로 소통한다. 둘째, 고객과 관심을 가지는 방문자는 고객 서비스 요청을 통해 직접적으로 기업과 소통한다. 마지막으로 기업은 고객의 서비스 요청과 판매 문의에 응대하기 위해 즉각적인 메시지를 사용한다(팝업 박스가 떠서 "저 여기 있어요, 도움이 필요한가요?"를 경험해본 적이 있는가?). 그것들은 종종 꽤 많은 거래를 창출할 수 있는 편리한 작은 판매원 역할을 한다.

연결 웹은 많은 소스를 통해 소통을 가능하게 한다. Edmunds.com(자동차)나 CNET.com(전자기기)과 같은 정보 사이트는 사이트에 많은 정보를 제공하기도 하지만 고객이 더 많은 정보를 요구하거나 구매하기를 원할 때 관련된 제조사나 소매점 웹사이트에 접근할 수 있게 해준다. 이러한 간편하고 원활한 연결은 고객을 위해 사이트의 유용성을 크게 확장한다.

상거래 B2C와 B2B 시장 모두에서 온라인 상품 구매 규모는 극적으로 커졌다. 웹 디자이너는 간단하고 이해하기 쉽고 구매하기 안전한 경험을 제공하는 것이 온라인 전자상거래에 있어 성공을 위한 필수요소임을 안다. 전자상 신용카드 번호

WWF는 웹사이트에 간단하지만 효과적인 고객의 행동 요청 내용을 사용한다.
출처 : World Wildlife Fund

절도가 확산되는 현상을 고려하면 고객이 제공기업의 온라인 구매 보안 수준을 걱정하는 것은 당연하다. 오늘날 웹사이트는 고객의 데이터가 안전하다는 사실을 확실하게 확신시켜줄 수 있어야 한다.

마이크로사이트 기업의 기본 웹사이트 외에도 기업은 신제품 소개나 타깃 제품과 같은 특정한 주제를 다루는 더 작고 집중된 사이트를 만들기도 한다. 이러한 포트폴리오 사이에서 존재하는 더 작고 집중된 사이트를 **마이크로사이트**라고 부른다. 예를 들어, 아우디, 벤츠, 소니는 특정 제품들을 돋보이게 하기 위해 더 작은 사이트를 만들었다. 다른 활용법으로, 은행은 주택 융자(집의 현재 가격, 질로우와 같은 부동산 사이트로의 링크) 또는 자동차 정보(리뷰, 대출받기)와 같은 구체적인 문제를 해결하는 데 도움을 주기 위해 마이크로사이트를 만든다.

블로그 이전에 언급했듯이, 콘텐츠는 웹 인터페이스에 있어 7개 주요 요소 중 하나이다. 기업이 잠재 고객과 소통하거나 기존 고객과 계속해서 소통하기 위한 방법 중 하나는 **블로그**(blog는 'web'과 'log'를 합친 용어이다)를 운영하는 것이다. 기업의 블로그는 블로그 포스트의 형태로 고객에게 관심 있는 정보를 제공하기 위해 작성한 콘텐츠 저장소이다. 블로그 포스트의 길이는 한 문단이나 그 이상의 문단으로 이루어지고 자체적으로 발행될 수 있게 작성되거나 다른 포스트에 주제별로 연결되도록 작성될 수도 있다. 블로그는 독립적인 웹사이트로 개발되거나 또는 기업의 기본 웹사이트에 통합될 수도 있다. 블로그 포스트는 기업에 해당하는 구체적인 정보(신제품에 대한 정보)를 포함하거나 고객들이 더욱 자세히 알고 싶어 하는 관련된 주제에 대한 정보를 제공할 수도 있다. B2B 시장에서는 세일즈포스와 허브스팟 같은 기업은 블로그를 웹사이트에 통합해 마케팅과 영업 전문가에게 귀중한 정보를 제공하는 목표(그리고 물론 자사의 제품을 채택하도록 영향을 미치는 목표)를 가지고 전문가인 직원이나 업계 선두자가 포스트를 작성하도록 하고 있다.

검색 엔진 최적화

검색 광고를 다룰 때 언급한 것처럼 검색 엔진은 고객이 어떻게 정보를 찾고 수집하는지에 대해 중요한 역할을 가진다. **검색 엔진 최적화**(search engine optimization, SEO)는 관련 검색 엔진 결과에서 디지털 자산(웹사이트와 관련하여)의 배치에 긍정적으로 영향을 줄 수 있는, 기업이 착수할 수 있는 여러 가지 일련의 작업으로 구성된다. 많은 기업에게 자연적으로 발생하는 검색 결과(비용을 들이지 않은 검색)의 상위에 표시되는 것은 매우 중요하다. 왜냐하면 이는 잠재 고객에게 발견되고 기존 고객과의 관계를 더욱 강화할 수 있는 가능성을 높이기 때문이다. 검색 결과 목록의 첫 번째 페이지에 있어야 한다는 오래된 격언은 절대적으로 사실이다. 우리가 언급한 모든 또는 적어도 대부분의 디지털 커뮤니케이션 옵션은 기업의 SEO 노력에 영향을 미친다. 이를 간단하게 말하자면 검색 엔진은 출력 결과에 쏟아지는 자료의 관련성과 평판을 기반으로 특정 검색에 가장 적합한 것으로 판단되는 웹 결과를 사용자에게 제공하려고 시도하기 때문이다.[12] 검색 결과 상위에 웹사이트가 노출되는 것에 관한 혜택은 고객이 이를 신뢰할 수 있는 출처로 보고 링크를 클릭할 가능성을 높여주는 것 이상의 추가적인 혜택을 기업과 브랜드가 누릴 수 있다는 점이다.[13] 잘 통합된 디지털 커뮤니케이션 전략은 기업의 페이드, 언드, 온드 미디어에 대한 모든 노력이 기존 고객, 잠재 고객, 그리고 다른 이해관계자에게 일관성 있는 방식으로 가치를 제공하기 때문에 기업의 SEO 성과를 개선시킬 수 있다.

모바일 마케팅

오늘날 많은 고객에게는 모바일 기기가 가장 큰 관심사다. 모바일 커뮤니케이션 기기는 급속히 발전해 정교한 기능을 가지게 됐고 많은 고객에게 일상에 없으면 안 되는 부분이 되었다(강박이라고 부르는 사람도 있다). 따라서 **모바일 마케팅** 또는 모바일 커뮤니케이션 기기를 통한 가치 제안 마케팅은 디지털 마케팅 전략에 있어 핵심적인 요소이다.

이야기를 더 진행하기 전에, 모바일 커뮤니케이션 기기라고 말할 때 일반적으로 스마트폰이나 태블릿을 뜻한다고 강조하고 싶다. 스마트폰과 태블릿의 엄청난 휴대성과 유비쿼터스 속성은 마케터에게 시간과 장소에 민감한 커뮤니케이션 활동들이 모두 이 기기들을 통해 가장 효과적으로 전달될 수 있다는 점을 포함해 많은 장점을 선사한다. 어떤 추정에 따르면 미국의 일반적인 성인은 하루에 거의 3시간 동안 모바일 기기를 사용하며 이 시간은 더욱 늘어날 것이라고 한다.[14] 모바일 기기가 제조사에 의해 디자인됨과 동시에 고객에 의해 사용되는 특성적 차이 때문에 모바일 제품의 커뮤니케이션이 비모바일 제품의 마케팅 커뮤니케이션과 어떻게 다르게 설계되고 실행되는지를 확인할 필요가 있다.

모바일 기기를 위해 고안된 광고와 웹사이트 경험 모바일 기기에서 정보가 표시되고 모바일 기기 간 상호작용되는 방법의 자이는 마케팅 매니저가 고객과 소통하는 방법에 있어 기회가 될 수도 어려움이 될 수도 있다. 예를 들어, 스마트폰의 상대적 작은 화면 크기와 터치를 기본으로 하는 인터페이스는 디자인된 웹사이트나 광고의 특정 측면이 다른 미디어에서 보이고 상호작용하는 방법과는 다를 수 있다. 당연히, 사용자가 내용을 보기 위해 마우스를 올려

놓아야 하는 웹사이트 탐색 요소는 스마트폰에 적합하지 않다. 그래서 기업은 아예 독립적인 모바일 친화적인 웹사이트를 개설하거나 혹은 대안으로 메인 웹사이트에, 사용되는 기기에 따라 조정(사이트 재배치 및 크기 조정, 터치 친화적 인터페이스 등) 기능을 제공하는 반응형 디자인 요소를 포함할 수도 있다. 마케팅 매니저는 게시될 광고가 모바일 기기에서만 제공될지, 모바일 기기 및 비모바일 매체 모두에 제공될지에 따라 광고를 개발할 때 위와 같은 고민을 해야 한다.

런던의 개트윅 공항은 컴퓨터로든 모바일 기기로든 자사의 웹사이트를 사용하는 사용자에게 아주 일관된 스타일과 메시징을 제공한다.

출처 : Gatwick Airport Limited

고객은 모바일 기기에서 점차 많은 구매를 이루고 있다. M-커머스는 모바일 기기에서 발생하는 판매를 뜻하며 이는 고객의 모바일 경험에서 빠르게 성장하고 있는 요소이다. 온라인으로 상품이나 서비스를 구매하는 복잡한 과정을 고려한다면, 다양한 고객 인터페이스 양식에서 고객의 쇼핑 경험이 일관되도록 기업의 웹사이트가 디자인되게 하기 위해서 마케팅 매니저는 IT와 운영에 있어 최고의 위치에 있어야 한다. 이렇게 생각해보아라. 모바일 기기에서 상품을 구매하는 과정에서 불만을 느끼는 고객은 구매 과정을 중단하고 대신에 다른 경쟁사의 더 사용자 친화적인 사이트를 찾아갈 수 있다. 또는 구매 과정을 느리게 우여곡절로 마칠 수 있지만 다시는 사용하지 않겠다고 다짐할 것이다.

위치 기반 타깃팅 모바일 기기는 다른 기기로는 가능하지 않는 수준의 정확성으로 개인의 위치를 추적할 수 있다. **지리적 마케팅**(geolocation marketing)은 마케팅 메시지와 다른 마케팅 매니지먼트 결정을 유도하기 위해 지리적 데이터를 사용하는 것을 의미한다. 모바일 마케팅에 있어 이 기능은 여러 잠재적 활용 방법을 가진다. 하나의 활용 방법은 고객이 어느 기업의 매장 주변에 있을 때 그 기업의 프로모션 제안을 고객에게 제공하는 방법이다. 또는 고객이 현재는 매장 주변에 있지는 않지만 얼마 전에 매장 주변을 방문한 고객에게도 프로모션을 제안할 수 있다. 이는 고객의 주의를 다시 끌기 위한 방법이다. 예를 들어, 홀푸드는 지리적 마케팅을 사용해 고객이 자사 매장 주변이거나 경쟁사 매장 주변일 때 스마트폰에 광고를 전달한다. 또한 돌아다니는 고객이 장을 볼 가능성이 큰 주말에 집중적으로 광고를 전달하기도 했다. 이러한 광고에 노출된 사람들은 산업 평균보다 세 배나 크게 반응한다.[15] 또 특정 제품에 대한 프로모션 제안은 고객이 매장 내에서 쇼핑을 하는 도중에도 제공될 수 있는데, 이는 이러한 제안이 아니었다면 사지 않았을 제품의 판매를 유도하기 위해서다.[16] 이러한 종류의 활용 방법에서 마케팅을 올바르게 수행하면 제안 수신에 대한 고객의 사전 동의를 얻어낸다. 투명성 외에도, 모든 디지털 마케팅과 마찬가지로, 고객의 개인 정보 보호 및 보안은 마케팅 매니저에게 있어 지리적 마케팅을 사용할 때 가장 중요해야 한다.

지리적 마케팅의 가능한 또 다른 종류는 고객의 위치에 대한 지식과 서비스 제공 시기의 개선이 고객 만족도를 향상시킬 수 있는 특정 서비스들의 기회 증대이다. 예를 들어, 식당 고객이 주문을 해서 음식이나 음료 비용을 지불하고 근처 매장에서 제품의 준비 소요 시간을 스마트폰으로 조회를 가능하게 하면 고객 편의를 증진시킨 것이다. 고객은 이를 통해 제품이 준비가 됐을 때 나타나 시간을 아낄 수 있다. 이러한 실시간 서비스 접근을 일관되게 실행하지 못하게 한 이전의 기술적 한계가 극복되고 있으며, 편의를 추구하는 고객을 활용하려는 능숙한 마케터는 이러한 접근에 대해서 다양한 방법을 상상할 수 있을 것이다.

문자 메시지 문자(문자 메시지 전송 서비스 또는 SMS라고도 불린다)는 물론 인기 있는 커뮤니케이션 방법이며 보다 짧은 형태가 가능하고 적합할 때 마케팅 커뮤니케이션에 적절하다. 문자는 당장 사용할 수 있는 프로모션 제안, 콘테스트 투표, 경품 참여, 정보 알림, 그리고 다른 많은 실시간 제안을 위해 효과적으로 사용될 수 있다. SMS 캠페인은 근본적으로 개발하고 실행하기가 간단하다. 그리고 이메일이 통신에 있어 첫 번째 또는 기본 선택 사항이 아닌 젊은 소비 계층에 도달하기에 특별히 더욱 효과적인 커뮤니케이션 매체일 수 있다.[17] SMS의 잠재적인 장점에도 불구하고, 고객들이 문자 메시지 수신 동의를 선택할 수 있도록 하고, 또 언제든지 수신 거부를 할 수 있는 쉽고 투명한 방법을 제공해야 한다. 원치 않는 문자를 전송하거나 또는 수신 거부 신청이 어렵다면 기업 이미지를 손상시킬 수 있으며, 심지어는 법적인 영향까지 이어질 수 있다(문자는 전화번호를 통해 전송된다는 점을 기억해라. 이 전화번호 중 수신 거부 목록에 올라가 있는 번호도 있을 수 있다).[18] 그리고 고객이 문자 수신에 동의했다 하더라도 너무 빈번히 문자를 전송하는 것은 개인에 대한 침해라고 인지될 수 있으며 브랜드와 고객 관계를 손상시킬 수 있다. 요약하면, 마케팅 매니저는 SMS 커뮤니케이션이 얼마나 효과적이고 언제 지나치게 느껴지는지를 모니터하고 이해하는 것이 중요하다.

브랜드화된 모바일 앱과 모바일 앱 기반 광고 모바일 앱은 고객에게 제품을 홍보하기 위한 또 하나의 강력한 디지털 모바일 마케팅 접근 방식을 마케터에게 제공한다. **브랜드화된 모바일 앱**은 앱 내의 여러 스크린과 기능에 걸쳐 브랜드의 이름과 로고를 눈에 띄게 표시한다. 이러한 앱은, 온드 미디어의 한 종류인데, 고객이 자진해서 앱 다운을 결정하도록 하는 수많은 유용한 기능과 이점을 제공하기 때문에 고객과의 효과적인 커뮤니케이션 수단이 될 수 있다(많은 앱이 물론 무료이기도 하다). 앱은 고객의 브랜드 인지에 긍정적인 영향을 미치고 구매와 충성을 자극할 수 있다.[19]

또한 다양한 유형의 모바일 앱(예 : 모바일 게임 앱, 소셜미디어 앱, 비브랜드 생산성 앱)은 마케팅 매니저가 텍스트, 이미지, 동영상 요소가 믹스된 광고를 통해 고객과 소통할 수 있는 기회를 제공한다. 이러한 모바일 앱에 표시되는 광고는 **모바일 앱 기반 광고**라고 하며, 마케터의 디지털 도구 키트 내에서 점점 더 중요한 선택 사항이 되고 있다. 모바일 앱 기반 광고의 인기는 모바일 기기에서 앱 사용의 전반적인 성장에 의해 촉발되었다. 기본적으로 지금까지 논의한 디지털 마케팅 및 모바일 마케팅과 관련된 모든 장점과 기능을 모바일 앱 기반 광고의 맥락에서 마케팅 매니저는 활용할 수 있다.

소셜미디어 마케팅 관리 : 이제는 대화에 고객도 참여한다

아마도 소셜미디어의 기하급수적 성장만큼 기업과 고객의 소통 방식에 큰 영향을 미친 변화는 없을 것이다. 소셜미디어의 광범위한 사용 및 채택에 대한 증거는 미국 내 성인의 절반 이상이 2개 이상의 소셜네트워킹 사이트를 사용한다는 점에서 찾을 수 있다.[20] 사람들을 온라인에서 모이게 하는 능력은 기업과 기업의 제공품에 대한 대화를, 창시자인 기업의 손에서 대중의 손으로 옮겨가게 했다. 고객은 이제 제품 및 서비스 경험의 좋고 나쁨에 대해 서로 직접 대화를 나눈다. 기업은 이러한 대화를 모니터링하고 대화에 참여하고 응대할 수는 있지만 이런 외부 대화 자체를 통제할 수는 없다. 따라서 소셜미디어가 사업에 미치는 영향을 먼저 이해하고 그다음에 이를 관리하기 위해 효과적인 소셜 마케팅 전략을 수립하느냐에 따라 기업에게는 새로운 기회와 위협이 창출될 수 있다. 잘 수행되면, 기업의 소셜미디어에서의 존재감은 기존의 마케팅 메시징을 강화할 뿐만 아니라 더욱 커뮤니티 중심적이고 기술에 정통한 이미지로 비춰질 수 있다. 또한 소셜미디어의 즉각성은 마케터들이 고객과 연중 무휴로 소통하도록 '강요한다'. 반대로 비효율적이거나 잘못 수행된 소셜미디어 전략은 즉각적으로 기업의 이미지를 손상시키고 다른 마케팅 커뮤니케이션의 효율성을 떨어뜨릴 수 있다.

소셜미디어를 통해 유포되는 기업에 대한 커뮤니케이션은 앞선 장에서 설명한 마케팅 커뮤니케이션의 세 가지 종류인 페이드 미디어, 언드 미디어, 온드 미디어 모두에 적합하다. 소셜미디어의 '사회적' 측면 때문에 기업은 기업의 브랜드, 제품 또는 서비스에 열정적인 고객이 창출하는 언드 미디어를 통해 많은 이익을 얻을 수 있다. 이러한 커뮤니케이션은 마케팅 예산의 비용을 거의 들이지 않고도 매우 많은 잠재 고객에게 도달할 수 있다. 소셜미디어 플랫폼 내에서 마케팅 담당자는 일반적으로 고객이 유익하거나 흥미롭다고 (또는 유익하고 흥미로운) 느끼는 커뮤니케이션을 만들고자 하며, 이는 청중의 일부가 더 많은 잠재 고객에게 커뮤니케이션을 공유해서 잠재적인 부가 혜택이 커지도록 만든다(이 장의 뒷부분에서 더 자세히 다뤄진다). 또한 소셜미디어 플랫폼의 인터랙티브한 특성은 마케터가 브랜드에 대한 대화를 발견하고 그 대화에 참여할 수 있게 해준다. 즉, 다른 마케팅 커뮤니케이션처럼 단순히 고객에게 말을 거는 일이 아니며 소셜미디어 마케팅은 실시간으로 더 두드러진 양방향 관계를 형성한다.

13 - 4

소셜미디어의 주요 유형 및 고객에게 가치 전달 시 마케터에게 주어지는 소셜미디어의 혜택을 파악한다.

소셜미디어의 종류

마케팅 담당자에게 가장 적절한 주요 소셜미디어 형태는 소셜네트워크, 바이럴 마케팅, 제품/서비스 리뷰 사이트, 온라인 브랜드 커뮤니티이다.

소셜네트워크 이름에서 알 수 있듯이 **소셜네트워크**는 우정(교우 관계), 상호 이익 또는 다른 특성을 통해 사람들을 연결한다. 소셜네트워크의 개념은 1800년대로 거슬러 올라가며 어떤 통일된 요소로 인해 관계를 형성하는 사람들의 모임을 뜻한다. 소셜네트워크 용어의 현대적인 해석은 기술로 인해 연결된 사람들의 집단을 의미한다. 오늘날에는 사용자가 네트워크 속에서 의사소통하고 상호작용하는 방식과 관심 분야에 따라 광범위하게 다양한 수백만 개의 소셜네트워크가 존재한다. 고객이 사용할 수 있는 수많은 소셜네트워킹 플랫폼을 고려해보면 대기업일지라도 모든 네트워크에 걸쳐 효과적인 온라인 존재감을 유지하는 것은 가능하지도, 바람직하지도 않다. 따라서 기업은 고객이 가장 많이 사용하는 특정 소셜네트워크를 파악해야 마케팅 매니저가 프로모션 예산을 가장 적절하게 투자할 수 있다.

앞서 언급했듯이, 각각의 소셜네트워크는 그 속에서 사용자가 소통하는 방식에 따라 고유한 특성들을 가진다. 각 소셜네트워크마다 마케터가 일반적으로 사용하는 커뮤니케이션 전략과 콘텐츠 개발은 다르다. 예를 들어, 한 플랫폼에서 짧은 동영상을 공유하고 다른 플랫폼에서 이미지를 공유하는 데 초점을 맞춘 전략은 흔하다. 많은 네트워크에 걸쳐 다양한 미디어 공유 방법은 마케터의 창의성을 펼칠 기회를 제공한다. 이는 한 플랫폼에서 실시간으로 일어나고 있는 특정 사건에 대해 재미있는 댓글을 달면서 또 다른 플랫폼에서는 웃긴 밈(meme, 우리나라의 '짤/짤방'과 같은 개념이다 – 역자 주)을 공유하는 등, 다양한 접근 방식을 통해 마케터는 브랜드 개성을 반영할 수 있다. 소셜미디어에서 잘 계획된 일련의 행동은 브랜드 이미지에 긍정적인 영향을 미치고 고객과 브랜드와의 관계의 질을 강화한다.[21]

소셜네트워크의 보다 뚜렷한 특징과 기능 및 마케팅 담당자에게 미치는 영향을 보다 잘 이해하기 위해 인기 있는 네 가지 소셜네트워킹 플랫폼인 페이스북, 트위터, 스냅챗, 링크드인을 살펴보자.

페이스북 현재 사용자 수 15억 명 이상(증가 추세)인 페이스북은 현재 세계에서 가장 큰 소셜 소셜네트워킹 플랫폼이다. 원래는 대학생들을 연결하는 목적인 사이트로 시작되었지만, 오늘날의 페이스북은 할아버지, 할머니부터 아이들, 대기업에서 소규모 기업체에 이르기까지 다양한 사용자층으로 확대되며 성장했다. 마케터에게는 페이스북은 개방 서비스이면서 폭넓은 매력을 가져 많은 페이스북 팔로워로 이어질 수 있기 때문에 소셜네트워크에 참여할 수 있는 가장 좋은 기회 중 하나이다. 70만 명 이상의 팔로워를 가진 L.L.빈과 같은 일부 기업은 야외에서 즐길 수 있는 다양한 경험과 관련된 독특한 사진, 비디오, 팁을 제공하도록 설계된 전략을 사용하기 위해 페이스북을 채택했다. 애플과 같은 다른 기업은 페이스북에서 존재감을 최소화해 소극적인 접근 방식을 택했다. 기업의 어려움 중 하나는 소셜네트워크 사이트에서는 시사적이고 즉각적인 포스팅이 끊임없이 요구된다는 점이다. 페이스북 페이지를 만드는 것 자체만으로 예산이 들지는 않지만, 지속적으로 흥미로운 페이지로 유지하고, 더 중요하게는, 사람들이 페이지를 다시 방문할 이유를 주는 것은 상당한 지속적인 노력이 필요하다. 또한 개인이 댓글을 달면, 회사는 포스팅을 하는 사람들이 기업과의 양방향 대화로 연결되고 있다는 '사랑'을 느끼게 하기 위해 자원을 투입해야 한다.

트위터 현재 사용자 수 3억 명 이상(증가 추세)인 트위터는 단문 커뮤니케이션(트윗)의 개발과 유통을 특징으로 한다. 트위터 사용자는 사진, 비디오 또는 텍스트를 게시할 수 있다. 트위터의 가장 특이한 특징은 트윗당 사용할 수 있는 글자 수의 제한이다. 마케터가 소통을 위한 플랫폼의 가치를 극대화하는 방법을 배움에 따라, 이러한 변수는 고객과 마케터 사이의 상호작용의 본질에 흥미로운 역동성을 창조할 수 있다.[22] 트위터는 고객과의 대화에 참여하

L.L. 빈은 페이스북에서 엄청난 존재감을 가지고 있으며, 이는 그들의 시장에서의 전체적인 성공에 기여한 현명한 방법이었다.

출처 : L.L. Bean/Facebook

고 브랜드와 관련된 뉴스를 배포하거나 이에 응답할 수 있는 기회를 분명히 제공한다. 또 다른 트위터의 특징은 고객이 질문이나 댓글에 대해 아주 빠르고 시기 적절한 응답을 기대한다는 것이다. 제트블루와 같은 회사는 자사가 받는 모든 트윗을 면밀히 모니터링하고 응답함으로써 고객 서비스의 우수성을 트위터를 통해 제공한다. JFK 공항 활주로에서 지연된 비행기 안에 많은 승객들이 기다리고 있다면, 그중 한두 명 이상의 승객은 트윗을 분명히 게시할 것이고 제트블루는 아마도 비행기가 이륙하기 전에 그에 응답할 것이다. 더욱 크게 보면, 트위터 활동은 고객의 제품과 서비스 경험에 대한 귀중한 통찰력뿐만 아니라 고객의 기업과 브랜드에 대한 감정을 마케터에게 알려준다.

스냅챗 현재 사용자 수 2억 명 이상(증가 추세)인 스냅챗은 사용자에게 사진 및 비디오를 공유하는 기능을 제공하지만 조회 수와 조회 시간에 제한을 둔다. 스냅챗의 이러한 일시적인 특성은 젊은층의 공감을 가장 잘 이끌어내는 특정 매력을 가진다. 많은 소셜네트워크가 젊은층에 기울어진 사용자 나이 분포를 가지지만 스냅챗은 사용자의 약 60%가 13~24세 사이인 것을 내세운다.[23] 스냅챗은 또한 필터를 사용하여 사용자의 얼굴을 다양하고, 흔히 재미있는 방법으로 변형한다. 기업들은 스냅챗과 협력하여 특정 제품이나 브랜드를 홍보하는 스폰서 필터를 개발할 수도 있다. 예를 들어, 게토레이는 스냅챗과 함께 슈퍼볼 필터를 만들었다. 이 필터를 사용하면 떠다니는 게토레이 냉동 박스가 사용자 머리에 게토레이를 쏟아 붓는 비디오를 만들 수 있다(이는 일반적으로 스포츠 팀 선수들이 우승을 하면 팀 코치에게 'Gatorade bath'를 주는 데에서 아이디어를 얻은 것이다). 스냅챗에서 공유되는 콘텐츠의 일시적인 특성이 고객이 게시물을 더욱 정직하게 올리도록 하며, 정직하고 덜 세련되게 다가오는 브랜드 콘텐츠를 제공하는 방법을 사용하는 마케터는 이러한 플랫폼에서 실질적으로 혜택을 볼 수 있다.

링크드인 현재 사용자 수 4억 명 이상(증가 추세)인 전문직 종사원을 주로 대상으로 하는 링크드인은 전문적인 측면에서 뚜렷한 장점을 제공한다. 주된 기능에는 연락망을 형성할 수 있도록 하고 이 연락망 속에서 사람 소개, 연락 유지, 해당 직종 청중이 관심 가질 만한 콘텐츠(업계 소식, 특정 직종의 변화에 대한 의견, 취업 팁)를 읽고 공유할 수 있다. 이를 통해 직무 역량을 개발하거나 향상시키기 위한 자원에 접근할 수 있다. 사람들은 가입 요청을 받고 긍정적인 응답을 함으로써 다른 사람들의 연락망에 오를 수 있다. 기업은 채용을 위해 링크드인을 광범위하게 사용하고 있다. 링크드인에 개인이 게시하는 직업 경력과 종사하는 산업에 대한

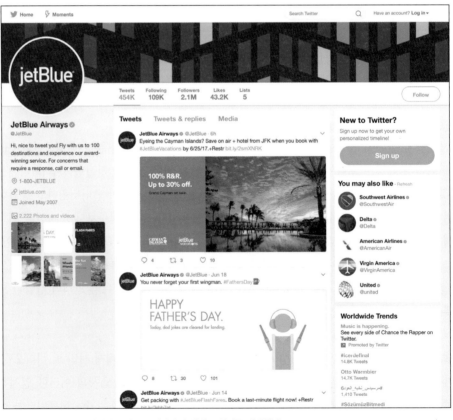

제트블루는 최신 고객 감정과 트렌드를 파악하기 위해 트위터를 채택했다.

출처 : JetBlue Airways/Twitter

정보의 양은 특정 일자리에 맞는 훌륭한 후보자를 찾는 채용 담당자에게는 특히 더욱 유용한 도구이다. 특정한 기술이나 독특한 요구 조건이 있는 직업의 경우 링크드인의 검색 기능을 통해 채용 담당자는 채용을 홍보할 대상인 특정 개인들을 파악하게 해준다. 이들은 회사가 원하는 자격 요건을 충족하는 잠재적인 지원자들이다. 판매원은 또한 링크드인을 상당히 많이 사용한다. 링크드인을 통해 잠재 고객을 찾거나 특정 기업에서 구매 결정에 영향력 있는 사람을 찾는다. 마케팅 매니저에게 있어 링크드인의 장점은 B2B 사용자에게 관련된 상품 및 서비스의 커뮤니케이션을 가능하게 하는 등 B2B 시장에 상당히 집중되어 있다는 점이다.

바이럴 마케팅 소셜네트워크(실제는 웹 자체)의 즉각적이고 개인화된 특성은 바이럴 마케팅을 위해 기초를 제공하며, 때로는 '버즈 마케팅'이라고 불리기도 한다. **바이럴 마케팅**(viral marketing)은 사람들이 마케팅 메시지를 전달하도록 촉진하고 장려하는 단순한 마케팅 현상이다.[24] 메시지에 노출되는 과정이 한 사람에게서 다른 사람에게로 바이러스나 질병이 퍼지는 과정과 비슷하기 때문에 이 개념을 '바이럴'이라고 한다. 소셜네트워크 내의 개인 또는 입소문을 통해 전달되도록 하기 위해 비디오 클립, 이미지, 메시지, 전자책 또는 어떤 다른 컨텐츠를 제작하는 과정을 뜻한다. 마케팅 매니저는 입소문이 제품 성공에 있어 얼마나 중요한지를 이미 수십 년 동안 알고 있다. 인터넷에서의 소셜네트워킹의 급속한 성장과 오늘날 마케팅에서의 레이저 타깃팅(세밀한 타깃팅) 기능이 결합됨으로써 이제는 대면, 입소문, 일대일 접근을 가능하게 하는 온라인 마케팅 커뮤니케이션 캠페인을 개발할 수 있다.

바이럴 마케팅에 있어 중요한 고려사항은 사용될 소셜네트워크의 특성(즉, 회원이 소통하는 방법과 특정 가치)과 해당 네트워크의 관계 특성(예 : 관계의 강도와 수)을 고려해야 한다는 점이다. 이러한 요소의 올바른 조합을 찾는 것이 성공적인 초기 **시딩 전략**(seeding strategy)을 위해 적절한 조건을 만들어 내며, 이는 특정 고객 또는 고객 집단에 바이럴 마케팅 접근 방식을 도입하여 대상 시장의 내부 역학을 더욱 자극하여 확산 과정에(마치 바이러스의 확산과 같이) 이르게 된다. 초기 시딩 전략은 공통 특성을 공유하는 하나 또는 다수의 큰 사회 집단 내에서 효과적으로 메시지를 전달할 수 있는 개인뿐만 아니라, 이 메시지가 아니면 공통 특성을 공유하지 않는 사회 집단에도 메시지를 전달할 수 있는 개인을 모두 포함시킴으로써 이익을 얻을 수 있다.[25] 도표 13.13은 초기 시딩 전략에 있어 이런 두 가지 유형의 유익한 접근법을 보여준다.

효과적인 바이럴 마케팅 접근 방법과 콘텐츠는 일반적으로 사람들의 관심을 독특한 방식으로 이끌고, 그들의 관심사와 필요에 대해 말하고, 다른 사람과 공유할 때 풍부해지는 경험을 사람들과 연결한다. 도브 뷰티 바의 "리얼 뷰티 스케치" 캠페인은 효과적인 바이럴 마케팅의 훌륭한 사례이다. 이 비디오에는 FBI에서 훈련받은 법의학 화가가 제작한 여성들의 스케치를 제시한다. 화가는 여성이 자신의 외모를 직접 설명해준대로 그린 스케치와 타인이 동일한 여성의 외모를 묘사해준대로 그린 스케치를 나란히 그려서 보여준다. 타인의 묘사를 바탕으로 한 그림은 실제 모습과 더 비슷했으며 대체적으로 자신이 직접 설명한 것을 바탕으로 한 그림보다 더 매력적이기도 했다. 비디오는 첫 달의 1억 1,400만 조회 수와 400만 건의 공유가 입증해주듯이 비디오의 메시지는 매우 또렷했고 많은 청중의 공감을 얻었음을 알 수 있다.[26] 도브의 마케팅 매니저들은 그들의 접근 방식이 바이럴 성공을 이룰 것이라고 명확히 알았을

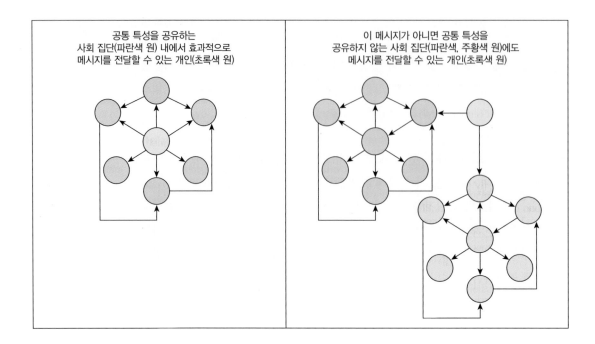

공통 특성을 공유하는
사회 집단(파란색 원) 내에서 효과적으로
메시지를 전달할 수 있는 개인(초록색 원)

이 메시지가 아니면 공통 특성을
공유하지 않는 사회 집단(파란색, 주황색 원)에도
메시지를 전달할 수 있는 개인(초록색 원)

까? 아마도 그렇지 않았을 것이다. 바이럴 마케팅은 과학이라기보다는 예술에 가깝고, 마케터는 어떤 행동과 조건이 대중에게 큰 바이럴 마케팅 효과를 가져올지 예측하기가 어렵기 때문에 몰랐을 것이다.

바이럴 마케팅은 마케팅 매니저에게 실천적인 이점을 제공한다. 첫째, 바이럴 마케팅의 한 특성인 "birds of a feather(유유상종)"는 초기 시딩 전략의 대상이 되는 집단이 일반적으로 공통된 유대를 가지기 때문에 소셜네트워크 회원이 다른 회원과 공유하는 콘텐츠가 마케터로부터 직접 수신되는 동일한 콘텐츠보다 더 적합하고, 믿음직하고, 신뢰할 수 있다고 느끼기 때문에 장점으로 작용한다. 둘째, 바이럴 마케팅이 성공적으로 실행되면 마케팅 예산을 절약할 수 있다. 바이럴 마케팅을 마케팅 커뮤니케이션 채널로서 개인 사용자의 활동을 통해 많은 고객에게 마케팅 커뮤니케이션을 전달할 수 있다는 점에서 가장 유력한 언드 미디어 유형 중 하나로 생각해라. 경우에 따라 바이럴 마케팅 노력을 통해 도달한 고객 규모는 상당량의 마케팅 예산을 필요로 하는 텔레비전 광고를 통해 도달한 고객 규모와 같을 수 있다.

제품 및 서비스 리뷰 사이트 제품 및 서비스 리뷰 사이트는 고객이 기업과 기업의 제품의 경험에 대한 피드백을 제공할 기회뿐만 아니라, 고객이 구매 전에 정보를 검색할 수 있는 정보 지징소를 제공하기노 한다. 이러한 고객 이용 때문에 마케터는 제품과 관련된 리뷰 사이트를 지속적으로 모니터링해야 한다. 잘 알려진 제품 및 서비스 리뷰 사이트의 예시로 다음과 같은 사이트가 있다.

- CNET는 소비자 기술 및 전자 제품에 관심 있는 개인에게 가장 인기 있는 사이트 중 하나이다. 이 사이트는 다양한 제품에 대한 전문적인 제품 리뷰를 게시하고 사용자가 피드백을 게시하도록 격려하기도 한다.
- Urbanspoon은 사용자 생성 콘텐츠인 지역 음식점 리뷰 사이트이다. Urbanspoon은 위치, 가격, 요리, 특징별로 게시된 음식점 리뷰를 제공해 지역 사용자 커뮤니티(현지 언론매체의 전문적인 비평과 함께)를 형성한다.
- Consumersearch는 집과 정원에서부터 자동차에 이르기까지 광범위한 제품에 대한 리뷰를 모으는 역할을 한다. 이 사이트에는 많은 제품에 대한 Consumersearch의 자체 리뷰도 있으며 아마존의 고객 리뷰뿐만 아니라 다른 출처의 리뷰도 게시한다.

미국인의 70%가 구매 전에 사용자 리뷰 사이트 또는 독립적인 리뷰 사이트를 사용한다는 최근 조사 결과를 고려해보라.[27] 이러한 추세로 인해 마케터가 자사 제품에 관련된 제품 및 서비스 리뷰 사이트의 게시물의 최신 정보를 잘 알고 관리하는 일관된 전략을 개발하고 실행하는 것이 필수가 됐다. 이러한 모니터링을 통해 마케팅 매니저는 고객의 경험을 추적·학습할 수 있고, 고객을 위해 적절한 조치를 취하거나 적절하게 제품을 수정할 기회를 파악할 수 있다. 구매 후, 마케터가 이런 웹사이트의 평점 및 리뷰에 지나치게 영향력을 행사하려고 하면 평판 및 윤리적 문제에 부딪힐 수 있다. 고객이 구입 후 여러 사이트에 평점과 리뷰를 게시하도록 사용자에게 금전적 대가나 다른 혜택을 제공하는 것은 마케터에게 드문 일은 아니다. 대가를 받은 리뷰 참가자는 긍정적인 평가와 리뷰를 제공할 것이라는 암묵적인 전제가 있다. 이러한 유형의 영향력 접근법은 고객이 조직에게 조정당했다는 느낌을 갖지 않도록 극도의 주의를 기울여 수행해야 한다. 더 명백한 경우에 조직은 유료(후원) 웹 블로거를 통해 긍정적인 평가 및 리뷰를 게시해서 리뷰 사이트가 기업에 유리하도록 만들 수 있다. 반대로 기업의 이러한 활동은 사이트의 신뢰성을 파괴하기 때문에 리뷰 사이트는 이러한 부도덕한 활동을 걸러내기 위해 부지런히 노력해야 한다. 이런 거짓 게시물을 후원하는 기업의 경우, 이러한 활동이 폭로되면 기업의 브랜드와 고객 신뢰에 돌이킬 수 없는 손상을 입힐 위험이 높다는 것을 알아야 한다.

온라인 브랜드 커뮤니티 최근 몇 년 동안 마케팅 매니저는 고객이 별도의 독립된 사이트보다 자사의 웹사이트에서 의미 있는 상호 작용을 할 수 있는 자체 **온라인 브랜드 커뮤니티** 제작의 필요성을 자사 기업에게 이해시키고자 하였다. 이러한 온드 미디어 리뷰 사이트가 매력적이고 효과적이기 위해서는, 기업은 부정적인 게시물을 선택적으로 삭제해서는 안 되며 오히려 참여자가 다양한 리뷰를 공유할 수 있도록 해서 이 사이트가 '정직한' 것으로 인식되도록 해야 한다. 호스트가 기업이든 독립적인 제3자이든, 온라인 브랜드 커뮤니티는 제품의 디자인과 마케팅에 대한 유용한 피드백을 제공하는 측면에서 기업에 큰 가치를 가질 수 있다.[28] 아마 놀랍지 않겠지만 애플은 온라인 브랜드 커뮤니티 전략을 채택한 기업 중 하나로서 제품 및 최종 사용 소비자를 중심으로 수천 개의 커뮤니티가 구축되어 있다. 이러한 포럼은 중요한 제품 지원을 제공하고 제품 및 서비스 문제를 다루며 애플 사용자 간의 강력한 커뮤니티 공동체를 구축한다.

회원 간의 상호작용은 다양한 형태로 호스트 기업에 큰 이점을 제공할 수 있다. 예를 들어, 고객이 기술적 어려움에 대해 고객 서비스에 문의하는 대신에 고객끼리 서로의 문제를 해결할 수 있으면 비용 절감이 이뤄진다. 호스트 기업이 판매 후 제품 또는 서비스 사용에 대해 고객을 교육시키는 더 좋은 방법을 온라인 커뮤니티에서 발생하는 대화를 통해 알아낼 수 있다면 또 다른 이점이 될 수 있다. 또한 온라인 브랜드 커뮤니티는 아이디어 및 고생담을 다른 사용자와 공유하고 비교하여 제품에 대한 고객의 경험을 보다 즐겁게 함으로써 브랜드와 더 큰 유대 관계를 형성하게 할 수 있다. 사용자가 제작한 콘텐츠를 고객이 온라인 브랜드 커뮤니티에 게시하면 가치 제안을 전달하는 과정에 고객을 직접 참여시키는 것이며, 이는 의심할 여지없이 브랜드와 기업과의 관계에 있어 고객 만족도, 충성도, 소속감으로 인한 자부심을 강화시킨다.

소니의 플레이스테이션 커뮤니티는 고객에게 재미와 몰입을 제공하는 것을 목표로 한다. 다양한 플레이스테이션 제품 및 서비스의 사용자에게 다양한 시스템, 서비스, 게임에 대한 질문과 대화에 참여할 수 있는 기회를 제공한다. 또한 사용자는 게임 내 이미지나 비디오를 온라인 커뮤니티의 특정 포럼에 직접 업로드할 수 있어 다른 커뮤니티 구성원과 현재 플레이하고 있는 다양한 게임의 흥미로운 면을 공유할 수 있다. 소니는 또한 오직 선택된 특정 외부 브랜드만이 플랫폼을 통해 콘텐츠를 공유할 수 있도록 제한해 플레이스테이션 사용자에게 자사의 가치를 높이고자 한다.

소셜미디어 마케팅의 가치 평가

소셜미디어 마케팅 노력의 가치를 평가하는 것은 마케팅 매니저에게는 정말 큰 과제일 수 있다. 특히 기업의 다른 이해관계자는 소셜미디어 마케팅을 성과에 중요하다고 생각하기 때문에 더욱 그렇다. 특히 소셜미디어 노력이 특정 제품 구매에 명확하고 직접적으로 연결되는 (즉, 조직의 광범위한 수익 및 재무 성과와 연결된) 다루기 쉬운 유형의 고객 행동을 이끌어 내지 못할 때는 더욱 어렵다. 예를 들어, 고위 경영층 임원이 특정 소셜미디어 마케팅 캠페인에서 생성되는 '좋아요' 또는 '팔로워' 수의 가치를 의심하는 경우가 많다. 제5장에서 이야기했듯이 최근에는 보다 뛰어난 분석 기능으로 인해 마케터가 소셜미디어 마케팅을 비롯한 다양한 디지털 마케팅 활동에서 얻은 가치를 보다 쉽게 입증할 수 있게 되었다. 마케팅 관리자는 소셜미디어 플랫폼을 통한 마케팅 투자와 중요한 ROI 기반 영업 결과와의 연관성을 강화하기 위해 더욱 노력해야 한다.

이러한 도전 과제에 접근하는 한 가지 방법은 마케팅 매니저가 소셜미디어 및 기타 디지털 마케팅 접근법을 통해 고객과 상호작용할 때 가능한 데이터 수집 기능을 최대한 활용하는 것이다. 마케팅은 최고 경영층에게 제품 설계와 공급사슬 변화에서부터 브랜딩과 마케팅에 이르기까지 광범위한 전략적 조직 의사결정에 대한 고객의 통찰력이 가지는 가치에 대한 강력한 이야기를 전달할 수 있다. 통찰력을 기반으로 하는 의사결정을 위해 조직에 제공하는 데이터의 가치를 인지하고 있기 때문에, 많은 소셜네트워크는 소셜미디어 노력의 ROI를 파악하는 데 관심이 많은 기업들에게 자신들의 플랫폼 내에 고급 분석 기능을 제공하는 것의 중요성을 잘 알고 있다. 이 모든 것을 고려해도 해당 소셜미디어 마케팅 노력이 달성하고자 하는 목표는 무엇이고, 관련 목표를 정확히 어떻게 측정하고 통제할 것인지, 그리고 그 측정된 결과가 기업의 성공에 있어 특별히 어떤 의미를 가지는지에 대해 현실적인 기대치를 고위 경영진을 위해 미리 설정해두는 것이 중요하다(특히 그 가치가 기본적으로 명확하지 않을 때 더욱 그렇다).

요약

프로모션 전략을 개발하는 일은 마케팅에 있어 핵심적이다. 회사의 프로모션에 대한 투자는 종종 상당한 금액을 발생한다. 마케팅 매니저는 디지털과 소셜미디어 마케팅, 광고, 세일즈프로모션, PR, 인적판매를 포함하는 프로모션 전략을 개발하기 위해 프로모션 믹스를 사용한다. 이러한 프로모션 믹스 요소들은 모두 장단점이 있다. 목적은 적합한 목표에 적합한 도구를 맞추는 것이다.

최근에는 디지털 마케팅이 프로모션 전략 핵심 구성 요소로 부상했다. 디지털 기술의 보편적 확산은 마케팅 매니저가 기존 및 잠재 고객과 B2C 및 B2B 시장 모두에서 소통하는 방법에 상당한 영향을 미친다. 결과 데이터 수집 기능을 통해 마케팅 담당자는 개인 고객의 개인적 특성과 행동을 보다 잘 이해하고 디지털 마케팅 노력의 효과에 대한 심층적인 피드백을 거의 즉각적으로 수집할 수 있다. 마케팅 매니저는 페이드 미디어, 온드 미디어, 언드 미디어를 포함한 다양한 디지털 커뮤니케이션 옵션을 사용할 수 있다. 그 외에도 모바일 기기의 확산은 새로운 기회를 제공하지만, 위치 정보를 기반으로 실시간으로 프로모션을 사용해 개인을 타깃팅하는 가능성을 고려하고, 모바일 기기의 고유한 디자인 특성과 인터랙티브한 특성에 특정 프로모션과 다양한 종류의 디지털 경험을 맞추는 것도 고려해야 한다.

분명히 소셜미디어는 고객 간 또는 고객에게 마케팅하려는 기업과 고객 간의 상호작용 방식을 혁신적으로 변화시켰다. 오늘날 널리 사용되는 다양한 소셜미디어 플랫폼들을 통해 기존 및 잠재 고객이 어떻게 상호작용하는지를 이해하는 정통한 마케터에게 소셜미디어는 강력한 언드 미디어 발전소가 될 수 있다. 소셜미디어의 인터랙티브한 성격은 마케터로 하여금 사용자의 말에 귀를 기울이면서 동시에 사용자를 사로잡도록 하며, 고객에게 '말을 거는' 구식 마케팅에서 점점 벗어나게 하고 있다. 다음의 소셜미디어의 세 가지 주요 형태가 마케터에게 가장 큰 영향을 미친다: 소셜네트워크, 제품 및 서비스 리뷰 사이트, 온라인 브랜드 커뮤니티. 기존 및 잠재 고객을 소셜미디어상에서 효과적으로 사로잡는 능력이 필요하다는 것은 의심의 여지가 없다. 따라서 마케팅 매니저는 회사 내에서 내부적으로 소셜미디어 마케팅 전략의 가치를 효과적으로 측정하고 분석해서 이런 강력한 프로모션 믹스 요소에 투자해서 발생하는 ROI를 경계하거나 회의적으로 생각하는 사람들에게 전달해야 한다.

핵심용어

AIDA 모델형
언드 미디어(earned media)
온드 미디어(owned media)
페이드 미디어(paid media)
M–커머스(M-commerce)
PR
검색 광고(search ads)
검색 엔진 최적화(search engine optimization, SEO)
광고(advertising)
내부 마케팅(internal marketing)
네이티브 광고(native ads)
노출당 비용(cost per impression)
디스플레이 광고(display ads)

디지털과 소셜미디어 마케팅(digital and social media marketing)
디지털 광고(digital advertising)
디지털 마케팅(digital marketing)
랜딩 페이지(landing page)
리타깃팅(retargeting)
마이크로사이트(microsites)
모바일 마케팅(mobile marketing)
모바일 앱 기반 광고(in-app ads)
배너 광고(banner ads)
바이럴 마케팅(viral marketing)
브랜드화된 모바일 앱(branded mobile apps)
블로그(blog)
삽입형 광고(interstitials)

세일즈프로모션(sales promotion)
소셜네트워크(social network)
소셜네트워크 광고(social network ads)
시딩 전략(seeding strategy)
온라인 브랜드 커뮤니티(online brand communities)
인적판매(personal selling)
지리적 마케팅(geolocation marketing)
클릭당 비용(cost per click)
푸쉬 전략(push strategy)
풀 전략(pull strategy)
프로모션(promotion)
프로모션 믹스(promotion mix)
프로모션 믹스 전략(promotion mix strategies)
프로모션 캠페인(promotional campaign)

응용 문제

1. 이 장은 프로모션 전략에 있어 마케팅 매니저의 역할에 대해 논의한다(도표 13.3과 그에 따른 논의). 오늘날의 트렌드는 크고 작은 모든 기업이 프로모션 기능을 아웃소싱하는 것이다.

   a. 아웃소싱 트렌드에 대해 의견을 말해보라. 이 트렌드가 유행하는 주요 이유와 장단점은 무엇인가? 프로모션의 일부분이나 전체를 아웃소싱하는 것에 대한 의견을 말해보라.

   b. 당신이 대행업체에 프로모션을 아웃소싱하는 기업의 마케팅 매니저라고 상상해보라. 이러한 방식이 어떻게 당신의 일에 영향을 미치는지 이야기해보라. 특히, 마케팅 계획에 있어 어떤 영향이 있는지 생각해보라(프로모션 계획은 마케팅 계획에 있어 주요 요소라는 점을 기억하라). 당신의 기업을 대표하는 매니저로서 대행업체와 어떻게 교류할 것인가(당신이 기업과 대행업체 사이의 관계를 책임진다고 생각하라)? 즉, 생산적인 관계를 위해 당신이 해야 할 주요한 일은 무엇인가?

2. 최근 큰 규모의 구매를 한 경험을 떠올려보라. AIDA 모형과(도표 13.7, 도표 13.8) 그에 따른 논의도 함께 보라.

   a. 최종 구매를 하게 된 과정을 떠올려보고 AIDA 모형의 각 단계에서 경험한 프로모션의 종류를 생각해보라. 당신에게 가장 효과적이었던 프로모션 형태는 무엇이었고, 그 이유는 무엇이었나?

   b. 이 구매 경험과 구매 과정에 있어 경험한 프로모션 메시지를 떠올리면서 그 당시 있지 않았던 프로모션 믹스 요소 중 구매를 하도록 유도하는 데 효과적이었을 것이라 생각되는 것도 있는가? AIDA 모형의 어떤 단계에 그 요소들이 효과적이었겠는가? 그리고 어떻게 당신의 결정 과정에 영향을 미쳤겠는가?

3. 익숙한 B2C 기업과 그 기업에서 판매하는 제품 하나를 선정해보라. 특정한 고객 목표 시장을 파악해보라. 앞서 선택한 목표 시장과 제품에 대한 페이드 미디어 전략을 개발하는 과제가 주어졌다고 상상해보라.

a. 이 장에 있던 디지털 광고 옵션 중 2개를 선택해라. 각 디지털 광고의 개념(같거나 다르거나 상관없다)을 설명하고 콘텐츠(텍스트, 이미지, 비디오, 기타 요소 등)를 정하라. 당신이 선택한 소비자층에 왜 이러한 디지털 광고의 개념과 콘텐츠가 효과적인 선택일지 설명하라. 또한 선정한 소비자층을 효과적으로 타깃팅하기 위해 선택한 각 광고 옵션과 그에 관련된 기능을 어떻게 사용할지 설명하라.

b. 선택한 디지털 광고 옵션 각각에 그 종류의 광고에 가장 적합하다고 생각하는 가격 책정 모형(노출당 비용 또는 클릭당 비용)을 지정하라. 이 장에서 언급된 가격 책정 모형이 적합하지 않다고 생각되면 왜 그런지 설명하고 다른 가격 책정 모형에 대한 대안을 제안하라(즉, 광고주와 커뮤니케이션 채널 간의 보상적인 측면에서 가장 적합한 것은 무엇인가).

4. 랜딩 페이지에 대한 개념과 원하는 특정 행동을 이끌어내는 랜딩 페이지의 용도에 대해서 생각해보고 랜딩 페이지와 다른 형태의 디지털 마케팅 커뮤니케이션과의 관계에 대해서 생각해보라. 디스플레이 광고와 관련된 랜딩 페이지 하나와 검색 광고와 관련된 랜딩 페이지 하나를 찾아보라. 이 랜딩 페이지에는 사용자가 개인 정보를 제출해야 된다고 가정하라. 이 문제에 대한 답변에 각 랜딩 페이지가 관련된 기업도 제시하라.

a. 랜딩 페이지와 연결된 광고의 어떤 면이 효과적으로 또는 비효과적으로 개인의 클릭을 유도하는가?

b. 광고와 랜딩 페이지가 잘 통합되어 보이는가? 그렇다면 어떤 시각, 텍스트, 기타 요소가 광고와 랜딩 페이지 간의 관계를 잘 통합되어 보이게 하는가?

c. 각 광고와 랜딩 페이지를 담당하는 기업에서 제공하는 제품 또는 서비스를 정말로 필요한 사람의 입장에서 살펴보라. 랜딩 페이지는 사용자가 관련 양식을 작성하도록 유도하는 데 효과적인가? 랜딩 페이지에 양식을 작성하도록 하거나 또는 작성하지 않도록 하는 특정 요소가 있는가?

5. 어느 기업과 관련된 특정 브랜드 하나를 선택하라. 그리고 당신이 그 제품에 관해 모바일 마케팅 전략을 구축해야 할 마케팅 매니저라고 상상해보라.

a. 간단한 브랜드화된 모바일 앱을 구성해보고 앱의 구체적인 목적이 어떻게 당신의 브랜드 제품과 어울리는지 설명하고 어떻게 고객에게 가치를 창출할 것인지 설명하라.

b. 모바일 앱 기반 광고를 배포하기에 적절할 것 같은 특정 모바일 앱이나 게임을 떠올려보라(브랜드와 관련되지 않은). 당신의 브랜드 제품의 목표 시장에 대해 알려진 (또는 그렇다고 생각되는) 것을 근거로 앱의 어떤 특성이 적절하게 어울릴 것 같은지 설명하라.

6. 당신은 테슬라 모델 3의 마케팅 매니저다. 그리고 효과적인 소셜미디어 전략을 개발하는 과제가 주어졌다. 소셜미디어에 대한 논의를 떠올려보고 다음의 문제를 고민해보자.

a. 테슬라 모델 3의 열렬한 지지자들을 위한 온라인 브랜드 커뮤니티를 구상하라. 브랜드 커뮤니티가 가질 구체적인 기능을 서술하고 커뮤니티 회원과 테슬라에게 각 기능이 가져다주는 가치에는 무엇이 있는지 설명하라.

b. 테슬라의 소셜미디어 전략의 개발에 있어 사용할 법한 구체적인 소셜 네트워킹 플랫폼을 파악하라. 각 플랫폼을 왜 선택했는지 설명하고 어떻게 사용할 것인지도 설명하라. 그리고 해당 플랫폼에서의 전반적인 소셜미디어 전략의 효과를 판단하는 데 사용할 구체적인 결과를 나열하라.

우유가 가장 좋아하는 쿠키로 마케팅하기 위해 오레오가 소셜미디어를 사용하는 방법

많은 오레오 애호가에게 있어 중요한 문제는 과자를 먹을지가 아니라 먹는 방법이다. 비틀어서 핥아 먹거나 전체를 통째로 먹거나 등 다양한 방법이 있다. 참고하자면, 오레오 애호가의 약 50%는 쿠키를 통째로 먹고 50%는 열어 먹는다. 하지만 남성이 여성보다 더 많이 쿠키를 통째로 먹는다. 몇 년 전 당시 오레오를 제작했던 크래프트사의 마케팅 팀은 이 유명 브랜드를 '구식 광고주에서 신세대 콘텐츠 제작자'로 어떻게 바꿀 것인가에 관한 더 중요한 문제에 맞닥뜨렸다.[29]

1912년에 처음 출시된 오레오는 세계에서 가장 인기 있는 쿠키로 성장했으며 전 세계 쿠키 판매의 약 5%를 차지한다. 이는 다른 어떤 쿠키보다도 세 배 이상이다.[30] 그러나 크래프트사의 오레오 담당 시니어 마케팅 매니저는 수십 년 동안 오레오를 늘 공식대로 반복적인 방법으로 프로모션 활동에 접근해왔음을 깨닫게 되었다. 광고 스토리는 '우유 잔을 바라보면서'와 같이 부엌에서 나눌 수 있는 소재 정도로 제한적이었다. 오레오의 CMO가 지적했듯이 전반적인 접근 방식이 매우 자기중심적이었다. "우리는 거울 안을 바라보는 것을 좋아했습니다. 우리는 이 브랜드가 행동과 문화를 주도할 수 있다고 말한 것이 창문 밖을 보게 하는 힘이었습니다." 이 깨달음으로 인해, 소셜미디어는 그 창문을 열고 더 광범위한 소비자 문화에 접근할 수 있는 수단이 되었다. 이는 신중히 계획된 프로그램과 뜻하지 않은 기회를 통해 이루어졌다.[31]

100주년을 기념하기 위해 오레오는 100일 동안 최신 뉴스와 관련된 일련의 문화적 순간과 이야기를 오레오 쿠키로 시각화해 페이스북에 표현한 데일리 트위스트 캠페인을 런칭했다. 이 접근법을 통한 첫 번째 프로모션은 게이 프라이드(Gay Pride) 주를 기념하기 위해, 논란이 많았지만, 무지개가 그려진 오레오를 만드는 일이었다.[32] 그 후에는 타이어 트랙이 있는 빨간 쿠키를 만들어 화성 탐사 로봇의 착륙을 기념했다. 그리고 나서 쿠키의 왕인 오레오는 로큰롤의 왕인 엘비스의 생일날에 그의 모습을 흉내 냈다.[33] 하지만 가장 성공적인 포스트는 유명한 도쿄 우에노 동물원 팬더 신신처럼 보이도록 디자인된 오레오의 등장이었다. 이는 새로운 아기 팬더의 탄생을 기념하기 위한 이벤트였으며 거의 450만 조회 수에 도달했다.[34]

매일 이러한 메시지를 전달하기 위해 오레오의 광고 대행사가 거의 마케팅 곡예를 부렸다고도 볼 수 있다. 마케팅 팀은 매일 뉴스를 확인한 후, 가장 문화적으로 흥미로운 것으로 판단되는 네 가지 옵션에 대한 대략적인 모형을 구성했다. 그리고 몇 시간 내에 이들 중 하나가 고객, 법률 부서, 기업 커뮤니케이션 부서의 승인을 얻은 다음 페이스북을 통해 세상에 공개되었다. '구시대' 때는 제안한 전통적 광고가 완전히 승인 과정을 통과하기 위해서는 3개월까지도 걸렸다는 점은 주목할만하다.[35]

이 소셜미디어 캠페인 동안 형성한 민첩성은 몇 달 후 기회가 문 앞까지 찾아왔을 때 요긴하게 사용됐다. 미국에서 가장 큰 스포츠 (및 마케팅) 이벤트인 슈퍼볼 기간 동안, 역사상 최초로 뉴올리언스 슈퍼돔 경기장에 정전이 일어났다. 레이븐즈와 포티나이너스가 예기치 않은 사고로 휴식 시간을 보내고 있었을 때 오레오의 소셜미디어 팀이 재빠르게 행동에 나섰다.[36] 몇 분 내로 오레오는 "정전? 상관없어. 어둠속에서도 오레오를 우유에 찍어 먹을 수 있는 걸"이라는 트윗을 올렸다.[37] 오레오는 값비싼 슈퍼볼 광고에 돈 한 푼도 쓰지 않고 '전 세계가 들은 트윗'으로 엄청난 수의 배고픈(그리고 지루한) 미식축구 팬들에게 다가 갈 수 있었다.[38] 이것이 진정한 마케팅 역작이지 않을까?

원더필드 캠페인에서 오레오 팀은 뱀파이어나 나쁜 늑대와 같은 추억 속 악역 캐릭터가 미국이 가장 좋아하는 쿠키, 오레오를 먹고는 밝아지는 모습을 보여주는 익살스러운 애니메이션 영상을 사용하였다.[39] 이 비디오는 전통적인 매체인 텔레비전뿐만 아니라 유튜브, 페이스북, 트위터를 통해 전달되었다.[40] 오레오는 또한 Twist, Lick, Dunk라는 모바일 앱을 출시했다. 이 앱은 15개국에서 1등 '애드버게임(advertise-ment＋game ＝ 광고 게임)'이었으며 브랜드를 홍보했을 뿐만 아니라 가상 오레오 쿠키 판매와 모바일앱 기반 광고를 통해 약 10만 달러의 이익을 창출했다.[41]

오레오에게 소셜미디어가 중요한 이유는 넓은 도달률과 지렴한 비용 때문만이 아니라 우리가 대부분 오레오 구매를 고려하도록 유도하는 순간에도 스마트폰에 붙어 있기 때문이다. 과거에는 식료품 가게에서 줄을 서서 기다리는 시간은 충동구매를 위한 시각적 제안을 하기에 최상의 순간이었다. 껌, 사탕 또는 맛있는 오레오가 우리가 줄 서 있는 바로 앞의 선반 위에 진열되어 있었다. 그러나 오늘날의 연결된 세상에서 우리는 줄을 서서 기다리는 동안 스마트폰으로 페이스북과 트위터를 볼 가능성이 앞의 선반에 진열된 상품을 볼 가능성보다 크다. 그래서 쇼핑객의 관심을 되찾기 위해, 오레오는 소셜미디어 도구를 사용하여 달콤한 것에 대한 갈망을 만족시키기 위해 정기적으로 영리하고 즐거운 제안을 한다.[42]

소셜미디어를 요령 있게 사용하기 위한 오레오의 노력은 성과를 거두었다. 오늘날 오레오의 페이스북 커뮤니티는 200개 국가에서 4,200만 개가 넘어 세계의 톱 10 페이스북 브랜드 페이지에 올랐다.[43] 오레오의 북미 사업은 원더필드 캠페인이 런칭한 해에 두 자릿수 성장을 기록했다. 제품 혁신을 포함한 다른 많은 마케팅 노력이 실행되었지만, '창문 밖을 보며' 문화에 몰입한 것이 오레오의 경이적인 성공을 이루는 데 이바지했음은 의심의 여지가 없다.[44]

생각해볼 문제

1. 사회에 참여해 얻은 오레오의 성공은 어떻게 측정될 수 있겠는가? 어떤 메트릭스가 가장 유용한가? 소셜미디어 제공자가 제공할 수 있는 특정 사용 메트릭스뿐만 아니라 결과 기반 척도도 고려해보라. 이러한 유형의 척도 중 어느 하나에 의존하는 경우의 장단점은 각각 무엇인가?

2. 오레오가 소셜미디어에서 존재감을 키우고 있을 때 전통적인 매체에서도 계속해서 광고를 게재했다. 여러 플랫폼에 걸쳐 왜 일관된 메시지를 전달하는 것이 중요한가? 이러한 일관성을 확보하기 위해 어떠한 구체적인 전략을 사용할 수 있는가?

3. 비록 오레오의 대부분의 소셜미디어 노력은 성인을 목표로 하지만 많은 오레오 애호가는 아이들이기도 하다. 아이들에게 직접적으로 마케팅하는 데 오레오는 얼마나 집중을 해야 하는가? 이러한 접근 방법을 따르는 위험과 윤리적인 고려사항이 있는가? 윤리적인 비난을 피할 수 있는 아이들 대상 마케팅 접근 방법이 있는가(힌트를 주자면 많은 문제 제기 중 소아비만을 고려하라)?

마케팅 계획 연습

활동 14 : 당신의 제품을 홍보하라

프로모션 계획은 마케팅 계획에 있어 아주 핵심적인 부분이며 일반적으로 마케팅 예산에 상당 부분을 차지한다. 당신의 제품을 홍보하기 위해 다음과 같은 요소를 고려하라.

1. 프로모션 믹스 요소를 다시 읽어보고 프로모션을 위한 목표를 정하고 당신의 제안에 가장 적합한 믹스 요소를 사용해 프로모션 전략을 개발하라.

2. 프로모션 전략을 제품수명주기와 연결해보고 당신의 고객이 밟을 AIDA 모형의 단계에도 연결하라.

3. 당신의 제품의 프로모션을 어떻게 관리할 것인지 결정하라. 아웃소싱될 요소와 인하우스로 관리될 요소를 정하라. 프로모션 매니지먼트를 위한 구성과 과정을 설계하라.

1. Bob Garfield, "The Post Advertising Age," *Advertising Age,* March 26, 2007.

2. P. Rajan Varadarajan, Satish Jayachandran, and J. Chris White, "Strategic Interdependence in Organizations: Deconglomeration and Marketing Strategy," *Journal of Marketing* 65, no. 1 (January 2001), pp. 15–28.

3. Frederick E. Webster Jr., "Understanding the Relationships among Brands, Consumers, and Resellers," *Journal of the Academy of Marketing Science* 28, no. 1 (Winter 2000), pp. 17–23.

4. Emim Babakus, Ugar Yavas, Osman M. Karatepe, and Turgay Avci, "The Effect of Management Commitment to Service Quality on Employees' Affective and Performance Outcomes," *Journal of the Academy of Marketing Science* 31, no. 3 (Summer 2003), pp. 272–86.

5. Yu-Shan Lin and Jun-Ying Huang, "Internet Blogs as a Tourism Marketing Medium: A Case Study," *Journal of Business Research* 59, no. 10/11 (October 2006), pp. 1201–05.

6. Maria Teresa Pinheiro and José Manuel Cristóvão Veríssimo, "Digital Marketing and Social Media: Why Bother?" *Business Horizons* 57, no. 6 (2014), pp. 703–8.

7. Sean Corcoran, "Defining Earned, Owned, and Paid Media," *Forrester,* December 16, 2009, http://blogs.forrester.com/interactive_marketing/2009/12/defining-earned-owned-and-paid-media.html.

8. Joe McCambley, "The First Ever Banner Ad: Why Did It Work So Well?" *The Guardian,* December 12, 2013, https://www.theguardian.com/media-network/media-network-blog/2013/dec/12/first-ever-banner-ad-advertising.

9. "Understanding Bidding Basics," https://support.google.com/adwords/answer/2459326.

10. Oliver J. Rutz, Michael Trusov, and Randolph E. Bucklin, "Modeling Indirect Effects of Paid Search Advertising: Which Keywords Lead to More Future Visits," *Marketing Science* 30, no. 4 (2011), pp. 646–65.

11. Bartosz W. Woldjynski and Nathaniel J. Evans, "Going Native: Effects of Disclosure Position and Language on the Recognition and Evaluation of Online Native Advertising," *Journal of Advertising 45,* no. 2 (2015), pp. 157–68.

12. Arvind Rangaswamy, C. Lee Giles, and Silvija Seres, "A Strategic Perspective on Search Engines: Thought Candies for Practitioners and Researchers," *Journal of Interactive Marketing* 23, no. 1 (2009), pp. 49–60.

13. Ron Berman and Zsolt Katona, "The Role of Search Engine Optimization in Search Marketing," *Marketing Science* 32, no. 4 (2013), pp. 644–51.

14. Dave Chaffey, "Digesting Mary Meeker's 2015 Internet Trends Analysis," *Smart Insights,* June 11, 2015, http://www.smartinsights.com/internet-marketing-statistics/insights-from-kpcb-us-and-global-internet-trends-2015-report/.

15. "Whole Foods Market Partners with Thinknear to Drive Store Visits," *Thinknear,* http://www.thinknear.com/wp-content/uploads/2015/06/Case-Study-Whole-Foods-Thinknear.pdf.

16. Dhruv Grewal, Yakov Bart, Martin Spann, and Peter Pal Zubcsek, "Mobile Advertising: A Framework and Research Agenda," *Journal of Interactive Marketing* 34, no. 2 (2016), pp. 3–14.

17. Venkatesh Shankar and Sridhar Balasubramanian, "Mobile Marketing: A Synthesis and Prognosis," *Journal of Interactive Marketing* 23, no. 2 (2009), pp. 118–29.

18. Graham Winfrey, "8 Best Practices for Text Message Marketing," *Inc.,* August 20, 2014, http://www.inc.com/graham-winfrey/8-text-message-marketing-best-practices.html.

19. Steve Bellman, Robert F. Potter, Shiree Treleaven-Hassard, Jennifer A. Robinson, and Duane Varan, "The Effectiveness of Branded Mobile Phone Apps," *Journal of Interactive Marketing* 25, no. 4 (2011), pp. 191–200.

20. Shannon Greenwood, Andrew Perrin, and Maeve Duggan, "Social Media Update 2016," *Pew Internet,* November 11, 2016, http://www.pewinternet.org/2016/11/11/social-media-update-2016/.

21. Simon Hudson, Li Huang, Martin S. Roth, and Thomas J. Madden, "The Influence of Social Media Interactions on Consumer–Brand Relationships: A Three-Country Study of Brand Perceptions and Marketing Behaviors," *International Journal of Research in Marketing* 33, no. 1 (2016), pp. 27–41.

22. Andrew N. Smith, Eileen Fischer, and Chen Yongjian, "How Does Brand-Related User-Generated Content Differ across YouTube, Facebook, and Twitter?" *Journal of Interactive Marketing* 26, no. 2 (2012), pp. 102–13.

23. Giselle Abramovich, "15 Mind-Blowing Stats about Snapchat," *CMO,* August 19, 2016, http://www.cmo.com/features/articles/2016/8/15/15-mind-blowing-stats-about-snapchat.html#gs.6YUw9s4.

24. http://www.ama.org.

25. Oliver Hinz, Bernd Skiera, Christian Barrot, and Jan U. Becker, "Seeding Strategies for Viral Marketing: An Empirical Comparison," *Journal of Marketing* 75, no. 6 (2011), pp. 55–71.

26. Jason Ankeny, "How These 10 Marketing Campaigns Became Viral Hits," *Entrepreneur,* April 23, 2014, https://www.entrepreneur.com/article/233207.

27. "Seven in 10 Americans Seek Out Opinions before Making Purchases," *Mintel,* June 3, 2015, http://www.mintel.com/press-centre/social-and-lifestyle/seven-in-10-americans-seek-out-opinions-before-making-purchases

28. Mavis T. Adjei, Stephanie M. Noble, and Charles H. Noble, "The Influence of C2C Communications in Online Brand Communities on Customer Purchase Behavior," *Journal of the Academy of Marketing Science* 38, no. 5 (2010), pp. 634–53.

29. Danielle Sacks, "The Story of Oreo: How an Old Cookie Became a Modern Marketing Personality," *Fast Company,* October 23, 2014, https://www.fastcompany.com/3037068/the-story-of-oreo-how-an-old-cookie-became-a-modern-marketing-personality.

30. Roberto A. Ferdman, "Why Oreos Might as Well Exist in Their Own Cookie Stratosphere," *Washington Post,* July 7, 2015, https://www.washingtonpost.com/news/wonk/wp/2015/07/07/why-oreos-might-as-well-exist-in-their-own-cookie-stratosphere/?utm_term=.51815f9cd7f4.

31. Sacks, "The Story of Oreo."

32. Sacks, "The Story of Oreo."

33. Ann-Christine Diaz, "Oreo's 100-Day 'Daily Twist' Campaign Puts Cookie in Conversation," *Advertising Age,* September 10, 2012, http://adage.com/article/digital/oreo-s-daily-twist-campaign-puts-cookie-conversation/237104/.

34. Dan Milano, "Oreo's 'Daily Twist' on Social Marketing," *ABC News,* October 2, 2012, http://abcnews.go.com/blogs/business/2012/10/oreos-daily-twist-on-social-marketing-ends-in-grand-style/.

35. Sacks, "The Story of Oreo."

36. Jeff Briggs, "Super Bowl 2013 Start Time and Location for Ravens vs. 49ers," *SBNation*, January 24, 2013, http://dc.sbnation.com/2013/1/24/3907878/2013-super-bowl-start-time.

37. Sacks, "The Story of Oreo."

38. Brian Sheehan, "How Oreo Stayed Relevant for 100 Years," *Adweek*, July 17, 2015, http://www.adweek.com/digital/how-oreo-stayed-relevant-for-100-years/.

39. Ann-Christine Diaz, "Oreo's New 'Wonderfilled' Campaign Wants to Sap the Cynicism Out of Your Day," *Advertising Age*, May 14, 2013, http://adage.com/article/behind-the-work/oreo-s-wonderfilled-campaign-sap-cynicism-day/241459/.

40. "Wonderfilled," *Bēhance*, https://www.behance.net/gallery/36260905/Oreo-Wonderfilled-Animation-Social-Media, accessed May 9, 2017.

41. Sacks, "The Story of Oreo"; "Twist, Lick, Dunk, 5," *Advertolog*, http://www.advertolog.com/oreo/casestudy/twist-lick-dunk-5-18597405/, accessed May 9, 2017.

42. Sacks, "The Story of Oreo."

43. "2017 Fact Sheet," *Mondelez International*, http://www.mondelezinternational.com/~/media/MondelezCorporate/Uploads/downloads/OREO_Fact_Sheet.pdf, accessed May 9, 2017.

44. Sacks, "The Story of Oreo."

프로모션의 핵심 : 전통적 접근

이번 장에서는 프로모션에 있어서 전통적 접근이라 불리는 핵심적인 마케팅 커뮤니케이션 도구를 살펴보고자 한다. '전통'이라는 단어를 사용하는 이유는, 전통적 접근이 마케팅 매니저들에게 여전히 큰 가치를 가지는 상속된 유산과 같은 도구인 동시에 제13장에서 초점을 맞춰 다룬 디지털과 소셜미디어 마케팅 접근법과는 다르기 때문이다. 세일즈프로모션과 PR과 같은 전통적 접근 방법은 일반적으로 광범위하고 대중적인 시장에 중점을 두는 반면에 인적판매는 일대일인 경우가 많다. 프로모션 믹스의 각 요소를 정의하고 비교하는 제13장의 도입 부분에서는 마케팅 커뮤니케이션에 있어서 광고는 대중매체를 통해 하나 또는 여러 시장을 목표로 하는 상대적으로 덜 개인화된 마케팅 커뮤니케이션의 유료 형태인 것을 배웠다. 일반적으로 대중의 인식에는 광고를 마케팅과 동일시하는데, 이는 광고가 마케팅에 있어서 가장 가시적인 부분이기 때문이다. 이는 마케팅 커뮤니케이션에 있어 광고가 가장 지배적인 형태이기 때문에 놀랍지는 않다.

마케터들은 광고를 넘어서 세일즈프로모션이나 PR과 같은 여러 프로모션 도구를 가지고 있으며, 이는 폭넓은 목표 시장과의 소통을 촉진시켜준다. 제13장을 기억해보면 세일즈프로모션은 최종 소비자가 상품을 구매하거나, 판매원이나 마케팅 경로에 있는 다른 사람이 상품을 판매하도록 유인책을 제공한다. 세일즈프로모션은 단독으로 사용되는 경우는 거의 없으며, 대신 주로 다른 형태의 프로모션을 증폭시키는 역할을 한다. PR은 고객과 다른 사람들의 태도, 의견, 행동 방식에 영향을 주기 위한 체계적인 접근 방법이다. PR은 종종 퍼블리시티를 통해 이행하며 이는 마케팅 커뮤니케이션에 있어 상대적으로 덜 개인화된 무료 형태이다. 주로 신문 기사나 공공행사에서의 언급을 통해 이뤄진다.

우선 넓은 시장을 목표로 하는 마케팅 커뮤니케이션에 있어서 이 세 가지 접근 방법을 자세히 알아보고, 후반부에는 프로모션 믹스의 더 집중적으로 세부화된 요소인 인적판매에 대해 살펴보고자 한다.

광고

14 – 1

주요 광고 종류 및 광고 대행사에 대해 이해한다.

대부분의 대중에게 광고는 곧 마케팅을 의미한다. 광고는 사람들이 주로 보게 되는 마케팅의 가시적인 측면이다. 물론 이는 광고에 많은 돈을 투자하기 때문이기도 하다. 마그나(IPG 미디어브랜드 조사 기관)에 따르면 전 세계적으로 1년 동안 광고에 투자되는 비용은 5,000억 달러를 넘어섰다. 하지만 이 수치를 해석할 때 중요한 주의사항이 있다. 이 수치는 측정 가능한 미디어라고 생각되는 전통적인 종류의 광고만 고려한 것이다. 예를 들자면 잡지, 텔레비전, 라디오, 옥외 광고, 인터넷상의 디스플레이 광고 같은 것들이다. 반면에 측정 불가능한 미디어라 여겨지는 검색 광고 노출과 소셜미디어 광고는 전혀 포함하지 않은 것이다.

그렇다면 전 세계적으로 가장 광고를 많이 하는 회사는 어디일까? 이 명단은 많은 이들이 알아보는 P&G, 유니레버, 로레알, 그리고 폭스바겐 같은 회사를 포함한다. 세계적으로 광고량이 많은 회사들은 주로 소비자 시장에서 활동을 많이 한다는 점에 주목해야 한다. 광고는 아주 흔한 프로모션이면서 아주 가시적이고 쉽게 받아들여지는 듯해서 많은 기업들이 첫 프로모션 요소로 광고를 선택하기도 한다. 하지만 광고주가 고려해야 할 더 중요한 질문은 "우

순위	광고주	포인트
1	P&G	594.3
2	유니레버	477.5
3	코카콜라	454.9
4	하이네켄	287.6
5	펩시	231.1
6	맥도날드	207.7
7	폭스바겐 그룹	207.2
8	몬델리즈 인터내셔널	193.5
9	타타 그룹	177.5
10	룩소티카	151.0

출처 : Vizard, Sarah, "P&G Overtakes Unilever to Top List of Most Effective Global Advertisers," *Marketing Week*, March 1, 2016.

리 회사의 광고가 얼마나 효과적인가?"이다. 도표 14.1은 한 조사기관이 세계적으로 가장 영향력 있는 광고를 내는 회사들의 분석 연구를 보여준다. 당연히 가장 큰 광고주들이 가장 영향력이 있음을 알 수 있다. 하지만 동시에 하이네켄 같은 회사도, 가장 큰 광고주인 P&G(2016년에 전 세계적으로 광고에 70억 달러를 지출했다) 대비 훨씬 적은 비용(매년 약 4억 달러)을 들이고도 매우 효과적인 광고를 낸다는 점도 흥미롭게 봐야 한다.

다른 프로모션을 사용하지 않을 정도로 광고에만 지나치게 의존하는 것은 매우 위험한 일이다. 고객은 한 광고 캠페인에 매우 빠르게 그리고 쉽게 싫증을 느낄 수 있다. 이런 현상을 **광고 효과 감퇴**(advertising wearout)라고 부른다. 이 현상으로 인해 계속해서 새롭거나 약간은 조정된 테마를 가진 새로운 광고를 지속적으로 만들어야 한다.[1] 몇 년 동안 애플은 '맥 대 PC'라는 테마로 광고를 송출했다. 이 캠페인에서 각각 맥 컴퓨터(제대로 작동하는 멋진 컴퓨터)와 PC(복잡하고 항상 제대로 작동하지는 않는 컴퓨터)를 상징하는 두 배우를 출연시켰다. 이 캠페인은 엄청나게 성공적이었지만, 이후에 더 이상 기발하거나 맥의 브랜드 메시지를 효과적으로 전달하지 못한다고 판단돼 애플은 이 캠페인을 중단했다. 광고 제작비를 받는 광고 회사 입장에서 계속해서 새로운 광고가 필요하다는 것은 좋은 일이지만 마케팅 매니저에게는 엄청난 비용 부담이 된다.

광고의 또 다른 문제점은 특정 지출 수준에 이르면 수익률이 떨어지기 시작한다는 점이다. 즉, 지속적인 지출에도 불구하고 시장 점유율이 더 이상 확대되지 않거나 심지어는 반대로 축소된다는 것이다. 이러한 현상을 **광고 응답 함수**(advertising response function)이라고 부른다. 이러한 현상은 마케팅 매니저들이 제품수명주기의 도입기에 더욱 광고에 의존하게 만들고 또한 제13장에서 언급된 AIDA 모형의 초기 단계에서 광고에 더 집중하게 한다.[2] 제품을 상기시키는 프로모션 목표보다는 정보 제공과 설득이 목표인 프로모션(이 경우에는 광고)에 더 많은 돈을 투자하는 것이 효과가 더 좋을 것으로 예상할 수 있다.

이러한 어려움에도 불구하고 광고는(제대로만 실행된다면) 잠재적으로 아주 효과적인 프로모션 수단일 뿐만 아니라, 동시에 미국 문화, 그리고 더욱 나아가 세계 문화의 아주 근본적인 부분이기도 한다. 매년 슈퍼볼 광고에 열광하는 것을 보면 광고가 대중을 자극하는 힘이 얼마나 큰지 알 수 있다.

광고의 종류

광고는 크게 두 부류로 나눌 수 있다. 기관 광고와 제품 광고이다. 어떤 광고를 사용할지는 프로모션 목표와 상황에 따라 다르다.

기관 광고 기관 광고(institutional advertising)의 목표는 특정한 제품이 아닌 그보다 더 큰 개념의 산업, 회사, 브랜드 계열 등을 광고하는 것이다. 기관 광고는 상품을 알리고 상기시키는 목표가 주가 되지만 고객을 설득하는 효과도 있다. 이전 장에서 커뮤니케이션 전달자의 맥락에서 기업 이미지에 대한 개념을 살펴보았다.[3] 많은 고객들이 광고 메시지 이면에 있는 기업에 대해 많은 관심을 가지고 있다. 예를 들어, 기업이 얼마나 사회 책임적이고 어떠한 가치를 추구하는지에 대해 관심을 갖는다. 기관 광고는 기업 브랜드나 패밀리 브랜드를 구축하고 향상시킨다. 예를 들어, P&G는 회사가 후원하는 자선 이벤트인 스페셜 올림픽에 대한 기관 광고를 실행한다. P&G 계열의 특정 브랜드(크레스트, 팸퍼스 등)도 일반적으로 광고에 등장하기도 한다. 이러한 접근 방법은 P&G의 기업 이미지를 구축하고 긍정적인 연상을 통해 브랜드 이미지를 향상시킨다.

가끔은 산업 통째로 기관 광고를 내기도 한다. 예를 들어, 국제면교역기관인 Cotton Incorporated는 사람들과 면 사이의 관계를 강화하기 위해 "Leave Comfort to Clothes(편안함을 옷에 맡겨라)"라는 캠페인을 런칭했다. "Cotton, the fabric of our lives(우리 삶의 원단, 면)" 태그라인으로 유명한 면 산업 같은 경우도 고객과 상품을 연관시킬 수 있는 메시지를 찾곤 하는데, 이는 유명한 컴퓨터 분야의 "인텔 인사이드" 브랜딩과 비슷하다.[4] 기억하기 쉬운 태그라인으로 나타나는 기관 광고의 예시를 몇 가지 살펴보자.

- "The incredible edible egg(먹을 수 있는 멋진 계란)"
- "Pork, the other white meat(돼지고기, 또 다른 흰 살 고기)"
- "Beef, it's what's for dinner(소고기, 저녁식사에 올라오는 것)"

기관 광고는 잠재 고객들에게 단순히 "나를 사주세요" 메시지 이상의 신뢰감을 심어줄 수 있기 때문에, 제품수명주기와 AIDA 모형의 초기 단계에서 특히 사용하기 좋은 전략이다. 기관 광고는 산업이나 기업이 빠져나와야 할 PR 문제가 있을 때 사용되기도 한다. 제10장을 기억해보면 유나이티드항공이 2017년 고객 서비스로 큰 문제를 겪었을 때 이 항공사는 대대적으로 서비스 회복에 노력을 기울였다. CEO의 편지는 물론이고 항공사가 고객을 위해 더 나아진 서비스를 제공하겠다는 메시지를 강화하고자 기관 광고를 사용했다.

제품 광고 대부분의 광고는 **제품 광고**(product advertising)이며 이는 특정한 제품(또는 서비스)의 구매가 늘어나도록 계획된다. 제품 광고의 주된 세 종류는 바로 개척형 광고, 경쟁적 광고, 비교 광고이다. 제품 광고의 어떤 종류를 사용할지는 제품수명주기의 어떤 단계인지에 주로 달려 있다.

개척형 광고(pioneering advertising)는 초기 수요를 자극한다. 그렇기 때문에 혁신 성향가와 얼리 어답터의 구매 유도가 중요한 제품수명주기의 도입기와 초기 성장기 단계에 많이 쓰인다. AIDA 모형 관점에서는 개척형 광고는 인지와 흥미

도리토스는 상품의 주위를 대비되는 뚜렷한 이미지와 선명한 태그라인으로 처리함으로써 훌륭한 제품 광고를 한다.

출처 : Frito-Lay North America, Inc.

를 유발하는 데 사용된다. 새로운 제품을 소개하는 마케팅 매니저들은 거의 항상 이러한 형태의 광고에 집중해서 잠재 고객들에게 제품의 가치와 사용법 등을 알리고자 한다. 이 경우 일반적으로 감정적인 소구보다는 논리적인 소구를 사용한다.[5]

마케팅 매니저들은 특정한 브랜드의 판매를 위해 **경쟁적 광고**(competitive advertising)를 사용한다. 이러한 광고들은 고객에게 감정적인 소구를 더 많이 하는 경향으로 바뀌고 목표는 정보를 제공하는 것뿐만 아니라 설득을 하는 것이다. 경쟁적 광고의 핵심은 고객들이 브랜드에 대해 긍정적인 태도를 가지게 하는 것이며 이러한 부류의 광고는 제품수명주기의 성장기나 초기 성숙기 단계에서 사용된다. 경쟁적 광고의 메시지는 AIDA 모형의 욕구와 행동 단계를 유도하는 것에 초점을 둔다.[6]

비교 광고(comparative advertising)에서는 2개 이상 브랜드의 특정한 속성을 직접적으로 비교한다.[7] 비교 광고는 제품수명주기의 성숙기 때 주로 사용되며, 이는 약한 경쟁자들을 떨쳐내는 마케팅 전략의 일환이다. 당연히 이러한 마케팅 전략이 성공적으로 쓰이길 원한다면 자사 브랜드에 대해 하나 이상의 타당한 우월적 주장을 하여 다른 경쟁사보다 유리한 위치에 올라서야 한다. 예를 들어, 삼성은 뚜렷한 제품 비교 접근을 통해 갤럭시 시리즈가 아이폰 시리즈에 비교해 가진 장점을 내세우며 애플의 스마트폰 카테고리의 시장 점유율을 줄이는 데 성공했다.

비교 광고는 특히 특정 제품 카테고리에서 자기 기업이 1위가 아닐 때 유용하다. 왜냐하면 이를 통해 시장 선두업체가 방어적인 태세를 취하게 만들 수 있기 때문이다. 모바일 사업자 티모바일은 적극적으로 핸드폰 데이터 사용료를 낮춰 미국에

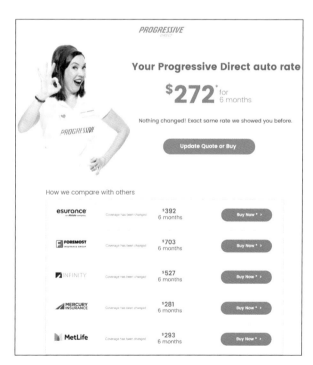

프로그레시브 보험사가 낸 이 비교 광고는 경쟁들의 보험비를 직접적으로 비교한다.

출처 : Progressive Casualty Insurance Company

에너자이저 버니는 이 회사의 배터리 제품군의 오래된 '대변인'과도 같다.

출처 : Energizer Brands, LLC

서 상당한 시장 점유율 상승을 이루었다. 티모바일의 성공은 주 경쟁사인 버라이즌과 AT&T 역시 티모바일의 성공을 견제하기 위해 데이터 사용료를 낮추도록 자극했다. 하지만 자사가 1위 브랜드인 경우 비교 광고는 위험할 수 있다. 실제로는 그렇지 않더라도, 고객이 이 회사가 방어적인 태세를 취했다고 인식할 수 있기 때문이다. 1위 브랜드가 하급 브랜드와 비교하기 위해 몸을 굽히는 심리는 일반적으로 상식적이지 않다. 따라서 대부분의 전문가들이 브랜드 선두주자인 경우 비교 광고를 피하라고 조언한다.

광고 실행과 매체 종류

어떤 광고 매체를 사용할지 결정할 때 마케팅 매니저는 도달과 빈도를 고려해야 한다. **도달**(reach)은 정해진 목표 시장에 속한 개인의 몇 퍼센트가 정해진 기간 동안 광고에 노출되는지를 측정한다. **빈도**(frequency)는 목표 시장에 속한 개인이 평균적으로 몇 번 메시지에 노출되는지를 측정한다. 당연히 도달과 빈도가 클수록 전체적으로 광고 캠페인이 비싸진다. 상상할 수 있듯이, 광고 예산이 무한적이지 않기 때문에 예산 제약과 도달과 빈도 사이에 균형이 필요하다. 원하는 수준의 도달과 빈도를 기반으로 목표와 예산이 정해진다. 캠페인이 진행되는 동안 마케팅 매니저는 의도적으로 도달과 빈도에 변화를 줄 수 있다. 예를 들어, 초기 노출을 위해 캠페인이 높은 강도로 시작되다가 이후 광고 효과 감퇴를 피하기 위해 강도를 낮출 수 있다.

광고 실행(advertising execution)은 광고가 정보와 이미지를 전달하는 방법을 일컫는다. 다양한 광고 실행 종류가 존재한다. 제13장에서는 전형적인 프로모션의 소구점 세 가지에 대해 배웠다. 이성, 감성, 도덕성이다. 광고 실행에 대한 다양한 접근을 다양한 소구점의 창의적인 운영이라고 생각해보라. 도표 14.2는 다양한 광고 실행 접근 방법 중 일반적인 몇 가지를 보여주고 있다.

광고 매체는 7개의 넓은 범주가 이용 가능하다. 텔레비전, 라디오, 신문, 잡지, 옥외(광고판, 버스와 기차 간판 등), 우편과 인터넷이 있다. 각각의 매체마다 장단점이 존재하며 마케팅 매니저는 이러한 장단점을 고려하여 광고 예산을 어떻게 분배할지 결정한다. 도표 14.3은 매체를 선택할 때 고려해야 할 가장 중요한 문제들을 보여주고 있다.

각 광고 매체의 장단점을 돌아보면 광고 매체를 선택할 때에는 항상 상호절충의 상황인 것이 명백하다. 대부분의 매체의 고유한 문제는 어느 정도의 **광고 혼잡**(advertising clutter)이 존재한다는 것이다. 이는 해당 매체에 등장하는 경쟁 광고 메시지의 정도를 의미한다. 이 광고 혼잡은 가끔 광고의 전체적인 소음의 차원으로 표현되기도 한다. 즉, 소비자들은 수많은 메시지의 폭격을 받아 혼란을 느끼거나 어느 광고가 어떤 브랜드의 광고인지 파악하는 데 어려움을 겪는다는 뜻이다. 이러한 소음을 극복하는 것이 매체 선택과 창의적인 집행에 있어서 궁극적인 목표이다.

일상(생활의 단편)	일반적인 삶 속에서 일반 사람들을 묘사한다. 대학생이 빨래방에서 타이드를 사용해 빨래를 한다.
유머	유머러스한 묘사를 통해 관심과 흥미를 얻는다. 사람들은 버드와이저의 유명한 개구리들을 쉽게 잊지 않는다.
분위기/영향	상품을 둘러싼 긍정적인 분위기를 조성한다. 샌달 리조트는 시각적 이미지를 통해 '고급이 포함된' 샌달의 테마를 뒷받침해준다.
조사 기반	브랜드의 우월함을 과학적 증거를 통해 보여주며 보통 비교 광고에 많이 사용된다. 로레알 유스 코드는 제품 개발과 관련된 과학적 요소를 광고 메시지에 담는다.
데모(증명)	제품이 사용되는 것을 직접적으로 보여준다. 바운티의 키친타월은 텔레비전 광고 속에서 우월한 흡수력을 가진 것으로 묘사된다.
뮤지컬	음악이나 노래를 브랜드나 상품과 직접적으로 연관시킨다. 비록 지금은 CM송이 과거와 같이 만연하지 않지만 서브웨이는 'five dollar footlong(1피트 5달러)'을 음악을 통해 영원히 남겼다.
보증인	연예인이나 배우를 권위 있는 인물(적절한 경고 성명을 포함시켜), 회사 임원, 일반 소비자로 묘사해 상품과 연관시키며, 이를 통해 제품의 사용을 허가하고 지원한다. 르브론 제임스가 나이키를 사용하는 것이 예시이다.
라이프스타일	상품이 대상 고객의 라이프스타일에 어떻게 연관될지 묘사한다. 다지 램은 픽업트럭이 미국의 흙길을 달리는 모습을 보여준다.
판타지 창조	고객이 제품을 구매한다면 어떻게 될지 상상 속의 모습을 보여준다. 타코벨의 "Live Mas(더 오래 살자)"광고가 이에 해당한다.
애니메이션과 동물	캐릭터나 동물을 애니메이션화해서 광고에 등장시키며 가끔은 대변인으로 등장하기도 한다. 게이코의 도마뱀이 이에 해당한다.

매체 종류	장점	단점
텔레비전	• 멀티미디어와 결합한다. • 여러 감각을 자극한다. • 전체 시장과 선택 시장 모두에 사용 가능하다. • 인포머셜(정보 광고)이 가능하다.	• 영향이 순간적이다. • 유통 기한이 짧다. • 경쟁 광고의 간섭이 심하다. • 티보 효과 : 광고를 건너뛴다(*티보는 하드디스크에 텔레비전 프로그램을 자동으로 녹화할 수 있는 디지털 비디오 리코더). • 비용이 많이 든다.
라디오	• 빠른 배치와 높은 메시지 즉각성을 가진다. • 시장과 라디오 프로그램에 따라 쉬운 선택성을 가진다. • 저렴하다. • 지리에 제한을 받지 않는다.	• 청각만을 사용한다. • 유통 기한이 짧다. • 경쟁 광고의 간섭이 심하다.
신문	• 유연하다. • 시기 적절하다. • 높은 신뢰를 가진 매체이다.	• 유통 기한이 짧다. • 큰 도시나 전국 신문사의 광고 비용은 비싸다. • 특히 색감에 있어서 생산 품질이 좋지 않다. • 여러 사람들이 돌려 읽게 될 가능성이 낮다.
잡지	• 종류가 많고 지리적, 인구통계학적, 생활양식적 선택성이 높다. • 좋은 생산 품질과 색을 가졌다. • 여러 사람들이 돌려 읽게 될 가능성이 높다.	• 생산 때문에 광고를 위한 리드 타임이 길다. • 잡지 속 광고의 최종 위치가 보장되어 있지 않다.
옥외	• 교통량이 많은 지역에 반복적으로 노출된다. • 상대적으로 비용이 덜 든다. • 경쟁 광고가 적다. • 지역 타깃팅이 쉽다.	• 공간 및 구조 제한 때문에 창의적인 광고가 어렵다. • 가끔은 원하는 것보다도 오랜 기간 동안 특정 위치에 광고를 게재해야 한다. • 환경의 복잡화(어수선함)에 대한 대중의 불만이 있다.

(계속)

매체 종류	장점	단점
우편	• 고객 선택성이 높다. • 일대일 마케팅의 느낌을 조성한다. • 유연하다.	• 과다하게 사용되고 '스팸 메일'의 인상을 가지고 있다. • 경쟁 광고가 지나치게 많다. • 상대적으로 비싸다.
온라인과 소셜미디어	• 인터랙티브 광고가 가능하다. • 유연하다. • 시기적절하다. • 노출 횟수당 비용이 낮다.	• 광고 노출을 (클릭을 통해) 독자가 통제하고 있다. • 스팸 • 연결 속도와 컴퓨터가 다양하다. • 개인 정보 보호에 대한 우려가 있다.

광고 대행사의 역할

광고와 PR은 마케팅에 있어서 가장 많이 아웃소싱되는 기능 중 하나이다. 이에 따른 이유가 있다. 대부분의 기업은 자연스럽게 자사의 상품과 서비스에 대한 전문성에 집중을 한다. 따라서 내부적으로 프로모션의 창의적인 측면에 대한 전문성을 키우는 일은 매우 많은 비용이 들고 핵심 사업에 집중하는 것을 방해할 수 있다. 많은 마케팅 매니저들에게 자사와 광고 대행사의 관계는 그들의 일에 있어 매우 중요하다. 광고 대행사는 다양하지만 몇몇 대행사는 한 산업이나 특정한 프로모션 분야(신문 광고나 PPL 등과 같은 분야)에 전문성을 가지기도 한다. 또 다른 대행사들은 포괄적인 서비스를 제공해 의뢰인의 마케팅 커뮤니케이션을 전반적으로 모두 감독하기도 한다. 오늘날에는 포괄적인 서비스를 제공하는 광고 대행사를 이용하는 경향이 있으며 또 마케팅 기획과 브랜딩 서비스를 전통적인 대행사의 과업과 통합하는 경향까지도 나타난다. 거의 대부분의 경우 의뢰인은 시간당 비용과 더불어 매체 구매 비용까지 지불한다.

최근 몇 년간 또 다른 주요한 추세는 광고 대행사와 전반적 서비스를 제공하는 웹 빌더 간 전략적 파트너십의 발달이다. 많은 마케터들에게 웹사이트는 마케팅 커뮤니케이션 전략의 핵심이다. 일반적으로 신제품 소개 및 리브랜딩 계획은 웹사이트에 집중되며 인쇄나 다른 매체는 고객의 웹사이트 방문을 유도한다. 일부 대형 대행사는 자체적으로 종합적인 웹 운영 조직을 설립해 전반적인 웹서비스를 제공할 수 있다. 의뢰인에게 웹사이트 제작 및 점검 서비스, 웹 호스팅 서비스, 고객들과 직접적인 이메일 교환 관리 서비스 그리고 의뢰인의 전반적인 CRM 시스템을 관리하기도 한다.

다음 10년 동안에도 아웃소싱을 통한 전반적 서비스를 제공하는 마케팅 대행사의 중요성은 계속해서 증가할 것이다. 기업 내에서도 마케팅 자체가 더욱 전략적으로 변하면서 이전에는 인하우스로 해결했던 마케팅의 많은 전략적 또는 기술적인 측면이 아웃소싱될 것이다. 이러한 상황이 도래한다면 마케팅 매니저가 아웃소싱 대행사와의 관계에 있어 모든 측면을 관리하는 기업의 최전선 인물이 되기 때문에 마케팅 매니저의 역할은 더욱 중요해질 것이다.

세일즈프로모션

세일즈프로모션은 제13장에서 최종 소비자가 제품을 구매하거나 영업사원들이 제품을 판매하도록 유인을 제공하는 프로모션 믹스 요소라고 정의되었다. 세일즈프로모션은 다른 종류의 프로모션을 증폭시키기 위해 사용되며 단독적으로 사용되는 경우는 거의 없다. 이는 세일즈프로모션 계획은 커뮤니케이션 수단으로 광고, 다이렉트 또는 인터랙티브 마케팅과 같은 다른 종류의 매체에 의존하기 때문이다. 세일즈프로모션이 '당장 구매하기' 반응을 이끌어내는 촉진제라고 생각하면 쉽다. 즉, AIDA 모형의 행동 단계에 온전히 겨냥되어 있는 것이다.

14-2
다양한 세일즈프로모션에 대한 접근과 활용 방법을 이해한다.

세일즈프로모션은 최종 소비자를 직접적으로 목표로 하거나 기업이 상품을 팔 때 의존하는 특정한 유통업계를 목표로 할 수 있다. 후자의 경우 세일즈프로모션은 푸쉬 전략으로서 중요한 요소이다. 기업 자체의 영업 인력 또한 추가적으로 세일즈프로모션의 대상이 될 수 있다. 상여금, 상품, 여행 그리고 다른 장려책을 사용해 판매원이 한 상품을 다른 상품보다 더 영업하도록 유도하는 것 또한 내부적인 세일즈프로모션의 한 형태이다. 그렇다면 소비자 대상 세일즈프로모션과 유통업체 대상 세일즈프로모션을 각각 살펴보자.

소비자 대상 세일즈프로모션

기업이 제품 시용, 선별적인 배포, 감소하는 분기 매출을 강화 또는 쇠퇴하는 브랜드에 대한 소비자의 관심을 되찾고자 한다면 세일즈프로모션은 프로모션 예산 투자를 위한 적절한 선택일 수 있다. 도표 14.4는 인기 있는 아홉 가지 소비자 대상 세일즈프로모션 접근법을 보여준다.

대부분의 프로모션 요소와 마찬가지로 마케팅 매니저는 프로모션을 수행할 때 단 하나의 소비자 대상 세일즈프로모션 수단을 사용하지는 않는다. 대부분의 세일즈프로모션 옵션은 서로를 보완하며 더 나아가 전반적인 프로모션 믹스를 보완할 수도 있다. 세일즈프로모션이 가질 수 있는 단점은 몇몇 기업과 산업들이 판매를 유지하기 위해 정기적으로 세일즈프로모션에 지나치게 의존한다는 것이다. 이는 세일즈프로모션이 실제적인 구매를 이끌어내는 힘이 있기 때문이다. 새로운 자동차 구입 시 만연한 할인 판매를 생각해보자. 자동차 제조사들이 근본적으로 할인이 없으면 새 자동차를 구입하지 않도록 자동차 쇼핑객들을 훈련하는 것과 마찬가지다. 궁극적으로 세일즈프로모션이 이러한 형태로 제도화된다면 기업들은 단순히 제품의 일반적인 가격에 두터운 가격 폭을 더하게

이 세일즈프로모션에서 도미노는 고객이 무엇을 그리고 몇 개의 물품 구매를 원하는지에 따라 '특가'를 제공하고 있다.

출처 : Domino's Pizza

세일즈프로모션 접근법	설명	코멘트	예시
제품 견본품	실제 제품의 샘플이 소비자에게 주어진다.	제품을 사용하도록 유도하기 좋다. 샘플은 우편이나 매장에서 받을 수 있다.	질레트는 예전 구형 모델에서 전환을 유도하기 위해 무료로 면도날을 제공한다.
쿠폰	구매 시 즉시 가격 인하가 가능. 인쇄 매체, 온라인 또는 매장에서 사용 가능	소비자 사이에서 쿠폰 사용은 일반적으로 감소했지만 여전히 '당장 구매' 반응을 이끌어내기에 좋다.	무료 면도날 패키지 안에 질레트는 면도날 상품을 구매 시 사용할 수 있는 1달러 할인 쿠폰을 함께 동봉한다.
할인(리베이트)	특정한 기한 동안 특정한 제품을 살 때 주어지는 가격 인하	판매 시 즉시 할인이 가능하지만 일반적으로 서류 제출과 처리에 있어 시간이 필요하다.	삼성은 베스트바이에서 구매하는 텔레비전에 한해서 할인을 제공한다.
콘테스트 및 경품 행사	소비자의 재미와 기대감에 호소한다. 구매를 유도할 수는 있지만 법적으로 구매 요건 없이 제공되어야 한다.	콘테스트는 운 이상의 특정 능력을 필요로 하고 경품 행사는 순전히 운으로 당선된다.	맥도날드의 유명한 모노폴리 게임이 이에 해당된다 – 많이 먹을수록 더 많은 횟수를 참여할 수 있다(반대로도 마찬가지다!).
프리미엄	프로모션에 해당하는 특정 브랜드 상품을 구매했을 시 다른 상품이 제공된다.	상품 구매를 한 소비자에게 사은품이 주어진다. 사은품은 구매 상품을 보완하는 상품이거나 아예 관계없는 상품일 수도 있다.	버거킹은 메뉴 구매 시 최신 영화의 히어로 장난감을 제공한다.
다량 구매 옵션	브랜드 상품을 특별한 가격에 하나 이상을 구매하도록 자극한다.	일반적으로 2개 사면 1개 증정과 비슷한 형태로 이행된다.	센트룸 비타민은 100정 비타민 병 하나를 살 때 20정 비타민 병을 추가로 제공한다.
POP 광고	광고를 지원하기 위해 소매 상점에 배치되는 전시판으로 고객들에게 구매를 상기시킨다.	매장 통로에서 특정한 상품 카테고리에 추천 브랜드의 상품을 구매하도록 유도하기 좋다.	월그린에 있는 닥터 숄 풋매핑 센터 키오스크
PPL	상품이 영화나 텔레비전에서 나타나거나 또는 인쇄 매체 속 사진으로 나타나는 것이다.	쇼와 이야기 또는 관련된 연예인과의 강한 연관성이 나타난다.	애플의 제품은 인기 있는 영화나 텔레비전 쇼에 곧잘 등장한다.
회원제 프로그램	기업과의 거래를 통해 포인트를 모을 수 있다. 장기간 고객과의 관계를 강화하고 다른 기업으로 갈아타지 않도록 설계한다.	항공사나 호텔 산업 등에서 사용을 많이 한다. 신용카드 회사가 이를 용이하게 한다.	아메리칸 에어라인의 AAdvantage Program은 시티와 마스터카드를 통해 용이하게 운영된다.

된다. 그렇다면 프로모션을 통한 실질적인 소비자 이익은 없어지게 되는 것이다. 세일즈프로모션을 지나치게 사용하는 것은 좋지 않은 프로모션 전략이며 브랜드 이미지가 저가 이미지로 내려가고, 고객의 신뢰를 잃게 될 수도 있다.

유통업체 대상 세일즈프로모션

회사의 유통망 협력사들을 대상으로 할 때 여러 가지 세일즈프로모션 접근 방법이 가능하다. 일반적으로 이 유통업계에는 배급업자, 중개인, 대리인과 같은 여러 종류의 중간 상인들이 있다. 목표는 그들이 우리 상품을 판매하도록 자극해서 유통에서 판매를 늘리고 궁극적으로 최종 소비자의 구매를 늘리는 것이다.

트레이드 쇼(trade show)는 세일즈프로모션에 있어 많은 수확을 가져오는 방법일 수 있다. 트레이드 쇼는 산업 또는 기업이 후원을 하는 박람회와 같은 이벤트이며 부스를 세워 유통업자에게 제공할 수 있는 것들에 대한 정보를 알린다. 가끔 트레이드 쇼에서 실질적인 판매가 이뤄지기도 하지만 주된 목적은 참석자들에게 홍보를 하는 것이다. 트레이드 쇼 이후 영업 리드를 얻어 후속 조치를 위해 기업의 영업 부서에 넘겨진다.[8]

유통업계 세일즈프로모션의 또 다른 형태는 **협동광고 및 프로모션**(cooperative advertising and promotion)이다. 협동광고에서 제조사는 유통업자에게 특별한 장려금을 제공해 제조사 브랜드의 광고를 수행하거나 잠재고객에게 상품 데모를 하는 등 특정한 일을 하게 한다. 협동광고 및 프로모션의 발상은 최종 소비자에게 마케팅을 하는 과정에서 제조사가 유통업자와 비용을 나누고자 하는 것으로부터 시작됐다.[9]

때때로 특정한 제품을 판매하거나 큰 주문을 얻거나 또는 다른 특정한 성과를 낼 때 유통업자에게 특별한 성과금이 있기도 하다. 유통업계에 초점을 맞춘 이러한 형태의 세일즈프로모션은 **수당**(allowance)이라고 부른다. 소비자 시장과 마찬가지로, 콘테스트와 POP 광고 또한 유통업 세일즈프로모션 접근법으로 사용된다.[10]

PR

제13장에서 PR(홍보)을 고객과 다른 사람들의 태도, 의견, 행동에 영향을 주기 위한 체계적인 접근법이라고 정의 내렸다. PR은 일반적으로 **퍼블리시티**(publicity)를 통해 이행되는데, 이는 마케팅 커뮤니케이션에 있어서 상대적으로 덜 개인화된 무료 형태이다. 주로 신문 기사나 공공행사에서의 언급을 통해 이뤄진다.[11]

14-3

PR의 활동과 목표를 설명한다.

PR은 전문화된 분야이다. 일반적으로 대학교나 대학원의 마케팅 프로그램은 PR 교육을 포함하지 않는다. 많은 PR 전문가들이 특별한 커뮤니케이션 훈련을 받으며 뛰어난 PR 전문가에 내한 수요가 많다. 몇몇 기업은 인하우스로 PR 부서를 가지고 다른 기업은 외부 대행사에 PR의 대부분 또는 모든 기능을 아웃소싱한다. PR 부서의 주된 책무는 다음 활동들이 포함될 수 있다.

- 제품 퍼블리시티와 버즈를 확보
- (기업과 자사 브랜드를 위해) 이벤트 스폰서십 확보
- 위기 관리
- 뉴스 기사를 작성하고 관리
- 커뮤니티에서 발생하는 일 관리
- 지역, 전국, 전 세계 매체 종사자와의 관계 관리(매체 관계/언론 관계)
- 기업 대변인으로서 역할
- 소비자 교육

- 로비 활동과 정부 관련 일 담당
- 투자자와의 관계 관리

하지만 이 모든 활동을 담당하는 PR 부서는 많지 않다. 위에 언급된 기능들은 종종 기업의 다른 영역에 분산되어 있다. 예를 들어, 재무부서가 투자자와의 관계를 관리하기도 하며 로비활동과 정부 관련 일을 법무부서가 담당하기도 한다.

마케팅 매니저의 역할과 가장 밀접하게 관련된 PR의 세 가지 주요 기능을 보다 자세히 살펴본다면 바로 제품 퍼블리시티와 버즈 확보하기, 후원 이벤트 확보하기 그리고 위기 관리이다.

제품 퍼블리시티와 버즈 확보

특히 신제품 출시에 관해서라면, 언론 매체와 다른 공개 포럼에서 퍼블리시티를 확보하는 일은 매출을 크게 향상시킬 수 있다. 제품수명주기의 도입기에는 정보 전달이 프로모션의 주된 목표이다. 잠재적인 고객에게 가장 신뢰할 수 있고 믿음직한 정보 출처는 무상으로 제품에 관해 글을 쓰거나 이야기하는 사람들이다. 신문기사, 잡지 글, 온라인 포스팅, 블로그, 소셜 마케팅 웹사이트, 텔레비전과 라디오 뉴스 이 모든 커뮤니케이션 형태는 능동적인 PR 프로그램을 통해 구축할 수 있다. 대상 고객이 빈번히 방문하는 웹사이트 또는 출판물에 적절하게 배치된 이야기가 초기 인지도를 발생시켜 혜택을 본 많은 신제품들이 있다.

사용된 매체는 무료일지라도 의도하는 이야기의 공간을 확보하는 과정은 무료가 아니다. 사실 PR은 프로모션 예산의 큰 부분을 차지한다. 이는 계속적으로 이야기를 쓰고 각종 매체와의 관계를 구축하기 위해 필요한 업무 시간 때문이다. 하지만 일반 소비자들 사이에 버즈가 생긴다면 투자 대비 효과는 상당할 수 있다. **버즈**는 입소문 커뮤니케이션으로, 시장에서 특정 브랜드에 대해 소비자들 사이에 발생하는 커뮤니케이션이다. 버즈의 영향은 현재 고객 또는 잠재 고객에게만 국한되는 것은 아니다. 어느 브랜드에 대한 버즈가 시장에서 활성화되면, 특히 소셜미디어에서 돌풍을 일으킬 때 빠른 속도로 문화 현상이 된다. 5,000만 명의 사용자와 그로 인해 발생하는 80억 개의 '연결'을 가진 틴더는 로맨틱한 관계를 찾을 수 있는 원스톱 매장이 되었고 전통적인 온라인 데이트 사이트에게는 큰 위협이다. 틴더는 애초에 전통적인 언론 매체 사용을 피하고 대신 입소문에 의지하기로 선택했다. 틴더 앱을 처음 출시했을 때 틴더는 대학교 캠퍼스 영업 담당을 고용해서 틴더 앱을 다운받고 사용해야 하는 행사를 개최해 브랜드 옹호자가 생기도록 했다.[12]

이벤트 스폰서십 확보

이벤트 스폰서십을 통해 스포츠, 음악, 예술, 또는 연예계 이벤드를 사사 브랜드와 기업에 연관시킬 수 있으면 브랜드 자산을 상당히 증가시킬 수 있고, 또 적합한 목표 고객에게 브랜드와 기업을 상당히 많이 노출시킬 수 있다. 이벤트 스폰서십은 프로모션 전략에 있어 중심이 됐다. 마케터들 사이에서 아주 성공한 이벤트 스폰서십 사례로 통하는 기업은 나스카이다.

나스카는 수백만 명의 열정적이고 충실한 레이싱 팬들에 호소한다. 소비자들의 나스카에 대한 충성과 열정은 바로 협찬으로 등장하는 브랜드로 이어진다. 그렇기 때문에 나스카 자동차들이 'speeding billboard(달리는 광고판)'이라 불리는 것은 당연하다.[13]

이벤트 스폰서십과 밀접하게 관련된 것으로 이슈 스폰서십이 존재하며, 이는 고객에게 특별히 중요한 문제나 이슈를 기업이나 브랜드와 연관시키는 것이다. 영화 '슈퍼 사이즈 미'가 맥도날드의 건강하지 못한 메뉴를 비판한 이후로, 오래된 기업인 맥도날드는 영양 교육을 주도적으로 하지 않는다는 이유로 맹비난을 받았다. 최근 몇 년 동안 맥도날드는 샐러드와 같은 건강한 메뉴를 추가하고 메뉴판에 바로 영양 정보를 제공해서 비만에 반대하는 확실한 입장을 취했다. 물론 계속해서 햄버거와 감자튀김을 먹을 수 있지만 적어도 소비자들이 이제는 주문이 가능한 살이 덜 찌는 음식과 칼로리를 비교할 수 있게 된 것이다. 퍼블리시티와 마찬가지로 적절한 스폰서십은 시장에서 긍정적인 버즈를 생산해 브랜드 이미지를 높일 수 있다.

The heart of an Olympian is always performing

And so are we.
2000 payments are made through our system each and every second, so we're ready whenever you need us.

Visa always on.

전 세계적으로 가장 큰 후원 기회의 하나는 올림픽이다.
출처 : Visa

위기 관리

위기 관리(crisis management)는 위기 시에 정보를 제공하고 불리한 퍼블리시티의 영향을 관리하는 계획되고 조정된 접근 방식이다.[14] 2017년에 여러 항공사가 엄청난 위기를 겪었다. 유나이티드항공은 비행기에서 승객을 끌어내리는 상황을 다뤄야 했고(제10장에서 이미 자세히 다룬 내용이다) 브리티시항공은 며칠 동안 항공사에 영향을 미친 엄청난 컴퓨터 오작동에 대처해야 했으며 아메리칸항공에서는 아기를 안은 채 탑승하던 한 여성이 유모차를 빼앗긴 사건이 있었다. 이전 사건들과 비슷하게 아메리칸항공의 사건은 비디오로 찍혀 급속히 여러 미디어에 올라왔고 아메리칸항공이 불리하게 비춰졌다. 비디오에 찍힌 여성은 분명히 속상한 것처럼 보였고 아메리칸항공 승무원은 무정하고 시비를 거는 것처럼 보였다. 하지만 아메리칸항공은 이 문제를 적극적으로 해결하기 위해 몇 분 내로 기업 웹사이트에 사과문을 올렸다. 또한 항공사는 비디오 속 여성의 문제를 빠르고, 정중하게 그리고 자애롭게 해결했다. 결과적으로 항공사가 기내 짐칸에 여성의 유모차를 싣지 못하게 한 것은 '엄밀히 따지면' 옳았지만, 현실적으로 그 상황에서는 고객의 필요에 맞춰진 다른 해결책이 필요함을 인정했다. 모든 기업이 해당되는 산업과 자사 고객에 있어 일어날 수 있는 만일의 사태에 대비하여 위기 관리 계획이 필요하다.

인적판매 : 마케팅 커뮤니케이션의 가장 개인화된 형태

인터랙티브 커뮤니케이션은 기업이 고객과 대화하는 것을 가능하게 한다. 제13장에서 봤듯이, 이 수단들은 전통적인 마케팅 커뮤니케이션과 비교해 아주 강력한 장점을 가지며, 여전히 보다 넓은 마케팅 커뮤니케이션 전략과 연결된다. 광고, 세일즈프로모션, PR은 모두 마케팅 커뮤니케이션의 중요한 수단이지만 대부분 일방통행이다. 다시 말하자면 기업은 고객과 소통을 하지만 고객의 피드백 제공은 제한적이라는 뜻이다. 기업들은 고객과 직접적으로 소통하는 것이 얼마나 중요한지 알고 있기 때문에 고객으로부터 직접적인 피드백을 받는다. 그래서 효과적인 마케팅 커뮤니케이션은 개인 커뮤니케이션 요소를 포함한다. 갭과 같은 기업은 고객과 더 강한 유대를 형성하기 위해 광고와 같은 전통적인 마케팅 커뮤니케이션 수단을 소셜미디어와 매장에서의 인적판매 같은 개인 커뮤니케이션 수단과 혼용해서 사용한다.

영업 전화의 평균 가격이 500달러를 넘는 점과 인터넷의 인터랙티브 가능성을 고려해서 많은 사람들이 효과적인 마케팅 커뮤니케이션 수단으로서의 인적판매의 쇠퇴를 예측했지만 실질적으로는 그렇지 않았다. 마케팅 커뮤니케이션에 있어서 영업이 가장 비싼 형태들 중의 하나임은 분명하지만 인적판매는 다른 마케팅 커뮤니케이션 방법들 대비 세 가지 분명한 이점을 가진다.

- **고객에게 즉각적으로 피드백이 가능** : 고객은 정보를 받기 위해 기다리기를 원하지 않는다. 고객은 신속하고 정확한 정보를 요구하며, 기업에게 영업사원 또는 고객 서비스 담당자와 즉각적이고 개인적인 커뮤니케이션을 할 수 있도록 압박을 한다.[15]
- **고객에게 전달하는 메시지 맞춤화** : 인적판매만큼 고객에게 개인적이며 특별한 메시지를 실시간으로 전달할 수 있는 다른 마케팅 커뮤니케이션 수단은 없다. 판매원은 고객의 문제와 관심사를 직접적으로 파악해 특별한 영업 메시지를 전달한다.[16]
- **기업과 고객 사이에 개인적 관계를 개선** : 영업사원과 인적판매 기능은 기업과 고객 사이에 개인적 관계를 형성하고 개선하는 데 있어 단 하나의 가장 효과적인 접근 방법이다. 특히 B2B 고객은 인터넷과 다른 소통 도구의 효율성을 환영하지만 공급자와는 개인적인 관계를 기대한다. 고객 문제를 일대일로 붙어 해결하는 영업사원을 대신할 수 있는 것은 없다.[17]

인적판매 활동

인적판매(personal selling)는 판매원과 구매자 간 쌍방의 커뮤니케이션 과정으로 수익성 높은 고객을 장기적으로 확보, 구축, 유지하는 것을 목표로 한다. 이 과정에서 성공하려면 판매원은 계속해서 바뀌는 다양한 능력을 필요로 한다. 최근 조사에 의하면 오늘날의 판매

갭 같은 브랜드는 소셜미디어나 다른 웹사이트를 통해 전 세계 어디서나 고객들과 지속적인 접촉을 유지할 것으로 기대된다.

출처 : Gap Inc.

원은 그 어느 때보다 더 능력 있고, 고객과 언제든 만날 수 있어야 하며 소통을 더욱 잘해야 한다. 여러 개의 다양한 업무로 구성된 네 가지 기본적인 영업 활동이 판매원의 업무를 정의한다. 커뮤니케이션, 영업(판매), 고객과 관계 형성, 정보 관리가 이러한 영업 활동이다. 기업의 도전적 과제는 여러 영업 활동의 적합한 조합을 찾고 계속해서 바뀌는 영업 환경에 이 활동을 적용시키는 것이다.[18] 도표 14.5는 네 가지 주된 영업 활동을 확인하고 각 활동에 관련된 상세한 업무를 보여준다.

커뮤니케이션하다 효과적인 커뮤니케이션은 핵심적인 영업 활동이다. 기업과 고객의 접촉점으로서 판매원은 양쪽 모두와 효과적으로 소통해야 한다. 고객에게 영업 메시지를 전달하기 위해서 판매원은 의사소통 기술이 좋아야 한다. 마찬가지로 중요한 능력은 발표 기술과 판매 제안 발표에 사용되는 기술(파워포인트 또는 소셜미디어)이다. 마지막으로 고객은 기업에 대한 거의 끊임없는 접근을 기대하기 때문에 판매원은 모바일 커뮤니케이션 기술이 필요하다.[19]

기업과 소통하는 것 또한 중요하다. 제3장에서 봤듯이, 판매원은 시장 정보에 대한 훌륭한 출처이다. 판매원은 고객들을 잘 알며 그들의 필요 또한 잘 알기 때문이다. 고객 피드백은 또 신제품에 있어 훌륭한 아이디어를 제공한다. 마지막으로 현장 판매원은 기업 내 그 누구보다 빨리 경쟁사 또는 시장 변화를 알아챈다. 이 모든 정보는 수집 분석을 거쳐 적합한 마케팅 매니저에게 전달해야 한다.

판매하다 고객이 상품 구매 동의에 이르게 하기 위해서는, 영업은 특정하고 복잡한 여러 역량을 필요로 한다. 영업 과정의 초기인 고객 조사부터, 판매 제안 발표 그리고 구매 이후 고객지원까지 영업 과정은 어렵다.[20]

도표 14.5 | 영업 활동 매트릭스

	커뮤니케이션하다	판매하다	고객 관계를 형성하다	정보를 관리하다
기술	1. 이메일 2. 전화 또는 음성 메시지	1. 판매 영업 매뉴얼 대본 준비 2. 고객 맞춤 콘텐츠 생성 3. 고객에게 필요한 기술 제공	1. 유용한 기업 웹페이지 콘텐츠 생성 2. 기업 내 좋은 팀 기술 익히기	1. 고객 네이터베이스 관리를 위해 데이터베이스 관리 기술 구축
비기술	1. 언어와 전반적인 소통 기술 향상 2. 효과적인 발표 기술 익히기	1. 관계 영업 기술 익히기 2. 고객의 사업에 대해 조사하기 3. 고객에게 부가적인 서비스를 알리고 영업하기 4. 고객과의 접촉 이후 팔로우업 5. 주요한 고객을 식별하고 목표로 삼기 6. 효과적으로 경청하기	1. 강한 공급자 동맹 형성 2. 고객 구매센터의 모든 구성원과 친밀감 형성 3. 기업 내 그리고 전반적인 고객사업 속에서 네트워크 형성 4. 신뢰감 쌓기 5. 기업 내 고객 관계 조정	1. 시간 관리 기술 형성 2. 정보 흐름을 정리해 효과성을 최대화하고 불필요한 데이터를 줄이기

고객 관계를 형성하다 고객은 공급자와 가깝고 전략적인 관계를 원한다. 그리고 기업의 주된 접촉자로서 판매원은 고객 관계를 구축하고 지원해야 한다. 다시 말하자면 고객과 시간을 보내고 훌륭한 고객관계관리 역량을 키워야 하며 궁극적으로 고객의 신뢰를 얻어야 한다.[21]

정보를 관리하다 오늘날의 판매원은 정보 관리에 뛰어나야 한다. 여러 출처로부터 정보를 수집(본인 기업, 고객, 경쟁 기업, 독립적인 정보 출처 등)해서 어떤 정보가 관련이 있는지 파악해 고객에게 그것을 제공해야 한다. 예를 들어, 기업 내에서 고객 정보의 흐름을 관리해서 적절한 사람들에게 적절한 정보를 적절한 시간에 전달하기 위해서는 많은 시간과 팔로우업이 필요하다. 일반적으로 정보는 고객이나 운송 회사와 같은 외부 출처로부터 수집해 기업 내 주문 결정을 용이하게 한다. 고객은 상품이 제시간에 도착하기 위해 운송 회사와 조정이 필요한 출하 시간을 선호할 것이다. 동시에 고객 보안 문제에 민감하다는 것은 정보의 접근성을 통제해야 함을 의미한다.[22]

B2C 대 B2B 시장 영업

숫자로만 따지자면 대부분의 판매원은 다양한 부류의 소매 영업이나 B2C 시장에 종사한다. 그들의 중요한 일은 최종 사용자에게 개인 사용 목적으로 상품을 파는 것이다. 이러한 종류의 영업직에 대한 예시는 직접 판매를 하는 메리케이나 타파웨어 같은 기업, 주거용 부동산 중개인, 소매점 판매원 등이 있다. 하지만 B2B 시장에 종사하는 판매원은 더 많은 관계 영업적 업무를 수행한다.

몇몇 개인별 특성이나 영업 활동은 B2C나 B2B 시장 모두에서 비슷하게 나타난다. 좋은 대인 관계와 의사소통 능력, 판매되는 상품에 대한 지식 그리고 고객의 필요를 파악하고 문제를 해결하는 능력은 두 가지 영업 환경에서 모두 필요하다. 비슷하게 영업 업무가 무엇이든 매니저는 적합한 인재를 모집하고 훈련시키고 기업의 전반적인 마케팅 프로그램과 일치하는 목표를 제시해준 후 감독하고 동기를 부여하고 최종적으로는 실적을 평가해야 한다.[23]

하지만 B2C와 B2B 영업은 중요한 점에서 다르기도 하다. B2B 판매원이 팔아야 하는 많은 상품과 서비스가 B2C보다 더 비싸고 기술적으로 복잡하다. 더욱이 B2B 고객군이 더 크며 많은 사람을 포함하는 광범위한 의사결정 과정을 통과한다.

일반적으로 우리는 소매점에서 일하는 B2C 영업사원을 떠올리지만 훨씬 많은 거래가 B2B 시장에서 일어난다.

ⒸBlend Images/Getty Images

세일즈 포지션 분류하기

소매영업이 더 많은 사람을 고용하지만 인적 판매는 B2B 시장에서 더 중요하고 전략적인 용도를 가진다. B2B 시장에서 인적판매가 가지는 중요한 전략적 기능 때문에 세일즈 포지션에 대한 이야기는 B2B의 다양한 세일즈 포지션을 다룰 것이다. 여러 구체적이고 특별한 기술을 필요로 하는 다양한 영업직이 존재한다. 하지만 직업이 무엇이든지 간에 판매원의 주요 책임은 고객에게 적절히 가치 제안을 하고 고객의 관심사를 효과적으로 다뤄 현재와 잠재적인 고객과의 거래량을 늘리는 것이다. 세일즈 포지션의 네 가지 주된 종류는 무역서비스인력, 미셔너리 셀러, 기술적 판매자 그리고 솔루션 판매자이다.

앤호이저부시는 미셔너리 판매를 통해 상점에 버드와이저 맥주를 배치하게 한다.
ⓒFred de Novelle/Photononstop/Getty Images

무역서비스인력 무역서비스인력(trade servicer)은 영업 인력이 거래를 하는 소매업자나 유통업자와 같은 리셀러 그룹을 뜻한다. 그들의 주된 책임은 머천다이징 및 프로모션 보조를 제공함으로써 현재와 잠재적인 고객과의 거래를 늘리는 것이다. 예를 들어, P&G 판매원이 대형 마트 체인점의 개별 점포 매니저에게 비누 제품을 파는 것이 무역서비스의 한 예다.

미셔너리 셀러 미셔너리 판매자(missionary salespeople)는 일반적으로 고객으로부터 직접적으로 주문을 받지 않지만 자사제품을 유통업체 또는 다른 공급업체로부터 구매하도록 고객을 설득하는 일을 한다. 앤호이저부시의 회사 판매원들이 바 주인들에게 전화를 걸어 특정한 맥주 제품을 지역 유통업자로부터 주문하도록 장려하는 것은 미셔너리 판매이다. 미셔너리 판매자의 가장 훌륭한 예시 중 하나는 제약회사 대리점 또는 판촉 사원이다. 이들은 제약 제조사를 대표해서 의사들에게 전화를 돌린다. 사노피와 리제네론 제약회사가 류마티스 관절염 치료제로 가장 잘 팔리는 케브자라를 처음 출시했을 때 회사의 판매원들은 의사들과 소통해 약품의 효험과 다른 약에 비해 가진 장점을 설명하고 환자에게 처방을 내리도록 영향을 주었다. 명심할 점이 있다면 바로 사노피의 판매원은 직접적으로 환자에게 그 어느 제품도 팔지 않았다는 것이다.[24]

기술적 판매지 기술적 판매(technical selling)의 한 예시는 제너럴일렉트릭(GE)의 세일즈 엔지니어인데 그는 보잉에 전화를 걸어 보잉 777 항공기에 사용될 GE 90 제트엔진을 보잉에게 판매한다. 대부분 기술적 판매의 경향은 다기능팀을 이용하는 것이다. 기술적 판매에서 많은 제품과 제품에 관련된 서비스의 복잡성은 어느 한 개인 판매원이 영업의 모든 측면을 완전히 익히는 것을 어렵게 한다. 다기능팀은 주로 제품에 대해서 기술적으로 잘 아는 사람(엔지니어), 고객 서비스 전문가, 재정 전문가 그리고 고객-기업 관계를 유지하는 책임을 가진 고객 관리자를 포함한다.

솔루션 판매자 점차 더 많은 고객이 그들의 사업 문제에 있어 포괄적인 해결책을 제공하는 전략적 파트너를 구한다. **핵심고객 관리 판매자**(key account salespeople)는 많은 고객을 관리하며 특정한 고객의 문제에 대해 복잡한 해결책을 제시하는 데 숙련됐다.[25] 더욱이 IT 같은 산업에 종사하는 고객은 IT 기반 구조 설계부터, 제품 사양 정의 내리기, 장비나 소프트웨어의 구매 및 설치 그리고 영업 이후 지원까지 광범위한 해결책을 공급자로부터 요구한다. 시스코 시스템 또는 IBM 판매원은, 예를 들어, 하드웨어와 소프트웨어에 대해 상당한 지식을 가지고 있어야 할 뿐만 아니라 고객의 사업에 대해 잘 알아야 고객의 IT 문제에 대한 해결책을 떠올릴 수 있다.

인적판매 과정

14-5

관계판매의 과정을 학습한다.

특히 B2B 시장에서 고객 관계를 구축하고 유지하는 데 있어 인적판매가 아주 중요하기 때문에 많은 기업들이 나머지 마케팅과는 독립적으로 운영하는 분리된 인적판매 기능을 만든다. 따라서 마케팅 매니저는 그들에게 직접 보고하는 판매원을 가지고 있지 않다. 하지만 마케팅 매니저는 인적판매를 이해해야 할 두 가지 이유가 있다. 첫 번째로, 판매원의 역할이 중요한 기업에서 인적판매는 고객과의 가장 중요한 단일의 연결이기 때문이다. 영업부터 고객 서비스까지 판매원은 고객과 기업 사이의 주된 접촉점이다. 고객 관계에 아주 깊은 영향을 미치기 때문에 마케팅 매니저는 영업 과정에 대한 확실한 이해를 가지고 있어야 한다. 두 번째로, 고객 서비스 및 마케팅 커뮤니케이션과 같은 여러 마케팅 활동이 인적판매의 기능에 의해 영향을 받기 때문이다. 영업 과정을 이해하는 것이 마케팅 매니저가 더 나은 마케팅 커뮤니케이션 전략을 구축하고 고객 서비스와 같은 다른 마케팅 활동을 조정하는 데 도움이 된다.

도표 14.6은 인적판매 과정의 6단계를 보여준다. 비록 영업 과정 단계는 많지 않지만 각 단계에서 필요한 세부적인 활동은 세일즈 포지션과 기업의 전반적인 고객 관리 전략에 따라 크게 다를 수 있다. 마케팅 매니저는 기업의 영업 프로그램이 판매원을 도울 수 있는 충분한 방침을 포함하도록 하고 동시에 영업적 노력을 기업의 마케팅 및 관계 전략과 조화되게 해야 한다. B2B와 B2C 판매원 모두 동일한 영업 과정을 거치지만 그 과정이 작동하는 방식은 두 환경에 따라 매우 다를 수 있다. 예를 들어, B2C 판매원은 일반적으로 고객이 매장으로 찾아오기 때문에 적극적으로 신규 고객을 찾지 않고 영업 이후 고객에 대한 지속적인 후속조치도 잘하지 않는다.

신규 고객을 찾는다 새로운 고객의 유치가 기업의 성장 전략에 있어 핵심 요소이기 때문에 신규 고객을 찾는 일은 중요하다. 마케팅 매니저는 판매원에게 잠재 고객을 식별하기 위해 다양한 출처를 사용하도록 장려한다. 무역 협회, 산업 디렉토리, 다른 고객, 공급자 그리고 회사의 마케팅을 통한 소개(의뢰)가 이러한 출처에 포함된다.

도표 14.6 | 인적판매 과정

| 신규 고객을 찾는다 | → | 관계를 형성한다 | → | 가망 고객의 가치를 확인한다 | → | 판매 제안을 발표한다 | → | 고객 불만을 관리한다 | → | 고객에 대한 지속적인 후속 조치 |

텔레마케팅과 여러 다이렉트 마케팅 노력(다음 절에서 자세히 다루게 될 것이다) 또한 잠 재적인 고객을 생성한다. **아웃바운드 텔레마케팅**(outbound telemarketing)은 잠재 고객의 집 이나 직장에 전화를 걸어서 전화통화로 판매를 하거나 또는 현장 판매원과 만나기 위한 약속 을 잡는 일이다. **인바운드 텔레마케팅**(inbound telemarketing)은 신규 고객이 정보를 얻기 위 해 무료 전화번호에 전화를 걸어오는 방법이며, 이 또한 신규 고객을 찾고 고객 가치를 확인 하기 위해 사용된다. 신규 고객이 정보를 얻기 위해 전화를 할 때 텔레마케팅 담당자가 고객 의 관심 정도를 알아내고 고객 가치를 확인하고, 그다음으로 적절한 판매원에게 고객의 연락 처가 전달된다. 인터넷 역시 많은 신규 고객 리드를 생성할 수 있으며, 많은 기업이 인터넷 리 드 생성 및 고객 문의를 관리하는 담당 부서를 가지고 있다. 더욱이 많은 기업이, 특히 복잡 한 상품을 파는 기업이 고객에게 제품에 대한 기술적 정보를 제공한다. 몇몇 기업에서는 특 별히 인터넷 고객을 담당하는 판매원을 지정해서 공식적인 문의에 대해서 전통적인 영업 전 화로 판매를 이어 나가도록 한다. 허브스팟은 소프트웨어 서비스 기업으로 그들의 사용자(기 업)가 사업을 영위하기 위해 허브스팟의 인바운드 마케팅 기술을 사용하도록 허락한다. 이는 큰 기업과 같은 마케팅 예산을 가지지 않은 작은 기업에게는 좋은 소식이다. 허브스팟은 인 바운드 마케팅 기술을 사용하게 해줄 뿐만 아니라 스스로 그것을 실천하기도 한다. 즉, 큰 성 공률로 새로운 고객을 끌기 위해 인바운드 마케팅 기술을 사용한다는 것이다.[26]

마케팅 노력을 조율하는 데 있어 마케팅 매니저는 판매원이 신규 고객을 찾는 일과 기존 고 객을 유지하는 것 중에서 어느 일에 더 집중을 하는지를 이해해야 한다. 적절한 방침은 기업 의 영업이나 고객 관계 전략, 상품의 특성 그리고 고객에 따라 다르다. 마케팅 매니저는 영업 매니저와 일을 할 때 판매원을 위한 적절한 활동의 조합을 고려한다. 예를 들어, 에픽 헬스케 어처럼 이미 구축된 고객 관계를 가지며 영업 이후에도 상당한 서비스를 요구하는 제품을 가 진 기업은 기존 고객에게 서비스를 제공하는 데 집중하도록 판매원을 격려한다.[27]

관계를 형성한다 신규 고객에게 처음 다가갈 때 판매원은 상품 구매에 있어 누가 가장 큰 영 향과 권한을 가졌는지를 밝혀내야 한다. 예를 들어, 어느 기업의 상품이 고가가 아니며 주기 적으로 구매가 되는 상품이라면 판매원은 주로 구매 부서를 상대하도록 지시를 받는다. 반대 로 복잡하고 기술적인 상품에 대한 영업 노력은 일반적으로 대규모 프로그램을 요구한다. 그 래서 판매원은 영향력이 크고 결정을 내리는 권한이 있는 다양한 부서의 나양힌 직급의 사람 을 상대한다. 구매가 고객 조직 전체를 통해서 이루어질 때는 영업 직원들은 흔히 팀을 이루 어 일을 한다.

가망 고객의 가치를 확인한다 판매원이 신규 고객과 관계를 구축하기 위해 많은 시간을 들 이기전에 고객 가치를 확인해 그 기업에 타당한 고객인지 알아보는 것이 중요하다. 이 과정에 서 다섯 가지 질문을 해야 한다.

- 신규 고객이 기업의 상품을 필요로 하는가?
- 기업이 제공할 수 있는 방법으로 신규 고객이 상품으로부터 부가 가치를 창출할 수 있 는가?

판매 제안 발표는 인적판매의 중요한 요소이다.

©monkeybusinessimages/Getty Images

- 긴 기간 동안(판매를 완료하는 시점부터 판매 이후 후속 조치까지) 판매원이 신규 고객과 효과적으로 연락, 소통, 일을 할 수 있는가?
- 잠재 고객이 구매를 하기 위한 경제적 능력과 권한을 가지는가?
- 신규 고객이 기업에게 수익성을 가져다주는가?

판매 제안을 발표한다 판매 제안 발표(sales presentation)는 고객의 필요를 충족시키는 적절한 정보의 전달이며 영업 과정의 핵심에 있다. 판매원이 상품에 대한 고객의 흥미를 상품 구매로 이끌기 위해 사용하는 과정이다.

영업 메시지를 전달하는 일은 판매 제안 발표의 가장 중요한 일이다. 판매 제안 발표에 대한 정형화된 모습은 판매원이 한 명의 고객이나 여러 고객 앞에서 이야기하는 모습이다. 실질적으로는 판매 제안 발표는 신중하게 편성된 상호작용이다. 판매원은 고객의 진짜 필요를 파악하는 동시에 설득력 있게 중요한 정보를 제공해서 고객이 제품의 이점과 혜택의 진가를 알아보게 한다. 목표는 단순히 판매뿐만 아니라 상호 유익한 장기적인 관계를 형성하기 위해 강력한 가치 제안을 하는 것임을 기억해야 한다.[28]

소통의 첫 단계는 목표와 목적을 세우는 것이다. 최종적으로 판매 제안 발표의 목표는 고객의 구매 의사를 얻는 것이다. 하지만 판매원은 단순히 걸어 들어가 구매 주문을 요청하지 않는다. 성공적인 판매원은 고객이 특정 상품이 고객의 필요에 가장 좋은 해결책을 제시한다고 믿기 전까지는 구매 주문을 하지 않는다는 것을 알고 있다. 목표를 세우는 데 있어 판매원은 고객이 구매 과정에서 어디에 있는지 고려하고 고객 관계에 대해 확실히 이해한다.[29] 예를 들어, 일반적으로 새 고객은 기존 고객보다 기업의 상품, 방침, 과정에 대해 더 많은 정보를 필요로 한다. 이런 요소의 분석에 기초하여 판매원은 판매 제안 발표에 필요한 다섯 가지 중요한 목적 중 적어도 한 가지의 목적을 파악한다. 하지만 분명 어떤 시점에서는 판매 제안 발표의 목표는 고객의 행동 유발이 될 것이다.

- 회사 상품에 대한 충분한 정보를 제공해 고객을 교육시킨다.
- 고객의 주목을 끈다.
- 회사 상품에 대한 흥미와 관심을 형성한다.
- 고객의 욕구와 구매에 대한 확신을 제공한다.
- 고객의 행동 약속을 얻는다(구매).

성공적인 판매 제안 발표의 특징 누군가가 "훌륭한 판매 제안 발표의 특징은 무엇인가요?"라고 묻는다면 어떻게 대답하겠는가? 많은 사람들이 좋지 못한 판매 제안 발표에 대한 예시를 제시할 수 있다. 예를 들어, 고객의 말에 귀를 기울이지 않는다든가 말이다. 하지만 훌륭한 판매 제안 발표의 특징은 제시하지 못한다.[30] 그보다 더 중요한 질문은 "훌륭한 판매 제안 발표는 차이를 만들어내는가?"일 것이다. 다음 예시를 고려해보라. 메인주의 랍스터 푸드 트럭으로 시작한 사업이 이제는 미국 전체에 걸쳐 13개 도시에서 20개의 프랜차이즈 트럭과 전

도표 14.7 | 훌륭한 판매 제안 발표의 특징

특징	다음 고객 질문을 해결한다
가치 제안을 설명한다.	상품의 부가가치는 무엇인가?
상품의 이점과 혜택을 제시한다.	상품의 이점과 혜택은 무엇인가?
기업, 상품, 서비스에 대한 고객의 지식을 높인다.	이 회사, 상품, 서비스에 대해서 알아야 할 핵심은 무엇인가?
잊지 못할 경험을 만든다.	이 판매 제안 발표에 대해 무엇을 기억해야 하는가?

출처 : Johnston, Mark W., and Marshall, Greg W. *Contemporary Selling*. London, UK: Routledge Publishing, 2013.

자상거래 플랫폼을 가지고 있다.[31] 이 회사 커즈스 메인 랍스타는 대금업자로부터 자금을 확보하기 위해 창업가가 본인의 사업을 보여주는 형식인 텔레비전 프로그램 샤크 탱크에 출연한 이후 번창했다. 커즈스 메인 랍스타 에피소드에서 사촌지간인 푸드트럭의 사장들은 성공적인 여성 사업가인 바버라 콜코란과 거래를 성사시켰다. 콜코란은 이 사장들의 판매 제안 발표가 거래를 확실히 성사시킨 이유라고 말했다. 그들의 판매 제안 발표는 이의 제기와 질문에 완벽히 대답했으며 매우 명확했기 때문이다.[32] 두 사장은 판매 제안 발표를 상당히 많이 준비했기 때문에 그들의 작은 사업은 결국 보상받게 되었다.[33] 도표 14.7은 훌륭한 판매 제안 발표의 네 가지 특징을 보여준다.

고객 불만을 관리한다 : 상호 윈윈 솔루션으로 협상하기 표면적으로 관찰하면 고객의 관심사는 아주 다양하다고 말할 수 있다. 하지만 자세히 보면 고객이 가지는 관심사는 네 가지 범주로 구별된다. 고객은 종종 일반적인 문제로 실제 관심사를 숨기고자 하지만 성공적인 판매원은 고객의 실제 관심사를 파악히고 명확히 드러나게 할 수 있다.[34] 도표 14.8은 공통적인 고객 관심사를 보여준다.

제품에 대한 필요성 제품이 필요하다고 고객이 설득되지 않았을 수도 있다. 고객의 관점은 다음과 같이 요약될 수 있다 "항상 한 방식으로 해왔는데 이제 와서 왜 새로운 것을 시작해야 하는가?" 이에 대한 대답의 핵심은 제대로 계획된 가치 제안을 통해 고객에게 제품이 어떻게 유익한지와 현재의 해결책보다 어떻게 더 나은지를 명확히 설명해야 한다.[35] 고객들이 일반적으로 모험적이지 않다는 것을 기억하는 것이 중요하다.

휠씬 더 흔한 관심사는 고객이 현재 있는 선택지들보다 판매원의 상품을 더 나은 해결책이라고 여기는지 여부이다. 고객은 이미 가지고 있는 제품에 익숙해 있으며 변화는 곧 새로운 제품에 대해 배워야 함을 의미한다. 경쟁사에 대한 질문에 답할 때는 신중한 준비성이 필수적

도표 14.8 | 공통적인 고객 관심사

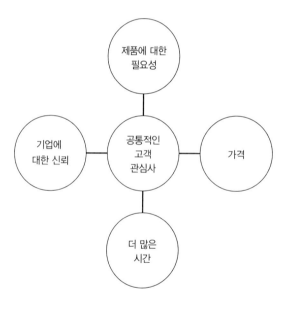

이다. 그렇기 때문에 판매원은 경쟁사의 제품에 대해서 상당한 시간을 투자하여 배운다. 시스코는 고객으로부터 훌륭한 평판을 가졌다. 시스코는 정교한 원격회의 제품 라인으로 그 평판을 레버리징하고 있다. 기업 고객들은 시스코를 신뢰하며, 이는 사업 기회가 되고 있다.

기업에 대한 신뢰 인적판매는 영업자와 구매자 사이의 상호 신뢰에 크게 기반을 하고 있다. 이미 이야기했듯이 대부분의 고객에게는 이미 공급자가 있다. 비록 완벽하게 만족하지는 않더라도 익숙할 것이다. 예를 들어, 고객은 문제가 발생할 시 해결 과정을 이미 안다(누구에게 전화하는지, 기다려야 하는 시간이 얼마인지, 해결 비용이 얼마인지 등). 만약 고객이 기업을 잘 모른다면, 그 기업이 필요한 것을, 필요한 시간에, 필요한 곳에 제공할 수 있는 능력이 있는지가 흔한 관심사이다.[36] 이는 정당한 관심사로 고객이 판매원의 회사를 공급자로 선택함으로써 그 회사는 위험에 처하게 될 수도 있기 때문이다. 다른 경우로 고객이 판매원의 회사에 반대하지는 않아도 기존 공급자에 만족할 수도 있다. 기업이 공급자를 신뢰한다면 그 관계는 양쪽 모두에게 유익할 수 있다. 액센츄어는 선도적인 글로벌 비즈니스 서비스 회사로 상위 100명의 고객 중 98명과 적어도 10년 동안 계속해서 거래하기로 되어 있다.[37] 액센츄어는 2017년 가장 윤리적인 기업으로 선정됐다. 이 상은 다른 우수한 자질 중 고객과의 신뢰를 마치 기업의 DNA의 한 부분처럼 여기는 기업에게 주어진다. 액센츄어는 이 상을 지난 10년간 연속으로 받았다. 진실성은 액센츄어의 주요 가치 중 하나이며 약속한 바를 지켜 신뢰를 쌓는 것으로 정의될 수 있다.[38]

더 많은 시간 고객의 가장 흔한 거절의 하나는 "제안에 대해 더 생각할 시간이 필요해요"이다. 물론 구매를 성급하게 결정하는 것에 대한 고객의 걱정은 정당하다. 하지만 대부분의 경우는 가치 제안을 충분히 준비하지 못했을 가능성이 크다.

가격 판매원들은 일관되게 가격이 고객의 우려 중 가장 흔하다고 보고한다. 많은 경우 상품 가격에 대해 고객은 정당한 이의 제기를 한다. 그럼에도 불구하고 가격에 이의를 제기한다는 것은 고객이 가치 제안을 받아들이지 못했다는 것을 의미한다. 본질적으로 고객이 상품의 혜택이 가격 대비 좋지 못하다고 생각하면 판매가 이루어지지 않는다. 그렇다면 판매원에게는 두 가지의 선택지밖에 남지 않는다. 고객이 인지하는 상품의 혜택 대비 가격을 낮추거나 가격 대비 상품의 혜택을 올리는 방법이다.[39]

판매를 종결한다 판매 종결(closing the sale)은 고객의 상품 구매 약속을 얻는 것이다. 종결은 별개의 사건이 아니라 고객에게 접근을 하면서 시작되는 비선형적 과정이다. 연구에 따르면 판매 종결에 있어서 판매원은 4개의 핵심적인 실수를 한다. 첫 번째는 고객이나 상황에 대한 부정적인 태도로 판매 제안 발표와 고객 관계에 영향을 끼칠 수 있다. 두 번째는 효과적인 사전 접근을 보여주지 못해 준비가 부족함을 보여주고 고객이 흥미를 잃게 하는 것이다. 세 번째는 지나치게 말하고 고객에게 귀를 기울이지 않음으로써 고객의 실질적인 필요에 관심이 없음을 보여주는 것이다. 마지막으로 천편일률적인 접근 방법을 사용함으로써 판매원의 창의성 부족을 보여주고 고객의 특별한 상황에 집중하지 않겠다는 것을 보여준다.[40]

판매 후 후속 조치　영업 과정에서 가장 중요한 측면 중 하나는 구매 결정 전에 일어나는 상황이 아닌 그 후에 일어나는 상황, 즉 **후속 조치**(follow-up)이다. 판매원은 사후 서비스에 있어 사내 지원 인력의 도움에 의지한다. 고객 서비스 직원, 상품 서비스 콜센터, 기사, 기타 인원 등은 후속조치 과정의 한 부분이다. 하지만 고객이 누구와 접촉했는지에 상관없이 서비스의 수준과 질 그리고 영업 후 지원에 대해서는 처음 판매원에게 가장 책임을 물을 것이다.

　고객은 구매 결정 이후 세 가지 사후 서비스를 기대한다: (1) 배달과 설치 그리고 상품의 초기 서비스, (2) 상품을 올바르게 사용하기 위해 필요한 교육, (3) 상품 구매 후 발생되는 고객의 문제에 대한 효과적이고 효율적인 처리. 이러한 기대에 부응하지 못하는 것이 고객 불만을 유발시키는 주된 이유이다.[41] 다음 상품의 구매 결정은 크게 기업과 상품에 대한 고객의 경험에 근거한다. 더글러스 매킨타이어는 *24/7 Wall Street*의 편집장으로 매년 고객 서비스 명예의 전당을 출판한다.[42] 이러한 결과는 매년 주요 언론 미디어인 *USA Today*와 *CNN Money*와 같은 곳에 다시 게재된다. 아마존, 칙필에이, 메리어트는 지속적으로 매년 고객 서비스 기업 부문에서 상위 5위에 든다. 이 기업들은 강력한 고객 서비스 문화를 유지하기 때문에 해당 산업에서 매번 선두주자로 뽑히는 것이 당연하다.[43]

영업 인력 조직화하기

영업 인력은 기업 안에서도 많은 부서와 긴밀하게 일을 하기 때문에 마케팅 매니저는 영업 매니저와 협력하는 데 많은 관심을 가진다. 이를 통해 영업 인력을 조직화해 영업 인력뿐만 아니라 기업에서 고객과 교류하는 모든 사람들의 효율과 효과를 극대화하고자 한다. 가장 좋은 영업 조직은 기업의 목표와 전략에 근거한다. 더욱이 기업의 환경, 목표 또는 마케팅 전략이 바뀌면서 영업 인력 또한 변화를 하기 위해 충분히 유연해야 한다.[44]

기업 영업 조직 혹은 독립적인 판매대리인　영업 인력을 유지하는 것은 비싸며 기업은 항상 고객에게 도달할 수 있는 가장 실용적인 방법을 끊임없이 고려한다. 한 가지 방법은 회사의 직영 판매원 대신 독립적인 판매대리인을 고용하는 것이다. IBM과 같은 회사가 회사 직영 판매원과 독립 판매대리인을 동시에 사용하는 것은 이상한 일이 아니다. 독립적인 판매대리인을 이용하는 것을 **영업 조직의 아웃소싱**(outsourcing the sales force)이라고도 부른다.

　독립 판매대리인을 사용할지 회사 직영 판매원을 사용할지에 대한 결정은 다음 네 가지 요소를 포함한다.

- 경제적 요소 : 회사 직영 판매원을 유지하는 비용과 기대 수익을 분석해서 독립 판매대리인을 사용해 아웃소싱하는 것과 비교한다.
- 통제 : 고위 관리직이 영업 기능에 있어 필요한 통제의 정도 또한 중요한 요소이다. 회사의 직영 판매영업 인력은 모집하고 훈련하고 보상하는 중요한 부분에 있어 완벽한 통제를 회사에 제공하는 반면에, 독립 판매대리인은 직접적인 회사 경영층의 감독 없이 운영된다.
- 거래 비용 : 실적이 저조한 독립 판매대리인의 적절한 대체 인력을 찾는 것은 어려울 수

있으며, 찾았다 하더라도 상품과 사용법을 충분히 배워 영업일에 있어 효과적으로 일을 하기까지 보통 수개월이 걸린다. **거래비용분석**(transaction cost analysis, TCA)은 제조사의 상품을 팔기 위해 상당한 거래특유자산이 필요할 때는 독립 판매대리인을 사용하고 관리하는 것이 회사 직영 판매원을 고용하고 관리하는 것보다 비용이 많이 들 가능성이 높다고 한다.[45]

- **전략적 유연성** : 일반적으로 회사 영업 인력을 포함하는 수직 통합 유통 시스템은 아웃소싱보다 덜 유연하다. 독립 판매대리인은 예고 없이 추가로 배치하거나 해고할 수 있다. 특히 상품을 팔기 위해 특화자산이 필요하지 않다면 더욱 그렇다. 게다가 독립 판매대리인과는 긴 계약을 할 필요가 없다. 제품수명주기가 짧거나 변화하는 기술을 특징으로 하는 불확실하고 빠르게 변화하는 경쟁적인 시장 환경과 산업에 종사하는 기업은 유통 경로에서 유연성을 유지하기 위해 독립 판매대리인을 사용한다.

지리적 관점 회사의 영업 인력을 조직화하는 가장 간단하고 흔한 방법은 도표 14.9에서 볼 수 있듯이 지리적 관점을 사용하는 것이다. 개별 영업 사원은 서로 다른 지리적 지역에 배치된다. 이러한 종류의 조직 구성에서 영업 사원은 주어진 지역 내에서 모든 영업 활동을 수행해야 할 책임이 주어진다. 지리적 관점으로 영업 인력을 배치할 시 여러 장점이 존재한다. 첫 번째이자 가장 중요하게는 비용이 가장 낮은 경우가 많다. 왜냐하면 (1) 한 지역에 한 판매원 밖에 없으며 (2) 다른 조직 방법보다 담당 지역이 더 작은 경우가 많아 이동 시간과 비용이 최소화되며 (3) 조정 관리에 필요한 간부 인력이 적어 행정 및 일반 경비 수준 또한 낮다. 둘째로 지리적 성향으로 조직을 구성하면 각 고객에게 한 명의 영업 사원이 응대하기 때문에 고객의 혼란을 최소화할 수 있다. 가장 큰 단점은 그 어느 분야나 노동의 전문화를 격려하거나 지원하지 않는다는 점이다. 각 영업 사원은 많은 일(다양한 고객의 필요에 응대, 상품의 활용법과 사양 등)을 잘 알 것으로 기대된다.

도표 14.9 | **지리적 조직 예시**

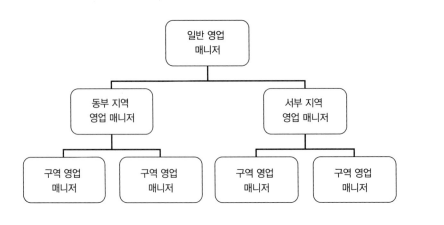

출처 : Johnston, Mark W., and Marshall, Greg W. *Sales Force Management* (12th ed.). London, UK: Routledge Publishing, 2016.

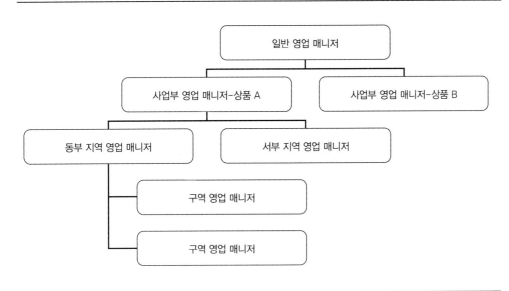

출처 : Johnston, Mark W., and Marshall, Greg W. *Sales Force Management* (12th ed.), London, UK: Routledge Publishing, 2016.

상품 조직 몇몇 기업은 각 상품 또는 상품 카테고리별 전문화된 개별 영업 인력을 가지기도 한다(도표 14.10 참조). 상품 조직의 주된 장점은 특정한 한 상품에 대해서 기술적인 특성, 활용 방법, 가장 효과적인 영업 방법에 대해 친숙함을 기를 수 있다. 또 판매원이 한 상품이나 상품 카테고리에 주력할 때 영업과 엔지니어, 제품 개발, 제조와 긴밀한 관계가 형성되는 경향이 있다. 마지막으로 이 조직 방법은 여러 제품에 걸쳐 영업 인력을 배치하는 데 있어 더 많은 통제력을 가능하게 한다. 경영층은 각 상품의 필요에 근거해 여러 상품에 걸쳐 영업 자산을 조정할 수 있다. 가장 큰 단점은 같은 지리적 구역에 배치된 판매원의 노력이 중복적으로 발생할 수 있다는 점이다. 이는 일반적으로 더 많은 영업 비용으로 이어진다.

고객 유형 혹은 시장 세분화 영업 인력을 고객 유형으로 조직화하는 방법이 기업에서 점점 인기가 많아지고 있다. IBM이 크고 작은 기업 고객에 응대하기 위해 각각 별도의 영업팀을 꾸렸을 때와 비슷하다. 고객 유형으로 조직화하는 것은 고객을 위한 가치 창출의 자연스러운 연장선이며 시장 세분화 전략을 반영한다(도표 14.11 참조). 영업 사원이 특정한 고객 유형에 전문화하면 고객의 욕구와 필요에 대한 이해도가 는다. 다양한 시장을 위한 다양한 영업 접근 방법을 사용하고 특화된 마케팅과 프로모션 프로그램을 실행할 수 있도록 판매원을 훈련시킬 수 있다.[46]

관련된 장점으로는 판매원이 고객의 특정한 필요에 대해 익숙해지면 그 고객들의 흥미를 끌 수 있는 신제품을 위한 새로운 아이디어와 마케팅 접근법을 떠올릴 가능성이 높아진다. 단점으로는 상품 조직과 마찬가지로 같은 지역에서 여러 판매원이 일하게 되기 때문에 영업 비용이 더 비싸다. 또한 고객이 다양한 산업의 다양한 부서를 운영한다면, 같은 회사에서 두 명 이상의 판매원이 한 고객에 응대하게 될 수 있다.

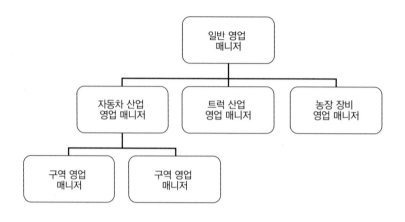

출처 : Johnston, Mark W., and Marshall, Greg W. *Sales Force Management* (12th ed.). London, UK: Routledge Publishing, 2016.

영업 인력 관리

14-6

영업 관리의 주요한 책무에 대해 이해한다.

영업과 마케팅은 고객에게 가치를 전달하고 기업 목표를 이루기 위해 협력한다. 영업 인력 관리 일은 우선적으로 영업 매니저의 책임이지만 마케팅과 영업 기능을 통합하고자 하면 마케팅 매니저와 협조하고 노력을 해야 한다. 마케팅 매니저가 영업 사원의 관리가 어떻게 이루어지는지 알아야 영업 기능을 더 잘 이해할 수 있으며 영업과 나머지 마케팅 부서와의 협업을 더 잘할 수 있다. 기업에서 영업 기능은 특별하며 효율과 효과를 극대화하기 위해서는 재치 있는 관리가 필요하다. 영업 인력을 관리하는 것은 5개의 주된 책임과 관련이 있다. 판매원 성과, 모집 및 선정, 훈련, 상여금 및 보상, 실적 평가이다.

성과 : 영업 조직 동기부여하기 매니저로서 하는 거의 모든 일이 어떻게 해서든 판매 실적에 영향을 끼치기 때문에 판매원의 실적에 대한 이해는 영업 매니저에게 중요하다. 예를 들어, 매니저가 어떻게 직원을 선택하고 그 직원들이 어떤 종류의 훈련을 받는지는 그들의 적성과 역량에 영향을 미칠 것이다. 보상 프로그램과 이의 관리체계는 동기부여와 전체적인 판매 성과에 영향을 미친다.

이는 사람들이 본인의 직업으로부터 어떤 것을 원하고 기대하는지 이해하는 데 도움이 된다. Y세대는, 그의 베이비붐 세대인 부모와는 다른 일련의 법칙을 가지고 일에 뛰어들었다. 여전히 고성과 및 고수익의 직업을 찾기도 하지만 동시에 재미있고 흥미진진한 일을 찾기도 한다. 본질적으로 그들은 단지 일자리를 구하는 것이 아니라 일을 하면서 즐길 수 있고 동시에 충분히 보상받을 수 있는 일을 찾는 것이다. Y세대는 일과 삶의 적절한 균형을 찾는 데 더 높은 우선순위를 둔다. 그렇기 때문에 주간 60일 업무 시간은 그들의 흥미를 끌지 못하지만 원격으로 일하거나 유연한 일정을 가진 직업은 그들의 흥미를 끌 수 있다.[47] 마케팅 매니저에게는 더 넓은 폭의 경험을 제공하는 일자리를 만들어야 한다는 뜻이 된다(예 : 출장 일수를 늘리거나 또는 더 빠르고 빈번한 승진 기회를 제공하거나).

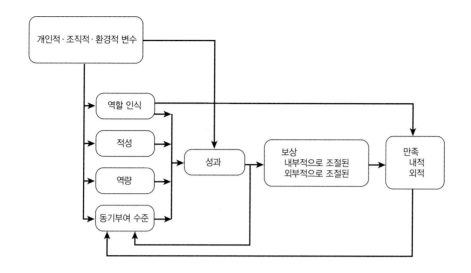

출처 : Johnston, Mark W., and Marshall, Greg W. *Sales Force Management* (12th ed.). London, UK: Routledge Publishing, 2016.

도표 14.12에서 볼 수 있듯이 판매원 성과는 5개 요소의 결과로 볼 수 있다: (1) 역할 인식, (2) 적성, (3) 역량, (4) 동기부여, (5) 개인적·조직적·환경적 요소.

역할 인식 판매원의 역할은 직업을 수행할 때 그 사람이 수행해야 할 일련의 활동 또는 행동을 의미한다. 이는 역할 파트너로부터 판매원에게 전달되는 기대치, 요구, 압박감에 의해 판매원의 역할이 크게 정의된다. 이 파트너는 회사 내부 또는 외부 사람일 수도 있으며 판매원이 일을 수행하는 방식에 대한 기득권을 가지고 있다. 여기에는 최고경영자, 판매원의 영업 매니저, 고객, 가족이 포함된다. 판매원이 본인의 역할을 어떻게 인식하는지는 직업 만족도와 동기부여에 영향을 끼칠 수 있으며, 이는 다시 판매원의 이직률을 높이거나 실적을 저하시킬 가능성을 가질 수 있다.[48]

영업 적성 훌륭한 판매원은 선천적인가 후천적인가? 판매 능력은 역사적으로 (1) 신체적 매력과 나이와 같은 신체적 요소, (2) 구술 능력과 영업 전문성과 같은 적성 요소, (3) 공감과 같은 성격적 특성의 기능이라고 여겨져 왔다. 하지만 이러한 기준이 단독으로 판매 실적에 영향을 미친다는 증거는 없다. 따라서 대부분의 매니저는 기업이 판매원의 훈련과 성장을 위해 하는 일들이 성공의 결정적인 요인이라고 믿는다.

영업 역량 수준 **영업 역량 수준**(sales skill levels)은 필요한 판매 업무를 수행하기 위한 개인이 배운 능숙도(숙련도)를 의미한다. 대인 관계 역량, 리더십, 기술적 지식, 제안 발표 기술과 같은 학습된 역량을 포함한다. 각 기술의 상대적인 중요도와 다른 기술의 필요성은 판매 상황에 따라 다르다.[49]

동기부여 **동기부여**(motivation)는 판매원이 판매 업무와 관련된 활동이나 과제에 얼마만큼 노력을 기울이고 싶어하는지를 의미한다. 영업 매니저는 판매원이 판매 활동을 하도록 이끄는 최적의 동기부여 요소의 조합을 끊임없이 찾으려고 노력한다. 기업은 직원을 북돋우기 위해 원격 근무일이나 유연한 근무 일정과 같은 동기부여 요인을 사용한다. 국제 보안 및 항공우주 기업인 록히드마틴에서는 9-80 또는 4-10과 같은 유연한 근무 일정이 가능하고 미국과 세계에 걸쳐 있는 대부분의 회사 근무지의 직원에게 재택근무를 할 수 있는 선택권을 준다. 이러한 선택권은 직장 유연성을 통해 생산성을 향상하고 직원에게 동기를 부여하기 위해 계획되어졌다.[50] 예상할 수 있듯이, 한 직원에게 통하는 동기부여 요소는 다른 직원에게는 통하지 않을 수 있다. 예를 들어, 독재적으로 관리하는 스타일은 중간 정도 경력의 판매원과 일을 할 수 있지만, 오랜 경력의 판매원에게는 상당히 나쁜 영향을 끼칠 수도 있다. 더군다나 개인적인 가족 문제나 일반적인 경제적 상황과 같은 다른 동기부여 요소들은 영업 매니저의 직접적인 통제하에 있지도 않다.[51]

조직적·환경적·개인적 요소 조직적인 요소는 기업의 마케팅 예산, 기업 상품의 시장 점유율, 판매 관리 감독의 정도와 같은 요소들이다. 직업(직무) 경험, 매니저의 소통 스타일, 실적 피드백과 같은 개인적이고 조직적인 요소는 판매원이 인식하는 역할 갈등과 역할 모호성의 정도에 영향을 끼친다.[52] 또한 직업에 관련된 보상(더 높은 급여나 승진과 같은)에 대한 희망 수준은 나이, 교육, 가족 규모, 경력 단계, 조직적 환경에 따라 다르다.

보상 기업은 어떤 수준의 성과에 대해 다양한 보상을 제공한다. 보상에는 두 가지 종류가 존재한다. 먼저 **외재적 보상**(extrinsic rewards)은 매니저와 고객과 같이 판매원을 제외한 다른 사람들에 의해 통제되고 주어지는 것을 말한다. 이 형태의 보상으로는 월급, 금전적 보상, 안정성, 인정, 승진이 있다. 다음으로 **내재적 보상**(intrinsic rewards)은 판매원이 자기 스스로 주체적으로 얻는 보상을 뜻하며 성취감, 개인 성장, 자존감이 포함된다.[53]

만족도 판매원의 직무 만족도는 각 개인이 느끼는 보람, 성취, 만족 같은 직무상의 모든 특성을 의미한다. 동시에 실망스럽거나 불만스러운 감정도 있다. 만족도는 복잡한 직무 태도이며, 판매원은 그 직무의 다양한 측면에서 만족 또는 불만족을 느낄 수 있다.[54]

영업 인력 모집과 선정 기업과 직무에 가장 적합한 사람을 고용하는 것은 장기적인 성공을 위해 중요하다. 그렇기 때문에 자격 있는 판매원을 모집하고 선택하는 데 있어 많은 관심을 기울인다. 모집 및 선정 과정에는 세 단계가 있다: (1) 직무를 분석하고 선정 기준을 정하기, (2) 이용 가능한 지원자를 찾고 끌어 모으기, (3) 지원자를 평가하기 위한 선정 절차를 개발하고 적용하기.

최고의 지원자를 놓고 기업은 다른 경쟁사나 다른 산업과 경쟁하기 십상이다. 따라서 기업은 잘 계획된 모집 전략을 개발하는데, 일반적인 생각과는 반대로, 지원자 수를 최대화하는 목표를 가지지는 않는다. 성공적인 모집 전략의 실질적인 목표는 몇 안 되는 우수한 자격 있는 지원자를 찾는 것이다.[55]

훈련하기 영업 매니저는 마케팅 매니저와 협력하여 기업의 마케팅 목표와 판매원의 필요를 통합시키는 교육 훈련 목표를 정한다. 이 목표들은 일반적으로 (1) 고객 관계 개선, (2) 생산성 증가, (3) 사기 개선, (4) 이직률 낮추기, (5) 영업 기술 개선이다. 영업 매니저의 도전 과제는 영업 훈련의 효과를 측정하는 것이다.[56]

영업 훈련은 도표 14.13에 열거된 일곱 가지 주제 중 적어도 하나 이상을 포함한다. 이는 제품에 대한 지식부터 소통 및 고객 관계 구축과 같은 아주 특화된 주제까지 포함한다. 영업 매니저 일의 핵심은 판매원 개인의 필요에 따라 영업 훈련 내용을 맞추는 것이다.

존슨앤존슨은 직원들을 훈련시키기 위해 여러 온라인 수단을 사용한다. 이 회사의 '온라인 대학'은 직원들에게 다양한 학습 경험을 제공한다. 또한 개인별로 맞춰진 교육과 경력개발 프로그램은 직원 개인별 경력 목표에 따라 특별한 훈련 내용을 제공한다. 여기에 포함된 몇 가지 주제는 매니지먼트 기초, 협상 기술, 멘토링 핵심 요약이다. 직원이 교육과 경력개발 프로그램을 숙달하면 특정 직원은 리더십 개발 프로그램의 추가적인 교육 과정을 받을 수 있다. 궁극적으로 존슨앤존슨은 판매원과 다른 직원의 잠재력을 최대한 발달시켜 그들의 실적 기회를 최대화하고자 한다.[57]

출처 : Johnston, Mark W., and Marshall, Greg W. *Sales Force Management* (12th ed.). London, UK: Routledge Publishing, 2016.

도표 14.13	영업 훈련 주제

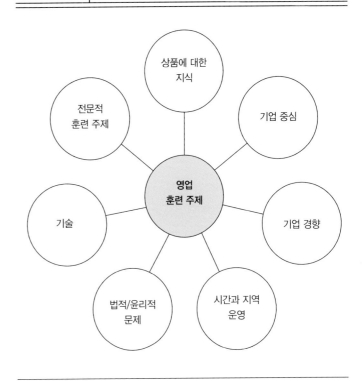

보상 판매원에게 지급하는 전체 금전적 보상은 각각 다른 목표를 달성하기 위해 여러 개의 구성요소로 되어 있다. **급여**(salary)는 정기적으로 지불되는 고정 금액이다. 급여를 주는 대부분의 기업은 인센티브 또는 인센티브 페이를 통해 더 나은 실적을 장려한다. **인센티브**는 판매량과 수익성에 따른 수수료이며, 또는 특정한 성과 목표를 달성하거나 초월하는 경우 주어지는 보너스이다(예 : 특정 제품의 할당량 달성). 이러한 인센티브는 판매원의 노력을 연간 특정한 전략적 목표에 향하도록 유도할 뿐만 아니라 최고 실적을 내는 직원들에게는 추가적인 보상을 제공하기도 한다. **수수료**(commission)는 단기 실적에 대한 금전적 지급이다. 주로 판매원의 판매량 또는 판매금액 실적과 연관된다. 판매량과 지급받는 수수료 사이에 직접적인 연관이 있기 때문에, 수수료 지급은 판매원의 영업 노력을 증가시키는 데 유용하다.[58] 도표 14.14는 금전적 보상 계획의 구성 요소와 목표를 보여준다.

금전적 보상 이외에도 영업 매니지먼트(그리고 기업 전체적인 매니지먼트)는 다양한 범위의 **비금전적 인센티브**를 사용한다. 대부분의 영업 매니저는 금전적 인센티브 다음으로 승진 기회를 효과적인 영업 인력의 동기부여 방안으로 여긴다. 이는 특별히 현재 자신의 판매원 위치를 고위 매니지먼트로 가는 디딤돌로 보는 젊고 학력이 높은 판매원에게 주로 해당된다.

그림 14.14 | 금전적 보상 계획의 구성 요소와 목표

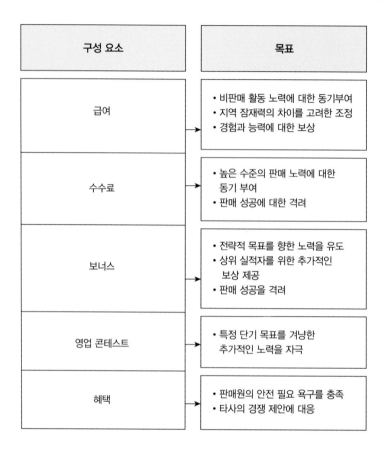

출처 : Johnston, Mark W., and Marshall, Greg W. *Sales Force Management* (12th ed.). London, UK: Routledge Publishing, 2016.

영업 인력 성과 측정하기 영업 활동을 모니터링하고 영업 사원의 실적을 평가하는 것은 근본적인 작업이다. 판매원은 그들이 통제하는 영업 과정의 요소에 대해서만 평가를 받아야 한다. 이것을 실행하기 위해 회사는 통제할 수 있는 요소와 통제할 수 없는 요소를 구별하는 객관적이고 주관적인 척도를 개발한다.[59] 예를 들어, 대부분의 경우 전반적인 경제적 환경은 판매원의 통제하에 있지 않다는 것을 회사는 알고 있다. 하지만 고객에의 직접 판매는 분명히 판매원의 통제하에 있다고 할 수 있다. 즉 만약에 경제가 좋지 않아 판매량이 떨어진다면 판매원에게 벌을 주면 안 된다. 하지만 만약에 판매원이 고객의 필요를 충족시키지 못해서 판매량이 떨어진다면 그 또는 그녀는 책임을 져야 한다. 많은 칙필에이 식당의 직원에게는 높은 실적을 달성하고 음식물 쓰레기 배출량이 적으면 무료로 음식이 주어진다. 이는 흔히 간과되지만 어린 청소년과 대학생 직원에게는 매우 효과적인 동기부여가 된다. 많은 칙필에이 식당에서 음식물 쓰레기 배출량이 적은 달에는 직원이 음식 할인으로 보상을 받는다(다양한 폭의 할인에서 무료까지 다양하다). 이러한 보상 시스템은 효율을 증가시키고 주방 직원의 음식 낭비를 막을 수 있다. 음식 낭비는 식당에서 상당한 비용을 발생시키는 문제이다.[60]

요약

광고는 상대적으로 덜 개인화된 마케팅 커뮤니케이션의 유료 형태이며 주로 하나 또는 여러 목표 시장을 겨냥하고 대중매체를 통해 이루어진다. 광고의 두 가지 주요 형태는 기관 광고와 제품 광고이다. 마케팅 매니저에게 광고대행업체는 중요한 역할을 한다. 이는 기업이 광고 계획을 아웃소싱하는 일이 확산됐기 때문이다. 여러 종류의 광고 매체가 있다. 성공의 핵심은 언제 그리고 어떻게 각 접근 방법들을 활용하는지를 아는 것에 달려 있다. 세일즈프로모션은 최종 소비자가 상품을 구매하거나 판매원 또는 유통업계의 다른 사람이 상품을 팔도록 유인하는 프로모션 믹스 요소이다. 따라서 세일즈프로모션은 B2B 그리고 B2C 환경 모두에 해당한다. 하지만 이에 대한 접근 방법은 많은 차이가 있다. 세일즈프로모션은 주로 다른 종류의 프로모션의 효과를 증가시키도록 설계되어 있으며 단독으로 사용되는 경우는 거의 없다. PR은 고객이나 다른 사람의 태도, 의견, 행동에 영향을 끼치는 체계적인 접근 방법이다. PR은 주로 퍼블리시티를 통해 이행되며, 상대적으로 덜 개인화된 마케팅 커뮤니케이션의 무료 형태이다. 주로 뉴스 이야기나 대중 이벤트에서의 언급으로 이루어진다. 버즈 또는 입소문 커뮤니케이션은 시장에서 브랜드에 대해서 발생하는 고객 간의 커뮤니케이션이다. 마지막으로 가장 중요한 개인 커뮤니케이션 수단은 인적판매이다. 인적판매는 고유한 기업 기능이며 영업 인력을 관리하는 일은 여러 독특한 문제를 발생시킨다.

핵심용어

개척형 광고(pioneering advertising)
거래비용분석(transaction cost analysis, TCA)
경쟁적 광고(competitive advertising)
광고 실행(advertising execution)
광고 응답 함수(advertising response function)
광고 혼잡(advertising clutter)
광고 효과 감퇴(advertising wearout)
급여(salary)
기관 광고(institutional advertising)
기술적 판매(technical selling)
내재적 보상(intrinsic rewards)
도달(reach)
동기부여(motivation)
무역서비스인력(trade servicers)

미셔너리 판매자(missionary salespeople)
버즈(buzz)
비교 광고(comparative advertising)
비금전적 인센티브(nonfinancial incentives)
빈도(frequency)
수당(allowance)
수수료(commission)
아웃바운드 텔레마케팅(outbound telemarketing)
영업 역량 수준(sales skill levels)
영업 조직의 아웃소싱(outsourcing the sales force)
외재적 보상(extrinsic rewards)
위기 관리(crisis management)

이벤트 스폰서십(event sponsorships)
인바운드 텔레마케팅(inbound telemarketing)
인센티브(incentives)
인적판매(personal selling)
제품 광고(product advertising)
트레이드 쇼(trade show)
판매 제안 발표(sales presentation)
판매 종결(closing the sale)
퍼블리시티(publicity)
핵심고객 관리 판매자(key account salespeople)
협동광고 및 프로모션(cooperative advertising and promotion)
후속 조치(follow-up)

응용 문제

1. 광고 효과 감퇴 개념에 대해 생각해보자.
   a. 광고 효과 감퇴는 무엇인가?
   b. 광고 효과 감퇴를 일으키는 요인들은 무엇인가?
   c. 이미 '효과 감퇴' 했다고 느껴지는 광고를 가능한 많이 떠올려보자. 효과 감퇴가 시작하기까지 얼마만큼의 시간이 걸렸는지 기억해보라.

2. 당신은 3,000만 달러의 주택 건축 자재 제조업체의 판매 담당 부사장이다. 회사는 전국의 영업 사원 50명을 고용하여 자사 제품을 하드웨어 스토어 및 주요 건축업자에게 판매한다. CEO는 회사의 비용을 절감해야 한다고 생각해서 영업 인력을 50% 줄이고자 한다. 당신은 CEO에게 그 결정이 장기적으로 회사에게 나쁜 전략인 이유를 설명하는 사람으로 선택되었다. 왜 판매원이 기업의 성공에 있어 중요한지를 논의하라.

3. 도표 14.2 '광고 실행에 대한 일반적 접근'과 도표 14.3 '주요 광고 매체의 장단점'을 보라. 주어진 7개 유형 중 3개를 골라, 다양한 집행 방식의 예시에 주의하며 그에 해당하는 광고 몇 개를 찾아보라.

   a. 찾아본 광고와 본 적 있는 다양한 유형의 미디어 집행에 대해 적어보라. 어떤 광고들이 가장 효과적이라고 느꼈는가? 그 이유는 무엇인가?

   b. 위의 광고들을 가지고, 도표 14.3에 나온 장단점을 고려해, 어느 장단점(하나 또는 여러) 이 이 광고들에 해당하는지 알아보자.

   c. 결과를 다른 학생 또는 전체 수업에서 공유해보라.

4. 도표 14.4 '소비자 대상 세일즈프로모션 옵션'을 보라. 접근 방법 3개를 골라 각 방법에 따른 구매를 한 적이 있는지 생각해보자. 최종 구매 선택에 있어 세일즈프로모션의 유무는 얼마나 중요했는가?

   a. 위기 매니지먼트는 영리단체, 비영리단체, 정부단체 등 어느 종류의 단체여도 아주 중요한 기능이다. 언론 매체를 통해 널리 알려진 엄청난 위기를 직면한 기업의 예시를 찾아보아라. 제품 리콜, 매니지먼트 비리 및 재정 비리와 같은 위기 또는 정부기관이나 자선 단체가 겪은 자연재해나 그 밖의 다른 문제일 수 있다.

   b. 단체가 어떻게 위기에 대처했는가? 위기가 발생했다는 것이 확실해졌을 때 그 단체는 구체적으로 무엇을 했는가?

   c. 그들의 위기 대처 방식에 대한 당신의 의견을 말해보라. 어떠한 개선점을 제안하겠는가?

경영 의사결정 사례

인텔이 "Let the Inside Out" 하기 위해 스토리텔링을 사용하다

개인용 컴퓨터를 사용하는 많은 사용자들에게는 키보드에 붙어 있는 작은 스티커가 매우 익숙하다. 이는 "Intel Inside"가 그 기기 안에 들어가 있음을 상기시켜준다. 수년간 기술 거대기업인 인텔은 우리가 의존하게 된 기기 안의 '비밀 소스'가 인텔의 기술이라는 사실을 우리에게 전달하는 것을 핵심으로 하는 마케팅을 펼쳐왔다. 다섯 가지 음으로 이뤄진 인텔의 차

임벨은 분명히 기억에 각인되어 있을 것이다(머릿속에서 차임벨이 들리는가?). 인텔은 개인용 컴퓨터에 사용되는 칩으로 가장 유명하지만 오늘날에 이 기업은 마이크로프로세서와 개인용 컴퓨터 이상의 영역으로 확장했다. 하지만 이 브랜드는 고객의 마음속에서는 여전히 개인용 컴퓨터라는 한정된 역할로만 기억되고 있었다.[61]

인텔의 마케팅 팀은 브랜드의 이미지를 바꿀 때가 됐다고 결정했다. 목표는 "Let the Inside Out"을 보여주고 자사의 칩으로 사람들이 할 수 있는 흥미로운 작업들을 강조하는 것이었다.[62] 이 목표를 달성하기 위해 인텔은 스토리텔링의 힘을 사용해 인텔의 보이지 않는 기술을 보이게 만들기 위해 대대적인 캠페인을 만들었다.[63] 그리고 그 스토리들을 만들기 위해 인텔은 'inside'라는 개념으로부터 멀어지고자 하는 기업이 사용하기에는 다소 이상한, 새롭고 다른 접근 방법을 선택했다.

이 새로운 페르소나를 소개하기 위해 인텔은 "IntelAmazing"이라는 광고를 제작했다. 이 광고는 인텔의 프로세서가 가능하게 하는 미국인들의 삶을 보여줬다. 드림웍스 애니메이션의 무비메이커, 나사의 사명, 의수가 이에 포함되었다.[64] 또 다른 스토리들은 인텔의 기술이 세계 곳곳에서 젊은 혁신가들을 어떻게 돕고 있는지 이야기해준다. 나이지리아 라고의 제시카 오르지는 인텔의 #SheWillConnect 프로그램에 참여해 그녀의 이미용 사업을 키우는 방법을 배웠다. 인텔 XDK 코딩 언어는 케냐 나이로비 출신인 16살 소녀 캐럴린 왐부이의 이야기에 등장했다. 그녀와 그녀의 학급생들은 이 프로그래밍 언어를 사용해 장기 기증 앱을 개발했다. 다른 비디오는 인도의 한 어머니가 인텔 에디슨의 도움으로 간질병을 앓고 있는 아들을 돕는 모습을 소개한다. 이 에디슨 컴퓨터는 우표 크기의 소형 컴퓨터로, 다가오는 간질 발작을 감지할 수 있는 장갑을 개발하는 데 사용됐다.[65]

광고 팀은 기술을 중심으로 하는 주요한 문화 행사(우주 왕복선, 허블 우주 망원경, 심지어는 스티븐 호킹의 컴퓨터까지)에서 인텔의 역할이 인정받고 있지 못하다는 것을 인식했다. 이 새로운 접근은 다음 세대의 인텔 고객에게 다가가기 위해 중요했다. 인텔의 부사장이자 글로벌 크리에이티브 디렉터인 테레사 허드는 "요즘 젊은이는 안에 무엇이 있는지 궁금해하지 않는다. 단지 그것을 가지고 무엇을 할 수 있는지에 관심을 가진다"라고 말했다.[66]

실시간으로 인텔의 기술이 전시되었던 그래미상 시상식 때 대중문화는 인텔의 전략의 한 부분이 되었다. 비디오 투영 기술을 사용해 인텔은 가수 레이디 가가의 얼굴을 데이비드 보위의 얼굴과 합쳐 특별 헌정 공연을 올렸다. 인텔의 마술로 '디지털 스킨'을 만들어 가가의 '메이크업'을 변경시켜서 그녀의 얼굴 위에 디지털 거미가 나타나 지나가게 하기도 했다.[67] 이는 라이브 이벤트 프로모션일 뿐만 아니라(2,500만

명의 사람이 보았다) 이후 텔레비전 광고에 사용되기도 했다. 행사에 수반된 캠페인은 성공적이었고 120개 이상의 뉴스 기사를 생성해냈다. 밀레니얼 세대 사이에 122%의 브랜드 상승을 이끌어냈고, 이들에게 인텔은 혁신적인 브랜드로 평가되었다.[68]

역설적이게도 "getting the inside out"의 핵심 중 하나는 광고 제작의 많은 부분에 대한 책임을 내부로 이전하는 것이었다. 많은 거대 기업과 마찬가지로 인텔은 자사 캠페인을 만들기 위해 외부 광고업체에 많은 의지를 해왔다. 방향 전환을 위해서, CMO는 인텔 직원들이 이 창의적인 과정을 주도해야 한다고 생각했다. 이로 인해 효율성 증가와 비용 절감이 이루어졌지만 더 많은 것을 인텔에게 가져다주었다. 90명으로 이루어진 이 팀이 외부 대행업체보다 우월한 큰 장점은 현재와 미래의 프로젝트에 대한 가시성과 접근성을 가졌다는 점이다. 인텔은 여전히 외부 대행업체를 사용하며 그 업체들과 협력하지만 동시에 인텔의 창의적인 인재들을 특별히 사용할 수 있기도 하다. 허드에 따르면 이 내부 팀은 인텔의 사업적인 일을 담당하는 여러 부서들을 찾아가 "좋아, 이제 우리가 가지고 있는 것이 무엇이죠?"라고 물을 수 있다고 한다.[69]

인텔의 광고와 회사의 광고 창작에 대한 접근 방법은 브랜드 이미지를 단순 마이크로칩 제조사에서 레이디 가가와 미식축구 선수 톰 브래디와 같은 우상을 사용해 기술혁신 기업으로 바꾸는 데 성공했다.[70] 광고 제작, 관련 이벤트 마케팅, 기타 계획 사이에서 인텔은 1년 동안 600억 개의 언론 노출(media impressions)을 남겼다.[71] 브랜드 컨설턴트 밀워드 브라운은 브랜드 Z 리스트에서 이 회사를 86위에서 51위까지 끌어올렸다. 이는 브랜드 가치가 상승하고 브랜드의 이미지 전환을 꾀하는 마케팅 노력이 통하고 있음을 보여주는 좋은 조짐이다.[72] 다음에 컴퓨터나 다른 기기에 인텔 스티커를 발견한다면 브랜드의 바뀐 이미지의 실질적인 결과를 보게 될 것이다. 새 스티커는 "Intel Inside"가 아닌 "Experience what's inside"라는 태그라인을 가진다.[73]

생각해볼 질문

1. 인텔의 옛 브랜드 이미지의 문제는 무엇이었는가? 이는 단순히 변화를 위한 변화였나? 새로운 브랜드 이미지를 홍보하는 것이 왜 인텔의 미래 사업 성공을 위해 중요한가?

2. 인텔은 새롭게 형성된 내부의 크리에이티브 팀과 외부 광고대행업체를 동시에 사용한다. 내부 크리에이티브 광고 팀을 사용할 때 장단점은 무엇인가? 외부 대행업체가 수행하는 어떤 활동들이 보다 효과적으로 외부 그룹에 의해 처리될 수 있는가?

3. 인텔은 스토리텔링 광고를 텔레비전과 인터넷에 모두 진행한다. 인텔과 같은 기술 기업에게 텔레비전은 여전히 효과적인 매체 종류인가? 아니면 모든 광고를 인터넷으로 옮겨가야 하는가? 두 가지 매체를 모두 사용한다면 광고 지출을 최적화하기 위해 어떻게 통합 커뮤니케이션 접근을 사용해야 하는가?

마케팅 계획 연습

활동 15 : 프로모션 요소 구축

앞 장의 활동 14에 이어 당신의 마케팅 계획의 핵심적인 부분으로 계속해서 프로모션 계획을 세워보라.

1. 광고에는 어떠한 접근 방법을 사용할 것인가? 사용될 매체를 선택하고 선택한 이유를 설명하라. 또 각각 어떻게 실행할 것인지 논의하라.

2. 일부 세일즈프로모션이 고객 또는 유통업계를 향한 프로모션 계획에 포함될지를 결정하라. 그렇다면 어떠한 세일즈프로모션 접근 방법을 사용할지 정하고 그에 대한 이유를 설명하라.

3. PR 계획을 수립하라.

4. 제품에 대한 프로모션을 관리할 방법을 결정하라. 아웃소싱할 요소와 반대로 내부적으로 처리할 요소를 결정하라. 프로모션 관리를 위한 구조와 과정을 구축하라.

활동 16 : 대인관계 구축

기업의 마케팅 커뮤니케이션에 있어 아주 중요한 요소는 고객과의 대인관계이다. 효과적인 대인관계 전략 계획은 필수적이며 (1) 영업 인력, (2) 웹사이트, (3) 다이렉트 마케팅 등을 포함할 수 있다. 이 연습문제에서 당신은 전반적인 마케팅 커뮤니케이션 계획의 한 부분으로 대인관계 커뮤니케이션 전략을 개발할 것이다. 다음 제시된 업무가 전략의 일부이다.

1. 전반적인 마케팅 커뮤니케이션 계획을 검토하고 대상 고객과 소통하는 데 있어서 대인관계 커뮤니케이션의 역할을 결정하라.

2. 인적판매가 마케팅 커뮤니케이션 계획의 일부라면 영업 인력(회사 판매원 또는 외부 영업 인력), 영업 구조, 채용 및 모집 정책, 보상 프로그램 등의 본질을 포함하는 영업 전략을 수립하라.

3. 기업의 다이렉트 마케팅의 정도를 결정하라. 구체적으로 전반적인 마케팅 커뮤니케이션 계획에서 다이렉트 마케팅의 역할을 밝혀라. 그다음 다이렉트 마케팅 노력에 대한 구체적인 목표를 설정하라. 마지막으로 다이렉트 마케팅 캠페인을 설계하고 후속 조치 계획을 세우라.

미주

1. Margaret Henderson Blair, "An Empirical Investigation of Advertising Wearin and Wearout," *Journal of Advertising Research* 40, no. 6 (November/December 2000), pp. 95–100.

2. John R. Hauser and Steven M. Shugan, "Defensive Marketing Strategies," *Marketing Science* 27, no. 1 (January/February 2008), pp. 88–112.

3. Janas Sinclair and Tracy Irani, "Advocacy Advertising for Biotechnology," *Journal of Advertising* 34, no. 3 (Fall 2005), pp. 59–63.

4. Jim Steadman, "Cotton Inc. Launches New Consumer Ad Campaign," *Cotton Grower*, June 2017, http://www.cottongrower.com/marketing/promotion/cotton-inc-launches-new-consumer-ad-campaign.

5. Glen L. Urban, Theresa Carter, Steven Gaskin, and Zofia Mucha, "Market Share Rewards to Pioneering Brands: An Empirical Analysis and Strategic Implications," *Management Science* 32, no. 6 (June 1986), pp. 645–59.

6. Peter J. Danaher, André Bonfrer, and Sanjay Dhar, "The Effect of Competitive Advertising Interference on Sales for Packaged Goods," *Journal of Marketing Research* 45, no. 2 (April 2008), pp. 211–25.

7. Chingching Chang, "The Relative Effectiveness of Comparative and Noncomparative Advertising: Evidence for Gender Differences in Information Processing Strategies," *Journal of Advertising* 36, no. 1 (Spring 2007), pp. 21–35.

8. Li Ling-yee, "The Effects of Firm Resources on Trade Show Performance: How Do Trade Show Marketing Processes Matter?," *Journal of Business & Industrial Marketing* 23, no. 1 (2008), pp. 35–47.

9. Salma Karray and Georges Zaccour, "Could Co-op Advertising Be a Manufacturer's Counterstrategy to Store Brands?," *Journal of Business Research* 59, no. 9 (September 2006), pp. 1008–15.

10. Sang Yong Kim and Richard Staelin, "Manufacturer Allowances and Retailer Pass-through Rates in a Competitive Environment," *Marketing Science* 18, no. 1 (1999), pp. 59–77.

11. Hyun Seung Jin, Jaebeom Suh, and D. Todd Donavan, "Salient Effects of Publicity in Advertised Brand Recall and Recognition: The List-Strength Paradigm," *Journal of Advertising* 37, no. 1 (Spring 2008), pp. 45–57.

12. Kenny Kline, "6 Companies That Prove the Power of Word-of-Mouth Marketing," *Huffington Post*, March 20, 2017, http://www.huffingtonpost.com/entry/6-companies-that-prove-the-power-of-word-of-mouth-marketing_us_58d09600e4b0e0d348b3474a.

13. "Win Sunday, Sell Monday," *LoganRacing.com*, www.loganracing.com/Marketing/NASCAR_General.html, accessed June 10, 2008.

14. Joseph Eric Massey and John P. Larsen, "Qualitative Research—Case Studies—Crisis Management in Real Time: How to Successfully Plan for and Respond to a Crisis," *Journal of Promotion Management* 12, no. 3/4 (2006), pp. 63–97.

15. D. Mayer and H. M Greenberg, "What Makes a Good Salesperson," *Harvard Business Review* 84, no. 7/8 (2006), pp. 164–79.

16. M. C. Johlke, "Sales Presentation Skills and Salesperson Job Performance," *Journal of Business and Industrial Marketing* 21, no. 5, pp. 311–29.

17. Chia-Chi Chang, "When Service Fails: The Role of the Salesperson and the Customer," *Psychology & Marketing* 23, no. 3 (2006), pp. 203–18; and J. T. Johnson, H. C. Barksdale Jr., and J. S. Boles, "The Strategic Role of the Salesperson in Reducing Customer Defection in Business Relationships," *Journal of Personal Selling and Sales Management* 21, no. 2, pp. 123–35.

18. R. G. McFarland, G. N. Challagalla, and T. A. Shervani, "Influence Tactics for Effective Adaptive Selling," *Journal of Marketing* 70, no. 4 (2006), pp. 103–17.

19. D. T. Norris, "Sales Communication in a Mobile World: Using the Latest Technology and Retaining the Personal Touch," *Business Communication Quarterly* 70, no. 4 (2007), pp. 492–510.

20. P. Declos, R. Luzardo, and Y. H. Mirza, "Refocusing the Sales Force to Cross-Sell," *The McKinsey Quarterly* 1 (2008), pp. 13–15; and R. M. Peterson and G. H. Lucas, "What Buyers Want Most from Salespeople: A View from the Senior Level," *Business Horizons* 44, no. 5 (2001), pp. 39–45.

21. R. W. Palmatier, L. K. Scheer, and Jan-Benedict E. M. Steenkamp, "Customer Loyalty to Whom? Managing the Benefits and Risks of Salesperson-Owned Loyalty," *Journal of Marketing Research* 44, no. 2 (2007), pp. 185–201.

22. S. S. Liu and L. B. Comer, "Salespeople as Information Gatherers: Associated Success Factors," *Industrial Marketing Management* 36, no. 5 (2007), pp. 565–79; and L. Robinson Jr., G. W. Marshall, and M. B. Stamps, "An Empirical Investigation of Technology Acceptance in a Field Sales Force Setting," *Industrial Marketing Management* 34, no. 4 (2005), pp. 407–22.

23. J. N. Sheth and A. Sharma, "The Impact of the Product to Service Shift in Industrial Markets and the Evolution of the Sales Organization," *Industrial Marketing Management* 37, no. 3 (2008), pp. 260–77; and P. Kriendler and G. Rajguru, "What B2B Customers Really Expect," *Harvard Business Review* 84, no. 40 (2006), pp. 22–37.

24. "Sanofi, Regeneron RA Drug Kevzara Win FDA approval," *Genetic Engineering and Biotechnology News*, May 23, 2017, http://www.genengnews.com/gen-news-highlights/sanofi-regeneron-ra-drug-kevzara-wins-fda-approval/81254387.

25. P. Guenzi, C. Pardo, and L. Georges, "Relational Selling Strategy and Key Account Managers' Relational Behaviors: An Exploratory Study," *Industrial Marketing Management* 36, no. 1 (2007), pp. 121–38.

26. K. Alspach, "Prospecting for New Customers: Hubspot," *Boston Business Journal*, December 14, 2011, www.bizjournals.com/boston/blog/startups/2011/12/hubspot-amazon-personalization-marketing.html; and C. Sichtmann, "An Analysis of Antecedents and Consequences of Trust in Corporate Brand," *European Journal of Marketing* 41, no. 9/10 (2007), pp. 999–1115.

27. D. Ledingham, M. Kovac, and H. L. Smith, "The New Science of Sales Force Productivity," *Harvard Business Review* 84, no. 9 (2006), pp. 124–40.

28. L. Hershey, "The Role of Sales Presentations in Developing Customer Relationships," *Services Marketing Quarterly* 26, no. 3 (2005), pp. 41–59.

29. J. Rossman, "Value Selling at Cisco," *Marketing Management* 13, no. 2 (2004), pp. 16–23.

30. M. C. Johlke, "Sales Presentation Skills and Salesperson Job Performance," *Journal of Business and Industrial Marketing* 21, no. 5 (2006), pp. 311–28.

31. "About," *Cousins Maine Lobster*, n.d., https://www.cousins mainelobster.com/the-cousins/.

32. Richard Feloni, "The 18 Best 'Shark Tank' Pitches of All Time," *Business Insider*, September 17, 2015, http://www .businessinsider.com/the-18-best-shark-tank-pitches-ever -2015-9/#beatbox-beverages-season-6-1.

33. "About."

34. K. S. Campbell, L. Davis, and L. Skinner, "Rapport Management during the Exploration Phase of the Salesperson Customer Relationship," *Journal of Personal Selling & Sales Management* 26, no. 4 (2006), pp. 359–72.

35. J. Braselton and B. Blair, "Cementing Relationships," *Marketing Management* 16, no. 3 (2007), pp. 14–29.

36. J. E. Swan, M. R. Bowers, and L. D. Richardson, "Customer Trust in the Salesperson: An Integrative Review of Meta Analysis of the Empirical Literature," *Journal of Business Research* 44, no. 2 (1999), pp. 93–108; and J. L. M. Tam and Y. J. Wong, "Interactive Selling: A Dynamic Framework for Services," *Journal of Services Marketing* 15, no. 4/5 (2001), pp. 379–95.

37. "About Accenture," *Accenture*, June 2017, https://www .accenture.com/us-en/company.

38. "Accenture Code of Business Ethics," *Accenture*, June 2017, https://www.accenture.com/us-en/company-ethics-code.

39. T. Nagle and J. Hogan, "Is Your Sales Force a Barrier to More Profitable Pricing . . . or Is It You?" *Business Strategy Series* 8, no. 5 (2007), pp. 365–79.

40. J. J. Belonax Jr., S. J. Newell, and R. E. Plank, "The Role of Purchase Importance on Buyer Perceptions of the Trust and Expertise Components of Supplier and Salesperson Credibility in Business to Business Relationships," *Journal of Personal Selling & Sales Management* 27, no. 3 (2007), pp. 247–60; T. V. Bonoma, "Major Sales: Who Really Does the Buying?" *Harvard Business Review* 84, no. 7/8 (2006), pp. 172–90; and E. C. Bursk, "Low Pressure Selling," *Harvard Business Review* 84, no. 7/8 (2006), pp. 150–69.

41. G. A. Wyner, "The Customer," *Marketing Management* 14, no. 1 (2005), pp. 8–10.

42. Thomas Frohlich, Samuel Stebbins, and Evan Comen, "24/7 Wall St.'s Customer Service Hall of Fame." *USA Today*, August 27, 2016, https://www.usatoday.com/story /money/business/2016/08/27/customer-service-hall -fame/87657894/.

43. *24/7 Wall Street*, n.d., http://247wallst.com/?s=hall+of+ fame&x=0&y=0, June 2017.

44. A. A. Zoltners, P. Sinha, and S. E. Lorimer, "Match Your Sales Force Structure to Your Business Life Cycle," *Harvard Business Review* 84, no. 7/8 (2006), pp. 80–97.

45. E. Anderson, "The Salesperson as Outside Agent or Employee: A Transaction Cost Analysis," *Marketing Science* 27, no. 1 (2001), pp. 70–86.

46. E. Waaser, M. Dahneke, M. Pekkarinen, and M. Weissel, "How You Slice It: Smarter Segmentation of Your Sales Force," *Harvard Business Review* 82, no. 3 (2004), pp. 105–22.

47. K. Weinmann, "Generation Y Isn't Impressed with Your Pension Plan and Doesn't Have Time for Your Hiring Process," *Business Insider*, December 6, 2011, http://articles.business insider.com/2011-12-06/strategy/30480497_1_millennials -social-media-generation; and M. Goldsmith, "Getting to Know Gen Why," *BusinessWeek*, February 28, 2008, www .businessweek.com/print/managing/content/feb2008 /ca20080226_921853.htm.

48. C. F. Miao and K. R. Evans, "The Impact of Salesperson Motivation on Role Perceptions and Job Performance: A Cognitive and Affective Perspective," *Journal of Personal Selling & Sales Management* 27, no. 1 (2007), pp. 89–103.

49. W. J. Verbeke, F. D. Belschak, A. B. Bakker, and B. Dietz, "When Intelligence Is (Dys)Functional Achieving Sales Performance," *Journal of Marketing* 72, no. 4 (2008), pp. 44–57.

50. "Lockheed Martin," *Glassdoor*, June 2017, https://www .glassdoor.com/Reviews/Lockheed-Martin-9-80-schedule -Reviews-EI_IE404.0,15_KH16,29.htm; "Employees," *Lockheed Martin*, June 2017, http://www.lockheedmartin.com/us /employees.html; and "Missiles and Fire Control," *Lockheed Martin*, 2012, http://www.lockheedmartin.com/content/dam /lockheed/data/mfc/photo/baldrige/mfc-baldrige-app.pdf.

51. F. Jaramillo and J. P. Mulki, "Sales Effort: The Intertwined Roles of the Leader, Customers, and the Salesperson," *Journal of Personal Selling & Sales Management* 28, no. 1 (2008), pp. 37–51; and C. F. Miao, K. R. Evans, and Z. Shaoming, "The Role of Salesperson Motivation in Sales Control Systems—Intrinsic and Extrinsic Motivation Revisited," *Journal of Business Research* 60, no. 5 (2007), pp. 417–32.

52. C. Muir, "Relationship Building and Sales Success: Are Climate and Leadership Key?" *Academy of Management Perspectives* 21, no. 1 (2007), pp. 71–89; and K. LeMeunier-FitzHugh and N. F. Piercy, "Does Collaboration between Sales and Marketing Affect Business Performance?" *Journal of Personal Selling & Sales Management* 27, no. 3 (2007), pp. 207–20.

53. D. H. Lee, "The Moderating Effect of Salesperson Reward Orientation on the Relative Effectiveness of Alternative Compensation Plans, "*Journal of Business Research* 43, no. 2 (1998), pp. 63–78.

54. G. R. Franke and J. E. Park, "Salesperson Adaptive Selling Behavior and Customer Orientation: A Meta-Analysis," *Journal of Marketing Research* 43, no. 4 (2006), pp. 34–50; and C. E. Pettijohn, L. S. Pettijohn, and A. J. Taylor, "Does Salesperson Perception of the Importance of Sales Skills Improve Sales Performance, Customer Orientation, Job Satisfaction, and Organizational Commitment, and Reduce Turnover?" *Journal of Personal Selling & Sales Management* 27, no. 1 (2007), p. 75.

55. R. Y. Darmon, "Controlling Sales Force Turnover Costs through Optimal Recruiting Training Policies," *European Journal of Operational Research* 154, no. 10 (2004), pp. 291–308; and P. T. Adidam, "Causes and Consequences of High Turnover by Sales Professionals," *Journal of American Academy of Business* 10, no. 1 (2006), pp. 137–42.

56. J. M. Ricks Jr., J. A. Williams, and W. A. Weeks, "Sales Trainer Roles, Competencies, Skills, and Behaviors: A Case Study," *Industrial Marketing Management* 37, no. 5 (2008), pp. 593–610; and M. P. Leach and A. H. Liu, "Investigating Interrelationships among Sales Training Methods," *Journal of Personal Selling & Sales Management* 23, no. 4 (2003), pp. 327–40.

57. Johnson & Johnson e-University website, December 26, 2011, www.jnjmedical.com.au/benefits/personal-development #euniversity; and A. McConnon, "The Name of the Game Is Work," *BusinessWeek*, August 13, 2007, www.businessweek .com/innovate/content/august2007/id20070813_467743 .htm.

58. T. B. Jopez, C. D. Hopkins, and M. A. Raymond, "Reward Preferences of Salespeople: How Do Commissions Rate?" *Journal of Personal Selling & Sales Management* 26, no. 4 (2006), pp. 381–87; and S. N. Ramaswami and J. Singh, "Antecedents and Consequences of Merit Pay Fairness for Industrial Salespeople," *Journal of Marketing* 67, no. 4 (2003), pp. 46–60.

59. R. Y. Darmon and X. C. Martin, "A New Conceptual Framework of Sales Force Control Systems," *Journal of Personal Selling & Sales Management* 31, no. 3 (Summer 2011), pp. 297–310.

60. Personal interviews with staff members at multiple Central Florida Chick-fil-A locations, April 2017.

61. Marty Swant, "Intel's CMO Showed the World How a Tech Company Can Sing, Dance and Send Rockets into Space," *Adweek*, October 24, 2016, http://www.adweek.com/brand-marketing/intels-cmo-showed-world-how-tech-company-can-sing-dance-and-send-rockets-space-174197/.

62. Jeff Beer, "Why Intel Is Betting Big on Bringing Creative Advertising Inside," *Fast Company*, May 2, 2016, https://www.fastcompany.com/3059435/why-intel-is-betting-big-on-bringing-creative-advertising-inside; and Swant, "Intel's CMO Showed the World How a Tech Company Can Sing."

63. Swant, "Intel's CMO Showed the World How a Tech Company Can Sing."

64. Swant, "Intel's CMO Showed the World How a Tech Company Can Sing."

65. Rob Walker, "Intel Tells Stories That Go beyond Chips," *New York Times*, June 26, 2016, https://www.nytimes.com/2016/06/27/business/media/intel-tells-stories-that-go-beyond-chips.html?_r=0.

66. George Siefo, "With New Campaign, Intel Focuses on Its 'Amazing Human Experiences,'" *Advertising Age*, January 19, 2016, http://adage.com/article/cmo-strategy/intel-spent-a-year-campaign/302188/.

67. Walker, "Intel Tells Stories That Go Beyond Chips."

68. Swant, "Intel's CMO Showed the World How a Tech Company Can Sing."

69. Walker, "Intel Tells Stories That Go Beyond Chips"; and Adrianne Pasquarelli, "2017 In-House Agency of the Year: Intel's Agency Inside," *Advertising Age*, http://adage.com/article/special-report-agency-alist-2017/intel-2017-house-agency-year/307608/, accessed May 7, 2017.

70. Pasquarelli, "2017 In-House Agency of the Year."

71. Swant, "Intel's CMO Showed the World How a Tech Company Can Sing."

72. Pasquarelli, "2017 In-House Agency of the Year."

73. Walker, "Intel Tells Stories That Go Beyond Chips."

1차 자료(primary data) 특정 조사 문제를 다루기 위한 구체적인 목적으로 수집된 자료

1차 집단(primary groups) 개인이 빈번하게 접촉하는 준거 집단

2차 목표 시장(secondary target markets) 상당한 잠재력이 있지만 한 가지 이상의 이유로 인해 즉시 개발하기에는 적합하지 않은 세분 시장

2차 자료(secondary data) 현재 고려 중인 문제가 아닌 다른 목적을 위해 수집된 자료

2차 집단(secondary groups) 개인이 제한적으로 접촉하는 준거 집단

3차 목표 시장(tertiary target markets) 미래 투자 측면에서는 새롭게 떠오르는 매력적인 요소가 있지만 현재 시점에서는 매력적이지 않은 세분 시장

AIDA 모형 마케팅 커뮤니케이션에 대한 고객 반응의 관점에서 위계 효과를 설명하기 위해 고안된 모델. 위계 효과모형은 주목(인지), 흥미(관심), 욕구, 행동 순으로 형성되는 것으로 설명함

B2B(기업 대 기업) 시장[B2B(business-to-business) markets] 소수지만 규모가 큰 고객, 개인적인 관계, 복잡한 구매 과정, 상대적으로 가격에 대한 민감도가 낮은 수요 등을 특징으로 하는 다른 기업들이 고객인 시장

FOB(free on board) 물품 선적 위치를 기준으로 소유권을 이전하고 화물 운임을 지불하는 결정

GE 사업 스크린(GE Business Screen) 사업 위치와 시장 매력도를 기준으로 사업 단위가 기업 전체에 기여한 정도를 범주화하는 사내 포트폴리오 분석 접근법

MRO 공급품[MRO(maintenance, repair, operating) supplies)] 기업 운영에 필요한 일상 용품

m-커머스(m-commerce) 모바일 기기로 발생되는 판매

PR 고객과 다른 사람들의 태도, 의견, 행동에 영향을 주려고 하는 체계적인 접근 방법

SWOT 분석(SWOT analysis) 기업 상황 분석의 핵심 결과를 강점, 약점, 위협, 기회로 요약하기 위해 사용되는 편리한 프레임워크

VALS™ SBI가 개발한 심리도식적 변수에 대한 측정 수단으로 미국 성인들을 주요 동기와 자원에 의해 구분한다. 약어인 VALS™은 '가치와 라이프스타일(value and lifestyle)'에서 유래되었다.

가격 담합(price-fixing) 기업들이 공모하여 상호 이익이 되는 높은 가격으로 가격을 책정하는 것

가격 묶음(price bundling) 패키지의 개별 구성 요소에 각각 분리해서 비용을 지불하는 것과 비교해서 고객이 할인된 가격으로 패키지를 구매할 수 있도록 하는 가격 책정 방식

가격 전쟁(price war) 경쟁자보다 가격을 낮춰서 매출과 시장 점유율을 확보하기 위해 기업이 의도적으로 가격 책정 의사결정을 하는 시기

가격 책정 목표(pricing objectives) 가격 책정 전략과 관련되어 바라는 결과 또는 예상된 결과이며, 다른 마케팅 관련 목표와 일관되어야 한다.

가격대(price points) 상위 상품 라인부터 하위 상품 라인까지 고객에게 제공되는 혜택의 차이를 전달하기 위해 설정된 여러 가격들

가맹점 사업 조직(franchise organization) 가맹 사업권을 양도하는 가맹 사업자와 가맹 사업자가 요구하는 표준을 수행하기로 계약을 맺은 독립 법인인 가맹점 사이의 계약 관계

가변 가격 책정(variable pricing) 고객이 가격을 흥정하는 것을 허용히거나 장려하는 가격 책정 방식

가속효과(acceleration effect) 소비재 수요의 작은 변화가 산업재 수요에 상당한 변화를 초래하는 경우

가시선(line of visibility) 서비스 전달 프로세스에서 고객이 보는 활동과 볼 수 없는 활동 사이의 구분

가정생활주기(household life cycle, HLC) 특정 가구가 시간 경과에 따라 겪는 연대기적 활동들의 구조적 집합

가족(family) 출생, 결혼 또는 입양을 통해 함께 사는 둘 이상의 집단

가족생활주기(family life cycle) 개인의 구매 습관을 변화시키는 삶의 단계에 따른 변화

가치 공동 창출(value co-creation) 네트워크 구성원들의 역량을 결합하여 가치를 창출하는 것

가치 기반 가격 책정(value pricing) 기업이 고객이 추구하는 혜택 묶음을 반영할 때, 가격의 역할을 고려하고자 하는 가격 책정 전략

가치 네트워크(value network) 기업이 제공물 조달, 변형 및 개선에 참여하여 궁극적으로 시장 공간 내에서 최종 형태로 제공물을 공급하는 공식 및 비공식적 관계의 포괄적인 시스템

가치 제안(value proposition) 기업이 고객에게 제공하기로 약속한 전체 편익 묶음으로 제품 편익 자체만 의미하는 것은 아니다.

가치 창출 활동(value-creating activities) 고객을 위해 제품과 서비스의 가치를 증가시키려는 가치사슬 내의 활동. 본원적 활동과 지원 활동이 있다.

가치(value) 고객이 편익 묶음을 획득할 때 제공물에 지불하는 비용 대비 얻는 편익 묶음의 비율

가치사슬(value chain) 디자인, 개발, 생산, 마케팅, 배송, 제품 지원, 서비스와 같은 사내 활동들의 종합

간접 채널(indirect channel) 하나 이상의 중간상을 포함하는 유통 경로

감동적 충격(delightful surprises) 서비스 제공에 있어 고객에 의해 기대되지 않는 내면의 추가된 기능

감정적 선택(emotional choice) 이성적인 생각보다 감정적 태도에 기반한 제품 선택

강압적 권력(coercive power) 경로 캡틴의 요청이나 기대에 따르지 않을 경우, 경로 구성원에게 부정적인 결과가 초래될 것이라는 명시적 또는 묵시적인 위협

개방형 질문(open-ended questions) 응답자가 자신의 생각을 더 잘 표현할 수 있고, 더욱 세부적이고 정성적인 답변을 제공하도록 하는 질문 형식

개성(personality) 여러 유사한 상황에서 특유의 반응을 유발하는 독특한 개인적 특성의 집합

개시자(initiator) 구매결정과정을 시작하는 사람

개인적 요인(personal factors) 구매 결정에 참여하는 사람들의 필요, 열망, 목적

개척형 광고(pioneering advertising) 제품의 도입기나 초기 단계에 일차적인 수요를 자극하기 위해 준비된 광고

갭 모델(gap model) 제공된 서비스에 대한 소비자와 마케팅 담당자의 지각의 차이를 식별하고 측정하는 서비스 품질의 측정에 사용되는 시각적 도구

거래 축소(reducing transactions) 중간상의 서비스를 이용하여 기업이 수행하는 구매 거래의 수를 줄이는 과정

거래 할인(trade discounts) 경로에서 판매자에게 도움이 되는 일부 기능을 수행하는 경로 구성원에게 제공하는 인센티브

거래비용분석(transaction cost analysis, TCA) 서로 다른 유형의 판매 조직을 사용하는 것의 비용을 측정하는 도구

거시경제학(macroeconomics) 전체 경제 부문들 간 상호작용뿐 아니라 광범위한 관점에서 경제 활동의 산출물과 투입물을 연구하는 학문

검색 광고(search ads) 검색창에 입력된 키워드 분석을 토대로 인터넷 검색엔진 결과에 보여지는 방식의 유료 광고

결정자(deciders) 구매 센터에 속하며 궁극적으로 구매 결정을 내리는 사람

경로 갈등(channel conflict) 경로 구성원들의 관계가 경직되거나 심지어 붕괴되는 결과를 초래할 수 있는 의견 불일치

경로 권력(channel power) 마케팅 경로의 구성원이 채널의 다른 구성원들에게 영향을 행사할 수 있는 정도

경로 캡틴(경로 리더)[channel captain(channel leader)] 수직적 마케팅 시스템에서의 선도 구성원

경매 가격 책정(auction pricing) 개인들이 경쟁적으로 입찰하면서, 가장 높은 가격을 써낸 입찰자에게 구매가 돌아가는 가격 책정 방식

경영 조사 상품(management research deliverable) 시장 조사를 통해 경영자가 원하는 것이 무엇인지를 정의

경쟁 전략(competitive strategy) 시장에서 경쟁자와 비교하여 기업 성과를 향상시키기 위해 마련된 조직 전체 전략

경쟁자 기반 가격 책정(competitor-based pricing) 기업이 경쟁자의 가격을 고려하여, 시장 평균 가격으로 가격을 설정하기로 한 가격 책정 전략

경쟁적 광고(competitive advertising) 감정적 호소, 설득, 그리고 정보 제공을 통해서 특정 브랜드의 매출을 증대시킬 목적의 광고

경험 속성(experience attributes) 소비 중 또는 소비 후에만 평가할 수 있는 제공물의 측면

계약 VMS(contractual VMS) 계약적 합의를 통해 수직적 마케팅 시스템에서 독립적인 개체들을 법적으로 구속하는 것

계약 협정(contractual agreements) 특정 기업의 외국 시장 참여를 확장하도록 허용하는 다른 기업과의 지속적이고 비자본적인 관계

계절 할인(seasonal discounts) 제조업체에서 재고 저장 기능의 일부를 이동시키기 위해 구매자에게 보상하는 할인

고/저 가격 책정(high/low pricing) 소매업자가 주로 판매촉진을 활용하여, 정규 가격에 대해 자주 할인을 제공하는 가격 책정 전략

고객 감동(customer delight) 고객 기대의 초과

고객 기대 관리(customer expectations management) 기업이 고객 기대를 너무 높게 설정하지 않아 일관되게 효과적으로 충족될 수 없

음을 확인하는 프로세스

고객 마인드셋(customer mind-set) 조직의 내부 혹은 외부에 상관없이 고객을 이해하고 만족시키는 것이 자신의 직무를 올바르게 수행하는 데 핵심적인 역할을 하는 개인의 신념

고객 만족(customer satisfaction) 개인이 제공물에 대해 품고 있는 호감의 수준

고객 옹호(customer advocacy) 고객의 영향력 내에서 다른 사람에게 브랜드 메시지를 전달하는 데 참여할 의지와 능력

고객 유지(customer retention) 다른 회사로 전환하는 것을 고려하는 고객 비율이 낮은 경향

고객 전환(customer switching) 고객이 다른 회사, 제품, 서비스로 이동하는 것

고객 접점(customer touchpoints) 판매 기업이 고객과 접촉하여 고객에 관한 정보 수집이 가능한 곳

고객 중심(customer-centric) 고객을 기업의 핵심에 두고 장기적 관점에서 고객에 대한 투자에 집중하는 것

고객 중심 사고방식(customer mind-set) 조직의 안팎에서 자신의 직무를 올바르게 수행하는 데 고객을 이해하고 만족시키는 것이 핵심이라고 생각하는 개인의 신념

고객 충성, 고객 충성도(customer loyalty) 기업과 제품 및 브랜드에 대한 고객의 장기적인 헌신

고객 커뮤니티(customer communities) 고객이 방문하여 유통업체 경험에 대한 이야기를 공유하는 웹사이트

고객 퇴출(firing a customer) 덜 매력적인 고객으로부터 더욱 이익이 되는 고객들로 자원 투자를 이동시키는 것

고객 투자 수익률(return on customer investment, ROCI) 고객 한 명으로부터 예상되는 재무 수익을 측정하는 계산. 어떤 고객들에게 어느 정도 수준의 다양한 자원을 투자할지 의사결정하기 위해 유용한 전략적 도구

고객관계관리(customer relationship management, CRM) 고객 중심으로 매출과 이익을 증대시키는 포괄적인 비즈니스 모델

고객맞춤화(일대일) 마케팅[customized (one-to-one) marketing] 고객에 대한 지식을 확장하기 위해 에너지와 자원을 투입하여 각 소비자들에 대해 배울 수 있도록 관계를 구축하는 마케팅 전략

고객지향성(customer orientation) 고객을 기업의 모든 부분의 중심에 두는 것

고관여 학습(high-involvement learning) 새로운 정보를 얻도록 자극을 받은 사람들의 학습 과정

고려 상표군[consideration(evoked) set] 추가 정보를 얻고 이를 평가한 사람이 구매를 고려하는 가장 강력한 대안이 포함된 정제된 대안의 목록

공감성(empathy) 서비스 제공자가 소비자에게 주는 개인적인 주의와 배려하는 능력

공급사슬(supply chain) 경로 참가자들 간 높은 수준의 협력과 통합이 특징인 복잡한 물류 네트워크

공급사슬관리(supply chain management) 공급사슬의 여러 측면을 관리하는 프로세스

공급업체 선택(supplier choice) 공급업체의 자질을 검토해 유사한 제품 구성을 제공하는 다수의 공급업체 중 하나를 선택

공동 브랜딩(co-branding) 2개 혹은 그 이상의 잘 알려진 브랜드를 하나의 제품으로 결합하거나 2개의 브랜드를 사용해 파트너십을 통해 마케팅하는 것

공식화(formalization) 기업의 구조, 프로세스 및 도구를 공식적으로 수립하고, 기업의 문화를 지원하기 위한 경영 지식과 헌신

공정 거래법(fair trade laws) 도매업자들과 소매업자들이 할인된 가격을 제공할 수 있는 능력을 제한하여 제조업자들이 인위적으로 높은 가격을 책정할 수 있도록 하는 법률

공제(allowances) 상품 구매 후 고객의 구매 금액(의 일부)을 되돌려주는 것

관계지향성(relationship orientation) 신규 고객 확보에 지속적으로 투자하는 것 대신 현재의 수익성 있는 고객을 유지하고 육성하는 데 투자하는 것

관리 VMS(administered VMS) 경로 구성원 중 한 구성원의 규모와 힘에 의해 수직적 마케팅 시스템의 경로 제어가 결정되는 것

관여도(involvement) 개인의 배경 및 심리적 상태, 열망 초점, 구매 결정을 내릴 때의 환경이라는 세 가지 요소에 의해 활성화되며, 개인의 제품 선택 결정을 매개하는 개인적 동기의 중요한 결과

관찰 자료(observational data) 관심 대상의 행동 패턴에 대한 기록

광고 실행(advertising execution) 어떤 광고가 정보와 이미지를 전달히는 방식

광고 응답 함수(advertising response function) 일정한 광고비 지출 수준 이상이 되면 광고 효과가 감소되는 경향이 있는 현상

광고 혼잡(clutter) 특정한 미디어에서 경쟁 메시지의 정도(강도)

광고 효과 감퇴(advertising wearout) 고객이 기존의 광고 캠페인에 식상해질 때

광고(advertising) 하나 혹은 그 이상의 목표 집단을 목표로 주로 매스미디어를 통해 전달되는 유료 형태의 비교적 덜 개인화된 커뮤니케이션 방식

광범위한 정보 탐색(extensive information search) 소비자가 철저한 연구 및 조사를 바탕으로 구매 결정을 내리는 경우

교환(exchange) 원하는 것을 얻기 위해 가치 있는 다른 것을 포기하는 것

구매 결정(buying decisions) 구매의 특성, 결정에 참여하는 사람의 수, 구매 중인 제품에 대한 이해, 결정을 위한 기간 등의 요인을 바탕으로 다양하고 광범위한 구매결정과정을 거친 결정

구매 센터(buying center) 구매결정과정을 관리하고 궁극적으로 결정을 내리는, 구매 결정에 이해관계가 있는 다수의 구성원

구매 후 부조화(post-purchase dissonance) 일반적으로 높은 관여도 및 대규모 구매와 관련되어 발생하며, 구매 후 뒤따르는 의심이나 불안의 감정

글로벌 마케팅 주제(global marketing themes) 전 세계적으로 광고의 기본 틀은 바꾸지 않고 현지 시장 상황을 고려하여 약간 수정하여 사용하는 글로벌 광고 전략

글로벌 제품 라인(global product lines) 여러 나라에 걸쳐 판매되는 제품들

급여(salary) 정기적으로 지급되는 고정된 돈의 합계

기계적 관찰(mechanical observation) 행동을 연대순으로 기록하기 위해 기계를 사용하는 관찰 자료의 변형

기관 광고(institutional advertising) 산업, 기업, 브랜드 집단 혹은 특정 제품보다 넓은 의미의 다른 이슈들을 홍보하는 광고

기관(institutions) 이익보다는 목표 지역에 서비스를 제공하는 것이 우선인 비정부 조직

기능 수준 계획(functional-level plans) 기업의 전략사업단위를 구성하는 사업 기능 계획. 생산운영, 마케팅, 재무 등의 기능을 포함함

기능 촉진(facilitating functions) 완료된 거래를 수행하고 경로 관계의 실행 가능성을 유지하는 데 도움이 되는 활동

기만적인 가격 책정(deceptive pricing) 고의로 고객에게 잘못된 인상을 주는 방식으로 가격을 알리는 것

기술적 조사(descriptive research) 어떤 현상을 설명하고 규명하기 위해 설계된 조사

기술적 판매(technical selling) 판매사원이 제품이나 서비스의 기술적인 이해를 하는 것을 필요로 하는 판매 방식

기억(memory) 사람들이 과거의 모든 학습 이벤트를 저장하는 곳

기업 VMS(corporate VMS) 경로 구성원이 다른 중간상의 지배 지분을 매수하여 전후방 수직적 통합에 투자하는 것

기업 수준 전략 계획(corporate-level strategic plan) 전략사업단위 수준보다 위에서 개발되어 기업 전체 방향을 제시하는 상위 계획

기존 제품 라인에 추가(additions to existing product line) 이미 개발되어 시장에 도입된 기존 제품의 확장

기존 제품의 리포지션(reposition existing products) 기존 제품으로 새로운 시장을 겨냥한 '새로운' 제품 접근 방식

기존 제품의 업그레이드 또는 수정(upgrades or modifications to existing products) 지속적인 혁신을 통해 기존에 있던 제품을 빠르게 새로운 버전의 제품으로 만들어 내거나 소비자의 니즈에 맞지 않는 부분을 고치는 것

나쁜 아이디어 통과 실수(go-to-market mistake) 회사가 잘못된 제품 아이디어를 제품 개발로 옮기는 것을 멈추지 않는 경우

남미공동시장(MERCOSUR) 1995년에 창설되었으며 남아메리카에서 가장 강력한 시장 구역으로 남아메리카의 주요 경제를 포함함. 아르헨티나, 볼리비아, 브라질, 칠레, 파라과이, 우루과이

내구성(durability) 제품 사용 기간

내구재(durable product) 비교적 제품 수명이 길고 종종 비싼 제품

내부 마케팅(internal marketing) 내부 서비스 품질을 향상시키기 위해 직원을 고객으로 다루고 직원의 필요를 충족시키는 시스템과 혜택을 개발하는 것

내부 정보 원천(internal information sources) 구매 결정과 관련된, 기억 속에 저장되어 개인이 접근할 수 있는 모든 정보들

내재적 보상(intrinsic rewards) 판매사원이 스스로 획득하는 보상으로, 성취감, 개인적 성장, 자존감 등이 포함됨

네트워크 조직(가상 조직)[network organization(virtual organization)] 가치 증가를 가장 잘 발휘할 수 있는 측면에만 집중하기 위해 많은 사내 사업 기능과 활동을 제거하는 조직

다각화 전략(diversification strategies) 신제품을 새로운 시장에 제공하는 기회를 포착하는 전략

다속성 모델(multiattribute model) 몇 가지 중요한 속성에서 대상을 평가하여 개인의 태도를 측정하는 모델

단기 기억(short-term memory) 현재 회상되는 정보이며 때때로 운용 기억이라고 언급됨

단기 유행(fads) 빠르게 출시되고 사라지는 제품으로 주로 제한된 수의 고객에게만 도달하지만 시장에서 많은 인기를 얻음

단수 가격 책정(odd pricing) 완전한 달러(화폐) 단위로 가격이 표시되지 않는 가격 책정 방식

단순 재구매(straight rebuy) 제품이 지속적이고 빈번하게 구매되기 때문에 평가가 거의 필요 없는 구매 결정

단일 가격 전략(one-price strategy) 상품에 표시된 가격이 전형적으로 판매되는 가격이 되는 방식

단일 운송 가격 책정(uniform delivered pricing) 설정된 지역 내의 지리적 위치와 상관없이 동일한 배송료가 고객에게 청구되는 것

당기기 전략(pull strategy) 최종 사용자에게 직접적으로 상품에 대한 수요를 자극하는 데 중점을 두는 촉진 및 유통 전략

대량 고객화(mass customization) 고객의 선택 폭을 크게 넓히기 위해 탄력 생산과 탄력 마케팅을 결합하는 것

대리 중간상(agent intermediaries) 교환 과정에서 상품에 대한 소유권을 갖지 않는 중간상

대용량 상품 분할(breaking bulk) 구매자의 공간 제약 및 재고 회전 요구 사항에 필요한 수량을 잘 맞추기 위해 제조업체에서 사용하는 운송 방법

대용량 상품 축적(accumulating bulk) 여러 출처의 제품을 가져 와서 경로를 통한 판매를 위해 다양한 분류로 나누는 중간상의 기능

덤핑(dumping) 기업의 본국 시장 제품 가격이나 실제 원가보다 낮은 가격을 책정하는 것과 관련된 글로벌 가격 이슈

데이터 마이닝(data mining) 시장 조사 또는 시장 세분화 전략을 목적으로 세분 시장과 초세분 시장을 개발하기 위해 기업의 CRM 시스템을 통해 축적된 엄청난 양의 데이터 활용을 목적으로 하는 정교한 분석적 방법

데이터 웨어하우스(data warehouse) 고객 접점을 통해 생성되며, 마케팅 관리 의사결정 및 마케팅 계획을 위한 유용한 정보로 변환될 수 있는 고객 정보 모음

데이터베이스 마케팅(database marketing) 다양한 마케팅 커뮤니케이션 수단을 활용하여 개별적으로 접촉하는 전망 고객 리스트를 생성하기 위해, CRM 실행에서 만들어진 데이터 활용과 관련된 직접 마케팅 방법

도구적 성과(instrumental performance) 제품이 기대한 바를 제대로 수행했는지에 관한 제품의 실제 성능과 관련된 특성

도달(reach) 특정 기간 동안 광고에 노출된 목표 고객 집단에 속하는 개인의 비중

도매 협동조합(wholesaler cooperative) 소매업체들이 특정 도매업체와 다양한 전속적 거래를 위해 계약하는

독립 브랜드(stand-alone brands) 브랜드에 문제가 있는 경우 기업을 보호할 수 있는 기업 브랜드와 분리된 브랜드

독보적 역량(distinctive competencies) 경쟁자보다 우수한 기업의 핵심 역량

동기, 동기부여(motivation) 행동을 유도하고 이후 방향을 정하도록 자극하는 힘

동남아시아국가연합(ASEAN) 1967년 창설되었으며 가장 중요한 아시아 시장 구역. 태평양 연안 전체를 아우르는 10개국으로 구성됨(브루나이, 인도네시아, 말레이시아, 필리핀, 캄보디아, 라오스, 미얀마, 싱가포르, 태국, 베트남)

디스플레이 광고(display ads) 기업이 인터넷에 광고하기 위해 만든 광고로 배너 광고와 중간광고를 포함함

라이선싱(licensing) 기업이 매출의 일정 비율이나 일정한 수수료를 받고 생산자들에게 자사 브랜드를 사용할 권리를 주는 것

라이프스타일(lifestyle) 개인의 활동, 흥미, 의견에서 나타나는 개인의 삶에 대한 관점

리포지셔닝(repositioning) 마케팅 믹스 접근법을 사용하여 자사의 제품이나 서비스에 대한 소비자들의 현재 지각을 변화시키는 것

마이크로사이트(microsites) 기업의 주요 웹사이트와는 별개로 더욱 집중화된 사이트로 신상품 런칭이나 큰 제품 하위의 보다 세부적인 제품과 같은 특정한 주제를 다룸

마케팅 개념(marketing concept) 장기적인 이익을 달성하려는 목표를 가지고 조직 전반에서 고객지향성을 강조하는 비즈니스 철학

마케팅 계획 수립(marketing planning) 조직을 위한 시장 주도 전략 개발과 실행의 지속적 과정

마케팅 계획(marketing plan) 유용한 틀을 활용하여 마케팅 계획 수립 과정을 기록한 문서

마케팅 관리(marketing management) 개인, 부서, 조직의 성과를 향상시키기 위해 마케팅의 여러 측면을 이끌고 관리하는 것

마케팅 대시보드(marketing dashboard) 특정 조직에서 마케팅 관리자의 역할과 관련된 고유한 메트릭스 및 정보의 종합 시스템. 대시보드는 관리자에게 업무를 수행하는 데 필요한 최신 정보를 제공한다.

마케팅 메트릭스(marketing metrics) 마케팅 활동 향상을 위한 핵심 기준을 파악·추적·평가·제공하기 위해 고안된 도구와 과정

마케팅 믹스(마케팅의 4Ps)[marketing mix(4Ps of marketing)] 제품, 가격, 유통, 촉진-마케터의 도구 세트를 구성하는 기본 요소들인데 제품이나 브랜드를 경쟁사와 차별화하기 위해 특별한 조합으로 개발될 수 있다.

마케팅 윤리(marketing ethics) 마케팅 관리자가 전략 수립, 실행, 통제를 관리할 때 사람들이 기대하는 옳고 공정한 사회적·전문적 기준

마케팅 이해관계자(marketing's stakeholders) 마케팅에 영향을 주고 받으며 상호작용하는 모든 개인과 독립체

마케팅 인텔리전스(marketing intelligence) 거시 환경으로부터 지속적으로 데이터를 수집, 분석 및 저장하는 것

마케팅 정보시스템(market information system, MIS) 마케팅 의사결정자에게 중요한 정보를 확인, 수집, 분석, 축적 및 전달하는 지속적인 과정

마케팅 통제(marketing control) 마케팅 결과를 측정하고 필요에 따라 기업의 마케팅 계획을 수정하는 과정

마케팅 투자 수익률(return on marketing investment, ROMI) 마케팅

에 대한 투자가 특히 재무적으로 기업의 성공에 미치는 영향

매일 저렴한 가격 책정(everyday low pricing, EDLP) 상대적으로 낮으면서 일정한 가격을 설정하고, 촉진을 위한 노력에 최소한으로 지출을 하는 가격 책정 방법

매트릭스 구조(matrix structure) 전 세계 핵심 지역에서 제품 성능을 높이면서 지역 조직들의 독립성을 권장하는 국제 조직 구조

명성 가격 책정(prestige pricing) 경쟁자보다 상대적으로 높은 가격을 부여하여, 상품 또는 브랜드에 명성을 부여하는 가격 책정 방식

목적(objectives) 기업 목표 달성을 위해 필요한 구체적이고 측정 가능하고 잠재적으로 달성 가능한 이정표

목표 수익 가격 책정(target return pricing) 고정 비용 및 가변 비용을 고려한 다음 단위당 가격을 결정하기 위한 수요 예측을 통해 내리는 가격 의사결정

목표 시장(target marketing) 각 세분 시장을 평가하고, 가장 발전 가능성이 큰 시장을 선정

목표 투자 수익률(target return on investment, ROI) 목표 순이익을 먼저 설정하고 그러한 목표를 달성하기 위한 가격을 설정하는 가격 책정 전략

목표(goals) 기업이 사명과 비전 달성 지원을 위해 성취하기 원하는 것의 일반적 표현

무역서비스인력(trade servicers) 영업 조직이 거래를 하는 소매업자나 유통업자와 같은 재판매업자

무형성(intangibility) 소비자의 신체적 감각을 통해 경험할 수 없는 서비스의 특징

묶음 계약(tying contract) 중간상이 구매하고자 하는 주요 제품에 필요한 보완재를 구매하기 위한 중간상의 공식적 요청

문지기(gatekeepers) 구매 센터의 정보 및 구성원에 대한 접근을 통제하는 사람

문화(culture) 시간이 지남에 따라 특정 집단의 사람들에게 스며드는 공유된 가치, 신념, 도덕의 체계

문화적 가치(cultural values) 낙관적인 이상향을 추구하는 사회에서 공유되는 원칙들

물리적 분배(물류)[physical distribution(logistics)] 경로를 통해 투입 재료를 생산자에게 이동시키고, 기업을 통해 제조 과정 중인 재고를 이전시키며, 기업 외부로 완제품을 이동시키는 통합된 과정

미끼 상품(loss leader products) 구매자를 소매점으로 끌어 들이기 위해 비용보다 낮은 가격으로 판매되는 상품

미셔너리 판매자(missionary salespeople) 고객으로부터 직접적으로 주문을 받지는 않지만 고객이 그들의 제품을 유통업체나 다른 공급업체로부터 구매하도록 설득하는 판매영업사원

미시경제학(microeconomics) 개인의 경제 활동에 관한 학문

민첩한(nimble) 사업에 영향을 미치는 많은 핵심 변화 동인에 대응하여 최대한 유연하고 적응 가능하며 신속하게 대응할 수 있는 위치에 있는

밀기 전략(push strategy) 유통 경로 내에서 수요를 자극하는 데 중점을 두는 촉진 및 유통 전략

바구니식 글로벌 마케팅 주제(basket of global advertising themes) 몇 가지 마케팅 메시지를 담은 서로 다른 광고들을 제작한 후 현지 마케터가 현지 시장에 가장 잘 맞는 광고를 선택하도록 하는 글로벌 광고 전략

반응성(responsiveness) 신속한 서비스를 제공할 수 있는 능력 또는 소비자의 요구에 신속하게 반응할 수 있는 능력

배너 광고(banner ads) 작은 박스 형태의 인터넷 광고로 그림과 문자로 되어 있고 그 속에 하이퍼링크가 들어 있음

버즈(buzz) 시장에서 어떤 브랜드에 관해 형성되는 구전에 의한 커뮤니케이션

변동 심한 수요(fluctuating demand) 소비자 요구 수준이 일정하지 않을 때, 서비스의 소멸성과 관련하여 심각한 영향을 미친다.

변동성(variability) 서비스 품질이 제공자의 품질 수준만큼만 좋을 수 있는 서비스의 특징

보상 권력(reward power) 인센티브를 제공하여 공급자를 설득하는 경로 구성원의 능력

보스턴 컨설팅 그룹 성장-점유율 매트릭스[Boston Consulting Group(BCG) Growth-Share Matrix] 사업 단위의 기업 전체 기여 수준을 범주화한 사내 분석 접근법으로 시장 성장률과 경쟁 위치를 기준으로 한다.

본질적 혜택(essential benefit) 제품에 의해 충족된 근본적인 니즈

부품(parts) 완전히 조립된 장비 또는 작은 부품으로 조립되어 더 큰 부품으로 조립된 후 생산 공정에 사용되는 장비

북미산업분류체계(North American Industrial Classification System, NAICS) 미국, 캐나다, 멕시코가 개발한 체계로 산업재 시장을 정의하고 세분화하기 위해 초기 산출물을 기준으로 기업들을 분류하는 시스템

북미자유무역협정(NAFTA) 캐나다, 멕시코, 미국 사이의 관세를 없애기 위해 만들어졌으며 오늘날 가장 큰 단일 경제 연합체

분류 생성(creating assortments) 여러 출처의 상품을 축적한 후 소비자에게 편리하게 상품을 분류하여 경로에 상품을 제공하는 과정

브랜드(brand) 판매자 또는 판매자 집단의 제품이나 서비스를 식별하고 경쟁업체의 제품 및 서비스와 구별하기 위한 이름, 용어, 기호, 상징, 디자인 등의 조합

브랜드 아이덴티티(brand identity) 브랜드의 고유한 특성의 요약

브랜드 연상(brand association) 고객이 브랜드와 함께 수많은 정서적·심리적 성능 연상을 개발할 때, 이러한 연상은 특히 브랜드 충성도가 높은 사용자의 주요 구매 동인이 된다.

브랜드 인지도(brand awareness) 브랜드 자산의 가장 기본적인 형태는 단순히 브랜드를 인지하고 있다는 것이다. 인지도는 모든 다른 브랜드 관계의 기초이다.

브랜드 자산(brand assets) 중요한 경쟁 우위를 나타내는 상표와 특허권과 같은 브랜드를 소유한 다른 자산

브랜드 자산(brand equity) 회사 혹은 회사의 고객에게 제품 또는 서비스가 제공한 가치를 더하거나 뺀 브랜드 이름 그리고 상징과 연결된 일련의 자산과 부채

브랜드 전략(brand strategy) 회사가 판매하는 제품을 정의하는 브랜드의 고유한 요소

브랜드 충성도(brand loyalty) 브랜드 자산의 가장 강력한 형태로서 재구매를 약속한다.

비교 광고(comparative advertising) 둘 혹은 그 이상의 브랜드가 어떤 기준에 의해 직접적으로 상호 비교되는 광고

비금전적 인센티브(nonfinancial incentives) 재무적인 보상을 넘어선 판매사원 보상책들

비내구재(nondurable product) 주로 몇 가지 용도로 소비되며 일반적으로 소비자에게 낮은 가격의 제품

비분리성(inseparability) 동시에 생산되고 소비되며 공급자와 분리될 수 없는 서비스의 특징

비언어적 의사소통(nonverbal communication) 표정, 눈동자의 움직임, 몸짓, 자세, 기타 다른 신체적 언어를 통한 의사소통 수단

비용 가산 가격 책정(cost-plus pricing) 제공물과 관련된 비용에 표준화된 할증을 추가하여 가격을 구축하는 것

비용 기반 할증(markup on cost) 비용이 고려된 이후 제공물 가격에 추가되는 할증 금액

비용 리더십(cost leadership) 기업이 비용 전략의 유연성과 원가 절감을 수익으로 전환할 수 있는 능력을 통해, 경쟁 우위 확보를 목적으로 핵심적인 비용상의 장점을 활용하는 마케팅 전략

비용 절감(cost reduction) 제품 믹스에서 주로 가치 지향적인 제품 가격대를 중심으로 낮은 가격의 제품을 도입하기 위한 구체적인 방법

비즈니스 사례 분석(business case analysis) 일반적으로 제품의 성공 확률을 평가하는 제품의 전반적인 평가

비차별화 마케팅(undifferentiated target marketing) 목표 시장 선정에 대한 가장 광범위한 접근법으로, 매우 일반화된 소비자 집단에게

가치 있는 것으로 인식될 수 있는 제품 또는 서비스를 제공

비탄력적 수요(inelastic demand) 수요가 가격 변동의 영향을 크게 받지 않는 경우

비탐색 제품(unsought goods) 소비자가 추구하지 않으며 자주 구매하지 않는 제품

비확률적 표본추출방법(nonprobability sampling) 통계 조사를 위한 표본 선정 방법으로 전체 집단의 각 구성원이 표본으로 선택될 확률을 알 수 없는 방법

빈도(frequency) 목표 고객 집단에 속하는 사람이 메시지에 노출되는 평균적인 횟수

사명 선언문(mission statement) 조직 목적과 존재 이유에 대한 언어적 표현

사용자(users) 일반적으로 의사결정자는 아니지만, 구매 결정의 다양한 단계에서 많은 의견을 가지고 있는 제품 및 서비스의 실제 소비자

사회 계층(social class) 연령, 교육 수준, 소득, 직업과 같은 인구통계적 특성에 따른 개인들의 등급

사회적 마케팅(societal marketing) 가장 넓은 의미에서 전체적인 사회 구성원을 마케팅의 이해관계자로 보는 개념

삽입형 광고(interstitials) 웹페이지를 연결할 때 보여지는 그래픽 형태의 비주얼적이고 흥미 있는 인터넷 광고

상인 중간상(merchant intermediaries) 교환 과정에서 제품에 대한 소유권을 가지는 중간상

상징적 성과(symbolic performance) 구매 후 소비자가 어떻게 느끼는지와 관련된 제품의 이미지 구축 측면

상품 라인 가격 책정(price lining) 기업이 마케팅 관리자에게 관련 품목의 전체 라인에서 합리적인 가격 책정 방식을 개발할 수 있는 기회를 제공하는 가격 책정 전술

상황 분석(situation analysis) 기업의 마케팅 계획 개발과 관련된 미시 및 거시 환경 분석

생산지향성(production orientation) 시장에서 일어나고 있는 일에 크게 개의치 않고 제품 생산 활동 향상을 통해 생산 능력을 극대화하는 것

서브퀄(SERVQUAL) 서비스 품질의 다섯 가지 측면을 반영하도록 설계된 측정 도구

서비스 경제(service economy) 서비스 관련 직무로 주로 구성된 경제 부분

서비스 만남(service encounter) 고객이 서비스 제공자와 어떤 방식으로든 상호 작용하는 기간

서비스 블루프린트(service blueprints) 첫 번째 고객 담당자부터 실제

서비스 제공까지의 모든 서비스 활동의 그림 설계 및 흐름도를 완성하는 것

서비스 실패(service failure) 서비스가 제공자에 의해 약속한 품질 수준을 충족하는 데 실패한 경우

서비스 영역(service sector) 서비스 관련 직무로 구성된 경제 부분

서비스 지배적 로직(service dominant logic) 서비스와 고객 경험을 마케팅의 주요 합리성으로 간주하는 논리

서비스 품질 차원(dimensions of service quality) 유형성, 신뢰성, 반응성, 확신성, 공감성을 포함하여 전체 품질을 구성하는 서비스의 다섯 가지 측면

서비스 품질(service quality) 실제 서비스 성능에 대한 지각과 비교한 서비스에 대한 고객 기대 측정의 공식화

서비스 회복(service recovery) 서비스 실패로 인한 고객 기대 이상의 수준으로의 서비스 품질 복구

서비스(service) 물리적 형태 없이 고객의 필요와 욕구를 충족시킬 수 있는 일련의 혜택을 나타내는 제품

서비스-수익 체인(service-profit chain) 서비스 제공의 직원 측면과 고객 측면 사이의 연결고리 공식

선매제품(shopping goods) 제품 탐색이 필요하며 색상, 크기, 특징 및 가격과 같은 제품 차원의 비교를 통해 구입하는 제품

선발자 우위(first-mover advantage) 기업이 특정 신제품을 시장에 처음으로 소개하여 경쟁 시장의 범위를 결정함으로써 얻는 우위

선진국 경제(developed economies) 서유럽, 미국, 일본을 포함하여 20세기 동안 세계 경제 성장을 이끌었던 특정 경제들

선택적 기억(selective retention) 제품이나 브랜드에 대한 기존 신념과 태도를 지지하는 자극만 기억하도록 하는 과정

선택적 왜곡(selective distortion) 개인이 정보를 잘못 이해하거나 이미 존재하는 신념에 이를 맞추는 과정

선택적 유통(selective distribution) 상품이 제한된 수의 중간상들에게만 배포되는 유통 전략

선택적 인식(selective awareness) 자신과 관련된 것에 집중하고 관련이 없는 것을 제거하는 데 도움을 주는 개인이 사용하는 심리적 도구

선호 상태(preferred state) 현재 원하는 느낌이나 삶을 반영하는 욕구

설문조사(surveys) 관심 대상을 대표할 수 있는 사람들에게 구조화된 설문지를 제공하여, 특정 질문에 대한 구체적인 답변을 얻기 위해 수행되는 정량적 조사 방법

성 역할(gender roles) 특정한 사회에서 남성과 여성에게 적합하다고 여겨지는 행동

세 가지 핵심 요인(triple bottom line, TBL) 환경 정책과 착한 마케팅

전략과의 연결뿐만 아니라 지역사회와의 밀접한 관계도 강조한 지속가능성 개념으로 사람, 지구, 이익으로 요약된다.

세상에 처음 나온 제품(new-to-the-world product) 기존 제품과 유사하지 않거나 이전에 이용해보지 못했던 제품

세일즈프로모션(sales promotion) 최종 소비자가 제품을 사도록 하거나 판매사원 혹은 유통 경로상의 누군가가 제품을 팔도록 유인하는 것

소매(retailing) 개인적·비사업적 소비를 위해 소비자에게 제품 및 서비스를 제공하는 데서 가치를 창출하며, 공급사슬의 필수 구성 요소인 비즈니스 활동

소매 협동조합(retailer cooperative, co-op) 경로에서 비용 및 운영에서 규모의 경제를 확보하기 위해, 다양한 제품 범주에 걸친 소매 업체들의 결합

소멸성(perishability) 향후 사용을 위해 저장될 수 없는 제품 또는 서비스의 특징

소속감의 정도(degree of affiliation) 개인이 준거 집단과 접촉하는 빈도

속성 기반 선택(attribute-based choice) 정의된 속성 집단에서 브랜드를 비교하여 제품을 선택한다는 전제에 바탕에 둔 제품 선택

쇼핑 상품(shopping goods) 소비자가 연구를 수행하고 색상, 크기, 사양 및 가격 등과 같은 상품의 여러 차원에서 비교해야 할 필요가 있는 상품

수당(allowance) 소비자가 제품을 구입한 후에 소비자에게 돈을 일부 송금하는 것

수량 할인(quantity discounts) 구매되는 상품 양의 수준에 따라 청구 금액에 제공하는 할인

수수료(commission) 단기적 성과를 바탕으로 주어지는 돈으로 주로 판매량이나 판매 금액을 사용

수요의 가격 탄력성(price elasticity of demand) 판매량의 상대적 변화를 가격의 상대적 변화로 나누어 추정한 고객의 가격 민감도 측정

수정 재구매(modified rebuy) 다음의 세 가지 중 한 가지 이상의 상황 — 공급업체의 성과가 좋지 않거나 신제품이 출시되었거나, 고객이 변화가 필요한 시기라고 믿을 때 — 때문에 기존 구매 프로토콜에 대한 재평가가 시작되는 상황으로 고객이 제품과 공급업체에 친숙하지만 추가적인 정보를 찾고 있는 경우의 구매 결정

수직적 마케팅 시스템(vertical marketing system, VMS) 통일된 시스템으로서 행동하고 실행하는 수직적으로 배열된 네트워크

수출(exporting) 외국 시장에 진출하기 위한 가장 보편적인 방법으로 기업은 최소한의 투자와 위험으로 외국 시장에 침투할 수 있다.

수출업자(exporters) 수출 마케팅 부서로서 역할을 하면서 기업을 돕는 국제 시장 전문가

스타일(style) 제품의 외향과 느낌

시장 개발 전략(market development strategies) 기업의 제품 라인을 지금까지 미개발된 시장(흔히 해외시장)으로 확장하는 것을 고려하는 전략

시장 세분화(market segmentation) 공통 특성에 따라 시장을 의미 있는 소규모 세분 시장이나 하위 시장으로 분류

시장 스키밍(market skimming) 초기 고가 전략으로 흔히 고객이 가격에 크게 민감하지 않은 하이테크 부품에서 경쟁자가 시장에 진입하기 전에 높은 가격을 받는 전략

시장 전문가(market mavens) 다양한 종류의 상품, 쇼핑 장소, 시장의 다른 여러 측면에 대한 정보를 제공하고 소비자와 토론하며, 시장 정보에 대한 소비자의 요구에 응답하는 사람들

시장 점유율(market share) 특정 상품 범주의 총매출에서 한 기업의 매출이 차지하고 있는 비율

시장 조사(market research) 마케팅 문제 또는 기회를 발견하여 해결하고 올바른 의사결정을 내리기 위해 체계적인 방법론에 따라 자료를 확인, 수집, 분석, 분배하는 과정

시장 주도 전략 계획(market-driven strategic planning) 기업의 다양한 자원과 기능을 고객 중심으로 집결시키는 전략사업단위 또는 기업 수준의 활동 과정

시장 창출(market creation) 고객이 인식하지 못하는 새로운 욕구를 충족시키는 방향으로 시장을 이끌어가는 접근 방식은 이전에는 가능하지 않거나 실행하기 힘들었다.

시장 창출자(market makers) 구매자와 판매자를 묶어주는 웹사이트

시장 침투(market penetration) 제품의 사용량을 보다 많이 늘리기 위해 기존 고객에게 투자하는 전략

시장 침투 전략(market penetration strategies) 기존 제품을 추가로 더 사용하도록 기존 고객에게 투자하는 전략

시장지향성(market orientation) 고객과 경쟁자에 대한 이해를 기초로 마케팅 개념을 실행하는 것

신규 구매(new purchase) 제품 및 서비스에 대한 고객의 첫 번째 구매 결정

신뢰 속성(credence attributes) 고객이 사용 후에도 합리적인 평가를 할 수 없는 제공물의 측면

신뢰성(reliability) 실패나 중단 없이 제품이 작동하는 시간 비율

신흥 시장(emerging markets) 향후 20년 동안 세계 경제 성장의 75%에 기여할 것으로 추정되면서 지난 25년 동안 성장해온 성장 경제들

실제 상태(real state) 개인이 현재 지각하는 현실

심리도식적 세분화(psychographic segmentation) 개성 또는 AIOs(활동, 흥미, 의견)을 바탕으로 소비자 집단을 분류

심리적 가격 책정(psychological pricing) 단순히 숫자가 고객에게 제공하는 이미지로부터 가격에 관한 인식을 창출하는 것

심층 면접법(in-depth interview) 인구통계학적 특징과 같은 관심 특성을 기준으로 선정된 사람을 대상으로 진행되는 구조화되지 않은(느슨하게 구조화된) 정성적 조사 방법

아웃바운드 물류(outbound logistics) 제조업자의 생산으로부터 최종 소비자의 구매까지 상품이 이동하는 과정

아웃바운드 텔레마케팅(outbound telemarketing) 잠재적인 고객의 집이나 사무실로 연락하는 것으로, 전화로 판매 영업을 하거나 실제 영업 사원과 대면 약속을 잡기 위해서임

아웃소싱(제3자 물류, 3PL)[outsourcing(third party logistics)] 공급사슬 활동과 같은 하나 이상의 핵심 내부 기능을 해당 분야의 전문가인 다른 제3자 기업에게 넘겨주어, 기업이 핵심 사업에 보다 집중할 수 있도록 하는 것

안정화 가격 책정(stability pricing) 기업이 경쟁의 강도를 높이기에 충분히 낮지도 않고 고객에 대한 가치 제안을 위험에 빠뜨릴 만큼 높지 않게 중립적인 가격 설정점을 찾으려고 하는 가격 책정 전략

언어(language) 특정 문화의 구성원들에게 공유되는 생각과 음성학에 대한 확립된 체계로, 기본적인 의사소통 수단으로 사용

역경매(reverse auctions) 판매자가 구매자에게 가격을 입찰하고, 일반적으로 가장 낮은 가격을 제시한 입찰자에게 낙찰되는 가격 책정 방식

역물류(reverse logistics) 구매 후 제조업체 또는 중간상에게 물품을 반송하는 과정

열망(desirability) 한 개인이 특정 집단에 소속되기를 소망하는 정서적 유대감의 범위와 방향

열망적 구매(aspirational purchases) 자신의 사회적 지위를 벗어난 제품을 구매하는 것

영업 역량 수준(sales skill levels) 필요한 영업 관련 대화를 수행하는 데 있어서 학습된 개인의 역량

영업 조직의 아웃소싱(outsourcing the sales force) 회사의 제품을 판매하기 위해 독립적인 판매 조직을 사용하는 것

영향력 행사자(influencers) 구매 센터에서 최종 결정을 내리는 데 사용하는 정보를 제공하며, 특정 분야와 관련된 전문 지식이 있는 조직 내·외부의 사람

온라인 데이터베이스(online database) 인터넷이나 다른 통신 네트워크를 통해 원격으로 접근할 수 있는 서버에 저장된 데이터

외부 공급자(out suppliers) 기업의 승인된 공급업체 목록에 속하지 않은 기업

외부 정보 원천(external information sources) 내부 정보가 구매 결정을 내리기에 충분하지 않다고 판단할 때 외부 원천으로부터 탐색된 추가적인 정보

외재적 보상(extrinsic rewards) 상사나 고객과 같은 판매사원 이외의 사람에 의해 통제되고 주어지는 보상

운송과 저장(transportation and storage) 생산자 스스로 실행하기 어려워 통상적으로 제공되는 중간상 기능

원료(materials) 최종 제품의 일부가 되는 천연 또는 농산물

원산지 효과(country-of-origin effect) 생산, 조립, 디자인 제작 국가가 제품에 대한 고객의 긍정적 또는 부정적 지각에 미치는 영향

원자재 수리 및 운영(materials, repairs, operational, MRO) 일반적으로 중요한 지출로 간주되지 않으며 일상적인 사업 운영에 사용되는 제품

위기 관리(crisis management) 위기의 순간에 정보를 내보내거나 부정적 기사의 영향을 통제하기 위한 계획되고 조정된 접근 방식

유럽연합(European Union) 로마 조약으로 유럽 6개국(벨기에, 프랑스, 이탈리아, 룩셈부르크, 네덜란드, 서독)이 50년 전에 창설한 성공적인 지역 마케팅 구역이며 현재 28개국이 가입되어 있다.

유인 상술(bait and switch) 판매자가 저가격 상품이라고 광고하지만 실제로는 그 저가 상품을 판매할 의도가 없는 것

유지보수성(repairability) 제품의 문제 해결의 용이성

유통 강도(distribution intensity) 상품 유통과 관련된 중간상들의 수

유통 경로(channel of distribution) 교환 과정을 용이하게 하는 여러 조직들 간의 상호 의존적인 관계 시스템

유통업자 브랜드(store brand) 그들의 스토어에서만 판매하기 위해 소매업체가 만든 브랜드

유통업자(distributors) 외국 시장에서 특정 기업과 다른 기업들을 대변한다.

유형성(tangibility) 소비자의 신체적 감각을 통해 경험할 수 없는 서비스의 특성

의견 선도자(opinion leaders) 특정 제품 또는 기술에 대한 전문 지식을 갖춘 개인으로, 정보를 분류하고 설명하며 이를 더 광범위한 청중들에게 전달하는 사람들

의사결정 권한(decision-making authority) 기업이 국제적으로 성장하여 명령 계통이 더 길어지고 복잡해지면서 의사결정 체계를 분명히 정의하기 어려울 때 나타나는 이슈

이벤트 스폰서십(event sponsorships) 어떤 브랜드나 기업을 스포츠, 음악, 예술, 그리고 다른 엔터테인먼트 커뮤니티의 이벤트와 연결시키는 것

이전 가격(transfer pricing) 기업 내에서 지사나 사업부 사이에 제품을 이전시킬 때 내부적으로 부과하는 비용

인과적 조사(causal research) 변수들 사이의 관계를 확인하기 위해 설계된 기술적 조사

인구통계(demographics) 특히 소비자 시장을 확인할 때 사용되는 인구 및 하위 세분 집단의 특징

인구통계학적 세분화(demographic segmentation) 해당 집단을 쉽게 측정할 수 있는 다양한 설명 요인을 바탕으로 소비자 집단을 분류

인바운드 물류(inbound logistics) 생산 시작 시점까지 외부 공급자들로부터 자재 및 지식 투입물을 가져오는 과정

인바운드 텔레마케팅(inbound telemarketing) 잠재적인 고객이 정보를 더 얻기 위해서 회사에 접촉해오는 것

인센티브(incentives) 판매 금액이나 이익에 연동되어진 수수료 혹은 특정 성과 기준에 부합하거나 이를 초과할 경우에 주어지는 보너스

인식 상표군(awareness set) 수집된 정보와 개인의 선호를 바탕으로 일부 이용 가능한 대안을 제거한 후, 소비자들이 고려하는 감소된 가능 대안들의 집합

인적판매(personal selling) 수익성 좋은 고객과 장기적 관계를 확보하고 형성해 유지할 목적으로 판매사원과 구매자 사이에 만들어지는 쌍방향의 커뮤니케이션 과정

인지적 학습(cognitive learning) 삶의 상황을 관리하고 문제를 해결하는 정보를 얻기 위한 정신적 과정을 포함하는 보다 능동적인 학습

일대일 마케팅(one-to-one marketing) 기업 에너지와 자원이 각 고객을 이해할 수 있는 학습 관계 구축을 지향하도록 함. 이 과정에서 획득한 지식을 기업 생산 및 서비스 능력과 연결하여 가능한 지속적으로 고객 욕구를 충족시키는 것

일반 전략(generic strategy) 사업 수준의 전반적인 방향 전략

일치성(conformance) 제품이 전달하는 특징들과 마케팅 커뮤니케이션을 통해 약속된 성능 특징

입점 공제(선반비)[slotting allowance(shelf fee)] 특정 제품을 재고 목록에 넣기 위해 제조업체가 도매업체나 소매업체에게 지불하는 추가 인센티브

자료 수집(data collection) 응답자에게 설문지를 배분하고, 그들의 응답을 기록한 다음, 분석 가능한 데이터로 만드는 과정

자본설비(capital equipment) 제조 및 생산 활동에 필수적인 장비 또는 기술에 대한 기업의 장기적이고 중요한 투자

자본재(capital goods) 중요한 비즈니스 기능을 지원하기 위한 주요 구매

자재 소요 계획(materials requirement planning, MRP) 생산이 지연

되는 것을 최소화하기 위해, 공급업체로부터 인바운드 자재를 총괄적으로 관리하는 것

작은 마케팅(little M) 조직의 기능 또는 운영 수준에 초점을 맞추는 마케팅 차원

장기 기억(long-term memory) 수년간 혹은 평생 동안 남아 있을 수 있는 개인의 견고한 기억 저장고

재고 소진(stock-out) 상품의 재고가 없는 경우

재고관리단위[stock-keeping unit, SKU] 유통 시스템, 재고 관리 및 가격 책정을 통해 제품을 추적하는 데 사용되는 고유한 식별 번호

재판매업체(resellers) 이익을 얻기 위해 제품을 구입하여 다른 기업이나 소비자에게 재판매하는 회사

저관여 학습(low-involvement learning) 개인이 새로운 정보를 가치 있게 여기지 않을 때의 학습 과정이며, 새로운 제품 정보에 관심이 거의 또는 전혀 없을 때 발생

적시 생산 방식 재고 통제 시스템(just-in-time inventory control system, JIT) 창고 관리 비용을 줄이기 위해 과잉 재고와 재고 부족 수준을 균형 있게 관리하도록 설계된 재고 관리 시스템

전략(strategy) 기업이 사명과 목적을 어떻게 달성할 것인가를 기술한 포괄적인 계획

전략 마케팅(strategic marketing) 조직 성과 향상을 목적으로 조직 최상층부에서 지원하여 마케팅에 투자하는 기업 수준의 장기적인 몰입

전략 형태(strategic type) 특정 전략 형태의 기업들은 공통적인 전략 방향과 전략에 맞는 유사한 구조, 문화, 과정을 가진다.

전략사업단위 수준 전략 계획(SBU-level strategic plan) 기업 전체 계획에 만족스럽게 기여하고 개별성과 요구를 충족하기 위해 만들어진 각 전략사업단위의 계획

전략사업단위(strategic business unit, SBU) 기업의 우산 안에서 상대적으로 큰 독립성이 주어진 부서나 조직 단위

전략적 비전(strategic vision) 기업의 사명 선언문에 포함되는 내용으로 기업이 미래에 되고자 하는 모습에 대한 토의

전략적 제휴(strategic alliances) 사업 파트너들의 해외 투자 위험을 분산하기 위해 고안된 시장 진입 전략. 해외 합작 투자와 해외 직접 투자가 있다.

전문 서비스(professional services) 일반적으로 산업 또는 거래 그룹에 의해 자체적으로 규제되는 특수 교육 및 인증을 필요로 하는 서비스

전문가 권력(expert power) 경로에서 다른 구성원들에게 영향을 주기 위해 경로 구성원이 자신의 고유한 역량과 지식을 활용하는 것

전문제품(specialty goods) 소비자의 구매 결정이 정의된 특징에 기반한 고유 제품

전사적 자원 관리 시스템(enterprise resource planning systems, ERP) 조직 전체에 물류 프로세스와 관련된 정보를 통합하도록 설계된 응용 소프트웨어 프로그램

전속적 거래(exclusive dealing) 공급자가 자사의 상품을 취급하는 중간상들이 경쟁 회사의 상품을 판매하지 못하게 하는 제한적인 계약을 체결하는 것

전속적 영역(exclusive territory) 중간상이 생산자의 물건을 판매하는 다른 중간상들과 경쟁하지 않아도 되게 보호하는 것

전속적 유통(exclusive distribution) 생산자가 하나 또는 소수의 유통업체에게만 상품을 공급하는, 명성, 희소성 및 프리미엄 가격 책정을 바탕으로 수립된 유통 전략

전수조사(census) 집단에 속한 모든 개인을 대상으로 한 포괄적인 기록

전술 마케팅(tactical marketing) 조직의 기능 또는 운영 수준에서 행해지는 마케팅 활동

전자 문서 교환(electronic data interchange, EDI) 재고 목록을 관리하고 자동적으로 소모품을 채워 넣기 위해 고객과 공급업체를 연결시키는 정교한 프로그램

전자 소매(electronic retailing, e-retailing 또는 e-tailing) 인터넷을 통해 소비자와 소통하고, 제품 또는 서비스를 판매하는 것

전자 조달(e-procurement) 온라인을 통한 산업재 구매 과정

전자상거래(electronic commerce, e-commerce) 고객과의 소통(제품 및 서비스의 재고, 교환 및 유통을 촉진하거나 지불을 용이하게 하는)을 위해 전자 매체를 활용하는 행위

전체 상표군(complete set) 사람들이 내부 정보 탐색 중 고려하는 매우 큰 가능 대안의 집합

정량적 조사(quantitative research) 결과를 평가하고 정량화하기 위해 통계적 분석 방법을 사용하며 보다 계량적으로 이해하기 위해 사용되는 조사

정렬(sorting) 여러 경로에서 판매용 상품을 분류하는 과정

정부(government) 독특하며 준수하기 어려운 구매 관행이 빈번한 지방, 주, 연방 기관

정성적 조사(qualitative research) 설문조사나 면접 같은 방법을 통해 자료를 수집하며 통계적 분석을 사용하지 않는 비교적 덜 구조화된 조사

제안 요청서(request for proposal, RFP) 기업의 제품 및 서비스 필요에 대한 개요를 서술한 문서로 잠재적인 공급업체에게 배포된다. 제안 요청서는 공급업체가 제품 솔루션을 통합하는 출발점이 된다.

제조업자 브랜드(national brands) 회사에 의해 만들어지고, 제조되며 시장에 판매되는 제품으로, 전 세계에서 소매업체를 통해 판매되는 제품

제품 개발 전략(product development strategies) 현재 고객의 사용량을 늘리기 위해 신제품에 투자하는 기회를 파악해보는 전략

제품 광고(product advertising) 특정한 제품의 구매를 증대시키기 위해 고안된 광고

제품 라인(product line) 용도, 고객 프로파일, 가격대 및 유통 경로를 통해 연결되거나 니즈 충족을 필요로 하는 제품의 그룹

제품 믹스(product mix) 회사가 제공하는 모든 제품의 조합

제품 선택(product choice) 구매결정과정에서 대안들을 평가한 최종 결과

제품 수요(product demand) 파생 수요, 변동 수요, 비탄력적 수요 등의 세 가지 주요 차원에 영향을 받는 산업재 시장의 수요

제품수명주기(product life cycle, PLC) 도입, 성장, 성숙, 쇠퇴의 4단계를 포함하는 제품의 수

제한된 정보 탐색(limited information search) 소비자가 불완전한 정보와/또는 부족한 개인 지식을 바탕으로 구매 결정을 내리는 경우

조건화(conditioning) 두 자극 사이의 심리적 연관성을 만드는 것

조사 문제(research problem) 특정 상황에서 경영자를 돕기 위해 필요한 정보가 무엇인지를 정의

조직 학습(organizational learning) 기업의 실행 전략과 프로그램에 대한 고객의 반응을 근거로 수행하는 CRM 과정의 분석 및 정교화 단계

조직적 요인(organizational factors) 구매 결정에 영향을 미치는 조직 전체의 신념과 태도

좋은 아이디어 제거 실수(stop-to-market mistake) 심사 과정에서 좋은 아이디어를 가진 제품이 초기에 제거되어 궁극적으로 시장에 소개되지 않는 경우

주문자생산방식(original equipment manufacturer, OEM) 자신의 고객 기업이 필수 생산 부품으로 사용되는 제품을 파는 제조업체

주요 목표 시장(primary target markets) ROI 목표 및 기타 매력적 요인을 충족시킬 가능성이 가장 높은 세분 시장

준거 가격 책정(reference pricing) 고객이 상품 구매를 고려할 때 비교 가격을 제공하여, 다른 대안들의 가격과 함께 상품의 가격을 볼 수 있게 하는 기업의 가격 책정 전략

준거 권력(referent power) 존중, 존경 또는 경외심을 바탕으로 다른 구성원들에게 영향을 줄 수 있는 경로 구성원의 능력

준거 집단(reference group) 구성원의 신념, 태도, 행동에 (긍정적 또는 부정적으로) 영향을 미치는 사람들의 집단

중간상(intermediaries) 생산자와 소비자 사이의 교환 과정에서 역할을 하는 조직

중앙집권화 정도(degree of centralization) 기업의 본사에서 의사결정을 하는 정도

지각(perception) 정보를 선택하고, 조직화하고, 해석하여 세상에 대한 유용하고 전체적인 그림을 만들어내는 체계

지각도(perceptual map) 비교되는 속성을 기준으로 각 경쟁사에 대한 소비자의 지각을 측정할 수 있는 포지셔닝에 사용되는 시각적 도구

지각된 품질(perceived quality) 긍정적이거나 부정적인 브랜드의 전달된 품질에 대한 지각

지리적 마케팅(geolocation marketing) 마케팅 메시지와 기타 마케팅 결정을 유도하기 위한 지리적 데이터의 사용

지리적 세분화(geographic segmentation) 물리적 위치를 바탕으로 소비자 집단을 분류

지리적 영역(geographic regions) 해외 시장을 지리적 위치에 따라 구분하고 각 지역에 자치적 지역 조직을 만들어 비즈니스 기능을 수행하도록 하는 국제 조직 구조

지속가능성(sustainability) 미래 세대에 해를 끼치지 않고 인간의 필요를 충족시키는 비즈니스 실행

지속적인 경쟁 우위(sustainable competitive advantage) 기업이 독보적 역량에 투자한 결과로 얻을 수 있는 우위

지역 가격 책정(zone pricing) 물품 선적자가 선적 위치로부터의 거리에 기반을 두어 지리적 가격 책정 지역을 설정하는 것

지역 시장 구역(regional market zones) 낮은 관세와 무역 장벽 축소를 통해 상호 경제 혜택을 누리기 위해 공식적 관계를 형성한 국가 집단

직접 경로(direct channel) 중간상이 없고 생산자로부터 최종 소비자 또는 기업 고객까지 바로 운영되는 유통 경로

진실의 순간(moment of truth) 고객과 서비스 제공자 간의 대면 시간

집중적 유통(intensive distribution) 가능한 모든 중간상, 특히 소매업체들이 제조업체의 상품을 취급하도록 고안된 유통 전략

집중화 마케팅(concentrated target marketing) 소규모 시장에서 높은 점유율을 차지하는 것을 목적으로 하는 목표 시장 선정 접근법

짝수 가격 책정(even pricing) 완전한 달러(화폐) 단위로 가격이 표시되는 가격 책정 방식

차별성, 차별화(differentiation) 서로 다른 고객 집단들에게 다른 방법으로 가치를 의사소통하고 전달하는 것

차이식역(just noticeable difference, JND) 고객 수요에 영향을 주지

않고 취할 수 있는 가격 인상액의 상한선

초기 고가격(price skimming) 일반적으로 상품에 대한 강한 가격-품질 관계를 형성하기 위하여, 기업이 상대적으로 높은 가격대로 시장에 진입하는 가격 책정 전략

촉진 공제(promotional allowances) 제조업체가 주도하고, 소매업체가 실행하며, 제조업체가 보상하는 판매촉진

최소 정보 탐색(minimal information search) 소비자가 최소한의 정보 또는 조사를 바탕으로 구매 결정을 내리는 경우

최소 할증법(minimum markup laws) 소매업체가 판매를 위한 상품에 일정 비율의 가격 할증을 적용해야 하는 법

최종 사용자 구매(end user purchases) 제조업체가 구매하는 제품 범주 중 하나로 대표적으로 사업을 지속적으로 운영하는 데 필요한 장비, 소모품 및 서비스 등이 있음

충동재(impulse goods) 소비자가 상품을 보고 즉각적인 욕구를 느껴 바로 구매할 수 있는 상품

침투 가격 전략(penetration pricing) 가능한 한 많은 시장 점유율을 얻는 것이 기업의 목표인 가격 책정 전략

카테고리 확장(category extension) 회사가 새로운 제품 카테고리로 확장하기 위해 브랜드를 사용하는 경우

큰 마케팅(Big M) 조직에 영향을 미치고 사업 전략의 동인 역할을 하는 외부 영향력에 초점을 맞추는 마케팅 차원

탈중개화(disintermediation) 하나 이상의 중간상이 제거되어 마케팅 채널이 단축되는 것

탐색 속성(search attributes) 소비되기 전에 신체적으로 관찰할 수 있는 제공물의 측면

탐색적 조사(exploratory research) 일반적으로 마케팅 조사 과정의 첫번째 단계로서, 조사 문제에 답하거나 향후 연구를 위한 다른 조사 변수들을 확인하는 것을 목표로 하는 조사

태도 기반 선택(attitude-based choices) 개인의 평가를 이끄는 신념과 가치를 바탕으로 한 제품 선택

태도(attitude) 특정 대상에 대해 지속적으로 호의적이거나 비호의적으로 반응하는 학습된 선유 경향

트레이드 쇼(trade show) 특정 산업이나 기업이 후원하는 이벤트로 유통 경로 구성원들에게 제품에 관한 정보를 제공하기 위해 부스들이 세워지는 형태

특징(feature) 제품의 속성 또는 성능 특성

특화된 보증(specific warranties) 제품의 구성 요소와 관련된 명시적 제품 성능 약속

파생 수요(derived demand) B2B 마케팅에서 산업재의 수요는 소비재에 대한 수요에서 비롯됨

파트너 관계 관리 전략(partner relationship management, PRM) 마케팅 경로 구성원들 간에 재고 연결, 청구 시스템 및 시장 조사를 하는 전략적 제휴

판매 가격 기반 할증(markup on sales price) 할증 비율 계산을 위한 기초로 판매 가격을 활용하는 것

판매 제안 발표(sales presentation) 고객의 필요에 부합하는 적합한 정보를 전달하는 것

판매 종결(closing the sale) 고객으로부터 구매를 하겠다는 약속을 받아내는 것

판매지향성(sales orientation) 판매량 증가와 그에 따른 생산능력 활용

패밀리 브랜딩(family branding) 전반적인 기업 브랜드 측면에서 둘 사이의 시너지 효과가 있는 브랜드 창출

퍼블리시티(publicity) 무료의 비교적 덜 개인화된 형태의 마케팅 커뮤니케이션 방식으로, 주로 뉴스 기사나 공공 이벤트에서의 언급 등으로 실행됨

편의 제품, 편의재(convenience goods) 소비자가 다른 제품 옵션에 대한 새로운 정보를 찾거나 고려하지 않아도 될 만큼 자주 구입하는 상대적으로 낮은 가격의 제품

편익(benefit) 제품 특성의 장점에서 얻을 수 있는 이로운 결과

평균 비용 가격 책정(average-cost pricing) 단일 단위의 평균 비용을 산출하기 위해 제공물과 관련된 모든 비용을 식별함으로써 내리는 가격 책정 의사결정

폐쇄형 질문(closed-ended questions) 응답자가 특정 답을 제공하도록 하는 질문 형식

포괄적인 보증(general warranties) 광범위한 제품 성능 및 고객 만족에 대한 약속

포지셔닝(positioning) 소비자가 자신의 필요와 욕구를 제품이 제공하는 효익과 쉽게 연결할 수 있도록 하나 이상의 가치 원천을 소비자에게 전달

포지셔닝 전략(positioning strategy) 4P[제품(더 광범위하게는 제공물), 가격, 장소(유통/공급사슬), 촉진]로 소개된 마케팅 믹스 변수의 독특한 조합을 통해 목표 시장에 대한 포지셔닝을 실행

포트폴리오 분석(portfolio analysis) 다수의 사업을 경영하는 기업이 여러 전략사업단위나 제품 라인을 투자 대상으로 보고 수익을 극대화하려고 할 때 사용하는 전략 계획 도구

포획 가격 책정(보완 가격 책정)[captive pricing(complementary pricing)] 가격 책정 사용을 위해 주변 장치를 계속 구매해야 하는 기본 상품 또는 시스템에 대한 고객의 헌신을 얻기 위한 가격 책정 기법

표본(sample) 조사에 참여하도록 선택되는 전체 집단에서 추출된 하위 집단

표적 집단(focus group) 6~10명으로 구성된 모임이며(면대면 또는 점차 온라인을 통해), 구조화되지 않고 개방된 형식의 미리 정의된 안건에 관한 대화를 전문적으로 이끌어 갈 수 있는 사회자의 조정하에 서로 자유롭게 이야기하는 정성적 조사 방법

푸시 전략(push strategy) 유통 경로 내의 수요를 자극하는 것이 주 목적인 프로모션 및 유통 전략

풀 전략(pull strategy) 최종 사용자로부터의 직접적인 제공물에 대한 수요를 자극하는 것이 주 목적인 프로모션 및 유통 전략

프랜차이징(franchising) 외국 시장에서 기업이 계약 기업의 현지 시장 지식, 금융 서비스, 현지 관리 경험 제공에 대한 대가로 제품, 서비스, 시스템, 전문 경영 지식을 제공하는 계약 협정

프로모션(promotion) 정보를 알리고 설득하고 환기시키는 다양한 형태의 커뮤니케이션

프로모션 믹스 전략(promotion mix strategies) 프로모션 믹스 요소 중 어떠한 조합이 우리 제공물을 가장 시장에 잘 전달하고 마케터가 수용할만한 투자 수익률(ROI)을 달성할 수 있을 것인지에 관한 의사결정

프로모션 믹스(promotion mix) 프로모션의 요소로는 광고, 세일즈프로모션, PR, 인적판매, 직접마케팅, 인터랙티브 마케팅이 있다.

프로모션 캠페인(promotional campaign) 특정한 기간 동안 특정한 제품이나 제품 계열을 대상으로 실행된 특정한 크리에이티브 실행에 사용된 프로모션적인 지출

하위문화(subculture) 민족성, 종교, 인종 또는 지리적 차이에 의해 만들어진 유사한 문화적 산물을 공유하는 문화 내 집단

학습(learning) 장기 기억의 내용 및 구조 혹은 행동에서의 변화

할인(discounts) 구매자에게 제공되는 직접적이며 즉각적인 가격 인하

합법적 권력(legitimate power) 계약 또는 다른 공식적 합의에 근거하여 다른 구성원들에게 영향을 줄 수 있는 경로 구성원의 능력

합작 투자(joint ventures) 2개 이상 참여 기업의 파트너십으로 다음과 같은 점에서 다른 전략적 제휴와 다르다: (1) 경영 업무가 공유되며 경영 구조가 정해짐, (2) 개인이 아니라 기업과 법적 주체가 사업을 구성, (3) 모든 파트너는 공평한 지위를 가짐

해외 직접 투자(direct foreign investment) 기업이 장기적 영향을 고려하여 생산 및 운영 시스템을 해외 시장으로 이전하는 전략적 제휴

핵심 역량(core competence) 기업이 대단히 잘할 수 있는 활동들

핵심 제품(core product) 제품의 필수적 혜택을 구성하는 물리적·유형적 요소

핵심고객 관리 판매자(key account salespeople) 회사의 가장 큰 고객을 책임지고 있는 판매사원

행동 자료(behavioral data) 고객들이 언제, 어떤, 얼마나 자주 제품 및 서비스를 구매하는지에 대한 정보뿐 아니라 기타 다른 고객 '접촉'에 대한 정보

행동적 세분화(behavioral segmentation) 추구하는 편익 또는 제품 사용 패턴의 유사성에 따라 고객 집단을 분류

향상 제품(enhanced product) 핵심 제품을 넘어 고객의 기대를 뛰어넘는 추가적인 특징, 디자인 또는 혁신

혁신 확산 프로세스(innovation diffusion process) 처음 구매에서 마지막 구매까지 걸리는 시간(제품 수용의 마지막 사용자 집단)

현금 할인(cash discounts) 고객이 더 빨리 지불하도록 유도하기 위해 청구서 금액을 일정 비율 할인해주는 것

현지 시장 광고 제작(local market ad generation) 현지 마케터가 기업의 글로벌 마케팅 메시지와 맞지 않는 현지 광고를 제작하도록 허용하는 글로벌 광고 전략

현지 콘텐츠를 이용한 글로벌 마케팅(global marketing with local content) 본국과 동일한 글로벌 마케팅 주제를 유지하면서 현지 콘텐츠를 사용하는 글로벌 광고 전략

협동광고 및 프로모션(cooperative advertising and promotion) 특정 프로모션 활동(행사)에 대해 제조업체가 경로 구성원에게 인센티브 자금을 제공하는 것

형태(form) 크기, 모양 및 색상과 같은 제품의 물리적 요소

확률적 표본추출방법(probability sampling) 전체 모집단으로부터 표본으로 선택될 개인을 확인하고 0이 아닌 이미 알려진 확률로 선정하기 위해 사용되는 특정 프로토콜

확신성(assurance) 서비스 제공자의 지식과 예의로 소비자에게 서비스 품질에 대한 확신과 신뢰를 줄 수 있는 능력

회색 시장(gray market) 승인받지 않고 브랜드 제품을 글로벌 시장에 우회시킬 때 나타나는 글로벌 가격 이슈

효용(utility) 제품과 서비스의 욕구 충족력. 형태 효용, 시간 효용, 장소 효용, 소유 효용이 있다.

후속 조치(follow-up) 고객이 제품을 구매하겠다는 결정을 하고 난 이후의 기업의 조치

지은이

Greg W. Marshall

플로리다주 윈터파크에 위치한 롤린스칼리지 로이 E. 크루머 경영대학원의 찰스 하우드 마케팅 및 전략 교수이며, 이그제큐티브 DBA 프로그램의 학술 이사이다. 3년간 롤린스에서 마케팅 전략담당 부학장을 역임했다. 오클라호마주립대학교에서 박사학위를 취득했으며 털사대학교에서 경영학 학사와 경영학 석사를 취득했다. 롤린스에 합류하기 전에는 사우스플로리다대학교, 텍사스크리스천대학교, 오클라호마주립대학교에서 근무하였다. 그는 현재 영국 버밍햄에 위치한 애스턴 경영대학에서 마케팅과 전략 담당 교수로서의 직책을 맡고 있다.

박사 과정을 밟기 전에는 워너램버트, 메넨, 타깃과 같은 소비재 산업과 소매 산업에서 일을 하였다. 그는 다양한 조직에서 컨설턴트와 트레이너로서 상당한 경험이 있으며, 다수의 대학들에서 MBA와 고급 학부 과정 학생들에게 마케팅 관리를 강의해오고 있다.

*European Journal of Marketing*의 편집장이며 *Journal of Marketing Theory and Practice*와 *Journal of Personal Selling & Sales Management*의 전 편집자이다. 출간된 그의 연구물은 주로 마케팅 관리자에 의한 의사결정, 조직 간 관계, 영업 성과 등에 집중되어 있다. 그는 미국마케팅협회 이사회의 구성원이며 미국마케팅협회 학술위원회의 전 회장이다. 그는 Academy of Marketing Science의 탁월한 펠로우이자 전 회장이며 Society for Marketing Advances의 이사회 구성원이다. 또한 Direct Selling Education Foundation의 펠로우이자 학술 보좌 위원회의 구성원으로서 활동하고 있다.

Mark W. Johnston

플로리다주 윈터파크에 위치한 롤린스칼리지 로이 E. 크루머 경영대학원의 앨런 앤드 샌드라 게리 교수이다. 그는 텍사스 A&M 대학교에서 박사학위를 취득했으며 웨스턴일리노이대학교에서 경영학 학사와 석사를 취득했다. 롤린스에 들어오기 전에, 루이지애나주립대학교에서 근무했다. 학계에 들어오기 전, 그는 현업에서 사진 장비 선도 유통업체 영업 담당자로 일한 바 있다. 그의 연구 논문은 *Journal of Marketing Research*, *Journal of Applied Psychology*, *Journal of Business Ethics*, *Journal of Marketing Education*, *Journal of Personal Selling & Sales Management* 등과 그 외 다수 저널에 출간되었다.

그는 개인 헬스 케어, 화학, 교통, 서비스, 통신 등 다양한 산업에서 기업들을 위한 컨설턴트로서 활동해 오고 있으며, 전략적 사업 개발, 영업 인력 구조, 성과, 국제 시장 기회, 윤리적 의사결정 등과 같은 다양한 분야에서 컨설팅을 하고 있다. 또한 타파웨어, 디즈니, 존슨앤존슨과 같은 기업들에서 경영대학원 학생들과 함께 전 세계적으로 다양한 컨설팅 프로젝트를 수행하고 있다. 그는 기관 내 영업의 전략적 역할, 의사결정을 위한 윤리적 프레임워크 개발 등과 같은 다양한 주제에 관한 세미나를 글로벌하게 수행하여, 사업 단위 성과를 개선하고, 효과적인 국제 마케팅 부서를 구조화하는 데 기여하고 있다.

그는 20년 이상 마케팅 관리를 강의하며 상당수의 학생들과 일해오고 있다. 실제적이고 현실 중심적인 접근 방식으로 그는 다수의 강의상을 받았다.

옮긴이

정연승

연세대학교 경영학 박사
삼성경제연구소, 현대자동차, 이노션 근무
단국대학교 경영학부 교수

김한구

서울대학교 경영학 박사
삼성경제연구소 근무
경북대학교 경영학부 교수

이호택

서강대학교 경영학 박사
KB국민은행/KB카드, LG CNS, SK플래닛 근무
계명대학교 경영학부 교수

이희태

서울대학교 경영학 박사
LG카드/현대카드/AIG손해보험 근무
한남대학교 경영학과 교수

조성도

연세대학교 경영학 박사
한국통신(현 KT) 연구개발본부 전임연구원 근무
전남대학교 경영학부 교수